Huber/Bach · Examens-Repetitorium Besonderes Schuldrecht 1

```
LARS   MEISNER
C/O    APP.  145
EMIL-WARBURG-WEG 19-21
95447   BAYREUTH
```

D1700591

UNIREP JURA

Herausgegeben von Prof. Dr. Mathias Habersack

Examens-Repetitorium Besonderes Schuldrecht 1

Vertragliche Schuldverhältnisse

von

Dr. Peter Huber, LL.M.
Professor an der Johannes-Gutenberg-Universität Mainz

und

Dr. Ivo Bach
Professor an der Georg-August-Universität Göttingen

6., neu bearbeitete Auflage

C.F. Müller

Peter Huber, Jahrgang 1966, seit 2000 Professor für Bürgerliches Recht, Internationales Privatrecht, Rechtsvergleichung an der Johannes-Gutenberg-Universität Mainz.

Ausgewählte Veröffentlichungen: Huber/Faust, Schuldrechtsmodernisierung – Einführung in das neue Recht, 2002; *Huber*, Irrtumsanfechtung und Sachmängelhaftung, 2001; Kommentierung der Art. 45–101 des UN-Kaufrechtsübereinkommens (CISG), in: Münchener Kommentar zum Bürgerlichen Gesetzbuch, Bd. 3.

Ivo Bach, Jahrgang 1978, seit 2016 Professor für Bürgerliches Recht und Europäisches Privatrecht an der Georg-August-Universität Göttingen.

Ausgewählte Veröffentlichungen: Grenzüberschreitende Vollstreckung in Europa, 2008 (Diss.); Kommentierung der §§ 328–329, 355–372a, 722–723 ZPO in: Vorwerk/Wolf, BeckOK ZPO, der Art. 50–52 CISG in: Kröll/Mistelis/Perales Viscasillas, Commentary on the CISG, der Art. 1–4, 10–12, 14–15, 17, 20 in: Huber, Rome II Regulation und der Art. 5–12 EuInsVO in: Ahrens/Gehrlein/Ringstmeier, Fachanwaltskommentar Insolvenzrecht.

Bibliografische Information der Deutschen Nationalbibliothek
Die Deutsche Nationalbibliothek verzeichnet diese Publikation in der Deutschen Nationalbibliografie; detaillierte bibliografische Daten sind im Internet über http://dnb.d-nb.de abrufbar.

ISBN 978-3-8114-4558-1

E-Mail: kundenservice@cfmueller.de
Telefon: +49 89 2183 7923
Telefax: +49 89 2183 7620

www.cfmueller.de
www.cfmueller-campus.de

© 2018 C.F. Müller GmbH, Waldhofer Straße 100, 69123 Heidelberg

Dieses Werk, einschließlich aller seiner Teile, ist urheberrechtlich geschützt. Jede Verwertung außerhalb der engen Grenzen des Urheberrechtsgesetzes ist ohne Zustimmung des Verlages unzulässig und strafbar. Dies gilt insbesondere für Vervielfältigungen, Übersetzungen, Mikroverfilmungen und die Einspeicherung und Verarbeitung in elektronischen Systemen.

Satz: Gottemeyer, Rot
Druck: CPI Clausen & Bosse, Leck

Vorwort

Dieses Buch ist ein Lernbuch. Es wendet sich in erster Linie an fortgeschrittene Studierende, die sich auf das juristische Staatsexamen vorbereiten. Deshalb werden gewisse Grundkenntnisse im Schuldrecht vorausgesetzt. Das Buch soll also das einführende Lehrbuch nicht ersetzen. Dessen ungeachtet ist es auch geeignet, als Vertiefung begleitend beim „ersten Hören" des Schuldrechts verwendet zu werden.

Die Art der Darstellung entspricht dem Konzept der Reihe Unirep Jura. Grundlage des Buches sind dementsprechend lehrbuchartige Ausführungen, die mit Fällen veranschaulicht und vertieft werden. Die Fälle werden zwar nicht im Stile einer „Musterlösung", aber dennoch ausführlich und unter Berücksichtigung der „Fallaufbautechnik" gelöst.

Das Recht der vertraglichen Schuldverhältnisse ist – gerade seit der Schuldrechtsreform von 2002 – eng mit dem allgemeinen Leistungsstörungsrecht verzahnt. Deshalb beginnt das Buch mit einem kurzen Einführungskapitel, in dem die für die Falllösung wesentlichen Grundfragen des allgemeinen Leistungsstörungsrechts wiederholt werden.

Die Neuauflage berücksichtigt das 2017 ergangene und 2018 in Kraft tretende Gesetz zur Reform des Bauvertragsrechts und der kaufrechtlichen Mängelhaftung, das insbesondere im Bereich des kaufrechtlichen Nacherfüllungsanspruchs einige Neuerungen mit sich bringt (Stichwort: Einbaufälle!). Dies hat zu nicht unerheblichen Änderungen und Umstrukturierungen geführt.

In den ersten beiden Auflagen wurde das Buch von *Peter Huber* und *Niels Dabelow* geschrieben. Seit der dritten Auflage ist *Ivo Bach* als selbstverantwortlicher Mitautor an die Seite von *Peter Huber* getreten. Er hat die zweite Hälfte des Buches (§§ 17 bis 25) zu verantworten; die erste Hälfte (§§ 1 bis 16) stammt nach wie vor von *Peter Huber*.

Dank schulden wir zwei fantastischen Lehrstuhlteams für die Unterstützung bei Recherche und Korrektur, insbesondere: *Lea Baron, Malika Boussihmad, Lukas Holste, Holger Kall, Carolin Kroll, Jann-Heinrich Müller, Svenja Preußner, Simone Rechel* und *Jacqueline Treichel*. Für vertiefte inhaltliche Diskussionen und Anregungen danken wir Frau *Dr. Jennifer Antomo*.

Mainz und Göttingen, im November 2017

Ivo Bach
Peter Huber

Inhaltsverzeichnis

	Rn.	Seite
Vorwort		V
Abkürzungsverzeichnis		XXI
Verzeichnis der abgekürzt zitierten Literatur		XXV

Erster Teil
Grundlagen

§ 1 **Vertragliche Schuldverhältnisse in der Regelungssystematik des BGB** 1   1

§ 2 **Regelungssystem des allgemeinen Leistungsstörungsrechts** 3   2

    I. Wesentliche Regelungen 3   2
    II. Systematische Struktur 4   2
    III. Das Regelungssystem in den Fällen des § 275 („zweite Spur") 9   4
    IV. Das Regelungssystem in den sonstigen Fällen („erste Spur") 11   4
    V. Einbeziehung des kauf- und werkvertraglichen Gewährleistungsrechts 12   4

§ 3 **Rechtsbehelfe des Gläubigers im allgemeinen Leistungsstörungsrecht** 14   5

    I. Relevanz für die vertraglichen Schuldverhältnisse 14   5
    II. Schadensersatzansprüche 18   6
        1. Überblick 18   6
        2. Schadensersatz aus den §§ 280 ff 19   6
            a) Struktur 19   6
            b) Abgrenzung der Schadensarten 21   6
            c) Insbesondere: Schadensersatz statt der Leistung 25   7
                aa) Schlechtleistung 26   7
                bb) Verletzung nicht leistungsbezogener Nebenpflicht. . 28   8
                cc) Ausschluss der Hauptleistungspflicht nach § 275. . 30   8
            d) Prüfungsaufbau 32   9
        3. Schadensersatz nach § 311a Abs. 2 36   11
    III. Rücktritt und Freiwerden von der Gegenleistung (§§ 323–326) 37   11
        1. Rücktritt nach §§ 323–325 39   12
        2. Freiwerden von der Gegenleistungspflicht nach § 326 40   12

Zweiter Teil
Kaufvertrag

§ 4	Überblick zum Kaufrecht	43	14
§ 5	Kaufrechtlicher Mangelbegriff	48	15

    I. Sachmangel 48   15
        1. Struktur des § 434 48   15
            a) Überblick 48   15
            b) Verhältnis von § 434 Abs. 1 S. 2 Nr. 1 und Nr. 2 51   16
        2. Einzelheiten zu § 434 Abs. 1 55   17
            a) Vereinbarte Beschaffenheit (§ 434 Abs. 1 S. 1) 55   17
            b) Eignung zur vertraglich vorausgesetzten Verwendung
               (§ 434 Abs. 1 S. 2 Nr. 1) 58   18
            c) Übliche Beschaffenheit und Eignung zur gewöhnlichen
               Verwendung (§ 434 Abs. 1 S. 2 Nr. 2 Hs. 2) 59   18
            d) Erweiterung der Beschaffenheit nach Abs. 1 S. 2 Nr. 2
               auf öffentliche Aussagen (§ 434 Abs. 1 S. 3 i.V.m.
               Abs. 1 S. 2 Nr. 2 Hs. 2) 61   19
        3. Fehler in Bezug auf Montage bzw. Montageanleitung
            (§ 434 Abs. 2) 65   20
            a) Montagefehler 65   20
            b) Mangelhafte Montageanleitung 68   21
        4. Aliud und Zuweniglieferung (§ 434 Abs. 3) 73   22
        5. Maßgeblicher Zeitpunkt 76   22
    II. Rechtsmangel (§§ 435 f) 78   23
        1. Grundsätze 78   23
        2. Einzelfragen 81   24
            a) Fehlende Eigentumsübertragung als Rechtsmangel? ... 81   24
            b) Abgrenzung zwischen Sach- und Rechtsmangel 82   24

§ 6	Grundlagen des kaufrechtlichen Rechtsbehelfssystems	83	25

    I. § 437 als Servicenorm und Drehscheibe 83   25
    II. Gestuftes Rechtsbehelfssystem 86   26
    III. Zeitlicher Anwendungsbereich der §§ 437 ff 88   26
    IV. Konkretisierung beim Gattungskauf 91   27

§ 7	Der Nacherfüllungsanspruch des Käufers (§§ 437 Nr. 1, 439)	95	28

    I. Überblick 95   28
    II. Erfüllung und Nacherfüllung 100   29
    III. Kosten und Ort der Nacherfüllung 103   30
        1. Kosten: § 439 Abs. 2 als Anspruchsgrundlage? 103   30
        2. Ort 108   32

IV. Ausschluss des Nacherfüllungsanspruchs	121	36
1. Unmöglichkeit (§ 275 Abs. 1)	121	36
2. Verweigerungsrecht wegen Unverhältnismäßigkeit gemäß § 275 Abs. 2	122	37
3. Verweigerungsrecht wegen Unverhältnismäßigkeit gemäß § 439 Abs. 4 n.F. (= § 439 Abs. 3 a.F.)	123	37
a) Überblick	123	37
b) Richtlinienwidrigkeit der absoluten Methode	126	38
c) Bestimmung der Unverhältnismäßigkeit	129	39
aa) Absolute Bestimmung der Unverhältnismäßigkeit (soweit noch zulässig)	129	39
bb) Relative Bestimmung der Unverhältnismäßigkeit	133	40
V. Rückabwicklung bei der Ersatzlieferung (§ 439 Abs. 5 n.F.)	136	41
VI. Einbaufälle	137	41
1. Wesentliche Aussagen der Entscheidung des EuGH (Putz/Weber) zum Verbrauchsgüterkauf	139	42
2. Reichweite des Ersatzlieferungsanspruchs in den Einbaufällen nach bisheriger Rechtslage	142	43
a) Urspünglich: Keine Erstreckung auf Ein- und Ausbau	142	43
b) Neue Vorgaben des EuGH für den Verbrauchsgüterkauf	143	43
c) Umsetzung der Vorgaben im bisherigen Recht	144	44
3. Überblick über die Reform von 2017	149	45
4. Konkrete Einzelheiten zu den neuen Vorschriften	154	47
a) Kein Anspruch in natura	155	47
b) Anspruch auf Kostenersatz	156	47
c) Verweigerungsrecht des Verkäufers: differenzierende Lösung	164	49
aa) Überblick	164	49
bb) Verhältnis zwischen § 439 Abs. 4 und § 475 Abs. 4–6	167	50
cc) Folgen für Rücktritt, Minderung und Schadensersatz statt der Leistung	179	53
dd) Anspruch auf Vorschuss	180	53
ee) Fallbeispiele	181	54
5. Anwendung der neuen Vorschriften auf die Nachbesserung	188	56
6. Abgrenzung: Ersteinbaukosten	189	56
7. Beispielsfall	191	56
VII. Weitere problematische Fälle	192	60
1. Ersatzlieferung beim Stückkauf	192	60
a) Eine Ansicht: Ausschluss des Ersatzlieferungsanspruchs		61
b) Gegenansicht: Ersatzlieferungsanspruch bei vertretbaren, ersetzbaren bzw. wirtschaftlich vergleichbaren Sachen	195	61
c) Stellungnahme	196	61

	2. Wahlrecht innerhalb der Nachbesserung	201	63
	3. Nacherfüllung und Verantwortlichkeit des Käufers	203	64
	4. Reichweite der Nacherfüllung bei weiteren Schäden an der Kaufsache („Weiterfresserschäden")	205	65

§ 8 Rücktrittsrecht des Käufers 208   66

    I. Überblick 208   66
    II. Voraussetzungen 210   66
        1. Mangelhaftigkeit der Kaufsache und Fälligkeit 210   66
        2. Erfolgloser Ablauf einer angemessenen Nachfrist 216   67
            a) Grundsatz 216   67
            b) Entbehrlichkeit der Fristsetzung 220   69
                aa) § 323 Abs. 2 220   69
                bb) § 326 Abs. 5 221   69
                cc) § 440 225   70
                dd) § 445a Abs. 2 n.F. 233   72
            c) Vereinbarkeit des Fristsetzungserfordernisses mit der Verbrauchsgüterkauf-RL – richtlinienkonforme Auslegung? 234   73
        3. Keine Unerheblichkeit der Pflichtverletzung 241   74
        4. Kein Ausschluss gemäß § 323 Abs. 6 244   76
        5. Erklärung des Rücktritts 245   76
    III. Rechtsfolgen 246   76

§ 9 Minderungsrecht des Käufers 248   77

    I. Voraussetzungen 248   77
    II. Rechtsfolgen 250   77

§ 10 Schadensersatzanspruch des Käufers 252   78

    I. Überblick 252   78
    II. Allgemeine Fragen zu Schadensersatzansprüchen aus §§ 437 Nr. 3, 280 ff 257   79
        1. Bestimmung der Pflichtverletzung bei §§ 280 ff 257   79
        2. Bezugspunkt des Vertretenmüssens 261   80
            a) Pflichtverletzung bezüglich der Nacherfüllung 261   80
            b) Pflichtverletzung bezüglich der mangelhaften ursprünglichen Lieferung 262   80
        3. Haftungsmaßstab für das Vertretenmüssen 266   83
            a) Garantie 267   83
            b) Beschaffungsrisiko 268   83
            c) Verschuldenshaftung 269   84
        4. Abgrenzung nach Schadensarten bei §§ 280 ff 273   85
            a) Schadensersatz statt der Leistung und „einfacher" Schadensersatz 274   85

   b) Verzögerungsschaden (§§ 280 Abs. 1, 2, 286) 281 87
   c) Sonderfall: Betriebsausfallschaden und während der
    Nacherfüllungszeit entgangener Gewinn 283 88
   d) Abgrenzung zum allgemeinen Leistungsstörungsrecht,
    insbesondere: Fall der verspäteten Leistung 287 90
 III. Schadensersatzansprüche aus §§ 437 Nr. 3, 311a Abs. 2 ...... 289 91
  1. Voraussetzungen 289 91
  2. Rechtsfolgen – Verhältnis zu § 280 Abs. 1 .... 292 92
 IV. Schadensersatzansprüche aus §§ 280 ff wegen ursprünglich
   mangelhafter Lieferung 294 94
  1. Pflichtverletzung 295 94
  2. Vertretenmüssen 296 94
  3. Abgrenzung nach Schadensarten 297 95
  4. Schadensersatz statt der Leistung: Abgrenzung innerhalb
   der §§ 281 ff 300 95
   a) § 283 .... 302 96
   b) § 281 .... 304 96
  5. Schadensersatz statt der Leistung: Besondere
   Voraussetzungen 305 96
  6. Schadensersatz statt der Leistung und Schadensersatz
   statt der ganzen Leistung 307 97
 V. Schadensersatzanspruch aus §§ 437 Nr. 3, 280 ff wegen
   Verletzung der Nacherfüllungspflicht 311 98
 VI. Aufwendungsersatzanspruch aus §§ 437 Nr. 3, 284 .... 316 99

§ 11 Mängeleinrede des Käufers 325 101

§ 12 Ausschlussgründe und Verjährung im Kaufgewährleistungsrecht ... 328 102
 I. Ausschluss der Haftung des Verkäufers 328 102
  1. Gesetzlicher Haftungsausschluss (§§ 442, 445) 328 102
  2. Vertraglicher Haftungsausschluss (§ 444) 335 104
 II. Verjährung und zeitliche Grenzen 341 106
  1. Verjährung der Gewährleistungsansprüche 342 106
  2. Zeitliche Grenzen der Gestaltungsrechte 345 107

§ 13 Konkurrenzfragen im Kaufgewährleistungsrecht 348 108
 I. Irrtumsanfechtung durch den Käufer 348 108
  1. § 119 Abs. 2 .... 348 108
  2. § 119 Abs. 1 .... 356 109
 II. Irrtumsanfechtung durch den Verkäufer 357 109
 III. § 123 .... 359 110
 IV. Wegfall der Geschäftsgrundlage 360 110
 V. Haftung für Verletzung vertraglicher Nebenpflichten 362 111
  1. Nicht mangelbezogene Nebenpflichten 363 111
  2. Mangelbezogene Nebenpflichten 364 111

VI.	Haftung für vorvertragliche Aufklärungspflichtverletzungen (c.i.c.)	371	113
VII.	Haftung des Käufers für unberechtigt geltend gemachte Ansprüche	376	114
VIII.	Deliktsrecht	379	115

§ 14 Verbrauchsgüterkauf 383 116

    I. Überblick 383 116
    II. Anwendungsbereich der §§ 474 ff 385 117
        1. Persönlicher Anwendungsbereich 386 117
        2. Sachlicher Anwendungsbereich 393 120
    III. Besondere Regelungen für den Verbrauchsgüterkauf 394 120
        1. Gefahrübergang beim Versendungskauf 394 120
        2. Zwingender Charakter 397 121
            a) Rechte des Verbrauchers 397 121
                aa) Regelungsinhalt 397 121
                bb) Abgrenzung zwischen (zulässiger) Beschaffenheitsvereinbarung und (unzulässiger) Haftungsbeschränkung 400 122
            b) Verjährung der Mängelansprüche des Käufers 402 123
        3. Beweislastumkehr (§ 477) 403 123
        4. Absolute Unverhältnismäßigkeit 414 127
        5. Sonstige Regelungen 415 127
            a) Fälligkeit 415 127
            b) Öffentliche Versteigerungen 417 127
            c) Garantien 418 128
            d) Ausschluss von Nutzungsherausgabe und Wertersatz .. 419 128

§ 15 Besondere Problembereiche im Kaufrecht 420 128

    I. Rückgriff des Verkäufers 420 128
        1. Allgemein geltende Rückgriffserleichterungen (§§ 445a, 445b n.F.) 424 129
            a) Überblick 424 129
            b) Anwendungsbereich 425 129
            c) Anspruch auf Aufwendungsersatz wegen der Nacherfüllungskosten (§ 445a Abs. 1) 429 130
            d) Entbehrlichkeit der Fristsetzung (§ 445a Abs. 2 n.F.) ... 433 131
            e) Handelsrechtliche Rüge- und Untersuchungsobliegenheit nach § 377 HGB (§ 445a Abs. 4) 438 133
            f) Verjährung von Rückgriffsansprüchen 440 133
                aa) Verjährungsregelung für den Aufwendungsersatzanspruch aus § 445a Abs. 1 (§ 445b Abs. 1) 440 133
                bb) Allgemeine Ablaufhemmung (§ 445b Abs. 2) 442 134
        2. Besondere Erleichterungen für den Rückgriff nach einem Verbrauchsgüterkauf 445 135

Inhaltsverzeichnis

a) Anwendungsbereich: nur Rückgriff nach Verbrauchsgüterkauf	446	135
b) Beweislastumkehr	447	135
c) Beschränkung der Abdingbarkeit	448	135
II. Selbstvornahme der Nacherfüllung	450	136
III. Versendungskauf	453	138
1. Überblick	453	138
2. Voraussetzungen des § 447	456	139
a) Anwendbarkeit	456	139
b) Versendungskauf	457	139
c) Auslieferung an die Transportperson	459	140
d) Zufall	461	140
e) Typische Transportgefahr?	465	141
3. Haftungsprobleme und Drittschadensliquidation	466	141
a) Transport durch Person, die nicht Frachtführer i.S.d. HGB ist	467	141
b) Transport durch Frachtführer i.S.d. HGB	469	142
IV. Rechtskauf und Unternehmenskauf	471	143
1. Rechtskauf	472	143
2. Unternehmenskauf	476	144
V. Garantien	480	145

Dritter Teil
Sonstige Verträge

§ 16 Werkvertrag	482	147
I. Begriff	483	147
II. Pflichten des Bestellers	486	149
1. Abnahmepflicht des Bestellers	487	149
2. Vergütung	490	149
3. Gefahrtragung bezüglich der Vergütung	494	150
a) Grundregeln (§ 644)	495	150
b) Sonderregeln für den Fall der Verantwortlichkeit des Bestellers (§ 645)	498	151
III. Pflichten des Unternehmers – insbesondere: Gewährleistungsrecht	503	154
1. Überblick	503	154
2. Mangelbegriff	504	155
3. Rechte des Bestellers bei Mangelhaftigkeit des Werks	506	155
a) Überblick	506	155
b) Nacherfüllung	510	156
c) Selbstvornahme und Aufwendungsersatz	514	157
aa) Aufwendungsersatzanspruch bei Selbstvornahme (§ 637 Abs. 1, 2)	514	157

XIII

bb) Vorschuss (§ 637 Abs. 3) 519	158
d) Rücktritt 520	159
e) Minderung 525	160
f) Schadensersatz 527	160
aa) Überblick 527	160
bb) Abgrenzung zwischen den Schadensarten 530	161
cc) Insbesondere: Schadensersatz statt der Leistung .. 534	161
g) Ausschlussgründe und zeitliche Grenzen 538	162
aa) Ausschluss nach § 640 Abs. 3 n.F. (= Abs. 2 a.F.) ... 538	162
bb) Verjährung und zeitliche Grenzen 539	162
h) Zeitpunkt des Eingreifens der Gewährleistungsrechte 546	164
i) Konkurrenzfragen 548	165
4. Abschließender Fall zum Gewährleistungsrecht 549	165
IV. Vorzeitige Beendigung des Werkvertrags 551	168
V. Neuregelung des Bauvertrags 555	169
1. Struktur 555	169
2. Bauvertrag 556	170
3. Verbraucherbauvertrag 558	170
4. Architekten- und Ingenieurvertrag 561	171
5. Bauträgervertrag 564	171

§ 17 Reisevertrag 565   172

I. Vorbemerkung 565	172
II. Vertragsgegenstand 569	173
III. Vertragsparteien 573	175
1. Reiseveranstalter 573	175
2. Reisender 582	177
IV. Zustandekommen des Reisevertrags 587	178
V. Änderung und vorzeitige Auflösung des Reisevertrags 595	180
1. Vertraglich vorbehaltenes Änderungsrecht 595	180
2. Vertragsübernahme 600	181
3. Rücktritt des Reisenden vor Reisebeginn 603	182
4. Kündigung durch eine Partei wegen höherer Gewalt 606	183
VI. Vertragspflichten 610	184
VII. Gewährleistung bei Reisemängeln 614	185
1. Reisemangel (§ 651c Abs. 1) 614	185
2. Abhilfe (§ 651c Abs. 2) 622	187
3. Selbsthilfe und Ersatz der erforderlichen Aufwendungen (§ 651c Abs. 3) 627	188
4. Minderung (§ 651d) 629	188
5. Kündigung (§ 651e) 633	189
a) Voraussetzungen 633	189
b) Rechtsfolgen 636	190
6. Schadensersatz (§ 651f) 640	191
a) Allgemeiner Schadensersatz (Abs. 1) 640	191

	b) Schadensersatz wegen nutzlos aufgewendeter Urlaubszeit (Abs. 2)	644	192
	c) Haftungsprivilegierung nach § 651h	647	193
7.	Ausschlussfrist und Verjährung	652	194
8.	Konkurrenzen	657	195
VIII.	Rechtsbehelfe des Reiseveranstalters	658	195
IX.	Praktische Hinweise	660	196

§ 18 Schenkung 662 196

I.	Vertragsgegenstand	662	196
1.	Überblick	662	196
2.	Zuwendung	663	197
3.	Unentgeltlichkeit	665	197
4.	Dauerhaftigkeit	673	199
II.	Zustandekommen	674	199
III.	Besondere „Beendigungsgründe"	678	200
1.	Überblick	678	200
2.	Einrede des Notbedarfs und Rückforderung wegen Verarmung	679	200
3.	Widerruf wegen groben Undanks	681	201
IV.	Haftung des Schenkers	684	202
1.	Überblick	684	202
2.	Allgemeines Haftungsprivileg, § 521	685	202
3.	Sondervorschriften zur Mängelhaftung, §§ 523, 524	687	203
V.	Sonderformen der Schenkung	695	205
1.	Schenkung unter Auflage	695	205
2.	Gemischte Schenkung	699	206
3.	Schenkungsversprechen von Todes wegen	705	208

§ 19 Miete 706 209

I.	Systematik der Regelungen	706	209
II.	Vertragsgegenstand	707	209
III.	Zustandekommen und Wirksamkeit	710	210
IV.	Rechte des Mieters	714	211
1.	Primäranspruch auf Gewährung des Mietgebrauchs	714	211
	a) Überblick	714	211
	b) Schönheits- und Bagatellreparaturen	717	211
	c) Gebrauchsüberlassung an Dritte	724	213
2.	Mängelgewährleistung	727	214
	a) Überblick	727	214
	b) Mietmangel, Fehlen einer zugesicherten Eigenschaft	728	215
	c) Kein Ausschluss des Gewährleistungsrechts	734	217
	d) Minderung (§ 536)	739	218
	e) Schadensersatz (§ 536a)	743	218

Inhaltsverzeichnis

	f) Selbstvornahme der Mangelbeseitigung durch Mieter und Ersatz der Aufwendungen (§ 536a Abs. 2)	746	219
	g) Konkurrenzen	747	220
3.	Außerordentliche fristlose Kündigung aus wichtigem Grund	753	221
	a) Kündigungsgrund	753	221
	b) Weitere Kündigungsvoraussetzungen	757	222
	c) Verhältnis des § 543 zum allgemeinen Leistungsstörungsrecht	763	223
4.	Zurückbehaltungsrecht	764	223
5.	Aufwendungsersatz und Wegnahmerecht	766	223
6.	Schema	770	224
V. Rechte des Vermieters		771	225
1.	Primäranspruch auf Mietzahlung	771	225
2.	Anspruch auf Unterlassung des vertragswidrigen Gebrauchs	774	226
3.	Außerordentliche fristlose Kündigung aus wichtigem Grund	775	226
4.	Kein Anspruch auf Vorteilsherausgabe bei unberechtigter Untervermietung	780	227
5.	Schadensersatzansprüche	781	228
	a) Wegen vertragswidrigen Gebrauchs der Mietsache	781	228
	b) Wegen unterlassener Mängelanzeige	785	229
VI. Vermieterpfandrecht		786	229
1.	Überblick	786	229
2.	Forderung aus dem Mietverhältnis	787	230
3.	Eingebrachte pfändbare Sache des Mieters	788	230
4.	Kein Erlöschen des Vermieterpfandrechts	792	231
5.	Folgen des Vermieterpfandrechts	795	232
VII. Veräußerung der vermieteten Mietsache		796	232
VIII. Beendigung des Mietverhältnisses		803	234
1.	Überblick	803	234
2.	Beendigung durch Fristablauf	805	234
3.	Beendigung durch ordentliche Kündigung	806	234
	a) Kündigung durch den Vermieter	806	234
	b) Kündigung durch den Mieter	810	235
	c) Schema	811	236
4.	Beendigung durch außerordentliche Kündigung	812	236
5.	Rechtsfolgen der Beendigung eines Mietverhältnisses	815	236
	a) Rückgabe der Mietsache	815	236
	b) Entschädigung und Schadensersatz bei verspäteter Rückgabe	817	237
	c) Schadensersatz in weiteren Fällen	819	237
	d) Verjährung	821	238

§ 20	**Finanzierungsleasing**	823	239
	I. Konstruktion und Rechtsnatur des Finanzierungsleasings	824	239
	II. AGB-rechtliche Zulässigkeit	829	241
	1. Abwälzung der Sach- und Preisgefahr	829	241
	2. Drittverweisungsklausel	833	242
	III. Mängelgewährleistung	834	243
	1. Einführung	834	243
	2. Nacherfüllung	835	243
	3. Rücktritt	836	243
	4. Minderung	842	245
	5. Schadensersatz	843	245
	6. Störungen der Dreieckshaftung	846	246
	IV. Nichtlieferung und Verzug	848	249
	V. Unmittelbare vertragliche Ansprüche des Leasingnehmers gegen den Lieferanten	850	250
	VI. Haftung des Leasingnehmers	851	250
	VII. Verbraucherkreditrechtliche Vorschriften	853	251
	VIII. Ausübung eines Andienungs- oder Optionsrechts	855	251
	IX. Exkurs: Sonderformen des Leasings und verwandte Vertragstypen	856	252
	1. Operatingleasing	856	252
	2. Herstellerleasing	857	252
	3. Sale-and-lease-back	859	253
	4. Teilzahlungskauf	860	253
	5. Mietkauf	861	253
§ 21	**Leihe**	862	254
	I. Vertragsgegenstand	862	254
	II. Ansprüche des Entleihers	865	255
	III. Ansprüche des Verleihers	868	255
	IV. Beendigung des Leihverhältnisses, Rückgabe der Leihsache	870	256
	V. Verjährung	873	257
§ 22	**Geld- und Sachdarlehen**	876	257
	I. Vertragsgegenstand	876	257
	II. Zustandekommen und Wirksamkeit	879	258
	1. Formelle Wirksamkeit	879	258
	2. Materielle Wirksamkeit	881	259
	III. Pflichtenprogramm der Parteien	887	260
	IV. Ende des Darlehensverhältnisses	891	261
	V. Sachdarlehen	901	265
	1. Überblick	901	265
	2. Mängelgewährleistung	903	265
	3. Vertragsbeendigung	905	266

| § 23 | **Dienstvertrag** | 906 | 267 |

	I. Vertragsgegenstand	906	267
	II. Zustandekommen und Wirksamkeit	912	268
	III. Rechte des Dienstberechtigten	917	270
	1. Erfüllungsanspruch	917	270
	2. Rechtsbehelfe bei Nichtleistung	921	271
	3. Rechtsbehelfe bei Schlechtleistung	926	272
	IV. Rechte des Dienstverpflichteten	934	274
	V. Beendigung des Dienstverhältnisses	941	276
	1. Überblick	941	276
	2. Zeitablauf bei befristeten Dienstverhältnissen	945	276
	3. Fristgebundene Kündigung	947	277
	4. Fristlose Kündigung	953	278
	a) Fristlose Kündigung aus wichtigem Grund	953	278
	b) Fristlose Kündigung bei Vertrauensstellung	957	279
	c) Rechtsfolge einer fristlosen Kündigung	959	279

§ 24 **Auftrag und Geschäftsbesorgungsvertrag** ... 962   280

    I. Auftrag ... 962   280
       1. Vertragsgegenstand ... 962   280
       2. Zustandekommen ... 967   281
       3. Rechte des Auftraggebers ... 968   281
       4. Rechte des Beauftragten ... 974   283
       5. Vertragsbeendigung ... 980   284
    II. Geschäftsbesorgungsvertrag ... 984   285
       1. Vertragsgegenstand ... 984   285
       2. Verweis auf das Auftragsrecht ... 987   285
    III. Empfehlung, Rat ... 989   286

§ 25 **Bürgschaft** ... 991   287

    I. Vertragsgegenstand ... 991   287
       1. Überblick ... 991   287
       2. Sonderformen ... 996   288
    II. Wirksamkeit des Bürgschaftsvertrags ... 999   289
       1. Formelle Wirksamkeit ... 999   289
       2. Materielle Wirksamkeit ... 1003   290
          a) Bestimmbarkeit der Hauptforderung ... 1003   290
          b) Sittenwidrigkeit ... 1009   291
          c) Verbraucherschutzvorschriften ... 1012   293
              aa) Haustür- und Fernabsatzgeschäfte ... 1012   293
              bb) Verbraucherdarlehen ... 1015   294
          d) Anfechtung und Wegfall der Geschäftsgrundlage ... 1018   295
    III. Anspruch des Gläubigers gegen den Bürgen ... 1022   296
       1. Überblick über die Voraussetzungen ... 1022   296

2. Bestand der gesicherten Forderung (Akzessorietät)	1023	297
3. Erlöschen	1026	299
4. Durchsetzbarkeit	1030	299
a) Einreden gegen die Bürgschaft	1030	299
b) Einreden gegen die Hauptforderung	1033	300
IV. Regressmöglichkeit des Bürgen	1038	301
1. Gegen den Hauptschuldner	1038	301
2. Gegen einen Mitbürgen	1043	302
3. Gegen andere Sicherungsgeber	1048	303

§ 26 Sonstige Schuldverhältnisse im Überblick ... 1052 306

I. Behandlungsvertrag	1052	306
II. Maklervertrag	1056	307
III. Auslobung und Preisausschreiben	1060	307
IV. Verwahrung	1063	308
V. Spiel und Wette	1066	308
VI. Vergleich	1068	309
VII. Schuldversprechen und Schuldanerkenntnis	1073	310

Problemübersicht 311

Sachverzeichnis 331

Abkürzungsverzeichnis

a.A.	andere(r) Ansicht
a.a.O.	am angegebenen Ort
ABl. EG	Amtsblatt der Europäischen Union
Abs.	Absatz
Abschn.	Abschnitt
AbzG	Abzahlungsgesetz
AcP	Archiv für die civilistische Praxis (Zeitschrift)
a.E.	am Ende
a.F.	alte Fassung
AG	Amtsgericht; Aktiengesellschaft
AGB	Allgemeine Geschäftsbedingungen
allg.	allgemein
Anh	Anhang
BayObLG	Bayerisches Oberstes Landesgericht
BB	Der Betriebs-Berater (Zeitschrift)
bestr.	bestritten
betr.	betreffend(e/en/em)
BGB	Bürgerliches Gesetzbuch
BGB-InfoV	Verordnung über Informations- und Nachweispflichten nach bürgerlichem Recht (BGB-Informationspflichten-Verordnung)
BGBl.	Bundesgesetzblatt
BGH	Bundesgerichtshof
BGHZ	Entscheidungen des BGH in Zivilsachen (Entscheidungssammlung)
Bsp.	Beispiel
bspw.	beispielsweise
BT-Drucks.	Drucksache des Deutschen Bundestags
bzgl.	bezüglich
bzw.	beziehungsweise
ca.	ungefähr (circa)
c.i.c.	culpa in contrahendo
DB	Der Betrieb (Zeitschrift)
DepotG	Gesetz über die Verwahrung und Anschaffung von Wertpapieren
d.h.	das heißt
DStR	Deutsches Steuerrecht (Zeitschrift)
e.A.	eine Ansicht
ebd.	ebendort
EBV	Eigentümer-Besitzer-Verhältnis
EG	Europäische Gemeinschaft
EGBGB	Einführungsgesetz zum Bürgerlichen Gesetzbuche
EGV	Vertrag zur Gründung der Europäischen Gemeinschaft
Einf v	Einführung vor
etc.	et cetera (usw.)

Abkürzungsverzeichnis

EuGH	Europäischer Gerichtshof
evtl.	eventuell
f, ff	folgend(e)
Fa.	Firma
FamRZ	Zeitschrift für das gesamte Familienrecht (Zeitschrift)
FS	Festschrift
gem.	gemäß
GG	Grundgesetz für die Bundesrepublik Deutschland
ggf.	gegebenenfalls
GmbHG	Gesetz betreffend die Gesellschaft mit beschränkter Haftung
GoA	Geschäftsführung ohne Auftrag
grds.	grundsätzlich
HGB	Handelsgesetzbuch
h.L.	herrschende Lehre
h.M.	herrschende Meinung
Hs.	Halbsatz
i.d.R.	in der Regel
i.E.	im Ergebnis
i.F.	im Fall(e)
i.H.v.	in Höhe von
insb.	insbesondere
InsO	Insolvenzordnung
i.R.d.	im Rahmen des/r
i.R.e.	im Rahmen eines/r
i.R.v.	im Rahmen von
i.S.d.	im Sinne des/r
i.S.v.	im Sinne von
i.v.F.	im vorliegenden Fall
i.V.m.	in Verbindung mit
JA	Juristische Arbeitsblätter (Zeitschrift)
JuS	Juristische Schulung (Zeitschrift)
JZ	Juristenzeitung (Zeitschrift)
Kap.	Kapitel
LG	Landgericht/Leasinggeber
LN	Leasingnehmer
Lit.	Literatur
m.a.W.	mit anderen Worten
MDR	Monatsschrift für Deutsches Recht (Zeitschrift)
m.E.	meines Erachtens
MRG	Mietrechtsreformgesetz
m.(w.)N.	mit (weiterem) Nachweis
Nachw.	Nachweis(e)

n.F.	neue Fassung
NJOZ	Neue Juristische Online-Zeitschrift (Zeitschrift)
NJW	Neue Juristische Wochenschrift (Zeitschrift)
NJW-RR	NJW Rechtsprechungs-Report Zivilrecht (Zeitschrift)
Nr.	Nummer
NZBau	Neue Zeitschrift für Baurecht und Vergaberecht (Zeitschrift)
NZM	Neue Zeitschrift für Miet- und Wohnungsrecht (Zeitschrift)
o.ä.	oder ähnliches
obj.	objektiv
o.g.	oben genannte(n/r/s)
OLG	Oberlandesgericht
p.a.	per annum, für/auf das Jahr
ProdHaftG	Produkthaftungsgesetz
p.V.V.	positive Vertragsverletzung
Rdnr.	Randnummer
RegEntw-Begr.	Regierungsentwurf-Begründung
RL	Richtlinie
Rspr.	Rechtsprechung
S.	Satz, Seite
s.(a./o./u.)	siehe (auch/oben/unten)
SGB XII	Sozialgesetzbuch Zwölftes Buch
SMG	Schuldrechtsmodernisierungsgesetz
sog.	so genannte(r/s)
st.	ständig(e)
StGB	Strafgesetzbuch
subj.	subjektiv
u.a.	unter anderem
ü.A.	überwiegende Ansicht
Überbl v	Überblick vor
umstr.	umstritten
unbestr.	unbestritten
UWG	Gesetz gegen den unlauteren Wettbewerb
v.a.	vor allem
VerbrKrG	Verbraucherkreditgesetz
VerbrKr-RL	Verbraucherkredit-Richtlinie
vgl.	vergleiche
Vorb v	Vorbemerkung vor
vs	versus/gegen(über)
WGG	Wegfall der Geschäftsgrundlage
WiStG	Wirtschaftsstrafgesetz
WM	Wertpapiermitteilungen (Zeitschrift)
WoVermittG	Gesetz zur Regelung der Wohnungsvermittlung

Abkürzungsverzeichnis

z.B.	zum Beispiel
ZfPW	Zeitschrift für die gesamte Privatrechtswissenschaft
ZGS	Zeitschrift für das gesamte Schuldrecht (Zeitschrift)
ZIP	Zeitschrift für Wirtschaftsrecht (Zeitschrift)
ZMR	Zeitschrift für Miet- und Raumrecht (Zeitschrift)
ZPO	Zivilprozessordnung
z.T.	zum Teil

Verzeichnis der abgekürzt zitierten Literatur

Bamberger/Roth, BeckOK BGB, 43. Edition (Stand: 15.6.2017)
Blank/Börstinghaus, Miete, 5. Aufl. 2017
Brox/Walker, Besonderes Schuldrecht, 41. Aufl. 2017
Buck-Heeb, Examens-Repetitorium Besonderes Schuldrecht 2, Gesetzliche Schuldverhältnisse, 6. Aufl. 2017
Erman, BGB, 14. Aufl. 2014
Gottwald/Würdinger, Examens-Repetitorium BGB-Allgemeiner Teil, 4. Aufl. 2016
Habersack, Examens-Repetitorium Sachenrecht, 8. Aufl. 2016
Huber/Faust, Schuldrechtsmodernisierung, 2002
Jauernig, BGB, 16. Aufl. 2015
Larenz, Lehrbuch des Schuldrechts; Allgemeiner Teil, 14. Aufl. 1987
Larenz, Lehrbuch des Schuldrechts, Besonderer Teil, Band 2, 12. Aufl. 1981
Lipp, Examens-Repetitorium Familienrecht, 4. Aufl. 2013
Looschelders, Schuldrecht Allgemeiner Teil, 15. Aufl. 2017
Looschelders, Schuldrecht Besonderer Teil, 12. Aufl. 2017
Lorenz/Riehm, Lehrbuch zum neuen Schuldrecht, 2002
Medicus/Petersen, Bürgerliches Recht, 26. Aufl. 2017
Medicus/Lorenz, Schuldrecht II, Besonderer Teil, 17. Aufl. 2014
Münchener Kommentar zum BGB, 7. Aufl. 2016
Musielak, Grundkurs ZPO, 13. Aufl. 2016
Oechsler, Vertragliche Schuldverhältnisse, 2. Aufl. 2017
Oetker/Maultzsch, Vertragliche Schuldverhältnisse, 4. Aufl. 2013
Palandt, BGB, 76. Aufl. 2017
Petersen, Examens-Repetitorium Allgemeines Schuldrecht, 8. Aufl. 2017
Reinicke/Tiedtke, Bürgschaftsrecht, 3. Aufl. 2008
Reinicke/Tiedtke, Kaufrecht, 8. Aufl. 2009
Schlechtriem, Schuldrecht Besonderer Teil, 6. Aufl. 2003
Schürnbrand, Examens-Repetitorium Verbraucherschutzrecht, 2. Aufl. 2014
Soergel, Bürgerliches Gesetzbuch mit Einführungsgesetz und Nebengesetzen, 12. und 13. Aufl. 1990 ff
Staudinger, Kommentar zum Bürgerlichen Gesetzbuch mit Einführungsgesetz und Nebengesetzen, Neubearbeitung 2006 ff

Erster Teil

Grundlagen

§ 1 Vertragliche Schuldverhältnisse in der Regelungssystematik des BGB

Das BGB regelt die vertraglichen Schuldverhältnisse im 8. Abschnitt des 2. Buches (§§ 433 ff). Diese Regelung ist allerdings nicht abschließend. Zum einen haben sich in der Praxis als Folge des Grundsatzes der Vertragsfreiheit neue Vertragsformen ergeben, die nicht oder nur ansatzweise im BGB geregelt sind, wie z.B. das Leasing oder das Factoring. Zum anderen sind selbst im Bereich der im BGB vorgesehenen Vertragstypen die Regeln des allg. Schuldrechts, insbesondere des allg. Leistungsstörungsrechts, heranzuziehen, soweit nicht die §§ 433 ff eine abschließende Regelung darstellen. Besonders eng ist die Verzahnung des Rechts der vertraglichen Schuldverhältnisse mit dem allg. Leistungsstörungsrecht seit der 2002 in Kraft getretenen Schuldrechtsmodernisierung im kauf- und werkvertraglichen Gewährleistungsrecht. Dort wird für die Rechtsbehelfe des Käufers bzw. des Werkbestellers bei Mängeln der Kaufsache bzw. des Werks in weitem Umfang auf die Rechtsbehelfe des allg. Leistungsstörungsrechts verwiesen, vgl. §§ 437, 634.

Eine sichere Beherrschung des allg. Leistungsstörungsrechts ist deshalb für die Lösung von Fällen aus dem Bereich der vertraglichen Schuldverhältnisse unerlässlich. Die Details können in diesem Buch nicht behandelt werden[1]. Es erscheint jedoch sinnvoll, kurz das dem allg. Leistungsstörungsrecht zugrunde liegende Regelungssystem und die wichtigsten Rechtsbehelfe aus diesem Bereich darzustellen.

---

1 Vgl. dazu *Petersen* Dritter Teil = Rdnr. 248-370; *Huber/Faust* S. 289 ff; *Lorenz/Riehm* S. 83 ff; *Looschelders* AT Rdnr. 397 ff.

§ 2 Regelungssystem des allgemeinen Leistungsstörungsrechts

I. Wesentliche Regelungen

3   Die wesentlichen Regelungen des allg. Leistungsstörungsrechts finden sich in den §§ 275 ff (allg. Vorschriften für Leistungsstörungen in Schuldverhältnissen), §§ 320 bis 326 (Besonderheiten bei gegenseitigen Verträgen) und §§ 346 ff (Rücktritt). Hinzu kommen einzelne Regelungen für bestimmte Teilbereiche: § 241 Abs. 2 verankert (einzelne) Nebenpflichten im Gesetz, § 311 Abs. 2 regelt das vorvertragliche Schuldverhältnis (als Grundlage für Schadensersatzansprüche aus culpa in contrahendo), § 311 Abs. 3 die Möglichkeit der Einbeziehung Dritter in das Schuldverhältnis. Eine Sonderregelung für die bereits bei Vertragsschluss vorliegenden Leistungshindernisse (einschließlich einer besonderen Schadensersatzvorschrift) enthält § 311a. Die §§ 313, 314 kodifizieren die Lehre vom Wegfall der Geschäftsgrundlage (WGG).

II. Systematische Struktur

4   Das durch das Schuldrechtsmodernisierungsgesetz (SMG) neu geregelte allg. Leistungsstörungsrecht ist in seiner Struktur am besten vor dem Hintergrund seiner Entstehungsgeschichte zu verstehen.

5   Das Charakteristikum des früheren Leistungsstörungsrechts lag in seiner Differenzierungstiefe: Die verschiedenen Arten der Leistungsstörungen wurden grundsätzlich separat voneinander geregelt und jeweils eigenen Lösungssträngen unterworfen. Am Anfang der Fallbearbeitung stand demnach als entscheidende Weichenstellung die Einordnung der aufgetretenen Störung in die (vom Gesetz oder von der Rechtsprechung[1]) vorgegebenen Kategorien von Leistungsstörungen. Entsprechend dieser Einordnung folgte die Behandlung des Falles nach den für diesen Regelungsstrang vorgesehenen Regeln. Die Lösung wurde also „nach Unmöglichkeitsrecht", „nach Verzugsrecht" etc. gefunden.

6   In Abkehr von diesem Regelungssystem sahen die ersten Pläne zur Reform des Schuldrechts eine drastische Vereinheitlichung des Leistungsstörungsrechts vor. Die Grundidee bestand darin, alle Formen der Leistungsstörungen zu einem einheitlichen Tatbestand der Pflichtverletzung zusammenzufassen und diesem grundsätzlich einen einheitlichen Katalog von Rechtsfolgen gegenüberzustellen.

7   Das Leistungsstörungsrecht des SMG von 2002 stellt einen Kompromiss zwischen dem ursprünglichen BGB und den ersten, radikalen Reformplänen dar. Im Zentrum steht eine „Haupt- bzw. erste Spur" mit einer einheitlichen Struktur, die im Grundansatz den radikalen Reformvorstellungen folgt, aber bei den einzelnen Rechtsbehelfen näher ausdifferenziert.

---

[1] Stichworte: positive Vertragsverletzung (p.V.V.); culpa in contrahendo (c.i.c.).

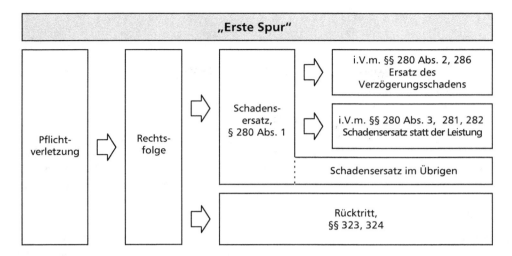

Daneben gibt es eine „zweite Spur" für diejenigen Fälle, in denen die primäre Leistungspflicht gemäß § 275 ausgeschlossen ist (z.B. infolge von Unmöglichkeit). Diese „zweite Spur" folgt weitgehend einem eigenen Regelungsstrang, greift aber, wo es möglich ist, ihrerseits auf Instrumente der „ersten Spur" zurück.

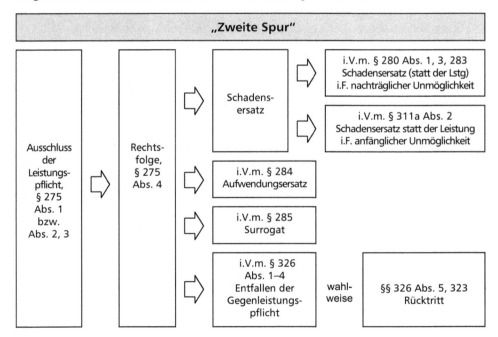

III. Das Regelungssystem in den Fällen des § 275 („zweite Spur")

9   Das System erschließt sich am besten, wenn man mit der zweiten Spur beginnt. Ausgangspunkt ist hier die Vorschrift des § 275, die bestimmt, unter welchen Voraussetzungen die primäre Leistungspflicht des Schuldners ausgeschlossen ist (im Wesentlichen bei Unmöglichkeit und bei berechtigter Verweigerung der Leistung wegen Unverhältnismäßigkeit). Wenn ein Fall des § 275 Abs. 1–3 vorliegt, richten sich die rechtlichen Folgen, insbesondere die Rechte des Gläubigers, nach dem System der zweiten Spur; die entsprechenden Vorschriften werden in § 275 Abs. 4 genannt. Die Rechte des Gläubigers bestimmen sich also nach den §§ 280, 283 bis 285 (Schadensersatz, Aufwendungsersatz, stellvertretendes commodum), § 311a (insbesondere Abs. 2 als Sondervorschrift für Schadensersatz bei anfänglich vorliegendem Leistungshindernis) und § 326 (Wegfall der Gegenleistungspflicht, Abs. 1–4; Möglichkeit zum Rücktritt unter erleichterten Voraussetzungen, Abs. 5).

10 Zu beachten ist, dass § 275 (und das damit verbundene Regelungssystem) nicht auf diejenigen Fälle beschränkt ist, in denen die Leistung in vollem Umfang unmöglich (bzw. nach § 275 Abs. 2, 3 ausgeschlossen) ist. Vielmehr erfasst die Vorschrift auch diejenigen Fälle, in denen beim Kauf- oder Werkvertrag eine mangelfreie Leistung der Sache unmöglich (bzw. nach § 275 Abs. 2, 3 ausgeschlossen) ist.

IV. Das Regelungssystem in den sonstigen Fällen („erste Spur")

11 Wenn es sich nicht um einen Fall handelt, in dem die primäre Leistungspflicht des Schuldners nach § 275 ausgeschlossen ist, befindet man sich innerhalb der „ersten Spur". Diese erfasst den größten Bereich der Leistungsstörungen, nämlich die Fälle der verspäteten Leistung (Verzug), der Schlechtleistung und der Nebenpflichtverletzungen. Auf eine Pflichtverletzung in diesem Sinne reagiert das BGB mit einem im Grundansatz einheitlichen Katalog von Rechtsbehelfen des Gläubigers, insbesondere mit dem Rücktrittsrecht (geregelt in §§ 323 f) und dem Schadensersatzanspruch (geregelt in §§ 280 ff). Innerhalb dieser Rechtsbehelfe trifft das Gesetz gewisse Differenzierungen: So wird beim Schadensersatz die Grundnorm des § 280 Abs. 1 für bestimmte Schadensarten um besondere Voraussetzungen ergänzt, nämlich durch §§ 280 Abs. 3, 281 ff für den „Schadensersatz statt der Leistung" und durch §§ 280 Abs. 2, 286 für den „Schadensersatz wegen Verzögerung der Leistung". Das Rücktrittsrecht ist unterschiedlich ausgestaltet, je nachdem ob es sich um die Verletzung einer (nicht leistungsbezogenen) Nebenpflicht gemäß § 241 Abs. 2 handelt (dann gilt § 324) oder um eine andere Pflichtverletzung (dann gilt § 323).

V. Einbeziehung des kauf- und werkvertraglichen Gewährleistungsrechts

12 Das eben geschilderte zweispurige System gilt nicht nur für den Bereich, den man im früheren Recht als Leistungsstörungsrecht im engeren Sinn bezeichnet hat. Es bezieht darüber hinaus auch die kauf- und die werkvertragliche Gewährleistungshaftung mit

ein. § 433 Abs. 1 S. 2 und § 633 Abs. 1 ordnen die Pflicht zur Erbringung einer mangelfreien Leistung der primären Leistungspflicht des Schuldners zu. Die Mangelfreiheit ist also Inhalt der Leistungspflicht. Die mangelhafte Leistung ist deshalb eine Pflichtverletzung. Man kann diese Art der Pflichtverletzung als „Schlechtleistung" bezeichnen. Zwar taucht dieser Begriff im Gesetz nicht auf, doch eignet er sich als einprägsamer Oberbegriff. Das Gesetz verwendet für die Schlechtleistung verschiedene Formulierungen. In § 281 spricht es davon, dass die Leistung „nicht wie geschuldet" erbracht wird, während es in § 323 den Begriff der „nicht vertragsgemäßen" Leistung verwendet. Die Unterschiede bei der Bezeichnung erklären sich aus der systematischen Stellung im Gesetz: Im Gewährleistungsrecht trifft das Abstellen auf die Mangelhaftigkeit genau den Kern der Sache. Bei § 323 dagegen verbietet sich der Rückgriff auf die Bezeichnung des Mangels, weil diese Vorschrift für alle gegenseitigen Verträge gilt, nicht nur für solche, die ein eigenes Gewährleistungsrecht mit Mangelbegriff vorsehen. Die Vorschrift des § 281 schließlich muss ausweislich ihrer systematischen Stellung auch andere Schuldverhältnisse als gegenseitige Verträge erfassen, weshalb hier ein noch weiter gefasster Begriff verwendet wird.

Das Gewährleistungsrecht kann – um im Bild zu bleiben – sowohl auf die „erste Spur" als auch auf die „zweite Spur" einbiegen. Letzteres ist der Fall, wenn die mangelfreie Erbringung der Leistung unmöglich ist. **13**

§ 3 Rechtsbehelfe des Gläubigers im allgemeinen Leistungsstörungsrecht

I. Relevanz für die vertraglichen Schuldverhältnisse

Die Rechtsbehelfe, die das allg. Leistungsstörungsrecht dem Gläubiger gewährt, sind für die vertraglichen Schuldverhältnisse in zweierlei Hinsicht relevant: **14**

Zum einen greifen die Rechtsbehelfe von sich aus („aus eigenem Recht") bei all denjenigen Leistungsstörungen, die durch die besonderen Gewährleistungsvorschriften des betreffenden Vertragstyps nicht (abschließend) geregelt sind. Dies gilt insbesondere für den Verzug, die Nebenpflichtverletzungen und häufig auch für die Fälle des § 275. Aber auch die Schlechtleistung kann unmittelbar zur Anwendung der Rechtsbehelfe des allg. Leistungsstörungsrechts führen, sofern die Vorschriften des betreffenden Vertragstyps keine Gewährleistungsregeln enthalten. **15**

Zum anderen sind die Rechtsbehelfe des allg. Leistungsstörungsrechts insoweit relevant, als das kauf- bzw. werkvertragliche Gewährleistungsrecht auf sie verweisen (§§ 437, 634). **16**

Eine ausführliche Darstellung des Rechtsbehelfssystems des allg. Leistungsstörungsrechts kann im Rahmen dieses Buches nicht erfolgen. Einige wichtige und problema- **17** tische Bereiche, die im Laufe der weiteren Erörterungen immer wieder relevant werden, sollen jedoch im Folgenden kurz dargestellt werden.

II. Schadensersatzansprüche

1. Überblick

18 Es gibt grundsätzlich zwei Anspruchsgrundlagen für den Schadensersatz: § 311a Abs. 2 und §§ 280 ff. Die Abgrenzung zwischen beiden Normkomplexen ist einfach: Wenn es sich um einen Fall handelt, in dem die Leistungspflicht[2] bereits bei Vertragsschluss nach § 275 ausgeschlossen ist, richtet sich der Schadensersatzanspruch des Gläubigers nach § 311a Abs. 2. In allen anderen Fällen sind die §§ 280 ff einschlägig.

2. Schadensersatz aus den §§ 280 ff

a) Struktur

19 Grundnorm für den Schadensersatzanspruch – und die eigentliche Anspruchsgrundlage – ist § 280 Abs. 1; dort sind die Grundvoraussetzungen für einen Schadensersatzanspruch aufgelistet: Schuldverhältnis, Pflichtverletzung und Vertretenmüssen (mit der Beweislastumkehr in S. 2).

20 Für bestimmte Schadensarten stellt das Gesetz zusätzliche Voraussetzungen auf, nämlich für den Verzögerungsschaden in § 280 Abs. 2 i.V.m. § 286 (Voraussetzungen des Verzuges) und für den Schadensersatz statt der Leistung in § 280 Abs. 3 i.V.m. §§ 281–283. Handelt es sich weder um einen Verzögerungsschaden noch um Schadensersatz statt der Leistung (also um einen „einfachen" Schaden, auch sonstiger Schaden genannt), so bleibt es einfach bei der Anwendung des § 280 Abs. 1.

b) Abgrenzung der Schadensarten

21 Aus der Struktur der §§ 280–283 ergibt sich, dass die Abgrenzung der einzelnen Schadensarten (Schadensersatz statt der Leistung, Verzögerungsschaden, einfacher Schaden) von erheblicher Bedeutung ist. Es ist nicht verwunderlich, dass die – in dieser Form durch das SMG neu eingeführte – Differenzierung zu intensiven Debatten geführt hat und in einigen Bereichen äußerst umstr. ist[3]. Auf die Einzelheiten wird, soweit für die Zwecke dieses Buchs relevant, im Rahmen der jeweiligen Vertragsarten eingegangen. An dieser Stelle sollen daher einige grundsätzliche Ausführungen genügen.

22 Ein Verzögerungsschaden (§§ 280 Abs. 1, 2, 286) liegt vor, wenn der Gläubiger Ersatz dafür verlangt, dass er die Leistung verspätet erhalten hat. Der Gläubiger will also die Leistung vom Schuldner nach wie vor haben und verlangt nur Ersatz für die in-

---

2 Dies kann ggf. auch die Pflicht zur mangelfreien Leistung sein, z.B. gemäß § 433 Abs. 1 S. 2.
3 Vgl. *Faust*, in: *Huber/Faust*, S. 137 ff.

folge der Verzögerung eingetretenen Schäden (z.B. Nutzungsentgang während der Verzögerung).

Schadensersatz statt der Leistung (§§ 280 Abs. 1, 3, 281–283) liegt vor, wenn der Gläubiger die (Haupt-)Leistung des Schuldners nicht mehr haben und stattdessen sein Leistungsinteresse im Wege des Schadensersatzes (also i.d.R. in Geld) liquidieren will. Der Schadensersatz tritt also „an die Stelle" der ursprünglich vom Schuldner geschuldeten Leistung. **23**

Einfacher Schadensersatz (§ 280 Abs. 1) liegt vor, wenn es sich weder um einen Verzögerungsschaden noch um Schadensersatz statt der Leistung handelt. Dies erfasst insbesondere die Fälle der Verletzung von Schutz- oder Nebenpflichten[4], z.B. bei c.i.c., und bestimmte Schadensposten, die der Gläubiger „neben" der (nach wie vor gewünschten) (Haupt-)Leistung ersetzt haben will. Letzteres ist vor allem bei der Schlechtleistung denkbar; die genaue Abgrenzung ist dabei umstritten, vgl. dazu insbesondere § 10, Rdnr. 273 ff und § 16, Rdnr. 530 ff. **24**

c) *Insbesondere: Schadensersatz statt der Leistung*

Handelt es sich bei dem vom Gläubiger geltend gemachten Anspruch um Schadensersatz statt der Leistung, gelten gemäß § 280 Abs. 3 die besonderen Voraussetzungen der §§ 281 ff. Welche der Vorschriften der §§ 281–283 eingreift, richtet sich wiederum nach der Art der Pflichtverletzung: **25**

aa) *Schlechtleistung*

Handelt es sich um einen Fall der Schlechtleistung („nicht wie geschuldet") oder der Leistungsverzögerung („nicht"), so greift § 281. Der Anspruch auf Schadensersatz statt der Leistung setzt dann grundsätzlich den erfolglosen Ablauf einer angemessenen Nachfrist voraus; der Schuldner soll also eine „zweite Chance" bekommen, bevor er auf das positive Interesse haftet. Darüber hinaus stellt § 281 Abs. 1 S. 2, 3 besondere Voraussetzungen für den Fall auf, dass der Gläubiger sog. Schadensersatz statt der *ganzen* Leistung verlangt. **26**

Fall 1: Wenn der Vermieter statt der versprochenen 100 einheitlichen Besteckgarnituren für das Bankett schuldhaft nur 70 liefert, hat der Mieter zwei Möglichkeiten: **27**

Er kann die 70 gelieferten Garnituren akzeptieren, sich anderswo 30 Garnituren besorgen und die Kosten als Schadensersatz statt der Leistung verlangen; dies fällt einfach unter § 281 Abs. 1 S. 1. Der Vermieter könnte sich aber auch auf den Standpunkt stellen, ihm sei mit zwei unterschiedlichen Garnituren nicht gedient, er benötige eine

---

4 Dies bedeutet nicht etwa, dass bei der Verletzung von Nebenpflichten reflexartig auch § 282 zu zitieren und anzuwenden wäre. Ganz im Gegenteil: Die normalerweise aus der Verletzung von Nebenpflichten entstehenden Schäden fallen unproblematisch allein unter § 280 Abs. 1. Nur in dem Sonderfall, dass der Gläubiger die Verletzung von Nebenpflichten „zum Anlass nimmt", sich vom gesamten Vertrag zu lösen und die gesamte Leistung (also auch die Hauptleistung) des Gläubigers nicht mehr zu wollen, handelt es sich um einen Fall des Schadensersatzes statt der Leistung, der über § 280 Abs. 3 den zusätzlichen Voraussetzungen des § 282 unterliegt. Dies ist ein häufiger Fehler!

einheitliche Ausstattung. Wenn er deshalb die Lieferung der 70 Garnituren ablehnt, sich komplett bei einem anderen Anbieter eindeckt und die dafür entstandenen Kosten im Wege des Schadensersatzes beim Vermieter liquidieren will, verlangt er Schadensersatz statt der ganzen Leistung („großen Schadensersatz"). In diesem Fall unterliegt er den zusätzlichen Voraussetzungen des § 281 Abs. 1 S. 2: Es kommt also darauf an, ob er im Einzelfall an der Teilleistung ein Interesse hat. Eine ähnliche Regelung enthält § 281 Abs. 1 S. 3 für die Fälle der Schlechtleistung. Allerdings ist das maßgebende Kriterium dort dasjenige der Erheblichkeit der Pflichtverletzung.

bb) Verletzung nicht leistungsbezogener Nebenpflicht

28 Geht es dagegen um einen Fall der Verletzung einer nicht leistungsbezogenen[5] Nebenpflicht i.S.d. § 241 Abs. 2, so gilt § 282. Schadensersatz statt der Leistung kann der Gläubiger dann nur verlangen, wenn ihm die Leistung durch den Schuldner nicht mehr zuzumuten ist. Derartige Fälle werden selten sein.

29 **Fall 2:** Schulbeispiel ist der Fall des mit der Renovierung der Wohnung beauftragten Malers, der zwar die eigentlichen Malerarbeiten ordentlich erledigt (und deshalb nicht unter § 281 fällt), aber bei An- und Abtransport seiner Leiter ständig aus Unachtsamkeit wertvolle Einrichtungsgegenstände des Auftraggebers beschädigt.

Wenn der Auftraggeber die Beschädigung der Einrichtung zum Anlass nimmt, einen anderen Maler zu beauftragen und dem ursprünglich beauftragten Maler, auf dessen Dienste er künftig verzichtet, die entsprechenden Mehrkosten in Rechnung stellen will, handelt es sich um Schadensersatz statt der Leistung wegen Verletzung einer Pflicht des § 241 Abs. 2, so dass zusätzlich zu § 280 Abs. 1 auch die Unzumutbarkeit nach § 282 vorliegen muss.

cc) Ausschluss der Hauptleistungspflicht nach § 275

30 Liegt schließlich ein Fall des Ausschlusses der Primärleistungspflicht nach § 275 vor (befindet man sich also in der „zweiten Spur"), so greift die Regelung des § 283. Diese Vorschrift stellt in Satz 1 keine zusätzlichen Voraussetzungen auf, sondern verweist einfach zurück auf den § 280 Abs. 1. Die Vorschrift ist jedoch nicht etwa überflüssig, sondern erfüllt in zweierlei Hinsicht eine systematische Funktion: Zum einen stellt sie klar, dass das Gesetz auch in den Fällen des Ausschlusses der Leistungspflicht (§ 275) davon ausgeht, dass die Nichterbringung der Leistung eine Pflichtverletzung i.S.d. § 280 Abs. 1 darstellt[6]. Zum anderen macht sie deutlich, dass die Fälle des Ausschlusses der Leistungspflicht nicht etwa als „nicht" erbrachte Leistung i.S.d. § 281 einzuordnen

---

5 Die Verletzung leistungsbezogener Nebenpflichten führt dagegen zu einer „nicht wie geschuldet" erbrachten Leistung und damit zur Anwendung von § 281.
6 Die Pflichtverletzung könnte man nämlich mit folgender Argumentation anzweifeln: Wenn die Leistungspflicht des Schuldners nach § 275 ausgeschlossen sei, könne er diese Pflicht auch nicht verletzen. Dieses Argument ist zwar m.E. an sich schon nicht überzeugend, weil § 275 gerade nicht die Leistungspflicht ausschließt, sondern den Anspruch auf die Leistung, also (nur) das Forderungsrecht des Gläubigers. Dennoch ist es hilfreich, dass die Frage durch die systematische Funktion des § 283 S. 1 klargestellt wird.

sind (was ja vom Wortlaut her möglich wäre). Anders formuliert: Die Existenz des § 283 als Sondervorschrift führt dazu, dass die Fälle des § 275 vom Anwendungsbereich des § 281 ausgenommen werden. Dies ist inhaltlich angemessen, da das in § 281 angeordnete Nachfristerfordernis hier sinnlos wäre: Weshalb sollte der Gläubiger eine Nachfrist für eine Leistung setzen müssen, die der Schuldner ohnehin nicht erbringen kann?

In Satz 2 der Vorschrift werden die in § 281 Abs. 1 S. 2, 3 vorgesehenen zusätzlichen Voraussetzungen für den Schadensersatz statt der ganzen Leistung für anwendbar erklärt.

d) Prüfungsaufbau

Die eben geschilderte Systematik der §§ 280–283 in einen sinnvollen und bruchlosen Prüfungsaufbau umzusetzen, ist nicht einfach. Im Großen und Ganzen bieten sich zwei Möglichkeiten an:

Entweder versucht man, die vom Gesetzgeber gewollte Systematik (§ 280 Abs. 1 als Grundnorm und Anspruchsgrundlage für jeden Schadensersatzanspruch aus den §§ 280 ff, die §§ 280 Abs. 2, 3 i.V.m. §§ 281–283, § 286 hingegen nur als zusätzliche Voraussetzungen) möglichst weit umzusetzen und nimmt in Kauf, dass sich zum Teil Wiederholungen und kleine Holprigkeiten im Aufbau ergeben.

Grobschema für Anspruch auf Schadensersatz nach §§ 280 ff

(1) Voraussetzungen des § 280 Abs. 1 (Schuldverhältnis, Pflichtverletzung[7], Vertretenmüssen)
(2) Zusätzliche Voraussetzungen gemäß § 280 Abs. 2, Abs. 3:
   (a) Fall des § 280 Abs. 2 oder Abs. 3? Wenn ja:
   (b) Zusätzliche Voraussetzungen des § 286 bzw. der §§ 281–283

Oder man ignoriert den Wunsch des Gesetzgebers und unterscheidet – ähnlich wie im früheren Recht – von vornherein nach verschiedenen Leistungsstörungen und Schadensarten, mit der nachteiligen Folge, dass man von vornherein aus einer großen Zahl möglicher Anspruchsgrundlagen auswählen muss; dieser Aufbau würde die in der einschlägigen Vorschrift der §§ 281–283 genannte Pflichtverletzung in den Tatbestand der Pflichtverletzung des § 280 Abs. 1 integrieren[8].

Letztlich dürfen der Erfolg einer Klausur und – erst recht – der Ausgang eines Falles nicht davon abhängen, welche von mehreren möglichen Aufbaumöglichkeiten gewählt wird. Entscheidend ist, dass die einschlägigen Voraussetzungen in einer sinn-

---

7 Zur Pflichtverletzung in den Fällen des § 275 vgl. o. Rdnr. 30.
8 So läge die Pflichtverletzung bei einem Anspruch aus §§ 280 Abs. 1, 3, 283 auf Schadensersatz statt der Leistung wegen Ausschlusses der Leistungspflicht nach § 275 im Eintritt des § 275 und nicht etwa – wie nach dem vom Gesetzgeber favorisierten Aufbau – in der Nichtleistung als solcher. Beispiel für den Aufbau: Anspruch aus §§ 280 Abs. 1, Abs. 3, 283: (1) Fall des Schadensersatzes statt der Leistung (§ 280 Abs. 3) wegen Vorliegens des § 275 (um zu begründen, warum §§ 280, 283 die einschlägige Anspruchsgrundlage sind); (2) Schuldverhältnis; (3) Fall des § 275 (§ 283 = Pflichtverletzung i.S.d. § 280 Abs. 1); (4) Vertretenmüssen; (5) Schaden.

vollen und nachvollziehbaren Reihenfolge geprüft werden. Im Folgenden wird oben zuerst geschilderter Aufbau zugrunde gelegt. Es ergibt sich dann folgender Prüfungsaufbau:

Prüfungsaufbau für Ansprüche auf Schadensersatz aus den §§ 280 ff[9]

(1) Schuldverhältnis
(2) Pflichtverletzung
   – Grundsatz: Nichtleistung trotz Fälligkeit und Durchsetzbarkeit[10]
   – Sollte an dieser Stelle das Vorliegen eines Falles des § 275 Abs. 1–3 bejaht werden, so bereitet die Bestimmung der Pflichtverletzung Probleme, weil es an sich ja an einem durchsetzbaren Anspruch fehlt. Lösungsvorschlag: Aus der gesetzlichen Wertung des § 283 ergibt sich, dass die „Unmöglichkeit" (§ 275 Abs. 1–3) nicht dazu führt, dass keine Pflichtverletzung vorliegt. Deshalb liegt in diesen Fällen die Pflichtverletzung einfach in der Nichterbringung der versprochenen Leistung.
(3) Vertretenmüssen
(4) Zusätzliche Voraussetzungen gem. § 280 Abs. 2 oder 3?
   (a) Notwendigkeit zusätzlicher Voraussetzungen gem. § 280 Abs. 2 oder 3?
      – Schadensersatz statt der Leistung? (dann § 280 Abs. 3)
      – „Verzögerungsschaden" (Schadensersatz neben der Leistung)? (dann § 280 Abs. 2)
   (b) Wenn Schadensersatz statt der Leistung (§ 280 Abs. 3):
      (aa) § 283:
         – Anwendbarkeit: Leistungsbefreiung des Schuldners nach § 275 (§ 283 S. 1)[11]
         – ggf. zusätzliche Voraussetzungen gem. § 283 S. 2, § 281 Abs. 1 S. 2, S. 3 (bei Schadensersatz statt der ganzen Leistung)
      (bb) § 281:
         – Anwendbarkeit: Leistung nicht oder nicht wie geschuldet erbracht **und** kein Fall des § 275 (sonst findet § 283 Anwendung)
         – Fristsetzung (§ 281 Abs. 1 S. 1) oder Abmahnung, wenn nach Art der Pflichtverletzung eine Fristsetzung nicht in Betracht kommt (§ 281 Abs. 3)
         – ggf. Entbehrlichkeit der Nachfrist (§ 281 Abs. 2)
         – ggf. besondere Voraussetzungen des § 281 Abs. 1 S. 2 und 3 (bei Schadensersatz statt der ganzen Leistung)
   (c) Wenn Verzögerungsschaden (§ 280 Abs. 2): Voraussetzungen des § 286
      (aa) Nichtleistung trotz Fälligkeit und Durchsetzbarkeit (auf Prüfung bei Pflichtverletzung verweisen)
      (bb) Mahnung (ggf. entbehrlich) oder Mahnungsfiktion nach § 286 Abs. 3
      (cc) Vertretenmüssen (auf Prüfung oben verweisen)
(5) Schaden

---

[9] **Ohne** Ansprüche aus §§ 280 Abs. 1, 3, **282** (Schadensersatz statt der Leistung wegen Verletzung nicht leistungsbezogener Nebenpflichten). Für diese gilt einfach der Aufbau: (1) Schuldverhältnis; (2) Pflichtverletzung; (3) Vertretenmüssen; (4) Zusätzliche Voraussetzungen gemäß § 280 Abs. 3, 282: (a) Fall des § 280 Abs. 3, (b) Anwendbarkeit und Voraussetzungen des § 282; (5) Schaden.

[10] Die Nichterbringung der Leistung kann im Grundsatz nur dann eine Pflichtverletzung darstellen, wenn der Schuldner auch im jetzigen Zeitpunkt zur Erbringung verpflichtet ist.

[11] Dieser Punkt wurde i.d.R. bereits innerhalb der Pflichtverletzung angesprochen, da ja bei Fällen des § 275 Abs. 1–3 eine Besonderheit hinsichtlich der Pflichtverletzung besteht und weder Fälligkeit noch Durchsetzbarkeit erforderlich sind.

3. Schadensersatz nach § 311a Abs. 2

§ 311a Abs. 2 gibt dem Gläubiger einen Schadensersatzanspruch auf das positive Interesse (Schadensersatz statt der Leistung), wenn die Leistungspflicht[12] bereits bei Vertragsschluss nach § 275 ausgeschlossen war. Die Besonderheit gegenüber der Vorschrift des § 280 Abs. 1 liegt darin, dass sich das Vertretenmüssen nicht etwa auf die *Herbeiführung* des Ausschlussgrundes (z.B. der Unmöglichkeit) bezieht, sondern auf die *Kenntnis bzw. fahrlässige Unkenntnis* des Ausschlussgrundes bei Vertragsschluss, vgl. § 311a Abs. 2 S. 2. Der Grund dafür liegt darin, dass der eigentliche Vorwurf an den Schuldner in den Fällen des § 311a nicht etwa darin liegt, dass er beispielsweise die (spätere) Kaufsache zerstört hat – vor Vertragsschluss darf er das –, sondern darin, dass er sie noch verkauft hat, obwohl er wusste bzw. wissen musste, dass sie nicht mehr existierte. Es ergibt sich also folgender Prüfungsaufbau:

36

Prüfungsaufbau für Ansprüche auf Schadensersatz aus § 311a Abs. 2

(1) Ausschluss der Leistungspflicht nach § 275 schon bei Vertragsschluss (dieses Erfordernis ergibt sich aus dem systematischen Zusammenhang zu § 311a Abs. 1)

(2) Kenntnis oder fahrlässige Unkenntnis des Leistungshindernisses (Vertretenmüssen mit der Beweislastumkehr in § 311a Abs. 2 S. 2)

(3) Ggf. besondere Voraussetzungen gem. §§ 311a Abs. 2 S. 3, 281 Abs. 1 S. 2, 3 (bei Schadensersatz statt der ganzen Leistung im Falle einer Schlecht- oder Teilleistung)

III. Rücktritt und Freiwerden von der Gegenleistung (§§ 323–326)

In den §§ 323–326 wird erneut die Differenzierung zwischen der „ersten Spur" und der „zweiten Spur" deutlich: § 326 regelt das Schicksal der Gegenleistungspflicht in den Fällen, in denen der Anspruch auf die Primärleistung nach § 275 ausgeschlossen ist („zweite Spur"). Die §§ 323, 324 behandeln die übrigen Leistungsstörungen und geben dem Gläubiger unter bestimmten Voraussetzungen ein Recht zum Rücktritt vom Vertrag („erste Spur").

37

Man muss also bei der Prüfung zunächst danach unterscheiden, ob ein Fall des Ausschlusses der Leistungspflicht gemäß § 275 Abs. 1–3 vorliegt. Wenn ja, greift grundsätzlich die Regelung des § 326, die von einem automatischen Erlöschen der Gegenleistungspflicht des Gläubigers ausgeht. Liegt dagegen kein Fall des § 275 Abs. 1–3 vor, kann sich der Gläubiger von dem gegenseitigen Vertrag nur nach den §§ 323, 324 lösen, indem er zurücktritt. § 326 hat also im Grundsatz Vorrang vor den §§ 323, 324, so dass das (modifizierte) Rücktrittsrecht nur zur Anwendung gelangt, wenn der Gläubiger von der nach § 326 Abs. 5 eröffneten Möglichkeit Gebrauch macht.

38

---

12 Darunter kann ggf. auch die Pflicht zu mangelfreier Leistung fallen, z.B. bei § 433 Abs. 1 S. 2.

1. Rücktritt nach §§ 323–325

39 Beim Rücktritt findet sich die aus den §§ 281, 282 bereits bekannte Unterscheidung nach der Art der Pflichtverletzung. Wenn es sich um die Verletzung einer nicht leistungsbezogenen Nebenpflicht i.S.d. § 241 Abs. 2 handelt, richtet sich das Rücktrittsrecht nach § 324 (Zumutbarkeitsprüfung). Liegt dagegen eine Schlechtleistung oder eine verzögerte Leistung vor, greift § 323. Nach § 323 Abs. 1 wird das Rücktrittsrecht grundsätzlich von dem erfolglosen Ablauf einer Nachfrist abhängig gemacht[13]. Die Bestimmung des § 323 Abs. 4 entspricht inhaltlich derjenigen des § 281 Abs. 1 S. 2 und 3: Der Rücktritt vom *ganzen* Vertrag bei der Teilleistung und bei der Schlechtleistung wird an zusätzliche Voraussetzungen geknüpft. § 323 Abs. 6 enthält allg. Ausschlussgründe für den Rücktritt des Gläubigers. § 325 bestimmt, dass der Rücktritt nicht die Geltendmachung von Schadensersatzansprüchen ausschließt.

Prüfungsaufbau für den Rücktritt nach § 323

(1) Gegenseitiger Vertrag

(2) Fälligkeit der Leistung
 – Ausnahme: § 323 Abs. 4

(3) Nichterbringung oder nicht vertragsgemäße Erbringung der Leistung

(4) Erfolgloser Ablauf einer angemessenen Nachfrist (§ 323 Abs. 1) bzw. Abmahnung (§ 323 Abs. 3)
 – ggf. Entbehrlichkeit der Nachfrist gem. § 323 Abs. 2 oder nach speziellen Entbehrlichkeitsgründen (z.B. §§ 326 Abs. 5, 440, 478, 636)

(5) Kein Ausschluss gem. § 323 Abs. 6

(6) Bei Rücktritt vom ganzen Vertrag wegen Teilleistung bzw. nicht vertragsgemäßer Leistung: § 323 Abs. 5

(7) Rücktrittserklärung: § 349

---

2. Freiwerden von der Gegenleistungspflicht nach § 326

40 Die Vorschrift des § 326 regelt das Schicksal der Gegenleistungspflicht, wenn der Anspruch auf die Leistungspflicht nach § 275 ausgeschlossen ist. § 326 Abs. 1 S. 1 lässt den Anspruch auf die Gegenleistung kraft Gesetzes entfallen. Abs. 2 sieht davon eine Ausnahme für die Fälle der (weit überwiegenden) Verantwortlichkeit oder des Annahmeverzugs des Gläubigers vor, wenn der Schuldner die Störung nicht zu vertreten hat; weitere Ausnahmen bzw. Modifikationen sind in § 326 Abs. 1 Hs. 2 und Abs. 1 S. 2 enthalten.

41 Besondere Beachtung verdient § 326 Abs. 5: Der Gläubiger kann auch nach § 323 zurücktreten, ohne dabei das Erfordernis der Fristsetzung beachten zu müssen. Diese Alternative ist für ihn in drei Situationen von Bedeutung:

---

13 Zur Entbehrlichkeit einer Nachfristsetzung vgl. § 323 Abs. 2.

Erstens ist das Rücktrittsrecht aus § 326 Abs. 5 von Bedeutung, wenn die Leistung des Schuldners nur teilweise nach § 275 ausgeschlossen ist. Der Gläubiger wird dann nach § 326 Abs. 1 S. 1 Hs. 2 i.V.m. § 441 auch nur teilweise von seiner Gegenleistungspflicht frei. Will er sich in vollem Umfang von dieser Pflicht befreien, ermöglicht das Gesetz ihm über § 326 Abs. 5 den Rücktritt nach § 323. Einer Fristsetzung bedarf es dabei wegen § 326 Abs. 5 Hs. 2 nicht. Allerdings ist der Rücktritt davon abhängig, dass der Gläubiger an der Teilleistung kein Interesse hat (Rücktritt vom ganzen Vertrag, § 323 Abs. 5 S. 1). *Zweitens* ist § 326 Abs. 5 in den Fällen der nicht vertragsgemäß erbrachten Leistung von Bedeutung, wenn der Anspruch auf Nacherfüllung (§§ 437 Nr. 1, 439, §§ 634 Nr. 1, 635) nach § 275 ausgeschlossen ist. Aufgrund der Ausschlussregel des § 326 Abs. 1 S. 2 tritt hier kein automatischer Ausschluss bzw. keine automatische Reduzierung der Gegenleistungspflicht des Gläubigers nach § 326 Abs. 1 S. 1 ein. Der Gläubiger muss also die Möglichkeit zum Rücktritt erhalten. Dies gewährleistet § 326 Abs. 5. Auch hier ist die Fristsetzung entbehrlich, § 326 Abs. 5 Hs. 2. *Drittens* gibt § 326 Abs. 5 dem Gläubiger die Möglichkeit, eine Klärung der Rechtslage herbeizuführen, indem er zurücktritt. Häufig wird der Gläubiger beim Ausbleiben der Leistung des Schuldners nämlich nicht wissen, ob es sich um einen Fall des Ausschlusses der Leistungspflicht nach § 275 handelt (und er deshalb nach § 326 Abs. 1 ohne Weiteres von seiner Gegenleistungspflicht freigeworden ist) oder ob „nur" ein überwindbares, zu einer Verzögerung führendes Leistungshindernis vorliegt (das ihn nicht ipso iure von der Gegenleistungspflicht befreit, sondern ihm nur die Rücktrittsmöglichkeit nach § 323 eröffnet). § 326 Abs. 5 Hs. 1 ermöglicht dem Gläubiger in diesem Fall den Rücktritt nach § 323. Freilich muss der Gläubiger in diesem Fall sicherheitshalber eine Nachfrist setzen und erst nach deren erfolglosem Ablauf zurücktreten.

42

Prüfungsaufbau für das Rücktrittsrecht nach §§ 326 Abs. 5, 323

(1) Gegenseitiger Vertrag

(2) Ausschluss der Leistungspflicht nach § 275 Abs. 1–3

(3) Kein erfolgloser Ablauf einer angemessenen Nachfrist (§ 323 Abs. 1) bzw. keine Abmahnung (§ 323 Abs. 3) erforderlich: § 326 Abs. 5 Hs. 2

(Praktischer Hinweis: Fristsetzung bzw. Abmahnung jedoch sinnvoll, wenn Gläubiger keine Kenntnis davon hat, ob die Nichtleistung auf einem Leistungshindernis nach § 275 Abs. 1–3 beruht, damit er neben den Voraussetzungen des § 326 Abs. 5 zugleich die aus § 323 erfüllt.)

(4) Kein Ausschluss gem. §§ 326 Abs. 5, 323 Abs. 6

(5) Bei Rücktritt vom ganzen Vertrag wegen Teilleistung bzw. nicht vertragsgemäßer Leistung: §§ 326 Abs. 5, 323 Abs. 5

(6) Rücktrittserklärung: § 349

Zweiter Teil

Kaufvertrag

§ 4 Überblick zum Kaufrecht

43 Für das Examen sind aus dem Bereich des Kaufrechts (§§ 433–479) vor allem Untertitel 1 (Allg. Vorschriften, §§ 433–453) und Untertitel 3 (§§ 474–479) relevant. Die Darstellung beschränkt sich deshalb auf diese Bereiche.

44 Beide Untertitel dienen – ebenso wie diejenigen Teile des allg. Leistungsstörungsrechts, auf die dort verwiesen wird – unter anderem der **Umsetzung europarechtlicher Vorgaben**, insbesondere der EG-Verbrauchsgüterkauf-RL[1]. Zwar erfasst diese Richtlinie nur den Verbrauchsgüterkauf, d.h. den Kauf von beweglichen Sachen durch einen Verbraucher bei einem Unternehmer (vgl. die Definition in § 474 Abs. 1). Der Gesetzgeber war jedoch der Ansicht, weite Teile der Richtlinie verallgemeinern und im Rahmen der großen Schuldrechtsreform von 2002 in das allg. Kaufrecht der §§ 433 ff integrieren zu können. Nur diejenigen Vorschriften der Richtlinie, die in besonderem Maße verbraucherschützend sind, setzte der Gesetzgeber in den §§ 474 ff beschränkt auf den Verbrauchsgüterkauf um. Seit der Schuldrechtsreform 2002 wurden die Vorschriften des Kaufrechts mehrfach punktuell verändert, meist als Reaktion auf europarechtliche Vorgaben, seien es Entscheidungen des EuGH zur Auslegung der EG-Verbrauchsgüterkauf-RL, seien es Neufassungen verbraucherschutzrechtlicher Richtlinien (etwa der Verbraucherrechte-RL). Nicht unerhebliche Änderungen brachte die jüngste Reform durch das Mängelhaftungsänderungsgesetz von 2017, das für Verträge gilt, die ab dem 1. Januar 2018 geschlossen werden[2]. Dieses Gesetz geht – in seinem kaufrechtlichen Teil[3] – im Wesentlichen auf eine Entscheidung des EuGH zu den so genannten Einbaufällen zurück (in denen ein Verbraucher die gekaufte, mangelhafte Sache in seine Wohnung oder in einen anderen Gegenstand eingebaut hat und sich die Frage stellt, ob der Verkäufer im Rahmen der Nacherfüllung auch den Ausbau der mangelhaften und Einbau der neu gelieferten, mangelfreien Sache schuldet). Allerdings setzt das Gesetz die Vorgaben insofern überschießend um, als es diese – jedenfalls in gewissem Umfang – nicht auf Verbrauchsgüterkäufe beschränkt, son-

---

1 Richtlinie 1999/44/EG zu bestimmten Aspekten des Verbrauchsgüterkaufs und der Garantien für Verbrauchsgüter, Abl. EG Nr. L 171, S. 12.
2 Gesetz zur Reform des Bauvertragsrechts, zur Änderung der kaufrechtlichen Mängelhaftung (...) vom 28. April 2017, BGBl 2017 I, S. 969. Zur zeitlichen Übergangsregelung vgl. Art. 229 § 39 n.F. EGBGB. Allerdings ist es m.E. fraglich, ob im Examen häufig die Übergangsregel geprüft werden wird. Wahrscheinlich wird die Frage der Anwendung des alten oder des neuen Rechts in der Klausur eher davon abhängen, welche Fassung im zugelassenen Gesetzestext abgedruckt ist. Im Zweifel sollte man hier bei den zuständigen Prüfungsämtern nachfragen.
3 Schwerpunkt des Gesetzes waren eigentlich Fragen des privaten Bauvertragsrechts, die im Rahmen des Werkvertrags kurz angesprochen werden. Zu den *kaufrechtlichen* Neuregelungen näher *Huber*, NZBau 2018, 72; weitere Literaturhinweise im Text.

dern auf alle Kaufverträge erstreckt. Im Einzelnen ergeben sich daraus eine Reihe von komplizierten Änderungen und Fragen. In diesem Buch wird im Prinzip die neue Rechtslage zu Grunde gelegt; allerdings wird an den wichtigsten Stellen auch die bisherige Rechtslage dargestellt (mit der Kennzeichnung der bisherigen Vorschriften als „a.F.").

Der Schwerpunkt der Regelungen im Untertitel 1 (§§ 433–453) liegt auf dem **Gewährleistungsrecht**, also der Haftung des Verkäufers für Mängel der Kaufsache. Leitgedanke des Reformgesetzgebers von 2002 war dabei, die Lieferung mangelhafter Ware als Unterfall der Pflichtverletzung auszugestalten und soweit wie möglich in das allg. Leistungsstörungsrecht zu integrieren (vgl. Rdnr. 12). **45**

Grundlegend hierfür ist die Vorschrift des § 433 Abs. 1 S. 2, welche die Mangelfreiheit zum Inhalt der primären Leistungspflicht des Verkäufers macht. Die Lieferung mangelhafter Ware stellt deshalb die Verletzung einer Leistungspflicht des Verkäufers dar, welche grundsätzlich die allg. Sanktionen für eine Pflichtverletzung nach sich zieht. Die konkrete Definition des Sach- und des Rechtsmangels findet sich in den §§ 434–436. **46**

Die Rechtsbehelfe des Käufers bei Vorliegen eines Mangels sind in den §§ 437–445 geregelt. § 437 nennt als „Servicenorm" die einzelnen Rechtsbehelfe und verweist dabei in weitem Umfang – nämlich im Grundsatz für Rücktritt (Nr. 2 Fall 1) und Schadensersatz (Nr. 3) – auf das allg. Leistungsstörungsrecht; dabei sind freilich ggf. die in §§ 438 ff enthaltenen Modifikationen zu beachten. Eine kaufrechtliche Besonderheit gegenüber dem allg. Leistungsstörungsrecht sind die Rechtsbehelfe der Nacherfüllung (§§ 437 Nr. 1, 439) und der Minderung (§§ 437 Nr. 2 Fall 2, 441). **47**

§ 5 Kaufrechtlicher Mangelbegriff

I. Sachmangel

1. Struktur des § 434

a) Überblick

Die Vorschrift des § 434 Abs. 1 enthält eine Stufenfolge für die Prüfung der Frage, ob ein Sachmangel vorliegt. Anknüpfungspunkte für das Bestehen eines Sachmangels sind hier die Beschaffenheit sowie die Verwendung der Kaufsache. **48**

In erster Linie kommt es dabei auf die vereinbarte Beschaffenheit an (§ 434 Abs. 1 S. 1). Eine Parteivereinbarung hat also immer Vorrang vor objektiven Kriterien. Soweit eine Beschaffenheit nicht vereinbart wurde, ist die Sache mangelfrei, wenn sie sich für die nach dem Vertrag vorausgesetzte Verwendung eignet (§ 434 Abs. 1 S. 2 Nr. 1), „sonst" – so der unglückliche Wortlaut des Abs. 1 S. 2 Nr. 1 (vgl. dazu sogleich **49**

Rdnr. 52 ff) – wenn sie sich für die gewöhnliche Verwendung eignet und[1] eine Beschaffenheit aufweist, die bei Sachen der gleichen Art üblich ist und die der Käufer nach der Art der Sache erwarten kann (§ 434 Abs. 1 S. 2 Nr. 2); der Beschaffenheitsbegriff des Abs. 2 S. 2 Nr. 2 wird in bestimmten Fällen durch § 434 Abs. 1 S. 3 um Eigenschaften erweitert, die man aufgrund öffentlicher Äußerungen, z.B. in der Werbung, erwarten durfte.

50 Schließlich enthalten die Absätze 2 und 3 der Vorschrift Erweiterungen des Sachmangelbegriffs. Ein Sachmangel liegt danach auch dann vor, wenn die Montage(anleitung) mangelhaft war (§ 434 Abs. 2) oder wenn der Verkäufer zu wenig oder ein Aliud geliefert hat (§ 434 Abs. 3).

b) Verhältnis von § 434 Abs. 1 S. 2 Nr. 1 und Nr. 2

51 Probleme bereitet, wie bereits angesprochen, die Formulierung „sonst" in § 434 Abs. 1 S. 2 Nr. 1, die den Übergang von der vertraglich vorausgesetzten Verwendung (Nr. 1) zur gewöhnlichen Verwendung bzw. Beschaffenheit (Nr. 2) bildet.

52 Diese Formulierung ist unglücklich. Man könnte sie nämlich so verstehen, als ob es auf die in Nr. 2 genannten Kriterien nur ankomme, wenn kein Verstoß gegen die vertraglich vorausgesetzte Verwendung vorliege. Konsequent zu Ende gedacht, könnte also eine Sache, die nicht die übliche Beschaffenheit aufweist, als mangelfrei einzuordnen sein, wenn sie wenigstens zur vertraglich vorausgesetzten Verwendung taugt.

53 Dies wäre im Regelfall nicht angemessen und verstößt auch gegen die EG-Verbrauchsgüterkauf-RL, aus der sich eindeutig ergibt, dass die jetzt in § 434 Abs. 1 S. 2 Nr. 1 und Nr. 2 genannten Kriterien kumulativ vorliegen müssen, wenn die Sache mangelfrei sein soll[2].

54 Deshalb ist die Vorschrift des § 434 Abs. 1 S. 2 richtlinienkonform in dem Sinne auszulegen, dass die Formulierung „sonst" in Nr. 1 im Sinne von „und" verstanden wird. Sollten die Parteien im Einzelfall tatsächlich nur die Eignung zur vertraglich vorausgesetzten Verwendung als geschuldet vereinbart haben, nicht hingegen die in Nr. 2 genannten Kriterien, so liegt ein Fall vorrangiger Parteivereinbarung i.S.d. § 434 Abs. 1 S. 1 vor[3].

Prüfungsaufbau für das Vorliegen eines Sachmangels

(1) Fehlen der vereinbarten Beschaffenheit (Abs. 1 S. 1)

(2) Fehlen der Eignung für die vertraglich vorausgesetzte Verwendung (Abs. 1 S. 2 Nr. 1)

(3) Fehlen der Eignung für die gewöhnliche Verwendung (Abs. 1 S. 2 Nr. 2 Hs. 1) oder der üblichen Beschaffenheit (Abs. 1 S. 2 Nr. 2 Hs. 2, ggf. i.V.m. Abs. 1 S. 3)

(4) Montage(anleitungs)fehler (Abs. 2)

(5) Aliud oder Zuweniglieferung (Abs. 3)

---

[1] Beide Kriterien müssen also kumulativ vorliegen.
[2] Vgl. Art. 2 Abs. 2 und Erwägungsgrund (8) EG-Verbrauchsgüterkauf-RL; BeckOK/*Faust* § 434 Rdnr. 49.
[3] Vgl. zur Problematik BeckOK/*Faust* § 434 Rdnr. 49.

2. Einzelheiten zu § 434 Abs. 1

a) Vereinbarte Beschaffenheit (§ 434 Abs. 1 S. 1)

Der Begriff der „Beschaffenheit" wird im Gesetz bewusst nicht definiert. Offen bleiben soll damit nach den Intentionen des Gesetzgebers der Schuldrechtsreform 2002 insbesondere die – schon im früheren Recht umstr. – Frage, inwieweit Beziehungen der Sache zur Umwelt unter den Beschaffenheitsbegriff fallen[4].

55

Dies verneinte die **Rechtsprechung** zum früheren Recht (vor der Schuldrechtsreform 2002). Sie schränkte die Zulässigkeit einer Beschaffenheitsvereinbarung im Sinne des § 459 Abs. 1 a.F. BGB – grob gesagt[5] – auf solche Umstände ein, die der Kaufsache „unmittelbar innewohnen", „von ihr ausgehen" oder ihr „anhaften"[6]; verneint wurde dies insbesondere bei Ertragsangaben des Verkäufers für verkaufte Grundstücke oder Unternehmen. Derartige Merkmale konnten demnach nicht über eine einfache Parteivereinbarung zu einem Sachmangel führen, sondern nur über die – im früheren Recht noch vorgesehene – Möglichkeit der Zusicherung einer Eigenschaft (§ 459 Abs. 2 a.F.). Im neuen Recht (seit der Schuldrechtsreform 2002) ist für die Unterscheidung zwischen einem engen Beschaffenheitsbegriff und einem weiten Eigenschaftsbegriff jedoch kein Raum mehr. Denn die Unterscheidung zwischen Beschaffenheitsvereinbarung und Eigenschaftszusicherung mit ihren unterschiedlichen Rechtsfolgen (insbesondere in Bezug auf die Schadensersatzhaftung[7]) gibt es im neuen Recht nicht mehr. Der Grundtatbestand des § 434 Abs. 1 kennt nur noch einen Begriff, nämlich den der „Beschaffenheit". Deshalb hat zwischenzeitlich auch die Rspr. die bisherige Unterscheidung aufgegeben und lehnt die Definition der „Beschaffenheit" i.S.d. § 434 Abs. 1 S. 1 nun an den weiten Eigenschaftsbegriff an, der früher zu § 459 Abs. 2 a.F. vertreten wurde. Die **Beschaffenheit** umfasst demnach nicht nur die körperlichen Merkmale einer Sache, sondern auch die tatsächlichen, wirtschaftlichen, sozialen oder rechtlichen Beziehungen der Sache zur Umwelt, und zwar unabhängig davon, ob ihr diese Beziehungen „unmittelbar innewohnen" oder „anhaften"[8].

56

Bei (der notariellen Beurkundung bedürfenden, § 311b Abs. 1) Grundstückskaufverträgen geht der BGH davon aus, dass eine Beschreibung von Eigenschaften eines

57

---

4 BT-Drucks. 14/6040, S. 213.
5 Differenziert hierzu BeckOK/*Faust* § 434 Rdnr. 13 ff.
6 Vgl. z.B. BGH, 22.2.1984, VIII ZR 316/82, NJW 1984, 2287; BGH, 26.3.1985, VI ZR 267/83, NJW 1985, 2471; BGH, 6.6.1986, V ZR 67/85, NJW 1986, 2824.
7 Schadensersatz gab es nach früherem Recht grundsätzlich nicht beim Fehlen einer nur vereinbarten Beschaffenheit, sondern lediglich beim Fehlen einer zugesicherten Eigenschaft (§ 463 a.F. BGB). Allerdings wurde diese Regel auch im früheren Recht durch die Zulassung einer ungeschriebenen Verschuldenshaftung aus positiver Vertragsverletzung aufgeweicht.
8 BGH, 5.11.2010, V ZR 228/09, NJW 2011, 1217; BGH, 15.6.2016, VIII ZR 134/15, NJW 2016, 2874 (Bestehen einer Herstellergarantie im konkreten Fall als Beschaffenheit i.S.d. § 434 I 2 Nr. 2 eingeordnet). Zur Auslegung des Begriffs „Jahreswagen" als Beschaffenheitsvereinbarung vgl. BGH, 7.6.2006, VIII ZR 180/05, NJW 2006, 2694. Zur Reichweite des Begriffs „TÜV neu" bzw. „HU neu" beim Gebrauchtwagenkauf vgl. BGH, 15.4.2015, VIII ZR 80/14, NJW 2015, 1669 (beinhalte grds. „die stillschweigende Vereinbarung, dass sich das verkaufte Fahrzeug im Zeitpunkt der Übergabe in einem für die Hauptuntersuchung nach § 29 StVZO geeigneten verkehrssicheren Zustand befinde und die Hauptuntersuchung durchgeführt sei", ebd. Rdnr. 19).

Grundstücks oder Gebäudes durch den Verkäufer vor Vertragsschluss, die in der notariellen Urkunde keinen Niederschlag findet, in aller Regel nicht zu einer Beschaffenheitsvereinbarung nach § 434 Abs. 1, und damit auch nicht zu einer Gewährleistungshaftung nach § 437 führt[9]. Ggf. kommt aber eine Vorsatzhaftung des Verkäufers aus culpa in contrahendo in Betracht (vgl. unten Rdnr. 374).

b) *Eignung zur vertraglich vorausgesetzten Verwendung (§ 434 Abs. 1 S. 2 Nr. 1)*

58 § 434 Abs. 1 S. 2 Nr. 1 erfasst diejenigen Fälle, in denen sich die Vorstellungen der Parteien nicht auf einzelne Merkmale der Beschaffenheit richten, sondern darauf, dass die Sache sich für einen bestimmten Verwendungszweck eignet[10]. Voraussetzung dafür ist, dass die Kaufvertragsparteien eine übereinstimmende Vorstellung über die Zweckeignung haben; die seitens des Käufers beabsichtigte Verwendung muss dem Verkäufer also bei Vertragsschluss bekannt sein.

c) *Übliche Beschaffenheit und Eignung zur gewöhnlichen Verwendung (§ 434 Abs. 1 S. 2 Nr. 2 Hs. 2)*

59 Gemäß § 434 Abs. 1 S. 2 Nr. 2 ist die Sache frei von Sachmängeln, wenn sie sich für die gewöhnliche Verwendung eignet *und* (!) eine Beschaffenheit aufweist, die bei Sachen der gleichen Art üblich ist und die der Käufer nach der Art der Sache erwarten kann. Beide Kriterien müssen kumulativ vorliegen. So kann der Käufer eines Gebrauchtwagens in der Regel davon ausgehen, dass das Fahrzeug keinen Unfall erlitten hat, bei dem es zu mehr als einem „Bagatellschaden", z.B. einem ganz geringfügigen äußeren Lackschaden, gekommen ist. Wurde das Fahrzeug fachgerecht repariert, entspricht es zwar der Eignung zur gewöhnlichen Verwendung, die mangelnde Unfallfreiheit stellt aber trotzdem einen Sachmangel dar, weil der Wagen nicht die Beschaffenheit aufweist, die bei Gebrauchtwagen üblich ist und die der Käufer verlangen kann[11].

60 Für die Frage, welche Beschaffenheit üblich ist und erwartet werden kann, ist der vernünftige[12] Durchschnittskäufer maßgeblich. Zum Vergleichsobjekt bestimmt die Vorschrift „Sachen der gleichen Art". Es kommt also darauf an, welche Eigenschaften der Durchschnittskäufer beim Kauf von Sachen der gleichen Art wie der Kaufsache erwarten kann. Geht es beispielsweise um den Kauf eines Gebrauchtwagens, so muss die Beschaffenheit an einem nach Typ, Alter und Laufleistung vergleichbaren Fahrzeug gemessen werden[13]. Hier wird auch berücksichtigt werden können, ob eine Sache als Markenartikel oder als No-name-Produkt verkauft wurde. Ebenso kann der Preis eine Rolle spielen. Beim Gattungskauf wird man grundsätzlich davon ausgehen können,

---

9 BGH, 6.11.2015, V ZR 78/14, Rdnr. 15 ff.
10 BT-Drucks. 14/6040, S. 213.
11 Vgl. dazu BGH, NJW 2008, 53 ff.
12 Der Gesetzgeber hat hier auf eine Übernahme der in der entsprechenden Vorschrift der Richtlinie (Art. 2 Abs. 2 lit. d) vorgesehenen Formulierung verzichtet, die darauf abstellt, was der Käufer „vernünftigerweise" erwarten kann. Er war der Ansicht, das Merkmal der „Vernünftigkeit" komme dadurch zum Tragen, dass man bei der Frage, was der Käufer erwarten dürfe, auf den durchschnittlichen Käufer abstelle; vgl. BT-Drucks. 14/6040, S. 214.
13 Vgl. BT-Drucks. 14/6040, S. 214; vgl. auch den illustrativen Fall BGH, 7.2.2007, VIII ZR 266/06, NJW 2007, 1351 (übliche Beschaffenheit beim Kauf eines Reitpferds).

dass die Beschaffenheit „mittlerer Art und Güte", gemessen an der geschuldeten Gattung, sein muss[14].

d) *Erweiterung der Beschaffenheit nach Abs. 1 S. 2 Nr. 2 auf öffentliche Aussagen (§ 434 Abs. 1 S. 3 i.V.m. Abs. 1 S. 2 Nr. 2 Hs. 2)*

§ 434 Abs. 1 S. 3 erweitert die in Satz 2 Nr. 2 vorgesehene Haftung für die übliche und zu erwartende Beschaffenheit – vorbehaltlich der im Hs. 2 der Vorschrift genannten Ausnahmegründe – auf solche Eigenschaften, die der Käufer nach öffentlichen Aussagen des Verkäufers, des Herstellers[15] oder seines Gehilfen erwarten kann. **61**

§ 434 Abs. 1 S. 3 ist freilich nicht die einzige Vorschrift, die eine **Haftung des Verkäufers für Werbeaussagen** begründen kann. Wurden nämlich Werbemittel in die Vertragsverhandlungen einbezogen, so kann sich die Haftung des Verkäufers bereits aus § 434 Abs. 1 S. 1 (vereinbarte Beschaffenheit) ergeben, etwa dann, wenn beim Kauf eines Neuwagens die Werbeprospekte des Herstellers zugrunde gelegt wurden. § 434 Abs. 1 S. 3 geht über diese Fälle hinaus. Die Vorschrift setzt nämlich gerade nicht voraus, dass der Verkäufer die öffentlichen Aussagen in die konkreten Vertragsverhandlungen mit dem Käufer einbezogen hat. **62**

Allerdings gibt es gewisse objektive Grenzen. So muss es sich um Aussagen über „bestimmte Eigenschaften" der Sache handeln. Auch stellt die Vorschrift objektiv darauf ab, was der Käufer (objektiv) erwarten „kann" (nicht was er subjektiv tatsächlich erwartet hat). Reißerische Anpreisungen allg. Art, die keine nachprüfbaren Aussagen über die Beschaffenheit der Sache enthalten („Red Bull verleiht Flügel"), werden also in der Regel nicht ausreichen, um eine Haftung des Verkäufers zu begründen[16]. **63**

§ 434 Abs. 1 S. 3 Hs. 1 sieht drei **Ausschlussgründe** vor, deren Vorliegen der Verkäufer zu beweisen hat („es sei denn"): Erstens haftet der Verkäufer nicht für solche öffentlichen Aussagen, die er nicht kannte und auch nicht kennen musste. Zweitens haftet der Verkäufer nicht, wenn er beweist, dass die betreffende öffentliche Aussage im Zeitpunkt des Vertragsschlusses in gleichwertiger Weise berichtigt war. Das Erfordernis, dass die Berichtigung „in gleichwertiger Weise" erfolgen muss, soll sicherstellen, dass sie auf ähnlich effiziente, d.h. öffentlichkeitswirksame Weise wie die Werbeaussage selbst erfolgt. Der in der Sportschau am Samstag gesendete Werbespot über den neuen Geländewagen der Firma XY kann also nicht etwa durch eine Berichtigung im Landshuter Tagblatt berichtet werden. Drittens haftet der Verkäufer nicht, wenn er darlegt und ggf. beweist, dass die öffentliche Aussage die Kaufentscheidung des Käufers nicht beeinflussen konnte, etwa weil er sie nachweislich nicht zur Kenntnis genommen hat oder nehmen konnte. Zu denken wäre an den Fall, dass der Hersteller die **64**

---

14 *Huber*, in: *Huber/Faust* S. 301 f.
15 Für die Definition des Herstellerbegriffs verweist das Gesetz auf § 4 Abs. 1 und Abs. 2 ProdHaftG. Grob gesagt, erfasst die Vorschrift damit den tatsächlichen Hersteller (§ 4 Abs. 1 S. 1 ProdHaftG), den Importeur für das Gebiet der Gemeinschaft (§ 4 Abs. 2 ProdHaftG) sowie den Quasihersteller, d.h. es wird jede Person erfasst, die sich durch das Anbringen ihres Namens, ihrer Marke oder eines entsprechenden Kennzeichens als Hersteller ausgibt (§ 4 Abs. 1 S. 2 ProdHaftG). Ausdrücklich nicht erfasst werden von § 434 Abs. 1 S. 3 die Lieferanten i.S.d. § 4 Abs. 3 ProdHaftG.
16 BT-Drucks. 14/6040, S. 214.

betreffenden Werbeaussagen nur in einer für den Käufer unverständlichen Sprache getroffen hat und ausgeschlossen ist, dass der Käufer deren Inhalt mittelbar (z.B. durch Übersetzung) zur Kenntnis genommen hat. Denkbar wäre eine Anwendung dieses Ausschlussgrundes auch dann, wenn der Käufer nur einen bestimmten Verwendungszweck vor Augen hatte, für den die in der Werbung angepriesenen Eigenschaften ohne Bedeutung sind.

3. Fehler in Bezug auf Montage bzw. Montageanleitung (§ 434 Abs. 2)

a) Montagefehler

65 Gemäß § 434 Abs. 2 S. 1 liegt ein Sachmangel vor, wenn die vereinbarte Montage durch den Verkäufer oder dessen Erfüllungsgehilfen unsachgemäß durchgeführt worden ist. Eine Montage liegt dann vor, wenn die Kaufsache nach Gefahrübergang in irgendeiner Weise angebracht, befestigt oder sonst für den Käufer durch handwerkliche Leistung verwendbar gemacht wird[17].

66 Voraussetzung für die Anwendung dieser Vorschrift ist zunächst, dass der Verkäufer – gegebenenfalls gegen eine gesonderte Vergütung – nach dem Inhalt des Kaufvertrages die **Montage schuldet**. Mögliche Abgrenzungsprobleme zum Werkvertrag werden im Ergebnis vielfach durch § 651 gemildert, wonach auch für einen Vertrag über die Lieferung herzustellender oder zu erzeugender beweglicher Sachen Kaufrecht gilt. Außerhalb von dessen Anwendungsbereich kommt allerdings Werkvertragsrecht zur Anwendung, wenn die „Montage" den Schwerpunkt der Leistung bildet[18].

67 Weiter wird vorausgesetzt, dass die Montage **unsachgemäß** durchgeführt wurde. Es kommt nach dem eindeutigen Wortlaut der Vorschrift nicht darauf an, ob durch die fehlerhafte Montage auch eine Beeinträchtigung der Beschaffenheit der Kaufsache selbst gegeben ist. Die Vorschrift erfasst also zwei Fallgruppen: Zum einen die Fälle, in denen durch die unsachgemäße Montage an der Sache ein Mangel i.S.d. § 434 Abs. 1 verursacht wurde (Bsp.: Der Verkäufer bringt bei der Montage der von ihm einzubauenden Küche einzelne Schränke schief an, mit der Folge, dass bei diesen Risse entstehen); zum anderen diejenigen Fälle, in denen die unsachgemäße Montage nicht zu einer Fehlerhaftigkeit der Sache selbst führt (Bsp.: Wie eben, aber durch die schiefe Aufhängung nehmen die Schränke als solche keinen Schaden). Auch hier liegt ein Sachmangel gemäß § 434 Abs. 2 vor[19]. Schließlich setzt die Vorschrift voraus, dass die Montage durch den **Verkäufer oder dessen Erfüllungsgehilfen** erfolgte. Der Begriff des Erfüllungsgehilfen ist hier der Gleiche wie bei § 278 S. 1[20].

---

17 Erman/*Grunewald* § 434 Rdnr. 51.
18 BeckOK/*Faust* § 434 Rdnr. 90; MünchKomm/*Westermann* § 434 Rdnr. 36; *Looschelders* BT Rdnr. 59.
19 BeckOK/*Faust* § 434 Rdnr. 92; *Looschelders* BT Rdnr. 58.
20 Einer besonderen Erwähnung bedarf die Erfüllungsgehilfe nur deshalb, weil es hier nicht um die Zurechnung von Verschulden geht, so dass § 278 S. 1 an sich nicht anwendbar ist.

b) Mangelhafte Montageanleitung

Gemäß § 434 Abs. 2 S. 2 liegt bei einer zur Montage bestimmten Sache ein Sachmangel auch dann vor, wenn die Montageanleitung mangelhaft ist, es sei denn, die Sache ist fehlerfrei montiert worden. Voraussetzung ist zunächst, dass die Sache **„zur Montage bestimmt"** ist; es kommt nicht darauf an, ob die Montage durch den Käufer selbst oder durch eine andere Person erfolgen soll. Typisches Beispiel hierfür ist der Kauf von Möbelbausätzen, die später selbst zusammengebaut werden müssen (daher die geläufige Bezeichnung der Vorschrift als „IKEA-Klausel"). **68**

Die **Montageanleitung** muss weiterhin **mangelhaft** sein. Die Mangelhaftigkeit richtet sich dabei prinzipiell nach Abs. 1. Wenn es – wie in der Regel – an einer besonderen Beschaffenheitsvereinbarung fehlt, kommt es für die Mangelfreiheit darauf an, ob die Anleitung den ganz überwiegenden Teil der voraussichtlichen Käufer in die Lage versetzt, die Kaufsache auf Anhieb fehlerfrei zu montieren[21]. Ein Mangel wird also regelmäßig in der Unverständlichkeit der Anleitung liegen, welche sich insbesondere daraus ergeben kann, dass sie in einer fremden Sprache abgefasst oder zu klein gedruckt ist oder inhaltlich nicht nachvollzogen werden kann[22]. Der deutsche Student, der bei einer deutschen IKEA-Filiale das Regalsystem *„Billy"* kauft und beim Auspacken eine auf Schwedisch gehaltene Montageanleitung vorfindet, kann sich also auf § 434 Abs. 2 S. 2 berufen. **69**

Der letzte Halbsatz der Vorschrift enthält schließlich einen **Ausschlussgrund** für den Fall, dass die Sache fehlerfrei montiert worden ist. Ein Sachmangel liegt im eben genannten Bsp. also nicht vor, wenn der Käufer des Regals dieses richtig zusammengebaut hat, etwa weil er über besonderes handwerkliches Geschick verfügt und eine Bedienungsanleitung deshalb ohnehin nicht benötigt oder weil er der schwedischen Sprache mächtig ist. Die Beweislast für den Ausschlussgrund des letzten Halbsatzes trägt der Verkäufer („es sei denn"). **70**

Zu beachten ist schließlich, dass dann, wenn die zunächst fehlerfrei montierte Sache – beispielsweise infolge eines Umzugs – wieder auseinander genommen wird und danach wegen der unverständlichen Montageanleitung nicht ein zweites Mal fehlerfrei aufgebaut werden kann, kein Mangel vorliegt[23]. Denn die Sache war dann ja einmal „fehlerfrei montiert" i.S.d. § 434 Abs. 2. **71**

Ob der Ausschlussgrund des letzten Halbsatzes auch für **Bedienungs- bzw. Gebrauchsanleitungen** gilt, ist umstritten. **Einer Ansicht** nach sollen hier die Regeln über die Montageanleitung analog gelten mit der Folge, dass dann, wenn die Kaufsache trotz fehlerhafter Bedienungsanleitung fehlerfrei bedient wird, wegen S. 2 Hs. 2 kein Sachmangel vorliegt[24]. **Anderer Auffassung** nach sind dagegen Bedienungsanleitungen den **72**

---

21 BeckOK/*Faust* § 434 Rdnr. 97; *Oechsler* VS Rdnr. 128: Der Verkäufer darf ein Mindestmaß an Alltagswissen voraussetzen.
22 Vgl. Erman/*Grunewald* § 434 Rdnr. 56. Mangelhaft ist die Anleitung natürlich auch, wenn sie inhaltlich falsch ist, weil beispielsweise Seiten verwechselt oder Anschlüsse vertauscht werden.
23 Erman/*Grunewald* § 434 Rdnr. 57; ebenso BeckOK/*Faust* § 434 Rdnr. 102, wenn auch mit Bedenken hinsichtlich der Angemessenheit dieser Regelung.
24 Vgl. Erman/*Grunewald* § 434 Rdnr. 59.

Montageanleitungen nicht gleichzustellen[25]. Die Montageanleitung benötige der Käufer nur bei der Erstmontage, während er auf eine Bedienungsanleitung fortwährend angewiesen sei. Es sei daher nicht angemessen, dem Käufer die Gewährleistungsansprüche zu nehmen, nur weil die Sache trotz fehlerhafter Anleitung korrekt funktioniere[26].

4. Aliud und Zuweniglieferung (§ 434 Abs. 3)

73 Gemäß § 434 Abs. 3 Fall 1 steht es einem Sachmangel gleich, wenn der Verkäufer eine andere Sache als die geschuldete (Aliud) oder eine zu geringe Menge liefert. Es gelten in diesen Fällen also die §§ 434 ff; die Rechtsbehelfe ergeben sich aus § 437. Der Käufer kann nicht etwa mit dem Argument, es liege eine einfache (teilweise) Nichterfüllung vor, unmittelbar auf die §§ 280 ff, 323 ff zurückgreifen, was ihm in bestimmten Fällen angesichts der gegenüber den allg. Regeln (§§ 195 ff) teilweise strengeren Verjährungsregeln des § 438 als verlockend erscheinen könnte.

74 Die Gleichstellung des Aliud mit dem Sachmangel hat weitreichende Folgen: Es ist unerheblich, ob die Abweichung darauf beruht, dass die Sache überhaupt nicht zu der geschuldeten **Gattung** gehört oder darauf, dass sie sich zwar innerhalb der geschuldeten Gattung bewegt, aber nicht die danach zu erwartenden Eigenschaften aufweist.

75 Entsprechendes gilt für den **Stückkauf**. Wenn der Verkäufer statt des verkauften Gemäldes von Picasso als Erfüllung des Kaufvertrages ein von Franz Beckenbauer signiertes Stadionheft des FC Bayern München liefert, liegt über § 434 Abs. 3 grundsätzlich ein Sachmangel vor, und zwar unabhängig davon, ob die gelieferte Sache (Stadionheft) mehr oder weniger wert ist als die geschuldete (Picasso). Voraussetzung für die Behandlung des Aliud als Sachmangel ist allerdings, dass die vom Verkäufer konkret erbrachte Leistung (das Aliud) – für den Käufer erkennbar – „als Erfüllung" des mit dem Käufer geschlossenen Kaufvertrages geleistet wurde[27]. Übersendet also der Verkäufer im eben genannten Beispiel das Stadionheft kommentarlos an den Käufer, so liegt kein Fall des § 434 Abs. 3 vor, sondern ein einfacher Fall der Nichterfüllung. Denn der Käufer braucht – mangels gegenteiliger Anhaltspunkte – nicht davon auszugehen, dass die Zusendung des Stadionhefts in Erfüllung des Kaufvertrages über den Picasso gedacht ist.

5. Maßgeblicher Zeitpunkt

76 Maßgeblicher Zeitpunkt für das Vorliegen der Freiheit von Sachmängeln ist gemäß § 434 Abs. 1 S. 1 der **Gefahrübergang**, d.h. der Übergang der Preisgefahr. Gemäß § 446 S. 1 geht die Gefahr grundsätzlich mit der Übergabe der verkauften Sache auf den Käufer über. § 446 S. 3 bestimmt, dass der Annahmeverzug des Käufers der Übergabe

---

25 BeckOK/*Faust* § 434 Rdnr. 96; *Looschelders* BT Rdnr. 63: Es liege keine für eine Analogie erforderliche Regelungslücke vor, weil bei Mängeln der Bedienungsanleitung sowieso meist § 434 Abs. 1, S. 1 Nr. 1 oder 2 einschlägig sei.
26 BeckOK/*Faust* § 434 Rdnr. 96.
27 BeckOK/*Faust* § 434 Rdnr. 108 f, der es zu Recht ablehnt, für „Extremfälle" eine Ausnahme zu machen.

der Sache gleich steht²⁸. Beim Versendungskauf geht die Gefahr auf den Käufer gemäß § 447 Abs. 1 mit der Übergabe der Sache an die Transportperson über.

Besondere Regeln gelten für den **Verbrauchsgüterkauf**. Zum einen gilt die Vorschrift über den Versendungskauf (§ 447) grundsätzlich nicht (§ 475 Abs. 2). Zum anderen sieht § 477 n.F. (= § 476 a.F.) zugunsten des Käufers eine Beweislastumkehr vor: Wenn sich innerhalb von sechs Monaten seit Gefahrübergang ein Sachmangel zeigt, wird grundsätzlich vermutet, dass die Sache bereits bei Gefahrübergang mangelhaft war. 77

II. Rechtsmangel (§§ 435 f)

1. Grundsätze

Gemäß § 433 Abs. 1 S. 2 hat der Verkäufer dem Käufer die Sache nicht nur frei von Sachmängeln, sondern auch frei von Rechtsmängeln zu verschaffen. Die **Definition** der Rechtsmängel erfolgt in den §§ 435, 436. Gemäß § 435 ist die Sache frei von Rechtsmängeln, wenn Dritte in Bezug auf die Sache keine oder nur die im Kaufvertrag übernommenen Rechte gegen den Käufer geltend machen können (S. 1). Diese Formulierung ist missverständlich. Nach allgemeiner Auffassung liegt ein Rechtsmangel nur dann vor, wenn das vom Dritten behauptete Recht tatsächlich besteht; nicht ausreichend ist es also, wenn ein Dritter ein tatsächlich nicht bestehendes Recht geltend macht²⁹. Hiervon gilt jedoch nach S. 2 eine Ausnahme: Ein Rechtsmangel liegt auch vor, wenn im Grundbuch ein Recht eingetragen ist, das nicht besteht (S. 2). 78

Ob der Käufer durch das Bestehen dieses Rechts bei der gewöhnlichen oder von ihm nach dem Vertrag vorausgesetzten Verwendung beeinträchtigt wird, ist unerheblich³⁰. Maßgeblicher Zeitpunkt ist – anders als beim Sachmangel – derjenige des Eigentumsübergangs³¹. 79

„**Rechte**" i.S.d. § 435 S. 1 sind solche, die das Eigentum, das der Käufer erwirbt, individuell belasten. Darunter fallen in erster Linie beschränkte dingliche Rechte (z.B. Pfandrecht, Reallast, Dienstbarkeit, Anwartschaftsrecht), aber auch schuldrechtliche Rechtspositionen, wie z.B. die Tatsache, dass der Käufer in einen Miet- oder Pachtvertrag (§§ 566, 581) eintritt. Keine „Rechte" i.S.d. § 435 S. 1 sind hingegen solche Belastungen, die jeden Eigentümer gleichmäßig treffen; dies wird durch § 436 Abs. 2 für nicht eintragungsfähige öffentliche Abgaben und Lasten deklaratorisch klargestellt³². Auch auf öffentlichem Recht beruhende Eingriffsbefugnisse, Beschränkungen und Bindungen, die die Nutzung der Kaufsache beeinträchtigen, können einen Rechtsmangel begründen, etwa die Tatsache, dass das gekaufte KfZ in die Fahndungsliste gestohlener Fahrzeuge des Schengener Informationssystems eingetragen ist³³. 80

---
28 Zur Vereinbarkeit dieser Vorschrift mit der EG-Verbrauchsgüterkauf-RL vgl. BeckOK/*Faust* § 446 Rdnr. 10a.
29 *Oechsler* VS Rdnr. 150.
30 Vgl. *Huber*, in: Huber/Faust S. 311 f; BeckOK/*Faust* § 435 Rdnr. 7f; *Oechsler* VS Rdnr. 149.
31 Jauernig/*Berger* § 435 Rdnr. 4; *Looschelders* BT Rdnr. 81; a.A. *Oechsler* VS Rdnr. 146: maßgeblicher Zeitpunkt ist der der Fälligkeit des Lieferanspruchs.
32 Vgl. dazu BeckOK/*Faust* § 435 Rdnr. 6, § 436 Rdnr. 8.
33 Vgl. BGH, 18.7.2017, VIII ZR 234/15, NJW 2017, 1666, Rdnr. 16 ff.

2. Einzelfragen

a) Fehlende Eigentumsübertragung als Rechtsmangel?

81 Fraglich ist, ob die Tatsache, dass der Verkäufer dem Käufer das Eigentum nicht verschafft hat, zu einem Rechtsmangel i.S.d. § 435 (und damit zur Anwendung der gewährleistungsrechtlichen Rechtsbehelfe der § 437 ff, insbesondere der besonderen Verjährungsregel des § 438) führt[34] oder ob es sich um eine allg. Nichterfüllung handelt, die nach allg. Leistungsstörungsrecht (und den allg. Verjährungsregeln der §§ 195, 199) zu behandeln ist. Der Wortlaut des § 435 S. 1 und des § 438 Abs. 1 Nr. 1 (a) wäre an sich weit genug, um diese Fälle zu erfassen. Jedoch spricht ein systematisches Argument entscheidend gegen die Einordnung als Rechtsmangel: § 433 Abs. 1 nennt in S. 1 die Pflicht zur Verschaffung des Eigentums getrennt von der in S. 2 statuierten Pflicht zur Sach- und Rechtsmangelfreiheit. Es ist deshalb davon auszugehen, dass die Nichtverschaffung des Eigentums eine **allgemeine Nichterfüllung** der Pflicht aus § 433 Abs. 1 S. 1 darstellt, die grundsätzlich nach den Regeln des allg. Leistungsstörungsrechts zu behandeln ist[35]. Es stellt sich dann allerdings die Frage, ob man auf diese Ansprüche die Verjährungsregel des § 438 Abs. 1 Nr. 1 (a) analog anwenden sollte, um zu verhindern, dass der Anspruch desjenigen Käufers, dem das Eigentum nicht verschafft wurde, früher verjährt (§§ 195, 199, insbesondere § 199 Abs. 2, 3) als der Anspruch desjenigen Käufers, dem „nur" ein beschränktes dingliches Drittrecht aufgezwungen wurde (§ 438 Abs. 1 Nr. 1 (a))[36]. Dies ist m.E. zu bejahen.

b) Abgrenzung zwischen Sach- und Rechtsmangel

82 Die Trennlinie zwischen Sach- und Rechtsmängeln ist häufig nicht einfach zu ziehen und hat schon im früheren (d.h. vor der Schuldrechtsreform 2002) Recht Probleme bereitet. Im neuen Recht wird es auf die Abgrenzung allerdings nur selten ankommen, weil Sach- und Rechtsmängel sowohl beim Erfüllungsanspruch (§ 433 Abs. 1 S. 2) als auch bei den Gewährleistungsrechten (§§ 437 ff) weitgehend gleich gestellt sind[37]. Unterschiede ergeben sich in erster Linie bei der Frage des maßgeblichen Zeitpunkts: Für Sachmängel ist dies der Gefahrübergang, für Rechtsmängel hingegen der Eigentumsübergang. Auch ist die Beweislastumkehr des § 477 n.F. (= § 476 a.F.) nur auf Sachmängel anwendbar, nicht dagegen auf Rechtsmängel. Als Faustformel für die Abgrenzung bietet es sich an, mit einer in der **Literatur** zum neuen Recht vertretenen – allerdings von der früher h.M. abweichenden – Ansicht einfach darauf abzustellen, ob der Mangel letztlich an die **Beschaffenheit der Sache** anknüpft (dann Sachmangel) oder nicht[38].

---

34 So z.B. Jauernig/*Berger* § 435 Rdnr. 5; *Oechsler* VS Rdnr. 148.
35 BeckOK/*Faust* § 435 Rdnr. 15; *Looschelders* BT Rdnr. 79.
36 BeckOK/*Faust* § 435 Rdnr. 15; § 438 Rdnr. 15; *Looschelders* BT Rdnr. 79.
37 MünchKomm/*Westermann* § 435 Rdnr. 1; BeckOK/*Faust* § 435 Rdnr. 3.
38 Vgl. BGH, 18.7.2017, VIII ZR 234/15, NJW 2017, 1666, Rdnr. 18; BeckOK/*Faust* § 435 Rdnr. 10; Palandt/*Weidenkaff* § 435 Rdnr. 6a.

§ 6 Grundlagen des kaufrechtlichen Rechtsbehelfssystems

I. § 437 als Servicenorm und Drehscheibe

§ 437 nennt als „Servicenorm" die einzelnen Rechtsbehelfe, die dem Käufer zustehen, wenn die gelieferte Sache mangelhaft (d.h. nicht sach- oder rechtsmängelfrei) ist. Die Vorschrift verweist dabei für Rücktritt (Nr. 2 Fall 1) und Schadensersatz (Nr. 3) weitgehend auf das allg. Leistungsstörungsrecht und sieht darüber hinaus die Rechtsbehelfe der Nacherfüllung (§§ 437 Nr. 1, 439) und der Minderung (§§ 437 Nr. 2 Fall 2, 441) vor. Die §§ 438 ff enthalten gewährleistungsrechtliche Sonderregeln, die in jedem Fall zu beachten sind und den Regeln des allg. Schuldrechts im Grundsatz vorgehen: Verjährung bzw. zeitliche Grenzen (§ 438), Ausschlussgründe (§§ 442, 445), besondere Regeln für Rücktritt und Schadensersatz (§ 440), Vorschriften über Garantien und Haftungsausschlüsse (§§ 443, 444). **83**

Das **Rechtsbehelfssystem** ist also einerseits durch eine enge Verzahnung mit dem allg. Leistungsstörungsrecht, andererseits aber auch durch kaufrechtliche Sonderregeln (insbesondere die Verjährungsregeln des § 438 und die Ausschlussnormen der §§ 442, 445) gekennzeichnet. Systematisch stellt sich die Lage folgendermaßen dar: Immer wenn der Grund für die Geltendmachung von Rechtsbehelfen durch den Käufer in der Mangelhaftigkeit der Kaufsache liegt, greift § 437 und damit auch der Katalog der besonderen Vorschriften der §§ 438 ff (zur genauen Bestimmung des zeitlichen Anwendungsbereichs der §§ 437 ff vgl. Rdnr. 88 ff). Liegt die Pflichtverletzung des Verkäufers hingegen nicht in der Lieferung mangelhafter Ware, so greifen die §§ 437 ff grundsätzlich nicht; es gilt dann das allg. Leistungsstörungsrecht. Am Bsp. des Schadensersatzes verdeutlicht: Beruft sich der Käufer zur Begründung des Schadensersatzanspruchs auf die Mangelhaftigkeit der Kaufsache, so finden die §§ 280 ff über die Verweisungsnorm des § 437 Anwendung und unterliegen damit auch der besonderen Verjährungsregelung des § 438. Beruft sich der Käufer hingegen auf eine Nebenpflichtverletzung des Verkäufers, die nichts mit einem Mangel zu tun hat, so ist § 437 nicht anwendbar; es gelten die §§ 280 ff ohne die in den §§ 438 ff vorgesehenen Modifikationen, d.h. insbesondere mit den allg. Verjährungsvorschriften der §§ 195 ff (zur im Detail schwierigen Abgrenzung s. näher Rdnr. 362 ff). **84**

§ 437 hat also gewissermaßen die Funktion einer Drehscheibe für das kaufrechtliche Rechtsbehelfssystem. Der Zutritt zu dieser Drehscheibe erfolgt über die Mangelhaftigkeit der Kaufsache. Welche Ausgänge offen stehen, richtet sich nach den Vorschriften, die in § 437 genannt sind. § 437 hat dabei eine doppelte dogmatische Bedeutung: Zum einen ist er Rechtsgrundverweisung auf die in Bezug genommenen Vorschriften. Zum anderen konkretisiert er diese Vorschriften, indem er die relevante Pflichtverletzung festlegt, nämlich die Lieferung einer mangelhaften Kaufsache. **85**

II. Gestuftes Rechtsbehelfssystem

86 Die §§ 437 ff sehen – im Grundsatz – ein **gestuftes Rechtsbehelfssystem** vor. Vorrangig soll dem Käufer der Anspruch auf Nacherfüllung (§§ 437 Nr. 1, 439) zustehen, ggf. in Verbindung mit einem Anspruch auf „einfachen" Schadensersatz aus § 280 Abs. 1 (z.B. wegen Mangelfolgeschäden, welche die mangelhafte Kaufsache bereits verursacht hat; zur streitigen Abgrenzung vgl. Rdnr. 273 ff). Erst wenn dies nicht ausreicht bzw. nicht zum Erfolg führt, sollen dem Käufer auf der zweiten Stufe der Rücktritt, die Minderung und der Schadensersatz statt der Leistung zustehen.

87 **Dogmatisch** wird dieses Ziel nicht etwa (häufiger Fehler!) dadurch erreicht, dass dem Käufer in §§ 437 Nr. 1, 439 ein Nacherfüllungs*anspruch* zugestanden wird, sondern vielmehr dadurch, dass für Rücktritt (§ 323 Abs. 1), Schadensersatz statt der Leistung (§§ 280 Abs. 3, 281 Abs. 1) und Minderung („statt zurückzutreten") grundsätzlich vorausgesetzt wird, dass der Käufer erfolglos eine **Frist zur Nacherfüllung** gesetzt hat. Inhaltlich erhält der Verkäufer durch dieses fristsetzungsorientierte, gestufte System im Grundsatz eine „zweite Chance", um ordnungsgemäß zu erfüllen.

III. Zeitlicher Anwendungsbereich der §§ 437 ff

88 Die §§ 437 ff sind zwar eng mit dem allg. Leistungsstörungsrecht verzahnt, weichen aber dennoch in einigen Punkten von diesem ab, insbesondere bei der Verjährung des § 438, die in der Regel für den Käufer ungünstiger ist als die für das allg. Leistungsstörungsrecht geltende Regelverjährung der §§ 195, 199. Aufgrund dieser Unterschiede ist es erforderlich, genau zu klären, wann die §§ 437 ff Anwendung finden. Am Bsp. des Rücktritts erklärt, lautet die Frage etwa: Finden die §§ 323 ff „über den § 437 Nr. 2" Anwendung (mit der Folge, dass auch die §§ 438 ff gelten) oder finden die §§ 323 ff „aus eigenem Recht heraus" Anwendung (also ohne die §§ 438 ff)?

89 Im Gesetz findet sich für die Abgrenzung nur der Eingangssatz des § 437: „Ist die Sache mangelhaft, (...)". Einer Ansicht nach kommt es – in Anlehnung an den für § 434 maßgeblichen Zeitpunkt – darauf an, ob die Leistung des Verkäufers im Zeitpunkt des (fiktiven) **Gefahrübergangs**, also in dem Zeitpunkt, in dem die Gefahr bei Mangelfreiheit übergegangen wäre, mangelhaft war[1]. Die Gegenansicht stellt – in Anlehnung an den Rechtsgedanken des § 363 – darauf ab, ob der Käufer die Sache als Erfüllung angenommen hat (dann Geltung der §§ 437 ff) oder nicht (dann Geltung der §§ 323 ff unmittelbar)[2]. **M.E.** liegt es näher, die Verweisung in § 437 auf den Mangelbegriff konsequent zu Ende zu führen und auf den Gefahrübergang abzustellen.

90 Der Streit kommt u.a. dann zum Tragen, wenn der Käufer bei der Schickschuld die (vom Verkäufer über die Transportperson) angebotene Ware sofort wegen Mangelhaftigkeit zurückweist. Nach der zuerst genannten Ansicht ist hier der Gefahrübergang gemäß § 447 bereits eingetreten, so dass der Käufer den Vorschriften der §§ 437 ff

---

[1] *Huber*, in: Huber/Faust S. 331; Palandt/*Weidenkaff* § 433 Rdnr. 21; *Oechsler* VS Rdnr. 80.
[2] BeckOK/*Faust* § 437 Rdnr. 5 f.

unterliegt. Nach der Gegenansicht greifen die §§ 437 ff wegen des sofortigen Zurückweisens nicht ein. Unterschiedliche Ergebnisse ergeben sich ferner, wenn der Käufer in Annahmeverzug gerät. Nach der ersten Ansicht gelten hier wegen § 446 S. 3 die §§ 437 ff, nach der **Gegenansicht** mangels Annahme der Ware als Erfüllung nicht. Vgl. auch Rdnr. 102.

IV. Konkretisierung beim Gattungskauf

Für den Gattungskauf stellt sich die Frage, wann bei Lieferung der mangelhaften Ware die Konkretisierung eintritt. § 243 Abs. 2 setzt für die Konkretisierung u.a. voraus, dass es sich um Gegenstände mittlerer Art und Güte handelt. Dies ist bei mangelhafter Ware nicht der Fall. Durch die Lieferung mangelhafter Ware tritt also keine Konkretisierung ein, und zwar selbst dann nicht, wenn der Käufer die Ware (zunächst) annimmt. Die Frage ist praktisch von geringer Bedeutung, weil Voraussetzungen und Folgen der mangelhaften Lieferung im Gesetz detailliert geregelt sind und meist nicht unmittelbar vom Eintritt der Konkretisierung abhängen. Dennoch ist es zumindest für das Verständnis der Systematik hilfreich, sie zu beantworten. Man wird danach unterscheiden müssen, **wie** der **Käufer** auf die Mangelhaftigkeit der Kaufsache **reagiert**: 91

Wählt der Käufer Nachbesserung als Form der Nacherfüllung, Minderung oder eine Form des Schadensersatzes, die nicht Schadensersatz statt der ganzen Leistung ist, so bringt er damit zum Ausdruck, die ursprüngliche Leistung des Verkäufers behalten zu wollen. Deshalb tritt m.E. in diesem Moment (also mit Verlangen der Nachbesserung, Erklärung der Minderung bzw. Geltendmachung des Schadensersatzanspruchs) die Konkretisierung ein (str.). Dogmatisch lässt sich dies so erklären, dass der Käufer mit der Geltendmachung dieser Rechte das in der Lieferung der mangelhaften Ware liegende Angebot des Verkäufers, seine Schuld solle sich auf diese Ware beschränken, annimmt und damit die Konkretisierung herbeiführt. 92

Verlangt der Käufer vom Verkäufer Ersatzlieferung, so handelt es sich bei dem Ersatzlieferungsanspruch der Sache nach um den ursprünglichen Erfüllungsanspruch in modifizierter Form. Wenn der Verkäufer daraufhin eine mangelfreie Ersatzsache liefert, tritt hierdurch nach den allg. Grundsätzen die Konkretisierung ein. Es wäre konzeptionell nicht überzeugend, wenn eine Leistungspflicht zweimal konkretisiert würde. Deshalb spricht m.E. viel dafür, in diesem Fall davon auszugehen, dass durch die erste Lieferung zu keinem Zeitpunkt eine Konkretisierung herbeigeführt wurde. 93

Entscheidet sich der Käufer verbindlich für den Rücktritt oder für Schadensersatz statt der ganzen Leistung, so steht zunächst fest, dass er dem Verkäufer die fehlerhafte Leistung zurückgewähren muss; dies ergibt sich im Falle des Rücktritts unmittelbar aus § 346, im Falle des Schadensersatzes statt der ganzen Leistung aus der Verweisung in § 281 Abs. 4. Das Schuldverhältnis wird also rückabgewickelt. Die Frage, ob mit dem Verlangen des Käufers vor der Rückabwicklung noch eine Konkretisierung eingetreten ist[3] oder ob die Rückabwicklung stattfindet, ohne dass jemals Konkretisierung 94

---

3 So die wohl überwiegende Ansicht zum alten Recht.

eingetreten ist[4], hat m.E. nur noch theoretische Bedeutung. Überzeugender ist es, in diesem Fall eine Konkretisierung überhaupt nicht anzunehmen[5].

§ 7 Der Nacherfüllungsanspruch des Käufers (§§ 437 Nr. 1, 439)

I. Überblick

95 Gemäß §§ 437 Nr. 1, 439 kann der Käufer bei (Sach- oder Rechts-) Mangelhaftigkeit der Kaufsache als Nacherfüllung die Beseitigung des Mangels (**Nachbesserung**) oder die Lieferung einer mangelfreien Sache (**Ersatzlieferung**) verlangen. Nachbesserung bedeutet, dass der Käufer die gelieferte (mangelhafte) Sache behält und der Verkäufer den Mangel beseitigt, etwa durch Reparatur. Ersatzlieferung bedeutet, dass der Käufer die ursprünglich gelieferte mangelhafte Sache zurückgibt – dazu ist er über § 439 Abs. 5 n.F. i.V.m. §§ 346 ff auch verpflichtet – und der Verkäufer eine neue, diesmal mangelfreie Sache liefert. Die Wahl zwischen den beiden Formen der Nacherfüllung steht nach dem eindeutigen Wortlaut der Vorschrift dem Käufer zu. Richtiger Ansicht nach handelt es sich hierbei nicht etwa um eine Wahlschuld (bei der die erste Ausübung des Wahlrechts bindend wäre, so dass der Käufer, der Nachbesserung wählt, nach deren Fehlschlagen nicht mehr auf die Ersatzlieferung übergehen könnte), sondern um einen Fall der **elektiven Konkurrenz**: Der Käufer wird durch eine einmal ausgeübte Wahl grundsätzlich nicht gebunden, hat also ein ius variandi, das allerdings dann endet, wenn der Verkäufer die Nacherfüllung bewirkt hat, den Käufer diesbezüglich in Annahmeverzug gesetzt hat oder rechtskräftig zu einer bestimmten Form der Nacherfüllung verurteilt wurde[1]. Auch kann sich aus Treu und Glauben (genauer: aus dem Verbot widersprüchlichen Verhaltens) ergeben, dass der Käufer – zumindest für eine bestimmte Zeit – an seine Wahl gebunden ist[2].

96 Die **Kosten** der Nacherfüllung hat gemäß § 439 Abs. 2 der Verkäufer zu tragen. § 439 Abs. 4 n.F. (= § 439 Abs. 3 a.F.) gibt dem Verkäufer ein Verweigerungsrecht, wenn die Nacherfüllung nur mit unverhältnismäßigen Kosten möglich ist, und präzisiert diese Unverhältnismäßigkeit näher. Eine Sonderregel für die sog. **Einbaufälle** enthält der durch das Mängelhaftungsänderungsgesetz 2017 neu eingeführte § 439 Abs. 3 n.F.: Der Nacherfüllungsanspruch umfasst in solchen Fällen grundsätzlich auch Ersatz für die Kosten des Ausbaus der mangelhaften und des Einbaus der neu gelieferten Sache (dazu ausführlich unten Rdnr. 137 ff).

---

4 So *Huber*, in: *Huber/Faust* S. 334.
5 *Huber*, in: *Huber/Faust* S. 334.
1 BeckOK/*Faust* § 439 Rdnr. 9 ff; a.A. *Looschelders* BT Rdnr. 87: Erklärung des Käufers hat ab Zugang beim Verkäufer Bindungswirkung.
2 Vgl. OLG Saarbrücken, 29.5.2008, 8 U 494/07, NJW 2009, 369.

Der **Nacherfüllungsanspruch unterliegt** – als auf einen Mangel gestützter Anspruch 97
(vgl. Rdnr. 84) – den besonderen Regelungen der §§ 438 ff und darüber hinaus grundsätzlich auch den Regeln des allg. Leistungsstörungsrechts, soweit sie darauf anwendbar sind (z.B. § 275).

Aus dem Zusammenspiel der §§ 437 ff mit dem allg. Leistungsstörungsrecht ergeben 98
sich für den Anspruch auf Nacherfüllung folgende Voraussetzungen:

Prüfungsaufbau für Anspruch auf Nacherfüllung (§§ 437 Nr. 1, 439)
(1) Mangel der Sache im maßgeblichen Zeitpunkt (Gefahrübergang beim Sachmangel; Eigentumsübergang beim Rechtsmangel)
(2) Kein Ausschluss bzw. Verweigerungsrecht gem. § 275
(3) Kein Verweigerungsrecht gem. § 439 Abs. 4 n.F. (= § 439 Abs. 3 a.F.) bzw. Recht zur Verweisung auf Erstattung eines angemessenen Betrags gem. § 475 Abs. 4 n.F.
(4) Keine Ausschlussgründe (z.B. §§ 442, 445, 438; § 377 HGB)

Nicht erforderlich ist, dass der Verkäufer den Mangel zu vertreten hat. Ebenso wenig 99
hängt der Anspruch davon ab, dass der Mangel eine bestimmte Erheblichkeit aufweist.
Eine den §§ 323 Abs. 4 S. 2 (Rücktritt), 281 Abs. 1 S. 3 (Schadensersatz statt der ganzen
Leistung) entsprechende Unerheblichkeitsvorschrift gibt es für den Nacherfüllungsanspruch nicht.

II. Erfüllung und Nacherfüllung

Der Nacherfüllungsanspruch steht in engem Zusammenhang mit der Vorschrift des 100
§ 433 Abs. 1 S. 2, welche die Mangelfreiheit zum Inhalt der primären Leistungspflicht
des Verkäufers erhebt. Die Kehrseite dieser Verkäuferpflicht ist ein entsprechender
Erfüllungsanspruch des Käufers, der sich zunächst aus § 433 Abs. 1 S. 2 selbst ergibt
und für den Bereich des Gewährleistungsrechts seine Fortsetzung in dem in §§ 437
Nr. 1, 439 vorgesehenen Nacherfüllungsanspruch findet. Der Nacherfüllungsanspruch
ist also eine **modifizierte Form des ursprünglichen Erfüllungsanspruchs**[3].

Dogmatisch betrachtet, ergibt sich also folgendes Bild: Zunächst hat der Käufer ab 101
Vertragsschluss einen Anspruch auf Mangelfreiheit aus § 433 Abs. 1 S. 2. Zu einem bestimmten Zeitpunkt (dazu sogleich) verwandelt sich dieser Anspruch in den Nacherfüllungsanspruch aus §§ 437 Nr. 1, 439. Ab diesem Zeitpunkt besteht der ursprüngliche Erfüllungsanspruch (in Bezug auf die Mangelfreiheit, § 433 Abs. 1 S. 2) im
Ergebnis nicht mehr, sondern wird durch die §§ 437 ff als (insofern) abschließende
Sonderregelungen verdrängt. Dies hat durchaus praktische Bedeutung, denn die besonderen kaufgewährleistungsrechtlichen Regelungen (z.B. die kurze Verjährung des
§ 438 oder die Ausschlussgründe der §§ 442, 445) gelten nur für den Nacherfüllungs-

---

[3] *Huber*, in: *Huber/Faust* S. 331 f; *Looschelders* BT Rdnr. 84; *Oechsler* VS Rdnr. 80.

anspruch aus §§ 437 Nr. 1, 439, nicht dagegen für den ursprünglichen Erfüllungsanspruch aus § 433 Abs. 1 S. 2.

102 Der **Zeitpunkt**, in dem sich der ursprüngliche Erfüllungsanspruch in den Nacherfüllungsanspruch verwandelt, ist umstritten. Eine Ansicht stellt darauf ab, ob bzw. wann der Käufer die angediente Ware als Erfüllung angenommen hat (i.S.d. § 363): Sobald er dies getan hat, gelten die §§ 437 ff, davor jedoch das allg. Leistungsstörungsrecht[4]. Die Gegenansicht stellt zu Recht auf den Zeitpunkt des Gefahrübergangs ab, genauer: auf den Zeitpunkt, in dem bei Mangelfreiheit der Kaufsache die Gegenleistungsgefahr auf den Käufer übergegangen wäre[5]. Dies wird i.d.R. der Zeitpunkt der Lieferung sein, beim Versendungskauf allerdings grundsätzlich der Zeitpunkt der Übergabe an die Transportperson. Auf diesen Zeitpunkt abzustellen ist sinnvoll, weil es derjenige ist, an den das Gesetz in § 434 Abs. 1 die Anwendbarkeit der kaufgewährleistungsrechtlichen Regeln knüpft[6]. Der Unterschied zwischen beiden Ansichten zeigt sich vor allem beim Versendungskauf: Nach der Ansicht, die auf die Annahme als Erfüllung abstellt, hat der Käufer es hier in der Hand, durch sofortige Zurückweisung der Ware bei Ankunft am Erfolgsort das Eingreifen der §§ 437 ff (mit der strengen Verjährungsregel des § 438) zu vermeiden. Nach der hier vertretenen Ansicht ist dies nicht der Fall, weil der Gefahrübergang schon vor Eintreffen der Ware am Erfolgsort eintrat (vgl. auch Rdnr. 88 ff).

III. Kosten und Ort der Nacherfüllung

1. Kosten: § 439 Abs. 2 als Anspruchsgrundlage?

103 Die für die Nacherfüllung erforderlichen Aufwendungen hat gemäß § 439 Abs. 2 der Verkäufer zu tragen. Die Vorschrift nennt beispielhaft („insbesondere") Transport-, Wege-, Arbeits- und Materialkosten. Sie dient der Umsetzung von Art. 3 Abs. 2 und Abs. 4 der Verbrauchsgüterkauf-RL, die verlangen, dem Käufer einen Anspruch auf „unentgeltliche" Herstellung des vertragsgemäßen Zustandes einzuräumen.

104 Umstritten ist - bzw. eher: war lange Zeit -, ob es sich bei der Vorschrift des § 439 Abs. 2 um eine Anspruchsgrundlage handelt oder nicht. Gegen eine Einordnung als Anspruchsgrundlage spricht, dass dem Käufer auf diese Weise gewissermaßen ein Recht zur Selbstvornahme eingeräumt und dementsprechend das Recht des Verkäufers zur zweiten Andienung entwertet würde: Der Käufer könnte selbst für Ersatz sorgen und anschließend die Kosten hierfür nach § 439 Abs. 2 ersetzt verlangen. Mit diesem Argument wird § 439 Abs. 2 in der Literatur dann auch vielfach als reine Kostenzuweisungsnorm eingeordnet[7]. Demgegenüber hat der **BGH** die Vorschrift des **§ 439 Abs. 2** als **echte Anspruchsgrundlage** eingeordnet[8] – allerdings ohne nähere Begründung. Als

---

[4] BeckOK/*Faust* § 437 Rdnr. 5 f mit ausführlicher Begründung.
[5] *Huber*, in: *Huber/Faust* S. 331 f; Palandt/*Weidenkaff* § 433 Rdnr. 21; *Oechsler* VS Rdnr. 80.
[6] Vgl. zu Einzelheiten: *Huber*, in: *Huber/Faust* S. 331 f.
[7] BeckOK/*Faust* § 439 Rdnr. 21a; ausführlich *Hellwege* AcP 206 (2006) 136.
[8] BGH, 15.7.2008, VIII ZR 211/07, NJW 2008, 2837 Rdnr. 9; BGH, 13.4.2011, VIII ZR 220/10, NJW 2011, 2278, 2281, Rdnr. 37; BGH, 30.4.2014, VIII ZR 275/13, NJW 2014, 2351.

Argument ließe sich anführen, dass der ähnlich formulierte § 357 Abs. 2 S. 2 von der ganz h.M. ebenfalls als Anspruchsgrundlage eingestuft wird[9]. Im Ergebnis ist jedenfalls mit dem BGH davon auszugehen, dass § 439 Abs. 2 eine echte Anspruchsgrundlage für den Kostenersatz ist. Seit dem Mängelhaftungsänderungsgesetz 2017 ist in Bezug auf die sog. Einbaufälle die neue Vorschrift des § 439 Abs. 3 n.F. zu beachten. Diese gibt dem Käufer einen Anspruch auf Ersatz der für Aus- und Einbau erforderlichen Aufwendungen. Man wird davon ausgehen müssen, dass § 439 Abs. 3 n.F. innerhalb seines Anwendungsbereichs lex specialis zu § 439 Abs. 2 ist.

Sieht man § 439 Abs. 2 mit dem BGH als Anspruchsgrundlage an, so ergibt sich ein **Folgeproblem** in Bezug auf die Fälle der so genannten **Selbstvornahme** der Nacherfüllung durch den Käufer, also diejenigen Fälle, in denen der Käufer die Nacherfüllung selbst vornimmt oder vornehmen lässt, ohne dem Verkäufer hierzu vorher eine Frist zu setzen (vgl. dazu ausführlich Rdnr. 450 ff). Der BGH schützt in diesen Fällen das – aus dem für (hier vorliegende) Ansprüche auf Schadensersatz statt der Leistung vorgesehene Fristsetzungserfordernis resultierende – Recht des Verkäufers auf eine „zweite Chance" in hohem Maße, indem er dem Käufer in der Regel keine Kostenerstattungsansprüche zuspricht. Dieser Schutz könnte ausgehebelt werden, wenn man nun die Vorschrift des § 439 Abs. 2 – mit der neueren BGH-Rechtsprechung zu deren Rechtsnatur – einfach als Anspruchsgrundlage betrachtet, die dem Käufer ohne Weiteres einen Anspruch auf Ersatz der Selbstvornahmekosten gibt. Allerdings lässt sich dieses Problem wohl dadurch beheben, dass man das Erfordernis einer Nachfristsetzung in die Vorschrift hineinliest. Dies dürfte im Wege der Auslegung möglich sein, weil die Vorschrift den Anspruch auf Ersatz der „erforderlichen" Kosten beschränkt: Soweit der Verkäufer auf eine Fristsetzung hin eine Nacherfüllung erbracht hätte, sind entsprechende vom Käufer selbst vorgenommene oder veranlasste Maßnahmen nicht „erforderlich", so dass ein Erstattungsanspruch aus § 439 Abs. 2 ausscheidet.

105

Nach Ansicht des BGH[10] erfasst § 439 Abs. 2 als Anspruchsgrundlage auch **Sachverständigenkosten**, die dem Käufer entstehen, um herauszufinden, ob die Sache (die Mangelerscheinungen zeigt) wirklich einen Mangel hat. Denn auch diese Kosten seien „zum Zwecke der Nacherfüllung" aufgewendet worden. Ein derartiger Anspruch aus § 439 Abs. 2 ist in der Praxis von großer Bedeutung, weil andere Ersatzansprüche häufig nicht gegeben sein werden; insbesondere werden Ansprüche auf Schadensersatz gem. §§ 437 Nr. 3, 280 Abs. 1 häufig am Vertretenmüssen scheitern. Der BGH hat in diesem Zusammenhang weiter ausgeführt, dieser Anspruch entfalle auch dann nicht, wenn der Käufer letztlich gar nicht Nacherfüllung verlange, sondern die Minderung erkläre. Entsprechendes muss m.E. auch gelten, wenn der Käufer nicht zur Minderung, sondern zu einem anderen Rechtsbehelf übergeht. Maßgeblicher Zeitpunkt für die – von § 439 Abs. 2 vorausgesetzte – Nacherfüllungsbezogenheit von Mangelermittlungskosten ist demnach also derjenige, in dem diese Sachverständigenkosten entstanden sind. Wenn die Sachverständigenkosten in diesem Zeitpunkt zur Klärung der Ursache der Mangelerscheinungen erforderlich sind, sind sie als Nacherfüllungskos-

106

---

9   Hierauf weist *Kaiser* (in: Staudinger/Eckpfeiler, Kap. I. Rdnr. 61) hin.
10 **BGH, 30.4.2014, VIII ZR 275/13, NJW 2014, 2351, Rdnr. 10 ff.**

ten über § 439 Abs. 2 ersatzfähig. Es ist eine Frage des Einzelfalls, ob die Beauftragung eines Sachverständigen „erforderlich" war. Allerdings wird man auch hier wieder – aus ähnlichen Erwägungen wie im vorherigen Absatz – zumindest verlangen müssen, dass der Käufer zunächst dem Verkäufer die Möglichkeit gibt, sich zum Vorliegen eines Mangels zu äußern (vielleicht sogar darüber hinaus, dass der Käufer dem Verkäufer die Frist zur Nacherfüllung setzt). Bestreitet der Verkäufer daraufhin das Vorliegen eines Mangels (bzw. verweigert er die Nacherfüllung), wird die Beauftragung eines Sachverständigen meist „erforderlich" sein. Stellt sich dann bei der Begutachtung heraus, dass ein Mangel vorliegt, kann der Käufer die Kosten über § 439 Abs. 2 ersetzt verlangen und die sonstigen Gewährleistungsansprüche geltend machen. Stellt sich hingegen heraus, dass kein Mangel vorlag, ist es konsequent, einen Kostenerstattungsanspruch aus § 439 Abs. 2 (ebenso wie einen mängelgestützten Schadensersatzanspruch) zu verneinen.

107 **Vertiefungshinweis:** Wenn man einen Kostenerstattungsanspruch immer dann verneint, wenn sich herausgestellt hat, dass kein Mangel vorliegt, ergeben sich gewisse Brüche in Bezug auf die Rechtsprechung des BGH zur Haftung des Käufers für die unberechtigte Geltendmachung von Gewährleistungsansprüchen (Bsp.: Der Käufer hält die Sache zu Unrecht für mangelhaft, fordert deshalb zu Unrecht Nacherfüllung; bei deren Erbringung entstehen dem Verkäufer Kosten); denn dort verpflichtet der BGH den Käufer nur zu einer Plausibilitäts- bzw. Evidenzkontrolle daraufhin, ob die festgestellten Mangelerscheinungen aus seinem eigenen Verantwortungsbereich stammen (vgl. Rdnr. 376 ff) – der Käufer muss also nur dann die Kosten tragen (bzw. dem Verkäufer ersetzen), wenn es praktisch offensichtlich war, dass kein Mangel vorlag. Hier (d.h. bei den Selbstvornahmefällen) hingegen trägt er das volle Risiko in Bezug auf das Vorliegen eines Mangels. Doch wird man diesen Widerspruch hinnehmen müssen.

Eine weitere Querverbindung ist in diesem Zusammenhang interessant: Wenn es sich um einen Verbrauchsgüterkauf i.S.d. § 474 handelt, kommt der Frage der Ersatzfähigkeit der Mangelermittlungskosten über § 439 Abs. 2 eine geringere praktische Bedeutung zu, wenn man i.R.d. Beweislastumkehr des § 477 n.F. (= § 476 a.F.) nicht der strengen früheren Ansicht des BGH folgt, sondern der großzügigeren, inzwischen vom EuGH für den Verbrauchsgüterkauf vorgegebenen und nun auch vom BGH akzeptierten Ansicht, welche beim Auftreten von Mangelerscheinungen innerhalb der Sechs-Monats-Frist das Vorliegen eines „Grundmangels" bei Gefahrübergang vermutet (vgl. dazu Rdnr. 403 ff)[11]. Denn der Käufer braucht dann nicht nach dem Grundmangel zu suchen, sondern kann einfach auf die innerhalb der Frist aufgetretenen, klar ersichtlichen Mangelfolgen verweisen. Im Umkehrschluss dürfte dies wiederum bedeuten, dass in Fällen, in denen die Vermutung greift, die Beauftragung eines Sachverständigen grundsätzlich nicht „erforderlich" ist.

2. Ort

108 Nicht ausdrücklich geregelt ist, an welchem **Ort** der Verkäufer die Nacherfüllung zu erbringen hat: am ursprünglichen Erfüllungsort oder am jeweiligen Belegenheitsort der Sache (d.h. häufig am Wohnsitz des Käufers). Muss also der Verkäufer des in Berlin für 30 € verkauften Rasierapparates diesen am Wohnsitz des Käufers in München

---

11 Vgl. *Lorenz* NJW 2013, 2319, 2320.

reparieren, oder muss sich der Käufer zur Nachbesserung nach Berlin begeben? In der Klausur wird sich diese Frage oftmals in einem anderen Gewand stellen: Hat der Käufer dem Verkäufer eine angemessene Frist zur Nacherfüllung gesetzt, wenn er von ihm verlangt hat, den Rasierapparat bei sich in München zu reparieren oder hätte er die Frist auf eine Reparatur in Berlin beziehen müssen? Oder: Hat der Käufer eine wirksame Frist zur Nacherfüllung gesetzt, wenn er zwar – wie es ihm obliegt (vgl. Rdnr. 218) – die Sache dem Verkäufer zur Untersuchung zur Verfügung stellt, dies aber nicht am Erfüllungsort der Nacherfüllung, sondern an einem anderen Ort[12]?

Eine allgemeine Regelung des Erfüllungsorts enthält § 269 Abs. 1. Danach ist im Zweifel davon auszugehen, dass eine Pflicht am Wohnsitz des Schuldners zu erfüllen ist – im Beispiel also in Berlin, wo der Verkäufer seinen Wohnsitz hat. Diese Regelung greift allerdings ihrem eindeutigen Wortlaut nach nur dann, wenn (a) keine spezielle Regelung vorhanden ist und sich (b) aus den „Umständen, insbesondere der Natur des Schuldverhältnisses" kein anderer Erfüllungsort ergibt. **109**

(a) Zunächst ist also zu klären, **ob § 439 selbst eine Regelung enthält** – es müsste freilich eine „ungeschriebene" sein; eine explizite Anordnung enthält die Vorschrift nicht (zwar spricht die Vorschrift von der „Lieferung einer Ersatzsache", was man als Hinweis auf eine Bringschuld auffassen könnte; allerdings dürfte das Gesetz diesen Begriff eher untechnisch und in Ermangelung anderer passender Begriffe verwenden[13]). Häufig wurde eine solche ungeschriebene Erfüllungsortregelung angenommen – allerdings herrschte Uneinigkeit hinsichtlich des Inhalts dieser Regelung. Teilweise wurde unter Hinweis auf die Entstehungsgeschichte der Vorschrift die Ansicht vertreten, dass die Nacherfüllung grundsätzlich am jeweiligen Belegenheitsort der Sache zu erbringen sei (im Rasierer-Beispiel: München)[14]. Die Nacherfüllungspflicht wäre demnach also in jedem Fall eine Bringschuld, unabhängig davon, welcher Art die ursprüngliche Leistungspflicht war. Die Gegenansicht[15] berief sich darauf, dass der Nacherfüllungsanspruch nichts anderes als ein modifizierter Erfüllungsanspruch sei. Daher komme es stets auf den Erfüllungsort der ursprünglichen Leistungspflicht an (im Rasierer-Beispiel: Berlin). War demnach die Leistungspflicht des Verkäufers aus § 433 Abs. 1 S. 1 eine Holschuld, wäre auch die Nacherfüllung am Wohnsitz des Verkäufers zu erbringen (wobei allerdings der Verkäufer die Transportkosten dorthin zu tragen hätte, § 439 Abs. 2). **110**

Es gibt also Argumente für und gegen beide Ansichten. Genau das spricht indes für die hier interessierende Frage gegen beide: Eine ungeschriebene Regelung sollte sich zumindest einigermaßen eindeutig ermitteln lassen. Der **BGH**[16] hat deshalb Recht, wenn er in seiner Faltanhängerentscheidung davon ausgeht, dass es an einer speziellen gesetzlichen Regelung fehle. **111**

---

12 Vgl. BGH, 19.12.2012, VIII ZR 96/12, NJW 2013, 1074, 1076, Rdnr. 24.
13 So auch BGH, 13.4.2011, VIII ZR 220/10 (Faltanhänger), NJW 2011, 2278, Rdnr. 22.
14 OLG München (15. Senat), 12.10.2005, 15 U 2190/05, NJW 2006, 44950; BeckOK/*Faust* § 439 Rdnr. 13a; Staudinger/*Matusche-Beckmann* § 439 Rdnr. 30.
15 OLG München (20. Senat), 20.6.2007, 20 U 2204/07, NJW 2007, 3214, Rdnr. 8; *Unberath/Cziupka* JZ 2008, 867, 868 ff; MünchKomm/*Krüger* § 269 Rdnr. 37.
16 **BGH, 13.4.2011, VIII ZR 220/10, NJW 2011, 2278 (lesen!), Rdnr. 21 ff.**

112 (b) Es bleibt also bei der **allgemeinen Regelung des § 269 Abs. 1**: Erfüllungsort ist der Wohnsitz des Schuldners (d.h. des Verkäufers), wenn sich nicht aus den Umständen, insbesondere der Natur des Schuldverhältnisses, etwas anderes ergibt. Letztlich sind also jeweils die Umstände des Einzelfalls zu prüfen. Führen diese nicht zu einem klaren Ergebnis, greift die eben genannte **Auffangregel**.

113 Zu den **Umständen des Einzelfalls** zählen nach Ansicht des BGH „die Ortsgebundenheit und Art der vorzunehmenden Leistung […], die Verkehrssitte, örtliche Gepflogenheiten und eventuelle Handelsbräuche." Beispielhaft führt der BGH aus: „In vielen Fällen wird der Erfüllungsort nach den Umständen des Falls am Sitz des Verkäufers anzusiedeln sein. Bei Geschäften des täglichen Lebens, etwa beim Kauf im Ladengeschäft, entspricht es der Verkehrsauffassung, dass die Kunden ihre Reklamationen regelmäßig unter Vorlage der mangelhaften Ware am Sitz des Verkäufers vorbringen (…)." Beim Fahrzeugkauf vom Händler erfordern Nachbesserungsarbeiten in der Regel technisch aufwändige Diagnose- oder Reparaturarbeiten des Verkäufers, die wegen der dort vorhandenen materiellen und personellen Möglichkeiten sinnvoll nur am Betriebsort des Händlers vorgenommen werden können (…). Hinzu kommt, dass der Belegenheitsort gerade bei verkauften Fahrzeugen variabel ist. Fahrzeuge befinden sich typischerweise und bestimmungsgemäß nicht nur am Wohnsitz des Käufers, sondern unterwegs zu den verschiedensten Zielen, wie etwa der Arbeitsstätte, dem Urlaubsort oder sonstigen Reisezielen (…)."

114 Andererseits nennt der BGH auch Fälle, in denen die Umstände des Einzelfalls gegen einen Erfüllungsort beim Verkäufer sprechen: „Dagegen erweist sich eine Gleichsetzung des Erfüllungsorts der Nacherfüllung mit dem Sitz des Verkäufers insbesondere in den Fällen als unangemessen, in denen es um die Nachbesserung von Gegenständen geht, die der Käufer an ihrem Bestimmungsort auf- oder eingebaut hat, oder in denen ein Rücktransport aus anderen Gründen nicht oder nur unter erschwerten Bedingungen zu bewerkstelligen wäre." Hierin sind zwei Aussagen enthalten: Erstens sollen die Fälle erfasst werden, in denen der Rücktransport nur unter erschwerten Bedingungen erfolgen kann. Zweitens soll der Erfüllungsort für die Nachbesserung in den Einbaufällen am Ort des Einbaus liegen. Das ist sinnvoll, weil die Reparatur oft keinen Ausbau erfordern wird. Fraglich ist allerdings, ob diese Regel zwingend auf die Ersatzlieferung zu übertragen ist. Dafür spricht die Parallele zur Nachbesserung. Dagegen könnte man einwenden, dass die Ersatzlieferung selbst (anders als typischerweise die Nachbesserung bzw. Reparatur) nicht zwingend am Einbauort erfolgen muss, so dass man es auch bei der ersten Teilaussage belassen und die Verortung des Erfüllungsorts davon abhängig machen könnte, ob der Rücktransport für den Käufer nur unter erschwerten Bedingungen möglich wäre. Zu bedenken ist immer, dass, wie unten näher ausgeführt, die Kosten für den Rücktransport ohnehin vom Verkäufer zu tragen wären. Beide Ansichten sind vertretbar.

115 (c) Der Ansicht des BGH ist im Grundsatz **zuzustimmen**[17]. Sie ermöglicht eine flexible Handhabung der Nacherfüllungsproblematik und führt zu vernünftigen Ergebnis-

---

17 Str., aA z.B. BeckOK/*Faust* § 439 Rdnr. 13a.

sen. Für die **konkrete Anwendung** im Einzelfall muss man allerdings einige weitere Gesichtspunkte berücksichtigen.

(aa) Der wichtigste Gesichtspunkt ist: Der BGH nutzt § 269 nur, um den Erfüllungsort für die in natura geforderte Nacherfüllung festzulegen. Die Frage, wer die **Kosten** eines ggf. erforderlichen Transports der Sache zu diesem Naturalerfüllungsort trägt, beantwortet der BGH hingegen – zu Recht – **nicht nach § 269**. Hierfür gilt **vielmehr** die Kostentragungsregel des **§ 439 Abs. 2**, welche eine eigene Anspruchsgrundlage des Käufers darstellt. Demnach trägt der Verkäufer die Kosten der Nacherfüllung. Dies umfasst nach zutreffender Ansicht des BGH auch die Kosten eines Transports der Sache zum Erfüllungsort i.S.d. § 269[18]. Konkret bedeutet dies: Selbst wenn der Erfüllungsort – nach der Auffangregel des § 269 Abs. 1 oder aufgrund einer Analyse der Einzelfallumstände – beim Verkäufer liegt (etwa beim vom BGH angeführten Geschäft des „täglichen Lebens"), kann der Käufer die Kosten des Transports dorthin vom Verkäufer nach § 439 Abs. 2 ersetzt verlangen. Liegt ein Verbrauchsgüterkauf i.S.d. § 474 vor, kann der Käufer sogar Vorschuss verlangen (§ 475 Abs. 6 n.F.)[19].

116

(bb) Wenn die Festlegung des Erfüllungsorts nach § 269 demnach keine Auswirkungen auf die Kostentragung hat, stellt sich die Frage, welche **Bedeutung** ihr noch verbleibt. Hier sind vor allem drei Fallgestaltungen zu nennen: *Erstens* spielt der Erfüllungsort dann eine Rolle, wenn – was selten sein wird – tatsächlich einmal auf Vornahme der Nacherfüllung in natura geklagt wird. *Zweitens* – dies dürfte der wichtigste Fall sein – kommt es auf den Erfüllungsort für die Frage an, ob der Käufer, der zurücktreten oder Schadensersatz statt der Leistung verlangen will, eine wirksame Frist gesetzt hat: Wirksam ist die Fristsetzung nämlich nur, wenn sie zur Nacherfüllung am Erfüllungsort auffordert[20]. Anders formuliert: Liegt der Erfüllungsort gem. § 269 beim Verkäufer, muss der Käufer die Frist zur Nacherfüllung beim Verkäufer setzen und zum Transport dorthin bereit sein; dass der Käufer dann einen Anspruch auf Ersatz der Transportkosten bzw. beim Verbrauchsgüterkauf sogar auf Vorschuss hat, ist, wie gesagt, eine andere Frage (vgl. dazu Rdnr. 103 ff). Setzt der Käufer in einem solchen Fall eine Frist zur Erbringung der Nacherfüllung an einem Ort, der nicht der Nacherfüllungsort ist, etwa am derzeitigen Belegenheitsort der Kaufsache (z.B. indem er den Verkäufer zu Abholung und Nacherfüllung auffordert), so ist die Fristsetzung unwirksam und der Käufer hat kein Rücktrittsrecht und keinen Anspruch auf Schadensersatz statt der Leistung[21]. Drittens kann der Nacherfüllungsort prozessual Bedeutung erlangen, etwa für den Gerichtsstand am Erfüllungsort (§ 29 ZPO).

117

(cc) Die Ansicht des BGH ist vereinbar mit der **Verbrauchsgüterkauf-RL**. Diese verlangt, dass die Nacherfüllung „unentgeltlich" und „ohne erhebliche Unannehmlich-

118

---

18 BGH, 13.4.2011, VIII ZR 220/10, NJW 2011, 2278 – Faltanhänger (lesen!), Rdnr. 37; BGH, 19.7.2017, VIII ZR 278/16, NJW 2017, 2758, Rdnr. 29 ff.
19 Zum bisherigen Recht leitete der BGH für den Verbrauchsgüterkauf die Vorschusspflicht direkt aus § 439 Abs. 2 ab (BGH, 19.7.2017, VIII ZR 278/16, NJW 2017, 2758, Rdnr. 29); dies ist nach der Einführung des § 475 Abs. 6 n.F. nicht mehr nötig und wohl auch nicht mehr zulässig, weil § 475 Abs. 5 n.F. insoweit als abschließende Sonderregel bzw. lex specialis anzusehen ist.
20 BGH, 19.7.2017, VIII ZR 278/16, NJW 2017, 2758, Rdnr. 21 ff.
21 Vgl. dazu die Faltanhängerentscheidung, BGH, 13.4.2011, VIII ZR 220/10, NJW 2011, 2278.

keiten für den Verbraucher" erfolgen muss. Das Erfordernis der Unentgeltlichkeit wird über § 439 Abs. 2 gewährleistet. Die Frage der erheblichen Unannehmlichkeiten berücksichtigt auch die Formel des BGH, indem sie berücksichtigt, ob „ein Rücktransport aus anderen Gründen nicht oder nur unter erschwerten Bedingungen zu bewerkstelligen wäre". Als Faustregel kann man m.E. davon ausgehen, dass keine erheblichen Unannehmlichkeiten vorliegen, wenn die Sache unproblematisch per Post verschickt werden kann. Hier ist in der Klausur Ihre Argumentation gefragt.

119 (dd) Fragt man sich vor diesem Hintergrund, was denn nun **in den meisten Fällen** praktisch „herauskommen" wird, lautet die Antwort m.E.: Meistens wird der Erfüllungsort – nach der Auffangregel oder schon aufgrund der Umstände des Einzelfalls – beim Verkäufer liegen. Dies gilt nach der Formel des BGH für die typischen Ladengeschäfte des täglichen Lebens ebenso wie für die Fälle der Reparatur von Fahrzeugen. Ähnliches muss dann für technische Geräte gelten. Bedenkt man, dass für den Fall, dass die Umstände des Einzelfalls nicht eindeutig sind, ohnehin die Auffangregel gilt, die ebenfalls auf den Verkäufer verweist, sieht man, dass die Fälle, in denen der Nacherfüllungsort beim Käufer liegt, selten sein werden. Im Wesentlichen dürfte es auf die beiden vom BGH genannten Konstellationen hinauslaufen: erstens, wenn der Rücktransport mit erheblichen Unannehmlichkeiten verbunden ist; zweitens, in den Einbaufällen; letztere aber sind komplizierte Sonderfälle und werden unten (Rdnr. 137 ff) näher behandelt.

120 Zu beachten ist weiterhin, dass § 269 selbstverständlich die **Vereinbarung eines abweichenden Nacherfüllungsorts** zulässt. Praktisch relevant dürften hier diejenigen Fälle werden, in denen die Parteien für den ursprünglichen Lieferanspruch eine Bringschuld vereinbart haben. Klar ist, dass es nach der Faltanhänger-Entscheidung keinen Automatismus geben kann, demzufolge der Charakter der ursprünglichen Schuld als Bringschuld sich zwingend auf den Nacherfüllungsanspruch übertrage. Allerdings erscheint es durchaus vertretbar, die vertragliche Ausgestaltung des ursprünglichen Lieferanspruchs als Bringschuld als Indiz für eine konkludente Vereinbarung auch des Nacherfüllungsanspruchs als Bringschuld anzusehen.

IV. Ausschluss des Nacherfüllungsanspruchs

1. Unmöglichkeit (§ 275 Abs. 1)

121 Der Anspruch des Käufers auf Nacherfüllung ist ausgeschlossen, wenn diese unmöglich, wenn also der Mangel nicht behebbar ist. Dies ergibt sich aus der Anwendung der allg. Vorschrift des § 275 Abs. 1. Wenn nur eine der beiden Varianten der Nacherfüllung unmöglich ist, greift der Ausschluss nach § 275 Abs. 1 auch nur in diesem Umfang ein („soweit"). Der Verkäufer schuldet dann grundsätzlich die andere Form der Nacherfüllung. Diese kann ihrerseits unmöglich sein. In diesem Fall ist der Nacherfüllungsanspruch des Käufers insgesamt nach § 275 Abs. 1 ausgeschlossen. Der Käufer kann dann ohne Nachfristsetzung (§ 326 Abs. 5) zu Rücktritt (§§ 437 Nr. 2, 326 Abs. 1 S. 2, Abs. 5, 323), Minderung (§§ 437 Nr. 2, 441) oder ggf. (bei Vertretenmüssen

des Verkäufers) Schadensersatz statt der Leistung (§§ 437 Nr. 3, 280 Abs. 1, 3, 283 bzw. §§ 437 Nr. 3, 311a Abs. 2) übergehen.

2. Verweigerungsrecht wegen Unverhältnismäßigkeit gemäß § 275 Abs. 2

Gemäß § 275 Abs. 2 kann der Verkäufer die Nacherfüllung verweigern, soweit diese einen Aufwand erfordert, der unter Beachtung des Inhalts des Schuldverhältnisses und der Gebote von Treu und Glauben in einem groben Missverhältnis zu dem Leistungsinteresse des Gläubigers steht, wobei auch zu berücksichtigen ist, ob der Schuldner das Leistungshindernis zu vertreten hat[22]. Diese Vorschrift wird allerdings im Zusammenhang mit dem Nacherfüllungsanspruch des Käufers nur einen geringen Anwendungsbereich haben, weil § 439 Abs. 4 n.F. (= § 439 Abs. 3 a.F.) eine ähnliche Regelung enthält, die eine niedrigere Schwelle für das Leistungsverweigerungsrecht des Verkäufers vorsieht, so dass es auf § 275 Abs. 2 nicht mehr ankommt.

122

3. Verweigerungsrecht wegen Unverhältnismäßigkeit gemäß § 439 Abs. 4 n.F. (= § 439 Abs. 3 a.F.)

a) Überblick

Gemäß § 439 Abs. 4 n.F. (= § 439 Abs. 3 a.F.) kann der Verkäufer die Nacherfüllung verweigern, wenn sie nur mit unverhältnismäßigen Kosten möglich ist. Es handelt sich also, anders als bei der Unmöglichkeit nach § 275 Abs. 1 (die zu einer von Amts wegen zu berücksichtigenden Einwendung führt), um eine **Einrede**, die der Verkäufer geltend machen muss[23]. Die Einrede bezieht sich – wie in § 439 Abs. 4 S. 3 n.F. (= § 439 Abs. 3 S. 3 a.F.) ausdrücklich klargestellt wird – nur auf die vom Käufer (zunächst) gewählte Art der Nacherfüllung. Verweigert der Verkäufer diese Art der Nacherfüllung zu Recht, so kann der Käufer Nacherfüllung auf die andere Art verlangen – und muss dies grundsätzlich auch, will er zurücktreten oder Schadensersatz statt der Leistung verlangen (Fristsetzungserfordernis in § 323 bzw. § 281!).

123

Voraussetzung für das Bestehen der Einrede ist, dass die vom Käufer gewählte Art der Nacherfüllung für den Verkäufer nur mit **unverhältnismäßigen Kosten** möglich ist. Satz 2 der Vorschrift nennt beispielhaft („insbesondere") einige Kriterien, die bei der Prüfung der Unverhältnismäßigkeit zu berücksichtigen sind: der Wert der Sache in mangelfreiem Zustand, die Bedeutung des Mangels (gemeint ist wohl das Gewicht des Mangels bzw. der Pflichtverletzung) und die Frage, ob auf die andere Art der Nacherfüllung ohne erhebliche Nachteile für den Käufer zurückgegriffen werden könnte.

124

---

22 Zur Auslegung der Vorschrift mit konkreten Vorschlägen zur praktischen Anwendung der Vorschrift *Faust*, in: Huber/Faust S. 37 ff.
23 Hat der Käufer für die Erbringung der gewählten Nacherfüllungsvariante bereits eine Frist gesetzt (§§ 323, 281), muss die Einrede vor Ablauf der Frist erhoben werden; vgl. OLG Celle, 28.6.2006, 7 U 235/05, NJW-RR 2007, 353.

125 § 439 Abs. 4 n.F. (= § 439 Abs. 3 S. 3 a.F.) sieht zwei Methoden vor, um eine Unverhältnismäßigkeit der Nacherfüllung zu bestimmen: zum einen die **relative Methode**, welche die Kosten der vom Käufer begehrten Form der Nacherfüllung mit den für die andere Form der Nacherfüllung entstehenden Kosten vergleicht; zum anderen die **absolute Methode**, die als Vergleichsobjekt das Leistungsinteresse des Käufers, i.d.R. also den Wert der Kaufsache und die Bedeutung des Mangels, heranzieht. Diese absolute Methode ergibt sich aus § 439 Abs. 4 S. 3 n.F. (= § 439 Abs. 3 a.F.), der dem Verkäufer, der eine Nacherfüllungsart wegen relativer Unverhältnismäßigkeit verweigert hat, das Recht gibt, auch die andere Art der Nacherfüllung zu verweigern. Es können aber selbstverständlich nicht beide Nacherfüllungsarten im Vergleich zur jeweils anderen „teurer" sein, so dass die Vorschrift nur bedeuten kann, dass es eine absolute Grenze der Unverhältnismäßigkeit gibt.

b) Richtlinienwidrigkeit der absoluten Methode

126 Die absolute Methode verstößt, wie der **EuGH**[24] **in der zu den Einbaufällen ergangenen, insoweit aber verallgemeinerungsfähigen, Entscheidung** *Putz/Weber* **festgestellt hat**, gegen die Verbrauchsgüterkauf-RL. Nach Art. 3 Abs. 3 S. 1 RiLi kann die Nacherfüllung bei Unmöglichkeit oder Unverhältnismäßigkeit verweigert werden. Der Begriff der Unverhältnismäßigkeit wird in S. 2 legaldefiniert: Die Abhilfe ist unverhältnismäßig, wenn sie (unter Berücksichtigung bestimmter Kriterien) „verglichen mit der alternativen Abhilfemöglichkeit unzumutbar" wäre. Der Wortlaut der Richtlinie lässt also eindeutig nur eine relative Unverhältnismäßigkeit als Verweigerungsgrund zu[25]. Zwar sieht die Richtlinie auch dann ein Verweigerungsrecht vor, wenn die gewählte Form der Nacherfüllung „unmöglich" ist. Allerdings wird man hierunter nur Fälle objektiver, nicht aber auch wirtschaftlicher Unmöglichkeit subsumieren können, weil die wirtschaftliche Unmöglichkeit an sich ja gerade vom Begriff der Unverhältnismäßigkeit abgedeckt werden soll. Der **EuGH** hat eine Subsumtion unter den Unmöglichkeitsbegriff in der Entscheidung *Putz/Weber* offensichtlich nicht einmal in Erwägung gezogen.

127 Zur **Umsetzung** dieser Vorgabe bediente sich der BGH in der Folgeentscheidung zum EuGH-Urteil für Fälle des Verbrauchsgüterkaufs der Figur der *teleologischen Reduktion des § 439 Abs. 3*, und zwar mit folgendem Inhalt: Dem Verkäufer stehe wegen der absoluten Unverhältnismäßigkeit der Aus- und Einbaukosten ein Verweigerungsrecht dahingehend zu, „den Käufer bezüglich des Ausbaus der mangelhaften Kaufsache und des Einbaus der als Ersatz gelieferten Kaufsache auf die Kostenerstattung in Höhe eines angemessenen Betrags zu verweisen"[26]. Konsequent war es dann, dass der BGH dem Käufer insoweit auch einen Anspruch auf einen Vorschuss zubilligt: „Der Verbraucher kann daher für Kosten, die ihm im Rahmen der Nacherfüllung entstehen, aber vom Verkäufer zu ersetzen sind, auch einen Vorschuss verlangen"[27]. Außerhalb

---

24 EuGH, 16.6.2011, Verb. Rs C-65/09 und 87/09 *(Putz/Weber)*, Slg 2011, I-5257.
25 EuGH, 16.6.2011, Verb. Rs C-65/09 und 87/09 *(Putz/Weber)*, Slg 2011, I-5257.
26 BGH, 21.12.2011, VIII ZR 70/08, NJW 2012, 1073, 1077, Rdnr. 35 ff.
27 BGH, 21.12.2011, VIII ZR 70/08, NJW 2012, 1073, 1077, Rdnr. 50. Vgl. auch BGH, 19.7.2017, VIII ZR 278/16, NJW 2017, 2758, Rdnr. 29 ff.

des Verbrauchsgüterkaufs blieb die Berufung auf die absolute Unverhältnismäßigkeit nach hM zulässig[28]. Dies ist die Rechtslage für diejenigen Verträge, die nicht unter das Mängelhaftungsänderungsgesetz 2017 fallen.

Im **Mängelhaftungsänderungsgesetz 2017** hat der Gesetzgeber die Problematik nun geregelt. Die allgemeine Vorschrift über die Unverhältnismäßigkeit (§ 439 Abs. 4 n.F. = § 439 Abs. 3 a.F.) bleibt unverändert, sieht also weiterhin die relative wie die absolute Unverhältnismäßigkeit vor, und gilt uneingeschränkt außerhalb des Verbrauchsgüterkaufs i.S.d. § 474. Für den – von der Richtlinienwidrigkeit allein betroffenen – Bereich des Verbrauchsgüterkaufs setzt die neu geschaffene Regelung des § 475 Abs. 4 n.F. die Vorgaben des EuGH bzw. der Richtlinie um: Kurz gesagt, darf sich der Verkäufer in Fällen, in denen nur eine Art der Nacherfüllung möglich ist, nicht mehr auf die absolute Unverhältnismäßigkeit i.S.d. § 439 Abs. 4 n.F. berufen. Er darf den Kostenersatz aber auf einen angemessenen Betrag beschränken, also deckeln. Im Einzelnen ergeben sich aus dieser Neuregelung einige schwierige Fragen, die unten im Zusammenhang mit den Einbaufällen näher behandelt werden (Rdnr. 154 ff)[29]. Dabei ist aber zu bedenken, dass die Vorschrift des § 475 Abs. 4 n.F. zwar zur Umsetzung der Ein-/Ausbau-Rechtsprechung erging, jedoch nicht auf diese Fälle beschränkt ist. Sie gilt im Grundsatz also für alle Fälle der Unverhältnismäßigkeit der Nacherfüllung beim Verbrauchsgüterkauf. 128

c) *Bestimmung der Unverhältnismäßigkeit*

aa) *Absolute Bestimmung der Unverhältnismäßigkeit (soweit noch zulässig)*

Aus den eben genannten Erwägungen heraus ist davon auszugehen, dass die absolute Bestimmung der Unverhältnismäßigkeit **außerhalb des Bereichs des Verbrauchsgüterkaufs** i.S.d. § 474 nach wie vor zulässig ist. 129

Die Frage, ab welchen **Wertverhältnissen** ggf. von absoluter Unverhältnismäßigkeit i.S.d. § 439 Abs. 4 n.F. (= § 439 Abs. 3 a.F.) ausgegangen werden kann, ist noch nicht abschließend geklärt[30]. Nach dem ausdrücklichen Willen des deutschen Gesetzgebers[31] soll § 439 Abs. 4 n.F. (= § 439 Abs. 3 a.F.) eine niedrigere Hürde für das Leistungsverweigerungsrecht des Verkäufers darstellen als § 275 Abs. 2. Unverhältnismäßigkeit i.S.d. § 439 Abs. 4 n.F. (= § 439 Abs. 3 a.F.) ist demnach früher anzunehmen als Unverhältnismäßigkeit i.S.d. § 275 Abs. 2. Bei der Unverhältnismäßigkeitsprüfung kann m.E. – in vom Gesetzgeber gewünschter Anlehnung an die frühere Rechtsprechung[32] zu § 633 Abs. 2 S. 3 a.F. – auch berücksichtigt werden, ob den Verkäufer ein Verschulden trifft. Dafür spricht, dass § 439 Abs. 4 n.F. (= § 439 Abs. 3 a.F.) vom Gesetzgeber ausdrücklich als Ausprägung des in § 275 Abs. 2 (vgl. dort Satz 2!) formulierten allg. Rechtsgrundsatzes betrachtet wird. 130

---

28 Vgl. BeckOK/*Faust* § 439 Rdnr. 53. So im Ergebnis auch BGH, 4.4.2014, V ZR 275/12, NJW 2015, 468, 472, Rdnr. 39.
29 Vgl. dazu auch *Huber* NZBau 2018, 72.
30 Vgl. z.B. die konkreten Vorschläge von *Bitter/Meidt* ZIP 2001, 2114, 2121 f; *Ackermann* JZ 2002, 378, 382 ff.
31 Vgl. BT-Drucks. 14/6040, S. 232; *Bitter/Meidt* ZIP 2001, 2114, 2120; vgl. auch *Oechsler* VS Rdnr. 187.
32 Vgl. z.B. BGH, 23.2.1995, VII ZR 235/93, NJW 1995, 1836, 1837.

§ 7 *Der Nacherfüllungsanspruch des Käufers*

131 Letztlich kommt es immer auf eine Abwägung im jeweiligen Einzelfall an. Eine häufig vorgeschlagene **Faustregel** bei beweglichen Sachen geht (wenn V den Mangel nicht zu vertreten hat) von absoluter Unverhältnismäßigkeit aus, wenn die Nacherfüllungskosten entweder über 150 % des Werts der mangelfreien Ware oder über 200 % des mangelbedingten Minderwerts liegen[33]. Bei einem Grundstückskauf kann nach Ansicht des BGH „als erster Anhaltspunkt davon ausgegangen werden, dass ein Anspruch auf Nacherfüllung wegen unverhältnismäßiger Kosten dann verweigert werden kann, wenn sie entweder den Verkehrswert des Grundstücks in mangelfreiem Zustand oder 200 % des mangelbedingten Minderwerts übersteigen"[34].

132 Für den **Verbrauchsgüterkauf** ist hingegen die Berufung des Verkäufers auf die absolute Unverhältnismäßigkeit nicht mehr zulässig. Es gilt die neue Regelung des **§ 475 Abs. 4 n.F.**, die es erlaubt, den Kostenersatz auf einen angemessenen Betrag beschränken, also zu deckeln (dazu oben [Rdnr. 128] kurz und unten [Rdnr. 164 ff] näher).

bb) Relative Bestimmung der Unverhältnismäßigkeit

133 Auch die Beantwortung der Frage, wann man von relativer Unverhältnismäßigkeit auszugehen hat, hängt letztlich von einer Würdigung des Einzelfalls ab. Insbesondere ist auch zu berücksichtigen, dass die andere (billigere) Art der Nacherfüllung „ohne erhebliche Nachteile" für den Käufer sein muss. Vorschläge für Faustregeln zu Prozentgrenzen gibt es viele[35]. Die meisten variieren zwischen 5 und 30 Prozent. Denkbar ist es, diese Grenze danach zu variieren, ob der Verkäufer den Mangel zu vertreten hat oder nicht[36].

134 Bei geringwertigen Sachen des alltäglichen Gebrauchs wird die relative Methode häufig dazu führen, dass eine Nachbesserung durch den Verkäufer unverhältnismäßig, eine Ersatzlieferung dagegen verhältnismäßig und deshalb auch durchsetzbar ist (Bsp.: Die verkaufte Schraube hat einen Gewindefehler). Umgekehrt kann es bei höherwertigen Gebrauchsgütern häufig so sein, dass die Ersatzlieferung unverhältnismäßig, die Nachbesserung dagegen unproblematisch möglich ist (Bsp.: Der Mangel der verkauften Waschmaschine kann durch einfaches Austauschen einer schadhaften Schraube bewirkt werden); dann kann der Verkäufer die Ersatzlieferung nach § 439 Abs. 4 n.F. (= § 439 Abs. 3 a.F.) verweigern, nicht aber die Nachbesserung.

135 **Achtung:** Eine relative Unverhältnismäßigkeit setzt zwingend voraus, dass es ein Vergleichsobjekt gibt. Dort wo eine der Nacherfüllungsarten unmöglich ist, kann die andere nie relativ unverhältnismäßig sein. Auch ist der Käufer selbstverständlich nicht verpflichtet, verbleibende Mängel in Kauf zu nehmen. Die andere Form der Nacherfüllung scheidet als Vergleichsobjekt auch dann von vornherein aus, wenn sie nicht dazu führt, dass der Käufer eine völlig mangelfreie Leistung erhält. Dies ergibt sich daraus, dass die Herbeiführung der Mangelfreiheit das zentrale Ziel des Nacherfüllungsanspruchs ist. Die gesetzliche Formulierung, dass es darauf ankomme, ob die andere Form der Nacherfüllung „ohne erhebliche Nachteile für den

---
33 Vgl. z.B. BGH, 14.1.2009, VIII ZR 70/08, NJW 2009, 1660, Rdnr. 14 f.
34 BGH, 4.4.2014, V ZR 275/12, NJW 2015, 468, 472, Rdnr. 40 ff.
35 Vgl. die Nachw. bei BeckOK/*Faust* § 439 Rdnr. 47.
36 So BeckOK/*Faust* § 439 Rdnr. 46.

Käufer" möglich sei, ist insofern missverständlich. Sie bezieht sich nur auf die negativen Begleitumstände der (anderen Form der) Nacherfüllung (z.B. Lärmbelästigung, Nutzungsbeeinträchtigung etc.); diese muss der Käufer hinnehmen, wenn sie nicht erheblich sind. Die Formulierung bezieht sich jedoch nicht auf das Ziel der Nacherfüllung, nämlich die Herstellung der Mangelfreiheit; diese schuldet der Verkäufer ohne jede Einschränkung[37].

V. Rückabwicklung bei der Ersatzlieferung (§ 439 Abs. 5 n.F.)

Liefert der Verkäufer einem Käufer zum Zwecke der Nacherfüllung eine mangelfreie Sache, so kann er vom Käufer Rückgewähr der mangelhaften Sache nach Maßgabe der §§ 346-348 verlangen (§ 439 Abs. 5 n.F.). Die Rückabwicklung in Bezug auf die ursprünglich gelieferte mangelhafte Sache erfolgt also im Wesentlichen nach Rücktrittsrecht. Dabei umfasst die Verweisung auf die §§ 346–348 u.a. auch die in § 346 Abs. 1, 2 S. 1 Nr. 1 angeordnete Pflicht des Rückgewährschuldners (hier: des Käufers), für die ihm verbliebene Nutzungszeit Nutzungsersatz zu leisten. Für Verbrauchsgüterkaufverträge enthält § 475 Abs. 3 S. 1 n.F. (= § 474 Abs. 5 a.F.) jedoch eine Ausnahme von der Pflicht zur Nutzungsherausgabe[38] (Rdnr. 419). 136

VI. Einbaufälle

Eine der umstrittensten Fragen des Kaufrechts war in den letzten Jahren die Frage, wie weit die Nacherfüllung reicht, wenn der Käufer die gelieferte mangelhafte Sache in eine seiner eigenen Sachen eingebaut hat, z.B. die gekauften Fliesen oder die gekauften Parkettstäbe in seinem Haus verlegt hat. Schuldet der Verkäufer im Wege der Nacherfüllung auch (die Kosten für) den Ausbau der schadhaften und den Wiedereinbau der (als Ersatz gelieferten oder nachgebesserten) mangelfreien Sache? Die Problematik führte zu mehreren BGH-Entscheidungen und einer Klärung der Frage für den Verbrauchsgüterkauf durch den EuGH[39]. Auf letztere reagierte der deutsche Gesetzgeber mit einer Neufassung der relevanten Vorschriften (insbesondere des § 439) im Mängelhaftungsänderungsgesetz 2017[40]. 137

Die Aussagen des EuGH betrafen zwar nur den Bereich der Verbrauchsgüterkauf-RL, m.a.W. den Bereich des Verbrauchsgüterkaufs i.S.d. §§ 474 ff. Weil der deutsche Gesetzgeber aber den Nacherfüllungsanspruch im allgemeinen Kaufrecht verankert hat (§§ 437 Nr. 1, 439), stellt sich für das deutsche Recht immer auch die Frage, ob die Aussagen der Richtlinie (bzw. des EuGH) überschießend auf die sonstigen Kaufverträge erstreckt werden. Zum besseren Verständnis ist es sinnvoll, zunächst die Entwicklung 138

---
37 Vgl. dazu BeckOK/*Faust* § 439 Rdnr. 44.
38 Die Vorschrift wurde nachträglich als Reaktion auf eine Entscheidung des EuGH (17.4.2008, Rs. C-404/06, NJW 2008, 1433 *(Quelle)*) eingefügt, in der dieser die Nutzungsherausgabe- bzw. Wertersatzpflicht des Käufers als Verstoß gegen die VerbrauchsgüterkaufRL eingeordnet hatte.
39 EuGH, 16.6.2011, Rs. C-65/09 und C-87/09 *(Putz/Weber)*, NJW 2011, 2269, 2271.
40 Zum neuen Recht näher *Huber* NZBau 2018, 72.

der Diskussion zu schildern, bevor die gesetzliche Neuregelung vorgestellt wird. Behandelt wird zunächst ausführlich die Ersatzlieferung, anschließend kürzer die Nachbesserung. Denn die Neuregelungen gelten sowohl für die Ersatzlieferung als auch für die Nachbesserung[41].

1. Wesentliche Aussagen der Entscheidung des EuGH (Putz/Weber) zum Verbrauchsgüterkauf

139 In der bereits erwähnten Entscheidung in Sachen *Putz/Weber*[42] stellte der EuGH im Wesentlichen zwei Postulate auf, die sich aus der Verbrauchsgüterkauf-RL für die Einbaufälle ergeben.

140 Postulat 1: Bei einem Verbrauchsgüterkauf schuldet der Verkäufer entweder Ein- und Ausbau in natura oder Übernahme der für Ein- und Ausbau erforderlichen Kosten:

„62. Nach alldem ist Art. 3 Abs. 2 und 3 der Richtlinie dahin auszulegen, dass, wenn der vertragsgemäße Zustand eines vertragswidrigen Verbrauchsguts, das vor Auftreten des Mangels vom Verbraucher gutgläubig gemäß seiner Art und seinem Verwendungszweck eingebaut wurde, durch Ersatzlieferung hergestellt wird, der Verkäufer verpflichtet ist, entweder selbst den Ausbau dieses Verbrauchsguts aus der Sache, in die es eingebaut wurde, vorzunehmen und das als Ersatz gelieferte Verbrauchsgut in diese Sache einzubauen, oder die Kosten zu tragen, die für diesen Ausbau und den Einbau des als Ersatz gelieferten Verbrauchsguts notwendig sind. Diese Verpflichtung des Verkäufers besteht unabhängig davon, ob er sich im Kaufvertrag verpflichtet hatte, das ursprünglich gekaufte Verbrauchsgut einzubauen."

141 Postulat 2: Der Verkäufer darf sich, wenn es nur eine Art der Nacherfüllung gibt, nicht auf die in § 439 Abs. 3 vorgesehene absolute Unverhältnismäßigkeit berufen, um die Nacherfüllung (bzw. Ein-/Ausbau(kosten)) zu verweigern. Er darf den Kostenerstattungsanspruch des Käufers aber auf einen angemessenen Betrag beschränken.

„78. Nach alldem ist Art. 3 Abs. 3 der Richtlinie dahin auszulegen, dass er ausschließt, dass eine nationale gesetzliche Regelung dem Verkäufer das Recht gewährt, die Ersatzlieferung für ein vertragswidriges Verbrauchsgut als einzig mögliche Art der Abhilfe zu verweigern, weil sie ihm wegen der Verpflichtung, den Ausbau dieses Verbrauchsguts aus der Sache, in die es eingebaut wurde, und den Einbau des als Ersatz gelieferten Verbrauchsguts in diese Sache vorzunehmen, Kosten verursachen würde, die verglichen mit dem Wert, den das Verbrauchsgut hätte, wenn es vertragsgemäß wäre, und der Bedeutung der Vertragswidrigkeit unverhältnismäßig wären. Art. 3 Abs. 3 schließt jedoch nicht aus, dass der Anspruch des Verbrauchers auf Erstattung der Kosten für den Ausbau des mangelhaften Verbrauchsguts und den Einbau des als Ersatz gelieferten Verbrauchsguts in einem solchen Fall auf die Übernahme eines angemessenen Betrags durch den Verkäufer beschränkt wird."

---

41 Vgl. *Faust*, ZfPW 2017, 250, 251.
42 EuGH, 16.6.2011, Rs. C-65/09 und C-87/09 *(Putz/Weber)*, NJW 2011, 2269, 2271.

2. Reichweite des Ersatzlieferungsanspruchs in den Einbaufällen nach bisheriger Rechtslage

a) Ursprünglich: Keine Erstreckung auf Ein- und Ausbau

Ursprünglich lehnte eine häufig vertretene, aber nicht unbestrittene Meinung eine Erstreckung des Nacherfüllungsanspruchs des § 439 Abs. 1 auf Ein- und Ausbau ab[43]. Hierfür gab es durchaus nachvollziehbare Gründe: Der **Wortlaut** des § 439 Abs. 1 („Lieferung einer Ersatzsache") spricht eher gegen als für eine Aus- und Einbaupflicht des Verkäufers: Lieferung ist nicht gleich Einbau. Systematisch betrachtet erscheint weder die Annahme einer Pflicht zu Aus- und Einbau noch die damit verbundene automatische Verwandlung der Ersatzlieferung in eine Bringschuld (welche die Folge wäre, wenn man den Verkäufer in Natur zu Aus- und Einbau verpflichten würde) gerechtfertigt. Der Nacherfüllungsanspruch stellt nichts weiter dar als einen modifizierten Erfüllungsanspruch. Er kann daher nicht weiter gehen als dieser. Hinzu kommt ein **systematisches** Bedenken in Hinblick auf das System der Schadensersatzhaftung im BGB: Die Einbeziehung von Aus- und Einbau in die Nacherfüllungspflicht verfolgt das Ziel, den Käufer in die Lage zu versetzen, in der er sich bei einer ursprünglich mangelfreien Lieferung befände. Dies ist aber – jedenfalls nach deutschem dogmatischem Verständnis – die Rechtsfolge des Schadensersatzes, der im Gegensatz zum Nacherfüllungsanspruch ein Verschulden des Verkäufers voraussetzt. Dies Erfordernis würde durch eine entsprechend weite Auslegung des § 439 Abs. 1 umgangen. Auch die **historische** Auslegung sprach – bis zur Reform von 2017 – gegen eine Ein- und Ausbaupflicht des Verkäufers im Rahmen der Nacherfüllung. Im Zuge der Schuldrechtsreform von 2002 hatte sich der Gesetzgeber ausdrücklich gegen die im alten Kaufrecht eingerissene Praxis gewendet, bei der Rückabwicklung des Kaufvertrags über einen gesetzlich vorgesehenen, verschuldensunabhängigen Anspruch des Käufers auf Ersatz der „Vertragskosten" auch den Ersatz bestimmter Nachteile (z.B. die Einbaukosten[44]) für ersatzfähig zu erklären[45], und die betreffende Anspruchsgrundlage gestrichen[46].

142

b) Neue Vorgaben des EuGH für den Verbrauchsgüterkauf

Allerdings gab der **EuGH** im Jahr 2011 für den Bereich des Verbrauchsgüterkaufs (bzw. genauer: der Verbrauchsgüterkauf-RL[47]) eine andere Auslegung vor. In der Richtlinie findet sich zwar keine ausdrückliche Regelung in Bezug auf Ein- und Aus-

143

---

43 Vgl. die Nachweise bei BeckOK/*Faust* § 439 Rdnr. 18.
44 Vgl. BGH, 9.3.1983, VIII ZR 11/82, NJW 1983, 1479 („Dachziegelfall").
45 Vgl. RegBegr., BT-Drucks. 14/6040, S. 225: Dieser Anspruch „geht über die bloße Rückgewähr der gegenseitig empfangenen Leistungen hinaus und gibt dem Käufer einen Anspruch auf Ersatz von Nachteilen, die er im Zusammenhang mit dem Vertragsschluss gehabt hat, befriedigt also ein Interesse des Käufers, das ansonsten im Rahmen eines Schadensersatzanspruchs verfolgt werden müsste. Es ist deshalb gerechtfertigt, diese Sonderregel abzuschaffen und einen Anspruch der Vertragskosten nur im Rahmen der durch § 284 (...) ergänzten allg. Regeln über den Schadensersatzanspruch bei Pflichtverletzung vorzusehen."
46 Nach dem Mängelhaftungsänderungsgesetz von 2017 lässt sich diese historische Argumentation für die Zukunft allerdings nicht mehr aufrechterhalten (vgl. dazu unten).
47 Richtlinie 1999/44/EG des Europäischen Parlaments und des Rates vom 25. Mai 1999 zu bestimmten Aspekten des Verbrauchsgüterkaufs und der Garantien für Verbrauchsgüter, ABl. EG 1999 L 171/12.

bau. Geregelt ist nur, dass die Nacherfüllung „unentgeltlich" und „ohne unzumutbare Unannehmlichkeiten" für den Käufer zu erfolgen hat (Art. 3 Abs. 3). Entscheidend für eine weit verstandene Ersatzlieferungspflicht sprechen indes nach Auffassung des EuGH **Sinn und Zweck des Unentgeltlichkeitserfordernisses**: Es soll den Käufer „vor drohenden finanziellen Belastungen schützen, die ihn in Ermangelung eines solchen Schutzes davon abhalten könnten, seine Ansprüche geltend zu machen"[48]. Exakt diese Gefahr droht, wenn der Ersatzlieferungsanspruch auf eine bloße Wiederholung der ursprünglichen Lieferung – womöglich auch noch Zug um Zug gegen Rückgabe der mangelhaften Sache – beschränkt wäre: Der Käufer würde im Zweifel Aus- und Einbaukosten scheuen und allein deshalb von seinem Ersatzlieferungsanspruch keinen Gebrauch machen. Die Richtlinie verlangt mithin nach Ansicht des EuGH, dass der **Ersatzlieferungsanspruch entweder sowohl einen Transport an den derzeitigen Belegenheitsort als auch Aus- und Einbau umfasst oder jedenfalls die Übernahme der dafür erforderlichen Kosten** durch den Verkäufer (vgl. oben, Postulat 1). Daran schloss sich die Frage an, wann der Verkäufer diese unter Berufung auf Unverhältnismäßigkeit verweigern konnte; diese beantwortete der EuGH mit dem oben genannten Postulat 2: Beim Verbrauchsgüterkauf gibt es **keine Berufung auf die absolute Unverhältnismäßigkeit**, **wohl aber** die Möglichkeit, den Ersatz auf einen **angemessenen Betrag zu reduzieren**.

c) *Umsetzung der Vorgaben im bisherigen Recht*

144 (1) Was die Umsetzung des ersten Postulats in das deutsche Recht anging, waren – bis zur Reform von 2017 – grundsätzlich zwei Möglichkeiten denkbar. Man konnte den Anspruch auf Ein- und Ausbau „in natura" in § 439 Abs. 1 hineinlesen, so dass der Verkäufer sie selbst schuldete, oder man konnte dem Käufer (lediglich) einen Anspruch auf Erstattung der für Ein- und Ausbau anfallenden Kosten geben, etwa aus § 439 Abs. 2.

145 Der **BGH** entschied sich in der Folgeentscheidung zum EuGH-Urteil dafür, dem Käufer in den Fällen des Verbrauchsgüterkaufs aufgrund **richtlinienkonformer Auslegung** grundsätzlich einen **Anspruch in natura** zuzubilligen[49]. Wenn der Verkäufer die Erfüllung dieses Anspruchs unter Berufung auf die hohen Kosten verweigerte, konnte der Käufer unter Umständen und in begrenztem, vom EuGH vorgegebenen Umfang („angemessen") Kostenersatz nach § 439 Abs. 2 verlangen.

146 Da der deutsche Gesetzgeber die Verbrauchsgüterkauf-RL überschießend umgesetzt hat (§ 439 ist nicht nur für den Verbrauchsgüterkauf, sondern auch für alle übrigen Kaufgeschäfte anwendbar), stellte sich die Frage, wie diejenigen Fälle zu behandeln sind, die nicht von der Richtlinie erfasst werden. Hier war eine richtlinienkonforme Auslegung nicht geboten, und wie dargelegt sprachen die übrigen Auslegungsmethoden eher gegen eine Pflicht des Verkäufers zu Ein- und Ausbau. Der **BGH** hat sich in

---

48 EuGH, 16.6.2011, Rs. C-65/09 und C-87/09 *(Putz/Weber)*, NJW 2011, 2269, 2271, Rdnr. 46. Bei dieser Auslegung des Unentgeltlichkeitserfordernisses handelt es sich um eine immer wiederkehrende Argumentationslinie des EuGH in allen Bereichen des Verbraucherrechts; vgl. nur EuGH, 17.4.2008, Rs. C-404/06 *(Quelle)*, NJW 2008, 1433; EuGH, 3.9.2009 – Rs. C-489/07 *(Messner)*, NJW 2009, 3015.
49 BGH, 21.12.2011, VIII ZR 70/08, NJW 2012, 1073, 1075 f, Rdnr. 25 ff.

Bezug auf die Ein- und Ausbau-Problematik für eine sog. **gespaltene Auslegung** entschieden[50]: Lag kein Verbrauchsgüterkauf vor, umfasste der Anspruch auf Ersatzlieferung weder Aus- und Einbau noch Ersatz der dafür anfallenden Kosten. Dies war die geltende Rechtslage bis zum Inkrafttreten des Mängelhaftungsänderungsgesetzes von 2017.

Diese Rechtslage hat nach Inkrafttreten des Mängelhaftungsänderungsgesetzes jedoch **keinen Bestand mehr**. Dieses Gesetz führt mit § 439 Abs. 3 n.F. eine einheitliche Regelung ein, die dem Käufer einen Anspruch auf Erstattung der erforderlichen Kosten für Ein- und Ausbau gibt, und zwar unabhängig davon, ob ein Verbrauchsgüterkauf vorliegt oder nicht. Damit wird das erste Postulat des EuGH überschießend umgesetzt. **147**

(2) Das zweite Postulat setzte der BGH, wie oben beschrieben, für Fälle des Verbrauchsgüterkaufs mithilfe einer **teleologischen Reduktion des § 439 Abs. 3 a.F.** um: Dem Verkäufer stehe wegen der absoluten Unverhältnismäßigkeit der Aus- und Einbaukosten ein Verweigerungsrecht dahingehend zu, „den Käufer bezüglich des Ausbaus der mangelhaften Kaufsache und des Einbaus der als Ersatz gelieferten Kaufsache auf die Kostenerstattung in Höhe eines angemessenen Betrags zu verweisen"[51]. Konsequent war es dann, dass der BGH dem Käufer insoweit auch einen Anspruch auf einen **Vorschuss** zubilligte: „Der Verbraucher kann daher für Kosten, die ihm im Rahmen der Nacherfüllung entstehen, aber vom Verkäufer zu ersetzen sind, auch einen Vorschuss verlangen"[52]. Außerhalb des Verbrauchsgüterkaufs blieb die Berufung auf die absolute Unverhältnismäßigkeit nach hM zulässig[53]. Auch hier bringt das Mängelhaftungsänderungsgesetz 2017 eine gesetzliche Neuregelung, die inhaltlich allerdings keine großen Änderungen nach sich zieht (und oben unter Rdnr. 128 bereits kurz und unten unter Rdnr. 164 ff näher behandelt wird). **148**

3. Überblick über die Reform von 2017

a) Das Mängelhaftungsänderungsgesetz von 2017[54] fügt zur (überschießenden, also nicht auf Verbrauchsgüterkaufverträge beschränkten, sondern für alle Kaufverträge geltenden) Umsetzung des ersten Postulats der EuGH-Entscheidung folgende Vorschrift als **§ 439 Abs. 3 n.F.** ein: **149**

„Hat der Käufer die mangelhafte Sache gemäß ihrer Art und ihrem Verwendungszweck in eine andere Sache eingebaut oder an eine andere Sache angebracht, ist der Verkäufer im Rahmen der Nacherfüllung verpflichtet, dem Käufer die erforderlichen Aufwendungen für das Entfernen der mangelhaften und den Einbau oder das Anbringen der nachgebesserten oder gelieferten mangelfreien Sache zu ersetzen. (...)"

---

50 BGH, 17.10.2012, VIII ZR 226/11, NJW 2013, 220, 221, Rdnr. 20 ff; vgl. auch BGH, 2.4.2014, VIII ZR 46/13, NJW 2014, 2183, Rdnr. 27.
51 BGH, 21.12.2011, VIII ZR 70/08, NJW 2012, 1073, 1077, Rdnr. 35 ff.
52 BGH, 21.12.2011, VIII ZR 70/08, NJW 2012, 1073, 1077, Rdnr. 50.
53 Vgl. BeckOK/*Faust* § 439 Rdnr. 53.
54 Zu den kaufrechtlichen Neuregelungen vgl. *Huber* NZBau 2018, 72. Die folgenden Ausführungen stützen sich auf diesen Beitrag.

150 Durch die Formulierung „oder an eine andere Sache angebracht" soll die neue Regelung auch auf solche Fälle erstreckt werden, in denen die Materialien nicht im Wortsinn in eine andere Sache „eingebaut", sondern an diese angebracht werden (z.B. Dachrinnen oder Leuchten an ein Bauwerk). Auch sollen mangelhafte Farben oder Lacke erfasst werden, die zum Zweck der Nacherfüllung abgeschliffen und erneut angebracht werden müssen[55]. Fraglich ist, inwieweit diese Regel (ggf. analog) auch auf andere Fälle anzuwenden ist, in denen der Käufer die Sache bestimmungsgemäß verändert hat. Eine entsprechende weite Formulierung wurde im Laufe des Gesetzgebungsverfahrens ohne nähere Begründung und unter Verweis auf die Auslegungsfähigkeit und -bedürftigkeit gestrichen[56]. Die Formulierung „gemäß ihrer Art und ihrem Verwendungszweck" ist m.E. weit genug, um auch vertraglich vorgesehene Verwendungszwecke zu erfassen[57].

151 b) Die Regelung des bisherigen § 439 Abs. 3 a.F. über das Verweigerungsrecht wegen Unverhältnismäßigkeit bleibt inhaltlich unverändert und wird zu § 439 Abs. 4 n.F. Allerdings werden im Abschnitt über den Verbrauchsgüterkauf (§§ 474 ff a.F.) folgende Vorschriften als **§ 475 Abs. 4–6 n.F.** eingefügt:

„(4) Ist die eine Art der Nacherfüllung nach § 275 Absatz 1 ausgeschlossen oder kann der Unternehmer diese nach § 275 Absatz 2 oder 3 oder § 439 Absatz 4 Satz 1 verweigern, kann er die andere Art der Nacherfüllung nicht wegen Unverhältnismäßigkeit der Kosten nach § 439 Absatz 4 Satz 1 verweigern. Ist die andere Art der Nacherfüllung wegen der Höhe der Aufwendungen nach § 439 Absatz 2 oder Absatz 3 Satz 1 unverhältnismäßig, kann der Unternehmer den Aufwendungsersatz auf einen angemessenen Betrag beschränken. Bei der Bemessung dieses Betrages sind insbesondere der Wert der Sache in mangelfreiem Zustand und die Bedeutung des Mangels zu berücksichtigen.

(5) § 440 Satz 1 ist auch in den Fällen anzuwenden, in denen der Verkäufer die Nacherfüllung gemäß Absatz 4 Satz 2 beschränkt.

(6) Der Verbraucher kann von dem Unternehmer für Aufwendungen, die ihm im Rahmen der Nacherfüllung gemäß § 439 Absatz 2 und 3 entstehen und die vom Unternehmer zu tragen sind, Vorschuss verlangen."

152 Mit den Regeln des § 475 Abs. 4–6 n.F. setzt der Gesetzgeber das zweite Postulat der EuGH-Entscheidung in Sachen *Putz/Weber* um, nämlich die Unzulässigkeit der Verweigerung der Nacherfüllung bei absoluter Unverhältnismäßigkeit bei gleichzeitiger Zulässigkeit der Deckelung des Kostenersatzes auf einen angemessenen Betrag. Diese Vorschriften gelten m.E. ausweislich ihres klaren Wortlauts nicht etwa nur für Einbaufälle, sondern allgemein für alle Fälle der Nacherfüllung[58]; allerdings werden sie bei den Einbaufällen wegen der dort typischerweise anfallenden hohen Kosten besondere praktische Relevanz haben.

153 **Klausurhinweis:** Auch in den Fällen des § 475 Abs. 4 ist die eigentliche Anspruchsgrundlage für den Kostenersatz § 439 Abs. 2 bzw. § 439 Abs. 3. Die Beschränkungsmöglichkeit auf den

---

[55] Vgl. BT Drucks. 18/11437, S. 46.
[56] Vgl. BT-Drucks. 18/8486, S. 83 und S. 95 f; eine Analogie bejahend *Faust* ZfPW 2017, 250, 255 m.w.N.; vgl. dazu auch *Höpfner/Fallmann* NJW 2017, 3745, 3746.
[57] *Markworth* Jura 2018, 1, 5; *Nietsch/Osmanovic* NJW 2018, 1, 2; vgl. aber auch *Höpfner/Fallmann* NJW 2017, 3745, 3746.
[58] *Picht* JZ 2017, 807, 811; aA *Höpfner/Fallmann* NJW 2017, 3745, 3750; vgl. dazu Rdnr. 187.

angemessenen Betrag, die § 475 Abs. 4 S. 2 dem Verkäufer gewährt, ist dem klaren Wortlaut nach eine Einrede („kann...beschränken").

4. Konkrete Einzelheiten zu den neuen Vorschriften

Aus diesen neuen Vorschriften ergibt sich in der Zusammenschau m.E. folgendes Bild[59]. 154

a) Kein Anspruch in natura

(1) Der Käufer hat gegen den Verkäufer **keinen Anspruch auf Ein- bzw. Ausbau „in Natur"**, also keinen Anspruch darauf, dass der Verkäufer selbst Ein- und Ausbau vornimmt. Eine solche Pflicht des Verkäufers zur Naturalerfüllung von Ein- und Ausbau sieht § 439 Abs. 3 n.F. nämlich nicht vor[60]. Es ist auch nicht mehr zulässig, sie unter Berufung auf die frühere Rechtslage direkt aus § 439 Abs. 1 abzuleiten, und zwar auch nicht etwa für den Verbrauchsgüterkauf; denn § 439 Abs. 3 ist insofern als abschließende Sonderregel zu verstehen[61]. Dies ist auch richtlinienkonform und mit der EuGH-Entscheidung in Sachen *Putz/Weber* vereinbar, weil beide keinen Naturalanspruch des Käufers auf Ein- und Ausbau erfordern, sondern Kostenersatz genügen lassen. 155

b) Anspruch auf Kostenersatz

Der Käufer hat gegen den Verkäufer jedoch einen **Anspruch auf Ersatz der Kosten**, die **für Ein- und Ausbau** erforderlich sind. Dieser Anspruch ergibt sich aus § 439 Abs. 3 n.F. Er ist – weil in § 439 verankert und nicht etwa in den §§ 474 ff – nicht auf Verbrauchsgüterkäufe beschränkt, sondern gilt für alle Kaufverträge, also etwa auch für Handelskäufe i.S.d. HGB oder sog. c2c-Käufe zwischen zwei Verbrauchern. Damit werden das erste Postulat aus der EuGH-Entscheidung in Sachen *Putz/Weber* und die dahinter stehenden Teile der Richtlinie umgesetzt, und zwar überschießend, nämlich auch für die nicht von der Richtlinie erfassten Fälle, d.h. für alle Kaufverträge und nicht etwa nur für den Verbrauchsgüterkauf. Dieser Anspruch aus § 439 Abs. 3 n.F. setzt kein Vertretenmüssen des Verkäufers voraus, ist also insoweit **verschuldensunabhängig**. 156

Auf Seiten des **Käufers** ist § **439 Abs. 3 S. 2 n.F.** zu beachten, demzufolge § **442** mit der Maßgabe anzuwenden ist, dass für die Kenntnis des Käufers an die Stelle des Vertragsschlusses der Einbau (bzw. das Anbringen) tritt. Gemeint sein dürfte damit, dass es für die Anwendung des gesamten § 442 auf den Zeitpunkt des Einbaus (bzw. Anbringens) ankommt. Dies bedeutet im Ergebnis, dass der Anspruch aus § 439 Abs. 3 n.F. **Gutgläubigkeit** des Käufers zum Zeitpunkt des Einbaus (bzw. Anbringens) verlangt. Der 157

---

59 Die folgenden Ausführungen beruhen auf meinem Aufsatz: *Huber* NZBau 2018, 72.
60 Anders noch der Referentenentwurf; zur endgültigen Fassung vgl. BT-Drucks. 18/11437, S. 46; vgl. auch *Faust* ZfPW 2017, 250, 253.
61 *Huber* NZBau 2018, 72; vgl. auch *Thon* JuS 2017, 1150, 1152; aA *Grunewald/Tassius/Langenbach* BB 2017, 1673.

Käufer darf also zu diesem Zeitpunkt den Mangel weder gekannt noch grob fahrlässig nicht gekannt haben, sonst verliert er den Anspruch auf Ersatz der Aufwendungen für Ein- und Ausbau aus § 439 Abs. 3 n.F. Darüber hinaus bleibt § 442 natürlich auch „aus eigenem Recht heraus" anwendbar: Wenn der Käufer bereits bei Vertragsschluss bösgläubig in diesem Sinne war, verliert er sämtliche Gewährleistungsrechte aus § 437. § 442 gilt also in den Einbaufällen gewissermaßen „doppelt"[62]. In beiden Varianten der Anwendung des § 443 sind allerdings die darin enthaltenen Ausnahmen zu prüfen (in den Fällen der Arglist oder einer Beschaffenheitsgarantie des Verkäufers, vgl. näher § 442 Abs. 1, 1. Hs.).

158 Zur Auslegung des Begriffs der erforderlichen **Aufwendungen** kann nach Ansicht des Gesetzgebers auf die Rechtsprechung zu § 637 Abs. 1, Abs. 2 zurückgegriffen werden. Erforderlich sind demnach solche Aufwendungen, die ein vernünftiger, wirtschaftlich denkender Käufer aufgrund sachkundiger Beratung oder Feststellung für eine vertretbare, d.h. geeignete und Erfolg versprechende Maßnahme zur Mängelbeseitigung halten konnte und musste[63].

159 Der Anspruch ist in gewissem Umfang **zwingend**. Für Verbrauchsgüterkäufe gilt § 476 Abs. 1 n.F. (= § 475 Abs. 1 a.F.): Der Verkäufer darf sich auf abweichende Vereinbarungen nicht berufen, und zwar unabhängig davon, ob es sich um AGB oder Individualvereinbarungen handelt. Für den Regress nach einem Verbrauchsgüterkauf schränkt § 478 Abs. 2 n.F. die Abdingbarkeit ein. Für AGB erklärt § 309 Nr. 8(b)(cc) n.F. solche AGB-Klauseln für unwirksam, in denen die Verpflichtung des Verkäufers zum Aufwendungsersatz ausgeschlossen oder beschränkt wird; zwar gilt § 309 gemäß § 310 Abs. 1 S. 1 nicht unmittelbar für gegenüber einem Unternehmer verwendete AGB, der Gesetzgeber geht aber – gemäß der Praxis der Rechtsprechung – davon aus, dass die Klauselverbote des § 309 auch im Rahmen der allgemeinen Inhaltskontrolle des § 307 berücksichtigt werden können[64].

> **Vertiefungshinweis:** Eine Klausel, die dem Käufer statt des Ersatzanspruchs aus § 439 Abs. 3 einen Anspruch auf Ein-/Ausbau in natura gibt, verstieße zwar möglicherweise nicht gegen § 309 Nr. 8(b)(cc), wohl aber gegen § 307 Abs. 2 Nr. 1 (Leitbild Aufwendungsersatz, vgl. Rdnr. 155 f), außerdem ggf. auch gegen § 476 (hier selbst bei Individualvereinbarung).[65]

160 Der Anspruch aus § 439 Abs. 3 n.F. muss als **abschließende Regelung** bzw. lex specialis zu § 439 Abs. 2 betrachtet werden. Wenn also ein Einbaufall (bzw. Anbringungsfall) im Sinne des § 439 Abs. 3 n.F. vorliegt, kann der Kostenerstattungsanspruch nur aus dieser Vorschrift resultieren. Nicht zulässig wäre es, über die Anspruchsgrundlage des § 439 Abs. 2 einen (zusätzlichen) Kostenerstattungsanspruch zu konstruieren (wie das vor der Reform zum Teil getan wurde); dies ist auch nicht mehr nötig, weil es nun ja die Anspruchsgrundlage des § 439 Abs. 3 n.F. gibt[66].

---

[62] *Picht* JZ 2017, 807, 812.
[63] BT Drucks. 18/11437 S. 46. Zu offenen Fragen (Insolvenzrisiko bzgl. des die Nacherfüllung erbringenden Handwerkers; Ersatzfähigkeit einer Vergütung) vgl. *Faust* ZfPW 2017, 250, 253 f.
[64] BT Drucks. 18/8486, S. 37. Beachte dabei § 310 Abs. 1 S. 2.
[65] *Höpfner/Fallmann* NJW 2017, 3745, 3749.
[66] *Huber* NZBau 2018, 72.

161 Möglich bleiben selbstverständlich **Schadensersatzansprüche** des Käufers aus §§ 437 Nr. 3, 280 ff. Diese sind aber verschuldensabhängig. Sollte das Vertretenmüssen zu bejahen sein, bestehen die Ansprüche aus § 439 Abs. 3 und aus §§ 437 Nr. 3, 280 ff nebeneinander. Allerdings darf es keine Doppelkompensation geben. Deshalb ist bei der Berechnung des Schadens nach §§ 249 ff zu berücksichtigen, dass bzw. ob die erforderlichen Kosten bereits über § 439 Abs. 3 n.F. geschuldet werden. Für darüber hinausgehende Schäden ist der Schadensersatzanspruch dann aber möglich und nötig.

162 In Bezug auf die Frage der Einordnung der Ein-/Ausbaukosten als Schadensersatz statt der Leistung (i.S.d. §§ 280 Abs. 3, 281 ff) oder sonstiger Schadensersatz (§ 280 Abs. 1) ist wohl nach der Reform 2017 davon auszugehen, dass es sich nicht um Schadensersatz statt der Leistung handelt. Denn letzteres wäre nur dann der Fall, wenn der Verkäufer ursprünglich Ein- und Ausbau in Natur schuldete, der Käufer stattdessen aber Kostenersatz verlangte. So liegt es nach der Neuregelung aber nicht. Denn der Verkäufer schuldet Ein- und Ausbau nicht in Natur. Er schuldet von vornherein nur Kostenersatz. Wer das Begehren des Käufers auf Ersatz der Ein- und Ausbaukosten als „Schadensersatz statt der Leistung" einordnet, schafft gewissermaßen die Kategorie des „Schadensersatzes statt des Schadensersatzes". Das wäre schon begrifflich nicht sinnvoll. Auch teleologisch ergibt die Einordnung als Schadensersatz statt der Leistung keinen Sinn: Bevor der Käufer die Kosten als Schadensersatz verlangen könnte, müsste er dem Verkäufer eine Frist zur Erstattung ebendieser Kosten setzen. Schadensersatzansprüche des Käufers auf Ersatz der Ein- und Ausbaukosten sind also m.E. künftig als Fälle des sonstigen Schadensersatzes i.S.d. §§ 437 Nr. 3, 280 Abs. 1 einzuordnen[67].

163 **Vertiefungshinweis:** Schwierige Konkurrenzfragen im Bereich der Schadensersatzhaftung ergeben sich in Bezug auf § 254 und dessen Verhältnis zu § 442. Vgl. dazu unten Rdnr. 332 f.

Vertiefungshinweis: Zur Frage der Selbstvornahme vgl. Rdnr. 452 a.E.

c) *Verweigerungsrecht des Verkäufers: differenzierende Lösung*

aa) *Überblick*

164 In Bezug auf das Recht des Verkäufers, den Kostenersatz nach § 439 Abs. 4 n.F. (= § 439 Abs. 3 a.F.) zu verweigern, ist zu unterscheiden:

165 **Außerhalb der Verbrauchsgüterkaufs** i.S.d. § 474 gilt § 439 Abs. 4 n.F. (= § 439 Abs. 3 a.F.) uneingeschränkt. Diese Vorschrift enthält nach wie vor die Möglichkeit, die Verweigerung auch auf die absolute Unverhältnismäßigkeit zu stützen.

166 Für **Verbrauchsgüterkäufe** gilt hingegen jetzt die oben beschriebene Neuregelung in § 475 Abs. 4–6 n.F.: Der Verkäufer darf die Ersatzlieferung (§ 439 Abs. 1) oder den Kostenersatz (§ 439 Abs. 3 n.F.) nicht unter Berufung auf die absolute Unverhältnismäßigkeit verweigern (wenn die Nachbesserung wegen § 275 oder § 439 ausscheidet).

---

67 *Huber* NZBau 2018, 72.

Liegt in Bezug auf die Ersatzlieferung eine solche absolute Unverhältnismäßigkeit vor, darf er allerdings „den Aufwendungsersatz auf einen angemessenen Betrag beschränken", bei dessen Bemessung „insbesondere der Wert der Sache in mangelfreiem Zustand und die Bedeutung des Mangels zu berücksichtigen" sind. Zu beachten ist, dass § 475 Abs. 4 S. 2 nur die Einrede des Verkäufers (gerichtet auf die Beschränkung des Betrags) regelt; Grundlage des Anspruchs des Käufers auf Kostenersatz bleibt natürlich § 439 Abs. 3 (bzw. § 439 Abs. 2, soweit er greift)[68].

bb) Verhältnis zwischen § 439 Abs. 4 und § 475 Abs. 4–6

167 In Bezug auf das Verhältnis des allgemeinen Verweigerungsrechts des § 439 Abs. 4 n.F. (= § 439 Abs. 3 a.F.) zur neuen Sonderregelung in § 475 Abs. 4–6 n.F. ergeben sich mehrere Fragen. M.E. ist von folgenden Grundsätzen auszugehen[69]:

168 (1) Das **allgemeine Verweigerungsrecht** aus § 439 Abs. 4 ermöglicht nur die **Alles-oder-Nichts-Lösung**, d.h. die völlige Verweigerung jeder Nacherfüllung, sei es Nacherfüllung in Natur, sei es Nacherfüllung im Wege des reinen Kostenersatzes. Eine flexible Herabsetzung auf ein noch verhältnismäßiges Maß gibt der Wortlaut („verweigern") nicht her; auch der BGH hat entsprechende Vorschläge zur bisherigen Rechtslage abgelehnt[70]. Das allgemeine Verweigerungsrecht des § 439 Abs. 4 erlaubt nach wie vor die Berufung auf die absolute Unverhältnismäßigkeit. Dies gilt im Ergebnis allerdings nicht für den Verbrauchsgüterkauf, weil § 475 Abs. 4 S. 1 dies ausdrücklich ausschließt.

169 (2) Die neue Regelung des **§ 475 Abs. 4** schließt für den Verbrauchsgüterkauf die (gemeint ist nach dem eben Gesagten: völlige) Verweigerung der Nacherfüllung unter Berufung auf die absolute Unverhältnismäßigkeit aus (Satz 1). In Satz 2 erlaubt sie stattdessen die Herabsetzung der Nacherfüllungskosten auf einen „angemessen Betrag". Die besondere Regelung für den Verbraucherkauf in § 475 Abs. 4 S. 2 ermöglicht also das, was die allgemeine Regelung in § 439 Abs. 4 nach der eben geschilderten Auffassung nicht ermöglicht, nämlich die **flexible Anpassung** der Kosten auf ein angemessenes Maß.

170 (a) Die **Kriterien**, die § 475 Abs. 4 S. 2 hierfür (wenn auch nicht abschließend, vgl. „insbesondere") vorgibt, sind genau diejenigen, die in § 439 Abs. 4 für die Beschreibung der absoluten Unverhältnismäßigkeit genannt werden, nämlich der Wert der Sache in mangelfreiem Zustand und die Bedeutung des Mangels. Anders formuliert: § 475 Abs. 4 S. 2 bedient sich ebenso wie § 439 Abs. 4 des Kriteriums der absoluten Unverhältnismäßigkeit, wenn auch mit einer anderen Zielsetzung: Während es bei § 439 Abs. 4 um die Alles-oder-Nichts-Frage geht, nämlich die Totalverweigerung der Nacherfüllung, geht es bei § 475 Abs. 4 S. 2 „nur" um die flexible Herabsetzung der Kosten. Dies ist im Hinblick auf die EuGH Entscheidung in Sachen *Putz/Weber* (und damit letztlich auch im Hinblick auf die Richtlinie) unbedenklich, weil diese Entscheidung

---

68 *Picht* JZ 2017, 807, 812; *Huber* NZBau 2018, 72.
69 Vgl. dazu auch *Huber* NZBau 2018, 72.
70 BGH, 21.12.2011 – VIII ZR 70/08, NJW 2012, 1073, Rdnr. 39 (Folgeentscheidung zum EuGH-Urteil *Putz/Weber*).

selbst die Möglichkeit vorsieht, den Anspruch des Verbrauchers auf einen angemessenen Betrag zu beschränken und für dessen Bestimmung exakt auf die für die Bestimmung der absoluten Unverhältnismäßigkeit herangezogenen Kriterien zurückgreift (Wert der Sache bei vertragsgemäßem Zustand, Bedeutung der Vertragswidrigkeit)[71].

(b) Fraglich ist, wie die **Höhe** des „angemessenen Betrags" zu bestimmen ist. Die Gesetzesbegründung enthält hierzu wenig: Der angemessene Betrag dürfe sich nicht nur am Kaufpreis orientieren (was sich ohnehin schon daraus ergibt, dass der Gesetzeswortlaut den Kaufpreis nicht als Kriterium nennt). Relevant sei ferner, ob der Mangel die Verwendungsfähigkeit beeinträchtige oder lediglich ästhetischer Natur sei; in letzterem Falle könne der angemessene Betrag im Einzelfall auch unter dem Wert der Kaufsache liegen[72]. Die Berücksichtigung dieser Kriterien ist zulässig. Zwar werden sie in § 475 Abs. 4 nicht explizit genannt, doch ist die dortige Aufzählung nicht abschließend („insbesondere"). 171

(c) (Auf den ersten Blick überraschender) Ausgangspunkt der Überlegungen sollte m.E. sein, dass die Höhe des **angemessenen Betrags** i.S.d. § 475 Abs. 4 S. 2 mit der **Schwelle der absoluten Unverhältnismäßigkeit** i.S.d. § 439 Abs. 4 **übereinstimmt**[73]. Hierfür spricht insbesondere die Tatsache, dass beide Vorschriften exakt die gleichen Kriterien nennen, nämlich „insbesondere" den Wert der Kaufsache und die Bedeutung des Mangels. 172

Ein weiteres Argument für die Gleichsetzung ist der Verbraucherschutz: Setzte man nämlich den angemessenen Betrag niedriger an, bestünde die Gefahr, dass der Verbraucher von der Geltendmachung seiner Ansprüche abgehalten wird. Dies widerspricht dem mit §§ 474 ff angestrebten Verbraucherschutz und letztlich auch der Forderung des EuGH, dass der Verbraucher durch die Kostentragungsregelung nicht von der Geltendmachung seiner Ansprüche abgehalten werden soll. 173

(d) Wenn man der Ausgangsthese folgt, dass der **Schwellenwert** für die absolute Unverhältnismäßigkeit und die Höhe des angemessenen Betrags übereinstimmen, ergibt sich die Folgefrage, wo diese Schwelle anzusetzen und wie sie zu bestimmen ist. Dies hängt selbstverständlich letztlich immer von den Umständen des Einzelfalls ab. Dessen ungeachtet stellt sich zum einen die Frage, ob die bisher diskutierten Faustregeln in Bezug auf die **Wertgrenzen** weiter gelten können, etwa die oben genannte Formel, derzufolge von absoluter Unverhältnismäßigkeit auszugehen ist, wenn die Kosten der Nacherfüllung den Wert der mangelfreien Kaufsache um mehr als 150 Prozent oder den mangelbedingten Minderwert um mehr als 200 Prozent übersteigen (dazu näher in den folgenden Absätzen). Zum anderen können bei der anzustellenden Gesamtwürdigung der Umstände auch **andere Kriterien** berücksichtigt werden, etwa die Frage, ob der Mangel die Funktionsfähigkeit beeinträchtigt oder eher ästhetischer Natur ist (vgl. oben). Ist die Funktionsfähigkeit beeinträchtigt, wird man dem Verkäufer wesentlich mehr zumuten müssen als in Fällen rein ästhetischer Mängel[74]. 174

---

71 EuGH, 16.6.2011, Rs. C-65/09 und C-87/09 *(Putz/Weber)* NJW 2011, 2269, 2271, Rdnr. 74.
72 BT-Drucks. 18/8466, S. 45.
73 *Huber* NZBau 2018, 72.
74 *Huber* NZBau 2018, 72.

175 Bei der Bestimmung etwaiger **Wertgrenzen** ist m.E. in Abgrenzung zur bisherigen Diskussion zu beachten, dass der Reformgesetzgeber von 2017 dem Verkäufer – und zwar jedem Verkäufer und nicht etwa nur demjenigen eines Verbrauchsgüterkaufs – die Übernahme der erforderlichen Ein- und Ausbaukosten aufgebürdet hat (§ 439 Abs. 3 n.F.). Der Verkäufer soll also nach der Reform 2017 einen größeren Aufwand schulden als bisher. Dies muss sich auch bei der Bestimmung der absoluten Unverhältnismäßigkeit niederschlagen. Bliebe es nämlich bei den bisherigen Wertgrenzen und der bisherigen Berechnungsmethode und betrachtete man die eigentliche Ersatzlieferung und die Ein- und Ausbaukosten zusammen, so liefe die Verlagerung der Ein- und Ausbaukosten auf den Verkäufer häufig leer, weil diese oft höher liegen als der Wert der Kaufsache. Dies würde dann bei den Nicht-Verbrauchsgüterkäufen sogar dazu führen, dass der Verkäufer die Nacherfüllung gerade deshalb komplett verweigern könnte, weil er nach der Neuregelung die Ein- und Ausbaukosten trägt, welche die Gesamtkosten über den Schwellenwert der absoluten Unverhältnismäßigkeit hieven. Das wäre ein unsinniges Ergebnis. Um dieses zu vermeiden, gibt es zwei Möglichkeiten.

176 Erstens könnte man den Schwellenwert für die Einbaufälle anheben, etwa in dem Verhältnis, in dem Ein-/Ausbaukosten typischerweise zum Wert der mangelfreien Kaufsache stehen. Diese Lösung birgt allerdings die Schwierigkeit, ein typisches Wertverhältnis zwischen Kaufsache und Ein-/Ausbaukosten bestimmen zu müssen.

177 Einfacher erscheint deshalb die zweite Lösung, die darin besteht, (den Schwellenwert für) die absolute Unverhältnismäßigkeit (und damit nach der hier vorgeschlagenen Gleichsetzungslösung auch die Höhe des angemessenen Betrags) **getrennt für die eigentliche Nacherfüllung (Ersatzlieferung) und den Ein-/Ausbau** zu bestimmen; anders formuliert: Man behandelt die eigentliche Ersatzlieferung und den Kostenersatz für Ein- bzw. Ausbau als **separate Ansprüche**, die getrennt geprüft und auf Unverhältnismäßigkeit untersucht werden[75]. Für jede der beiden Untersuchungen kann dann die alte Formel weiterverwendet werden. Der Verkäufer könnte also die Ersatzlieferung als solche verweigern (wenn kein Verbrauchsgüterkauf vorliegt bzw., wenn ein solcher vorliegt, die Kosten beschränken), wenn deren Kosten über 150 Prozent des Werts der mangelfreien Kaufsache liegen. Für die Ein-/Ausbaukosten wäre getrennt zu prüfen, ob diese über 150 Prozent des Werts der mangelfreien Kaufsache liegen. Wenn ja, könnte der Verkäufer seine Kostentragungspflicht wiederum auf diesen Betrag beschränken (wenn ein Verbrauchsgüterkauf vorliegt, § 475 Abs. 4 S. 2 n.F.) oder diese gar komplett verweigern (wenn kein Verbrauchsgüterkauf vorliegt, § 439 Abs. 4). Diese Lösung entspricht zwar wohl nicht derjenigen Berechnungsmethode, die zum bisherigen Recht herrschend war[76]. Auch führt sie dazu, dass dem Verkäufer mehr zugemutet wird als vor der Einführung des Aufwendungsersatzanspruchs (weil er wirtschaftlich i.R.d. Ersatzlieferung 150 Prozent des Warenwerts schuldet und i.R.d. Aufwendungsersatzes noch einmal). Doch ist dies als gesetzgeberisch gewollt hinzunehmen. Denn das Gesetz sieht nun in § 439 Abs. 3 n.F. ausdrücklich vor, dass der Verkäufer Ein- und Ausbaukosten zu tragen hat, während die Formeln für die absolu-

---

75 *Huber* NZBau 2018, 72.
76 Vgl. etwa BGH, 14.1.2009, VIII ZR 70/08, NJW 2009, 1660, Rdnr. 16, wo die Kosten der eigentlichen Ersatzlieferung wohl einbezogen wurden.

te Unverhältnismäßigkeit zu einer Zeit vorgeschlagen wurden, als ein solcher Anspruch noch nicht bestand. Weil die Ein-/Ausbaukosten typischerweise sehr hoch sind, würde der neue Anspruch entwertet, wenn er ohne jede Änderung nach den alten Grenzwerten und Berechnungsarten zu beschränken wäre. In Bezug auf Verbraucherverträge ergibt sich ein weiteres Argument: Ein höherer Kostenanteil des Käufers könnte dem Postulat des EuGH, der Käufer dürfe durch Kostentragungspflichten nicht von der Geltendmachung seiner Rechte abgeschreckt werden, zuwiderlaufen.

Zu beachten ist, dass die genannten Wertgrenzen nicht der einzige Maßstab für die Beurteilung der absoluten Unverhälnismäßigkeit bzw. des angemessenen Betrages sind. Daneben können, wie oben gesagt, auch **andere Kriterien** eine Rolle spielen, insbesondere die Frage, ob der Mangel die **Funktionsfähigkeit** beeinträchtigt oder nicht. Ist die Funktionsfähigkeit beeinträchtigt, wird der Verkäufer deutlich höhere Aufwendungen tragen müssen als in Fällen rein ästhetischer Mängel[77]. 178

cc) Folgen für Rücktritt, Minderung und Schadensersatz statt der Leistung

Wenn der Verkäufer sich beim Verbrauchsgüterkauf auf die Herabsetzung des Kostenersatzes gemäß § 475 Abs. 4 S. 2 beruft, kann der Käufer statt des herabgesetzten Kostenersatzes **ohne Fristsetzung** den Rücktritt oder die Minderung wählen (oder bei Vertretenmüssen auf Seiten des Verkäufers zum Schadensersatz übergehen, selbst wenn dieser als Schadensersatz statt der Leistung eingeordnet werden sollte). Dies ergibt sich aus § 475 Abs. 5 n.F., demzufolge in solchen Fällen § 440 S. 1 gilt (welcher die Fristsetzung für entbehrlich erklärt). Diese Regelung dient der Umsetzung einer richtlinienbasierten Forderung des EuGH[78]. Auch sie ist nicht auf Einbaufälle beschränkt, sondern gilt allgemein für die Nacherfüllung. 179

> **Vertiefungshinweis:** Schwierige Fragen ergeben sich in Bezug auf die Rücktrittsfolgen. Es ist grds. umstritten, ob sich aus § 346 auch eine Ausbaupflicht des Rücktrittsgegners (hier: Verkäufers) ergibt[79]. Bejaht man dies, besteht die Gefahr, dass der Käufer zurücktritt, um die Kostenbeteiligung zu umgehen. Dies wird man m.E. dadurch verhindern müssen, dass man die Wertungen des § 475 Abs. 4 S. 2 auch auf die Rücktrittsfolgen der §§ 346 ff durchschlagen lässt und die rückabwicklungsrechtliche Ausbaupflicht nur gegen eine dem § 475 Abs. 4 S. 2 entsprechende Beteiligung des Käufers annimmt. Verneint man eine rückabwicklungsrechtliche Ausbaupflicht des Verkäufers, sollte man, soweit man die Rückgabepflicht des Käufers nicht schon über § 346 Abs. 2 Nr. 2 und eine entsprechende Wertersatzpflicht nicht über § 346 Abs. 3 (Nr. 1 oder Nr. 3) ausschließen kann, ebenfalls eine solche Wertungserstreckung vornehmen und dem Verkäufer nur denjenigen Kostenanteil auferlegen, den er auch i.R.d. § 475 Abs. 4 S. 2 tragen müsste.

dd) Anspruch auf Vorschuss

Beim Verbrauchsgüterkauf hat der Käufer gegen den Verkäufer einen jetzt gesetzlich vorgesehenen Anspruch auf Vorschuss für diejenigen Aufwendungen, die ihm (dem 180

---
77 *Huber* NZBau 2018, 72.
78 EuGH, 16.6.2011, Rs. C-65/09 und C-87/09 *(Putz/Weber)*, NJW 2011, 2269, 2271, Rdnr. 77.
79 Dafür grds. jurisPK-BGB/*Faust* § 346 Rn. 36; dagegen Staudinger/*Kaiser* § 346 Rn. 96. Zur Lage nach der Reform *Thon* JuS 2017, 1150, 1154.

Käufer) im Rahmen der Nacherfüllung entstehen und die vom Verkäufer zu tragen sind (§ 475 Abs. 6 n.F.). Dies entspricht der Lösung, die der BGH schon vor der Reform von 2017 entwickelt hatte[80]. Diese Regelung ist nicht auf Einbaufälle beschränkt, sondern gilt für **alle Fälle der Nacherfüllung**, wie sich eindeutig daraus ergibt, dass § 475 Abs. 6 n.F. nicht nur auf § 439 Abs. 3 n.F., sondern auch auf die allgemeine Kostentragungsvorschrift des § 439 Abs. 2 verweist. Liegt also etwa der Erfüllungsort für die Ersatzlieferung beim Verkäufer, so kann der Käufer vom Verkäufer Vorschuss für die Transportkosten verlangen, die im Rahmen des Transports der ersatzgelieferten Ware vom Verkäufer zum Käufer anfallen. Dies hat wiederum mittelbare Folgewirkungen für diejenigen Mängelrechte des Käufers, die eine erfolglose Fristsetzung voraussetzen (also Rücktritt, Minderung und Schadensersatz statt der Leistung). Fordert der Käufer nämlich den Verkäufer zur Nacherfüllung am beim Verkäufer gelegenen Erfüllungsort unter Geltendmachung des Vorschussanspruchs auf und verweigert der Verkäufer diesen, so liegt eine wirksame Fristsetzung vor (vgl. auch Rdnr. 218)[81]. Der Vorschuss ist zweckgebunden für die Nacherfüllung zu verwenden; geschieht dies nicht, kann ein (aus Treu und Glauben entwickelter) vertraglicher Rückforderungsanspruch bestehen[82].

ee) Fallbeispiele

181 Was diese Regelungen konkret bedeuten, lässt sich am besten anhand verschiedener Szenarien beschreiben.

182 (1) Der Käufer verlangt **Ersatz der Ein- und Ausbaukosten nach § 439 Abs. 3**. Diese sind so hoch, dass sie die Schwelle der absoluten Unverhältnismäßigkeit i.S.d. § 439 Abs. 4 überschreiten. Hier geht es von vornherein nur um Aufwendungsersatz, weil Naturalerfüllung i.R.d. § 439 Abs. 3 von vornherein nicht geschuldet wird.

183 Liegt **kein Verbrauchsgüterkauf** vor, kann der Verkäufer den Kostenersatz in vollem Umfang nach § 439 Abs. 4 verweigern. Der Käufer bekommt also weder den Ein- und Ausbau in natura (denn das sieht § 439 Abs. 3 von vornherein nicht vor) noch entsprechenden Kostenersatz (denn diesen kann der Verkäufer unter Berufung auf die absolute Unverhältnismäßigkeit verweigern). Allerdings kann der Käufer ohne Fristsetzung zu Rücktritt oder Minderung (bzw. bei Vertretenmüssen auf Seiten des Verkäufers zum Schadensersatz, selbst wenn dieser als Schadensersatz statt der Leistung eingeordnet werden sollte) übergehen (§ 440 S. 1).

184 Liegt ein **Verbrauchsgüterkauf** vor, kann der Verkäufer den Aufwendungsersatz zwar nicht unter Berufung auf § 439 Abs. 4 verweigern; das verbietet ihm § 475 Abs. 4 S. 1. Er kann den Aufwendungsersatz aber nach § 475 Abs. 4 S. 2 auf einen angemessenen Betrag beschränken. Dieser Betrag entspricht nach der hier vertretenen Auffassung

---

80 BGH, 21.12.2011, VIII ZR 70/08, NJW 2012, 1073, Rdnr. 50. Vgl. auch BGH, 19.7.2017, VIII ZR 278/16, NJW 2017, 2758, Rdnr. 29 ff, abgeleitet direkt aus § 439 Abs. 2 (Rdnr. 29); dies ist nach der Einführung des § 475 Abs. 6 n.F. nicht mehr nötig und wohl auch nicht mehr zulässig, weil § 475 Abs. 5 n.F. insoweit als abschließende Sonderregel bzw. lex specialis anzusehen ist.
81 Vgl. den Fall BGH, 19.7.2017, VIII ZR 278/16, NJW 2017, 2758, Rdnr.29 ff.
82 Vgl. *Lorenz* JuS 2018, 10, 12 m.w.N.

dem Schwellenwert, der im konkreten Fall für die absolute Unverhältnismäßigkeit gilt. Anders formuliert: Der Verkäufer kann den Kostenersatz auf den gerade noch verhältnismäßigen Betrag beschränken. Der Käufer hat einen Anspruch auf Vorschuss aus § 475 Abs. 6.

(2) Es handelt sich nicht um einen Einbaufall. Der Verkäufer verlangt **allgemein Ersatzlieferung**. Diese ist mit Kosten verbunden, die absolut unverhältnismäßig sind. Die Nachbesserung ist unmöglich (§ 275 Abs. 1) oder unverhältnismäßig (§ 275 Abs. 2, 3, § 439 Abs. 4 S. 1). 185

Hier kann der Verkäufer **außerhalb des Verbrauchsgüterkaufs** die Nacherfüllung nach § 439 Abs. 4 in vollem Umfang verweigern. Kostenersatz schuldet er nicht. Allerdings kann der Käufer ohne Fristsetzung zu Rücktritt oder Minderung bzw. (bei Vertretenmüssen auf Seiten des Verkäufers) zum Schadensersatz statt der Leistung übergehen (§ 440 S. 1). 186

Bei einem **Verbrauchsgüterkauf** darf der Verkäufer die Nacherfüllung wegen § 475 Abs. 4 S. 1 zwar nicht nach § 439 Abs. 4 in natura verweigern; allerdings gibt ihm § 475 Abs. 4 S. 2 das Recht, „den Aufwendungsersatz" auf einen angemessenen Betrag zu begrenzen. Das ist ungenau formuliert (denn „Aufwendungsersatz" schuldet der Verkäufer außerhalb des § 439 Abs. 3 ohnehin nicht), meint aber m.E. Folgendes: Er darf den eigentlich bestehenden Anspruch auf Ersatzlieferung in natura in einen solchen auf Aufwendungsersatz umwandeln und diesen auf einen angemessenen Betrag begrenzen. Der angemessene Betrag entspricht nach der hier vertretenen Auffassung wieder dem Schwellenwert für die absolute Unverhältnismäßigkeit. Der Käufer hat einen Anspruch auf Vorschuss aus § 475 Abs. 6. Allerdings wird teilweise auch eine abweichende Auffassung vertreten[83], derzufolge das in § 475 Abs. 4 S. 2 vorgesehene Recht, den Aufwendungsersatz auf einen angemessenen Betrag zu beschränken, nur in den Einbaufällen (also bei § 439 Abs. 3) bestehen soll, nicht hingegen in gewöhnlichen Nacherfüllungsfällen ohne Einbau (§ 439 Abs. 1). Begründet wird dies damit, dass nur dieses Ergebnis nach Ansicht des Gesetzgebers richtlinienkonform sei. M.E. ist dies nicht überzeugend. Der Wortlaut des § 475 Abs. 4 spricht eher dafür, dass alle Fälle der Nacherfüllung erfasst sind. Bedenken in Bezug auf die Richtlinienkonformität sind nicht durchschlagend. Dass der EuGH in der Entscheidung *Putz/Weber* bei den Ausführungen zur Beschränkung auf einen angemessenen Betrag besonderen Bezug auf die Einbaufälle nahm, dürfte schlicht daher rühren, dass er nur zu solchen befragt wurde. Außerdem findet sich in Nr. 73 des Urteils die allgemein gehaltene, und gerade nicht auf Einbaufälle beschränkte, Aussage, dass die Richtlinie es erlaube, die „berechtigten finanziellen Interessen des Verkäufers" zu berücksichtigen. Schließlich wäre es inhaltlich keine sinnvolle Regelung, wenn die Richtlinie den Verkäufer in den – zugegebenermaßen seltenen – Fällen, in denen eine gewöhnliche Nacherfüllung nach § 439 Abs. 1 astronomisch hohe Kosten verursachen würde, zu ebendiesen zwingt, dies aber in den Einbaufällen nicht tut. 187

---

[83] *Höpfner/Fallmann* NJW 2017, 3745, 3750.

5. Anwendung der neuen Vorschriften auf die Nachbesserung

188 Für die Nachbesserung gelten die neuen Vorschriften in gleicher Weise wie für die Ersatzlieferung: kein Anspruch auf Ein- bzw. Ausbau der nachzubessernden Sache in natura, sondern Aufwendungsersatz nach § 439 Abs. 3; Geltung des § 475 Abs. 4–6.

6. Abgrenzung: Ersteinbaukosten

189 Die Kosten für den ursprünglichen Einbau der mangelhaften Fliesen (**Ersteinbau**) kann der Käufer nur **alternativ** zu den Kosten für den Ausbau und den späteren Wiedereinbau ersetzt verlangen: Der Ersteinbau stellt eine vergebliche Aufwendung i.S.d. § 284 dar. Deren Ersatz ist im Gesetz nur „anstelle des Schadensersatzes statt der Leistung" vorgesehen. Diese Anordnung von Alternativität beruht auf der Wertung, dass der Käufer nur entweder sein Erfüllungsinteresse oder Aufwendungsersatz verlangen kann. Diese Wertung gilt auch dann, wenn der Käufer in Bezug auf Aus- und Wiedereinbau streng genommen nicht – wie vom Wortlaut der Vorschrift gefordert – „Schadensersatz statt der Leistung" verlangt, sondern seinen Kostenerstattungsanspruch aus § 439 Abs. 2, 3 geltend macht. Denn letzterer dient der Verwirklichung des Erfüllungsinteresses. Deshalb ist die Alternativitätsanordnung in § 284 im Wege der Analogie auch auf diejenigen Fälle zu erstrecken, in denen der Käufer nicht Schadensersatz statt der Leistung geltend macht, sondern Kostenerstattung nach § 439 Abs. 2, 3. Allerdings wird man es dem Käufer erlauben müssen, die Geltendmachung des Kostenersatzanspruchs auf die Ausbaukosten zu beschränken und so den Weg dafür freizumachen, über den Aufwendungsersatzanspruch aus § 284 die Kosten für den Ersteinbau geltend zu machen (was etwa dann opportun sein kann, wenn der Ersteinbau teurer war als der Zweiteinbau); er kann dann argumentieren, das Erfüllungsinteresse habe er nur in Bezug auf die Frage des Ausbaus bekommen, nicht hingegen in Bezug auf die Frage des Einbaus.

190 **Vertiefungshinweis:** Ein Anspruch auf Ersatz der Kosten für den Ersteinbau kann unter Umständen aus § 347 Abs. 2 S. 2 resultieren[84]. Auch in diesem Fall gilt: Erst- und Zweiteinbau sind nur alternativ ersatzfähig.

7. Beispielsfall

191 **Fall 3:** Verbraucher K kauft bei Baumarkt V Bodenfliesen zur Selbstabholung (Kaufpreis = Warenwert = 1000 €). K lässt sie von einem Fliesenleger in sein Haus einbauen, das 5 km vom Baumarkt entfernt liegt. Danach zeigt sich, dass die Fliesen einen (von V nicht zu vertretenen und für ihn unerkennbaren) unbehebbaren, produktionsbedingten Mangel haben; dieser lag bereits bei Gefahrübergang vor. V hat noch Fliesen identischen Typs aus einer anderen Charge, bei denen dieser Mangel nicht vorliegt. K verlangt von V: (1) Lieferung neuer, mangelfreier Fliesen, und zwar zu seinem Haus (Transportkosten vom Baumarkt

---

84 Vgl. hierzu Staudinger/*Kaiser* § 347 Rdnr. 54 ff (str.); ablehnend wohl BeckOK/*Schmidt* § 347 Rdnr. 6.

zum Haus: 50 €), sowie (2) Ausbau der mangelhaften Fliesen (Kosten 1000 €) sowie Einbau der neu gelieferten Fliesen (Kosten 1000 €) bzw. jedenfalls Ersatz der dafür nötigen Kosten. Zu Recht?

I. Anspruch K – V auf Lieferung neuer, mangelfreier Fliesen

1. § 433 Abs. 1 S. 1 auf Lieferung zum Haus des K

Ein Anspruch aus § 433 Abs. 1 S. 1 besteht nicht. Denn die ursprüngliche Pflicht zur Übergabe und Übereignung aus dem Kaufvertrag ist durch die Lieferung der Fliesen gem. § 362 erloschen. Dass die Fliesen mangelhaft i.S.d. § 434 waren, ändert an der Erfüllung in Bezug auf den Anspruch aus § 433 Abs. 1 S. 1 (Übergabe, Übereignung) nichts.

2. §§ 437 Nr. 1, 439 auf Lieferung zum Haus des K

a) Die Voraussetzungen liegen vor: Die Parteien haben einen wirksamen Kaufvertrag geschlossen. Ein Mangel i.S.d. § 434 Abs. 1 S. 2 Nr. 2 lag zum maßgeblichen Zeitpunkt, nämlich bei Gefahrübergang (hier: Übergabe, § 446), vor.

b) K kann deshalb gem. § 439 Abs. 1 nach seiner Wahl Nachbesserung oder Ersatzlieferung verlangen. Hier verlangt er Ersatzlieferung, d.h. Lieferung mangelfreier Fliesen. Unproblematisch ist, dass er von V Übergabe und Übereignung neuer, mangelfreier Fliesen verlangen kann.

c) Fraglich ist allerdings, an welchem Ort diese Ersatzlieferung zu erfolgen hat. Dies ist str. Nach e.A. soll der Erfüllungsort für die Ersatzlieferung parallel zur ursprünglichen Lieferpflicht bestimmt werden (dh hier: Abholung im Baumarkt, Holschuld). Nach a.A. ist grds. der derzeitige Belegenheitsort der Ware maßgeblich (dh hier: im Haus des K). Nach zutreffender Ansicht des BGH[85] gilt die Regel des § 269. Demnach liegt der Erfüllungsort beim Schuldner, dh hier beim Verkäufer V, wenn sich nicht aus den Umständen bzw. der Natur des Schuldverhältnisses etwas anderes ergibt. Hierfür spielen unter anderem die Kriterien der Ortsgebundenheit der Nacherfüllung, der Verkehrssitte und der Gepflogenheiten eine Rolle. Für die Nachbesserung geht der BGH grds. davon aus, dass Erfüllungsort der Ort des Einbaus ist (Kriterium der Ortsgebundenheit). Das ist sinnvoll, weil die Reparatur oft keinen Ausbau erfordern wird, sondern im eingebauten Zustand erfolgen kann. Fraglich ist allerdings, ob diese Regel zwingend auf die Ersatzlieferung zu übertragen ist. Dafür spricht die Parallele zur Nachbesserung. Dagegen könnte man einwenden, dass die Ersatzlieferung selbst (anders als typischerweise die Nachbesserung bzw. Reparatur) nicht zwingend am Einbauort erfolgen muss. Folgt man letzterer Ansicht, so kommt es nach Ansicht des BGH darauf an, ob der Rücktransport für den Käufer nur unter erschwerten Bedingungen möglich wäre. Davon ist hier nicht auszugehen, zumal unstreitig ist, dass der Käufer vom Verkäufer über § 439 Abs. 2 die Kosten für den Transport vom Baumarkt zum Haus des K ohnehin ersetzt verlangen kann.

---

85 BGH, 13.4.2011, VIII ZR 220/10, NJW 2011, 2278.

§ 7 *Der Nacherfüllungsanspruch des Käufers*

Folgt man der Ansicht, die den Erfüllungsort im Haus des K lokalisiert, kann K von V auch den Transport der Fliesen dorthin verlangen.

Hinweis: Folgt man der Gegenansicht, bleibt es bei einer Holschuld und K kann von V nur Übergabe und Übereignung im Baumarkt verlangen. Dann wäre weiter zu prüfen: (3.) K gegen V aus § 439 Abs. 2 auf Erstattung der Transportkosten i.H.v. 50 €? (+) (4.) Anspruch K gegen V auf Vorschuss gem. § 475 Abs. 6? (+) (5.) Ein Schadensersatzanspruch des K aus §§ 437 Nr. 3, 280 Abs. 1 scheitert am Fehlen des Vertretenmüssens auf Seiten des V (vgl. unten).

d) Ausschlussgründe liegen nicht vor. Es handelt sich nicht um einen Fall des § 275. V hat auch kein Verweigerungsrecht gem. § 439 Abs. 4: Eine relative Unverhältnismäßigkeit liegt nicht vor, weil der Mangel unbehebbar ist, so dass eine Nachbesserung ausscheidet. Eine Berufung auf absolute Unverhältnismäßigkeit der Ersatzlieferungskosten scheidet gem. § 475 Abs. 4 S. 1 aus, weil ein Verbrauchsgüterkauf i.S.d. § 474 Abs. 1 vorliegt (V ist Unternehmer, K ist Verbraucher, verkauft sind bewegliche Sachen). V kann den Anspruch auch nicht gem. § 475 Abs. 4 S. 2 auf einen angemessenen Betrag beschränken, weil kein Fall der absoluten Unverhältnismäßigkeit vorliegt. Nach einer verbreiteten Faustregel ist von einem solchen Fall grds. auszugehen, wenn die Nacherfüllungskosten (hier: 1050 €) mehr als 150 Prozent des Warenwerts (hier: 1000 €) (oder mehr als 200 % des – hier nicht bekannten – mangelbedingten Minderwerts) betragen. Dies ist hier nicht der Fall.

e) Ergebnis: K kann von V Übergabe und Übereignung neuer, mangelfreier Fliesen und Transport in sein Haus (a.A. nur Abholung, dafür aber Kostenerstattung) verlangen.

II. Anspruch K – V auf Ein- und Ausbau in natura

1. § 439 Abs. 1

§ 439 Abs. 1 gibt dem Käufer keinen Anspruch gegen den Verkäufer auf Vornahme des Ein- und Ausbaus in Natur. Denn aus der insoweit abschließenden Regelung des § 439 Abs. 3 ergibt sich, dass der Verkäufer in den Ein-/Ausbaufällen allenfalls Kostenersatz schuldet, nicht hingegen den Ein-/Ausbau in Natur.

2. §§ 439 Abs. 5, 346

Fraglich ist, ob der Ein-/Ausbau als Ausdruck einer aus den Rückabwicklungsvorschriften resultierenden Rücknahmeverpflichtung des V resultiert. Auch dies ist jedoch abzulehnen. Denn aus der insoweit abschließenden Regelung des § 439 Abs. 3 ergibt sich, dass der Verkäufer in den Ein-/Ausbaufällen allenfalls Kostenersatz schuldet, nicht hingegen den Ein-/Ausbau in Natur.

III. Anspruch K gegen V auf Erstattung der Kosten für Ein-/Ausbau

1. § 439 Abs. 3 S. 1 (Aufwendungsersatz)

a) Die Voraussetzungen liegen vor: Kaufvertrag, Mangel bei Gefahrübergang (§ 434 Abs. 1 S. 2 Nr. 2), s.o. Auch wurden die Fliesen art- und verwendungszweckgerecht in eine andere Sache (hier: Haus des K) eingebaut.

b) Deshalb hat K gegen V einen Anspruch auf Ersatz der für Ein-/Ausbau erforderlichen Aufwendungen (hier: 2000 €) aus § 439 Abs. 3 S. 1.

c) Fraglich ist allerdings, ob V ein Verweigerungsrecht aus § 439 Abs. 4 zusteht. Eine relative Unverhältnismäßigkeit liegt nicht vor, weil der Mangel unbehebbar ist, so dass eine Nachbesserung gem. § 275 ausscheidet. Eine Berufung des V auf absolute Unverhältnismäßigkeit der Ersatzlieferungskosten scheidet gem. § 475 Abs. 4 S. 1 aus, weil ein Verbrauchsgüterkauf i.S.d. § 474 Abs. 1 vorliegt (V ist Unternehmer, K ist Verbraucher, verkauft sind bewegliche Sachen) und die andere Nacherfüllungsvariante (Nachbesserung) nach § 275 ausgeschlossen ist (vgl. oben).

d) Fraglich ist, ob V den Aufwendungsersatz gem. § 475 Abs. 4 S. 2, 3 auf einen angemessenen Betrag beschränken kann. Ein Fall des § 475 Abs. 4 liegt vor (s.o.).

aa) Fraglich ist, ob die Kosten des Ein- und Ausbaus unverhältnismäßig und deshalb auf einen angemessenen Betrag i.S.d. § 475 Abs. 4 S. 2 zu beschränken sind. Hierfür sind gem. S. 3 der Vorschrift insbesondere der Wert der Sache und die Bedeutung des Mangels relevant. Diese Kriterien entsprechen denjenigen, die bei § 439 Abs. 4 für den Begriff der absoluten Unverhältnismäßigkeit herangezogen werden. Dies spricht dafür, den Schwellenwert der absoluten Unverhältnismäßigkeit auch i.R.d. § 475 Abs. 4 S. 2 heranzuziehen, so dass der angemessene Betrag i.S.d. § 475 Abs. 4 S. 2 dem Schwellenwert der absoluten Unverhältnismäßigkeit i.S.d. § 439 Abs. 4 entspricht (str.). Bedenken, dass dadurch der in § 475 Abs. 4 S. 1 angeordnete Ausschluss der Berufung auf § 439 Abs. 4 ausgehebelt würde, bestehen nicht, weil auf der Rechtsfolgenseite Unterschiede verbleiben: Denn ausgeschlossen bleibt nach wie vor die Komplettverweigerung gem. § 439 Abs. 4. Bei § 475 Abs. 4 S. 2 wird dem Verkäufer nur die Herabsetzung ermöglicht, nicht die Komplettverweigerung.

bb) Nach einer verbreiteten Faustregel ist von einem Fall absoluter Unverhältnismäßigkeit grds. auszugehen, wenn die Nacherfüllungskosten mehr als 150 Prozent des Warenwerts (hier: 1000 €) (oder mehr als 200 % des – hier nicht bekannten – mangelbedingten Minderwerts) betragen.

cc) Fraglich ist nun, wie die Nacherfüllungskosten zu berechnen sind, insbesondere ob die Gesamtkosten der Nacherfüllung (d.h. Ersatzlieferungskosten [hier: 1050 €, s.o.] und Ein-/Ausbaukosten [hier: 2000 €]) in Ansatz zu bringen sind oder nur die Ein-/Ausbaukosten. Richtiger Ansicht nach sollte die Berechnung getrennt erfolgen. Die Ansprüche aus § 439 Abs. 1 (auf Ersatzlieferung) und aus § 439 Abs. 3 (auf Aufwendungsersatz) sind separate Ansprüche, die getrennt zu prüfen sind. Dann ist es konsequent, auch bei der Frage der Unverhältnismäßigkeit getrennt für jeden dieser Ansprüche zu prüfen, d.h. also i.R.d. Aufwendungsersatzanspruchs aus § 439 Abs. 3 nur auf die Ein-/Ausbaukosten abzustellen. Dies führt zwar dazu, dass dem Verkäufer mehr zugemutet wird als vor der Einführung des Aufwendungsersatzanspruchs (weil er wirtschaftlich i.R.d. Ersatzlieferung 150 Prozent des Warenwerts schuldet und i.R.d. Aufwendungsersatzes noch einmal). Doch ist dies als gesetzgeberisch gewollt hinzunehmen. Denn das Gesetz sieht nun in § 439 Abs. 3 n.F. ausdrücklich vor, dass der Verkäufer Ein- und Ausbaukosten zu tragen hat, während die Formeln für die absolute Unverhältnismäßigkeit zu einer Zeit vorgeschlagen wurden, als ein solcher Anspruch noch nicht bestand. Weil hier ein Verbrauchsgüterkauf vorliegt, ergibt sich ein weiteres Argument, nämlich das Postulat des EuGH, der Käufer dürfe durch Kostentragungspflichten nicht von der Geltendmachung seiner Rechte abgeschreckt werden.

Vorliegend betragen also die i.R.d. § 475 Abs. 4 S. 2, 3 anzusetzenden Nacherfüllungskosten 2000 €, während der Schwellenwert bei 1500 € (150 Prozent des Warenwerts) liegt. Es liegt also absolute Unverhältnismäßigkeit vor und der Aufwendungsersatz ist nach der hier vertretenen Ansicht auf eben diesen Schwellenwert von 1500 € zu reduzieren.

2. § 439 Abs. 2

Ein Anspruch besteht nicht. Zwar ist § 439 Abs. 2 nach hM eine eigene Anspruchsgrundlage, doch wird sie in Bezug auf die Ein-/Ausbaukosten durch die insoweit abschließende Regelung des § 439 Abs. 3 verdrängt.

3. §§ 437 Nr. 3, 280 Abs. 1 ff (Schadensersatz)

Ein Schadensersatzanspruch des K scheitert am Fehlen des Vertretenmüssens auf Seiten des V. Laut Sachverhalt trifft ihn an dem Mangel kein eigenes Verschulden i.S.d. § 276. Eine Zurechnung des Verschuldens des Produzenten über § 278 kann nach h.M. nicht erfolgen: Der Hersteller sei in Bezug auf die Mangelfreiheit der Kaufsache nicht Erfüllungsgehilfe des Verkäufers, weil letzterer dem Käufer nicht die Herstellung schulde.

> **Vertiefungshinweis:** Weil § 439 Abs. 3 in Bezug auf Ein- und Ausbau generell keinen Anspruch auf Ein-/Ausbau in Natur vorsieht, sondern allenfalls einen Anspruch auf Kostenersatz, wäre ein Schadensersatzanspruch wohl kein Anspruch auf SE „statt der Leistung" i.S.d. § 280 Abs. 3; denn die Leistung Ein-/Ausbau in natura wird ja von vornherein nicht geschuldet.

4. Anspruch K gegen V auf Vorschuss gem. § 475 Abs. 6

Auch dieser Anspruch wäre gegeben: ein Verbrauchsgüterkauf i.S.d. § 474 liegt vor, und es handelt sich um Nacherfüllungskosten i.S.d. § 439 Abs. 3.

VII. Weitere problematische Fälle

1. Ersatzlieferung beim Stückkauf

192 Umstritten ist, ob der Nacherfüllungsanspruch auch beim Stückkauf auf Ersatzlieferung gerichtet sein kann oder ob hier nur die Nachbesserung in Betracht kommt. Das Problem liegt darin, dass beim Stückkauf von vornherein nur das von den Parteien konkret individualisierte Stück geschuldet wird, während die Ersatzlieferung auf Lieferung einer *anderen* als der zunächst gelieferten, mangelhaften Sache gerichtet ist.

a) Eine Ansicht: Ausschluss des Ersatzlieferungsanspruchs

Einer Ansicht nach ergibt sich aus dem auf die Lieferung des konkret bezeichneten Stücks beschränkten Parteiwillen, dass die Ersatzlieferung beim Stückkauf nicht möglich ist und dass ein entsprechender Anspruch des Käufers an **§ 275 Abs. 1** scheitert.

193

Auch nach dieser Ansicht gibt es jedoch einen Fall, in dem beim Stückkauf Ersatzlieferung geschuldet wird, nämlich den des sog. **Identitäts-Aliud**. Hier wird eine andere Sache als die von den Parteien ausgesuchte geliefert, beispielsweise infolge eines Irrtums in der Auslieferungsabteilung des Verkäufers: Anstatt des gekauften Gebrauchtwagens VW Golf wird ein gebrauchter Audi A3 geliefert. Aufgrund der ausdrücklichen Anordnung in § 434 Abs. 3 handelt es sich bei der Aliud-Lieferung um einen Sachmangel; ob das fälschlich gelieferte Stück qualitativ besser oder schlechter ist als das geschuldete, ist insoweit unerheblich. Der Käufer kann hier Ersatzlieferung des ausgesuchten VW Golf verlangen (und muss dann den Audi gemäß §§ 439 Abs. 5 n.F., 346 zurückgeben)[86]. Es handelt sich dabei nicht etwa um den ursprünglichen Erfüllungsanspruch. Denn mit der ersten, mangelhaften Lieferung hat sich dieser in den Nacherfüllungsanspruch aus §§ 437 Nr. 1, 439 verwandelt (Rdnr. 100 ff).

194

b) Gegenansicht: Ersatzlieferungsanspruch bei vertretbaren, ersetzbaren bzw. wirtschaftlich vergleichbaren Sachen

Die inzwischen herrschende Ansicht[87] hält einen Ersatzlieferungsanspruch – auch außerhalb der Fälle des Identitäts-Aliud – grundsätzlich für möglich, wenn es sich beim Kaufgegenstand um eine vertretbare Sache i.S.d. § 91[88] bzw. um eine „ersetzbare"[89] oder **„gleichartige und vergleichbare"**[90] Sache handelt. Damit sollen vor allem diejenigen Fälle erfasst werden, in denen es dem Verkäufer auch beim Stückkauf unproblematisch möglich ist, Ersatzlieferung zu leisten, etwa beim Kauf eines Massenartikels im Kaufhaus. Zurückhaltung ist hingegen auch nach dieser Ansicht geboten, wenn es sich um den Kauf einer gebrauchten Sache handelt. Angesichts der vielfältigen Unterschiede im Abnutzungsgrad gebrauchter Sachen werde die Lieferung einer anderen Sache häufig nicht dem Parteiwillen entsprechen. Dies gelte insbesondere dann, wenn sich der Käufer für die konkrete Kaufsache nach einer persönlichen Besichtigung entschieden habe[91].

195

c) Stellungnahme

Für die Ansicht, die den Ersatzlieferungsanspruch grundsätzlich **ausschließen** will, spricht zunächst der Grundsatz, dass die Parteivereinbarung zu achten ist: Bei einem Stückkauf wird nur das konkret individualisierte „Stück" geschuldet: Die Parteien

196

---

86 Vgl. zum Ganzen *Huber*, in: *Huber/Faust* S. 321.
87 Vgl. BGH, 7.6.2006, VIII ZR 209/05, NJW 2006, 2839; OLG Braunschweig, 4.2.2003, 8 W 83/02, NJW 2003, 1053; Palandt/*Weidenkaff* § 439 Rdnr. 15; *Looschelders* BT Rdnr. 89. Auch der Gesetzgeber schien von dieser Ansicht auszugehen, vgl. RegEntwBegr., BT-Drucks. 14/6040, S. 231.
88 So *Pammler* NJW 2003, 1992; *Oechsler* VS Rdnr. 171.
89 So OLG Braunschweig, 4.2.2003, 8 W 83/02, NJW 2003, 1053; Palandt/*Weidenkaff* § 439 Rdnr. 15.
90 BGH, 7.6.2006, VIII ZR 209/05, NJW 2006, 2839, 2841; vgl. auch *Looschelders* BT Rdnr. 89.
91 Vgl. BGH, 7.6.2006, VIII ZR 209/05, NJW 2006, 2839, 2841.

haben „dieses Auto da" gekauft (das nach ihren Vorstellungen ein VW Golf, blau, Baujahr 2011, 80 kW, 50 000 km sein soll – ob er das tatsächlich ist, ist eine Frage der Mangelfreiheit) und nicht etwa „einen VW Golf, blau, Baujahr 2011, 80 kW, 50 000 km". Der Verkäufer schuldet also von vornherein nur das konkret ausgewählte Stück („dieses Auto da")[92]. Daran kann sich nichts ändern, nur weil der ursprüngliche Erfüllungsanspruch sich inzwischen in den Nacherfüllungsanspruch verwandelt hat.

197 Darüber hinaus ist es aus Wertungsgesichtspunkten heraus nicht überzeugend, den Verkäufer, der sich für die Variante des Stückkaufs entschieden hat, mit einem gattungsschuldähnlichen Beschaffungsrisiko zu belasten, wie dies die Gegenansicht tut, die ihn ggf. zwingt, sich eine vergleichbare Ersatzsache zu beschaffen[93]. Wenn es für den Verkäufer im konkreten Fall tatsächlich ohne Probleme möglich ist, eine andere Sache zu leisten, und der Käufer dies möchte, spricht nichts dagegen, dass sich die Parteien (ggf. konkludent) auf den Abschluss eines neuen Kaufvertrages und die Auflösung des alten Vertrages einigen. Wenn der Verkäufer dagegen keine andere Sache mehr hat, mit der er erfüllen könnte, gibt es keinen Grund, ihn entgegen der vertraglichen Vereinbarung mit einem gattungsschuldähnlichen Beschaffungsrisiko zu belasten.

198 Die Gegenansicht, die einen Ersatzlieferungsanspruch beim Stückkauf grundsätzlich **zulassen** will, kann sich (wohl) auf den Willen des Gesetzgebers sowie darauf berufen, dass die Schuldrechtsreform die Unterscheidung zwischen Stück- und Gattungskauf gerade einebnen wollte. Auch lässt sich ins Feld führen, dass man die Frage des Beschaffungsrisikos über eine entsprechende Auslegung der Parteivereinbarung (Stichwort: Vorratsschuld) bzw. über die Einrede des § 439 Abs. 4 n.F. (= § 439 Abs. 3 a.F.) in den Griff bekommen kann.

199 Zur Behandlung des Problems in der Falllösung vgl. folgenden

200 **Fall 4:** K kauft bei Gebrauchtwagenhändler V einen Gebrauchtwagen der Marke X. Der Wagen gehört zu einer Gruppe von fünf in Ausstattung, Leistung und Km-Stand praktisch identischen Fahrzeugen, die V von einer Autovermietung erworben hat. Vereinbarungsgemäß holt K den Wagen auf dem Gelände des V ab. Wenige Tage später stellt K fest, dass es sich entgegen den Angaben des Händlers um einen Unfallwagen handelt. Während K dies nicht erkennen konnte, hätte V davon wissen müssen. K verlangt nun von V die Lieferung eines auf dem Gelände des V befindlichen, vergleichbaren, gleichwertigen und unfallfreien Gebrauchtwagens. Zu Recht?

Der Anspruch des K auf Lieferung eines vergleichbaren, unfallfreien Gebrauchtwagens könnte sich aus §§ 437 Nr. 1, 439 ergeben. In der Tatsache, dass es sich bei dem gekauften Wagen abredewidrig um einen Unfallwagen handelt, ist ein Sachmangel i.S.v. § 434 Abs. 1 S. 1 zu sehen.

Der Ersatzlieferungsanspruch könnte jedoch gemäß § 275 Abs. 1 ausgeschlossen sein, da es sich hier um eine Stückschuld handelt. Beim Stückkauf wird nämlich nur das von den Parteien konkret individualisierte Stück geschuldet, während die Ersatzlie-

---

[92] *Huber* NJW 2002, 1004, 1006; BeckOK/*Faust* § 439 Rdnr. 34 ff.
[93] Vgl. *Huber*, in: *Huber/Faust* S. 321.

ferung auf Lieferung einer anderen als der zunächst gelieferten, mangelhaften Sache gerichtet ist[94]. Ob ein Anspruch auf Ersatzlieferung beim Stückkauf nach § 275 Abs. 1 ausscheidet, wird unterschiedlich beurteilt.

Einer Ansicht zufolge wird ein Anspruch auf Ersatzlieferung beim Stückkauf grundsätzlich abgelehnt[95]. Ein solcher führe zu einer Erweiterung des vertraglichen Pflichtenprogramms des Verkäufers über das vertraglich Vereinbarte hinaus[96]. Wenn die Parteien einen Stückkauf vereinbaren, werde im Wege des Erfüllungs- und damit auch des Nacherfüllungsanspruchs auch nur das konkret individualisierte Stück geschuldet[97]. Es gebe keinen Grund, den Verkäufer beim Stückkauf mit einem gattungsschuldähnlichen Beschaffungsrisiko zu belasten[98]. K könnte danach nicht die Lieferung eines vergleichbaren, aber unfallfreien Wagens verlangen[99].

Nach inzwischen herrschender Auffassung schließt das Vorliegen eines Stückkaufs den Ersatzlieferungsanspruch nicht grundsätzlich aus. Voraussetzung für das Bestehen dieses Anspruchs ist allerdings, dass es sich beim Kaufgegenstand um eine vertretbare Sache i.S.d. § 91 bzw. um eine „ersetzbare" bzw. „gleichartige und gleichwertige" Sache handelt. Dann richte sich die Ersatzlieferung auf eine Sache, die der gekauften Sache wirtschaftlich entspreche und das Leistungsinteresse des Käufers zufriedenstelle[100]. Unmöglichkeit der Ersatzlieferung kann danach nur dann eintreten, wenn der Verkäufer eine mangelfreie Sache der geschuldeten Art nicht beschaffen kann[101]. Beim Kauf gebrauchter Sachen ist angesichts des typischerweise unterschiedlichen Abnutzungsgrads gebrauchter Sachen Zurückhaltung bei der Annahme, dass eine gleichartige und gleichwertige Ersatzsache bestehe, geboten. Dies gilt insbesondere dann, wenn der Käufer die konkrete Kaufsache nach einer persönlichen Besichtigung ausgewählt hat[102]. Andererseits lässt sich vorliegend auch die Ansicht vertreten, es liege einer der Ausnahmefälle vor, in denen die Ersatzlieferung einer „gleichartigen und gleichwertigen" Sache möglich sei, weil V ein anderes, praktisch identisches Fahrzeug vorrätig hat.

2. Wahlrecht innerhalb der Nachbesserung

Häufig wird die Nachbesserung in verschiedenen Varianten möglich sein, z.B. entweder durch Reparaturmaßnahmen an den schadhaften Teilen oder durch deren Komplettaustausch. Die Frage, wer zwischen verschiedenen Varianten der Nachbesserung wählen kann, ist im Gesetz nicht geregelt, denn § 439 Abs. 1 regelt nur das Wahlrecht

201

---

94 *Huber* NJW 2002, 1004, 1006.
95 So i.E. insb. *Huber* NJW 2002, 1004, 1006.
96 Vgl. *Huber* NJW 2002, 1004, 1006.
97 Im Erg. wie hier *Lorenz* JZ 2001, 742 Fn. 12 und 744.
98 *Huber* NJW 2002, 1004, 1006.
99 Der Ausnahmefall des Identitäts-Aliud liegt hier nicht vor.
100 **BGH, 7.6.2006, VIII ZR 209/05, NJW 2006, 2839, 2841 m.w.N.**; ähnlich *Bitter/Meidt* ZIP 2001, 2114, 2119 f, die einen Nacherfüllungsanspruch beim Stückkauf nur bei einer vertretbaren Sache zulassen wollen.
101 OLG Braunschweig, 4.2.2003, 8 W 83/02, NJW 2003, 1053, 1054.
102 Vgl. BGH, 7.6.2006, VIII ZR 209/05, NJW 2006, 2839, 2841.

zwischen Nachbesserung und Ersatzlieferung. M.E. sollte diese Wahl dem **Verkäufer** überlassen werden. Dieser ist der sachnähere Vertragsteil. Er läuft dann bei Wahl einer für den Käufer unzumutbaren Form der Nachbesserung Gefahr, dass dieser gemäß §§ 437 Nr. 2, 440 ohne Fristsetzung zurücktreten oder Schadensersatz statt der Leistung verlangen kann[103].

202 Der Inhalt des Nacherfüllungsanspruchs kann in denjenigen Fällen Fragen aufwerfen, in denen der Mangel gemäß § 434 Abs. 2 S. 2 darin liegt, dass der zur Montage bestimmten Sache eine **mangelhafte Montageanleitung** beigefügt wurde. Muss also etwa das Unternehmen IKEA dem deutschen Käufer, der in Wallau das Regal „*Billy*" erworben, aber nur eine auf Schwedisch abgefasste Bedienungsanleitung erhalten hat, auf dessen Wunsch eine Dolmetscherin für Schwedisch zur Verfügung stellen? Oder genügt es, eine mangelfreie, d.h. insbesondere in deutscher Sprache abgefasste, Montageanleitung zu liefern? Die Lieferung eines neuen Regals samt in Deutsch abgefasster Montageanleitung wäre m.E. Ersatzlieferung[104], die anderen Varianten Nachbesserung. Grundsätzlich hat zwar der Käufer die Wahl, doch wäre im vorliegenden Fall wohl i.d.R. davon auszugehen, dass der Verkäufer die Ersatzlieferung gemäß § 439 Abs. 4 wegen unverhältnismäßiger Kosten ablehnen könnte. Es bleiben also zwei verschiedene Varianten der Nachbesserung (Dolmetscher oder neue, mangelfreie Anleitung). Nach der hier vertretenen Ansicht liegt die Wahl insofern beim Verkäufer.

3. Nacherfüllung und Verantwortlichkeit des Käufers

203 Gewisse Probleme bereitet der Fall, dass der Mangel in den Verantwortungsbereich des Käufers fällt. Beim Rücktritt enthält das Gesetz für diesen Fall die Regelung des § 323 Abs. 6: Der Rücktritt ist ausgeschlossen, wenn der Käufer für den Mangel allein oder weit überwiegend verantwortlich ist, oder wenn der (vom Verkäufer nicht zu vertretende) Mangel zu einem Zeitpunkt eingetreten ist, zu dem der Käufer im Annahmeverzug war. Diese Regelung ist als Ausdruck einer bewussten gesetzlichen Wertentscheidung, die für die Unmöglichkeitsfälle auch in § 326 Abs. 2 zum Ausdruck kommt und sich zudem auf den Grundsatz von Treu und Glauben stützen lässt (venire contra factum proprium), analog auf den Nacherfüllungsanspruch anzuwenden[105].

204 Darüber hinaus kann man diskutieren, ob der Nacherfüllungsanspruch des Käufers auch bei „einfacher" (also nicht weit überwiegender i.S.d. § 323 Abs. 6) Mitverursachung beschränkt werden sollte, etwa durch eine Beteiligung an den Nacherfüllungskosten gemäß § 254 analog[106] oder nach dem Grundsatz des venire contra factum proprium (§ 242). Dies wurde im alten Recht für den werkvertraglichen Nacherfül-

---

103 *Huber* NJW 2002, 1004, 1006; BeckOK/*Faust* § 439 Rdnr. 26.
104 Bezugspunkt ist nämlich die gesamte Leistung, nicht etwa nur die Montageanleitung. Denn § 434 Abs. 2 geht eindeutig davon aus, dass die fehlerhafte Montage(-Anleitung) die Kaufsache als solche mangelhaft macht.
105 *Oetker/Maultzsch* § 2 Rdnr. 219; BeckOK/*Faust* § 439 Rdnr. 59 ff (ausführlich auch zu weiteren Fallgruppen).
106 So BeckOK/*Faust* § 439 Rdnr. 59.

lungsanspruch bejaht[107] und sollte im Ergebnis auch für den neuen kaufvertraglichen Nacherfüllungsanspruch gelten. Ob man dies auf eine Analogie zu § 254 stützt oder den Grundsatz von Treu und Glauben bemüht, ist letztlich unerheblich.

4. Reichweite der Nacherfüllung bei weiteren Schäden an der Kaufsache („Weiterfresserschäden")

Fraglich ist, ob der Anspruch auf Nacherfüllung auch die Beseitigung so genannter „Weiterfresserschäden" umfasst, also derjenigen Schäden an der Kaufsache, die nicht „stoffgleich" mit dem Sachmangel sind; gemeint ist der Fall, dass zunächst nur ein funktionell begrenztes Einzelteil der Kaufsache mangelhaft ist und die in dieser Mangelhaftigkeit liegende Gefahr nach dem Gefahrübergang zu einem über den Mangel hinausgehenden Schaden führt (sog. „Weiterfresserschaden"). **205**

Dagegen spricht das Argument, dass die verschuldensunabhängige Nacherfüllung auf die Wiederherstellung der mangelhaften Teile zu beschränken sei; alles, was darüber hinaus gehe, könne nur im Wege des (verschuldensabhängigen) Schadensersatzes verlangt werden. Überwiegend wird jedoch die Ansicht vertreten, dass in Fällen, in denen sich der Mangel seit Gefahrübergang auf andere Teile der Kaufsache ausgedehnt hat, die daraus resultierenden Folgen **im Rahmen der Nacherfüllung zu beseitigen** seien. Sie seien durch den Mangel und damit durch ein pflichtwidriges (wenn auch nicht notwendig zu vertretendes) Verhalten des Verkäufers verursacht. Dem Käufer wäre mit der Nacherfüllung wenig geholfen, wenn der Verkäufer den Mangel lediglich so beseitigen müsste, wie er bei Gefahrübergang bestanden hat, und den Weiterfresserschaden nur im Falle des Vertretenmüssens qua Schadensersatz ersetzen müsste[108]. **206**

Die Thematik hat Auswirkungen auf die Einordnung etwaiger **Schadensersatzansprüche**. Wenn man nämlich der Ansicht folgt, dass die Nacherfüllung grundsätzlich auch die Beseitigung der Weiterfresserschäden umfasst, kann ein auf Ersatz dieser Kosten gerichteter Schadensersatzanspruch als Schadensersatz statt der Leistung (§ 280 Abs. 3) einzuordnen sein, wenn man der h.M. zur Abgrenzung (Rdnr. 275 ff) folgt. **207**

---

107 Vgl. Soergel/*Teichmann* § 633 Rdnr. 9.
108 BeckOK/*Faust* § 439 Rdnr. 15. Nicht im Rahmen der Nacherfüllung zu beseitigen seien dagegen Schäden, die infolge des Mangels an anderen Sachen des Käufers entstanden sind. Deren Ersatz könne der Käufer nur mit Hilfe eines – vom Vertretenmüssen abhängigen – Schadensersatzanspruchs erreichen, vgl. a.a.O. Rdnr. 17.

§ 8 Rücktrittsrecht des Käufers

I. Überblick

208 § 437 Nr. 2 Fall 1 sieht vor, dass der Käufer, dem eine mangelhafte Sache geliefert wurde, unter den Voraussetzungen der §§ 440, 323, 326 Abs. 5 vom Vertrag zurücktreten kann, soweit nichts anderes bestimmt ist. Das Rücktrittsrecht des Käufers richtet sich also grundsätzlich nach den entsprechenden Vorschriften des **allg. Leistungsstörungsrechts**. Die Integration in das allg. Leistungsstörungsrecht wird jedoch nicht vollständig durchgehalten. Zum einen sind in § 440 (auf den § 437 Nr. 2 ausdrücklich verweist) gewisse kaufrechtliche Modifikationen des allg. Rücktrittsrechts vorgesehen. Zum anderen steht § 437 generell unter dem Vorbehalt der „folgenden" Vorschriften. Für das Rücktrittsrecht von Bedeutung sind dabei insbesondere die §§ 438 Abs. 4 und 442.

209 Der allgemeinen Tendenz der Reform entsprechend wird die Vertragsaufhebung als Rechtsbehelf für Leistungsstörungen zurückgedrängt. Der Rücktritt steht dem Käufer grundsätzlich nicht sofort zur Verfügung, sondern erst auf der **zweiten Stufe**: Er setzt grundsätzlich eine erfolglose Fristsetzung durch den Käufer voraus und ermöglicht dem Verkäufer so einen „zweiten Versuch", ein „Recht zur zweiten Andienung".

II. Voraussetzungen

1. Mangelhaftigkeit der Kaufsache und Fälligkeit

210 § 323 Abs. 1 setzt voraus, dass die Leistung des Verkäufers **fällig und durchsetzbar** ist. Eine Ausnahme hierzu ergibt sich aus § 323 Abs. 4, der unter bestimmten Voraussetzungen den Rücktritt vor Fälligkeit ermöglicht.

211 Weitere Voraussetzung für ein Rücktrittsrecht aus §§ 437 Nr. 2 Fall 1 i.V.m. §§ 323 ff ist, dass die vom Verkäufer gelieferte Sache **mangelhaft** i.S.d. §§ 434 f ist. Dies ergibt sich aus dem Eingangssatz des § 437. Die mangelhafte Leistung ist zugleich die „nicht vertragsgemäße" Leistung, die § 323 Abs. 1 voraussetzt. Für den Mangelbegriff gilt das oben (§ 5) Gesagte. Maßgeblicher Zeitpunkt für das Vorliegen des Mangels ist beim Sachmangel der Zeitpunkt des Gefahrübergangs, beim Rechtsmangel der Zeitpunkt des Eigentumsübergangs.

212 Nach **h.M.** führt auch eine bestimmte Gruppe von **Nebenpflichtverletzungen** des Verkäufers dazu, dass ein Fall der Mangelhaftigkeit der Kaufsache vorliegt: Gemeint sind die sog. mangelbezogenen Nebenpflichten[1]. Dies sind diejenigen Nebenpflichten, deren Verletzung dazu führt, dass dem Käufer nicht der volle und einwandfreie Genuss

---

[1] Eine entsprechende Abgrenzung gibt es im allg. Leistungsstörungsrecht: Die Verletzung sog. „leistungsbezogener" Nebenpflichten führt zur Anwendung des § 323 („nicht vertragsgemäß") und nicht zur Anwendung des § 324. Letztere Vorschrift erfasst nur die nicht leistungsbezogenen Nebenpflichtverletzungen. Vgl. Petersen Rdnr. 161.

der Kaufsache ermöglicht wird, etwa solche, die zu dem Mangel geführt haben (z.B. schlechte Verpackung), oder solche, die dem Käufer die nötigen Informationen zur Nutzung der Sache vorenthalten (z.B. Verweigerung einer Bedienungsanleitung). Der Käufer kann sich also nicht etwa der kurzen Verjährungsregel des § 438 entziehen, indem er sich statt auf den Mangel selbst auf eine mangelverursachende Nebenpflichtverletzung beruft, um zur unmittelbaren Anwendung des § 323 und zu den großzügigeren Verjährungsregeln der §§ 195, 199 zu gelangen[2].

213 Gewisse Besonderheiten ergeben sich, wenn in Bezug auf die Mangelfreiheit der Sache ein Fall des § 275 vorliegt, wenn der Käufer also wegen **Unmöglichkeit** oder **Unverhältnismäßigkeit** keinen Anspruch auf Nacherfüllung mangelfreier Ware hat. Die Kaufpreiszahlungspflicht entfällt dann nicht etwa ipso iure nach § 326 Abs. 1 Hs. 1, denn § 326 Abs. 1 S. 2 nimmt diese Fälle ausdrücklich von der Geltung des Satzes 1 aus. § 326 Abs. 5 (der über die Verweisung des § 437 Nr. 2 anwendbar ist) bestimmt jedoch, dass der Käufer zurücktreten kann, und zwar in entsprechender Anwendung des § 323 und mit der (angesichts des Vorliegens von § 275 absolut sinnvollen) Modifikation, dass die Fristsetzung entbehrlich ist (hierzu vgl. Rdnr. 221 ff).

214 Im Einzelnen ergeben sich aus dieser Verweisung kleinere **dogmatische Fragen**, die sich zwar im praktischen Ergebnis kaum auswirken dürften, für eine klare Strukturierung und Prüfung der Vorschriften aber nicht unerheblich sind: Zunächst wird nicht ganz klar, ob der eigentliche Rücktrittsgrund sich aus § 323 Abs. 1 ergibt oder ob er schon in § 326 Abs. 5 selbst angeordnet wird (und die Verweisung auf § 323 sich nur auf die Voraussetzungen bezieht). Vorzugswürdig erscheint mir hier die erste Lösung.

215 Unabhängig von der Antwort auf diese Frage setzt § 323 Abs. 1 voraus, dass die Leistung fällig ist. An der Fälligkeit könnte man Zweifel haben, wenn der entsprechende Anspruch des Käufers wegen § 275 ausgeschlossen ist. Allerdings darf dies nicht dazu führen, dass § 323 nicht angewendet werden kann. Man wird davon ausgehen müssen, dass das Fälligkeitserfordernis insoweit dadurch ausgeschlossen wird, dass § 326 Abs. 5 nur die „entsprechende" Anwendung des § 323 anordnet.

2. Erfolgloser Ablauf einer angemessenen Nachfrist

a) Grundsatz

216 Der Rücktritt setzt grundsätzlich voraus, dass der Käufer dem Verkäufer erfolglos eine angemessene Frist zur Nacherfüllung[3] gesetzt hat. Dies ergibt sich aus § 323 Abs. 1, auf den in § 437 Nr. 2 verwiesen wird. Welche Länge eine angemessene Frist hat, hängt vom Einzelfall ab. Man wird einerseits vom Verkäufer erwarten können, dass er besondere Anstrengungen unternimmt, also schneller agiert als bei gewöhnlichen Lieferungen, andererseits aber nicht fordern dürfen, dass der Verkäufer der

---

2 Vgl. dazu BeckOK/*Faust* § 437 Rdnr. 8 f.
3 Auf die Nacherfüllung und nicht etwa auf die ursprüngliche Lieferpflicht bezieht sich die Fristsetzung. Denn die ursprüngliche Leistungspflicht hat sich mit der (mangelhaften) Lieferung in die Nacherfüllungspflicht verwandelt (vgl. Rdnr. 100 ff).

§ 8 *Rücktrittsrecht des Käufers*

Nacherfüllung die höchste Priorität einräumt[4]. Setzt der Käufer eine zu kurze Frist, so wird grundsätzlich die angemessene Frist in Gang gesetzt[5]. Der Käufer darf eine vom Verkäufer selbst vorgeschlagene Frist als angemessen ansehen, auch wenn sie objektiv zu kurz ist[6].

217 Nach h.M. muss sich die **Fristsetzung** des Käufers weder auf eine konkret bezeichnete Form der Nacherfüllung (also Nachbesserung oder Ersatzlieferung) beziehen, noch muss sie einen genauen Termin festlegen. Es genügt also zum einen, wenn der Käufer den Verkäufer mit der Fristsetzung allgemein „zur Nacherfüllung" auffordert (in diesem Fall verzichtet der Käufer auf das ihm vom Gesetz zunächst eingeräumte Wahlrecht; schutzwürdige Interessen des Verkäufers werden dadurch nicht verletzt[7]). Zum anderen genügt es, wenn der Käufer, etwa durch Formulierungen wie „umgehend", „so schnell wie möglich", „sofortig" oder „in angemessener Zeit", zum Ausdruck bringt, dass der Verkäufer die Leistung nicht zu einem beliebigen Zeitpunkt erbringen kann, sondern dass dem Verkäufer dafür „nur ein begrenzter bestimmbarer Zeitraum zur Verfügung steht"[8].

218 Hinsichtlich des Nacherfüllungsrechts des Verkäufers trifft den **Käufer** eine **Mitwirkungsobliegenheit**: Er muss dem Verkäufer die (angeblich) mangelhafte Kaufsache für eine entsprechende Untersuchung zur Verfügung stellen, und zwar am Erfüllungsort der Nacherfüllung, der häufig nicht beim Käufer liegen wird sondern am Wohnsitz des Verkäufers (dazu Rdnr. 108 ff)[9]. Dass eine solche Mitwirkungsobliegenheit besteht, ist für den Anspruch auf Mängelbeseitigung offensichtlich: Der Verkäufer kann nicht reparieren, wenn er an die Sache nicht herankommt. Aber auch dann, wenn der Käufer Ersatzlieferung verlangt, muss er dem Verkäufer die Sache vorab (!) zur Verfügung stellen: Der Verkäufer soll sich selbst ein Bild davon machen können, ob der behauptete Mangel überhaupt existiert und ob eine Mängelbeseitigung nicht wesentlich günstiger wäre (und er deshalb eine Ersatzlieferung nach § 439 Abs. 4 n.F. (= § 439 Abs. 3 a.F.) verweigern kann)[10]. Erleichtert wird dem Käufer die Erfüllung dieser Mitwirkungsobliegenheit dadurch, dass er, wie oben (Rdnr. 103 ff) geschildert, etwaige Kosten für den Transport der Sache zum Erfüllungsort vom Verkäufer nach § 439 Abs. 2 ersetzt verlangen kann[11]. Im Falle eines Verbrauchsgüterkaufs kann der Käufer hierfür vom Verkäufer sogar nach dem 2017 neu eingefügten § 475 Abs. 6 n.F. Vorschuss verlangen[12]. Umgekehrt bedeutet dies, dass es für eine Fristsetzung des Käufers

---

4 BeckOK/*Faust* § 437 Rdnr. 15.
5 BeckOK/*Faust* § 437 Rdnr. 20; *Looschelders* BT Rdnr. 101; *Oechsler* VS Rdnr. 192.
6 BGH, 13.7.2016, VIII ZR 49/15, Rdnr. 36.
7 *Huber*, in: *Huber/Faust* S. 338; BeckOK/*Faust* § 437 Rdnr. 20.
8 BGH, 18.3.2015, VIII ZR 176/14, NJW 2015, 2564 (zu §§ 323, 281); BGH, 12.8.2009, VIII ZR 254/08, NJW 2009, 3153 (zu § 281 Abs. 1).
9 BGH, 19.12.2012, VIII ZR 96/12, NJW 2013, 1074, 1076, Rdnr. 23 f; BGH, 19.7.2017, VIII ZR 278/16, NJW 2017, 2758, Rdnr. 21 ff.
10 BGH, 10.3.2010, VIII ZR 310/08, NJW 2010, 1448; so auch BGH, 1.7.2015, VIII ZR 226/14, NJW 2015, 3455.
11 BGH, 19.7.2017, VIII ZR 278/16, NJW 2017, 2758, Rdnr. 29.
12 Zum bisherigen Recht leitete der BGH für den Verbrauchsgüterkauf die Vorschusspflicht direkt aus § 439 Abs. 2 ab (BGH, 19.7.2017, VIII ZR 278/16, NJW 2017, 2758, Rdnr. 29); dies ist nach der Einführung des § 475 Abs. 6 n.F. nicht mehr nötig und wohl auch nicht mehr zulässig, weil § 475 Abs. 5 n.F. insoweit als abschließende Sonderregel bzw. lex specialis anzusehen ist.

ausreichend ist, wenn er vom Verkäufer im Rahmen der Aufforderung zur Nacherfüllung am Erfüllungsort den Vorschuss erfolglos verlangt hat[13].

Inhaltlich wird in Bezug auf das Nacherfüllungsverlangen bzw. die Fristsetzung verlangt, dass der Käufer dem Verkäufer die **Mangelsymptome** hinreichend genau bezeichnet und ihm so eine Prüfung der Ursachen des in den Symptomen zum Ausdruck kommenden Mangels sowie der Abhilfemöglichkeiten ermöglicht[14]. Werden im Laufe der Auseinandersetzung mehrere Mängel geltend gemacht, ist grundsätzlich für jeden Mangel eine eigene Nacherfüllungsaufforderung bzw. Fristsetzung erforderlich[15]

219

b) Entbehrlichkeit der Fristsetzung

aa) § 323 Abs. 2

Die Fristsetzung ist entbehrlich, wenn ein Fall des § 323 Abs. 2 vorliegt. § 323 Abs. 2 Nr. 1 regelt die ernsthafte und endgültige Erfüllungsverweigerung[16]. Bei der Anwendung des § 323 Abs. 2 Nr. 2 (relatives Fixgeschäft) ist zu beachten, dass die „Nichterfüllung" i.R.d. § 437 darin besteht, dass die gelieferte Ware mangelhaft ist. § 323 Abs. 2 Nr. 2 greift also nur dann, wenn der Käufer den Fortbestand seines Leistungsinteresses gerade an die rechtzeitige *mangelfreie* Lieferung gebunden hatte[17]. Dies wird allerdings in der Regel der Fall sein. Nach § 323 Abs. 2 Nr. 3 (Interessenabwägung) wird die Fristsetzung u.a. dann entbehrlich sein, wenn der Verkäufer einen Mangel arglistig verschwiegen und so die Vertrauensgrundlage zerstört hat[18]. Nach der Neufassung des § 323 durch das Gesetz[19] zur Umsetzung der EU-Verbraucherrechterichtlinie[20] ist der Wortlaut des § 323 Abs. 2 Nr. 3 auf Fälle der nicht vertragsgemäßen Leistung beschränkt, gilt also nicht mehr für die Fälle der reinen Nicht- bzw. Spätlieferung. Die Vorschrift erfasst also auch nicht mehr das früher genannte Beispiel der verspäteten Lieferung von Saisonware[21]. Der Gesetzgeber erwartet allerdings nicht, dass Letzteres zu Regelungslücken führt. Auch lässt er ein Hintertürchen offen: „Darüber hinaus kann sich ein sofortiges Rücktrittsrecht in besonders schwerwiegenden Fällen aus dem allgemeinen Rechtsgrundsatz von Treu und Glauben gemäß § 242 ergeben"[22].

220

bb) § 326 Abs. 5

Die Fristsetzung ist ferner gemäß § 326 Abs. 5 Hs. 2 entbehrlich, wenn die Nacherfüllung nach § 275 ausgeschlossen ist, sei es, weil sie unmöglich ist, § 275 Abs. 1, sei es, weil

221

---

13 Vgl. BGH, 19.7.2017, VIII ZR 278/16, NJW 2017, 2758, Rdnr. 29 ff.
14 BGH, 26.10.2016, VIII ZR 240/15, NJW 2017, 153, Rdnr. 25.
15 BGH, 20.1.2016, VIII ZR 77/15, NJW 2016, 2493, Rdnr. 13 f. Zu verwandten Fragestellungen in Bezug auf die Hemmung der Verjährung vgl. Rdnr. 343.
16 Vgl. dazu etwa BGH, 1.7.2015, VIII ZR 226/14, NJW 2015, 3455.
17 BeckOK/*Faust* § 440 Rdnr. 22f.
18 Vgl. BGH, 8.12.2006, V ZR 249/05, NJW 2007, 835, Rdnr. 11 ff; BGH, 9.1.2008, VIII ZR 210/06, NJW 2008, 1371, Rdnr. 18 ff.
19 Gesetz zur Umsetzung der EU-Verbraucherrechterichtlinie und (…) v. 20.9.2013, BGBl. 2013 I, Nr. 58, S. 3642.
20 Richtlinie 2011/83/EU v. 25.10.2011, Abl. EU L 304/64 v. 22.11.2011.
21 Vgl. BGH, 8.12.2006, V ZR 249/05, NJW 2007, 835, Rdnr. 12.
22 BT-Drucks. 17/12637, S. 59.

der Verkäufer zu Recht ein Verweigerungsrecht nach §§ 275 Abs. 2 oder 3 geltend gemacht hat. Zu beachten ist, dass die Befreiung gemäß § 275 immer nur eintritt, „soweit" das Leistungshindernis reicht. Für das Rücktrittsrecht bedeutet dies, dass die Fristsetzung nur dann entbehrlich ist, wenn **beide Formen** der Nacherfüllung, also Nachbesserung *und* Ersatzlieferung, nach § 275 ausgeschlossen sind[23].

222 Ist **nur eine Form** der Nacherfüllung gemäß § 275 **ausgeschlossen**, schuldet der Verkäufer grundsätzlich die andere Form der Nacherfüllung und § 326 Abs. 5 findet keine Anwendung. Hier sind zwei Fälle zu unterscheiden:

223 (1) Wenn der Verkäufer die andere Form der Nacherfüllung nicht gemäß § 439 Abs. 4 n.F. (= § 439 Abs. 3 a.F.) verweigert, kann der Käufer gemäß § 323 Abs. 1 grundsätzlich nur nach erfolgloser Fristsetzung zurücktreten. Ein Fall der Entbehrlichkeit der Fristsetzung wegen Fehlschlagens der Nacherfüllung gemäß § 440 S. 1 liegt nicht vor, weil der Begriff des Fehlschlagens nicht die Fälle der Unmöglichkeit erfasst (s.o.). Die Fristsetzung kann deshalb allenfalls wegen Unzumutbarkeit für den Käufer (§ 440 S. 1) oder nach der allg. Vorschrift des § 323 Abs. 2 entbehrlich sein.

224 (2) Wenn der Verkäufer die zweite Form der Nacherfüllung zu Recht gemäß § 439 Abs. 4 n.F. (= § 439 Abs. 3 a.F.) verweigert, ist die Fristsetzung in analoger Anwendung des § 440 S. 1 entbehrlich. Die Vorschrift gilt zwar nicht unmittelbar, weil sie dem Wortlaut nach voraussetzt, dass beide Formen der Nacherfüllung gemäß § 439 Abs. 4 n.F. (= § 439 Abs. 3 a.F.) verweigert werden. Sie ist aber ihrer Wertung nach einschlägig, die darin besteht, dass der Käufer keine Nachfrist zu setzen braucht, wenn sie sinnlos wäre, weil der Verkäufer die Nacherfüllung nicht (mehr) schuldet[24].

cc) § 440

225 Gemäß § 440 S. 1 bedarf es der Fristsetzung nicht, wenn der Verkäufer beide Arten der Nacherfüllung gemäß § 439 Abs. 4 n.F. (= § 439 Abs. 3 a.F.) verweigert[25] oder wenn die dem Käufer zustehende Art der Nacherfüllung fehlgeschlagen oder ihm unzumutbar ist.

226 Der Fall des **Fehlschlagens** der Nacherfüllung wurde deshalb besonders erwähnt, weil er von der allg. Vorschrift des § 323 Abs. 2 – in Betracht käme nur Nr. 3 – nicht ausreichend erfasst würde. § 323 Abs. 2 Nr. 3 setzt nämlich voraus, dass die „beiderseitigen" Interessen in die Abwägung einbezogen werden, also auch das Interesse des Verkäufers, am Vertrag festzuhalten. Dieses Interesse hielt der Gesetzgeber jedoch nicht mehr für berücksichtigungswürdig, wenn die Nacherfüllung fehlgeschlagen ist. Deshalb ordnete er für diesen Fall die Entbehrlichkeit der Nachfristsetzung in § 440 ausdrücklich an.

---

23 Vgl. *Huber*, in: *Huber/Faust* S. 343 f; so auch der Gesetzgeber, vgl. Regierungsentwurf, BT-Drucks. 14/6040, S. 234, 232; *Looschelders* BT Rdnr. 106.
24 *Huber*, in: *Huber/Faust* S. 344.
25 Der Verkäufer muss die Nacherfüllung tatsächlich verweigert haben. Die Nachfrist ist also nicht schon dann entbehrlich, wenn nur die Voraussetzungen für ein Verweigerungsrecht vorliegen, denn § 439 Abs. 4 n.F. (= § 439 Abs. 3 a.F.) will dem Verkäufer die Möglichkeit erhalten, die Nacherfüllung auch mit überobligationsmäßigem Aufwand zu erbringen, um sich den Kaufpreis zu sichern; vgl. BGH, 21.12.2005, VIII ZR 49/05, NJW 2006, 1195.

227 Es kommt nach dem eindeutigen Wortlaut der Vorschrift nur darauf an, dass die „dem Käufer zustehende" Art der Nacherfüllung fehlgeschlagen ist. Dem Käufer steht diejenige Art der Nacherfüllung zu, die er gewählt und die der Verkäufer nicht zu Recht (gemäß § 439 Abs. 4 n.F. [= § 439 Abs. 3 a.F.]) verweigert hat. Wenn der Käufer also beispielsweise Nachbesserung verlangt und verlangen kann, braucht sich der Käufer bei Fehlschlagen der Nachbesserung nicht erst noch auf Ersatzlieferungsversuche des Verkäufers einzulassen. Er kann vielmehr ohne (erneute) Fristsetzung zurücktreten[26].

228 § 440 S. 2 konkretisiert den Begriff des Fehlschlagens für die Nachbesserung: Diese gilt nach dem erfolglosen zweiten Versuch als fehlgeschlagen, wenn sich nicht aus der Art der Sache oder des Mangels oder den sonstigen Umständen etwas anderes ergibt[27]. Ein Fehlschlagen liegt nur dann vor, wenn der ursprüngliche Mangel nicht behoben wird; wird der ursprüngliche Mangel dagegen behoben, darf selbst dann nicht von einem Fehlschlagen ausgegangen werden, wenn es im Rahmen der Mängelbeseitigung zu neuen Schäden an der Kaufsache gekommen ist[28].

229 Ist die Nacherfüllung unmöglich, so liegt darin zwar dem Wortlaut nach auch ein „Fehlschlagen", doch ergibt sich systematisch aus der Existenz der besonderen Regel des § 326 Abs. 5 Hs. 2, dass diese Fälle grundsätzlich nicht unter § 440 fallen[29].

230 Gemäß § 440 S. 1 ist die Nachfristsetzung auch dann entbehrlich, wenn die dem Käufer zustehende Art der Nacherfüllung für den Käufer **unzumutbar** ist. Diese Regelung dient der Umsetzung des in Art. 3 der Verbrauchsgüterkauf-RL enthaltenen Postulats, die Nacherfüllung müsse „ohne erhebliche Unannehmlichkeiten" für den Käufer erfolgen. Deshalb sind bei der Zumutbarkeitsprüfung unter anderem die in Art. 3 Abs. 3 Hs. 2 der Richtlinie genannten Kriterien zu berücksichtigen, also die Art der Kaufsache und der Zweck, für den der Verbraucher sie benötigt. Generell sind nach Ansicht des BGH alle Umstände des Einzelfalls zu berücksichtigen, insbesondere die Zuverlässigkeit des Verkäufers oder der Umstand, dass der Verkäufer bereits bei dem ersten Erfüllungsversuch, also bei Übergabe, einen erheblichen Mangel an fachlicher Kompetenz hat erkennen lassen und das Vertrauensverhältnis zwischen den Parteien nachhaltig gestört ist[30]. Die Unzumutbarkeit kann sich bspw. auch aus den Begleitumständen (z.B. Lärm, Schmutz etc oder aus der langen Dauer der Nacherfüllung ergeben[31]. Erhält der Käufer jedoch für bestimmte Beeinträchtigungen, insbesondere die lange Dauer, ohnehin Schadensersatz, so fallen diese bei der Prüfung der Unzumutbarkeit nicht oder zumindest weniger ins Gewicht[32]. Das Gesetz stellt auch hier – wie bei den Fällen des Fehlschlagens – allein auf die dem Käufer zustehende Art der Nacherfüllung ab. Der Käufer kann demnach, wenn sich diese als unzumutbar erweist, zu Rücktritt, Minderung und Schadensersatz statt der Leistung übergehen, ohne eine Frist für

---

26 RegEntwBegr., BT-Drucks. 14/6040, S. 233.
27 Vgl. dazu OLG Karlsruhe, 30.6.2004, 12 U 112/04, BeckRS 2004, 07020; OLG Koblenz, 1.4.2010, 2 U 1120/09, NJW-RR 2010, 1501.
28 OLG Saarbrücken, 25.7.2007, 1 U 467/06, NJW 2007, 3503.
29 BeckOK/*Faust* § 440 Rdnr. 31.
30 BGH, 13.7.2016, VIII ZR 49/15, NJW 2016, 3654, Rdnr. 38.
31 BeckOK/*Faust* § 440 Rdnr. 37 ff.
32 *Huber*, in: Huber/Faust S. 339 f; BeckOK/*Faust* § 440 Rdnr. 41.

die andere Art der Nacherfüllung setzen zu müssen. Dies kann zu Problemen führen: Wie ist etwa der Fall zu behandeln, in dem der Käufer anstatt der zumutbaren und durchsetzbaren Ersatzlieferung die Nachbesserung wählt, die im konkreten Fall wegen der damit verbundenen Belästigungen unzumutbar ist? Man wird hier mit dem Gedanken des venire contra factum proprium (§ 242) korrigieren und dem Käufer die Berufung auf die Unzumutbarkeit abschneiden müssen, wenn er von vornherein die gewählte Variante wegen Unzumutbarkeit ablehnt und die andere Variante zumutbar, möglich und durchsetzbar ist. Hat sich dagegen die Unzumutbarkeit erst während der Ausführung der gewählten Variante herausgestellt, wird man dem Käufer die Berufung auf die Unzumutbarkeit nicht über § 242 abschneiden können. Dieser Fall ähnelt im Grunde demjenigen des Fehlschlagens und sollte ebenso wie dieser behandelt werden; ein sofortiger Übergang zu Rücktritt, Minderung oder Schadensersatz statt der Leistung ist hier also möglich[33].

231 Unzumutbarkeit kann etwa vorliegen, wenn der Verkäufer die vom Käufer berechtigt geltend gemachte Nacherfüllung zwar nicht endgültig verweigert (i.S.d. § 323 Abs. 2 Nr. 1), ihr aber unberechtigt Hindernisse in den Weg stellt, die geeignet sind, dem Käufer erhebliche Unannehmlichkeiten in Bezug auf den von ihm erstrebten Gebrauchszweck zu bereiten. Der BGH hat dies etwa in einem Fall angenommen, in dem das Kupplungspedal des gebraucht gekauften PKW sporadisch hängenblieb, bei der Untersuchung durch den Verkäufer aber funktionierte („Vorführeffekt"), und in dem der Verkäufer erklärte, es bestehe kein Grund für ein Tätigwerden, der Käufer solle vielmehr das Fahrzeug wieder vorbeibringen, wenn der Mangel wieder auftrete. Dabei stellte der BGH unter anderem darauf ab, dass der Mangel sicherheitsrelevant war[34].

232 Verweist der Verkäufer den Käufer beim Verbrauchsgüterkauf gemäß § 475 Abs. 4 n.F. auf angemessenen Kostenersatz (anstatt die Nacherfüllung zu erbringen oder die vollen Kosten zu ersetzen, vgl. dazu näher oben Rdnr. 151 ff), so gilt die Vorschrift des § 440 S. 1 entsprechend (**§ 475 Abs. 5 n.F.**).

dd) § 445a Abs. 2 n.F.

233 Schließlich ist die Fristsetzung nach § 445a Abs. 2 n.F. entbehrlich, wenn der Verkäufer, der eine neu hergestellte, aber mangelhafte Sache verkauft hat und deshalb die Sache zurücknehmen oder eine Minderung des Kaufpreises durch den Käufer hinnehmen muss, bei seinem Lieferanten **Rückgriff** nehmen will. Diese Vorschrift wurde durch das Mängelhaftungsänderungsgesetz 2017 neu gefasst und in ihrem Anwendungsbereich folgendermaßen erweitert: Sie gilt nun bei jedem Rückgriff des Verkäufers gegen seinen Lieferanten, und nicht mehr nur – wie nach früherem Recht (§ 478 Abs. 1 a.F.) –, wenn der Verkäufer einen Verbrauchsgüterkauf abgeschlossen hat. Zum Rückgriff vgl. näher unten Rdnr. 420 ff.

---

33 *Huber*, in: *Huber/Faust* S. 340.
34 BGH, 26.10.2016, VIII ZR 240/15, NJW 2017, 153, Rdnr. 22 ff.

c) *Vereinbarkeit des Fristsetzungserfordernisses mit der Verbrauchsgüterkauf-RL – richtlinienkonforme Auslegung?*

Das BGB stellt den Rücktritt des Käufers wegen Mangelhaftigkeit der gelieferten Kaufsache, wie geschildert, unter die Bedingung der Fristsetzung und des erfolglosen Verstreichens dieser Frist (§ 437 Nr. 2 i.V.m. § 323 Abs. 1). Diese Norm gilt sowohl für den Verbrauchsgüterkauf (beachte aber die Ausnahme beim Regress, § 445a Abs. 2) als auch für sonstige Kaufverträge. Die EG-Verbrauchsgüterkauf-RL, deren Umsetzung (u.a.) die §§ 433 ff n.F. und die §§ 474 ff dienen, sieht demgegenüber in Art. 3 Abs. 5 vor, dass ein Verbraucher eine Vertragsauflösung bereits dann verlangen (d.h. zurücktreten) kann, „wenn der Verkäufer nicht innerhalb angemessener Frist Abhilfe geschaffen hat". Die Richtlinie verlangt also nur, dass eine angemessene Frist erfolglos abgelaufen ist, nicht hingegen, dass der Käufer eine solche Frist *setzt*. **234**

Der deutsche Gesetzgeber hat also mit dem generell geltenden Erfordernis der **Fristsetzung** höhere Anforderungen an den Rücktritt des Käufers gestellt als in der Richtlinie vorgesehen[35]. Dies ist für den Bereich des Verbrauchsgüterkaufs i.S.d. §§ 474 ff, der dem Anwendungsbereich der Richtlinie entspricht, problematisch, weil nach der Richtlinie ein Abweichen zu Lasten des Verbrauchers (= Käufers) nicht zulässig ist. Welche Konsequenzen sich aus dieser Diskrepanz ergeben, ist umstritten: **235**

Eine Ansicht[36] steht auf dem Standpunkt, das Erfordernis der Fristsetzung stelle keinen Verstoß gegen die Richtlinie dar. Vielmehr sei hierin lediglich eine zulässige Konkretisierung der Regelung der Richtlinie zu sehen. Demnach wäre § 323 Abs. 1 uneingeschränkt anwendbar. **236**

Die **h.M.** geht von einem Verstoß gegen die Richtlinie aus, sieht jedoch die Möglichkeit, diesen durch **richtlinienkonforme Auslegung** zu beseitigen. Dazu werden verschiedene Wege vorgeschlagen: Man könnte zu einer teleologischen Reduktion greifen und das Fristsetzungserfordernis des § 323 Abs. 1 nicht anwenden, wenn es sich um den mangelbedingten Rücktritt des Käufers beim Verbrauchsgüterkauf handelt[37]. Überwiegend wird hingegen eine weite Auslegung der bestehenden Ausnahmetatbestände (entweder § 440 S. 1[38] oder § 323 Abs. 2 Nr. 3[39]) vorgeschlagen: Demnach wäre beim mangelbedingten Rücktritt des Käufers beim Verbrauchsgüterkauf die Fristsetzung gemäß § 323 Abs. 2 Nr. 3 oder gemäß § 440 S. 1 entbehrlich. **237**

Vertiefungshinweis: Es stellt sich die Frage, ob sich an der Problematik mit Inkrafttreten der Verbraucherrechterichtlinie[40] (bzw. des entsprechenden deutschen Umsetzungsgesetzes) etwas geändert hat. M.E. ist dies nicht der Fall. Zwar sieht Art. 18 Abs. 2 dieser Richtlinie vor, dass der Käufer grundsätzlich eine Frist setzen muss, bevor er zurücktreten darf, doch bezieht sich diese Regelung m.E. nur auf den Fall der *Nichtlieferung*, nicht hingegen auf den – von der **238**

---

35 Vgl. BeckOK/*Faust* § 437 Rdnr. 17.
36 Insbesondere der Gesetzgeber selbst in BT-Drucks. 14/6040, S. 222.
37 *Canaris* JZ 2001, 499, 510, allerdings nur hypothetisch für den Fall, dass § 323 Abs. 1 tatsächlich richtlinienwidrig sei; dies wiederum sei „alles andere als sicher".
38 NomosKomm/*Dauner-Lieb* § 323 Rdnr. 20, im Anschluss an den Vorschlag der Gesetzesbegründung, BT-Drucks. 14/6040, S. 222.
39 Insb. in BeckOK/*Faust* § 437 Rdnr. 18, 18a; MünchKomm/*Ernst* § 323 Rdnr. 51.
40 Richtlinie 2011/83/EU v. 25.10.2011, ABl. EU 2011 L 304/64.

> Verbrauchsgüterkauf-RL erfassten und hier problematischen – Fall der mangelhaften Lieferung. Für Letzteren bleibt es bei der in der Verbrauchsgüterkauf-RL vorgesehenen Regelung, die oben beschriebene Problematik ausgelöst hat. Der Effekt der neuen Verbraucherrechterichtlinie ist also nur, dass das Fristsetzungserfordernis des § 323 für die Fälle der Nichtlieferung richtlinienkonform ist; dies allerdings bedeutet effektiv keine Veränderung im Vergleich zur bisherigen Rechtslage, weil der Fall der Nichtlieferung von der Verbrauchsgüterkauf-RL (die, wie gesagt, kein Frist*setzungs*erfordernis kennt) ohnehin nicht erfasst war.

239 Folgt man der **h.M.**, so stellt sich die **Folgefrage**, ob diese richtlinienkonforme Auslegung im deutschen Recht auch auf andere Kaufverträge als Verbrauchsgüterkäufe ausgedehnt werden sollte, um eine einheitliche Anwendung der deutschen Vorschriften zu gewährleisten[41]. M.E. ist dies abzulehnen[42], weil auf diese Weise ein Grundanliegen der Schuldrechtsreform, nämlich die Zurückdrängung der Vertragsaufhebung zu Gunsten der (Nach-)Erfüllung, dessen Verwirklichung das Fristsetzungserfordernis gerade dienen soll, unterlaufen würde. Seit Inkrafttreten der Verbraucherrechterichtlinie kann von einer *einheitlichen* Auslegung des § 323 ohnehin keine Rede mehr sein. Wie gesagt ist hier für den Fall der Nichtlieferung das Erfordernis einer Nachfristsetzung vorgesehen. Da es sich bei der Verbraucherrechterichtlinie gem. deren Art. 4 um eine Vollharmonisierungsrichtlinie handelt, ist dieses Erfordernis grundsätzlich[43] zwingend: Der deutsche Gesetzgeber dürfte also nicht – auch nicht zugunsten des Verbrauchers – davon abweichen.

240 Eine weitere Folgefrage dieser Ansicht ist, ob man die für den Rücktritt (beim Verbrauchsgüterkauf) angenommene Entbehrlichkeit der Fristsetzung auch auf den Schadensersatz statt der Leistung (§§ 280 Abs. 1, 3, 281) erstrecken sollte (etwa über die Anwendung des § 281 Abs. 2 Fall 2). Von Seiten der Verbrauchsgüterkauf-RL ist dies nicht geboten, weil sie Schadensersatzansprüche nicht erfasst. Für eine Erstreckung könnte die Erwägung sprechen, dass der deutsche Gesetzgeber die Voraussetzung von Schadensersatz statt der Leistung und Rücktritt bewusst (weitgehend) parallel ausgestaltet hat.

3. Keine Unerheblichkeit der Pflichtverletzung

241 Voraussetzung für den Rücktritt ist ferner, dass die Pflichtverletzung nicht unerheblich ist. Dies ergibt sich aus § 323 Abs. 5 S. 2. Es ist davon auszugehen, dass der Begriff des „unerheblichen" Mangels eng auszulegen ist und nur **Bagatellfälle** ausschließen soll. Der Gesetzgeber hatte hier solche Mängel im Blick, die abgrenzbar sind und sich ohne

---

41 Vgl. hierzu näher *Mayer/Schürnbrand* JZ 2004, 545 ff.
42 So auch BeckOK/*Faust* § 437 Rdnr. 19.
43 Fraglich ist, ob Art. 18 Abs. 4 der Richtlinie für unseren Fall eine Ausnahme von diesem Grundsatz zulässt („Zusätzlich zum Rücktrittsrecht gemäß Absatz 2 können dem Verbraucher andere, nach dem einzelstaatlichen Recht vorgesehene Rechtsbehelfe zur Verfügung stehen."). Die Antwort hängt davon ab, wie man diese Vorschrift liest: Gestattet sie nur „andere Rechtsbehelfe als den Rücktritt" (also z.B. einen Schadensersatzanspruch, ein Zurückbehaltungsrecht etc.) oder gestattet sie auch „andere Rechtsbehelfe als den Rücktritt gemäß Absatz 2" (und damit auch einen Rücktritt nach § 323 BGB)? M.E. ist Ersteres richtig (und dürfte auch den Annahmen des Gesetzgebers entsprechen, vgl. BT-Drucks. 17/12637, S. 59); demnach gäbe es hier keine Ausnahme vom Grundsatz der Vollharmonisierung.

Schwierigkeiten beheben lassen, etwa eine defekte Glühlampe beim verkauften Kfz[44]. Das OLG Düsseldorf hat in einem Fall, in dem die Reparaturkosten ca. 2–3% des Kaufpreises betrugen, einen unerheblichen Mangel angenommen[45]. Der BGH geht davon aus, dass ein Mangel in der Regel bereits dann erheblich ist, wenn der Mangelbeseitigungsaufwand 5 Prozent des Kaufpreises überschreitet[46]. Beim Kauf eines neuen Kfz hat der BGH angenommen, dass ein Kraftstoffmehrverbrauch von weniger als 10% gegenüber den Herstellerangaben unerheblich ist[47]. Demgegenüber ist eine von der Vereinbarung abweichende Farbe des Kfz regelmäßig erheblich[48]. Auch unbehebbare Mängel sind nicht automatisch als erheblich zu qualifizieren: Jedenfalls dann, wenn sich der Mangel lediglich „in einem merkantilen Minderwert von unter 1% des Kaufpreises auswirkt", liegt eine unerhebliche Pflichtverletzung vor[49].

Soweit der Verkäufer jedoch in Bezug auf die Vertragsmäßigkeit eine **Garantie** übernommen hat, werden einschlägige Mängel hingegen grundsätzlich als erheblich einzuordnen sein, selbst wenn sie für sich genommen nur geringfügig sind[50]. **242**

Maßgeblicher **Zeitpunkt** für die Beurteilung der Erheblichkeit ist derjenige der Rücktrittserklärung[51].

Gewisse Probleme bereitet die Einordnung derjenigen Fälle, in denen der Verkäufer eine **zu geringe Menge** liefert. Auf den ersten Blick handelt es sich hier um eine Teilleistung; für diese gilt nun i.R.d. § 323 Abs. 5 nicht die eben geschilderte Vorschrift des S. 2, sondern die rücktrittsfeindlichere Regel des S. 1, der für diesen Fall nicht auf die Erheblichkeit abstellt, sondern einen Rücktritt vom ganzen Vertrag nur zulässt, wenn der Gläubiger an der Teilleistung kein Interesse hat. Allerdings ist zu beachten, dass § 434 Abs. 3 die Lieferung einer zu geringen Menge ausdrücklich der mangelhaften Lieferung gleichstellt. Ob diese Gleichstellung sich auch auf das allg. Leistungsstörungsrecht (d.h. auf die Frage der Zuordnung zu § 323 Abs. 5 S. 1 oder zu § 323 Abs. 5 S. 2) erstreckt oder nicht, ist umstritten. Einer Ansicht nach ist dies nicht der Fall, so dass die Zuweniglieferung zwar für die Zwecke der §§ 434 ff als mangelhafte Lieferung einzuordnen wäre, nicht jedoch bei § 323 Abs. 5; dort wäre sie vielmehr als Teilleistung zu behandeln[52]. Zutreffend ist m.E. die Gegenansicht[53], die der in § 434 Abs. 3 angeordneten Gleichstellung generelle Geltung zumisst und die Zuweniglieferung bei § 323 Abs. 5 folglich als „nicht vertragsgemäße" Leistung einordnet. Hierfür sprechen **243**

---
44 Vgl. BT-Drucks. 14/6040, S. 140; BT-Drucks. 14/6587, S. 49 (jeweils zu § 281).
45 OLG Düsseldorf, 27.2.2004, 3 W 21/04, NJW-RR 2004, 1060.
46 BGH, 28.5.2014, VIII ZR 94/13, NJW 2014, 3229, Rdnr. 12; BGH, 26.10.2016, VIII ZR 240/15, NJW 2017, 153, Rdnr. 28.
47 BGH, 8.5.2007, VIII ZR 19/05, NJW 2007, 2111.
48 BGH, 17.2.2010, VIII ZR 70/07, NJW-RR 2010, 1289.
49 BGH, 12.3.2008, VIII ZR 253/05, NJW 2008, 1517; BGH, 29.6.2011, VIII ZR 202/10, NJW 2011, 2872–2874 mit dem Hinweis, dass die 1%-Grenze auch nicht anders zu ziehen ist, wenn es sich um eine Sache der „Luxusklasse" handelt.
50 BeckOK/*Faust* § 437 Rdnr. 27a; BT-Drucks. 14/6040, S. 223.
51 Vgl. nur BGH, 15.6.2011, VIII ZR 139/09, NJW 2011, 3708 Rdnr. 9; BGH, 28.5.2014, VIII ZR 94/13, NJW 2014, 3229, Rdnr. 16.
52 *Grigoleit/Riehm* ZGS 2002, 114, 122; *Looschelders* BT Rdnr. 110.
53 BeckOK/*Faust* § 434 Rdnr. 115; *Huber*, in: *Huber/Faust* S. 342; diff. *Oechsler* VS Rdnr. 238: § 434 Abs. 3 passt auf die verdeckte, d.h. nicht bewusste Teillieferung.

zum einen der Wortlaut des § 434 Abs. 3, der eine Einschränkung auf das Kaufrecht nicht erkennen lässt, und zum anderen die Verbrauchsgüterkauf-RL[54], die bei Mängeln der Sache einen Ausschluss des Rücktritts nur zulässt, wenn der Mangel unerheblich ist – das entspricht der Regelung in § 323 Abs. 5 S. 2 –, nicht jedoch schon dann, wenn der Käufer an der erhaltenen mangelhaften Leistung ein Interesse hat.

4. Kein Ausschluss gemäß § 323 Abs. 6

244 Auch für den mangelbedingten Rücktritt gilt die Ausschlussvorschrift des § 323 Abs. 6: Der Käufer kann also nicht vom Vertrag zurücktreten, wenn er für den Mangel allein oder weit überwiegend verantwortlich ist[55] oder wenn der Mangel nicht vom Verkäufer zu vertreten ist und während des Annahmeverzugs des Käufers eintritt.

5. Erklärung des Rücktritts

245 Der Rücktritt ist ein Gestaltungsrecht. Er muss also erklärt werden (§ 349) und ist grundsätzlich bedingungsfeindlich.

III. Rechtsfolgen

246 Die Rechtsfolgen des Rücktritts richten sich nach den **§§ 346 ff**: Rückgewähr empfangener Leistungen; Nutzungsherausgabe etc. Eine schwierige Frage ist, ob der Käufer ggf. Ansprüche aus §§ 437 Nr. 3, 280 ff auf Ersatz des Nutzungsausfallschadens hat oder ob dem die Wertungen der §§ 346 ff (als abschließende Sonderregelung) entgegenstehen. Der BGH[56] hat dem Käufer solche Ansprüche im Grundsatz zugebilligt und sich zur Begründung u.a. auf die Vorschrift des § 325 berufen, die darauf abziele, dem Gläubiger trotz Rücktritts einen auf das Erfüllungsinteresse gerichteten Ausgleich in Geld zu ermöglichen. Die §§ 346 ff seien insofern nicht als abschließende Sonderregelung zu betrachten.

247 Probleme ergeben sich, wenn die Parteien nach der Erklärung des Rücktritts nicht zur Rückabwicklung schreiten, sondern **einvernehmlich den Mangel beseitigen**. Das OLG Düsseldorf hat in einem solchen Fall zu Recht entschieden, dass eine Rückabwicklung in diesem Fall nicht in Betracht kommt. Zur Begründung führte das Gericht aus, der Käufer habe durch das erfolgreiche Nachbesserungsverlangen auf die Geltendmachung seiner Rechte aus dem Rücktritt verzichtet[57]. Die dogmatische Konstruktion

---

54 Art. 3 Abs. 6 Verbrauchsgüterkauf-RL.
55 Dies kann darauf beruhen, dass der Käufer die Sache bereits vor Übergabe beschädigt hat, oder darauf, dass er nach Übergabe der mangelhaften Sache in einer Weise auf die Sache eingewirkt hat, welche die Nacherfüllung erschwert oder unmöglich macht (s. hierzu das Problem der Selbstvornahme der Nacherfüllung, u. Rdnr. 293); vgl. BeckOK/*Faust* § 437 Rdnr. 33.
56 Vgl. **BGH, 14.4.2010, VIII ZR 145/09, NJW 2010, 2426** m.w.N. auch zur Gegenmeinung; BGH, 28.11.2007, VIII ZR 16/07, NJW 2008, 911; *Petersen* Rdnr. 170.
57 OLG Düsseldorf, 19.7.2004, 1 U 41/04, BeckRS 2004, 11420.

dieses Ergebnisses wirft einige Zweifelsfragen auf. An sich wurde durch die Ausübung des Gestaltungsrechts das ursprüngliche Schuldverhältnis (Kaufvertrag) in ein Rückgewährschuldverhältnis umgestaltet. Wenn man nun den Vertrag aufrechterhalten will, genügt es nicht, einfach die Geltendmachung der Rücktrittsfolgen auszuschließen, man muss vielmehr den ursprünglich geschlossenen Kaufvertrag zu neuem Leben erwecken. Eine entsprechende vertragliche Vereinbarung wird man in der einvernehmlichen Lösung des Problems durch Mängelbeseitigung sehen können.

§ 9 Minderungsrecht des Käufers

I. Voraussetzungen

Das Minderungsrecht des Käufers setzt erstens voraus, dass der Verkäufer eine (sach- oder rechts-)mangelhafte Sache i.S.d. §§ 434, 435 geliefert hat; dies ergibt sich aus § 437 Nr. 2. Zweitens ergibt sich aus § 441 Abs. 1 S. 1 („statt zurückzutreten"), dass die Voraussetzungen für einen Rücktritt vorliegen müssen, grundsätzlich also die Voraussetzungen des § 323. Dies gilt für das Fristsetzungserfordernis (und die dazu gehörigen Ausnahmetatbestände, z.B. §§ 323 Abs. 2, 440) ebenso wie für die Ausschlussgründe des § 323 Abs. 6, nicht jedoch für den Ausschlussgrund des § 323 Abs. 5 S. 2, wie sich eindeutig aus § 441 Abs. 1 S. 2 ergibt. **248**

Drittens muss die Minderung vom Käufer dem Verkäufer gegenüber erklärt werden, wie sich aus § 441 Abs. 1 S. 1 ergibt. Die Minderung ist also ein Gestaltungsrecht. § 441 Abs. 2 regelt den Sonderfall, dass auf der Seite des Käufers oder des Verkäufers mehrere beteiligt sind. In diesem Fall kann die Minderung nur von allen oder gegen alle erklärt werden. Die Minderung kann also nicht auf Einzelne beschränkt, sondern nur einheitlich erklärt werden. Eine parallele Regelung enthält § 351 für den Rücktritt. **249**

II. Rechtsfolgen

Gemäß § 441 Abs. 3 ist der Kaufpreis in dem Verhältnis herabzusetzen, in welchem zur Zeit des Vertragsschlusses der Wert der Sache in mangelfreiem Zustand zu dem wirklichen Wert gestanden hätte. Hat der Käufer den Kaufpreis bereits (ganz oder teilweise) bezahlt, gibt ihm § 441 Abs. 4 einen Rückzahlungsanspruch, der sich inhaltlich nach den §§ 346–348 richtet. **250**

$$\text{Geminderter Kaufpreis} = \frac{\text{Tatsächlicher Wert der Sache}}{\text{Wert der Sache in mangelfreiem Zustand}} \times \text{Vereinbarter Kaufpreis}$$

Fraglich ist, ob § 441 auch dann uneingeschränkt gilt, wenn der Käufer für den Mangel mitverantwortlich ist. Hier ist zu unterscheiden: Wenn der Käufer für den Mangel allein **251** oder weit überwiegend verantwortlich ist, ist sein Minderungsrecht ohnehin gemäß § 441 Abs. 1 S. 1 i.V.m. § 323 Abs. 6 ausgeschlossen. Wenn sein Mitverantwortungsanteil unterhalb der Schwelle der „weit überwiegenden Verantwortlichkeit" liegt, so ist § 254 analog anzuwenden und der Minderungsbetrag um seinen Anteil zu kürzen[1].

§ 10 Schadensersatzanspruch des Käufers

I. Überblick

252 Das Recht des Käufers, wegen der Mangelhaftigkeit der Kaufsache Schadensersatzansprüche geltend zu machen, richtet sich gemäß § 437 Nr. 3 nach den §§ 440, 280, 281, 283, 311a; für den Ersatz vergeblicher Aufwendungen wird auf § 284 verwiesen. Der Schadensersatzanspruch richtet sich also – ähnlich wie das Rücktrittsrecht – grundsätzlich nach den Regeln des allg. Leistungsstörungsrechts, ggf. modifiziert durch die Sonderregeln der §§ 438 ff, insbesondere des § 440. Dies bedeutet, dass die im allg. Leistungsstörungsrecht angelegten **Differenzierungen** auch im Gewährleistungsrecht nachvollzogen werden müssen (und dort häufig zu besonders schwierigen Abgrenzungsproblemen führen). Diese Differenzierungen wurden im Teil zu den Grundlagen (§§ 1–3) ausführlich behandelt. An dieser Stelle genügt deshalb eine kurze Aufzählung:

– „Anfänglicher § 275-Fall" (dann § 311a Abs. 2) oder nicht (dann §§ 280 ff)?
– Innerhalb der §§ 280 ff: Abgrenzung nach Schadensarten, insbesondere zwischen Schadensersatz statt der Leistung (§§ 280 Abs. 1, 3, 281 ff) und sonstigem (einfachem) Schadensersatz (§ 280 Abs. 1)
– Innerhalb des Schadensersatzes statt der Leistung: Anwendung des § 283 oder des § 281?

253 Der Weg zu den §§ 280 ff, 311a Abs. 2 führt nur dann über § 437 Nr. 3, wenn die verkaufte Sache im maßgeblichen Zeitpunkt **mangelhaft** war. Das Vorliegen eines Mangels ist also die erste Voraussetzung für einen Schadensersatzanspruch aus § 437 Nr. 3 i.V.m. dem allg. Leistungsstörungsrecht. In der Verletzung der Pflicht zu mangelfreier Leistung (bzw. Nacherfüllung) liegt gleichzeitig auch die Pflichtverletzung, die von den §§ 280 ff vorausgesetzt wird (dazu näher sogleich).

254 Auch bei Kaufverträgen kann es jedoch Fälle geben, in denen die allg. Schadensersatzvorschriften der §§ 280 ff, 311a Abs. 2 aus sich heraus, also ohne die Verweisung des § 437 Nr. 3, Anwendung finden. Dies ist grundsätzlich immer dann der Fall, wenn die einschlägige Pflichtverletzung nicht in der mangelhaften Leistung (bzw. der Nichterbringung der sich aus der ursprünglich mangelhaften Leistung ergebenden Nacherfüllungspflicht) besteht. Im Einzelnen ergeben sich hier insbesondere in Bezug auf

---
1 *Huber*, in: *Huber/Faust* S. 347; BeckOK/*Faust* § 441 Rdnr. 28; *Oechsler* VS Rdnr. 324.

die Nebenpflichten schwierige Abgrenzungsfragen, die später behandelt werden (Rdnr. 362 ff).

Die Bedeutung des „Weges über § 437 Nr. 3" liegt darin, dass dieser grundsätzlich auch die besonderen Vorschriften der §§ **438 ff**, insbesondere zur Verjährung (§ 438), beinhaltet. Im Grundsatz gilt: Nur wenn die Verweisungsnorm des § 437 eingreift, kommen diese besonderen Regeln zur Anwendung. Auch hier kann es freilich Ausnahmen geben (vgl. § 13). **255**

Die folgende Darstellung will keinen kompletten Überblick über sämtliche Verästelungen und Fallgruppen von Schadensersatzansprüchen geben, um großflächige Überschneidungen mit den Werken zum allg. Schuldrecht zu vermeiden. Ziel der Darstellung ist es vielmehr, examensrelevante Fragestellungen, die sich gerade bei der mangelbedingten Schadensersatzhaftung ergeben, aufzuzeigen. **256**

II. Allgemeine Fragen zu Schadensersatzansprüchen aus §§ 437 Nr. 3, 280 ff

1. Bestimmung der Pflichtverletzung bei §§ 280 ff

Soweit es sich nicht um einen Fall des § 311a Abs. 2 handelt, kommen als Anspruchsgrundlagen für den Schadensersatz nur die §§ 280 ff in Betracht. Hierbei gilt: Wenn die §§ 280 ff über die Verweisung in § 437 Nr. 3 anwendbar sein sollen, muss die Pflichtverletzung aufgrund des Eingangssatzes des § 437 in der Mangelhaftigkeit der (gelieferten) Kaufsache liegen. Allerdings ist dieser Bereich weiter als es auf den ersten Blick den Anschein haben mag: Von § 437 erfasst wird nämlich (m.E.) nicht nur die ursprüngliche Lieferung mangelhafter Ware, sondern auch die Nichterfüllung der Nacherfüllungspflicht aus §§ 437 Nr. 1, 439 (str.)[1]. Es gibt also **zwei Arten von Pflichtverletzungen**, die eine Haftung über § 437 auslösen können[2]. In der Fallprüfung ist deshalb stets genau darauf zu achten, die Pflichtverletzung, wegen derer der Schadensersatzanspruch geprüft wird, genau zu benennen und dies im Verlauf der Prüfung des betreffenden Anspruchs konsequent durchzuhalten. Häufig werden Ansprüche wegen beider Formen der Pflichtverletzung gesondert zu prüfen sein und sogar zu unterschiedlichen Ergebnissen führen. **257**

Fall 5: V liefert K mangelhafte Ware, ohne dies vertreten zu müssen. Der Mangel ist ohne größeren Aufwand behebbar, V weigert sich jedoch auch nach Fristsetzung des Käufers, dies zu tun, ohne dafür Entschuldigungsgründe anführen zu können. **258**

---

1 Letzteres ergibt sich zwar nicht eindeutig aus der Formulierung des § 437, wohl aber daraus, dass der Nacherfüllungsanspruch seinerseits aus der ursprünglichen Verletzung der Pflicht zur Lieferung mangelfreier Ware resultiert und dogmatisch nur dessen Fortsetzung in anderem Gewand ist. Die Ansicht, dass sowohl die ursprüngliche (mangelhafte) Lieferung als auch die Nichterbringung der Nacherfüllung eine Pflichtverletzung darstellt, die bei Vertretenmüssen zu einer Schadensersatzhaftung führt, ist allerdings nicht unbestritten, vgl. BeckOK/*Faust* § 437 Rdnr. 73 f.
2 Davon geht auch der BGH aus, vgl. **BGH, 2.4.2014, VIII ZR 46/13, NJW 2014, 2183, Rdnr. 23, 29**; BGH, 29.4.2015, VIII ZR 104/14, NJW 2015, 2244, Rdnr. 12-14.

Hier scheitert ein auf die ursprüngliche Lieferung mangelhafter Ware gestützter Schadensersatzanspruch aus §§ 437 Nr. 3, 280 ff am Vertretenmüssen (§ 280 Abs. 1 S. 2). Damit ist der Fall jedoch nicht beendet. Vielmehr ist weiter zu prüfen, ob K einen Anspruch aus §§ 437 Nr. 3, 280 ff wegen der Verletzung der Nacherfüllungspflicht hat. In Bezug auf diese Pflichtverletzung ist das Vertretenmüssen gegeben.

259 Sollte die Prüfung beider Pflichtverletzungen zu einem Ersatzanspruch führen, so ist i.R.d. Schadensberechnung darauf zu achten, dass kein Schadensposten doppelt ersetzt wird. Dies ergibt sich aus einer einfachen Anwendung der Vorschriften des allg. Schadensrechts.

260 **Vertiefungshinweis:** Alternativ zu dem hier vorgestellten Modell der „zwei Pflichtverletzungen" lässt sich die in **Fall 5** angelegte Problematik auch als reine Verschuldensfrage begreifen. Pflichtverletzung ist dann einzig die mangelhafte Lieferung. Im Rahmen des Verschuldens muss dann argumentiert werden, dass V zwar das Entstehen des Mangels nicht zu vertreten hat, wohl aber dessen Fortbestehen – nämlich deshalb, weil er den Mangel nicht durch Nacherfüllung beseitigt hat[3].

2. Bezugspunkt des Vertretenmüssens

a) Pflichtverletzung bezüglich der Nacherfüllung

261 Das Vertretenmüssen muss sich auf die Pflichtverletzung beziehen. Liegt die Pflichtverletzung darin, dass der Verkäufer die Nacherfüllung nicht oder nicht ordentlich erbracht hat, so ist die Lage klar: Das Vertretenmüssen muss sich (allein) auf die Nichterbringung der Nacherfüllung beziehen und nicht etwa auf die Mangelhaftigkeit der ursprünglichen Lieferung.

b) Pflichtverletzung bezüglich der mangelhaften ursprünglichen Lieferung

262 Schwierigkeiten ergeben sich jedoch, wenn die Pflichtverletzung darin besteht, dass V **ursprünglich** eine mangelhafte Leistung erbracht hat. Die Frage, worauf genau sich dann das Vertretenmüssen beziehen muss, ist noch nicht abschließend geklärt[4].

263 Einigkeit besteht wohl insoweit, als ein Vertretenmüssen des Verkäufers bzgl. der mangelhaften Lieferung jedenfalls dann anzunehmen ist, wenn der Verkäufer die **Herbeiführung des Mangels** oder die **Nichtbeseitigung eines Mangels** zu vertreten hat[5]. In Bezug auf die Nichtbeseitigung setzt das Vertretenmüssen dabei (logischerweise) voraus, dass der Verkäufer den Mangel kannte oder hätte kennen müssen[6] und hätte beseitigen können; bei unbehebbaren Mängeln scheidet ein Vertretenmüssen deshalb aus. Der Maßstab für das Vertretenmüssen ergibt sich aus § 276.

---

3 So etwa Staudinger Eckpfeiler/*Kaiser* Kap. I., Rdnr. 31, 167.
4 Vgl. z.B. *Huber*, in: *Huber/Faust* S. 354 f; *Oechsler* VS Rdnr. 330 ff; s. auch BT-Drucks. 14/6040, S. 210.
5 **Lesen:** BeckOK/*Faust* § 437 Rdnr. 76.
6 Dies wiederum beurteilt sich insbesondere danach, ob den Verkäufer eine Untersuchungspflicht in Bezug auf die Mangelhaftigkeit der Sache trifft, vgl. dazu BeckOK/*Faust* § 437 Rdnr. 88.

Umstritten ist, ob man darüber hinaus auch dann von einem Vertretenmüssen bzgl. **264**
der mangelhaften Lieferung auszugehen hat, wenn dem Verkäufer lediglich **Kenntnis oder Kennenmüssen** des Mangels zur Last fällt (ohne dass er die Herbeiführung oder Nichtbeseitigung zu vertreten hat). Diese Frage wird insbesondere dann relevant, wenn der Mangel zwar für den Verkäufer erkennbar, jedoch **nicht behebbar** war.

Fall 6: K und V schließen einen Kaufvertrag über eine gebrauchte Produktionsmaschine. **265**
Nach Abschluss des Kaufvertrages wird die Maschine ohne ein Verschulden des V durch ein Naturereignis unbehebbar mangelhaft. V hätte dies wissen müssen, liefert die Maschine aber an K, ohne auf den Mangel hinzuweisen. K verlangt Schadensersatz für die Mehrkosten für die Anschaffung einer Ersatzmaschine (Deckungskauf) und die durch den Mangel verursachten Schäden an einer anderen Maschine.

(1) Einerseits könnte man die Ansicht vertreten, auch die bloße Kenntnis bzw. schuldhafte Unkenntnis des Mangels führe zu einem Vertretenmüssen in Bezug auf den Mangel[7]. Denn der Verkäufer übergebe eine mangelhafte Ware und er wisse dies bzw. müsse es wissen. Auch komme es sonst im Hinblick auf die Regelung des § 311a Abs. 2, der bei anfänglicher Unmöglichkeit allein auf die Kenntnis bzw. fahrlässige Unkenntnis abstellt, zu zufälligen Ergebnissen je nachdem, ob die Mangelhaftigkeit eine Minute vor Vertragsschluss (dann § 311a Abs. 2, d.h. Kenntnis bzw. Kennenmüssen) oder eine Minute nach Vertragsschluss entsteht (dann §§ 280 ff, d.h. Verursachen bzw. Nichtbeheben des Mangels).

(2) Von der wohl überwiegenden Gegenansicht wird die Annahme eines Vertretenmüssens bezüglich des Mangels allein wegen der Kenntnis bzw. fahrlässigen Unkenntnis des Mangels jedoch zu Recht abgelehnt[8]. Dafür spricht zum einen ein Gegenschluss aus § 311a Abs. 2, der nur für den Sonderfall der anfänglichen „Unmöglichkeit" (§ 275) auf die Kenntnis oder zu vertretende Unkenntnis des Verkäufers vom Leistungshindernis bei Vertragsschluss abstellt. Dass sich je nachdem, ob die Mangelhaftigkeit vor oder nach Vertragsschluss eintritt, unterschiedliche Ergebnisse ergeben, rechtfertigt sich aus der Überlegung, dass der Schwerpunkt der Vorwerfbarkeit ein anderer ist: Bei Unmöglichkeit vor Vertragsschluss wirft man dem Verkäufer vor, den Kaufvertrag geschlossen zu haben, obwohl er die Unüberwindbarkeit des Mangels kennt bzw. kennen müsste; bei Unmöglichkeit nach Vertragsschluss wirft man ihm vor, den Mangel verursacht oder nicht behoben zu haben. Zum anderen wäre eine Haftung des Verkäufers auf das positive Interesse (Schadensersatz statt der Leistung) bei unbehebbaren Mängeln nicht gerechtfertigt, weil der Verkäufer einerseits keine Chance hat, den mangelfreien Zustand herzustellen, andererseits zur Leistung aus § 433 Abs. 1 S. 1 verpflichtet ist. Vielmehr ist davon auszugehen, dass eine Übergabe der Sache in Kenntnis des Mangels der typische Fall der **Aufklärungspflichtverletzung** ist und deshalb ggf. als solche eine Schadensersatzpflicht auslösen solle, nicht jedoch als verschuldete Mangellieferung. Konsequenterweise muss man dann, nachdem man

---
7 Vgl. Regierungsbegründung BT-Drucks. 14/6040, S. 210.
8 So BeckOK/*Faust* § 437 Rdnr. 76; MünchKomm/*Westermann* § 437 Rdnr. 29; *Huber*, in: *Huber/Faust* S. 354 f; differenzierend *Lorenz* NJW 2002, 2497, 2501 f. Offen gelassen wird die Frage in BGH, 22.6. 2005, VIII ZR 281/04, NJW 2005, 2852, 2853.

ein Vertretenmüssen in Bezug auf die Pflichtverletzung „ursprüngliche mangelhafte Lieferung" abgelehnt hat, weiter prüfen, ob eine Schadensersatzpflicht wegen Aufklärungspflichtverletzung vorliegt. Dabei treten Konkurrenzprobleme auf (vgl. dazu näher Rdnr. 362 ff); richtiger Ansicht nach sollte man die Ansprüche aus §§ 280 ff wegen Nebenpflichtverletzungen nicht etwa unter Hinweis auf eine angebliche abschließende Regelung der §§ 437 ff im Wege der Gesetzeskonkurrenz ausschließen, sondern die §§ 280 ff vielmehr anwenden, aber den besonderen Beschränkungen der §§ 437 ff in analoger Anwendung unterwerfen, wenn sich die Nebenpflichtverletzung – wie hier – auf einen Mangel bezieht.

(3) Der entscheidende **Unterschied** zwischen beiden Ansichten liegt darin, dass die zuerst genannte Ansicht dem Käufer Ansprüche auf Schadensersatz statt der Leistung zugesteht (§§ 280 Abs. 1, 3, 283), die zweite hingegen im Ergebnis in aller Regel nicht. Nach der zweiten Ansicht liegt nämlich keine schuldhafte Verletzung der Pflicht zu mangelfreier Leistung vor. In Betracht kommt nur ein Anspruch wegen Aufklärungspflichtverletzung. Dieser führt zwar über § 280 Abs. 1 relativ problemlos zum Ersatz der „sonstigen" Schäden, in erster Linie also der Mangelfolgeschäden. Ansprüche auf Schadensersatz statt der Leistung (z.B. die Mehrkosten eines Deckungskaufs) jedoch kann die Nebenpflichtverletzung wegen § 280 Abs. 3 nur auslösen, wenn die zusätzlichen Voraussetzungen des § 282[9] vorliegen, d.h. wenn dem Käufer eine Leistung durch den Verkäufer nicht mehr zuzumuten ist. Für die Frage der Zumutbarkeit kommt es u.a. auf das Gewicht des verschwiegenen Mangels, auf den Grad des Verschuldens (vorsätzliches oder fahrlässiges Verschweigen) und insbesondere auf die Frage an, ob die Vertragsbeziehung mit dem Verkäufer auf längere Zeit (z.B. künftige Teillieferungen) angelegt war[10]. Diese Voraussetzungen werden jedenfalls dann i.d.R. nicht erfüllt sein, wenn der Vertrag keine weiteren Leistungen durch den Verkäufer vorsieht.

Im **Fall 6** würde also nach der Ansicht, die das Vertretenmüssen auch bei bloßer Kenntnis bzw. fahrlässiger Unkenntnis bejaht, der Verkäufer über die Pflichtverletzung „mangelhafte Lieferung" sowohl für die Mehrkosten des Deckungskaufs (Schadensersatz statt der Leistung, §§ 437 Nr. 3, 280 Abs. 1, 3, 283) haften als auch für die Mangelfolgeschäden (§§ 437 Nr. 3, 280 Abs. 1).

Nach der überwiegenden Ansicht wäre hingegen eine Schadensersatzhaftung aus §§ 437 Nr. 3, 280 ff wegen mangelhafter Lieferung mangels Vertretenmüssens ausgeschlossen. V würde jedoch aus § 280 Abs. 1 wegen der schuldhaften Aufklärungspflichtverletzung haften. Ersatzfähig wäre damit über § 280 Abs. 1 zunächst der Mangelfolgeschaden. Die Kosten für den Deckungskauf hingegen wären als Schadensersatz statt der Leistung zu qualifizieren, so dass wegen § 280 Abs. 3 die besonderen Voraussetzungen der §§ 281 ff vorliegen müssten. Einschlägig wäre hier m.E. § 282, weil es

---

9   Einschlägig ist m.E. nicht etwa § 281, sondern § 282. Denn die Aufklärungspflicht ist als nicht leistungsbezogene Nebenpflicht einzuordnen, auch wenn sie sich im weiteren Sinne auf die Mangelfreiheit bezieht. Denn die Aufklärung über den Mangel ist ja nicht erforderlich, um dem Käufer den vollen Gebrauch zu ermöglichen, sondern dient lediglich dazu, ihn vor Schäden zu bewahren. Aus diesen Gründen ist die Pflicht zur Aufklärung über das Vorliegen des Mangels nicht als leistungsbezogene Nebenpflicht einzuordnen.
10 Vgl. zum Ganzen BeckOK/*Faust* § 437 Rdnr. 120 f.

sich um eine nicht leistungsbezogene Nebenpflichtverletzung handelt. Gemäß § 282 kommt es (wohl) darauf an, ob dem Käufer das Behalten der Leistung des Verkäufers unzumutbar ist. Hierfür gibt der Sachverhalt nicht genügend her, so dass wohl vorliegend nicht von einer Unzumutbarkeit auszugehen ist. Die Kosten des Deckungskaufs wären also nicht ersatzfähig.

3. Haftungsmaßstab für das Vertretenmüssen

Der Haftungsmaßstab für das Vertretenmüssen ergibt sich grundsätzlich aus § 276. Der Verkäufer haftet also für Vorsatz und Fahrlässigkeit, soweit nicht ein anderer Haftungsmaßstab vorgesehen ist, insbesondere durch die Übernahme einer Garantie oder des Beschaffungsrisikos. Gibt es mehrere Verkäufer, so muss das Vertretenmüssen für jeden einzelnen von ihnen vorliegen[11]. **266**

a) Garantie

Die Übernahme einer „**Garantie**" i.S.d. § 276 Abs. 1 führt dazu, dass der Verkäufer auch ohne Vorsatz oder Fahrlässigkeit auf Schadensersatz haftet. Ob er eine solche Garantie i.S.d. § 276 Abs. 1 übernommen hat, ist eine Auslegungsfrage: Es muss sich eindeutig aus dem Vertrag ergeben, dass der Verkäufer bei Mängeln verschuldensunabhängig (d.h. auch ohne Vorsatz oder Fahrlässigkeit) auf Schadensersatz haften will. Die Verwendung des Wortes „Garantie" ist dabei allenfalls ein Indiz, weil damit auch eine einfache (Haltbarkeits-)Garantie o.Ä. i.S.d. § 443 gemeint sein kann, die für sich genommen den Anforderungen des Garantiebegriffs in § 276 Abs. 1 nicht genügt[12]. **267**

b) Beschaffungsrisiko

Auch die Übernahme eines **Beschaffungsrisikos** kann in Bezug auf die Mängelhaftung eine Rolle spielen, und zwar insbesondere bei Gattungsschulden. Die Einzelheiten sind str.[13] Aus dem Gattungsschuldcharakter ergibt sich keine verschuldensunabhängige Haftung, wenn die gesamte Gattung fehlerhaft ist. Soweit jedoch Teile der Gattung mangelfrei sind, ist der Verkäufer, der zunächst eine mangelhafte Sache geliefert hat, dazu verpflichtet, eine andere, diesmal mangelfreie Sache aus der Gattung *nachzuliefern*; *insoweit* trägt er auch das Beschaffungsrisiko und haftet verschuldensunabhängig auf Schadensersatz. Konkret bedeutet dies Folgendes: Für die erste, mangelhafte Lieferung ergibt sich aus dem Gattungsschuldcharakter und der daraus resultierenden Beschaffungspflicht keine verschärfte Haftung; es bleibt bei der Haftung für Vorsatz und Fahrlässigkeit. Verletzt der Verkäufer jedoch die Pflicht zur möglichen Nacherfüllung mit einer mangelfreien Sache aus der Gattung, so haftet er hierfür wegen der Übernahme eines Beschaffungsrisikos verschuldensunabhängig[14]. **268**

---

11 BGH, 8.4.2016, V ZR 150/15, Rdnr. 16.
12 Vgl. BeckOK/*Faust* § 437 Rdnr. 77; vgl. auch BGH, 29.11.2006, VIII ZR 92/06, NJW 2007, 1346, 1348 (Angaben über Laufleistung des verkauften PKW; Unterscheidung u.a. danach, ob Verkauf durch Händler oder Privatperson).
13 Vgl. BeckOK/*Faust* § 437 Rdnr. 81.
14 BeckOK/*Faust* § 437 Rdnr. 81 m.N. zu anderen Ansichten.

c) *Verschuldenshaftung*

269 Bei der Verschuldenshaftung für Vorsatz und Fahrlässigkeit ist zwischen den verschiedenen Bezugspunkten für das Vertretenmüssen zu unterscheiden:

270 In Bezug auf die **Herbeiführung des Mangels** gilt Folgendes: Der Verkäufer haftet zunächst für eigenes Verschulden. Die h.M. nimmt an, dass der Händler nicht über § 278 für das Verhalten des Herstellers haftet; der Händler schulde nicht die Herstellung, sondern nur die Verschaffung der Sache, und in diese Pflicht werde der Hersteller nicht als Erfüllungsgehilfe eingeschaltet[15]. Ist der Verkäufer selbst der Hersteller, ist die Situation eine andere. Denn wer als Hersteller verkauft, erweckt beim Käufer höhere Erwartungen in Bezug auf die Möglichkeit und Fähigkeit, Mängel zu erkennen und zu beheben. Für eigene Fehler in der Produktion muss der Hersteller-Verkäufer deshalb haften. Dies müsste konsequenterweise über § 278 auch für die Fehler derjenigen Dritten gelten, die er in seine Produktion einbezieht, insbesondere für Zulieferer, von denen er mangelhafte Vorprodukte erworben hat (str.)[16].

271 In Bezug auf die **Nichtbeseitigung des Mangels vor Übergabe** kommt es darauf an, ob der Verkäufer den Mangel hätte kennen und beseitigen müssen. In Bezug auf das Kennenmüssen ist entscheidend, ob den Verkäufer eine Untersuchungspflicht trifft. Dies hängt u.a. von den Untersuchungsmöglichkeiten des Verkäufers, von der Fehlerhäufigkeit bei derartigen Produkten und von den berechtigten Erwartungen des Käufers (Erwerb als Qualitätsprodukt oder als Ramschware?) ab. Als grober Ausgangspunkt wird man davon ausgehen müssen, dass den bloßen Händler keine Untersuchungspflicht trifft[17], den Hersteller jedoch zumindest eine Pflicht, Stichproben vorzunehmen[18]. Wenn der Verkäufer den Mangel kannte oder hätte kennen müssen, wird er dessen Nichtbeseitigung in der Regel zu vertreten haben, es sei denn der Mangel ist – aus Gründen, die der Verkäufer nicht zu vertreten hat – unbehebbar.

272 Geht es darum, dass der Verkäufer die von ihm geschuldete **Nacherfüllung nicht (ordentlich) erbringt**[19], so haftet er nicht nur für eigenes Verschulden, sondern auch für von ihm insoweit eingeschaltete Dritte nach § 278. Denn hier trifft ihn nach dem Gesetz die Pflicht, die Nacherfüllung zu bewirken. Wie er dies tut, ist seine Sache. Wenn er sich also auf Dritte verlässt, ist dies ein Fall des § 278.

---

15 Vgl. **BGH, 2.4.2014, VIII ZR 46/13, NJW 2014, 2183, Rdnr. 31 f**; BeckOK/*Faust* § 437 Rdnr. 84; *Looschelders* BT Rdnr. 142.
16 So BeckOK/*Faust* § 437 Rdnr. 85 f m.N. zur **a.A**.
17 Dies gilt m.E. ungeachtet der Tatsache, dass den Händler seinerseits gegenüber seinem Lieferanten eine Untersuchungs- und Rügeobliegenheit aus § 377 HGB treffen kann. Denn es ist eine Sache, ob ein Händler diese Obliegenheit (nicht: Pflicht!) nicht wahrnimmt (und so das Risiko eingeht, Gewährleistungsansprüche gegen den Lieferanten zu verlieren), eine andere Sache hingegen, ob man den Händler gegenüber dem Käufer zur Untersuchung verpflichtet (!) und ihm als Sanktion eine volle Schadensersatzhaftung auferlegt.
18 Vgl. BeckOK/*Faust* § 437 Rdnr. 88; *Huber*, in: *Huber/Faust* S. 355.
19 Vgl. OLG Celle, 28.6.2006, 7 U 235/05, NJW-RR 2007, 353, 354.

4. Abgrenzung nach Schadensarten bei §§ 280 ff

Wie im Grundlagenkapitel dargelegt, ist im Rahmen der §§ 280 ff nach der Art des geltend gemachten Schadens zu differenzieren: Wenn es sich um Schadensersatz statt der Leistung handelt, sind – neben dem immer einschlägigen § 280 Abs. 1 – über § 280 Abs. 3 zusätzlich die Vorschriften der §§ 281 ff zu beachten. Geht es um einen Verzögerungsschaden, verweist § 280 Abs. 2 neben § 280 Abs. 1 auf § 286. Geht es um sonstigen Schadensersatz („einfachen Schadensersatz", „Schadensersatz neben der Leistung"), so bleibt es bei der Anwendung des § 280 Abs. 1. Die Abgrenzung dieser drei Schadensarten bereitet im Bereich der mangelhaften Leistung (d.h. des § 437) besondere Probleme und ist dementsprechend umstr.

273

a) Schadensersatz statt der Leistung und „einfacher" Schadensersatz

Die für § 437 wichtigste Abgrenzung ist diejenige von Schadensersatz statt der Leistung (§§ 280 Abs. 1, 3, 281 ff) und „einfachem" Schadensersatz („Schadensersatz neben der Leistung") i.S.d. § 280 Abs. 1.

274

(1) **Herrschend**[20] wird die **Ansicht** vertreten, bei der Abgrenzung der Schadensarten sei der **Zweck** der §§ 280 Abs. 1, 3, 281 zu berücksichtigen. Dieser liege darin, dem Verkäufer die Chance zu gewähren, den Schaden durch Nachholung der Leistung zu vermeiden oder zu beseitigen. Deshalb umfasse der Schadensersatz statt der Leistung alle Schäden, die vermieden worden wären, wenn der Verkäufer im spätestmöglichen Zeitpunkt nacherfüllt hätte. Diejenigen Schäden, die dadurch nicht vermieden worden wären, seien einfacher Schadensersatz (Schadensersatz neben der Leistung). Der maßgebliche Zeitpunkt (spätestmöglicher Zeitpunkt für die Nacherfüllung) ist bei Fällen, in denen bzgl. der Nacherfüllung ein Fall von § 275 vorliegt, der Eintritt der „Unmöglichkeit" bzw. bei anfänglicher Unmöglichkeit der Zeitpunkt der Lieferung, i.Ü. grundsätzlich der Zeitpunkt, in dem der Käufer Schadensersatz statt der Leistung verlangt (vgl. § 281 Abs. 4) oder zurücktritt. Eine andere, im Ergebnis ähnliche Formulierung lautet: Schadensersatz statt der Leistung liegt vor, wenn der Schaden auf dem endgültigen Ausbleiben der Leistung beruht[21].

275

Im Ergebnis läuft dies auf eine **zeitliche Einteilung** der im einzelnen Fall konkret geltend gemachten Schadensposten hinaus. Allerdings lassen sich typische Einordnungen bestimmter Schadensarten treffen, weil einige Schadensposten i.d.R. vor dem maßgeblichen Zeitpunkt einzutreten pflegen, andere danach. So wären etwa der mangelbedingte Minderwert, die Reparaturkosten bzw. (falls der Käufer Schadensersatz statt der ganzen Leistung verlangt) der Wert der Sache in mangelfreiem Zustand oder die Kosten eines Deckungskaufs (Anschaffung einer gleichwertigen Ersatzsache) i.d.R.

276

---

20 BeckOK/*Faust* § 437 Rdnr. 61 f m.w.N.; *Tiedtke/Schmitt* BB 2005, 615, 617; vgl. auch *Lorenz* NJW 2002, 2497, 2500; ähnlich MünchKomm/*Ernst* § 280 Rdnr. 68 ff; *Looschelders* BT Rdnr. 123, 133; *Oechsler* VS Rdnr. 337; OLG Frankfurt, 19.7.2006, 19 U 70/06, BeckRS 2006, 10071. Vgl. dazu ausführlich *Oechsler* VS Rdnr. 337.
21 Vgl. etwa BGH, 14.4.2010, VIII ZR 145/09, NJW 2010, 2426, 2427, Rdnr. 13. Vgl. aber auch BGH JZ 2010, 44, 45, Rdnr. 19 f (der möglicherweise eher die schadenstypologische Abgrenzung zu Grunde liegt).

durch eine rechtzeitige Nacherfüllung vermieden worden; es handelt sich also um Schadensersatz statt der Leistung. Das Gleiche gilt für Kosten, die der Käufer im Hinblick auf die Nutzung der Sache aufgewendet hat (z.B. Einbaukosten), die allerdings ohnehin meist über die an den Schadensersatz statt der Leistung gekoppelte Vorschrift des § 284 ersetzt werden. Bei Mangelfolgeschäden an anderen Rechtsgütern des Käufers (die mangelhafte Kaufsache beschädigt andere Sachen des Käufers) wäre danach zu differenzieren, ob die betreffenden Schäden vor dem letztmöglichen Zeitpunkt für eine Nacherfüllung eingetreten sind (dann einfacher Schadensersatz, weil sie durch eine spätere Nacherfüllung nicht vermieden worden wären) oder danach (dann Schadensersatz statt der Leistung). Das Gleiche würde für Schäden aus dem Wegfall der Nutzungsmöglichkeit der Kaufsache (zum sog. Betriebsausfallschaden vgl. näher Rdnr. 284 ff) bzw. aus einem vom Käufer vorgenommenen Weiterverkauf der Sache[22] gelten[23].

277 (2) Nach der – vom Gesetzgeber zugrunde gelegten – **Gegenansicht**[24] ist die Abgrenzung nach dem aus dem früheren Recht bekannten Begriffspaar „Mangelschaden" (d.h. § 280 Abs. 3) – „Mangelfolgeschaden" (d.h. § 280 Abs. 1) vorzunehmen:

278 Ein **Mangelschaden** (d.h. Schadensersatz statt der Leistung i.S.d. § 280 Abs. 3) liegt vor, wenn das **Äquivalenzinteresse** des Käufers beeinträchtigt ist, wenn m.a.W. die Nutzungs- und Werterwartungen, die der Käufer bzgl. des Vertrags und der mangelhaften Ware hatte, beeinträchtigt sind. Dies erfasst beispielsweise i.d.R. den mangelbedingten Minderwert der Kaufsache, den zur Mängelbeseitigung erforderlichen Reparaturaufwand, den entgangenen Gewinn aus einem (infolge der endgültigen Nichtlieferung mangelfreier Ware[25]) geplatzten Weiterverkauf oder die Kosten eines Deckungsgeschäfts. Aus der Wertung des § 284 wird man ableiten müssen, dass auch die Kosten, die der Käufer im Hinblick auf die geplante Nutzung der Kaufsache vergeblich aufgewendet hat, als Schadensersatz statt der Leistung einzuordnen sind, obwohl sie streng genommen eher einem Mangelfolgeschaden ähneln.

279 Ein **Mangelfolgeschaden** (d.h. einfacher Schadensersatz nach § 280 Abs. 1) liegt vor, wenn das **Integritätsinteresse** des Käufers beeinträchtigt ist, wenn m.a.W. Schäden an anderen Rechtsgütern des Käufers, insbesondere an der Person oder am Eigentum, entstanden sind. In den meisten Fällen passt folgende Faustformel: Ein Mangelfolgeschaden liegt vor, wenn dem Käufer dadurch Schäden entstanden sind, dass er die Kaufsache im Vertrauen auf ihre Mangelfreiheit in Betrieb genommen hat. Bei dem sog. **Weiterfresserschaden**, also demjenigen Schaden, der dadurch entsteht, dass ein zunächst begrenzter Mangel sich (nach Gefahrübergang) auf andere – bislang unversehrte – Teile der Kaufsache ausbreitet und diese schädigt, führt diese Ansicht zu Schwierigkeiten. Wenn man sich für die Einordnung an den im Deliktsrecht entwickel-

---

22 Bsp.: Der Abkäufer des Käufers macht wegen des Mangels Gewährleistungsrechte geltend, tritt z.B. zurück.
23 Vgl. zum Ganzen ausführlich BeckOK/*Faust* § 437 Rdnr. 59–66 sowie *Tiedtke/Schmitt* BB 2005, 615, 616 f.
24 *Lorenz/Riehm* Rdnr. 538–548; *Oetker/Maultzsch* § 2 Rdnr. 282 ff; *Huber*, in: *Huber/Faust* S. 351 f.
25 Eine andere Einordnung ergibt sich, wenn der Weiterverkauf platzt, während die Frist für die Nacherfüllung noch läuft; vgl. dazu Rdnr. 286.

ten Grundsätzen orientiert, die ja ebenfalls darauf abstellen, ob das Integritätsinteresse oder das Äquivalenzinteresse des Käufers betroffen sind[26], ist das Kriterium der „Stoffgleichheit" zwischen ursprünglichem Mangel und späterem Schaden entscheidend. Weil beim Weiterfressermangel diese Stoffgleichheit typischerweise fehlt, wäre davon auszugehen, dass es sich um eine Schädigung des Integritätsinteresses handelt, mithin um einen Mangelfolgeschaden, der als einfacher Schadensersatz über § 280 Abs. 1 ersatzfähig ist.

(3) **Beide Ansichten** sind gut vertretbar – beide haben aber auch ihre Nachteile: Bei der Abgrenzung anhand des Begriffspaares Mangel-/Mangelfolgeschaden liegt der Nachteil darin, dass die Abgrenzung zwischen Mangel- und Mangelfolgeschaden Probleme bereiten kann – und dies in der Praxis des früheren Rechts oftmals getan hat. Erklärtes Ziel der Schuldrechtsreform war es denn auch, gerade die aus diesen Begrifflichkeiten resultierenden „vielfachen Unsicherheiten" zu beseitigen[27]; dies spricht gegen diese Art der Abgrenzung. Der Nachteil der teleologischen bzw. zeitlichen Abgrenzung liegt in einem gewissen Zirkelschluss – jedenfalls in Fällen des § 281: Liegen dessen Voraussetzungen nicht vor (weil der Schuldner trotz Erforderlichkeit keine Frist gesetzt hat), so gilt Folgendes: Sein Schadensersatzbegehren geht zunächst einmal als Begehren von „Schadensersatz statt der Leistung" ins Leere, so dass auch § 281 Abs. 4 nicht greift – mit der Folge, dass der Käufer weiterhin (Nach-)Erfüllung verlangen, der Verkäufer diese weiterhin erbringen darf. Der „spätestmögliche Zeitpunkt" verschiebt sich also nach hinten, etwa bis zu dem Zeitpunkt, in dem Unmöglichkeit eintritt oder der Käufer schließlich doch in berechtigter Weise Schadensersatz statt der Leistung verlangt (nämlich nach erfolglosem Ablauf einer Nachfrist). Alle währenddessen entstehenden Schäden sind als solche neben der Leistung einzustufen und deshalb über §§ 437 Nr. 3, 280 Abs. 1 ersatzfähig. Kurz: Nur wenn der Gläubiger eine Frist setzt, muss er sie später auch gesetzt haben[28].

b) Verzögerungsschaden (§§ 280 Abs. 1, 2, 286)

Überwiegend wird die Ansicht vertreten, dass – im Rahmen der Mängelhaftung (anders ist es selbstverständlich, wenn die Pflichtverletzung von vornherein nicht in einem Mangel liegt, sondern schlicht in einer verspäteten Leistung: dann gilt allg. Leistungsstörungsrecht) – als Verzögerungsschaden i.S.d. §§ 280 Abs. 1, 2, 286 diejenigen Schäden einzuordnen sind, die sich daraus ergeben, dass der Verkäufer mit der Nacherfüllung in Verzug geraten ist, also etwa derjenige Nutzungsausfall, der nach Ablauf der für die Nacherfüllung gesetzten Frist eintritt. Auch die Rechtsverfolgungskosten bezüglich des Nacherfüllungsanspruchs sollen hierunter fallen[29].

Nach Ansicht des Gesetzgebers bleibt der Anwendungsbereich der §§ 280 Abs. 2, 286 auf diese Fälle beschränkt. Nicht als Verzögerungsschäden einzuordnen sind demnach solche Schäden, die sich daraus ergeben, dass der Verkäufer zunächst keine mangel-

---
26 Vgl. dazu *Buck-Heeb* Rdnr. 112 ff.
27 BT-Drucks. 14/6040, S. 133, li. Sp. unten; vgl. NomosKomm/*Dauner-Lieb* § 280 Rdnr. 46.
28 Siehe ausführlich *Bach* ZJS 2013, 1, 3. Dort auch zu einem alternativen Abgrenzungsmodell, das Sie für Ihr Examen jedoch nicht zu kennen brauchen!
29 Vgl. BeckOK/*Faust* § 437 Rdnr. 63, 72.

freie Sache geliefert hat, also etwa der Nutzungsausfall während des Laufs der Nachfrist. Nach dem Willen des Gesetzgebers liegt die relevante Pflichtverletzung hier nicht etwa darin, dass der Verkäufer verspätet die Mangelfreiheit herbeiführt, sondern darin, dass er ursprünglich mangelhaft geliefert hat[30].

c) Sonderfall: Betriebsausfallschaden und während der Nacherfüllungszeit entgangener Gewinn

283 Besonderheiten ergeben sich bei denjenigen Schäden, die allein dadurch entstanden sind, dass der Käufer zu dem für die eigentliche Lieferung vereinbarten Zeitpunkt nur eine mangelhafte Sache erhalten hat. Beispiele hierfür sind zum einen der viel diskutierte Nutzungs- bzw. Betriebsausfallschaden (u. (1)) und zum anderen der bereits während der Nacherfüllungszeit entgangene Gewinn (u. (2)). Derartige Schäden entstehen unabhängig davon, ob später noch eine mangelfreie Nacherfüllung erfolgt oder nicht. Eine Einordnung als Schadensersatz statt der Leistung liegt deshalb eher fern. Die Abgrenzung muss also zwischen Verzögerungsschadensersatz (§§ 280 Abs. 1, 2, 286) und einfachem Schadensersatz (§ 280 Abs. 1) erfolgen.

284 (1) Von einem **Betriebs- bzw. Nutzungsausfallschaden** spricht man etwa in den Fällen, in denen sich aufgrund des Mangels der gelieferten Maschine die Inbetriebnahme verzögert, was zu einem Produktionsausfall führt und so den Gewinn schmälert. Derartige Schäden sind nach Ansicht des Gesetzgebers keine Verzögerungsschäden i.S.d. § 280 Abs. 2; denn die relevante Pflichtverletzung sei hier die mangelhafte Leistung, nicht etwa die Verspätung einer ordnungsgemäßen Leistung[31]. Diese Schäden sind nach Ansicht des Gesetzgebers vielmehr unmittelbar nach § 280 Abs. 1 zu ersetzen. Diese Wertentscheidung des Gesetzgebers ist m.E. zu akzeptieren (str.). Sie kommt im Gesetz dadurch zum Ausdruck, dass in § 437 Nr. 3 nicht auf die Vorschrift des § 286 verwiesen wird, und lässt sich auch wertungsmäßig rechtfertigen.

285 Vgl. dazu und zur Gegenmeinung ausführlich folgenden **Fall 7**: K kauft bei V für 18 000 € eine bestimmte gebrauchte Maschine, die er in seinem Betrieb einsetzen will. Vereinbarter spätester Liefertermin ist der 1. Juni. V liefert am 28. Mai; K zahlt am gleichen Tag. Die gelieferte Maschine ist jedoch mangelhaft, was V infolge leichter Fahrlässigkeit nicht bemerkt und deshalb nicht behoben hat; K hätte mit ihr einen Gewinn von 300 €/Tag erwirtschaften können. Am 2. Juni verlangt K von V Reparatur und setzt eine Frist zur Nacherfüllung bis 24. Juni, die V ergebnislos verstreichen lässt. Schließlich verlangt K am 1. Juli von V Schadensersatz statt der Leistung. Hat K für die Zeit vom 1. Juni bis 1. Juli Anspruch auf Ersatz des entgangenen Produktionsgewinns?

K könnte gegen V einen Anspruch auf Ersatz des Betriebsausfallschadens in Form von „einfachem" Schadensersatz gemäß §§ 437 Nr. 3, 280 Abs. 1 haben. Die erforderliche Pflichtverletzung des V liegt hier darin, dass er nicht mangelfrei i.S.v. § 434 geleistet hat. Dies hat er auch – und zwar unabhängig von der Frage, woraus genau sich das Vertretenmüssen in Bezug auf die Mangelhaftigkeit beziehen muss – zu vertreten, da

---

30 Vgl. RegEntw, BT-Drucks. 14/6040, S. 225.
31 BT-Drucks. 14/6040, S. 225.

er den Mangel zwar nicht schuldhaft verursacht, wohl aber schuldhaft nicht beseitigt hat. Fraglich ist jedoch, ob für den geltend gemachten Schaden die zusätzlichen Voraussetzungen nach § 280 Abs. 2 oder Abs. 3 gegeben sein müssen. Dies ist umstritten.

Die Regierungsbegründung geht davon aus, dass der Schaden daraus, dass der Käufer die Sache wegen ihrer Mangelhaftigkeit nicht nutzen kann, als **„einfacher" Schadensersatz** i.S.d. § 280 Abs. 1 ersatzfähig sei[32]. Die Pflichtverletzung i.S.d. § 280 Abs. 1 liege hier darin, dass der Verkäufer entgegen seiner vertraglichen Verpflichtung aus § 433 Abs. 1 S. 2 eine mangelhafte Sache geliefert habe. Liefere der Verkäufer also schuldhaft eine mangelhafte Maschine und verzögere sich deswegen deren Inbetriebnahme, so sei der Betriebsausfallschaden unabhängig von den weiteren Voraussetzungen des Verzugs (§§ 280 Abs. 2, 286) unmittelbar nach § 280 Abs. 1 zu ersetzen. Den weitergehenden Schaden, der durch eine *Verzögerung* der Nacherfüllung entstehe, habe der Verkäufer hingegen – gemäß § 437 Nr. 3 i.V.m. § 280 Abs. 1, 2 – nur unter den zusätzlichen Voraussetzungen der §§ 280 Abs. 2, 286 zu ersetzen[33]. Nach Ansicht des Gesetzgebers fällt damit der Betriebsausfallschaden aufgrund der Mangelhaftigkeit der Maschine grundsätzlich unter § 280 Abs. 1.

Nach **anderer Auffassung** wird der Betriebsausfallschaden nicht von § 280 Abs. 1, sondern vielmehr von **§§ 280 Abs. 1, 2, 286** erfasst[34]. Begründet wird dies mit der Überlegung, dass nach der Wertung der §§ 280 Abs. 2, 286 die bloße Verzögerung der Leistung für den Schuldner noch keine wesentlichen Nachteile bringen soll – vielmehr sind dafür zusätzliche Voraussetzungen nötig. In Fällen, in denen die Pflichtverletzung in der schuldhaften Nichterbringung einer fälligen und noch möglichen Leistung bestehe, gebe es keinen „einfachen" Schadensersatz; vielmehr seien alle als Folge dieser Pflichtverletzung entstehenden Schäden „Verspätungsschäden", was folglich auch für Schäden gelte, die aus der verspäteten Nutzbarkeit der Sache resultierten[35]. Dafür spricht auch ein systematisches Argument: Andernfalls würde der Verkäufer, der mangelhaft liefert, schärfer haften (§ 280 Abs. 1) als der Verkäufer, der überhaupt nicht liefert (§§ 280 Abs. 2, 286).

Gegen diese Auffassung spricht allerdings zunächst der Gesetzeswortlaut, denn § 437 Nr. 3 verweist nicht auf § 286. Im Parallelfall dagegen wird direkt auf §§ 281, 283 verwiesen[36].

Würde man nur §§ 280 Abs. 1, 2, 286 heranziehen, würde dies zudem zu einer erheblichen Einschränkung der Ersatzfähigkeit von Nutzungsausfallschäden führen, die vom Gesetzgeber nicht gewollt ist. Ab dem Eingreifen des Gewährleistungsrechts wandelt sich der ursprüngliche Erfüllungsanspruch in einen Nacherfüllungsanspruch um, der wiederum erst ab seiner Geltendmachung fällig wird. Auch wenn man in dieser Geltendmachung zumeist gleichzeitig eine Mahnung sehen können wird, wäre der bis

---

[32] BT-Drucks. 14/6040, S. 225; ebenso BGH, 19.6.2009, V ZR 93/08, NJW 2009, 2674; OLG Frankfurt, 19.7.2006, 19 U 70/06, BeckRS 2006, 10071; *Tiedtke/Schmitt* BB 2005, 615, 619.
[33] BT-Drucks. 14/6040, S. 225.
[34] NomosKomm/*Dauner-Lieb* § 280 Rdnr. 46 f; *Oechsler* VS Rdnr. 378 f.
[35] NomosKomm/*Dauner-Lieb* § 280 Rdnr. 47 f.
[36] BGH, 19.6.2009, V ZR 93/08, NJW 2009, 2674.

dahin eingetretene Schaden nicht ersatzfähig. Schließlich würde Verzug nur eintreten, wenn der Verkäufer die Verzögerung der Nacherfüllung zu vertreten hat[37].

Daher ist der erstgenannten Ansicht zu folgen und der Schadensersatz wegen Betriebsausfalls lediglich **§ 280 Abs. 1** zu unterstellen. Es liegt also kein Fall des § 280 Abs. 2 vor.

Was den **Umfang** des ersatzfähigen Schadens betrifft, so ist zu beachten, dass dieser im **Fall 7** nicht den Zeitraum ab dem 1. Juli umfasst, denn am 1. Juli ist mit dem Verlangen von Schadensersatz statt der Leistung gemäß § 281 Abs. 4 der Erfüllungsanspruch erloschen. Dieser nun entstandene Schadensersatz statt der Leistung gilt auch den evtl. Betriebsausfallschaden ab dem 1. Juli mit ab, da der Gläubiger K durch den Anspruch auf Schadensersatz statt der Leistung so gestellt wird, als hätte der Schuldner V bei Wegfall des Erfüllungsanspruchs (1. Juli) ordnungsgemäß geleistet. Damit ist der Betriebsausfallschaden nach dem 1. Juli nicht mehr über § 280 Abs. 1 ersatzfähig.

K kann also von V nach §§ 437 Nr. 3, 280 Abs. 1 den Betriebsausfallschaden i.H.v. 300 € pro Tag für den Zeitraum vom 2. Juni (§ 187 Abs. 1) bis zum Ablauf des 1. Juli ersetzt verlangen. Ab 2. Juli unterfällt der Betriebsausfallschaden dem Schadensersatz statt der Leistung i.S.d. §§ 437 Nr. 3, 280 Abs. 1, 3, 281. Zu beachten ist ggf. selbstverständlich die Schadensminderungspflicht gemäß § 254.

286 (2) Die gleichen Grundsätze wie für den Betriebsausfallschaden müssen m.E. für diejenigen Fälle gelten, in denen dem Käufer allein aufgrund der Mangelhaftigkeit der Ware zum ursprünglichen Liefertermin der **Gewinn aus einem geplanten Weiterverkauf** entgeht, etwa weil der Abnehmer des Käufers auf pünktliche Lieferung mangelfreier Ware angewiesen ist, die Nacherfüllung durch den Verkäufer nicht abwarten kann und deshalb (z.B. unter Berufung auf § 323 Abs. 2 Nr. 2 – relatives Fixgeschäft) sofort zurücktritt. Diese Fälle dürften auch nach der Ansicht, die zur Abgrenzung der Schadensarten zwischen Mangelschaden und Mangelfolgeschaden unterscheidet, nicht als Schadensersatz statt der Leistung eingeordnet werden. Denn der Schaden beruht hier nicht darauf, dass die mangelfreie Leistung endgültig nicht erbracht wird. Vielmehr tritt er zu einem Zeitpunkt ein, in dem noch nicht klar ist, ob die mangelfreie Leistung noch erfolgt oder nicht. Auch hier müsste es sich nach der Ansicht des Gesetzgebers um einfachen Schadensersatz nach § 280 Abs. 1 handeln. Die Gegenansicht würde einen Verzögerungsschaden annehmen (§§ 280 Abs. 1, 2, 286).

d) Abgrenzung zum allgemeinen Leistungsstörungsrecht, insbesondere: Fall der verspäteten Leistung

287 Die bisherigen Ausführungen zur Abgrenzung der Schadensarten bezogen sich nur auf die Mängelhaftung, also auf diejenigen Fälle, in denen die Pflichtverletzung in der Lieferung einer mangelhaften Sache (bzw. in der Nichterbringung der mängelbezogenen Nacherfüllung) liegt. In diesen Fällen ist die Abgrenzung – wie gesehen – besonders kompliziert.

---

37 BeckOK/*Faust* § 437 Rdnr. 70c.

Anders stellt sich die Lage im allgemeinen Leistungsstörungsrecht dar (das freilich nicht Gegenstand dieses Buches ist und deshalb hier nur kurz angerissen wird). Dort ist die Abgrenzung zwischen dem Schadensersatz statt der Leistung und den anderen beiden Schadensarten (d.h. Verzögerungsschaden und sonstiger Schaden als Unterfälle des Schadensersatzes „neben" der Leistung) im Grundsatz danach zu treffen, ob der geltend gemachte Schaden an die Stelle der eigentlich geschuldeten Leistung des Schuldners tritt (dann Schadensersatz statt der Leistung) oder nicht. Diskussionen haben sich hier insbesondere in Bezug auf diejenigen Fälle ergeben, in denen der Verkäufer (Schuldner) zum Liefertermin nicht leistet und der Käufer (Gläubiger) deshalb im Wege eines Deckungsgeschäfts die Ware bei einem anderen Lieferanten einkauft, allerdings zu einem höheren Preis, also mit Mehrkosten, welche er sodann als Schadensersatz vom Verkäufer verlangt. Die h.M., die jüngst auch der **BGH** im Grundsatz akzeptiert hat, nimmt an, die Mehrkosten des Deckungsgeschäfts seien als Schadensersatz statt der Leistung einzuordnen, weil es sich nicht um einen Begleitschaden wegen Verzögerung der Leistung handle, sondern um einen Schaden wegen Ausbleibens der geschuldeten Leistung[38]. **288**

III. Schadensersatzansprüche aus §§ 437 Nr. 3, 311a Abs. 2

1. Voraussetzungen

§§ 437 Nr. 3, 311a Abs. 2 sind die einschlägigen Anspruchsgrundlagen für den Schadensersatz, wenn eine mangelfreie Leistung bereits **bei Vertragsschluss** unmöglich ist (§ 275 Abs. 1) oder bereits zu diesem Zeitpunkt Umstände vorliegen, die ein Verweigerungsrecht des Verkäufers nach § 275 Abs. 2 oder Abs. 3 begründen. Der Ausschlusstatbestand muss sowohl im Hinblick auf die ursprüngliche Lieferung als auch auf die Nacherfüllung (und zwar auf beide Formen) gegeben sein: § 311a Abs. 2 greift also nur, wenn die Mangelfreiheit weder durch die ursprüngliche Lieferung noch durch Nachbesserung noch durch Ersatzlieferung hergestellt werden kann[39]. Dies wird in der Praxis häufig der Fall sein: Der verkaufte „Picasso" stellt sich als Fälschung heraus, der als „unfallfrei" verkaufte Wagen ist ein Unfallwagen etc. **289**

Besonderheiten ergeben sich beim **Gattungskauf**: Hier liegt ein Fall des § 275 in Bezug auf die Mangelfreiheit der Sache grundsätzlich nur dann vor, wenn sämtliche Stücke der geschuldeten Gattung (d.h. bei der Vorratsschuld aus dem Vorrat) einen unbeheb- **290**

---

38 Vgl. dazu BGH, 3.7.2013, VIII ZR 169/12, NJW 2013, 2595 m.w.N. (auch zur Gegenmeinung). Die Entscheidung im konkreten Fall weist allerdings insofern Besonderheiten auf, als der Käufer in diesem Fall – (wohl) nach Vornahme des Deckungsgeschäfts – doch noch die Erfüllung vom Verkäufer ver- und erlangte. Deshalb lehnte der BGH letztlich den Schadensersatzanspruch ab, um eine Doppelkompensation zu vermeiden. Darüber, ob diese Besonderheiten richtig behandelt wurden oder im konkreten Fall nicht doch zu einer anderen Einordnung des Schadens hätten führen müssen, lässt sich sicherlich diskutieren (krit. etwa *Bach* JR 2014, 436). Für die Zwecke dieses Buchs genügt es allerdings, darauf hinzuweisen, dass nach Ansicht des BGH und der h.M. die Mehrkosten eines Deckungsgeschäfts nach Leistungsverzögerung jedenfalls im Grundsatz als Schadensersatz statt der Leistung einzuordnen sind.
39 BeckOK/*Faust* § 437 Rdnr. 107.

baren Mangel aufweisen oder wenn es zwar einzelne mangelfreie Stücke gibt, der Verkäufer jedoch aus nach § 275 beachtlichen Gründen (insbesondere § 275 Abs. 2) nicht in der Lage ist, sich diese zu beschaffen. Denn andernfalls wäre immer die (Ersatz-)Lieferung eines nicht mangelhaften Stückes aus der Gattung möglich[40].

291 Der Bezugspunkt für das **Vertretenmüssen** ist in § 311a Abs. 2 S. 2 ausdrücklich vorgegeben: Entscheidend ist die Kenntnis bzw. die fahrlässige Unkenntnis des Leistungshindernisses. Der Verkäufer muss also den Mangel und dessen Unbehebbarkeit gekannt oder fahrlässig nicht gekannt haben[41]. Der Haftungsmaßstab ergibt sich grundsätzlich aus § 276, kann jedoch durch das Schuldverhältnis abgeändert werden. Dies gilt insbesondere für die Übernahme einer Garantie im Sinne der Zusicherung der Mangelfreiheit, die dann vorliegt, wenn der Verkäufer die Mangelfreiheit in einer Weise zugesagt hat, die zum Ausdruck bringt, dass er für deren Fehlen auch ohne „Verschulden" i.S.d. § 311a Abs. 2 S. 2 Schadensersatz leisten will[42] (vgl. Rdnr. 267).

Prüfungsaufbau für Anspruch auf Schadensersatz nach §§ 437 Nr. 3, 311a Abs. 2

(1) Kaufvertrag

(2) Mangelhaftigkeit der Sache i.S.v. §§ 434, 435

(3) Ausschluss der Pflicht zur Nacherfüllung gem. § 275 bei Vertragsschluss

(4) Kenntnis oder fahrlässige Unkenntnis des Verkäufers vom Ausschluss der Nacherfüllungspflicht

(5) Kein Ausschlussgrund (z.B. §§ 442, 445, 438 BGB; § 377 HGB)

---

2. Rechtsfolgen – Verhältnis zu § 280 Abs. 1

292 § 311a Abs. 2 gibt dem Käufer einen Anspruch auf Schadensersatz statt der Leistung. Es stellt sich die Frage, ob die in den §§ 280 ff angelegte Differenzierung zwischen dem Schadensersatz statt der Leistung und dem einfachen Schadensersatz auch im Rahmen des § 311a Abs. 2 Geltung beansprucht und, wenn ja, nach welcher Norm der einfache Schadensersatz im Fall der anfänglichen Unmöglichkeit zu ersetzen ist.

293 **Fall 8:** V erkennt vor Vertragsschluss fahrlässig nicht, dass die Kaufsache unbehebbar mangelhaft ist, schließt den Vertrag und liefert die Sache. Der Defekt der Sache verursacht Schäden an anderen Rechtsgütern des Käufers. Außerdem will der Käufer Ersatz des mangelbedingten Minderwerts der Kaufsache.

Die **h.M.** geht davon aus, dass der Anspruch aus § 311a Abs. 2 **auch die Erstattung von Folgeschäden umfasst**[43]. Wenn man dieser Ansicht folgt, bedeutet dies, dass man den

---

40 Vgl. BeckOK/*Faust* § 437 Rdnr. 107.
41 BeckOK/*Faust* § 437 Rdnr. 111.
42 Vgl. BeckOK/*Faust* § 437 Rdnr. 77; *Looschelders* BT Rdnr. 138.
43 BGH, 8.5.2014, VII ZR 203/11, NJW 2014, 3365, Rdnr. 27 (zum Werkvertrag); MünchKomm/*Ernst* § 311a Rdnr. 65; aA Jauernig/*Stadler* § 311a Rdnr. 13.

Begriff „Schadensersatz statt der Leistung" bei § 311a Abs. 2 weiter auslegt als bei den §§ 280 ff: Nach § 311a Abs. 2 gäbe es dann Ersatz sowohl für Schadensersatz statt als auch für Schadensersatz neben der Leistung. In **Fall 8** wären also alle geltend gemachten Schadensposten von § 311a Abs. 2 umfasst.

Wenn man eine gespaltene Auslegung des Begriffs „Schadensersatz statt der Leistung" vermeiden und deshalb der **h.M. nicht folgen** will, lassen sich ähnliche Ergebnisse über die Anwendung des § 280 Abs. 1 für den Schadensersatz neben der Leistung, insbesondere die Mangelfolgeschäden, erreichen. Zwar wird ein auf die Lieferung der mangelhaften Sache gestützter Anspruch aus § 280 Abs. 1 scheitern, weil der Verkäufer den Mangel weder schuldhaft verursacht[44] noch schuldhaft nicht beseitigt[45] hat.

Doch gelangt man über die Annahme einer **Nebenpflichtverletzung** zu einem Anspruch aus § 280 Abs. 1: Die Pflichtverletzung i.R.d. § 280 Abs. 1 besteht darin, dass der Verkäufer den Käufer bei Lieferung nicht über den Mangel aufgeklärt hat. Dies hat der Verkäufer zu vertreten, wenn er den Mangel kannte oder fahrlässig nicht kannte, weil dann bei Anwendung verkehrserforderlicher Sorgfalt eine Aufklärung möglich gewesen wäre. Ersatzfähig sind diejenigen Schäden, die nicht eingetreten wären, wenn der Verkäufer den Käufer aufgeklärt hätte. Dies trifft auf Mangelfolgeschäden typischerweise zu, weil es sich dabei gerade um solche Schäden handelt, die daraus resultieren, dass der Käufer die Sache im Vertrauen auf ihre Mangelfreiheit in Betrieb genommen hat. Die Fälle lassen sich also relativ problemlos über § 280 Abs. 1 lösen, der insoweit – d.h. soweit es um den einfachen Schadensersatz geht – neben § 311a Abs. 2 anwendbar bleibt. Zwar stellt sich bei dem Rückgriff auf Nebenpflichtverletzungen immer die Konkurrenzfrage, doch führt dies bei richtiger Betrachtungsweise nicht etwa dazu, dass Schadensersatzansprüche wegen Nebenpflichtverletzungen ausgeschlossen sind, sondern allenfalls dazu, dass die besonderen Beschränkungen der §§ 438 ff Anwendung finden, weil sich die Nebenpflichtverletzung auf einen Mangel bezieht; vgl. dazu näher Rdnr. 362 ff. In **Fall 8** wäre deshalb – wenn man nicht der h.M. folgt – der mangelbedingte Minderwert als Schadensersatz statt der Leistung nach § 311a Abs. 2 zu ersetzen. Anschließend wäre ein Anspruch aus § 280 Abs. 1 wegen der mangelhaften Lieferung mangels Vertretenmüssens zu verneinen. Schließlich wäre ein Anspruch aus § 280 Abs. 1 wegen Verletzung der Aufklärungspflicht zu prüfen und zu bejahen, der zum „einfachen Schadensersatz", also zum Ersatz des Mangelfolgeschadens, führt.

---

44 Vor Vertragsschluss darf er seine Sachen beschädigen, ohne sich einem Verschuldensvorwurf auszusetzen, denn er ist noch keine Bindungen in Bezug auf die Sache eingegangen. Dies war ja gerade der Grund, weshalb der Gesetzgeber § 311a Abs. 2 als Sondervorschrift zu § 280 Abs. 1 einfügte.
45 Der Mangel ist unbehebbar. Andernfalls läge in Bezug auf die Mangelfreiheit kein Fall des § 311a Abs. 2 vor.

IV. Schadensersatzansprüche aus §§ 280 ff wegen ursprünglich mangelhafter Lieferung

294 Wenn es sich nicht um einen Anwendungsfall der §§ 437 Nr. 3, 311a Abs. 2 handelt, kommen als Anspruchsgrundlage für Schadensersatzansprüche nur die §§ 437 Nr. 3, 280 ff in Betracht. Hier ist, wie oben dargelegt, nach der Art der Pflichtverletzung zu trennen (vgl. Rdnr. 257 ff). Wenn bzw. soweit ein Anspruch wegen der ursprünglichen, mangelhaften Lieferung geprüft wird, ergibt sich folgende Checkliste:

Prüfungsaufbau für Anspruch auf Schadensersatz nach §§ 437 Nr. 3, 280 ff

(1) Schuldverhältnis: Kaufvertrag

(2) Pflichtverletzung: Lieferung einer mangelhaften Sache (§§ 434, 435)

(3) Vertretenmüssen

(4) Besondere Voraussetzungen für Schadensersatz statt der Leistung (§§ 437 Nr. 3, 280 Abs. 1, 3, 281 ff)?
Abgrenzung: Schadensersatz statt der Leistung oder einfacher Schadensersatz (§§ 437 Nr. 3, 280 Abs. 1)? Wenn Schadensersatz statt der Leistung:
  (a) Fall des § 283? – Wenn ja: ggf. besondere Voraussetzungen für den Schadensersatz statt der ganzen Leistung (§§ 283 S. 2, 281 Abs. 1 S. 3)
  (b) Wenn kein Fall des § 283: Voraussetzungen des § 281
    (aa) Fälligkeit
    (bb) Erfolglose Fristsetzung? – Entbehrlichkeit der Fristsetzung?
    (cc) Ggf. besondere Voraussetzungen für den Schadensersatz statt der ganzen Leistung (§ 281 Abs. 1 S. 3)

(5) Keine Ausschlussgründe (z.B. §§ 438 ff BGB, § 377 HGB)

---

1. Pflichtverletzung

295 Die Pflichtverletzung liegt in der Lieferung mangelhafter Ware. Hier können sich die bereits im Grundlagenkapitel (Rdnr. 30) angesprochenen Probleme ergeben, wenn ein Fall des § 275 vorliegt, insbesondere also wenn der Mangel unbehebbar ist und eine mangelfreie Ersatzlieferung ebenfalls nicht möglich ist. Man könnte dann nämlich daran denken, das Vorliegen einer Pflichtverletzung mit dem Argument abzulehnen, der Verkäufer habe wegen § 275 die Mangelfreiheit ohnehin nicht geschuldet. Doch würde dies der Systematik des Gesetzes widersprechen. Aus der Existenz des § 283 lässt sich ableiten, dass das Gesetz davon ausgeht, dass auch in den Fällen des § 275 eine Pflichtverletzung i.S.d. § 280 Abs. 1 vorliegen kann.

2. Vertretenmüssen

296 Beim Vertretenmüssen ergeben sich die oben (Rdnr. 261 ff) geschilderten Fragen. Richtiger Ansicht nach hat der Verkäufer die mangelhafte Lieferung nur zu vertreten, wenn er den Mangel schuldhaft verursacht oder schuldhaft nicht behoben hat. Bloße Kenntnis bzw. bloßes Kennenmüssen bei Übergabe allein genügt demnach nicht.

3. Abgrenzung nach Schadensarten

Die Abgrenzung nach Schadensarten erfolgt nach den oben (Rdnr. 273 ff) geschilderten Grundsätzen. Nach der hier vertretenen Ansicht kommt es also für die Abgrenzung von Schadensersatz statt der Leistung (§ 280 Abs. 1 i.V.m. den besonderen Voraussetzungen der §§ 280 Abs. 3, 281 ff) und einfachem Schadensersatz (§ 280 Abs. 1) darauf an, ob es sich um einen Mangelschaden oder einen Mangelfolgeschaden handelt. Wenn es sich um Schadensersatz statt der Leistung handelt, sind über § 280 Abs. 3 die besonderen Voraussetzungen der §§ 281 ff zu untersuchen. Wenn es sich um einfachen Schadensersatz handelt, beschränkt sich die Prüfung der §§ 280 ff auf die Voraussetzungen des § 280 Abs. 1. In beiden Fällen sind natürlich die allg. Ausschlussgründe zu beachten, insbesondere die §§ 442, 444 und die zeitlichen Grenzen des § 438.

297

Klausurhinweis: Um die Prüfung übersichtlicher zu gestalten, empfiehlt es sich, von vornherein separat nach den geltend gemachten Schadensposten zu gliedern. Verlangt der Käufer also sowohl den mangelbedingten Minderwert i.H.v. 10 000 € als auch Ersatz von Mangelfolgeschäden i.H.v. 5000 €, so sollte man zunächst einen Anspruch auf Schadensersatz i.H.v. 10 000 € wegen des Minderwerts der Kaufsache komplett durchprüfen (hier kommt man zu dem Ergebnis, dass es sich um Schadensersatz statt der Leistung handelt und deshalb über § 280 Abs. 3 die zusätzlichen Voraussetzungen der §§ 281 ff vorliegen müssen) und anschließend einen zweiten Anspruch auf Schadensersatz i.H.v. 5000 € wegen der Mangelfolgeschäden prüfen; hier kann dann ggf. bei einzelnen Voraussetzungen nach oben verwiesen werden.

298

Ein Fall des Verzögerungsschadens (§§ 280 Abs. 1, 2, 286) wird nach der Systematik des Gesetzes, soweit es um die Verletzung der ursprünglichen Pflicht zu mangelfreier Lieferung geht, nie vorliegen (vgl. Rdnr. 281 f); der Verzögerungsschaden ist dann auf die Fälle der Verspätung der Nacherfüllung beschränkt.

299

4. Schadensersatz statt der Leistung: Abgrenzung innerhalb der §§ 281 ff

Soweit der Käufer Schadensersatz statt der Leistung verlangt, müssen wegen § 280 Abs. 3 die Voraussetzungen der §§ 281 ff vorliegen. Hier ist zunächst abzugrenzen, ob es sich um einen Fall des § 281 oder des § 283 handelt (vgl. unten a) und b)). Dies richtet sich nach dem Anwendungsbereich des § 283. Soweit dieser eröffnet ist, geht § 283 dem § 281 als Sondervorschrift vor. Es empfiehlt sich deshalb, § 283 vor § 281 zu prüfen oder zumindest im Rahmen der Prüfung des § 281 als Anwendungsvoraussetzung festzustellen, dass kein Fall des § 283 vorliegt.

300

Eine Anwendung des § 282 wegen der Verletzung nicht leistungsbezogener Nebenpflichten kommt im Rahmen der hier behandelten Fälle, in denen die Pflichtverletzung gerade in der ursprünglichen mangelhaften Leistung besteht, nicht in Betracht. Deshalb verweist § 437 Nr. 3 auch nicht auf die Vorschrift des § 282. Eine andere Frage ist, ob derartige Nebenpflichtverletzungen „aus eigenem Recht", also ohne die Verweisungsnorm des § 437 Nr. 3, neben den dort genannten Schadensersatzansprüchen zur Anwendung kommen können. Dies ist eine Konkurrenzfrage, die unten (Rdnr. 362 ff) behandelt wird.

301

a) § 283

302 § 283 behandelt den Fall, dass die Erfüllung der Pflicht des Verkäufers zur mangelfreien Leistung gemäß § 275 Abs. 1 ausgeschlossen ist bzw. die Voraussetzungen für eine Verweigerung nach § 275 Abs. 2, 3 vorliegen. Erfasst werden dabei nur die Fälle, in denen das Leistungshindernis i.S.d. **§ 275 nach Vertragsschluss** aufgetreten ist[46]. Unerheblich für die Anwendbarkeit des § 283 ist die Frage, ob das Hindernis vor oder nach Lieferung aufgetreten ist. § 283 setzt voraus, dass sämtliche geschuldeten Möglichkeiten der Behebung des Mangels nach § 275 ausgeschlossen sind bzw. verweigert werden können.

303 Tritt die Unbehebbarkeit des Mangels erst nach der Lieferung ein, greift § 283 demnach nur, wenn sowohl Ersatzlieferung als auch Nachbesserung nach § 275 ausgeschlossen sind bzw. verweigert werden können. In diesem Fall ist es unerheblich, ob der Verkäufer den Eintritt der Voraussetzungen des § 275 zu vertreten hat. Denn das Erfordernis des Vertretenmüssens bezieht sich auf die Pflichtverletzung, und die liegt – in der hier behandelten Fallgruppe – in der ursprünglichen mangelhaften Leistung. Die Voraussetzungen des § 283 hingegen beschreiben – hier – nicht die Pflichtverletzung, sondern sind lediglich objektive Voraussetzungen für das Bestehen des Anspruchs[47].

b) § 281

304 § 281 ist demgegenüber anwendbar, wenn es eine Möglichkeit gibt, die Mangelfreiheit in irgendeiner geschuldeten Weise herzustellen, sei es ggf. über eine der beiden Arten der Nacherfüllung. Es handelt sich dann um einen Fall, in dem der Verkäufer (Schuldner) die Leistung „nicht wie geschuldet" erbringt.

5. Schadensersatz statt der Leistung: Besondere Voraussetzungen

305 Soweit der Käufer wegen des Mangels Schadensersatz statt der Leistung geltend macht, ergeben sich über § 280 Abs. 3 ggf. besondere Voraussetzungen aus den §§ 281, 283. Hierbei gilt Folgendes:

Wenn nach den oben genannten Grundsätzen **§ 283** anwendbar ist, ist die Sache einfach. § 283 S. 1 enthält keine zusätzlichen Voraussetzungen für den Schadensersatzanspruch, so dass es bei den i.R.d. § 280 Abs. 1 geprüften Voraussetzungen (Schuldverhältnis, Pflichtverletzung, Vertretenmüssen) bleibt. Zu den besonderen Voraussetzungen des § 283 S. 2 für den Schadensersatz statt der ganzen Leistung vgl. sogleich Rdnr. 307 ff.

306 Wenn hingegen **§ 281** einschlägig ist, ergeben sich in jedem Fall zusätzliche Voraussetzungen. Erstens muss die Leistung durch den Verkäufer fällig und durchsetzbar gewesen sein. Ob man in Analogie zu § 323 Abs. 4 in bestimmten Fällen auch vor Fäl-

---

46 Wenn es bereits bei Vertragsschluss vorlag, findet ja von vornherein nicht das Schadensersatzsystem der §§ 280 ff Anwendung, sondern § 311a Abs. 2.
47 Vgl. BeckOK/*Faust* § 437 Rdnr. 115.

ligkeit einen Anspruch auf Schadensersatz statt der Leistung vorsehen soll, ist umstritten[48]. Zweitens muss der Käufer dem Verkäufer eine angemessene Frist zur Nacherfüllung gesetzt haben (Nachfrist), die erfolglos abgelaufen ist. Die Fristsetzung kann nach §§ 281 Abs. 2[49], 440[50] oder 445a Abs. 2[51] entbehrlich sein. Bei § 281 Abs. 2 fällt auf, dass im Vergleich zu der rücktrittsrechtlichen Parallelnorm des § 323 Abs. 2 das relative Fixgeschäft nicht ausdrücklich als Grund für die Entbehrlichkeit genannt wird. Hieraus werden unterschiedliche Schlüsse gezogen. Teilweise wird im Gegenschluss zu § 323 Abs. 2 Nr. 2 die Ansicht vertreten, das relative Fixgeschäft führe in Bezug auf den Schadensersatz statt der Leistung nicht zu einer Entbehrlichkeit der Fristsetzung[52]. Überzeugender ist m.E. die Gegenauffassung, die davon ausgeht, dass in den Fällen des relativen Fixgeschäfts in der Regel ein Fall des § 281 Abs. 2 Var. 2 („besondere Umstände") vorliegt[53]. Unter Berücksichtigung der Interessen beider Parteien ist es nicht einzusehen, weshalb der Verkäufer, der sich auf ein relatives Fixgeschäft mit dem Käufer eingelassen hat, bei Nichteinhaltung des Termins eine zweite Chance erhalten soll. Zu den besonderen Voraussetzungen des § 281 Abs. 1 S. 3 für den Schadensersatz statt der ganzen Leistung vgl. sogleich.

6. Schadensersatz statt der Leistung und Schadensersatz statt der ganzen Leistung

Zusätzliche Voraussetzungen ergeben sich aus § 281 Abs. 1 S. 3 (ggf. i.V.m. § 283 S. 2), wenn der Käufer Schadensersatz statt der *ganzen* Leistung („großen Schadensersatz") verlangt. Dies ist der Fall, wenn der Käufer die vom Verkäufer geleistete Sache infolge des Mangels nicht behalten will und vom Verkäufer verlangt, ihn im Wege des Schadensersatzes rechnerisch so zu stellen, als habe er eine mangelfreie Sache geliefert. Der Schadensersatzanspruch richtet sich also nicht lediglich auf den Ersatz des mangelbedingten Minderwerts, sondern auf Ersatz des Gesamtwerts einer mangelfreien Kaufsache. 307

Der „kleine Schadensersatz" hingegen bedeutet, dass der Käufer die gelieferte Sache behält und nur für den mangelhaften Teil die Erfüllung (genauer: Nacherfüllung) durch den Verkäufer nicht mehr wünscht und insoweit Schadensersatz verlangt (i.d.R. den mangelbedingten Minderwert). Hat also der verkaufte Wagen das zugesagte Navigationssystem nicht, so bestünde der kleine Schadensersatz darin, dass dem Käufer der aus dem Fehlen des Navigationssystems resultierende Wertverlust erstattet wird; Schadensersatz statt der ganzen Leistung würde hingegen bedeuten, dass der Käufer den gelieferten Wagen zurückgibt – dazu ist er über § 281 Abs. 5 i.V.m. §§ 346 ff auch verpflichtet – und als Schadensersatz den Wert des geschuldeten Wagens mit Navigationssystem erhält. 308

---

48 Zum Streitstand vgl. BeckOK/*Faust* § 437 Rdnr. 92.
49 Vgl. hierzu BGH, 22.6.2005, VIII ZR 1/05, NJW 2005, 3211, 3211 f: Entbehrlichkeit der Fristsetzung bei dringend nötiger Behandlung eines gekauften Hundewelpen.
50 Zu § 440 vgl. o. Rdnr. 225 ff.
51 Zu § 445a Abs. 2 vgl. u. Rdnr. 433 ff.
52 Jauernig/*Stadler* § 281 Rdnr. 10.
53 In diese Richtung NomosKomm/*Dauner-Lieb* § 281 Rdnr. 23.

309 Im Rahmen des „kleinen Schadensersatzes" kann der Käufer nach Ansicht des BGH statt des mangelbedingten Minderwerts auch die zur Mängelbeseitigung erforderlichen Kosten verlangen, also die Nacherfüllungskosten (immer vorausgesetzt natürlich, dass die Anspruchsvoraussetzungen vorliegen, also insbesondere die Nachfristsetzung i.S.d. § 281 Abs. 1 und das Vertretenmüssen). Allerdings schränkt der BGH diesen Anspruch analog § 251 Abs. 2 S. 1 ein, wenn die Nacherfüllungskosten unverhältnismäßig hoch (i.S.d. § 439 Abs. 4 n.F. (= § 439 Abs. 3 a.F.) sind: dann soll doch nur der mangelbedingte Minderwert (als Geldentschädigung für das Wertinteresse i.S.d. § 251 Abs. 2 S. 1) geschuldet sein[54].

310 Die **zusätzliche Voraussetzung** für **Schadensersatz statt der ganzen Leistung** (also den „großen Schadensersatz") besteht gemäß § 281 Abs. 1 S. 3 darin, dass die Pflichtverletzung nicht unerheblich sein darf. Der Gesetzgeber will mit dieser Formulierung den Gleichlauf mit den Rücktrittsvoraussetzungen herstellen (vgl. § 323 Abs. 5 S. 2). Es gelten daher die gleichen Erwägungen wie dort (vgl. Rdnr. 241 ff). § 281 Abs. 1 S. 3 gilt über die Verweisung des § 283 S. 2 auch in denjenigen Fällen, in denen ein Fall des § 275 vorliegt.

V. Schadensersatzanspruch aus §§ 437 Nr. 3, 280 ff wegen Verletzung der Nacherfüllungspflicht

311 Schadensersatzansprüche des Käufers können sich auch daraus ergeben, dass der Verkäufer seine Nacherfüllungspflicht aus §§ 437 Nr. 1, 439 verletzt und dies zu vertreten hat. In manchen Fällen wird die praktische **Bedeutung** dieser Ansprüche gering sein, weil bereits die ursprüngliche mangelhafte Leistung einen Schadensersatzanspruch begründet; in diesen Fällen ergibt sich aus der Verletzung der Nacherfüllungspflicht einfach eine zusätzliche Anspruchsgrundlage, die kurz anzuprüfen ist, aber nicht zu einer Erhöhung der Schadenssumme führt.

312 Es gibt jedoch Fälle, in denen die Verletzung der Nacherfüllungspflicht die einzige Möglichkeit ist, einen Schadensersatzanspruch zu begründen. Dies gilt insbesondere dann, wenn der Verkäufer die ursprüngliche Mangelhaftigkeit nicht zu vertreten hat (z.B. weil er den Mangel ohne Verschulden nicht erkannt hat und deshalb nicht in der Lage war, ihn vor Lieferung zu beheben), wohl aber die Nichterbringung der Nacherfüllung (z.B. weil er den ohne Weiteres behebbaren Mangel nicht beseitigt hat, obwohl ihn der Käufer darauf aufmerksam gemacht und Nachbesserung verlangt hat). In diesen Fällen kommt der Prüfung dieser Ansprüche besondere Bedeutung zu.

313 Die **Voraussetzungen** dieses Anspruchs ergeben sich grundsätzlich einfach aus der Anwendung der §§ 280 ff. Fraglich könnte erscheinen, ob sich der Anspruch über § 437 Nr. 3 herleitet oder nicht. Denn die Pflichtverletzung liegt nicht unmittelbar darin, dass die gelieferte Sache „mangelhaft ist", wie vom Eingangssatz des § 437 vorausgesetzt, sondern darin, dass der Verkäufer seiner Nacherfüllungspflicht, die sich gerade

---

54 Vgl. BGH 4.4.2014, V ZR 275/12, NJW 2015, 468, 471, Rdnr. 31 ff.

aus der Anwendung des § 437 Nr. 1 ergibt, nicht nachkommt. Doch ist zu berücksichtigen, dass die Nacherfüllungspflicht jedenfalls mittelbar doch auf der ursprünglichen mangelhaften Lieferung beruht. Auch wäre es nicht angemessen, diesen Anspruch den allg. Verjährungsregeln der §§ 195, 199 zu unterwerfen, den eng verwandten Anspruch wegen der ursprünglichen mangelhaften Lieferung hingegen den Sonderregeln des § 438. Deshalb ist davon auszugehen, dass auch dieser Anspruch über § 437 herzuleiten ist[55]. In der Konsequenz bedeutet dies, dass i.R.d. § 281 von einer Leistung „nicht wie geschuldet" auszugehen ist, und nicht etwa von einer „nicht erbrachten" Leistung[56].

Fragen ergeben sich, wenn der Verkäufer das Recht hat, die **Nacherfüllung** gemäß § 439 Abs. 4 n.F. (= § 439 Abs. 3 a.F.) zu **verweigern**. Hier könnte man die Ansicht vertreten, es fehle bereits an einer Pflichtverletzung in Bezug auf die Nichterbringung der Nacherfüllung. Allerdings spricht dagegen die Überlegung, dass der Ausschluss der Primärleistungspflicht nach dem System der Schadensersatzhaftung im deutschen Leistungsstörungsrecht gerade nicht dazu führt, dass – schadensersatzrechtlich – die Pflichtverletzung entfällt (vgl. Rdnr. 30). Überzeugender ist es deshalb, vom Vorliegen einer Pflichtverletzung auszugehen. Allerdings wird ein Anspruch dann meist am fehlenden Vertretenmüssen scheitern: Wenn der Verkäufer wegen Unverhältnismäßigkeit nicht zu leisten braucht, hat er die Nichtleistung nicht zu vertreten (es sei denn, er hat den Umstand zu vertreten, der zur Unverhältnismäßigkeit geführt hat). In solchen Fällen kommt eine Schadensersatzhaftung wegen Verletzung der Nacherfüllungspflicht also meistens nicht in Betracht. 314

In Bezug auf die **Rechtsfolgen** ist zu bedenken, dass der Anspruch auf Schadensersatz statt der Leistung wegen Nichterbringung der Nacherfüllung aus §§ 437 Nr. 3, 280 Abs. 1, 3, 281 sich nach dem Umfang der geschuldeten Nacherfüllung richtet. Dies gilt insbesondere für die Frage der Ersatzfähigkeit der Aus- und Einbaukosten. Diese Frage wurde bei der Behandlung der Einbaufälle näher behandelt[57]. 315

VI. Aufwendungsersatzanspruch aus §§ 437 Nr. 3, 284

§ 437 Nr. 3 verweist auch auf die Vorschrift des § 284, die dem Gläubiger (hier: Käufer) anstelle des Schadensersatzes statt der Leistung einen Anspruch auf Ersatz vergeblicher Aufwendungen zuspricht. 316

Aus dem Wort „anstelle" ergibt sich, dass hierfür zunächst die **Voraussetzungen** eines Anspruchs auf Schadensersatz statt der Leistung vorliegen müssen (also entweder §§ 437 Nr. 3, 311a Abs. 2 oder §§ 437 Nr. 3, 280 Abs. 1, 3, 281 bzw. 283). 317

Außerdem müssen die in § 284 selbst genannten Voraussetzungen gegeben sein: 318

---

55 So auch **BGH, 2.4.2014, VIII ZR 46/13, NJW 2014, 2183**, Rdnr. 23.
56 Vgl. BeckOK/*Faust* § 437 Rdnr. 95.
57 Vgl. oben Rdnr. 162.

319 (1) Der Käufer müsste im Vertrauen auf die Mangelfreiheit der Kaufsache freiwillige Vermögensopfer (Aufwendungen) erbracht haben, die sich wegen der mangelhaften Leistung des Verkäufers als nutzlos erweisen. Letzteres ist in der Regel der Fall, wenn der Käufer die Kaufsache wegen ihrer Mangelhaftigkeit zurückgibt[58]. Der Aufwendungsbegriff erfasst sowohl Aufwendungen für kommerzielle als auch solche für nichtkommerzielle Zwecke. Beispiel für Aufwendungen i.S.d. § 284: Der Käufer hat den gekauften (mangelhaften) Gebrauchtwagen mit Zusatzausstattungen wie Navigationssystem, Breitreifen etc. ausgestattet; dem Käufer sind Überführungs- und Zulassungskosten entstanden[59].

320 (2) Der Käufer müsste diese Aufwendungen „billigerweise" hätte machen dürfen. Dies wird angesichts des Grundsatzes, dass der Käufer als Eigentümer der Sache grundsätzlich beliebig mit ihr verfahren darf, jedenfalls für den Zeitraum, in dem der Käufer von der Mangelhaftigkeit noch nichts weiß oder wissen musste, in der Regel der Fall sein[60].

321 (3) Es darf nicht der Ausnahmefall („es sei denn", Beweislastumkehr) des § 284, letzter Hs., vorliegen, dass der Zweck der Aufwendungen auch ohne die Mangelhaftigkeit der Sache nicht erreicht worden wäre.

322 Die Anwendung des § 284 ist nicht etwa durch § 347 Abs. 2 ausgeschlossen, wenn der Käufer den Aufwendungsersatz in Ergänzung zum Rücktritt begehrt. Die Vorschrift des § 347 Abs. 2 mag zwar eine abschließende Regelung des Verwendungsersatzes darstellen, wenn dieser allein als Folge eines Rücktritts verlangt wird (also ohne dass die Voraussetzungen für einen Schadensersatzanspruch bzw. für einen Aufwendungsersatzanspruch aus § 284 vorliegen). Sie kann aber keine Sperrwirkung entfalten, wenn der Käufer neben den Rücktrittsvoraussetzungen auch noch die Voraussetzungen für einen Schadensersatz- bzw. Aufwendungsersatzanspruch erfüllt. Denn die Kombination von Rücktritt und Schadensersatz wird durch § 325 ausdrücklich erlaubt[61].

323 Liegen die genannten Voraussetzungen vor, kann der Käufer in der **Rechtsfolge** wählen, ob er statt des Schadensersatzes statt der Leistung den Aufwendungsersatz verlangt. Beides zusammen kann er nicht beanspruchen. Das Alternativverhältnis bezieht sich freilich nur auf den Schadensersatz statt der Leistung. Schadensersatz „neben" der Leistung (also „einfachen Schadensersatz" aus § 280 Abs. 1) kann der Käufer hingegen zusammen mit dem Aufwendungsersatz geltend machen. Dies ergibt sich zum einen aus dem Wortlaut des § 284 („Anstelle des Schadensersatzes statt der Leistung"), zum anderen aus der Ratio dieser Regel, die verhindern will, dass der Gläubiger doppelt entschädigt wird. Letzteres droht jedoch nur beim Schadensersatz statt der Leistung: Denn hier würde er einerseits die Vorteile aus dem Vertragsschluss geltend machen (Schadensersatz statt der Leistung, positives Interesse), andererseits aber verlangen, so gestellt zu werden, wie er stünde, wenn der Vertrag nicht geschlos-

---

58 Vgl. **BGH, 20.7.2005, VIII ZR 275/04, NJW 2005, 2848**, 2850.
59 Vgl. BGH, 20.7.2005, VIII ZR 275/04, NJW 2005, 2848.
60 Vgl. zur Problematik näher *Faust*, in: *Huber/Faust* S. 168 f; Staudinger/*Schwarze* § 284 Rdnr. 37 ff.
61 BGH, 20.7.2005, VIII ZR 275/04, NJW 2005, 2848, 2849.

sen worden wäre (Aufwendungsersatz, negatives Interesse)[62]. Hat der Käufer also im oben genannten Beispiel neben den genannten Aufwendungen auch Geld für ein Beweissicherungsgutachten bzgl. des Mangels ausgeben müssen, so können diese Kosten als einfacher Schadensersatz aus §§ 437, 280 Abs. 1 ersatzfähig sein[63].

Der Anspruch des Käufers auf Aufwendungsersatz kann ggf. anteilig herabzusetzen sein, wenn der Käufer die Sache zunächst für eine bestimmte Zeit nutzen konnte. Insoweit wird es nämlich in der Regel so sein, dass die Aufwendungen nicht vergeblich waren. Zur Berechnung wird man die Nutzungszeit des Käufers in Bezug zur Gesamtnutzungsdauer der betreffenden Kaufsache setzen müssen[64].   **324**

§ 11 Mängeleinrede des Käufers

Wenn der Verkäufer dem Käufer eine mangelhafte Sache liefert, kann der Käufer die Kaufpreiszahlung grundsätzlich nach **§ 320** verweigern. Denn die Pflicht zur mangelfreien Leistung (§ 433 Abs. 1 S. 2) ist eine synallagmatische Hauptleistungspflicht. Der Käufer ist grundsätzlich auch berechtigt, die Abnahme der mangelhaften Sache nach § 273 zu verweigern. Er gerät dadurch nicht in Annahmeverzug, weil es an einem ordnungsgemäßen Angebot i.S.d. § 293 fehlt. Beide Einreden, also sowohl die Verweigerung der Kaufpreiszahlung als auch die der Abnahme, stehen dem Käufer auch dann zu, wenn der Mangel unerheblich ist[1].   **325**

Probleme ergeben sich, wenn der Mangel der Kaufsache unbehebbar und der Nacherfüllungsanspruch des Käufers aus diesem Grund ausgeschlossen ist **(§ 275)**. Zum einen fehlt es an einem fälligen und durchsetzbaren Anspruch und damit an einer Tatbestandsvoraussetzung der Einrede aus § 320. Zum anderen lässt sich vom Ergebnis her argumentieren, die Gewährung der Einrede mit ihrer Folge der auf den Nacherfüllungsanspruch bezogenen Zug-um-Zug-Verurteilung (§ 322 Abs. 1) sei sinnlos, wenn dieser Anspruch wegen § 275 nicht bestehe. In derartigen Fällen steht dem Käufer die Einrede aus § 320 also nicht zur Verfügung. Er kann sich auch nicht etwa darauf berufen, dass er kraft Gesetzes (§ 326 Abs. 1 S. 1) von der Pflicht zur Kaufpreiszahlung frei geworden sei; denn § 326 Abs. 1 S. 2 nimmt ja die Fälle der mangelhaften Leistung von der Regelung in § 326 Abs. 1 S. 1 aus und verweist den Käufer auf den Rücktritt (§§ 326 Abs. 5, 323, unter Verzicht auf das Erfordernis der Nachfristsetzung). Der Weg zum endgültigen Freiwerden von der Pflicht zur Kaufpreiszahlung führt für den Käufer also nur über den Rücktritt. Allerdings kann dies für ihn insofern problematisch sein, als mit der Erklärung des Rücktritts sein ius variandi erlischt; er kann ab diesem   **326**

---
62 Vgl. BGH, 20.7.2005, VIII ZR 275/04, NJW 2005, 2848, 2850; Staudinger/*Schwarze* § 284 Rdnr. 1, 13.
63 BGH, 20.7.2005, VIII ZR 275/04, NJW 2005, 2848, 2850.
64 Vgl. BGH, 20.7.2005, VIII ZR 275/04, NJW 2005, 2848 ff.
1 BGH, 26.10.2016, VIII ZR 211/15, NJW 2017, 1100, Rdnr. 17 ff.

Zeitpunkt nicht mehr auf eine Lösung übergehen, die den Vertrag aufrechterhält und seine Einbußen in Geld liquidiert (sei es über die Minderung, sei es über den kleinen Schadensersatz).

327 Fraglich ist, ob man den Käufer, der den Kaufpreis zurückhalten möchte, bis er seine Entscheidung getroffen hat, sofort in den Rücktritt treiben sollte, wenn der Verkäufer die Zahlung verlangt, oder ob man ihm eine – im Gesetz so nicht ausdrücklich vorgesehene – Mängeleinrede zugestehen sollte, die ihn so lange zur Verweigerung der Kaufpreiszahlung berechtigt, wie er nach dem System der §§ 437 ff mit seiner Wahl eines Rechtsbehelfs zuwarten darf, d.h. bis zum Ablauf der in § 438 vorgesehenen zeitlichen Fristen. Letztlich hängt die Entscheidung davon ab, ob man das ius variandi des Käufers für gewichtiger hält als das Interesse des Verkäufers daran, den Entscheidungsprozess des Käufers abzukürzen[2].

§ 12 Ausschlussgründe und Verjährung im Kaufgewährleistungsrecht

I. Ausschluss der Haftung des Verkäufers

1. Gesetzlicher Haftungsausschluss (§§ 442, 445)

328 § 442 Abs. 1 S. 1 schließt die Rechte des Käufers wegen eines Mangels aus, wenn der Käufer bei Vertragsschluss den Mangel kannte. § 442 Abs. 1 S. 2 regelt den Fall, dass dem Käufer ein Mangel infolge grober Fahrlässigkeit unbekannt geblieben ist. Der Käufer kann dann Rechte wegen dieses Mangels nur geltend machen, wenn der Verkäufer den Mangel arglistig verschwiegen oder eine Garantie für die Beschaffenheit der Sache übernommen hat[1]. Die Formulierung „Übernahme einer Garantie für die Beschaffenheit der Sache" ist nach **h.M.** eng auszulegen: Sie erfasst nur diejenigen Fälle, in denen der Verkäufer erklärt, die Sache habe eine bestimmte Eigenschaft und er sei bereit, verschuldensunabhängig für die Folgen des Fehlens dieser Eigenschaft einstehen zu wollen[2]. Nicht jede im allgemeinen Sprachgebrauch ausgesprochene „Garantie" ist also auch eine „Garantie" i.S.d. § 442.

---

2 Vgl. näher BeckOK/*Faust* § 437 Rdnr. 167 f.

1 Die Vorschrift ist mit Art. 2 Abs. 3 der Verbrauchsgüterkauf-RL vereinbar. Dort wird ein Ausschluss zugelassen, wenn der Käufer bei Vertragsschluss über die Mangelhaftigkeit „vernünftigerweise nicht in Unkenntnis" sein konnte. Diese Formel meint den Fall der groben Fahrlässigkeit. Die Regelung in § 440 Abs. 1 S. 2 ist zulässig, weil sie für den Käufer (Verbraucher) insofern günstiger ist, als sie ihn in den Fällen der Arglist des Verkäufers und der Garantieübernahme durch den Verkäufer vor der Ausschlusswirkung bewahrt; vgl. *Huber*, in: Huber/Faust S. 368

2 Vgl. instruktiv **BGH, 29.11.2006, VIII ZR 92/06, NJW 2007, 1346, 1348 ff**; Regierungsbegründung BT-Drucks. 14/6040 S. 236; **a.A.** BeckOK/*Faust* § 442 Rdnr. 26.

329 Maßgeblicher **Zeitpunkt** für die Kenntnis des Käufers ist nach dem Wortlaut der Vorschrift derjenige des Vertragsschlusses. Der BGH hat diese Anordnung im Fall eines zeitlich gestreckten Vertragsschlusses (z.B. Angebot am 1.6., Annahme am 30.6.) teleologisch reduziert: Entscheidend sei grundsätzlich der Zeitpunkt der Abgabe des Angebots, bei einem notariell beurkundeten Angebot der Zeitpunkt der Beurkundung des Angebots durch den Notar[3]. Dies soll im Grundsatz auch dann gelten, wenn der Käufer bei Kenntniserlangung von dem Mangel noch die rechtliche Möglichkeit gehabt hätte, das Angebot gemäß § 130 Abs. 1 S. 2 zu widerrufen. Für den im konkreten Fall vorliegenden Grundstückskauf begründete der BGH dies wie folgt: „An der Kenntnis wird es typischerweise fehlen, weil der Käufer die Weiterleitung eines notariell beurkundeten Angebots gewöhnlich nicht verfolgen kann und deshalb nicht weiß, wann es dem Verkäufer zugeht. Deshalb kann dem Käufer auch bei theoretischer Widerruflichkeit seines Angebots der Vorwurf widersprüchlichen Verhaltens nicht gemacht werden"[4].

330 Anders sei es hingegen, „wenn der Käufer die Versendung seines Angebots selbst hinausgezögert oder wenn er Veranlassung hatte, sich nach Möglichkeiten zu erkundigen, den Eintritt der Bindungswirkung seines Angebots zu verhindern, und rechtzeitig hätte entsprechend tätig werden können. Denn dann verhielte er sich widersprüchlich. Er ließe den Vertrag in Kenntnis des Mangels zu Stande kommen, obwohl er das hätte verhindern können. Das entspricht dem Verhalten, das nach § 442 zum Ausschluss von Mängelrechten führen soll"[5].

331 Ist der Vertrag zunächst formunwirksam und wird er erst später geheilt, kommt es nach Ansicht des BGH auf den Zeitpunkt des Vertragsschlusses (bzw. – bei gestrecktem Vertragsschluss – auf den Zeitpunkt des Angebots, wie eben ausgeführt) an, und nicht auf denjenigen der Heilung[6].

332 Nach **h.M.** enthält § 442 eine typisierte Interessenabwägung und ist deshalb eine **abschließende Regelung**. Dies bedeutet zum einen, dass § 254 verdrängt wird: Wenn die Berufung des Käufers auf den Mangel nicht nach § 442 ausgeschlossen ist, z.B. weil der Käufer bei Vertragsschluss nur einfach fahrlässig war, kann sein Anspruch auch nicht über § 254 gekürzt werden. Zum anderen bedeutet dies, dass eine etwaige Haftung des Käufers aus culpa in contrahendo für unterlassene Aufklärung über das Vorliegen eines Mangels aus §§ 280 Abs. 1, 241 Abs. 2, 311 Abs. 2 nicht in Betracht kommt, soweit er sich nach § 442 auf den Mangel berufen darf[7]. Diese abschließende Wirkung bezieht sich allerdings nur auf den Zeitpunkt des Vertragsschlusses. Wird der Käufer nach Vertragsschluss bösgläubig, kann § 254 auf etwaige Schadensersatzansprüche, die ihm wegen des Mangels zustehen, angewendet werden, etwa wenn er die mangelhafte Sache weiter benutzt und dadurch Schäden entstehen[8].

---

[3] BGH, 15.6.2012, V ZR 198/11, NJW 2012, 2793.
[4] BGH, 15.6.2012, V ZR 198/11, NJW 2012, 2793, 2795 Rdnr. 25.
[5] BGH, 15.6.2012, V ZR 198/11, NJW 2012, 2793, 2795 Rdnr. 26.
[6] BGH, 27.5.2011, V ZR 122/10, NJW 2011, 2953.
[7] Vgl. BeckOK/*Faust* § 442 Rdnr. 33.
[8] BeckOK/*Faust* § 442 Rdnr. 5.

333 **Vertiefungshinweis:** Wenn es sich um einen Einbaufall handelt und der Käufer Aufwendungsersatz nach § 439 Abs. 3 S. 1 verlangt, erklärt S. 2 den § 442 mit der Maßgabe für anwendbar, dass es auf den Zeitpunkt des Einbaus ankommt. Ist der Käufer dann bösgläubig, verliert er also grundsätzlich seinen Aufwendungsersatzanspruch, auch wenn er bei Vertragsschluss (dem „normalen" Anwendungszeitpunkt für § 442) noch gutgläubig war. Fraglich ist, ob sich auch für den Einbauzeitpunkt eine Sperrwirkung des § 442 gegenüber dem § 254 ergibt. Konsequent wäre dies[9].

334 § 445 enthält einen gesetzlichen Haftungsausschluss für bestimmte Verkäufe in öffentlicher Versteigerung.

2. Vertraglicher Haftungsausschluss (§ 444)

335 Grundsätzlich können die Parteien eines Kaufvertrags frei vereinbaren, dass der Verkäufer nicht (oder nur eingeschränkt) für Mängel an der Kaufsache soll haften müssen (Haftungsausschluss bzw. Freizeichnung). Allerdings ist davon auszugehen, dass derartige Freizeichnungsklauseln grundsätzlich eng auszulegen sind[10]. Einschränkungen der Möglichkeit von Freizeichnungsklauseln gelten beim Verbrauchsgüterkauf (§ 476 n.F. (= § 475 a.F.) und § 478 Abs. 2) sowie im AGB-Recht (insb. § 309 Nr. 7 und 8).

336 § 444 bestimmt, dass sich der Verkäufer nicht auf einen an sich wirksam vereinbarten Haftungsausschluss berufen kann, soweit (!) er entweder den Mangel **arglistig verschwiegen** oder eine **Garantie für die Beschaffenheit** der Sache übernommen hat.

337 Hinsichtlich der Tatbestandsvariante des **arglistigen Verschweigens** gilt nach zutreffender Ansicht des BGH, dass **keine Kausalität** dieses Verschweigens für den Abschluss des Kaufvertrags erforderlich ist[11]. Dies ergibt sich zum einen daraus, dass die Kausalität im Wortlaut des § 444 – anders als bei § 123 („bestimmt") – keine Erwähnung findet und zum anderen aus Sinn und Zweck der Vorschrift: § 444 dient dazu, den Käufer vor einer unredlichen Freizeichnung des Verkäufers zu schützen. Eine Freizeichnung ist indes bereits dann unredlich, wenn der Verkäufer um einen Mangel weiß, die Pflicht hat, den Käufer darauf hinzuweisen und stattdessen einen Haftungsausschluss vereinbart. Verschweigt einer von mehreren Verkäufern einen Mangel der Kaufsache arglistig, können sich sämtliche Verkäufer gemäß § 444 Alt. 1 BGB nicht auf den vertraglich vereinbarten Ausschluss der Sachmängelhaftung berufen[12].

---

9 Kritisch aber *Picht* JZ 2017, 807, 813 f.
10 Vgl. z.B. BGH, 6.4.2016, VIII ZR 261/14, NJW 2016, 2495, Rdnr. 21 ff (die Klausel "wie besichtigt" ohne zusätzlichen Gewährleistungsausschluss beziehe sich „in aller Regel nur auf bei der Besichtigung wahrnehmbare, insbesondere sichtbare Mängel der Kaufsache [...]"). Zum vereinbarten umfassenden Haftungsausschluss beim notariellen Grundstückskaufvertrag vgl. BGH, 22.4.2016, V ZR 23/15, NJW 2017, 150.
11 BGH, 1.4.7.2011, V ZR 171/10, NJW 2011, 3640.
12 BGH, 8.4.2016, V ZR 150/15, BeckRS 2016, 11506, Rdnr. 15 f (Hinweis: Anders ist es in Bezug auf das Vertretenmüssen beim Schadensersatzanspruch: Dieses muss für jeden einzelnen Verkäufer gesondert vorliegen, vgl. ebd. Rdnr. 16).

338 Hinsichtlich der Tatbestandsvariante der **Garantieübernahme** ergeben sich regelmäßig **Abgrenzungsprobleme zur bloßen Beschaffenheitsvereinbarung**. Die diesbezügliche Formel des BGH hierzu lautet: Eine Garantie liege nur dann vor, wenn „der Verkäufer in vertragsmäßig bindender Weise die Gewähr für das Vorhandensein der vereinbarten Beschaffenheit der Kaufsache übernimmt und damit seine Bereitschaft zu erkennen gibt, für alle Folgen des Fehlens dieser Beschaffenheit einzustehen"[13]. In dem konkret entschiedenen Fall ging es um die Angabe der Laufleistung des (von privat) verkauften Motorrads. Der BGH hielt sie für eine bloße Beschaffenheitsvereinbarung. Für die Annahme einer Garantie seien „besondere Umstände" erforderlich. Bei der Entscheidung dieser Frage kommt es letztlich auf die typischerweise gegebene Interessenlage an. Dabei wird man – als Faustregel – danach unterscheiden können, ob der Verkäufer ein Privatmann ist (dann im Zweifel keine Garantieübernahme) oder ein Gebrauchtfahrzeughändler (dann im Zweifel eher eine Garantieübernahme)[14].

339 Häufig wird es auf die Frage, ob wirklich eine Garantieübernahme vorlag oder nur eine bloße Beschaffenheitsvereinbarung, aber letztlich gar nicht ankommen: Nach zutreffender Ansicht des BGH[15] gilt ein vereinbarter Haftungsausschluss nämlich von vornherein grundsätzlich nicht für Mängel nach § 434 Abs. 1 S. 1, sondern nur für solche nach § 434 Abs. 1 S. 2 Nr. 1 und 2 („konkrete Beschaffenheitsvereinbarung sticht Haftungsausschluss"). In dem konkret entschiedenen Fall hatten die Parteien einen allgemeinen Haftungsausschluss vereinbart, gleichzeitig aber auch im Vertrag niedergelegt, dass das verkaufte Fahrzeug eine Laufleistung von 30 000 km aufweise. Später stellte sich heraus, dass die Laufleistung tatsächlich 30 000 Meilen (also etwa 48 000 km) betrug. Der BGH nahm an, dass der Verkäufer für diesen Mangel trotz des vereinbarten allgemeinen Haftungsausschlusses einzustehen habe.

340 Die Regelung des § 444 hat, soweit sie auf die Beschaffenheitsgarantie abstellt, anfangs zu erheblichen Missverständnissen geführt. In der Praxis werden in Kaufverträgen häufig „Garantien" für bestimmte Merkmale des Kaufgegenstandes übernommen und mit einem differenzierten, häufig deutlich eingeschränkten Rechtsfolgensystem verbunden. Es bestand nun anfangs die Befürchtung, dass Haftungsausschlüsse bzw. -beschränkungen allein schon deshalb unwirksam seien, weil der Vertrag auch eine Garantie enthält[16]. Diese Befürchtung war m.E. von Anfang an unbegründet. In der Zwischenzeit hat der Gesetzgeber reagiert und den Wortlaut des § 444 zur Klarstellung geändert: Haftungsausschluss und Haftungsbegrenzung sind demnach nur noch unwirksam, *soweit* der Verkäufer eine Garantie übernommen hat[17].

---

13 BGH, 29.11.2006, VIII ZR 92/06, NJW 2007, 1346 (LS 1 und 2).
14 Vgl. BGH, 29.11.2006, VIII ZR 92/06, NJW 2007, 1346, 1348 f, Rdnr. 21 ff.
15 BGH, 29.11.2006, VIII ZR 92/06, NJW 2007, 1346 (LS 3 und Rdnr. 31).
16 Vgl. zum Streitstand BeckOK/*Faust* § 444 Rdnr. 18 ff.
17 Vgl. Gesetz zur Änderung der Vorschriften über Fernabsatzverträge bei Finanzdienstleistungen v. 2.12.2004, BGBl. 2004, S. 3102, in Kraft seit dem 8.12.2004.

II. Verjährung und zeitliche Grenzen

341 Die mangelbedingten Rechtsbehelfe des Käufers unterliegen besonderen zeitlichen Begrenzungen, die von den allg. Verjährungsregeln abweichen. Für die in § 437 genannten Ansprüche (Nacherfüllung, Schadensersatz) trifft § 438 Abs. 1–3 eine besondere Verjährungsregelung. Für die in § 437 aufgeführten Gestaltungsrechte (Rücktritt, Minderung) findet sich eine entsprechende zeitliche Begrenzung in der Vorschrift des § 218, auf die in § 438 Abs. 4, 5 verwiesen wird. Soweit § 438 eine Regelung trifft, sind die allgemeinen Verjährungsregeln grds. verdrängt. Im Übrigen gelten sie jedoch[18].

1. Verjährung der Gewährleistungsansprüche

342 Die in § 437 Nr. 1 und Nr. 3 bezeichneten Ansprüche verjähren grundsätzlich in zwei Jahren (§ 438 Abs. 1 Nr. 3). Ausnahmen von dieser **Frist** sehen die Nummern 1 und 2 des § 438 Abs. 1 vor: Die Frist beträgt fünf Jahre, wenn es sich bei der Kaufsache um ein Bauwerk oder um eine Sache handelt, die entsprechend ihrer üblichen Verwendungsweise für ein Bauwerk verwendet worden ist und dessen Mangelhaftigkeit verursacht hat (Nr. 2). Sie beträgt 30 Jahre, wenn der Mangel in einem dinglichen Recht eines Dritten besteht, aufgrund dessen Herausgabe der Kaufsache verlangt werden kann, oder wenn er in einem sonstigen Recht besteht, das im Grundbuch eingetragen ist (Nr. 3). Die Frist beginnt bei Grundstücken mit der Übergabe, bei anderen Kaufsachen mit der Ablieferung der Sache (§ 438 Abs. 2). Die Beweislast für das Eingreifen eines der Verjährungstatbestände trägt der Verkäufer; beruft er sich auf die kurze Verjährung nach Nr. 3, muss er ggf. auch darlegen und beweisen, dass keiner der Fälle einer längeren Frist nach Nr. 1 und Nr. 2 vorliegt[19]. § 438 Abs. 3 enthält eine Sonderregelung für den Fall, dass der Verkäufer den Mangel arglistig verschwiegen hat. Die Ansprüche, die grundsätzlich unter § 438 Abs. 1 Nr. 2, Nr. 3 oder unter Abs. 2 fallen würden, verjähren in diesem Fall in der regelmäßigen Verjährungsfrist. Es gelten also die §§ 195, 199. § 438 Abs. 3 S. 2 stellt sicher, dass die Anwendung der regelmäßigen Verjährung sich nicht gegen den Käufer wenden kann.

343 In Bezug auf die **Hemmung** der Verjährung durch Klageerhebung (§ 204 Abs. 1 Nr. 1) ist die Regelung des § 213 zu beachten, wonach die Hemmung auch für solche Ansprüche gilt, „die aus demselben Grunde wahlweise neben dem Anspruch oder an seiner Stelle gegeben sind". Der BGH geht davon aus, dass dies nur für Ansprüche wegen desselben Mangels gilt[20]. Ist dies der Fall, werden aber „sämtliche in §§ 437, 634 aufgeführten kauf- und werkvertraglichen Nacherfüllungs- und Gewährleistungsrechte, die auf demselben Mangel beruhen, erfasst"[21].

---

18 Vgl. z.B. OLG Celle, 20.6.2006, 16 U 287/05, NJW 2006, 2643: grds. kein Neubeginn der Verjährung bei fehlgeschlagenem Nachbesserungsversuch (str.), aber Hemmung (§ 203) möglich.
19 BGH, 24.2.2016, VIII ZR 38/15, NJW 2016, 2645, Rdnr. 40 ff.
20 BGH, 20.1.2016, VIII ZR 77/15, NJW 2016, 2493, Rdnr. 219.
21 BGH, 29.4.2015, VIII ZR 180/14, NJW 2015, 2106, Rdnr. 22 ff.

Die gesetzlichen Gewährleistungsfristen können in bestimmten Grenzen durch **Parteivereinbarung** verkürzt werden. Besonders enge Grenzen gelten beim Verbrauchsgüterkauf (§ 476 Abs. 2, vgl. dazu Rdnr. 402). Außerhalb des Verbrauchsgüterkaufs gilt die Regelung des § 202 Abs. 1; daraus ergibt sich, dass die Verjährung der Haftung für Vorsatz nicht verkürzt werden kann, im Übrigen jedoch eine vertragliche Verkürzung zulässig ist. Bei AGB ist insbesondere § 309 Nr. 8 (b) (ff) zu beachten. Für Verlängerungen der Verjährungsfrist gilt grds. die Regel des § 202 Abs. 2. Für Rückgriffsansprüche des Verkäufers gegen seinen Lieferanten enthalten die §§ 445b, 478 Abs. 2 n.F. Sonderregeln. 344

2. Zeitliche Grenzen der Gestaltungsrechte

Die in § 437 Nr. 2 vorgesehenen Rechte des Käufers (Rücktritt, Minderung) sind im neuen Recht nicht als Ansprüche ausgestaltet, sondern als Gestaltungsrechte. Gestaltungsrechte unterliegen aber nicht der Verjährung; die Verjährung erfasst nur Ansprüche, wie sich aus § 194 Abs. 1 ergibt. Um auch diese Gestaltungsrechte den für angemessen erachteten zeitlichen Grenzen zu unterwerfen, sieht das Gesetz für den Rücktritt in § **218** eine besondere Regelung vor, auf die in § 438 Abs. 4 für den Rücktritt und in § 438 Abs. 5 für die Minderung verwiesen wird. Demnach sind der Rücktritt bzw. die Minderung wegen der mangelhaften Lieferung („nicht vertragsgemäß" i.S.d. § 218 Abs. 1 S. 1) unwirksam, wenn der Anspruch auf die Leistung oder der Nacherfüllungsanspruch verjährt sind und der Schuldner sich darauf beruft. Die zeitlichen Grenzen für das Rücktritts- bzw. das Minderungsrecht werden also an die Verjährungsregel für den Nacherfüllungsanspruch gekoppelt, die sich wiederum aus § 438 ergibt. § 218 Abs. 1 S. 2 erstreckt diese Regelung ausdrücklich auch auf diejenigen Fälle, in denen der Schuldner nach §§ 275 Abs. 1–3, 439 Abs. 3 nicht zu leisten braucht. 345

§ 438 Abs. 4 S. 2 und Abs. 5 erhalten dem Käufer die **Mängeleinrede** gegenüber dem Kaufpreisanspruch des Verkäufers. Der Käufer kann trotz einer Unwirksamkeit des Rücktritts nach § 218 Abs. 1 die Zahlung des Kaufpreises insoweit verweigern, als er aufgrund des Rücktritts dazu berechtigt sein würde. 346

§ 438 Abs. 4 S. 3 gibt dem Verkäufer für den Fall, dass der Käufer von der Mängeleinrede Gebrauch macht, das Recht, vom Vertrag zurückzutreten. Macht der Verkäufer davon Gebrauch, besteht über § 346 ein Anspruch des Käufers auf Rückgewähr einer bereits geleisteten Anzahlung. Auf diese Weise kann der Käufer also die von ihm geleisteten Zahlungen mittelbar trotz der eingetretenen Verjährung der eigentlichen Mängelrechte zurückerhalten, allerdings nur, wenn der Verkäufer tatsächlich zurücktritt. Reagiert der Verkäufer dagegen auf die Erhebung der Mängeleinrede durch den Käufer nicht mit dem Rücktritt, hat der Käufer keine Möglichkeit, bereits geleistete Zahlungen zurückzuverlangen. 347

§ 13 Konkurrenzfragen im Kaufgewährleistungsrecht

I. Irrtumsanfechtung durch den Käufer

1. § 119 Abs. 2

348 Es stellt sich die Frage, ob der Käufer den Kaufvertrag mit der Begründung anfechten kann, er habe sich über die Mangelfreiheit der Kaufsache, die eine verkehrswesentliche Eigenschaft i.S.d. § 119 Abs. 2 darstelle, geirrt, oder ob er darauf beschränkt ist, seine Gewährleistungsrechte aus § 437 geltend zu machen.

349 (1) Nach **h.M.**[1] ist die Anfechtung nach § 119 Abs. 2 **ausgeschlossen**. Begründet wird dies mit dem Gedanken der Umgehungsgefahr: Die §§ 437 ff enthalten besondere Beschränkungen für die Gewährleistungsansprüche des Käufers (insbesondere für den in seinen Wirkungen mit der Anfechtung vergleichbaren Rücktritt), die umgangen würden, wenn die insoweit großzügigeren Vorschriften des Irrtumsrechts zur Anwendung kämen.

350 Diese Beschränkungen betreffen zunächst die zeitlichen Fristen: Der mangelbedingte Rücktritt ist grundsätzlich nur zwei Jahre nach Ablieferung (§ 438 Abs. 4 i.V.m. §§ 218, 438 Abs. 1 Nr. 3) möglich, während im Irrtumsrecht die objektive Frist zehn Jahre ab Abgabe der Willenserklärung beträgt (§ 121 Abs. 2). Zwar muss der Käufer im Irrtumsrecht auch die subjektive Frist des § 121 Abs. 1 wahren (unverzüglich ab Kenntnis vom Irrtum), doch fällt dies weniger ins Gewicht: Wenn der Käufer den Irrtum erkannt hat, kann man ihm zumuten, schnell zu reagieren. Wesentlich gefährlicher für den Käufer sind die objektiven Fristen, die auch ohne Kenntnis vom Mangel bzw. Irrtum laufen. Bei diesen besteht zwischen Kaufrecht und Irrtumsrecht ein erheblicher Unterschied (zwei Jahre – zehn Jahre).

351 Darüber hinaus ist das Kaufrecht in § 442 Abs. 1 S. 2 härter als das Irrtumsrecht, das auch dem grob fahrlässig irrenden Käufer die Anfechtung uneingeschränkt gestatten würde. Auch die Haftungsbegrenzung bei öffentlichen Versteigerungen (§ 445) findet sich in dieser Form im Irrtumsrecht nicht.

352 (2) Nach **a.A.**[2] soll die Irrtumsanfechtung wegen Eigenschaftsirrtums neben den kaufrechtlichen Mängelrechten zulässig sein. Es bestehe keine Umgehungsgefahr, weil sich der Käufer die Anwendung des Irrtumsrechts mit anderweitigen Nachteilen erkaufen müsse, insbesondere mit der verschuldensunabhängigen Schadensersatzpflicht aus § 122.

---

1 Vgl. *Huber*, in: *Huber/Faust* S. 379 f; MünchKomm/*Westermann* § 437 Rdnr. 53; *Oechsler* VS Rdnr. 478; ähnlich *Looschelders* BT Rdnr. 172 ff: Anfechtung wegen § 119 Abs. 2 nur für die Zeit vor Gefahrübergang und nur bei unbehebbaren Mängeln zulässig.
2 BeckOK/*Faust* § 437 Rdnr. 177 ff.

(3) **M.E.** ist die h.M. im Ergebnis zutreffend. Es ist nämlich zu bedenken, dass die Zulassung der Anfechtung den Verkäufer seines durch das Nachfristerfordernis (§§ 323, 281) gewährleisteten Rechts zur zweiten Andienung berauben würde. Dieser Vorrang der Nacherfüllung vor der Vertragsaufhebung[3] ist eine der zentralen Wertentscheidungen des neuen Leistungsstörungsrechts, die dafür spricht, das Rechtsbehelfssystem des § 437 für die Vertragsaufhebung als abschließende Regelung zu betrachten, die andere mängelgestützte Aufhebungsmechanismen wie die Anfechtung wegen Eigenschaftsirrtums ausschließt. Im Ergebnis lässt sich die Ausschlusswirkung der §§ 437 ff also nicht nur mit der Umgehungsgefahr begründen, sondern auch mit dem Gedanken, dass die §§ 437 ff eine abschließende Regelung darstellen[4]. 353

Die **Ausschlusswirkung** der §§ 437 ff gegenüber dem § 119 Abs. 2 greift ein, wenn sich der betreffende Eigenschaftsirrtum des Käufers auf ein Merkmal der Sache bezieht, das geeignet ist, die Mängelhaftung auszulösen, konkret, wenn sich der Irrtum auf eine „Beschaffenheit" i.S.d. § 434 bzw. einen Rechtsmangel i.S.d. § 435 bezieht. 354

Fraglich ist, ob die Ausschlusswirkung auch schon **vor Gefahrübergang** eintritt. Dies ist m.E. zu bejahen[5]. Denn der Vorrang des Sachmängelrechts wird nicht etwa damit gerechtfertigt, dass bereits Gewährleistungsansprüche des Käufers entstanden sind, sondern mit abstrakten Wertungen des Sachmängelrechts. Auch ist zu berücksichtigen, dass § 323 Abs. 4 zum Ausdruck bringt, dass die Wertungen des Rücktrittsrechts bereits vor Fälligkeit gelten sollen. 355

2. § 119 Abs. 1

Der Käufer kann den Kaufvertrag wegen eines Inhalts- oder Erklärungsirrtums gemäß § 119 Abs. 1 anfechten. Ein echtes Konkurrenzproblem zum Kaufrecht stellt sich insoweit nicht, weil es hier um Fehler bei der Willensäußerung geht und nicht um Fehlvorstellungen über die Beschaffenheit der Kaufsache. Die Problematik der Fehler bei der Willensäußerung wird aber von den §§ 434 ff nicht geregelt. Deshalb können diese Vorschriften insofern auch keine Ausschlusswirkung beanspruchen. 356

II. Irrtumsanfechtung durch den Verkäufer

Auch auf der Seite des Verkäufers stellt sich die Frage, ob dieser wegen Eigenschaftsirrtums nach § 119 Abs. 2 anfechten kann, etwa mit der Begründung, er habe nicht gewusst, dass das als Kopie eines Picasso verkaufte Bild ein echter Picasso sei. Die Frage stellt sich allerdings in anderer Form als bei der Anfechtung durch den Käufer: Weil das Gewährleistungsrecht dem Verkäufer keine Mängelansprüche gibt, geht es nicht darum, ob der Verkäufer die ungünstigere Regelung des einen Rechtsbehelfs mit 357

---
3 Oder weiter formuliert: die Zurückdrängung der Vertragsaufhebung zugunsten anderer Rechtsbehelfe.
4 Vgl. zum Ganzen näher *Huber*, in: FS Hadding, S. 105 ff.
5 *Huber*, in: Huber/Faust S. 381 f; *Lorenz/Riehm* Rdnr. 573; in diese Richtung tendierend auch die Regierungsbegründung BT-Drucks. 14/6040, S. 210; **a.A.** MünchKomm/*Westermann* § 437 Rdnr. 53.

Hilfe der günstigeren Regelung eines anderen Rechtsbehelfs umgehen darf. Vielmehr geht es um die Frage, ob der Verkäufer sich bei einem Irrtum über die Eigenschaften der Kaufsache durch die Anfechtung vom Vertrag lösen und auf diese Weise seine mögliche Mängelhaftung gegenüber dem Käufer vermeiden kann.

358 In Anlehnung an die Rechtsprechung zum früheren Recht wird man wohl davon ausgehen müssen, dass der Verkäufer nicht nach § 119 Abs. 2 anfechten darf, wenn die Anfechtung den Zweck verfolgt, dem Käufer seine Gewährleistungsansprüche zu entziehen[6]. Denn der Verkäufer, der irrtümlich eine mangelhafte Sache verkauft und geliefert hat und nun hohe Ansprüche des Käufers auf Schadensersatz statt der Leistung (positives Interesse) fürchtet, darf sich nicht mit der Irrtumsanfechtung aus der Affäre ziehen und auf diese Weise nur auf das negative Interesse (§ 122) haften. Umgekehrt bedeutet dies, dass der Verkäufer grundsätzlich anfechten darf, wenn er sich dadurch nicht seiner Mängelhaftung aus den §§ 434 ff entzieht, also etwa dann, wenn im konkreten Fall überhaupt keine durchsetzbaren Mängelansprüche des Käufers bestehen.

III. § 123

359 Die Anfechtung wegen arglistiger Täuschung (§ 123) ist – wie schon im bisherigen Recht – auch neben den Gewährleistungsvorschriften zulässig, weil der Täuschende nicht schutzwürdig ist.

IV. Wegfall der Geschäftsgrundlage

360 Soweit sich die Störung der Geschäftsgrundlage (§ 313) auf die Beschaffenheit der Kaufsache oder auf einen Rechtsmangel bezieht, ist die Anwendung des § 313 ausgeschlossen, weil das Gewährleistungsrecht hierfür eine abschließende Regelung darstellt. Begründen lässt sich diese **Ausschlusswirkung** des Gewährleistungsrechts damit, dass die §§ 437 ff ein ausgewogenes Haftungssystem normieren, das nicht durch einen Rückgriff auf die Regeln über die Geschäftsgrundlage ausgehebelt werden darf[7].

361 Der Vorrang der §§ 437 ff vor § 313 gilt auch dann, wenn im konkreten Ergebnis – etwa auf Grund eines wirksamen Haftungsausschlusses – keine Gewährleistungsansprüche bestehen[8]. Er gilt jedoch nicht, wenn es bereits an einem Sachmangel i.S.d § 434 fehlt[9].

---

6 *Huber*, in: *Huber/Faust* S. 382 f; BeckOK/*Faust* § 437 Rdnr. 201; *Looschelders* BT Rdnr. 175.
7 Vgl. dazu BeckOK/*Faust* § 437 Rdnr. 185; Palandt/*Grüneberg* § 313 Rdnr. 12.
8 BGH, 21.2.2008, III ZR 200/07, NZM 2008, 462, Rdnr. 8 (zum Mietrecht); BGH, 30.9.2011, V ZR 17/11, NJW 2012, 373, Rdnr. 12 (zum Kaufrecht).
9 BGH, 30.9.2011, V ZR 17/11, NJW 2012, 373, Rdnr. 13.

V. Haftung für Verletzung vertraglicher Nebenpflichten

Häufig stellt sich die Frage, ob bzw. inwieweit der Käufer vom Verkäufer außerhalb des Gewährleistungsrechts Schadensersatz wegen der Verletzung von Nebenpflichten verlangen kann. Hier ist danach zu unterscheiden, ob sich die betreffende Nebenpflicht auf einen Mangel bezieht oder nicht.

362

1. Nicht mangelbezogene Nebenpflichten

Verletzt der Verkäufer vertragliche Nebenpflichten, die mit der Sach- bzw. Rechtsmangelfreiheit der Sache nichts zu tun haben (Bsp.: Der Verkäufer beschädigt anlässlich der Lieferung der Kaufsache Einrichtungsgegenstände des Käufers), so haftet er nach allg. Leistungsstörungsrecht (§§ 280 Abs. 1, 241 Abs. 2)[10]. Die besonderen Regeln der §§ 437 ff greifen weder unmittelbar noch analog ein.

363

2. Mangelbezogene Nebenpflichten

Schwieriger zu beantworten ist die Frage, wenn der Verkäufer eine auf den Mangel bezogene Nebenpflicht verletzt. Hier ergeben sich echte Konkurrenzprobleme. Insbesondere ist zu berücksichtigen, inwieweit die kaufrechtlichen Besonderheiten (insbesondere Verjährung des § 438, Ausschlussgründe der §§ 442, 445) umgangen würden, wenn man dem Käufer die Berufung auf Ansprüche aus § 280 Abs. 1 uneingeschränkt ermögliche.

364

Die Konkurrenzproblematik hängt mit der Frage zusammen, worin bei Schadensersatzansprüchen wegen der ursprünglich mangelhaften Lieferung (§§ 437 Nr. 3, 280 ff) das Verschulden zu sehen ist (vgl. Rdnr. 262 ff). Im Folgenden wird die hier vertretene Ansicht zugrunde gelegt, der zufolge ein Vertretenmüssen bei §§ 437 Nr. 3, 280 ff nur vorliegt, wenn der Verkäufer den Mangel schuldhaft verursacht bzw. nicht beseitigt hat, so dass es nicht genügt, wenn der Verkäufer den Mangel hätte kennen müssen.

365

> Zur konkreten Veranschaulichung sollen zwei Fallbeispiele dienen:
>
> **Fall 9 (a):** Der Verkäufer hat den Käufer bei der Lieferung schuldhaft nicht auf den nach Vertragsschluss ohne sein Verschulden entstandenen, unbehebbaren Mangel hingewiesen.
>
> **Fall 9 (b):** Der Verkäufer hat durch schuldhaft schlecht ausgeführte Verpackung einen bei Gefahrübergang vorliegenden unbehebbaren Mangel verursacht.

366

Denkbar sind grundsätzlich **drei Herangehensweisen**[11].

367

(1) Erstens könnte man die allg. Haftung aus § 280 im Konkurrenzwege völlig **ausschließen** (etwa mit dem Argument, die §§ 437 ff stellten eine abschließende Sonderregelung dar). Dies würde jedoch dann zu unbilligen Härten führen, wenn – wie im

---
10 BeckOK/*Faust* § 437 Rdnr. 196; *Huber*, in: *Huber/Faust* S. 384.
11 Vgl. zum Ganzen *Huber*, in: *Huber/Faust* S. 384 ff.

Fall 9 (a) – der Mangel unbehebbar ist und als solcher nicht schuldhaft vom Verkäufer verursacht wurde. Dann würde nämlich die allein auf die Mangelhaftigkeit der Sache gestützte Schadensersatzhaftung des Verkäufers grundsätzlich am fehlenden Verschulden scheitern, und die Haftung für die von ihm begangene schuldhafte Aufklärungspflichtverletzung wäre im Konkurrenzwege ausgeschlossen[12].

368 (2) Der zweite Weg bestünde darin, die allg. Schadensersatzhaftung uneingeschränkt neben dem Gewährleistungsrecht **zur Anwendung zu bringen**. Dies wäre jedoch in **Fall 9 (b)** nicht unproblematisch. Denn hier würde der Verkäufer einerseits aus §§ 437, 280 ff haften, allerdings unter den besonderen Einschränkungen der §§ 437 ff (insbesondere unter Geltung der kurzen kaufrechtlichen Verjährung: zwei Jahre mit objektivem Fristbeginn). Andererseits könnte der Käufer die Haftung des Verkäufers auch über die allg. Regel des § 280 Abs. 1 begründen und sich damit die Vorteile der Regelverjährung nach §§ 195, 199 (drei Jahre mit subjektivem Fristbeginn) sichern. Dies erscheint fragwürdig, weil es sich letztlich in beiden Varianten um den gleichen Vorwurf an den Verkäufer handelt, nämlich dass er schuldhaft die Mangelhaftigkeit der Kaufsache herbeigeführt habe. Dieser Ansatz würde also zu einer Umgehung der Wertungen der §§ 437 ff führen und ist deshalb abzulehnen.

369 (3) Vorzugswürdig ist deshalb die dritte Möglichkeit, nämlich die allg. Schadensersatzhaftung nach § 280 grundsätzlich im Wege der Anspruchskonkurrenz neben dem Gewährleistungsrecht zuzulassen, sie aber im Wege der sog. **"Einwirkung"** den besonderen kaufrechtlichen Einschränkungen der §§ 437 ff, insbesondere der Verjährungsvorschrift des § 438, zu unterwerfen[13]. Anders formuliert: Ein Anspruch aus § 280 Abs. 1 wegen Nebenpflichtverletzung ist möglich, unterliegt aber der analogen Anwendung der §§ 438 ff. In **Fall 9 (a)** könnte der Käufer dann Schadensersatz wegen der schuldhaften Nebenpflichtverletzung (Aufklärungspflicht) nach § 280 Abs. 1 verlangen, müsste aber die Verjährung nach § 438 (analog) beachten. In **Fall 9 (b)** könnte der Käufer seinen Schadensersatzanspruch auf zwei Anspruchsgrundlagen stützen, sich aber nicht durch eine geschickte Formulierung der Anspruchsbegründung (als Nebenpflichtverletzung) den besonderen Beschränkungen der §§ 437 ff entziehen.

370 Zu beachten ist, dass Ansprüche wegen Aufklärungspflichtverletzungen in der Regel nur zum **Ersatz** des negativen Interesses bzw. von Mangelfolgeschäden führen werden. Dies ergibt sich aus der Anwendung der Kausalitätsregeln des allg. Schadensrechts: Zu ersetzen sind diejenigen Schäden, die vermieden worden wären, wenn der Verkäufer den Käufer rechtzeitig aufgeklärt hätte. Das sind typischerweise die Mangelfolgeschäden, nicht jedoch der Mangelschaden, etwa der mangelbedingte Minderwert. Denn diesen hätte auch die Aufklärung nicht vermieden.

---

12 Anders wäre es, wenn man es für das Vertretenmüssen bei §§ 437, 280 ff genügen ließe, dass der Verkäufer den Mangel hätte kennen müssen. Dann bestünde ein Anspruch aus §§ 437, 280 ff, so dass der völlige Ausschluss von Ansprüchen wegen mangelbezogener Nebenpflichtverletzungen vertretbar wäre.
13 *Huber*, in: *Huber/Faust* S. 386 f; BeckOK/*Faust* § 437 Rdnr. 193.

VI. Haftung für vorvertragliche Aufklärungspflichtverletzungen (c.i.c.)

Wenn der Verkäufer den Käufer vor Vertragsschluss schuldhaft nicht über eine mängelbegründende Eigenschaft der Kaufsache aufgeklärt hat, stellt sich die Frage, ob der Käufer Schadensersatzansprüche aus §§ 280 Abs. 1, 311 Abs. 2, 241 Abs. 2 geltend machen kann oder ob die §§ 437 ff dies als abschließende Sonderregelung ausschließen. Man kann hier nicht einfach die Lösung aus dem Bereich der vertraglichen Nebenpflichtverletzungen übernehmen, weil die Ansprüche wegen vorvertraglicher Aufklärungspflichtverletzung eine andere Zielrichtung haben. Sie können sich nämlich auf Aufhebung des Vertrages richten: Der Käufer behauptet, er hätte bei rechtzeitiger Aufklärung über den Mangel der Sache den Vertrag nicht geschlossen und müsse deshalb im Wege der Naturalrestitution (§ 249 Abs. 1) so gestellt werden, als habe er dies nicht getan.

371

Nach **überwiegender Ansicht** sind, um eine Umgehung der §§ 437 ff zu vermeiden, Ansprüche aus §§ 280 Abs. 1, 311 Abs. 2 **ausgeschlossen**, wenn sie sich auf eine Beschaffenheit i.S.d. § 434 – hier wird der Streit über den engen oder weiten Beschaffenheitsbegriff (Rdnr. 55 ff) relevant! – bzw. auf einen Rechtsmangel beziehen[14]. Die Gegenansicht will hingegen die Haftung aus c.i.c. uneingeschränkt zulassen, weil sie sich vom Gewährleistungsrecht im Hinblick auf Voraussetzungen und Zielsetzung deutlich unterscheide: Hier gehe es um den Ausgleich der vom Verkäufer verursachten Informationsdefizite beim Käufer, dort um den Ausgleich dafür, dass die Sache nicht so ist, wie sie sein soll[15].

372

Für die von der überwiegenden Meinung angenommene Ausschlusswirkung spricht, dass der Käufer mit den Ansprüchen aus c.i.c. im Wesentlichen solche Ziele erreichen will (insbesondere die Lösung vom Vertrag), die er über §§ 437 ff grundsätzlich auch erreichen könnte, allerdings unter z.T. erheblich verschärften Bedingungen: Vorrang der Nacherfüllung, schärfere Verjährungsregelung des § 438, Ausschlussgründe der §§ 442, 445. Hinzu kommt, dass auch die Rechtsfolgen der §§ 437 ff teilweise enger sind als bei einem Anspruch aus §§ 280 Abs. 1, 311 Abs. 2: So ermöglicht Letzterer den vollen Ersatz des negativen Interesses, der Anspruch aus §§ 437 Nr. 3, 284 hingegen nur den Ersatz frustrierter Aufwendungen. M.E. ist es deshalb vorzugswürdig, die §§ 437 ff als abschließende Sonderregelungen anzusehen und Ansprüche aus c.i.c. auszuschließen, wenn sie sich auf eine Beschaffenheit i.S.d. § 434 bzw. auf einen Rechtsmangel beziehen. Die für die Nebenpflichtverletzungen vorgeschlagene Lösung über eine „Einwirkung" der §§ 437 ff genügt hier nicht, weil sie nicht verhindert, dass der Käufer sich vom Vertrag löst, ohne dem Verkäufer die Chance zur Nacherfüllung zu geben.

373

Fraglich ist, ob im Wege einer **Ausnahme** die Ausschlusswirkung der §§ 437 ff für diejenigen Fälle durchbrochen werden soll, in denen dem Verkäufer **Vorsatz** zur Last fällt. Dies wird von Teilen der Literatur mit dem Argument abgelehnt, dass die §§ 437 ff

374

---

[14] Vgl. z.B. **BGH, 27.3.2009, V ZR 30/08, NJW 2009, 2120**; BGH, 16.12.2009, VIII ZR 38/09, NJW 2010, 858; Palandt/*Grüneberg* § 311 Rdnr. 14 ff, 43; *Looschelders* BT Rdnr. 178; *Oechsler* VS Rdnr. 466.
[15] BeckOK/*Faust* § 437 Rdnr. 190.

auch die Vorsatzhaftung umfassen, so dass der Käufer ausreichend geschützt sei[16]. Andererseits ist zu bedenken, dass der Verkäufer bei Vorsatz nicht schutzwürdig ist, sondern vielmehr dem arglistig Täuschenden ähnelt, der gegenüber einer Anfechtung nach § 123 auch nicht durch eine Sperrwirkung der §§ 437 ff geschützt wird. Der BGH lässt daher eine Ausnahme von der Ausschlusswirkung der §§ 437 ff zu[17]. In Bezug auf die Rechtsfolgen einer Haftung aus c.i.c. ist zu beachten, dass der zu ersetzende Vertrauensschaden nicht nur – wie oben bereits erwähnt – auf Rückgängigmachung des Vertrages gerichtet sein kann, sondern alternativ auch darauf, dass „der Käufer als Vertrauensschaden von dem Verkäufer den Betrag verlangen kann, um den er den Kaufgegenstand zu teuer erworben hat"[18].

375 Eine andere Situation ergibt sich, wenn der Verkäufer **vertraglich** eine **Beratungs- und Aufklärungspflicht** übernommen hat. In diesem Fall geht es nicht um die Verletzung vorvertraglicher Pflichten. Die Problematik ähnelt vielmehr derjenigen der Nebenpflichtverletzungen (vgl. Rdnr. 362 ff), so dass die Diskussion m.E. nach ähnlichen Grundmustern verlaufen kann wie dort.

VII. Haftung des Käufers für unberechtigt geltend gemachte Ansprüche

376 Wenn der Käufer gegen den Verkäufer Gewährleistungsansprüche zu Unrecht geltend macht, stellt sich die Frage, ob der Verkäufer die ihm daraus entstandenen Kosten als Schadensersatz verlangen kann. Ein Beispiel wäre der Fall, in dem der Käufer Reparatur (§§ 437 Nr. 1, 439) verlangt, obwohl der von ihm behauptete „Mangel" gar nicht (der gelieferte Kühlschrank „funktioniert nicht", weil der Käufer vergessen hat, den Stecker in die Steckdose zu stecken) oder nicht bei Gefahrübergang (er „funktioniert nicht", weil die Hamster des Käufers nach der Lieferung das Stromkabel durchgebissen haben) vorlag. Hat der Verkäufer nun Anspruch auf Ersatz der für die Anreise seines Monteurs zum Käufer entstandenen Kosten?

377 Der **BGH** geht grundsätzlich davon aus, dass eine **Schadensersatzhaftung** des Käufers aus § 280 Abs. 1 bestehen kann. Die Pflichtverletzung liegt darin, dass der Käufer vom Verkäufer etwas verlangt hat, was ihm nicht zustand (Verletzung der Rücksichtnahmepflicht aus § 241 Abs. 2). Allerdings wird es häufig am Vertretenmüssen fehlen. Der BGH geht nämlich davon aus, dass den Käufer im Rahmen der nach § 276 Abs. 2 maßgeblichen im Verkehr erforderlichen Sorgfalt nur die Pflicht trifft, zu prüfen, ob die Vertragsstörung auf eine Ursache zurückzuführen ist, die dem eigenen Verantwortungsbereich zuzuordnen ist, ob mithin der eigene Rechtsstandpunkt plausibel ist. Der Käufer hat also nur eine Sorgfaltspflicht zur Plausibilitäts- bzw. Evidenzkontrolle[19]. Diese hätte er im ersten Kühlschrankfall sicher, im zweiten zumindest dann verletzt,

---

16 Jauernig/*Stadler* § 311 Rdnr. 38.
17 BGH, 27.3.2009, V ZR 30/08, NJW 2009, 2120; BGH, 16.12.2009, VIII ZR 38/09, NJW 2010, 858; BGH, 6.11.2015, V ZR 78/14, NJW 2016, 1815, Rdnr. 24.
18 BGH, 6.11.2015, V ZR 78/14, NJW 2016, 1815, Rdnr. 24.
19 Vgl. **BGH, 23.1.2008, VIII ZR 246/06, NJW 2008, 1147**; BGH, 16.1.2009, V ZR 133/08, NJW 2009, 1262.

wenn der Hamster tot neben dem Kabel liegt und/oder deutliche Bissspuren am Kabel erkennbar sind.

> **Abgrenzung:** Die vorstehenden Ausführungen betreffen Fälle, in denen der Käufer durch die – letztlich unberechtigte – Geltendmachung von Gewährleistungsansprüchen Kosten beim *Verkäufer* verursacht hat. Eine andere Fragestellung ergibt sich, wenn der *Käufer* für die Ermittlung des Mangels selbst Aufwendungen tätigt (z.B. für ein Sachverständigengutachten): Dann stellt sich die Frage, ob der Käufer diese vom Verkäufer ersetzt verlangen kann, z.B. über § 439 Abs. 2; diese Frage wird o. Rdnr. 106 behandelt.

378

VIII. Deliktsrecht

Die Abgrenzung von Kaufgewährleistungsrecht und Deliktsrecht wird dann problematisch, wenn es darum geht zu entscheiden, inwiefern die Mangelhaftigkeit der Kaufsache an sich Ersatzansprüche nach Deliktsrecht auslösen kann. Nach h.M. zum Deliktsrecht kommt eine deliktsrechtliche Haftung wegen Eigentumsverletzung aus § 823 Abs. 1 insoweit in Betracht, als nicht lediglich das (vertraglich geschützte) Äquivalenzinteresse, sondern das **Integritätsinteresse** verletzt ist. Dies ist nur dann der Fall, wenn der betreffende Schaden nicht „stoffgleich" mit dem Sachmangel ist, insbesondere wenn zunächst nur ein funktionell begrenztes Einzelteil der Kaufsache mangelhaft ist und die in dieser Mangelhaftigkeit liegende Gefahr nach dem Eigentumsübergang zu einem über den Mangel hinausgehenden Schaden führt (sog. **„Weiterfresserschaden"**)[20].

379

An dieser Haftung aus § 823 Abs. 1 ändert richtiger Ansicht nach auch die Tatsache nichts, dass zwischen Schädiger und Geschädigtem ein Kaufvertrag besteht[21]. Der Verkäufer haftet also dem Käufer für weiterfressende Mängel nicht nur aus Vertrag, sondern auch aus Delikt (§ 823 Abs. 1). Die §§ 437 ff sind nicht etwa eine abschließende Sonderregelung, die das Deliktsrecht ausschlösse. Denn deliktische und vertragliche Haftung sind zwei von Grund auf verschiedene Haftungssysteme, die im deutschen Recht nach ganz h.M. nebeneinander stehen.

380

Fraglich ist allerdings, ob man die **gewährleistungsrechtlichen Sonderregeln** der §§ 437 ff, insbesondere die Verjährungsregel des § 438, im Wege der „Einwirkung" analog auf Ansprüche aus § 823 anwenden sollte, wenn zwischen den Parteien ein Kaufvertrag besteht und der Schaden durch die Mangelhaftigkeit der Sache hervorgerufen wurde[22]. Hierfür spricht die Erwägung, dass sich der Käufer bewusst auf die vertragliche Sonderverbindung mit ihren Sonderregelungen eingelassen hat. Hiergegen ist jedoch einzuwenden, dass es sich bei Vertrags- und Deliktsrecht um nebeneinander stehende Haftungssysteme handelt, die jeweils unterschiedlichen Voraussetzungen unterliegen. Das Deliktsrecht statuiert dabei den jedermann gebührenden Mindestschutz, der unabhängig vom Bestehen einer Sonderverbindung ist und durch

381

---
20 Vgl. dazu näher *Buck-Heeb* Rdnr. 113; *Looschelders* BT Rdnr. 180 ff.
21 BeckOK/*Faust* § 437 Rdnr. 197.
22 So NomosKomm/*Mansel* § 195 Rdnr. 55 ff für Sachschäden, nicht jedoch für Personenschäden.

diese nicht beeinflusst wird. Sowenig das parallele Bestehen einer Sonderverbindung dazu führt, dass sich der Schädiger im Rahmen der deliktischen Ansprüche fremdes Verschulden nach Art des § 278 zurechnen lassen muss, sowenig vermag es eine Verkürzung der deliktsrechtlichen Verjährung zu rechtfertigen[23]. Auch ist zu bedenken, dass der Verkäufer seinerseits ohnehin mit einer deliktischen Haftung nach den allg. (Verjährungs-)Regeln rechnen muss, weil die Sache in die Hände Dritter geraten und dort Schäden verursachen kann. Schließlich kommt auch die Ansicht, die §§ 438 ff analog anwenden will, nicht ohne Ausnahmen aus, etwa im Fall der Haftung nach dem ProdHaftG oder bei Personenschäden. Insgesamt betrachtet ist es deshalb m.E. vorzugswürdig, an dem althergebrachten Grundsatz festzuhalten, dass deliktische Ansprüche unbeeinflusst neben den vertraglichen Ansprüchen stehen können.

382 Vereinzelt wird die Frage aufgeworfen, ob zum Schutz des Nacherfüllungsrechts des Verkäufers bzw. aus Konkurrenzerwägungen heraus auch der deliktische Schadensersatzanspruch des Käufers von einer **erfolglosen Nachfristsetzung** abhängig gemacht werden soll[24]. Dieses Problem stellt sich natürlich nicht, wenn man den Weiterfresserschaden als einfachen Schaden i.S.d. § 280 Abs. 1 einordnet. Denn in diesem Fall richtet sich schon der vertragliche Ersatzanspruch allein nach § 280 Abs. 1 und unterliegt deshalb nicht dem Fristsetzungserfordernis. Wenn man hingegen den Ersatz des Weiterfresserschadens als Schadensersatz statt der Leistung i.S.d. § 280 Abs. 3 einordnet, stellt sich die Frage. Richtigerweise sollte man aber auch hier davon ausgehen, dass deliktische Ansprüche unbeeinflusst neben den vertraglichen Ansprüchen stehen können. Ein Fristsetzungserfordernis ist deshalb **abzulehnen**.

§ 14 Verbrauchsgüterkauf

I. Überblick

383 Der Untertitel 3 (§§ 474–479) zum Verbrauchsgüterkauf enthält diejenigen Vorschriften, die zur Umsetzung der Verbrauchsgüterkauf-RL (bzw. der Verbraucherrechterichtlinie) erforderlich sind, deren Geltung der Gesetzgeber aber auf Verbraucherverträge beschränken wollte, weil er sie nicht für alle Kaufverträge für angemessen hielt. Die Vorschriften gelten grundsätzlich ergänzend zu den allgemeinen Vorschriften der §§ 433 ff, gehen diesen jedoch im Konfliktfall vor.

384 Der Untertitel 3 lässt sich inhaltlich in drei Teile gliedern: § 474 regelt den Anwendungsbereich und bestimmt, dass für Verbrauchsgüterkäufe ergänzend die folgenden Vorschriften gelten. Die §§ 475–477 und 479 regeln einzelne Fragen des Verbrauchsgüterkaufs. Hier haben sich im Zuge der Reform durch das Mängelhaftungsänderungsgesetz 2017 Verschiebungen bei der Nummerierung sowie in § 475 Abs. 4 bis 6

---

23 BeckOK/*Faust* § 437 Rdnr. 197.
24 Überblick zur Diskussion bei BeckOK/*Faust* § 437 Rdnr. 199.

auch inhaltliche Änderungen ergeben. § 478 enthält einige Regeln zum Rückgriff des Verkäufers (eines Verbrauchsgüterkaufs) gegen seinen Lieferanten (und den weiteren Rückgriff in der Lieferkette); diese ergänzen die allgemeinen Rückgriffsvorschriften der §§ 445a, b.

II. Anwendungsbereich der §§ 474 ff

§ 474 Abs. 2 S. 1 bestimmt, dass für den Verbrauchsgüterkauf ergänzend die folgenden Vorschriften, also §§ 475–479 gelten (es sei denn, es handelt sich um gebrauchte Sachen, die in einer öffentlich zugänglichen Versteigerung verkauft werden, an der der Verbraucher persönlich teilnehmen kann, § 474 Abs. 2 S. 2). Zentrales Kriterium für den Anwendungsbereich dieser Vorschriften ist also, dass ein Verbrauchsgüterkauf vorliegt. Ein solcher Verbrauchsgüterkauf liegt nach der Legaldefinition in § 474 Abs. 1 S. 1 dann vor, wenn ein Verbraucher von einem Unternehmer eine bewegliche Sache kauft. Man kann die daraus resultierenden Anwendungsvoraussetzungen in solche des persönlichen und solche des sachlichen Anwendungsbereichs unterteilen. **385**

1. Persönlicher Anwendungsbereich

Der persönliche Anwendungsbereich wird dadurch bestimmt, dass der Verkäufer **Unternehmer** i.S.d. § 14[1], der Käufer **Verbraucher** i.S.d. § 13 sein muss. Nicht von den §§ 474 ff erfasst werden damit Kaufverträge von Unternehmern untereinander, von Verbrauchern untereinander oder von Verbrauchern als Verkäufer an Unternehmer. An der Unternehmereigenschaft des Verkäufers fehlt es grundsätzlich nicht bereits dann, wenn es sich um ein branchenfremdes Geschäft handelt, wenn also der Verkauf der Sache nicht zum eigentlichen Tätigkeitsbereich des Unternehmers gehört (Bsp.: eine Druckerei GmbH verkauft ihren Lieferwagen an einen Privatmann)[2]. **386**

Fragen können sich in diesem Zusammenhang sowohl auf Verkäufer- als auch auf Käuferseite ergeben. Auf **Verkäuferseite** sind hier die **Agenturgeschäfte** zu nennen, in denen der Unternehmer gegenüber dem kaufenden Verbraucher nur als „Vermittler" für den Verkäufer auftritt, der seinerseits Verbraucher ist. Dies liefe auf die Konsequenz hinaus, dass beim Verkauf des Gebrauchtwagens an einen privaten Käufer im Grunde ein Kaufvertrag zwischen zwei Privaten zustande käme – Verkäufer ist dann nämlich nicht der (gewerbliche) Autohändler, sondern der (private) Neuwagenkäufer. Folglich bestünde zwischen dem Händler und dem kaufenden Verbraucher kein Verbrauchsgüterkaufvertrag i.S.d. § 474 Abs. 1 und die §§ 475 ff griffen nicht ein. **387**

---

1 Problematisch ist allerdings, dass § 14 nur den selbstständig beruflich Handelnden erfasst, die Verbrauchsgüterkauf-RL hingegen auch den unselbstständig beruflich Handelnden; vgl. BeckOK/*Faust* § 474 Rdnr. 18, der für eine richtlinienkonforme Auslegung des § 14 plädiert.
2 Vgl. dazu BGH, 13.7.2011, VIII ZR 215/10, JZ 2012, 147 (m. krit. Anm. *Bach*): „Auch der Verkauf beweglicher Sachen durch eine GmbH an einen Verbraucher gehört im Zweifel zum Betrieb des Handelsgewerbes der GmbH (§ 344 Abs. 1 HGB) und fällt damit, auch soweit es sich um branchenfremde Nebengeschäfte handelt, unter die Bestimmungen der §§ 474 ff BGB für den Verbrauchsgüterkauf, sofern die gesetzliche Vermutung des § 344 Abs. 1 HGB nicht widerlegt ist."

388 Fraglich ist allerdings, ob die gewählte „Agentur-Konstruktion" nicht ein Umgehungsgeschäft (i.S.d. § 476 Abs. 1 S. 2) ist, und wenn ja, ob sich daraus ergibt, dass man von einem zwischen dem Händler und dem Verbraucherkäufer geschlossenen Kaufvertrag ausgehen muss, der unter die §§ 474 ff fällt. Die Behandlung dieser Frage ist streitig. Überwiegend (und vom BGH) wird danach differenziert, wie bei wirtschaftlicher Betrachtung die Chancen und Risiken des Gebrauchtwagenverkaufs zwischen dem bisherigen Eigentümer und dem Händler verteilt sind, wer also das wirtschaftliche Risiko eines erfolgreichen Weiterverkaufs trägt[3]: Trägt dies der Händler, etwa weil er einen Gebrauchtwagen dergestalt in Zahlung genommen hat, dass er dem Fahrzeugeigentümer einen bestimmten Mindestverkaufspreis garantiert und ihm beim Kauf eines Neuwagens den entsprechenden Teil des Kaufpreises für das Neufahrzeug gestundet hat, so ist er nach Ansicht des BGH beim Weiterverkauf des Gebrauchtwagens als dessen Verkäufer anzusehen. Es besteht (bzw. eher: wird fingiert) dann also ein Verbrauchsgüterkauf zwischen dem Händler und dem Käufer, aus dem der Händler haftet, und zwar wegen § 476 logischerweise, ohne sich auf einen etwaigen Haftungsausschluss im Vertrag berufen zu können[4]; ob daneben noch ein gewöhnlicher Kaufvertrag zwischen dem Verbraucher-Käufer und dem Verbraucher-Verkäufer besteht (mit dem vereinbarten Gewährleistungsausschluss) oder ob dieser als Scheingeschäft nach § 117 unwirksam ist, hat der BGH offen gelassen. Trägt hingegen umgekehrt der Neuwagenkäufer das Risiko des Weiterverkaufs seines Gebrauchtwagens, so ist das Agenturgeschäft nach Ansicht des BGH zu akzeptieren[5]; dann liegt ein Kaufvertrag zwischen zwei Verbrauchern (Verkäufer und Käufer) vor.

389 Zu bedenken ist in diesem Zusammenhang, dass der EuGH[6] im Jahr 2016 entschieden hat, ein Vermittler könne als Verkäufer i.S.d. § 474 behandelt werden, wenn er dem Verbraucher/Käufer nicht ordnungsgemäß mitgeteilt hat, dass der Eigentümer der Kaufsache (gemeint ist: der eigentliche Verkäufer) eine Privatperson ist, und zwar unabhängig davon, ob der Vermittler für seine Tätigkeit ein Entgelt erhält oder nicht. Die Reichweite dieser Rechtsprechung hängt natürlich davon ab, was man unter „ordnungsgemäß mitgeteilt" versteht. Hier soll das nationale Gericht nach Ansicht des EuGH alle Umstände des Einzelfalls bewerten, unter anderem das Ausmaß der Beteiligung und die Intensität der Bemühungen des Vermittlers, die Umstände, unter denen das Verbrauchsgut dem Verbraucher präsentiert wurde sowie das Verhalten des Verbrauchers. Maßgeblich sei, ob der Vermittler mit seinem Auftreten die Gefahr eines Irrtums erzeuge, indem er dem Verbraucher den Eindruck vermittle, dass er Eigentümer der Kaufsache (sprich: Verkäufer) sei. Diese Gesamtwürdigung könnte dazu führen, dass Vermittler nicht selten als Verkäufer angesehen werden. Anderer-

---

[3] So BeckOK/*Faust* § 475 Rdnr. 7a; dem folgend OLG Stuttgart, 19.5.2004, 3 U 12/04, NJW 2004, 2169; BGH, 26.1.2005, VIII ZR 175/04, NJW 2005, 1039, 1040.

[4] Kritisch dazu MünchKomm/*Lorenz* § 475 Rdnr. 40 ff: Es sei nicht überzeugend, das Vorliegen eines Vertrags zwischen Händler und Käufer und damit einen Wechsel der Vertragspartei zu fingieren; vielmehr solle der Verbraucher-Verkäufer Verkäufer bleiben, sich aber wegen der Umgehungskomponente gemäß § 475 (a.F = § 476 n.F.) nicht auf den Haftungsausschluss berufen dürfen.

[5] BGH NJW 2005, 1039, 1040; ähnlich OLG Stuttgart, 19.5.2004, 3 U 12/04, NJW 2004, 2169, 2170: Weitere Indizien dafür, dass das wirtschaftliche Risiko auf Seiten des Verkäufers liege, seien beispielsweise Ansprüche des Händlers auf Provision, Standgeld oder Fahrzeugüberführung.

[6] EuGH, 9.11.2016, Rs. C-149/15, NJW 2017, 874 *(Wathelet/Bietheres)*.

seits ist zu bedenken, dass der Fall, der zur Vorlage an den EuGH führte, insofern ein Ausnahmefall sein dürfte, als der kaufenden Verbraucherin dort anlässlich des Kaufs keine schriftlichen Unterlagen übergeben und auch die Zulassung von der Vermittlerin durchgeführt worden waren, so dass tatsächlich eine gewisse Wahrscheinlichkeit bestand, dass die Käuferin von der Identität des eigentlichen Verkäufers (jedenfalls bei Vertragsschluss) nichts wusste. Dessen ungeachtet wird man jedenfalls davon ausgehen können, dass die oben geschilderte Linie der in Deutschland h.M., einen Vermittler, der das wirtschaftliche Risiko trägt, als Verkäufer zu behandeln, weiterhin zulässig bleibt, weil sie für den Verbraucher allenfalls eine zusätzliche Begünstigung bringt[7].

Auf **Käuferseite** ist fraglich, ob ein Verbrauchsgüterkauf auch vorliegt, wenn der an sich private Käufer einen gewerblichen Verwendungszweck vortäuscht. Dazu der folgende Fall: 390

> **Fall 10** (vgl. BGH, 22.12.2004, VIII ZR 91/04, NZV 2005, 307): Privatmann K kaufte von Kfz-Händler V einen gebrauchten Pkw zum Preis von 6000 €. Der von V und K ausgehandelte und handschriftlich verfasste Vertrag enthielt folgende „Sondervereinbarung":
> „Keine Gewährleistung. Händlergeschäft. Baujahr 2010. Erstzulassung 03.2015 in Deutschland."
> Diese Abrede beruhte darauf, dass V lediglich an Händler verkaufen wollte, weil er diesen gegenüber die Gewährleistung ausschließen könne. Deshalb gab K gegenüber V vor, den Wagen für gewerbliche Zwecke zu kaufen.
> Das Fahrzeug erwies sich in der Folgezeit als technisch mangelhaft, auch war es vor der Zulassung in Deutschland bereits in Italien zugelassen gewesen. K begehrt nun die Rückabwicklung des Kaufvertrages. Zu Recht?

Ob K vom Vertrag gemäß §§ 437 Nr. 2, 323 Abs. 1 zurücktreten kann, hängt davon ab, ob der vereinbarte Gewährleistungsausschluss wirksam ist. Die Unwirksamkeit des Gewährleistungsausschlusses könnte sich aus § 476 Abs. 1 ergeben. Dies setzt zunächst voraus, dass ein Verbrauchsgüterkauf i.S.d. § 474 Abs. 1 vorliegt. Dies ist der Fall, wenn ein Verbraucher von einem Unternehmer eine bewegliche Sache kauft. Fraglich ist, ob man K hier als Verbraucher i.S.d. § 13 qualifizieren kann. Danach muss das abgeschlossene Rechtsgeschäft einem Zweck dienen, der weder seiner gewerblichen noch seiner selbstständigen beruflichen Tätigkeit zugerechnet werden kann. Tatsächlich kaufte K den Wagen vorliegend für rein private Zwecke. Objektiv ist er also als Verbraucher zu qualifizieren. Allerdings täuschte K den V über den Geschäftszweck, indem er wahrheitswidrig als Gewerbetreibender auftrat[8]. Hierin liegt ein Verstoß gegen Treu und Glauben (§ 242) in der Ausprägung des venire contra factum proprium: Wer sich gegenüber einem Unternehmer, um diesen zum Vertragsabschluss zu bewegen, wahrheitswidrig als Händler ausgibt, darf sich nicht später darauf berufen, er sei in Wahrheit Verbraucher gewesen. Dem K ist daher der Schutz der §§ 474 ff 391

---
7 Vgl. *Pfeiffer* LMK 2016, 384085.
8 Zu der – hier nicht relevanten – Frage, ob der Geschäftszweck, von dem die Verbrauchereigenschaft abhängt, subjektiv oder objektiv zu bestimmen ist, vgl. MünchKomm/*Micklitz/Purnhagen* § 13 Rdnr. 44.

§ 14 *Verbrauchsgüterkauf*

verwehrt. Der getäuschte Vertragspartner ist damit nicht auf eine Anfechtung wegen arglistiger Täuschung beschränkt, sondern kann den Vertragspartner an dem anhand von dessen Angaben zustande gekommenen Vertrag festhalten[9].

392   Benutzt der Käufer die Kaufsache sowohl privat als auch gewerblich („dual use"), so kommt es nach h.M. darauf an, welche Nutzung überwiegt[10].

2. Sachlicher Anwendungsbereich

393   In sachlicher Hinsicht ist der Anwendungsbereich gemäß § 474 Abs. 1 S. 1 auf den Kauf beweglicher Sachen beschränkt. Der Grundstückskauf fällt also nicht darunter. Eine weitere Einschränkung des sachlichen Anwendungsbereichs findet sich in § 474 Abs. 2 S. 2: Die §§ 474 ff gelten nicht für gebrauchte Sachen, die in einer öffentlich zugänglichen Versteigerung (legaldefiniert in § 312g Abs. 1 Nr. 10)[11] verkauft werden, an der der Verbraucher persönlich teilnehmen kann. Eine Erweiterung des sachlichen Anwendungsbereichs ergibt sich hingegen aus § 474 Abs. 1 S. 2: „Um einen Verbrauchsgüterkauf handelt es sich auch bei einem Vertrag, der neben dem Verkauf einer beweglichen Sache die Erbringung einer Dienstleistung durch den Unternehmer zum Gegenstand hat." Dies erfasst beispielsweise Fälle, in denen der Verkäufer über seine kaufrechtliche Lieferpflicht hinaus zur Montage oder zur Installation verpflichtet ist. Die Regelung umfasst nach Ansicht des Gesetzgebers auch solche Fälle, in denen die Dienstleistung im Verhältnis zur Übereignung der Ware nicht nur untergeordnete Bedeutung hat[12].

III. Besondere Regelungen für den Verbrauchsgüterkauf

1. Gefahrübergang beim Versendungskauf

394   § 475 Abs. 2 n.F. (= § 474 Abs. 4 a.F.) beschränkt die Anwendung des § 447 Abs. 1 über den Gefahrübergang beim Versendungskauf. Die darin enthaltene Regelung über den (vorzeitigen) Gefahrübergang auf den Käufer greift – in den Fällen der §§ 474 ff – nur dann, wenn der Käufer den Beförderer mit der Ausführung beauftragt hat und der Verkäufer dem Käufer diesen Beförderer nicht zuvor benannt hat. Die Vorschrift wurde durch das Gesetz zur Umsetzung der Verbraucherrechterichtlinie 2013 geändert. Früher war die Anwendung des § 447 Abs. 1 auf den Verbrauchsgüterkauf generell ausgeschlossen. Nach der Neufassung im Jahr 2013 soll § 447 Abs. 1 zwar im Grundsatz

---

9   BGH, 22.12.2004, VIII ZR 91/04, NZV 2005, 307, 308.
10 OLG Celle, 4.4.2007, 7 U 193/06, BeckRS 2007, 09426; OLG Celle, 11.8.2004, 7 U 17/04, NJW-RR 2004, 1645; strenger (allerdings zum Verbraucherbegriff im Internationalen Zivilprozessrecht) der EuGH, 20.1.2005, Rs. C-464/01 *(Gruber/BayWa)*, NJW 2005, 653: Verbrauchereigenschaft nur dann, wenn der berufliche Zweck völlig in den Hintergrund tritt. Die deutsche h.M. ist dennoch – weil verbraucherfreundlich – europarechtskonform.
11 Eine reine Internetversteigerung fällt jedenfalls deshalb nicht unter diesen Begriff, weil es keine Möglichkeit zu persönlicher Anwesenheit gibt, vgl. MünchKomm/*Lorenz*, § 474 Rdnr. 13.
12 BT-Drucks. 17/12637, S. 69.

nach wie vor ausgeschlossen sein, allerdings in dem Sonderfall doch gelten, dass der Käufer die Beförderung selbst organisiert, weil der Beförderer dann der Sphäre des Käufers zuzurechnen ist. Die praktische Relevanz dieser Ausnahmeregel dürfte aber gering sein, insbesondere auch deshalb, weil zusätzlich verlangt wird, dass die vom Käufer vorgenommene Beauftragung nicht auf eine vorherige Benennung durch den Verkäufer zurückgeht.

Soweit demnach die Anwendung des § 447 Abs. 1 ausgeschlossen ist, bleibt es bei der allgemeinen Regelung des Gefahrübergangs in **§ 446**: Die Gegenleistungsgefahr geht erst mit der Übergabe der Sache an den Käufer bzw. in dem Moment über, in dem der Käufer in Annahmeverzug gerät. Bis zu diesem Zeitpunkt trägt der Verkäufer die Gefahr des zufälligen Untergangs der Sache. Auch ist dieser Zeitpunkt über § 434 für die Frage der Freiheit von Sachmängeln maßgeblich: Wenn also die Sache auf dem Transport beschädigt und deshalb mangelhaft i.S.d. § 434 wird, so haftet der Verkäufer dafür nach § 437. Er muss sich dann an die von ihm beauftragte Transportperson halten und ggf. Ansprüche aus Verletzung des Transportvertrages geltend machen. Als Konsequenz aus dieser Regelung besteht beim Verbrauchsgüterkauf (soweit § 475 Abs. 3 die Anwendung des § 447 Abs. 1 ausschließt) kein Bedürfnis für die Rechtsfigur der Drittschadensliquidation[13]. Geht z.B. die verkaufte Sache auf dem Transport unter (ohne dass den Käufer hieran ein Verschulden trifft), wird der Käufer von seiner Pflicht zur Entrichtung des Kaufpreises nach § 326 frei; die abweichende Gefahrtragungsregel des § 447 gilt ja nicht. Der Käufer erleidet also keinen Schaden, der auf dem Umweg über den Verkäufer bei der Transportperson liquidiert werden müsste. Der Verkäufer kann ggf. aus § 280 gegen die Transportperson vorgehen. 395

Die Vorschrift des § 447 Abs. 2 findet auf den Verbrauchsgüterkauf generell keine Anwendung (**§ 475 Abs. 3 S. 2**). 396

2. Zwingender Charakter

a) Rechte des Verbrauchers

aa) Regelungsinhalt

§ 476 Abs. 1 schützt die meisten der gesetzlich vorgesehenen Rechte des Verbrauchers vor abweichenden Vereinbarungen[14]. Gemäß § 476 Abs. 1 S. 1 kann sich der Unternehmer (= Verkäufer) auf eine vor Mitteilung eines Mangels an ihn getroffene Vereinbarung, die zum Nachteil des Verbrauchers (= Käufer) von den §§ 433–435, 437, 439–443 sowie von den §§ 474 ff abweicht, nicht berufen. Umgekehrt steht es dem Verbraucher frei, sich auf solche Vereinbarungen zu stützen. Die genannten Vorschriften haben bei einem Verbrauchsgüterkauf also **einseitig zwingenden Charakter** zu Gunsten des Verbrauchers. Die Vorschrift ist nicht etwa auf AGB beschränkt, sondern erfasst gerade auch Individualvereinbarungen. 397

---
13 MünchKomm/*Lorenz*, § 474 Rdnr. 43.
14 Die Vorschrift setzt Art. 7 Abs. 1 der Verbrauchsgüterkauf-RL um.

398 Der zwingende Charakter der gesetzlichen Vorschriften erstreckt sich nicht auf Schadensersatzansprüche, wie § 476 Abs. 3 ausdrücklich klarstellt. Ansprüche auf Schadensersatz können also innerhalb der allg. Grenzen (Sittenwidrigkeit; AGB-Kontrolle über §§ 307–309) ausgeschlossen oder beschränkt werden[15].

399 Die Rechtsfolge einer in unzulässiger Weise abweichenden Vereinbarung ist, dass sich der Unternehmer nicht auf sie berufen kann. Durch diese Formulierung soll klargestellt werden, dass – in Abweichung zu § 139 – die unzulässige Klausel nicht zur Unwirksamkeit des gesamten Vertrages führt[16]. Im Übrigen tritt die Unwirksamkeit der Vereinbarung ipso iure ein, d.h. der Verbraucher muss sie nicht geltend machen[17].

bb) Abgrenzung zwischen (zulässiger) Beschaffenheitsvereinbarung und (unzulässiger) Haftungsbeschränkung

400 § 476 erklärt nur Haftungsbeschränkungen für unzulässig, nicht jedoch Beschaffenheitsvereinbarungen über die Kaufsache. Letztere sind selbstverständlich auch beim Verbrauchsgüterkauf möglich und zulässig, und zwar auch dann, wenn sie nachteilige Eigenschaften der Kaufsache enthalten und auf diese Weise letztlich den Haftungsumfang des Verkäufers reduzieren. Es stellt sich deshalb die Frage, wie die (zulässige) Beschaffenheitsvereinbarung von der (unzulässigen) Haftungsbeschränkung abzugrenzen ist.

401 Das zentrale Kriterium ist dabei der **beschreibende Charakter** der entsprechenden Vereinbarung: Eine zulässige Beschaffenheitsvereinbarung setzt voraus, dass der Sachzustand konkret beschrieben wird (z.B. „Kfz, …, mit Lackkratzern"). Nicht ausreichend sind hingegen pauschale Klauseln wie „gekauft wie besehen" oder „Dem Käufer sind sämtliche Mängel der Kaufsache bekannt"[18]. Darüber hinaus kommt dem sonstigen Vertragsinhalt Bedeutung zu. Es spricht gegen die Zulässigkeit einer Klausel, wenn sie sich in Widerspruch zu den übrigen Vertragsinhalten setzt: Verkauft ein Autohändler einen Gebrauchtwagen mit dem Zusatz „Bastlerfahrzeug, ohne Garantie", so liegt darin i.d.R. ein unzulässiger Haftungsausschluss, weil beim Kauf von einem professionellen Autohändler i.d.R. davon auszugehen ist, dass das Fahrzeug zum Fahren und nicht nur zum Ausschlachten erworben wird[19]. Anders wäre es, wenn das Fahrzeug von einem Schrotthändler erworben wurde; dort erworbene Fahrzeuge sind typischerweise nicht zum Fahren bestimmt. Zum Zusammentreffen von Haftungsausschluss und Beschaffenheitsvereinbarung vgl. Rdnr. 339 ff.

---

15 Diese Einschränkung des zwingenden Charakters ist zulässig, weil die Verbrauchsgüterkaufrichtlinie Schadensersatzansprüche nicht erfasst, vgl. Art. 3 Verbrauchsgüterkaufrichtlinie.
16 Vgl. Beschlussempfehlung des Rechtsausschusses, BT-Drucks. 14/7052, S. 199, sowie BT-Drucks. 14/6040, S. 240, zur identischen Rechtsfolge in § 444.
17 MünchKomm/*Lorenz* § 475 Rdnr. 14.
18 Vgl. BeckOK/*Faust* § 475 Rdnr. 8 ff.
19 OLG Oldenburg, 3.7.2003, 9 W 30/03, BeckRS 2003, 30322534; dazu *Stölting* ZGS 2004, 96; **a.A.** *Müller* NJW 2003, 1975, 1977, der in der Pauschalvereinbarung „Bastlerfahrzeug" nicht grundsätzlich eine Umgehung sieht. Vielmehr sei es dem Unternehmer nicht zuzumuten, nach einer umfassenden Untersuchung detaillierte Mängellisten zu erstellen; auf der anderen Seite liege das Interesse eines Käufers an einem Bastlerfahrzeug gerade in dessen wegen der Bedeutungslosigkeit der Mängelhaftung niedrigem Preis. Eine Umgehung und damit ein unzulässiger Haftungsausschluss liege allerdings dort vor, wo es an Transparenz dieser Beschaffenheitsvereinbarung mangele.

b) Verjährung der Mängelansprüche des Käufers

§ 476 Abs. 2 schützt die dem Käufer von der Verbrauchsgüterkauf-RL garantierte Mindestverjährung – außer bei Schadensersatzansprüchen (vgl. § 476 Abs. 3) – vor nachteiligen Abänderungen: Die Verjährung der in § 437 bezeichneten Ansprüche kann vor der Mitteilung eines Mangels an den Unternehmer nicht durch Rechtsgeschäft erleichtert (d.h. verkürzt) werden, wenn die Vereinbarung zu einer Verjährungsfrist von weniger als zwei Jahren ab dem gesetzlichen Verjährungsbeginn führt. Bei gebrauchten Sachen ist die Vorschrift großzügiger: Hier greift das Verbot erst ein, wenn die Verjährungsfrist auf weniger als ein Jahr verkürzt wird; allerdings ist im Lichte einer jüngeren Entscheidung des EuGH[20] äußerst fraglich, ob diese Verkürzung der Verjährung mit der Richtlinie vereinbar ist – hier ist die weitere Entwicklung abzuwarten.

402

3. Beweislastumkehr (§ 477)

§ 477 n.F. (= § 476 a.F.) enthält eine Beweislastumkehr zugunsten des Verbrauchers: Zeigt sich innerhalb von sechs Monaten nach Gefahrübergang ein Sachmangel, so wird vermutet, dass die Sache bereits bei Gefahrübergang mangelhaft war, es sei denn, diese Vermutung ist mit der Art der Sache oder des Mangels unvereinbar.

403

Was dies **konkret** bedeutet, war lange Zeit umstritten. Die Problematik lässt sich an folgendem Beispiel veranschaulichen: Das verkaufte Fernsehgerät enthält bereits bei Übergabe ein schlecht verarbeitetes Einzelteil. Die schlechte Verarbeitung führt dazu, dass das Gerät nach drei Monaten nicht mehr richtig funktioniert. Der Käufer merkt nur, dass das Gerät nicht mehr richtig funktioniert, kann aber nicht feststellen, woran dies liegt.

404

Bezöge man hier die Vermutung des § 477 jeweils nur auf den konkreten Mangel, wie dies der **BGH**[21] früher (jedenfalls im Grundsatz) tat, so ergäbe sich folgendes Bild: Dass das Fernsehgerät nicht mehr richtig funktioniert, ist unstreitig; insoweit ist die Vermutung des § 477 aber widerlegt, weil das Gerät ja bei Übergabe unbestritten tadellos funktioniert hat. Der Mangel „Nichtfunktionieren" lag also noch nicht bei Gefahrübergang vor und rechtfertigt keine Gewährleistungsansprüche. Die Ursache des Nichtfunktionierens (also die Tatsache, dass der Fernseher (jedenfalls jetzt) ein schlecht verarbeitetes Einzelteil enthält, anders formuliert: den „Grundmangel") müsste der Käufer zunächst beweisen; erst dann würde gemäß § 477 vermutet, dass dieser (Grund-)Mangel bereits bei Gefahrübergang vorlag. Folgt man dieser Ansicht, wird dem Käufer bei solchen verdeckten (Grund-)Mängeln, die später zu Funktionsstörungen führen, die Vermutung des § 477 also häufig faktisch nichts nützen, weil er den konkreten (Grund-)Mangel nicht beweisen kann.

405

Deshalb verfolgt die **Gegenansicht** mit beachtlichen Argumenten einen anderen Ansatz. Sie kann darauf verweisen, dass es in § 477 nicht etwa heißt: „Zeigt sich (…) ein

406

---
20 EuGH, 13.7.2017, Rs. C-133/16 *(Ferenschild/JPC Motor SA)*.
21 BGH, 2.6.2004, VIII ZR 329/03, NJW 2004, 2299, 2300; BGH NJW 2014, 1086, Rdnr. 21.

Sachmangel, so wird vermutet, dass der Mangel bereits bei Gefahrübergang vorhanden war", sondern: „so wird vermutet, dass *die Sache* bereits bei Gefahrübergang *mangelhaft* war" (Hervorhebung durch den Verf.). Es genügt nach dieser Ansicht, wenn sich innerhalb der Sechs-Monats-Frist ein Sachmangel zeigt. Sollte feststehen, dass dieser konkrete Sachmangel bei Gefahrübergang noch nicht vorlag, so wird vermutet, dass dieser Mangel auf einem anderen (Grund-)Mangel beruht, der bereits bei Gefahrübergang vorlag[22].

407 Dieser Gegenansicht hat sich im Jahr 2015 der **EuGH**[23] im Ergebnis angeschlossen. Art. 5 Abs. 3 der Verbrauchsgüterkauf-RL 1999/44 (dessen Umsetzung der § 477 dient) verlange Folgendes:

„(...) [70] Erstens muss der Verbraucher vortragen und den Beweis erbringen, dass das verkaufte Gut nicht vertragsgemäß ist, da es zum Beispiel nicht die im Kaufvertrag vereinbarten Eigenschaften aufweist oder sich nicht für den Gebrauch eignet, der von einem derartigen Gut gewöhnlich erwartet wird. Der Verbraucher muss nur das Vorliegen der Vertragswidrigkeit beweisen. Er muss weder den Grund für die Vertragswidrigkeit noch den Umstand beweisen, dass sie dem Verkäufer zuzurechnen ist.

[71] Zweitens muss der Verbraucher beweisen, dass die in Rede stehende Vertragswidrigkeit binnen sechs Monaten nach der Lieferung des Guts offenbar geworden ist, also sich ihr Vorliegen tatsächlich herausgestellt hat.

[72] Wenn diese Tatsachen nachgewiesen sind, ist der Verbraucher vom Nachweis befreit, dass die Vertragswidrigkeit bereits zum Zeitpunkt der Lieferung des Guts bestand. Das Auftreten dieser Vertragswidrigkeit in dem kurzen Zeitraum von sechs Monaten erlaubt die Vermutung, dass sie zum Zeitpunkt der Lieferung „zumindest im Ansatz" bereits vorlag, auch wenn sie sich erst nach der Lieferung des Guts herausgestellt hat (...)

[73] Es ist dann also Sache des Gewerbetreibenden, gegebenenfalls den Beweis zu erbringen, dass die Vertragswidrigkeit zum Zeitpunkt der Lieferung des Guts noch nicht vorlag, indem er dartut, dass sie ihren Grund oder Ursprung in einem Handeln oder Unterlassen nach dieser Lieferung hat. (...)"

408 Die Position des EuGH ist m.E. klar: Der Käufer braucht das Vorliegen eines Grundmangels nicht mehr zu beweisen. Es genügt, wenn er beweist, dass innerhalb der Sechs-Monats-Frist Mangelerscheinungen aufgetreten sind, die – wenn sie bereits bei Gefahrübergang vorgelegen hätten – einen Sachmangel begründet hätten. Dann wird vermutet, dass die Sache bereits bei Gefahrübergang mangelhaft war. Im oben genannten Beispiel bedeutet dies, dass der Käufer nur beweisen muss, dass das Fernsehgerät (jetzt, d.h. zu irgendeinem Zeitpunkt innerhalb der Sechs-Monats-Frist) nicht mehr ordnungsgemäß funktioniert. Dies löst die Vermutungswirkung aus, und es obliegt dann dem Verkäufer nachzuweisen, dass Ursache dafür nicht etwa ein bei Gefahrübergang vorliegender Mangel ist, sondern ein nach diesem Zeitpunkt eingetretener Umstand. Zu beachten ist in diesem Zusammenhang, dass der EuGH dies aus der Richtlinie selbst ableitet. Das bedeutet, dass man das auf den Wortlaut des § 477 gestützte Argument („mangelhaft war", vgl. oben) künftig gar nicht mehr benötigt, weil jedenfalls eine richtlinienkonforme Auslegung zu diesem Ergebnis führt.

---

22 BeckOK/*Faust* § 476 Rdnr. 8 f; MünchKomm/*Lorenz* § 476 Rdnr. 4; *Lorenz* NJW 2004, 3020, 3021.
23 **EuGH, 4.6.2015, Rs. C-497/13 (Faber/Autobedrijf Hazet Ochten BV), NJW 2015, 2237.**

Der **BGH**[24] hat in Reaktion auf die Entscheidung des EuGH erwartungsgemäß seine **409** frühere Position aufgegeben und die Vorgaben des EuGH im Wege der richtlinienkonformen Auslegung für § 476 a.F. (= § 477 n.F.) übernommen. Man mag darüber streiten, ob es nötig war, hierfür auf eine richtlinienkonforme Auslegung zu rekurrieren oder ob man das gleiche Ergebnis nicht auch aus dem oben genannten Wortlautargument ableiten hätte können, doch ist dieser Streit akademischer Natur.

Drei interessante **Klarstellungen** sind der Entscheidung des BGH noch zu entnehmen: **410** Erstens: Die genannte Auslegung gilt für alle Mängelrechte des Käufers, also auch für den in der Richtlinie nicht geregelten Schadensersatz[25]. Dies leitet der BGH völlig zu Recht daraus ab, dass § 476 a.F. (= § 477 n.F.) allgemein formuliert ist und – anders als etwa § 475 Abs. 3 a.F. (= § 476 Abs. 3 n.F.) – Schadensersatzansprüche nicht ausschließt. Zweitens: Der BGH beschränkt sich nicht darauf, die oben bereits beschriebene Vermutung zu akzeptieren (die, grob gesagt, lautet: Wenn sich binnen sechs Monaten Mangelerscheinungen zeigen, die – wenn sie bereits bei Gefahrübergang vorgelegen hätten – einen Sachmangel begründet hätten, dann wird vermutet, dass die Sache bereits bei Gefahrübergang mangelhaft war.). Er nennt vielmehr darüber hinaus noch eine zweite Vermutungswirkung: Es wird weiter vermutet, dass der binnen sechs Monaten aufgetretene mangelhafte Zustand zumindest im Ansatz schon bei Gefahrübergang vorgelegen hat[26]. M.E. ist allerdings fraglich, ob man diese zweite Komponente der Vermutungswirkung überhaupt braucht, weil bereits die erste so weit gefasst ist, dass wohl die meisten Fälle darunter fallen werden. Drittens: Der vom Verkäufer zu erbringende Beweis (dass der Mangel nach Gefahrübergang aufgetreten und nicht dem Verkäufer zuzurechnen ist) ist der volle Beweis des Gegenteils (§ 292 ZPO), eine bloße Erschütterung der Vermutung ist nicht ausreichend[27]. Zu der Frage, wer etwaige Mangelermittlungskosten zu tragen hat, vgl. Rdnr. 106 und Rdnr. 376 ff.

Die **Vermutung gilt nicht**, wenn sie mit der Art der Sache oder des Mangels unvereinbar ist. Mit der Art der *Sache* unvereinbar ist die Vermutung nach Ansicht des Gesetzgebers i.d.R. beim Kauf gebrauchter Sachen; bei diesen bestehe schon wegen des unterschiedlichen Grades der Abnutzung kein entsprechender allgemeiner Erfahrungssatz[28]. Die Rechtsprechung folgt dieser weitgehenden Aussage allerdings nicht und wendet § 477 ggf. auch bei gebrauchten Sachen an[29]. Ein weiterer Anwendungsfall kann der Verkauf von Sachen sein, die auf schnellen Verbrauch angelegt sind (z.B. verderbliche Waren). Ob ein Fall der Unvereinbarkeit mit der Art des Mangels vorliegt, wenn es sich um einen Mangel handelt, der typischerweise jederzeit auftreten kann (z.B. Unfallschaden), wurde kontrovers diskutiert. Nach Ansicht des BGH ist dies grundsätzlich nicht der Fall; anders könne es jedoch sein, wenn es sich um eine äußerliche Beschädigung handle, die auch dem fachlich nicht versierten Käufer bei **411**

---
24 BGH, 12.10.2016, VIII ZR 103/15, NJW 2017, 1093.
25 BGH, 12.10.2016, VIII ZR 103/15, NJW 2017, 1093, Rdnr. 53.
26 BGH, 12.10.2016, VIII ZR 103/15, NJW 2017, 1093, Rdnr. 46 ff.
27 BGH, 12.10.2016, VIII ZR 103/15, NJW 2017, 1093, Rdnr. 59 ff.
28 RegEntwBegr., BT-Drucks. 14/6040, S. 245.
29 Vgl. BGH NJW 2004, 2299, wo vorausgesetzt wird, dass § 476 auch bei gebrauchten Sachen Anwendung findet; ebenso explizit OLG Stuttgart, 31.1.2005, 5 U 153/04, BeckRS 2005, 02345.

§ 14 *Verbrauchsgüterkauf*

Gefahrübergang hätte auffallen müssen[30]. Nahe liegen kann eine Unvereinbarkeit auch wenn es sich beim Kauf eines gebrauchten Wagens um einen typischen Verschleißmangel handelt[31].

412 Voraussetzung für die Beweislastumkehr ist, dass sich der Mangel innerhalb von **sechs Monaten** nach **Gefahrübergang** gezeigt hat. Soweit beim Verbrauchsgüterkauf die Vorschrift des § 447 Abs. 1 keine Anwendung findet (§ 475 Abs. 2 n.F.), tritt der Gefahrübergang i.d.R. mit der Lieferung der Sache an den Käufer ein. Abweichungen können sich jedoch ergeben, wenn der Käufer die Ware trotz eines Angebots des Verkäufers (zunächst) nicht angenommen hat, wenn also ein Annahmeverzug des Käufers in Betracht kommt. Praktisch relevant dürften diese Fälle nur dann werden, wenn der Käufer die Ware später doch noch angenommen hat und sich zu einem Zeitpunkt Mängel zeigen, der mehr als sechs Monate nach dem ersten Angebot, aber weniger als sechs Monate nach der Annahme der Ware liegt.

413 **Fall 11:** Kaufvertrag über eine neue Waschmaschine. Der Verkäufer bietet dem Käufer (Verbraucher) die Maschine am 1.2. an, der Käufer verweigert die Annahme. Am 1.3. nimmt der Käufer die Ware doch ab. Am 15.8. zeigen sich Materialfehler. Es lässt sich nicht mehr klären, wann der Mangel eingetreten ist. Der Käufer macht Rechte aus § 437 geltend.

Die Materialfehler bilden einen Sachmangel. Die entscheidende Frage lautet, ob dieser Mangel schon bei Gefahrübergang vorlag (vgl. § 434). Wenn sich dies – wie hier – nicht mehr klären lässt, kommt es auf die Beweislastverteilung an. Die Beweislast würde den Verkäufer treffen, wenn die Voraussetzungen des § 477 gegeben wären, d.h. insbesondere wenn sich der Mangel innerhalb der Sechs-Monats-Frist gezeigt hätte. Dies wäre der Fall, wenn man für ihren Beginn auf die tatsächliche Lieferung (1.3.) abstellen würde, nicht jedoch, wenn man den Zeitpunkt des ersten Angebots, das möglicherweise den Annahmeverzug ausgelöst hat, zu Grunde legen würde.

Auf den ersten Blick scheint die Lage klar zu sein: Gemäß § 446 S. 3 steht der Eintritt des Annahmeverzugs dem Gefahrübergang gleich, so dass die Sechs-Monats-Frist mit dem Eintritt des Annahmeverzugs zu beginnen scheint. Allerdings ist zu beachten, dass der Annahmeverzug nur eintritt, wenn der Verkäufer mangelfreie Ware anbietet, und die Voraussetzungen des Annahmeverzugs vom Schuldner (Verkäufer) zu beweisen sind[32]. Wenn der Verkäufer also die Vermutung des § 477 wegen Fristablaufs aushebeln will, müsste er seinerseits nachweisen, dass die Ware zu diesem Zeitpunkt mangelfrei war. Mit anderen Worten: Um zu verhindern, dass über § 477 die Beweispflicht bzgl. der Mangelfreiheit auf ihn übergeht, müsste der Verkäufer exakt diese Mangelfreiheit beweisen; im vorliegenden Fall wäre ihm dies nicht möglich, so dass der Käufer Rechte aus § 437 geltend machen könnte. Dieses Ergebnis wird in der Literatur als wenig sinnvoll kritisiert. Es wird vorgeschlagen, aus § 477 abzuleiten, dass

---

30 Vgl. BGH, 14.9.2005, VIII ZR 363/04, NJW 2005, 3490; anders noch OLG Stuttgart, 31.1.2005, 5 U 153/04, BeckRS 2005, 02345.
31 Str., vgl. BeckOK/Faust § 476 Rdnr. 18. Auf die Art des Mangels kommt es hier freilich nur an, wenn man bei gebrauchten Sachen nicht schon generell von einer „Unvereinbarkeit mit der Art der Sache" ausgeht.
32 Vgl. dazu Palandt/*Grüneberg* § 294 Rdnr. 4, § 293 Rdnr. 15.

der Verkäufer in dieser Situation die Mangelfreiheit als Voraussetzung für den Annahmeverzug ausnahmsweise nicht zu beweisen habe[33]. Folgt man dieser Ansicht, so hat im vorliegenden Fall der Verkäufer gute Karten: Wenn sein Angebot – abgesehen von der Frage der Mangelhaftigkeit – ordnungsgemäß i.S.d. §§ 293 ff war, wäre die Frist des § 477 bereits abgelaufen. Die Beweislastumkehr würde nicht greifen und der Käufer keine Rechte aus § 437 haben.

4. Absolute Unverhältnismäßigkeit

414 § 475 Abs. 4–6 enthält die Sonderregeln zur Behandlung der Fälle der absoluten Unverhältnismäßigkeit, die zur Umsetzung der EuGH-Entscheidung in Sachen *Putz/Weber* erforderlich waren. Diese Regeln werden insbesondere bei Einbaufällen relevant und deshalb dort behandelt (Rdnr. 151 ff). Allerdings gelten sie ihrem Wortlaut nach in *allen* Fällen eines Verbrauchsgüterkaufs.

5. Sonstige Regelungen

a) Fälligkeit

415 § 475 Abs. 1 enthält eine – im Zuge der Umsetzung der Verbraucherrechterichtlinie eingefügte – Regelung zur Fälligkeit. In Bezug auf die **Fälligkeit** enthält die Vorschrift zwei Aussagen. Erstens (§ 475 Abs. 1 S. 1): Wenn für die Leistungen aus dem Kaufvertrag eine Zeit weder bestimmt noch aus den Umständen zu entnehmen ist, kann der jeweilige „Gläubiger" – die Vorschrift gilt also sowohl für die Ansprüche des Käufers als auch für diejenigen des Verkäufers (!) – nur verlangen, dass die Leistung „unverzüglich" bewirkt wird (und nicht, wie § 271 Abs. 1 es vorsehen würde, „sofort")[34]. Der Unterschied zwischen dem großzügigeren „unverzüglich" und dem strengeren „sofort" liegt nach Ansicht des Gesetzgebers darin, dass ersterer Begriff Raum für subjektive Zumutbarkeitserwägungen auf Schuldnerseite lasse, letzterer hingegen nicht[35]. Zweitens (§ 475 Abs. 2 S. 2): Der Unternehmer (d.h. der Verkäufer) muss in diesem Fall die Sache spätestens 30 Tage nach Vertragsschluss übergeben. Zugunsten des Verbrauchers (d.h. des Käufers) gilt also für die Lieferung der Sache eine Höchstfrist.

416 In Bezug auf die **Erfüllbarkeit** der Leistungen will § 475 Abs. 3 S. 3 gegenüber der Regelung in § 271 Abs. 1 S. 2, Abs. 2 ausweislich der Gesetzesbegründung nichts ändern[36].

b) Öffentliche Versteigerungen

417 Gemäß § 475 Abs. 3 S. 2, 1. Hs. findet die Vorschrift des **§ 445** (Haftungsbegrenzung bei öffentlichen Versteigerungen) keine Anwendung auf den Verbrauchsgüterkauf.

---

33 *Oetker/Maultzsch* § 2 Rdnr. 549; differenzierter BeckOK/*Faust* § 476 Rdnr. 6.1.
34 So die – gegenüber dem Wortlaut der Vorschrift klarere – Formulierung in BT-Drucks. 17/12637, S. 69.
35 BT-Drucks. 17/12637, S. 70.
36 BT-Drucks. 17/12637, S. 69.

c) Garantien

418 § 479 Abs. 1 n.F. stellt Regeln für die inhaltliche und formelle Ausgestaltung der Garantieerklärung auf. Abs. 2 gibt dem Verbraucher das Recht, die Garantieerklärung in Textform (vgl. § 126b) zu verlangen. Abs. 3 stellt klar, dass die Wirksamkeit der Garantieverpflichtung nicht dadurch berührt wird, dass eine der in Abs. 1 oder Abs. 2 aufgestellten Anforderungen nicht erfüllt wird. Welche weiteren konkreten Rechtsfolgen ein Verstoß gegen § 479 nach sich zieht, sagt die Vorschrift nicht. Denkbar sind in bestimmten Fällen Schadensersatzansprüche wegen der Verletzung von Schutz- und Aufklärungspflichten (§§ 311 Abs. 2, 241 Abs. 2, 280 Abs. 1), im Rahmen von AGB die Anwendung der Unklarheitenregel (§ 305c Abs. 2) und des Transparenzgebots (§ 307 Abs. 1 S. 2), Rechte aus dem UWG (z.B. § 13a) oder ein Unterlassungsanspruch nach dem Unterlassungsklagegesetz.

d) Ausschluss von Nutzungsherausgabe und Wertersatz

419 § 475 Abs. 3 S. 1 bestimmt, dass der Käufer bei der Rückgewähr nach § 439 Abs. 5 weder Nutzungsherausgabe noch diesbezüglichen Wertersatz schuldet (Rdnr. 136).

§ 15 Besondere Problembereiche im Kaufrecht

I. Rückgriff des Verkäufers

420 Wenn der Verkäufer V dem Käufer K mangelhafte Ware liefert, können daraus Mängelrechte des Käufers resultieren, etwa auf Nacherfüllung, Rücktritt, Minderung oder Schadensersatz. Hat nun der Verkäufer die Sache seinerseits bereits mangelhaft von seinem Lieferanten L erhalten, wird er – zu Recht – versuchen, seinerseits Mängelrechte gegen diesen Lieferanten geltend zu machen. Dies nennt man häufig „Rückgriff". Der Ausgangspunkt ist dabei klar: Zwischen Lieferant L und Verkäufer V besteht ein Kaufvertrag (mit V als Käufer), aus dem sich Mängelrechte des V gegen L ergeben können. Allerdings kann die Anwendung der allgemeinen Mängelvorschriften auf diesen Rückgriff zu **Schwierigkeiten** oder Härten für den Käufer V führen. Wie ist es etwa mit der Verjährung, wenn die Sache beim V zwei Jahre im Lager lag, bevor sie an K verkauft werden konnte? Wenn K zwei Monate nach Lieferung an ihn berechtigte Mängelrechte geltend macht, sind diese nicht nach § 438 Abs. 1 Nr. 3 verjährt. Wenn nun V seinerseits im Wege des Rückgriffs Mängelrechte gegen L geltend machen will, wären diese bereits verjährt, weil die dort geltende Zwei-Jahres-Frist abgelaufen wäre. Dies nennt man die „Verjährungsfalle". Auch unabhängig von der Verjährung kann die Anwendung der allgemeinen Mängelvorschriften beim Rückgriff zu ungewünschten Schwierigkeiten führen.

421 Dieser Rückgriffsschwierigkeiten nahm sich die **Schuldrechtsreform 2002** an, indem sie Sonderregeln für den Rückgriff des Verkäufers (einer neu hergestellten Sache) gegen seinen Lieferanten und für den Rückgriff dieses Lieferanten gegen seinen eigenen Lieferanten bzw. gegen den Hersteller vorsah. Allerdings hatten diese Rückgriffserleichterungen insofern einen sehr (eigentlich: zu) engen Anwendungsbereich, als sie nur dann galten, wenn am Ende der Kette ein Verbrauchsgüterkauf stand, wenn also der erste Verkäufer, der Rückgriff nehmen wollte, an einen Verbraucher verkauft hatte. Dementsprechend fanden sich die Rückgriffsregeln komplett in dem Untertitel über den Verbrauchsgüterkauf, nämlich in §§ 478, 479 a.F.

Diese Beschränkung auf (den Rückgriff nach) Verbrauchsgüterkäufe(n) hat das **Mängelhaftungsänderungsgesetz 2017** zu Recht in Teilen aufgehoben. Manche der Rückgriffsregeln gelten nun allgemein für den Rückgriff nach jedem Kaufvertrag (über eine neu hergestellte Sache); diese sind nun in §§ 445a, 445b n.F. enthalten. Andere Rückgriffsregeln sollen weiter nur für den Rückgriff nach einem Verbrauchsgüterkauf (über eine neu hergestellte Sache) gelten und sind deshalb in § 478 n.F. verblieben. 422

Im Folgenden wird der neue Rechtszustand dargestellt. Nur kurz wird darauf hingewiesen, wo sich die betreffenden Regeln nach früherem Recht befanden (ob sie also auf den Rückgriff nach Verbrauchsgüterkaufvorschriften beschränkt waren oder nicht). 423

1. Allgemein geltende Rückgriffserleichterungen (§§ 445a, 445b n.F.)

a) Überblick

Die §§ 445a, 445b n.F. enthalten zwei konkrete Erleichterungen für den Rückgriff des Verkäufers gegen seinen Lieferanten (Aufwendungsersatzanspruch bzgl. der angefallenen Nacherfüllungskosten und Entbehrlichkeit der Fristsetzung, § 445a Abs. 1, 2) und den Schutz vor der Verjährungsfalle (§ 445b). Diese Vorschriften werden unten näher erläutert. Zunächst ist der Anwendungsbereich zu klären. 424

b) Anwendungsbereich

Erforderlich ist zunächst, dass ein „Verkauf einer **neu hergestellten Sache**" vorliegt (vgl. die entsprechenden Formulierungen in § 445a Abs. 1, 2, § 445b n.F.). Gemeint ist damit der Verkauf durch den Verkäufer, der nun Rückgriff beim Lieferanten nehmen will, an „seinen" Käufer. Vor der Reform 2017 waren diese Vorschriften, wie oben erwähnt, nur anwendbar, wenn dieser Verkauf auch ein Verbrauchsgüterkauf war; dies ist nun nicht mehr erforderlich. Als Grund für die Beschränkung auf neu hergestellte Sachen führte der Gesetzgeber 2002 an, bei gebrauchten Sachen gebe es i.d.R. keine geschlossene Vertriebskette, die Erleichterungen beim Rückgriff rechtfertige[1]. „Neu hergestellt" bedeutet nicht etwa, dass der Unternehmer, der an den Verbraucher verkauft hat, diese hergestellt haben muss. Es genügt, dass die Sache zu Beginn der Lieferkette neu hergestellt und danach jeweils „ungebraucht" (weiter-) verkauft wurde[2]. 425

---
1 Vgl. BT-Drucks. 14/6040, S. 248.
2 Vgl. MünchKomm/*Lorenz* § 478 Rdnr. 10.

426 Die §§ 478, 479 a.F. setzen nach **h.M.** (zum bisherigen Recht, die m.E. auch nach der Reform von 2017 weitergelten muss, und zwar nun für die §§ 445a, 445b n.F. wie für § 478 n.F.) zusätzlich voraus, dass es bei dem jeweiligen Regress um **dieselbe Sache** geht wie in dem Kauf am Ende der Kette. Dies ergibt sich aus der Formulierung „die (...) Sache" bzw. „der (...) Sache" in §§ 445a, 445b sowie den Bezugnahmen darauf in 478 n.F.[3]

427 Die Regresserleichterungen der §§ 445a, 445b n.F. (ebenso wie diejenigen des § 478 n.F.) gelten nicht etwa nur für den ersten Rückgriff (also denjenigen des letzten Verkäufers [oben: V] gegen seinen Lieferanten [oben: L]), sondern vielmehr die gesamte **Lieferkette** zurück bzw. hinauf, sofern nur jeweils der Lieferant Unternehmer ist, wie sich aus § 445a Abs. 3 n.F. (bzw. § 478 Abs. 3 n.F., früher § 478 Abs. 5 a.F.) ergibt. Dies ist sinnvoll. Wenn die Erleichterungen nur dem Letztverkäufer zu Gute kämen, bestünde die Gefahr, dass dessen Lieferant auf den Folgen der Mangelhaftigkeit der Sache sitzen bliebe. Dies wäre nicht angemessen, wenn die Mangelhaftigkeit nicht vom Lieferanten herrührt, sondern vom Hersteller oder von einem früheren Lieferanten in der Lieferkette. Eine sinnvolle Regelung besteht deshalb darin, die Mängelansprüche die gesamte Lieferkette hinauf in der erleichterten Form zu gewähren. Das gewährleisten § 445a Abs. 3 und § 478 Abs. 3 n.F.

428 Auch für die Erstreckung auf die Lieferkette ist allerdings wiederum Voraussetzung, dass jeweils ein Verkauf über eine neu hergestellte Sache vorliegt und dass es sich in der gesamten Rückgriffskette um **dieselbe Sache** handelt. Dies bedeutet, dass die Regresserleichterungen immer nur soweit reichen, wie in der Lieferkette (von einem Unternehmer) dasselbe unveränderte Produkt verkauft wurde (also z.B. der fertige Kühlschrank). Dasjenige Glied der Lieferkette, das nicht dieselbe Sache von seinem (Unternehmer-)Lieferanten gekauft und anschließend an seinen Abnehmer weiterverkauft hat (also derjenige, der den Kühlschrank aus mehreren eingekauften Teilen zusammengebaut und dann als fertigen Kühlschrank weiterverkauft hat), kann sich für seinen Regress gegen die Teile-Lieferanten nicht mehr auf die Rückgriffserleichterungen berufen. Umgekehrt betrachtet: Der bloße Zulieferer von Einzelteilen, die sein Abnehmer zu einem Endprodukt zusammenbaut, ist vor den Regressregeln der §§ 445a, 445b, 478 n.F. sicher[4]. Dies kann im Einzelfall zu Härten führen und ist aus rechtspolitischer Sicht nicht überzeugend, de lege lata aber hinzunehmen.

c) Anspruch auf Aufwendungsersatz wegen der Nacherfüllungskosten (§ 445a Abs. 1)

429 Verlangt der Käufer vom Verkäufer Nacherfüllung, so trägt der Verkäufer hierfür die Kosten (§ 439 Abs. 2, 3). Die Vorschrift des § 445a Abs. 1 (= § 478 Abs. 2 a.F., dort noch beschränkt auf den Regress nach einem Verbrauchsgüterkauf) ermöglicht es dem Verkäufer, diese Aufwendungen unter bestimmten Umständen von seinem Lieferanten ersetzt zu verlangen.

---

3 MünchKomm/*Lorenz* § 478 Rdnr. 15 (bezogen auf § 478 Abs. 1 a.F.).
4 MünchKomm/*Lorenz* § 478 Rdnr. 15 (bezogen auf § 478 Abs. 1 a.F.).

Allgemein geltende Rückgriffserleichterungen (§§ 445a, 445b n.F.) § 15 I 1

Voraussetzung für diesen Anspruch ist zunächst wieder, dass zwischen Verkäufer und 430
Käufer ein **Kaufvertrag über eine (genauer: dieselbe) „neu hergestellte" Sache** geschlossen wurde. Seit der Reform 2017 ist nicht mehr erforderlich, dass es sich dabei um einen Verbrauchsgüterkauf handelt, wie sich sowohl aus dem Wortlaut als auch aus der systematischen Stellung des § 445a ergibt. Nicht anwendbar ist § 445a Abs. 1 nach Wortlaut und systematischer Stellung, wenn der „Verkäufer" gar kein Verkäufer war, sondern ein Werkunternehmer, wenn zwischen V und K also ein Werkvertrag vorlag (z.B. ein Bauvertrag, vgl. Rdnr. 485). Werkunternehmer V kann dann seinen Lieferanten L, mit dem er einen Kaufvertrag geschlossen hat, nicht über § 445a Abs. 1 in Regress nehmen. Eine Analogie dürfte am Fehlen einer planwidrigen Regelungslücke scheitern. V bleibt also auf seine allgemeinen Anspruchsgrundlagen (Rdnr. 432) beschränkt.

Weiterhin müssen dem Verkäufer im Verhältnis zum Käufer **Nacherfüllungsaufwen-** 431
dungen entstanden sein, die er gemäß § 439 Abs. 2, 3 n.F. bzw. § 475 Abs. 4-6 n.F. zu tragen hatte. Letztere Formulierung macht – ähnlich wie bei § 445a Abs. 1 – deutlich, dass tatsächlich eine entsprechende Verpflichtung des Unternehmers bestanden haben muss; eine Übernahme der Kosten aus Kulanz gegenüber dem Verbraucher genügt also nicht. Erfasst werden m.E. alle aus der Nacherfüllung resultierenden Aufwendungen, unabhängig davon, ob sie direkt beim Verkäufer entstanden sind oder zunächst beim Käufer angefallen und sodann von diesem über § 439 Abs. 2 vom Verkäufer ersetzt verlangt worden sind. Schließlich muss der vom Verbraucher geltend gemachte Mangel bereits **beim Übergang der Gefahr** auf den Unternehmer vorgelegen haben. Der Anspruch ist **nicht verschuldensabhängig**.

Daneben kann der Unternehmer Ersatzansprüche aus den **allgemeinen Anspruchs-** 432
grundlagen haben, insbesondere einen – allerdings verschuldensabhängigen – Schadensersatzanspruch aus § 280 Abs. 1[5]. Häufig werden derartige Schadensersatzansprüche allerdings am fehlenden Verschulden des Lieferanten scheitern, insbesondere deshalb, weil nach **h.M.** ein Verkäufer (hier: der Lieferant) sich das Verschulden seiner Vor-Lieferanten bzw. des Herstellers in Bezug auf die Mangelhaftigkeit der Sache nicht nach § 278 zurechnen lassen muss (Rdnr. 270). Diese Schwäche des Schadensersatzanspruchs verdeutlicht die große Bedeutung der verschuldensunabhängigen Rückgriffsvorschrift des § 445a Abs. 1.

d)   Entbehrlichkeit der Fristsetzung (§ 445a Abs. 2 n.F.)

Der Verkäufer, der sich Gewährleistungsansprüchen seines Käufers ausgesetzt sieht, 433
wird für den Rückgriff gegen den Lieferanten in erster Linie auf seine eigenen kaufvertraglichen Rechte aus §§ 434 ff zurückgreifen. Deren Geltendmachung erleichtert ihm die Vorschrift des § 445a Abs. 1 n.F. (früher: § 478 Abs. 1 a.F.), die eine (für Rücktritt, Minderung und Schadensersatz statt der Leistung an sich erforderliche) Fristsetzung an den Lieferanten für entbehrlich erklärt. § 445a Abs. 1 ist also keine eigenstän-

---

5   Zu der Möglichkeit von Ansprüchen aus Geschäftsbesorgung (§§ 675 Abs. 1, 670) bei Vorliegen einer Herstellergarantie oder eines Vertragshändlervertrages vgl. BT-Drucks. 14/6040, S. 248; *v. Westphalen* DB 1999, 2553, 2555 ff.

dige Anspruchsgrundlage, sondern zielt lediglich darauf ab, es dem Verkäufer zu erleichtern, gegen seinen Lieferanten vertragliche Gewährleistungsrechte geltend zu machen. Hintergrund der Vorschrift ist, dass es in diesen Fällen i.d.R. sinnlos wäre, dem Lieferanten noch eine Nacherfüllungsmöglichkeit zu geben[6].

434 § 445a Abs. 1 setzt zunächst voraus, dass der oben geschilderte **Anwendungsbereich** eröffnet ist, insbesondere also, dass Kaufvertrag zwischen Verkäufer und Käufer über eine (für den Fall einer Lieferkette genauer: dieselbe) „neu hergestellte" Sache geschlossen wurde.

435 Voraussetzung ist weiter, dass der Verkäufer die an den Käufer verkaufte Sache infolge ihrer Mangelhaftigkeit **zurücknehmen musste** oder der Käufer den Kaufpreis **gemindert** hat. Aus der Formulierung der Vorschrift („als Folge ihrer Mangelhaftigkeit", „musste") ergibt sich eindeutig, dass es nicht ausreicht, wenn die Sache aus anderen Gründen als einem Anspruch bzw. Recht des Käufers aus § 437 zurückgenommen wurde (z.B. aus Kulanz, aufgrund eines vereinbarten Rücktritts oder aufgrund eines Widerrufsrechts des Käufers)[7]. Zurücknehmen musste der Verkäufer die Ware, wenn der Käufer zurückgetreten ist, Ersatzlieferung oder Schadensersatz statt der ganzen Leistung („großen Schadensersatz") verlangt hat. Von den Rechten des Käufers, die nicht dazu führen, dass der Verkäufer die Sache zurücknehmen muss, wird nur die Minderung explizit erwähnt, nicht jedoch die Nachbesserung und anderer Schadensersatz als Schadensersatz statt der ganzen Leistung. Jedoch spricht einiges dafür, § 445a Abs. 1 auf letztere Fälle analog anzuwenden, weil die Situation mit derjenigen bei der Minderung vergleichbar ist[8].

436 § 445a Abs. 2 n.F. befreit den Verkäufer von dem Erfordernis der Fristsetzung, nicht aber von den **sonstigen Voraussetzungen** der Rechte aus § 437. Insbesondere muss also die betreffende Sache bereits zum Zeitpunkt des Gefahrübergangs vom Lieferanten auf den Verkäufer mangelhaft gewesen sein. Wenn der Verkäufer also vom Lieferanten Ware der Güteklasse B erwirbt und diese als Güteklasse A an den Käufer weiterverkauft, liegt im Verhältnis zum Lieferanten kein Mangel vor (geschuldet und geliefert war nur Güteklasse B), und der Verkäufer kann keinen Regress nehmen. Dies ist gerechtfertigt, weil er für seine Haftung gegenüber dem Käufer selbst verantwortlich ist.

437 Probleme ergeben sich, wenn sich der Käufer zur Begründung des Mangels auf **Werbeaussagen** des Herstellers (§ 434 Abs. 1 S. 2) stützt, die im Verhältnis von Hersteller und Verkäufer nicht zu einem Mangel führen, etwa weil die Werbeaussagen getroffen wurden, nachdem der Gefahrübergang zwischen Hersteller (bzw. Lieferant) und Verkäufer eingetreten war, sodass Ansprüche des Verkäufers aus § 437 scheitern. In diesem Fall sollte man dem Verkäufer gegenüber dem Hersteller einen Schadensersatzanspruch aus § 280 Abs. 1 zubilligen, weil den Hersteller die Pflicht trifft, seinen Abnehmer (hier: den Verkäufer) nicht nachträglich durch unzutreffende Werbeaus-

---

6 Vgl. BT-Drucks. 14/6040, S. 248. S. auch S. 247: Der Verkäufer solle die Ware möglichst problemlos an seinen Lieferanten „durchreichen" können.
7 Vgl. BeckOK/*Faust* § 478 Rdnr. 17.
8 So BeckOK/*Faust* § 478 Rdnr. 20 m.w.N.

sagen gewährleistungspflichtig zu machen⁹. Wenn der Verkäufer nicht direkt vom Hersteller erworben hat, sondern über einen oder mehrere Lieferanten, wird man davon ausgehen müssen, dass der Vertrag zwischen Hersteller und erstem Lieferanten ein Vertrag mit Schutzwirkung für die folgenden Mitglieder der Lieferkette ist, so dass der Verkäufer einen Anspruch aus §§ 280 Abs. 1, 241 Abs. 2 i.V.m. § 311 Abs. 3 S. 1 bzw. den anerkannten Grundsätzen über den Vertrag mit Schutzwirkung für Dritte¹⁰ hat.

e) *Handelsrechtliche Rüge- und Untersuchungsobliegenheit nach § 377 HGB (§ 445a Abs. 4)*

§ 445a Abs. 4 bestimmt, dass § 377 HGB **unberührt** bleibt. Dies gilt sowohl für die Untersuchungs- und Rügeobliegenheiten als auch für die ggf. aus § 377 HGB resultierende Genehmigungsfiktion. Wenn also der Kaufvertrag zwischen Lieferant und Verkäufer – wie in aller Regel – ein beiderseitiger Handelskauf ist, unterliegt der Verkäufer im Verhältnis zum Lieferanten (in dem er ja der Käufer ist) auch dann den Rügeobliegenheiten des § 377 HGB, wenn er die Ware anschließend im Wege eines Verbrauchsgüterkaufs an einen Verbraucher weiterveräußert. **438**

In der Fallprüfung ist also bei einem beiderseitigen Handelskauf immer dann, wenn es auf die Mangelhaftigkeit der Ware ankommt, zu prüfen, ob die Genehmigungsfiktion des § 377 Abs. 2 bzw. Abs. 3 HGB eingreift; wenn ja, liegt kein Mangel vor. Dabei ist zu beachten, dass die Genehmigungsfiktion des § 377 Abs. 2 HGB nicht für solche Mängel gilt, die bei einer ordnungsgemäßen Untersuchung (§ 377 Abs. 1 HGB) nicht erkennbar waren. Wenn der Verkäufer also die Sache im normalen Geschäftsverkehr weiterverkauft hat, bevor der Mangel für ihn erkennbar war, ist ihm die Berufung auf den Mangel nicht durch § 377 Abs. 2 HGB verwehrt. Allerdings muss er unmittelbar nach der Entdeckung des Mangels (d.h. in der Regel nachdem er vom Käufer über den Mangel informiert wurde) rügen, um die in § 377 Abs. 3 HGB angeordnete Genehmigungsfiktion zu vermeiden. **439**

f) *Verjährung von Rückgriffsansprüchen*

aa) *Verjährungsregelung für den Aufwendungsersatzanspruch aus § 445a Abs. 1 (§ 445b Abs. 1)* **440**

Gemäß § 445a Abs. 1 (vorher § 479 Abs. 1 a.F., dort noch beschränkt auf den Rückgriff nach einem Verbrauchsgüterkaufvertrag) verjähren die Aufwendungsersatzansprüche des Unternehmers aus § 445a Abs. 1 in zwei Jahren ab Ablieferung der Sache. Die besondere Regelung in § 445b Abs. 1 ist **erforderlich**, weil der Aufwendungsersatzanspruch aus § 445a Abs. 1 n.F. von der allgemeinen Verjährungsvorschrift des § 438 nicht erfasst wird. Maßgeblich ist die Ablieferung durch den Lieferanten an den Verkäufer. Gemäß Abs. 3 gilt die Vorschrift für alle Ansprüche in der Lieferkette entspre- **441**

---

9 *Huber*, in: *Huber/Faust* S. 403 f; BeckOK/*Faust* § 478 Rdnr. 12 (dort auch zur teleologischen Reduktion der Ausnahmeklausel des § 434 Abs. 1 S. 2 Hs. 1 in dem praktisch seltenen Fall, dass ein Mangel zu verneinen ist, weil der Unternehmer durch die vor seinem Vertrag mit dem Hersteller getroffene Werbeaussage des Herstellers nicht in seiner Kaufentscheidung beeinflusst werden konnte).
10 Dagegen a.A. *Oechsler* VS Rdnr. 508: Es handelt sich um einen Fall der Drittschadensliquidation.

chend, wenn die Schuldner (also die jeweiligen Verkäufer) Unternehmer sind; maßgeblicher Zeitpunkt ist insoweit derjenige der Ablieferung vom jeweiligen Lieferanten an den jeweiligen Rückgriffsgläubiger. Voraussetzung für die Anwendung des § 445a Abs. 1 ist wieder, dass der oben geschilderte Anwendungsbereich eröffnet ist, insbesondere also, dass Kaufvertrag zwischen Verkäufer und Käufer über eine (für den Fall einer Lieferkette genauer: dieselbe) „neu hergestellte" Sache geschlossen wurde.

442 *bb) Allgemeine Ablaufhemmung (§ 445b Abs. 2)*

§ 445b Abs. 2 (früher § 479 Abs. 2, dort noch beschränkt auf den Rückgriff nach einem Verbrauchsgüterkauf) sieht eine Ablaufhemmung für die Verjährung vor. Die Vorschrift gilt sowohl für die (ggf. über §§ 445a, 478 modifizierten) Mängelrechte aus § **437** als auch für den in § **445a Abs. 1** vorgesehenen Anspruch auf Aufwendungsersatz. Im ersten Fall modifiziert sie die Verjährungsvorschrift des § 438, im zweiten Fall diejenige des § 445b Abs. 1. Voraussetzung ist wieder, dass der oben geschilderte Anwendungsbereich eröffnet ist, insbesondere also, dass ein Kaufvertrag zwischen Verkäufer und Käufer über eine (für den Fall einer Lieferkette genauer: dieselbe) „neu hergestellte" Sache geschlossen wurde. Nicht mehr erforderlich ist hingegen, dass es sich um einen Verbrauchsgüterkauf gehandelt hat (anders als vor der Reform 2017).

443 Die Verjährung tritt **frühestens zwei Monate** nach dem Zeitpunkt ein, in dem der Verkäufer die Ansprüche des Käufers erfüllt hat (§ 445b n.F. Abs. 2 S. 1). Hintergrund dieser Regelung ist, dass bei unmodifizierter Anwendung des § 438 die zweijährige Verjährungsfrist i.d.R. mit der Ablieferung der Sache beim Verkäufer zu laufen beginnen würde. Dieser Zeitpunkt kann aber unter Umständen erheblich vor dem Zeitpunkt liegen, in dem die Sache an den Käufer verkauft und geliefert wird. Deshalb bestünde die Gefahr, dass der Rückgriffsanspruch des Verkäufers verjährt wäre, bevor der Verkäufer von etwaigen Mängelrechten des Käufers Kenntnis hat. Dieser Gefahr beugt die Ablaufhemmung des § 445a Abs. 2 S. 1 vor. Sie stellt sicher, dass der Verkäufer nach der Erfüllung der gegen ihn gerichteten Mängelrechte des Käufers zwei Monate Zeit hat, um seine Rückgriffsansprüche gegen den Lieferanten geltend zu machen.

444 Allerdings ist auch der Lieferant schutzwürdig. Dieser weiß nämlich nicht, wann der Verkäufer die Sache weiterverkauft hat und ob aus diesem Vertrag Mängelrechte geltend gemacht werden. Der Lieferant könnte also nicht objektiv berechnen, wie lange er mit Rückgriffsansprüchen des Verkäufers rechnen muss. Aus dieser unangenehmen Lage befreit ihn die Regelung des § 445a Abs. 2 Satz 2: Die Ablaufhemmung **endet spätestens fünf Jahre** nach dem Zeitpunkt, in dem der Lieferant die Sache dem Verkäufer abgeliefert hat. Dies gilt unabhängig davon, ob bzw. wann im Verhältnis von Verkäufer und Käufer Gewährleistungsansprüche geltend gemacht werden.

2. Besondere Erleichterungen für den Rückgriff nach einem Verbrauchsgüterkauf

Zwei der bisher schon für den Rückgriff nach einem Verbrauchsgüterkauf vorgesehenen Erleichterungen wollte der Reformgesetzgeber 2017 nicht auf alle Kaufverträge verallgemeinern, nämlich die Beweislastumkehr und die Beschränkung der Abdingbarkeit. Diese beiden Regelungen gelten also, wie bisher schon, nur für den Rückgriff nach einem Verbrauchsgüterkauf und stehen deshalb nach wie vor im Untertitel 3 über den Verbrauchsgüterkauf, konkret in § 478 n.F. (wenn auch mit geänderter Nummerierung der Absätze und kleinen Folgeänderungen).   445

a) Anwendungsbereich: nur Rückgriff nach Verbrauchsgüterkauf

Erste Voraussetzung für die Anwendung des § 478 n.F. ist, dass „der letzte Vertrag in der Lieferkette ein Verbrauchsgüterkauf (§ 474)" ist. Dies unterscheidet die in § 478 n.F. verbliebenen Rückgriffserleichterungen von denjenigen, die durch die Reform 2017 verallgemeinert und in §§ 445a, b n.F. verschoben wurden.   446

Zweite Voraussetzung für die Anwendung des § 478 n.F. ist – wie bei der allgemeinen Vorschrift des §§ 445a n.F. –, dass es sich um eine (bzw. dieselbe) „neu hergestellte Sache" handelt. Die obigen Ausführungen (Rdnr. 425 f) gelten entsprechend.

b) Beweislastumkehr

In Bezug auf den für das Vorliegen von Mangelfreiheit maßgeblichen Zeitpunkt erklärt § 478 Abs. 1 n.F. (= § 478 Abs. 3 a.F.) zu Gunsten des Unternehmers (Verkäufers) die Beweislastumkehr des § 477 n.F. (= § 476 a.F.) für anwendbar und dehnt deren zeitlichen Anwendungsbereich dadurch aus, dass die Frist mit dem Übergang der Gefahr auf den Verbraucher zu laufen beginnt.   447

c) Beschränkung der Abdingbarkeit

Im Verhältnis zwischen Lieferant und Unternehmer sind die meisten gesetzlichen Mängelvorschriften und die besonderen Rückgriffsvorschriften der §§ 445a Abs. 1, 2, 445b sowie des § 478 Abs. 1 n.F. nur beschränkt zu Lasten des Unternehmers abdingbar, nämlich nur dann, wenn ihm ein gleichwertiger Ausgleich[11] eingeräumt wird (§ 478 Abs. 2 S. 1, 3). Dies gilt sowohl für AGB als auch für Individualvereinbarungen.   448

Die in Abs. 2 S. 1 vorgesehene Beschränkung der Abdingbarkeit gilt allerdings nicht für den Ausschluss oder die Beschränkung von Schadensersatzansprüchen (Abs. 2 S. 2 n.F.); die AGB-Kontrolle nach § 307 bleibt hingegen anwendbar. Abs. 2 S. 3 stellt klar, dass die in S. 1 genannten Vorschriften auch dann Anwendung finden, wenn sie durch anderweitige Gestaltungen umgangen werden.   449

---

11 Denkbar sind hier pauschale Abrechnungssysteme oder etwa eine Regelung, dass der Verkäufer generell kostenlos einen gewissen Überschuss geliefert bekommt, um Nacherfüllungsansprüche der Verbraucher erfüllen zu können, vgl. BeckOK/*Faust* § 478 Rdnr. 35.

II. Selbstvornahme der Nacherfüllung

450 Schwierige Fragen wirft das Problem der Selbstvornahme der Nacherfüllung durch den Käufer auf[12]. An sich hat der Käufer bei Vorliegen eines Mangels einen Nacherfüllungsanspruch gegen den Verkäufer. Die Nacherfüllung hat durch den Verkäufer zu erfolgen, der auch die Kosten dafür trägt, vgl. § 439 Abs. 2. Wie ist es nun, wenn der Käufer den Mangel selbst beseitigt (bzw. beseitigen lässt) und die Kosten dafür vom Verkäufer ersetzt verlangt?

451 Hier ist zu bedenken, dass das Kaufrecht – anders als das Werkvertragsrecht (§ 637) – keine Selbstvornahme durch den Nacherfüllungsgläubiger vorsieht. Ob § 439 Abs. 2 eine Anspruchsgrundlage darstellt und ob seine Voraussetzungen vorliegen, ist eine schwierige Frage. Ein Schadensersatzanspruch (wohl: statt der Leistung) stößt auf zwei Hindernisse: Zum einen ist über § 281 grundsätzlich eine Nachfristsetzung erforderlich (um dem Verkäufer das Recht zur Nacherfüllung zu erhalten). Mit dieser Begründung hat der BGH[13] den Anspruch abgelehnt. Zum anderen dürfte der Anspruch oftmals am Vertretenmüssen scheitern: Die Nacherfüllung ist nämlich infolge der vom Käufer veranlassten Reparatur unmöglich; dies hat der Käufer zu vertreten, nicht dagegen der Verkäufer. Ein Schadensersatzanspruch könnte dann nur gegeben sein, wenn der Verkäufer bereits die ursprüngliche mangelhafte Lieferung zu vertreten hätte. Zu prüfen ist weiter, ob sich ein (anteiliger) Anspruch auf Ersatz der Selbstvornahmekosten aus §§ 326 Abs. 2 S. 2, Abs. 4, 346 analog ergeben kann. Schließlich können auch Ansprüche aus gesetzlichen Schuldverhältnissen eine Rolle spielen. Die Einzelheiten lassen sich am besten in einer Falllösung demonstrieren:

452 **Fall 12** (in Anlehnung an BGH NJW 2005, 1348): K kauft im März 2015 von Autohändler V einen Neuwagen. Die Übergabe findet im April 2015 statt. Bei einem Kilometerstand von 6500 km erleidet das Fahrzeug im November 2015 einen Motorschaden. Ohne sich zuvor an V gewandt zu haben, lässt K daraufhin von der Werkstatt D einen Ersatzmotor einbauen, wofür er 2500 € zahlt. Nach den (zutreffenden) Angaben des D beruht der Schaden darauf, dass durch einen technischen Fehler der Baureihe Kondenswasser in der Ölwanne gefroren ist und die Ölversorgung des Motors unterbrochen hat. Für V war dies nicht erkennbar. K will nun von V die Reparaturkosten ersetzt bekommen.

(1) Zunächst könnte man daran denken, einen Anspruch des K aus **§ 439 Abs. 2 (analog)** herzuleiten. Dies dürfte jedoch in der Regel an folgenden Überlegungen scheitern: Wenn man § 439 Abs. 2 nicht als Anspruchsgrundlage betrachtet, scheidet ein entsprechender Anspruch ohnehin aus; im Übrigen könnte man auch argumentieren, dass das Gesetz davon ausgehe, dass die Nacherfüllung durch den Verkäufer erfolge, so dass vom Käufer veranlasste Reparaturkosten keine Nacherfüllungskosten seien. Wenn man § 439 Abs. 2 hingegen – mit der neueren Rechtsprechung des BGH (vgl. Rdnr. 103 ff) – als Anspruchsgrundlage ansieht, muss man wohl davon ausgehen, dass

---

[12] Vgl. dazu weiterführend *Lorenz* NJW 2003, 1417–1419; *ders.* ZGS 2003, 398–399; *Dauner-Lieb/Dötsch* ZGS 2003, 250–253; *dies.* ZGS 2003, 455–458; *Dauner-Lieb/Arnold* ZGS 2005, 10–14.

[13] Vgl. **BGH, 23.2.2005, VIII ZR 100/04, NJW 2005, 1348 f**; BGH, 7.12.2005, VIII ZR 126/05, NJW 2006, 988; im Grundsatz ähnlich, aber im konkreten Fall Entbehrlichkeit der Fristsetzung annehmend BGH, 22.6.2005, VIII ZR 1/05, NJW 2005, 3211.

die Aufwendungen des Käufers für die Reparatur nicht „erforderlich" waren, wenn er nicht vorher erfolglos eine angemessene Nachfrist gesetzt hat (vgl. zu dieser Problematik Rdnr. 105).

(2) **Schadensersatzansprüche** gegen V, die sich aus §§ 437 Nr. 3, 280 Abs. 1, 3, 281 ergeben könnten, scheitern an dessen fehlendem Verschulden. Dies gilt sowohl für die Pflichtverletzung der mangelfreien Lieferung[14] als auch für die der nicht erbrachten Nacherfüllung. Im letzteren Fall ergibt sich das daraus, dass K die eigentlich von V geschuldete Handlung selbst durchführen ließ, ohne den V unter Setzung einer Nachfrist zur Nacherfüllung aufzufordern[15].

(3) Häufig wird ein Anspruch aus **§§ 326 Abs. 2 S. 2, Abs. 4, 346 (analog)** diskutiert[16]. Dessen Anwendung wird wie folgt begründet: Die vom Verkäufer geschuldete Nacherfüllung wird infolge der Selbstvornahme der Mängelbeseitigung unmöglich i.S.d. § 275 Abs. 1. Der Verkäufer behält zwar wegen § 326 Abs. 1 S. 2 seinen Anspruch auf Kaufpreiszahlung, muss sich aber, weil der Käufer für die Unmöglichkeit der Nacherfüllung verantwortlich ist, gemäß § 326 Abs. 2 S. 2 dasjenige anrechnen lassen, was er infolge der Befreiung von seiner Nacherfüllungspflicht erspart hat[17]. Hat der Käufer den Kaufpreis bereits gezahlt, so ergibt sich ein entsprechender Erstattungsanspruch aus §§ 326 Abs. 4, 346 ff.

Von der **mittlerweile h.M.** wird ein Anspruch aus §§ 326 Abs. 2 S. 2, Abs. 4, 346 jedoch abgelehnt. Bereits die Anwendbarkeit dieser Vorschriften wird mit der Begründung verneint, dass die kaufrechtlichen Gewährleistungsvorschriften eine abschließende Sonderregelung darstellten, die die Anwendung der allg. Vorschriften in ihrem Anwendungsbereich ausschlössen, da sonst eine unzulässige Umgehung ihrer Voraussetzungen, insbesondere des Vorrangs des Nacherfüllungsanspruchs, vorliege[18]. Die Aufzählung in § 437 sei eindeutig und abschließend. Eine Analogie scheitere am Fehlen einer planwidrigen Regelungslücke, da der Gesetzgeber bewusst von einem Selbstvornahmerecht auf Kosten des Käufers abgesehen habe[19].

(4) Eine Analogie zu der werkvertragsrechtlichen Selbstvornahmevorschrift des § 637 führt ebenfalls nicht zum Erfolg. Zum einen fehlt es wegen der bewussten Entscheidung des Gesetzgebers gegen ein kaufvertragliches Selbstvornahmerecht an einer planwidrigen Regelungslücke. Zum anderen würde auch § 637 die erfolglose Nachfristsetzung voraussetzen.

---

14 Weder hat V den Mangel vorliegend schuldhaft verursacht, noch hat er ihn schuldhaft nicht beseitigt.
15 *Nicht* als Anspruchsgrundlage einschlägig sind m.E. §§ 280 Abs. 1, 3, 283. Denn in dem Zeitpunkt, in dem der Käufer mit der Selbstvornahme beginnt, liegt noch kein Fall der Unmöglichkeit vor.
16 Für eine direkte Anwendung *Lorenz* NJW 2003, 1417, 1418 f; *Ebert* NJW 2004, 1761, 1762; eine analoge Anwendung befürwortet bspw. BeckOK/*Faust* § 437 Rdnr. 38.
17 Vgl. *Lorenz* ZGS 2003, 398.
18 **BGH, 23.2.2005, VIII ZR 100/04, NJW 2005, 1348**; s. auch BGH, 22.6.2005, VIII ZR 1/05, NJW 2005, 3211; BGH, 7.12.2005, VIII ZR 126/05, NJW 2006, 988.
19 BGH, 23.2.2005, VIII ZR 100/04, NJW 2005, 1348; anders aber – für eine ähnlich gelagerte Fallkonstellation (Rücktritt nach § 323 Abs. 6 ausgeschlossen, Nacherfüllung wegen Zerstörung unmöglich) OLG München, 21.7.2006, 19 U 2503/05, MDR 2007, 259.

(5) Weiter könnte man an Erstattungsansprüche außerhalb des Vertragsrechts denken. In Betracht kommen hier zum einen Ansprüche aus **GoA** (§§ 683, 677, 670 bzw. 684 S. 1, 818), zum anderen Ansprüche aus Bereicherungsrecht. Problematisch in beiden Fällen ist die grundsätzliche Anwendbarkeit der beiden Rechtsinstitute neben den kaufrechtlichen Regelungen. Diese wird von der **h.M.** mit Blick auf den Willen des Gesetzgebers, der mit §§ 437 ff die Ansprüche des Käufers wegen Mängeln der Kaufsache abschließend habe regeln wollen, verneint[20].

Teilweise jedoch wird ein Anspruch aus unberechtigter GoA (§§ 684 S. 1, 818) bejaht[21]. Deren Voraussetzungen seien gegeben: Erkenne der Käufer die Funktionsstörung als Sachmangel und handele er mit der Vorgabe, die entstehenden Aufwendungen später beim Verkäufer liquidieren zu wollen, führe er ein fremdes Geschäft und kein eigenes[22]. Der Umfang der beim Verkäufer entstandenen Bereicherung bestimme sich allerdings – mangels Berechtigung des Geschäftsführers – gem. § 684 nach den Regeln über die aufgedrängte Bereicherung: Nur die Aufwendungen des Käufers, die der Verkäufer selbst erspart habe und die auch von ihm nach § 439 Abs. 2 zu tragen gewesen wären, können danach liquidiert werden[23].

> **Vertiefungshinweis:** Eine Art des Selbstvornahmerechts sieht das Gesetz seit der Reform von 2017 allerdings insoweit vor, als der Käufer in den Einbaufällen gemäß § 439 Abs. 3 n.F. die erforderlichen Aufwendungen für einen Aus- und Einbau verlangen kann, den er selbst veranlasst hat. Vgl. Rdnr. 154 ff.

III. Versendungskauf

1. Überblick

453 Gemäß § 447 Abs. 1 geht beim Versendungskauf die Gefahr – gemeint ist die Gegenleistungsgefahr – auf den Käufer über, sobald der Verkäufer die Sache der Transportperson ausgeliefert hat. Die Vorschrift verlegt gegenüber der Grundregel des § 446 (Gefahrübergang (erst) mit Übergabe der Sache an den Käufer) den Gefahrübergang zeitlich nach vorne.

454 In der Fallprüfung kann § 447 in verschiedenen **Konstellationen** relevant werden. Der häufigste Fall dürfte derjenige sein, in dem die Ware auf dem Transport untergegangen ist. In diesem Fall wäre der Kaufpreisanspruch des Verkäufers an sich gemäß § 326 Abs. 1 S. 1 erloschen. Dies gilt jedoch nicht, wenn gemäß § 447 die Gegenleistungsgefahr bereits auf den Käufer übergegangen ist. § 447 fungiert hier also als Ausnahme zu § 326 Abs. 1. Darüber hinaus kann § 447 auch eingreifen, wenn die Sache während des

---

20 BGH, 22.6.2005, VIII ZR 1/05, NJW 2005, 3211, 3212; *Ebert* NJW 2004, 1761, 1762 unter Bezugnahme auf BT-Drucks. 14/6040, S. 219 f; i.E. ebenso Palandt/*Weidenkaff* § 437 Rdnr. 57 f; *Looschelders* BT Rdnr. 98.
21 So *Oechsler* NJW 2004, 1825, 1826 f; *ders.* VS Rdnr. 205 (daneben besteht auch ein Anspruch aus § 812 Abs. 1, S. 1 zweiter Fall: Rückgriffskondiktion).
22 *Oechsler* NJW 2004, 1825, 1826; *ders.* VS Rdnr. 205.
23 *Oechsler* NJW 2004, 1825, 1827; *ders.* VS Rdnr. 203.

Transports mangelhaft geworden ist. In diesem Fall schließt die Vorschrift etwaige Mängelansprüche des Käufers aus, weil der maßgebliche Zeitpunkt für die Mangelfreiheit nach zutreffender Ansicht (vgl. Rdnr. 88 ff) derjenige des Gefahrübergangs ist.

Die **ratio** der Vorschrift ist umstritten. Verbreitet wird vertreten, sie beruhe auf der Vorstellung, dass Schulden grundsätzlich Holschulden seien, so dass der Verkäufer keinen Nachteil erleiden solle, wenn er sich auf Verlangen des Käufers zur Versendung bereit erkläre[24]. Andere stellen auf Sphärengesichtspunkte ab[25]. **455**

2. Voraussetzungen des § 447

a) Anwendbarkeit

Besonderheiten ergeben sich bei einem Verbrauchsgüterkauf i.S.d. § 474. Hier ist § 447 grundsätzlich nicht anwendbar, sondern nur in dem Sonderfall, dass der Käufer die Transportperson selbst beauftragt hat und der Verkäufer dem Käufer diese Transportperson nicht vorher benannt hat (§ 475 Abs. 2, vgl. Rdnr. 394 ff). **456**

b) Versendungskauf

§ 447 setzt voraus, dass eine Schickschuld in Form des Versendungskaufs vorliegt: Der Verkäufer muss die Sache auf Verlangen des Käufers nach einem anderen Ort als dem Erfüllungsort versendet haben. „Erfüllungsort" i.S.d. Vorschrift ist nicht etwa der Erfolgsort, sondern der Leistungsort i.S.d. § 269, also im Zweifel der Wohnsitz bzw. die Niederlassung des Verkäufers. „Auf Verlangen" erfolgt die Versendung, wenn der Verkäufer dazu vertraglich verpflichtet ist. Aus diesen Erwägungen ergibt sich, dass § 447 weder auf die Holschuld – hier fehlt es an einer Versendung auf Verlangen des Käufers – noch auf die Bringschuld – hier fehlt es an einer Versendung an einen „anderen Ort" – anwendbar ist. Erfasst wird also nur die Schickschuld. **457**

Nach überwiegender Ansicht findet § 447 auch auf den sog. **Platzkauf** Anwendung, also auf die Versendung von Punkt A nach Punkt B innerhalb einer Gemeinde[26]. Zwar spricht der Wortlaut der Vorschrift von einer Versendung an einen *anderen* Ort als den Erfüllungsort. Doch ist „Ort" nicht im politischen Sinne als eine bestimmte Stadt oder Gemeinde zu verstehen, sondern bezeichnet die konkrete Stelle, an der die Sache übergeben werden soll[27]. Deshalb kann auch beim sog. Platzgeschäft, also beim Transport innerhalb einer Gemeinde, ein Versendungskauf vorliegen[28]. Dafür spricht zum einen, dass der Grenzverlauf bei Orten im politischen Sinne oft zufällig ist, und zum anderen, dass das Transportrisiko im innerstädtischen Verkehr nicht typischerweise geringer ist als beim überregionalen Transport[29]. **458**

---

24 Vgl. BeckOK/*Faust* § 447 Rdnr. 1.
25 *Medicus/Petersen* Bürgerliches Recht Rdnr. 275.
26 Vgl. BeckOK/*Faust* § 447 Rdnr. 6 m.w.N.; *Looschelders* BT Rdnr. 192; *Oechsler* VS Rdnr. 493.
27 *Lettl* JuS 2004, 314, 315.
28 BeckOK/*Faust* 447 Rdnr. 6.
29 *Lettl* JuS 2004, 314, 315.

c) Auslieferung an die Transportperson

459 Auslieferung i.S.d. § 447 bedeutet, dass die Ware so in den Bereich der Transportperson gelangt ist, dass diese sie vor Schaden bewahren kann[30]. Die Auslieferung muss an die zur Ausführung der Versendung bestimmte Person erfolgen. Dies kann z.B. ein Frachtführer (§§ 407 ff HGB) oder ein Spediteur (§§ 453 ff HGB) sein, aber auch eine Privatperson.

460 Umstritten ist, ob § 447 auch beim **Transport durch eigene Leute** (bzw. beim Selbsttransport) anwendbar ist. Einer Ansicht nach ist dies nicht der Fall, weil sich die Ware in diesen Fällen noch im Herrschaftsbereich des Verkäufers befinde[31]. Die Gegenansicht will § 447 anwenden und beruft sich darauf, dass der Verkäufer i.R.d. Transportvertrages auch dem selbstständigen Transporteur Weisungen erteilen könne, so dass nicht einzusehen sei, weshalb Eigentransport und Fremdtransport unterschiedlich zu behandeln seien[32]. Letztlich hängt die Entscheidung des Streits davon ab, worin man die Ratio des § 447 sieht (vgl. Rdnr. 455). Vorzugswürdig erscheint hier die Anwendung des § 447 auf den Transport durch eigene Leute; zu den daraus resultierenden Haftungsfragen vgl. Rdnr. 464. Allerdings ist im Rahmen der Auslegung des Vertrages immer zu prüfen, ob sich aus der Selbstübernahme des Transports durch den Verkäufer nicht die konkludente Vereinbarung einer Bringschuld ableiten lässt; in diesem Fall wäre § 447 von vornherein nicht anwendbar.

d) Zufall

461 § 447 ist eine **Gefahrtragungsregel**. Dies bedeutet, dass sie nur dann zur Anwendung kommt, wenn feststeht, dass weder Verkäufer noch Käufer die Störung (also den Untergang bzw. die Mangelverursachung während des Transports) zu vertreten haben.

462 Praktisch wird sich v.a. die Frage stellen, ob der Verkäufer die Störung zu vertreten hat. Dies ist etwa zu bejahen, wenn der Schaden während des Transports dadurch entsteht, dass der Verkäufer die Sache schlecht verpackt hat oder wenn der Verkäufer die Transportperson, die den Schaden verursacht hat, nicht sorgfältig ausgewählt hat.

463 Eine andere Frage ist, ob sich der Verkäufer ein **Verschulden der Transportperson** nach § 278 zurechnen lassen muss. Dies ist jedenfalls dann zu verneinen, wenn es sich um eine unabhängige Transportperson handelt. Denn der Verkäufer schuldet bei der Schickschuld nicht den Transport selbst, sondern nur die Übergabe an die Transportperson. Er bedient sich der Transportperson also nicht zur Erfüllung einer Verbindlichkeit, wie dies § 278 voraussetzt.

464 Umstritten ist allerdings, ob etwas anderes gilt, wenn der Verkäufer den **Transport durch eigene Leute** durchführt. In diesem Fall wird weithin eine Zurechnung des Verschuldens durch analoge Anwendung des § 278 bejaht. Begründet wird dies u.a. damit, dass der Verkäufer dafür zu sorgen habe, dass seine Angestellten den Transport ordnungsgemäß durchführen. Dem Käufer solle nicht das Risiko für das Fehlverhalten

---

30 BeckOK/*Faust* § 447 Rdnr. 10.
31 *Medicus/Petersen* Bürgerliches Recht Rdnr. 275.
32 BeckOK/*Faust* § 447 Rdnr. 9.

der Leute des Verkäufers aufgebürdet werden[33]. Dogmatisch stößt diese Ansicht zwar auf die Schwierigkeit, dass der Transport durch eigene Leute nichts daran ändert, dass der Verkäufer den Transport an sich nicht schuldet (es sei denn, es handelte sich um eine Bringschuld, auf die dann aber § 447 ohnehin nicht anwendbar wäre). Doch lässt sie sich damit begründen, dass der Verkäufer die allg. Pflicht hat, bei allen mit der Vertragserfüllung zusammenhängenden Tätigkeiten das Interesse des Vertragspartners zu wahren. Ein anderer Weg besteht darin, aus der tatsächlichen Obhutsübernahme (bzw. dem tatsächlichen „In der Obhut-Behalten") eine Obhutspflicht abzuleiten, zu deren Erfüllung sich der Verkäufer des (eigenen) Transporteurs bedient. Die **Gegenansicht**[34] lehnt eine Anwendung des § 278 ab und will den durch eigene Leute transportierenden Verkäufer analog der frachtrechtlichen Vorschriften (§§ 426 ff HGB) haften lassen, weil er einem Spediteur gleiche, der sich entschieden habe, den Transport selbst durchzuführen und deshalb über § 458 HGB der Haftung des Frachtführers unterworfen werde.

e) Typische Transportgefahr?

Umstritten ist, ob § 447 ferner voraussetzt, dass sich mit der Störung eine typische Transportgefahr verwirklicht hat, also eine Gefahr, die auf den Transport zurückzuführen ist bzw. durch ihn mit verursacht wurde[35]. Allerdings kann dieser Streit in aller Regel unentschieden bleiben, weil der Begriff des typischen Transportrisikos sehr weit gefasst wird.

465

3. Haftungsprobleme und Drittschadensliquidation

Wenn § 447 eingreift, ergeben sich aufgrund der Gefahrverlagerung klausurrelevante Haftungsprobleme. Hier sind verschiedene Fallkonstellationen zu unterscheiden. Von vornherein scheiden wegen § 475 Abs. 2 wohl die meisten Fälle aus, in denen ein Unternehmer an einen Verbraucher eine bewegliche Sache verkauft hat. Es bleiben also (neben dem in § 475 Abs. 3 genannten Ausnahmefall) diejenigen Fälle, in denen der Käufer ein Unternehmer bzw. der Verkäufer ein Verbraucher ist. Hier ist weiter danach zu unterscheiden, ob der Transporteur ein Frachtführer i.S.d. §§ 425 ff HGB (oder eine diesem gleichgestellte Person, z.B. ein Spediteur, der den Transport im Wege des Selbsteintritts durchführt, § 458 HGB) ist oder nicht.

466

a) Transport durch Person, die nicht Frachtführer i.S.d. HGB ist

Wenn die Transportperson nicht den Vorschriften der Frachtführerhaftung (§§ 425 ff HGB) unterliegt (z.B. Privatperson), handelt es sich um einen **klassischen Fall der Drittschadensliquidation**. Der Käufer bleibt wegen § 447 dem Verkäufer zur Zahlung des Kaufpreises verpflichtet, obwohl die Sache auf dem Transport untergegangen ist,

467

---
33 Vgl. MünchKomm/*Westermann* § 447 Rdnr. 23 ff; Staudinger/*Beckmann* § 447 Rdnr. 39; *Looschelders* BT Rdnr. 196.
34 BeckOK/*Faust* § 447 Rdnr. 26.
35 So Palandt/*Weidenkaff* § 447 Rdnr. 15 f; *Looschelders* BT Rdnr. 191; **a.A.** (jede Gefahr, die sich während des Transports verwirklicht) BeckOK/*Faust* § 447 Rdnr. 21; *Oechsler* VS Rdnr. 491.

§ 15 Besondere Problembereiche im Kaufrecht

hat selbst aber keine vertraglichen Ansprüche gegen den Transporteur[36]. Er könnte jedoch die Zahlung des Kaufpreises gemäß § 273 verweigern, wenn er einen konnexen Gegenanspruch gegen den Verkäufer hätte. Ein solcher Anspruch könnte sich aus § 285 ergeben, nämlich ein Anspruch auf Abtretung der Schadensersatzansprüche des Verkäufers gegen den Transporteur aus dem Transportvertrag (§ 280 Abs. 1). Problematisch ist allerdings, dass der Verkäufer selbst nach der Differenzhypothese keinen Schaden erlitten hat, weil ihm ja der Kaufpreisanspruch erhalten bleibt[37]. Dies kann nach h.M. über die Drittschadensliquidation überwunden werden:

468 Der Verkäufer darf in dieser Situation („Anspruch ohne Schaden" beim Verkäufer, „Schaden ohne Anspruch" beim Käufer) den Schaden des Käufers liquidieren, weil wegen § 447 ein Fall der zufälligen Gefahrverlagerung vorliegt (zur Drittschadensliquidation vgl. näher *Petersen*, § 13). Auf diese Weise gelangt man zu dem Ergebnis, dass der Verkäufer gegen den Transporteur einen vertraglichen Anspruch aus § 280 Abs. 1 hat, dessen Abtretung der Käufer über § 285 verlangen kann. Über § 273 kann der Käufer dies dem Kaufpreisanspruch des Verkäufers aus §§ 433 Abs. 2, 447 einredeweise entgegenhalten.

b) Transport durch Frachtführer i.S.d. HGB

469 Erfolgt der Transport durch eine Person, die der Frachtführerhaftung der §§ 426 ff HGB unterliegt, ergeben sich folgende Besonderheiten: Zunächst richtet sich die Haftung des Frachtführers gegenüber dem Verkäufer nach den Sonderregeln der **§§ 425 ff HGB**. Darüber hinaus ist die Vorschrift des **§ 421 Abs. 1 S. 2 HGB** zu beachten, der zufolge bei Beschädigung, Verspätung oder Verlust der Ware der Empfänger (also der Käufer) die Ansprüche aus dem Frachtvertrag im eigenen Namen gegen den Frachtführer (also den Transporteur) geltend machen kann, wobei der Absender (also der Verkäufer) zur Geltendmachung dieser Ansprüche befugt bleibt.

470 Wenn man der Ansicht ist, dass § 421 Abs. 1 S. 2 HGB einen eigenen Anspruch des Käufers begründet[38] (und sich nicht in der Anordnung einer bloßen Prozessstandschaft erschöpft[39]), stellt sich die weitere Frage, ob angesichts des eigenen Anspruchs des Käufers nach wie vor ein **Bedürfnis für die Drittschadensliquidation** besteht. Dies ist umstritten. Einerseits wird die Ansicht vertreten, dass, soweit dem Käufer ein Anspruch aus §§ 421 Abs. 1 S. 2, 425 Abs. 1 HGB zustehe, für eine Anwendung der Drittschadensliquidation kein Raum mehr sei[40]. Andererseits wird darauf hingewiesen, dass nach der Sonderregelung des § 421 Abs. 1 S. 2 a.E. HGB der Absender zur Geltend-

---

36 Zwar wäre an sich eine Einbeziehung in den Schutzbereich des Transportvertrages denkbar, doch wird in Fällen der obligatorischen Gefahrverlagerung, wie sie durch § 447 bewirkt wird, der Weg über die Drittschadensliquidation für vorrangig gehalten, vgl. *Medicus/Petersen* Bürgerliches Recht Rdnr. 840 f.
37 Die Gegenansicht (*Larenz* Schuldrecht I, S. 462 ff, 466), der zufolge aufgrund normativer Betrachtung ein Schaden vorliegt, weil das Eigentum des V verletzt sei und die Differenzhypothese normativ zu korrigieren sei, weil bei wertender Betrachtung die interne Gefahrverteilung zwischen Verkäufer und K den Schädiger T nichts angehe, ist abzulehnen.
38 So *Koller* Transportrecht, § 421 HGB Rdnr. 14; *Oetker* JuS 2001, 833, 836 f.
39 So z.B. *Büdenbender* NJW 2000, 986, 988 Fn. 15.
40 *Oechsler* VS Rdnr. 499.

machung der Ansprüche aus dem Frachtvertrag befugt bleibt. Das Ziel dieser Vorschrift lasse sich nur dann erreichen, wenn man den fehlenden eigenen Schaden des Verkäufers durch eine Liquidation des Schadens des Käufers überwinde[41]. Für eine Anwendung der Drittschadensliquidation spreche außerdem § 421 Abs. 1 S. 3 HGB, der ein Vorgehen auch im fremden Interesse möglich macht. In der Klausur sind selbstverständlich beide Ansichten vertretbar.

IV. Rechtskauf und Unternehmenskauf

§ 453 Abs. 1 bestimmt, dass die Vorschriften über den Kauf von Sachen auf den Kauf von Rechten und sonstigen Gegenständen entsprechende Anwendung finden.

471

1. Rechtskauf

Der Rechtskauf kann sich auf alle Arten von **Rechten** beziehen, z.B. auf Forderungen, Anwartschaften, gewerbliche Schutzrechte etc[42]. Aus § 433 Abs. 1 S. 1 analog ergibt sich die Pflicht des Verkäufers, dem Käufer das Recht zu verschaffen. Wie dies zu geschehen hat, hängt von der Art des verkauften Rechts ab. So ist eine verkaufte Forderung etwa durch Abtretung (§ 398) zu übertragen.

472

Analog § 433 Abs. 1 S. 2 ist der Verkäufer darüber hinaus verpflichtet, das Recht **frei von Mängeln** zu verschaffen. Tut er dies nicht, haftet er in entsprechender Anwendung der §§ 437 ff. Die Mangelhaftigkeit eines Rechts kann sich sowohl aus § 434 als auch aus § 435 (jeweils in entsprechender Anwendung) ergeben. Zwar mag man sich auf den ersten Blick fragen, inwiefern ein Recht einen „Sachmangel" haben kann, doch zeigt eine genauere Betrachtung, dass die Anwendung des § 434 durchaus Sinn ergeben kann. Zur „Beschaffenheit" i.S.d. § 434 (analog) gehören demnach alle Eigenschaften, die die Struktur des Rechts prägen[43]. Ein Mangel i.S.d. § 434 Abs. 1 liegt deshalb z.B. vor, wenn beim Forderungskauf die vom Verkäufer dem Käufer zugesagte Zinszahlungspflicht des Schuldners nicht oder nicht in der zugesagten Höhe besteht. Ein „Rechtsmangel" (§ 435 analog) liegt vor, wenn das verkaufte Recht mit Rechten Dritter belastet ist oder wenn seiner Durchsetzung Rechte Dritter entgegenstehen (wenn also z.B. die verkaufte Forderung wegen eines Gegenrechts des Schuldners, etwa der Einrede der Verjährung, nicht durchsetzbar ist). Besonderheiten ergeben sich aus § 453 Abs. 3. Wenn es sich um ein Recht handelt, das zum Besitz der Sache berechtigt, etwa das Anwartschaftsrecht des Vorbehaltskäufers, haftet der Verkäufer auch für die Mangelfreiheit der Kaufsache.

473

Existiert das verkaufte **Recht** überhaupt **nicht** (oder steht es einem nicht übertragungsbereiten Dritten zu oder ist es unübertragbar), spricht man von der Haftung für die **Verität** des Rechts. Hier stellt sich eine vergleichbare Frage wie beim Verkauf einer

474

---

41 *Oetker* JuS 2001, 833, 840.
42 BeckOK/*Faust* § 453 Rdnr. 2; *Oechsler* VS Rdnr. 65 ff.
43 *Eidenmüller* ZGS 2002, 290, 291.

Sache, an der der Käufer kein Eigentum erlangen kann (vgl. Rdnr. 81): Handelt es sich um einen Rechtsmangel (§ 435 analog) oder um einen einfachen Fall der Nichterfüllung, der nach allgemeinem Leistungsstörungsrecht zu behandeln ist?[44] Der Streit hat durchaus praktische Bedeutung. Zwar richtet sich nach beiden Ansichten die Haftung des Verkäufers nach § 311a Abs. 2[45]. Doch gelten bei Annahme eines „Rechtsmangels" i.S.d. § 435 (analog) die besonderen Vorschriften der §§ 437 ff analog, bei unmittelbarer Anwendung des § 311a Abs. 3 hingegen nicht. Vorzugswürdig ist es, wie beim Sachkauf von einem Fall der Nichterfüllung auszugehen, der zu einer unmittelbaren Anwendung des § 311a Abs. 2 führt. Bei der Schadensersatzhaftung des Verkäufers ist zu beachten, dass diese nach dem System des neuen deutschen Schuldrechts verschuldensabhängig ist (vgl. §§ 311a Abs. 2 S. 2, 280 Abs. 1 S. 2). Eine gesetzlich vorgesehene Garantiehaftung für die Verität des Rechts – wie sie das frühere Schuldrecht kannte – gibt es nicht mehr. Man sollte auch nicht versuchen, eine solche über die großzügige Annahme konkludenter Garantieübernahmen neu zu konstruieren, sondern einfach den Maßstab des § 276 anwenden. Demnach kann der Verkäufer zwar auch eine Garantiehaftung übernehmen, doch muss sich dies eindeutig aus seinen Erklärungen ergeben.

475 Eine Haftung des Verkäufers für die sog. **Bonität** des Rechts, also insbesondere für die Zahlungsfähigkeit des Schuldners der verkauften Forderung, ergibt sich aus dem Gesetz nicht. Denn die Zahlungsfähigkeit des Schuldners hat mit der Struktur des Rechts und damit mit seiner Beschaffenheit nichts zu tun, sondern beeinflusst lediglich seinen wirtschaftlichen Wert[46]. Für die Bonität der Forderung haftet der Verkäufer also nur dann, wenn dies im Vertrag besonders vereinbart war.

2. Unternehmenskauf

476 Der Unternehmenskauf ist ein in der Praxis häufiges Geschäft, das komplizierte rechtliche Fragen aufwirft und meist über umfangreiche Vertragswerke losgelöst von der gesetzlich vorgesehenen (Haftungs-)Regelung abgewickelt wird, die i.d.R. nicht Gegenstand des Examenspflichtstoffs sein dürften. Die folgende Darstellung beschränkt sich deshalb auf eine vereinfachte Skizzierung der Grundzüge der gesetzlichen Regelung und geht davon aus, dass der Kauf das gesamte Unternehmen erfasst und nicht nur Teile davon.

477 Das „Unternehmen" als solches kann man nach deutschem Recht zwar (ver-)kaufen, aber wegen des sachenrechtlichen Spezialitätsgrundsatzes nicht dinglich übertragen. Für die dingliche Ausgestaltung gibt es deshalb zwei Möglichkeiten: Entweder man kauft und überträgt (fast) alle Anteile des Unternehmens (Gesellschaftsanteile, Aktien) und wird damit in wirtschaftlicher Hinsicht Inhaber der Gesellschaft und damit mittelbar auch der zur Gesellschaft gehörenden Gegenstände (Sachen, Schutzrechte,

---
44 Vgl. zum Streitstand BeckOK/*Faust* § 453 Rdnr. 12.
45 Zu prüfen wäre ggf. auch die Frage, ob eine Haftung analog § 122 in Betracht kommt; vgl. dazu *Faust*, in: *Huber/Faust* S. 220 f; NomosKomm/*Dauner-Lieb* § 311a Rdnr. 29 f.
46 *Eidenmüller* ZGS 2002, 290, 293; *Looschelders* BT Rdnr. 220.

Know-how, Kundenstamm etc.); dies ist der sog. **share deal**. Oder man kauft und überträgt (nahezu) die Gesamtheit der zum Unternehmen gehörenden Gegenstände und führt diese dem Unternehmen des Käufers zu; das ist der sog. **asset deal**. In beiden Fällen geht es, jedenfalls wenn fast alle Anteile bzw. fast alle Gegenstände und Güter des Unternehmens verkauft werden, um einen „Unternehmenskauf" und damit um den Kauf eines „sonstigen" Gegenstandes i.S.d. § 453 Abs. 1.

Hat das verkaufte Unternehmen nicht die geschuldeten Eigenschaften, sind z.B. die Unternehmenskennzahlen schlechter als geschuldet, stellt sich die Frage, nach welchen Vorschriften sich die **Haftung** richtet. Soweit es sich um einen Mangel i.S.d. (über § 453 zur entsprechenden Anwendung berufenen) §§ 434 f handelt, greifen an sich die §§ 437 ff. Soweit dies nicht der Fall ist, bleibt ggf. eine Schadensersatzhaftung wegen Verletzung vorvertraglicher Aufklärungspflichten aus §§ 280 Abs. 1, 311 Abs. 2, die nicht der kaufrechtlichen Verjährung des § 438 unterliegt, sondern der Regelverjährung der §§ 195, 199. Die entscheidende Frage ist also, wie weit beim Unternehmenskauf der „Beschaffenheitsbegriff" des § 434 geht. Hierüber besteht Streit (vgl. Rdnr. 55 ff), insbesondere in Bezug auf solche Merkmale, die nicht der Substanz des Unternehmens anhaften, z.B. die – praktisch natürlich überaus wichtigen – Unternehmenskennzahlen wie Umsatz und Ertrag des Unternehmens. *Eidenmüller*[47] schlägt folgende Abgrenzung vor: Der Begriff der Beschaffenheit erfasse alle Umstände tatsächlicher und rechtlicher Art, die den gegenwärtigen Zustand des Unternehmens bestimmen, also etwa auch der gegenwärtige Ertrag, Umsatz oder Schuldenstand. Nicht erfasst würden hingegen vergangene Kennzahlen, die den gegenwärtigen Zustand nicht mehr beeinflussten, oder außerhalb des Unternehmens liegende Umstände, wie die geplante Eröffnung eines Konkurrenzunternehmens; in Bezug auf Letztere greife also nicht die kaufrechtliche Gewährleistungshaftung, sondern die Haftung aus c.i.c. Letztlich wird man hier in der Klausur m.E. von einem sehr weit reichenden Beschaffenheitsbegriff bis zu einem unternehmenskaufspezifischen, engen Beschaffenheitsbegriff alle Variationen vertreten können. Entscheidend dürfte sein, dass die Grundproblematik der Abgrenzung von §§ 437 ff und §§ 280 Abs. 2, 311 Abs. 2 und ihre Abhängigkeit von der Reichweite des Beschaffenheitsbegriffs erkannt wird.

478

Ein weiteres Problem beim Unternehmenskauf stellen die haftungsregelnden und -beschränkenden **„Garantieerklärungen"** und ihr Verhältnis zu § 444 dar. Diese Frage wurde bereits o. erörtert (vgl. Rdnr. 338 ff).

479

V. Garantien

Garantien werden im Kaufrecht an verschiedenen Stellen erwähnt. Leider ist der **Begriff** der Garantie **nicht einheitlich**. Im Großen und Ganzen kann man wohl zwei Arten von Garantien unterscheiden. Auf der einen Seite stehen die in **§ 276 und § 444** angesprochenen Garantien, die – angesichts der damit verbundenen einschneidenden Rechtsfolgen (verschuldensunabhängige Haftung, Verdrängung von Haftungs-

480

---

47 *Eidenmüller* ZGS 2002, 290, 295 f.

ausschlüssen) – sehr eng verstanden werden und nur dann vorliegen, wenn der Verkäufer unbedingt für sein Versprechen einstehen will (vgl. näher Rdnr. 262, 338).

481 Auf der anderen Seite stehen die in **§ 443**[48] angesprochenen Garantien, die im Grundsatz dadurch gekennzeichnet sind, dass der Verkäufer (oder ein Dritter, zum Beispiel der Hersteller[49]) vertraglich eine (über die gesetzliche Mängelhaftung hinaus gehende) Einstandspflicht übernimmt, etwa für eine bestimmte Beschaffenheit (Beschaffenheitsgarantie) oder dafür, dass die Sache für eine bestimmte Dauer eine bestimmte Beschaffenheit behält (Haltbarkeitsgarantie), vgl. § 443 (zu den Besonderheiten beim Verbrauchsgüterkauf [§ 479] vgl. Rdnr. 418). Hier ist der Regelungsgehalt der gesetzlichen Vorschriften gering. Im Grundsatz gilt hier, was in der Garantie vertraglich versprochen ist. Im Einzelnen können sich freilich schwierige Fragen ergeben. Dies gilt zunächst für die Auslegung der Garantieerklärung. Wie ist es etwa, wenn einfach vereinbart wurde: „3 Jahre Garantie"? Handelt es sich dabei um eine Verlängerung der Verjährungsfrist (so dass weitere Voraussetzung wäre, dass der Mangel bereits bei Gefahrübergang vorlag und nur die Frist für seine Geltendmachung um ein Jahr verlängert wurde) oder um eine Verlängerung der Frist für die in § 477 enthaltene Vermutung oder gar um eine Haltbarkeitsgarantie i.S.d. § 443 (mit der Folge, dass jeder Mangel, der innerhalb der drei Jahre auftritt, zur Geltendmachung der Gewährleistungsansprüche berechtigt)[50]? Unabhängig von diesem Punkt stellt sich immer die Frage, ob bzw. inwieweit die in § 438 vorgesehene Verjährungsregelung für Ansprüche aus einer vertraglichen Garantie gilt. Besonders problematisch ist dies dann, wenn die Garantiefrist länger ist als die gesetzliche Verjährungsfrist. Soll dann die Verjährungsfrist des § 438 aufgrund der Garantie erst mit der innerhalb der Garantiefrist erfolgten Entdeckung des Mangels beginnen? Oder soll man annehmen, dass die Garantie lediglich die Verjährungsfrist von zwei auf drei Jahre verlängert hat, so dass der Käufer bei Entdeckung des Mangels kurz vor Ablauf der Garantiefrist nicht mehr zwei Jahre Zeit hat, sondern nur noch bis zum Ablauf der Garantiefrist? Oder soll man davon ausgehen, dass die Ansprüche aus der Garantie überhaupt nicht dem § 438 unterliegen, sondern der allgemeinen Verjährung nach §§ 195, 199[51]? Angesichts der Tatsache, dass hier über fast alle Fragen Streit besteht, dürfte es in der Klausur vor allem darauf ankommen, die Problematik zu erkennen.

---

[48] Das deutsche Gesetz zur Umsetzung der EU-Verbraucherrechterichtlinie hat den Wortlaut des § 443 BGB mit Wirkung ab 13. Juni 2014 geändert. Die Änderungen sind vor allem begrifflicher Natur. Vgl. Gesetz zur Umsetzung der EU-Verbraucherrechterichtlinie und (…) v. 20.9.2013, BGBl. 2013 I, Nr. 58, S. 3642; BT-Drucks. 17/12637, S. 68.
[49] Vertragsschluss über Verkäufer als Bote oder Vertreter des Herstellers, Entbehrlichkeit des Zugangs der Annahmeerklärung des Käufers nach § 151 S. 1.
[50] Vgl. dazu BeckOK/*Faust* § 443 Rdnr. 39, der im Zweifel eine Haltbarkeitsgarantie annehmen will.
[51] Vgl. zum Streitstand BeckOK/*Faust* § 443 Rdnr. 48 (mit Nachweisen zu den einzelnen Ansichten), der für die erste Ansicht plädiert.

Dritter Teil

Sonstige Verträge

§ 16 Werkvertrag

Das Werkvertragsrecht wurde durch die beim Kaufrecht ausführlich besprochene **Reform 2017**[1] ebenfalls geändert. Kernstück der Reform ist die Einführung eines neuen Kapitels zum Bauvertrag und verwandten Verträgen (§§ 650a–650v n.F.), dessen Vorschriften für Bauverträge ergänzend bzw. vorrangig zum allgemeinen Werkvertragsrecht gelten (vgl. unten Rdnr. 555 ff). Darüber hinaus wurden einzelne Vorschriften des allgemeinen Werkvertragsrechts geändert; auf diese Änderungen beziehen sich die hier verwendeten Bezeichnungen als „a.F." oder „n.F.". Geändert hat sich auch die **Struktur** des Gesetzes. Der bisherige Untertitel 1 über den Werkvertrag wird anders gegliedert. Das bisherige allgemeine Werkvertragsrecht findet sich nun – inhaltlich, wie eben gesagt, nur punktuell verändert – in „Kapitel 1: Allgemeine Vorschriften" (§§ 631–650 n.F.). Es folgen Kapitel 2 über den Bauvertrag (§§ 650a–650h n.F.), Kapitel 3 und 4 über den Verbraucherbauvertrag (§§ 650i–650o n.F.), ein neuer Untertitel 2 über den Architekten- und den Ingenieurvertrag (§§ 650p–650t n.F.) und ein Untertitel 3 über den Bauträgervertrag (§§ 650u–650v n.F.).

482

I. Begriff

Gemäß § 631 Abs. 1 verpflichtet der Werkvertrag den Unternehmer zur Herstellung des versprochenen Werkes und den Besteller zur Entrichtung der vereinbarten (bzw. sich aus § 632 ergebenden) Vergütung. Gegenstand des Werkvertrags kann nach § 631 Abs. 2 sowohl die Herstellung oder Veränderung einer Sache als auch ein anderer durch Arbeit oder Dienstleistung herbeizuführender Erfolg sein. Aus diesen Vorschriften ergibt sich also, dass ein Werkvertrag sich auf die entgeltliche Herbeiführung eines bestimmten Erfolges, des Werkes, richtet.

483

Die **Erfolgsbezogenheit** unterscheidet den Werkvertrag vom *Dienstvertrag*, der sich nur auf die Vornahme einer Tätigkeit richtet, nicht hingegen auf die Herbeiführung eines Erfolges[2]. In der praktischen Anwendung ist diese Abgrenzungsformel indes nicht so einfach zu handhaben, wie es auf den ersten Blick scheint[3]. Auch die schlichte Diensterbringung erfolgt nämlich nicht um ihrer selbst willen, sondern ebenfalls mit

484

---
[1] Gesetz zur Reform des Bauvertragsrechts, zur Änderung der kaufrechtlichen Mängelhaftung (…) vom 28. April 2017, BGBl I S. 969.
[2] Vgl. instruktiv (auch zu weiteren Fragen des Werkvertragsrechts) BGH, 6.6.2013, VII ZR 355/12, NJW 2013, 3022.
[3] Vgl. zur Abgrenzung *Oechsler* VS Rdnr. 1086 ff.

Blick auf einen angestrebten Erfolg. Letztlich muss unter Berücksichtigung aller Umstände des Einzelfalls durch Auslegung ermittelt werden, welche Vertragspartei das Risiko des ausbleibenden Erfolgseintritts zu tragen hat[4]. Ein mögliches Entscheidungskriterium ist dabei die Bereitstellung von Fachwissen und Arbeitsmitteln: Wenn der Leistungsschuldner in diesen Bereichen vom Gläubiger abhängig ist, kann dies dafür sprechen, dass er den Erfolg nicht schulden will.

485 Die Abgrenzung zum **Kaufvertrag** erfolgt in erster Linie über das Merkmal der Herstellung: Der Verkäufer ist zu Übergabe und Übereignung der Kaufsache verpflichtet, der Werkunternehmer (zusätzlich) zur Herstellung des Werks. Allerdings werden viele Werkverträge über die – auf der EG-Verbrauchsgüterkauf-RL beruhende – Vorschrift des § 650 n.F. (= § 651 a.F.) dem Kaufrecht unterworfen: Für Verträge über die Lieferung herzustellender oder zu erzeugender beweglicher Sachen gilt demnach Kaufrecht (§ 650 S. 1 n.F. [= § 651 a.F.])[5], allerdings in zweierlei Hinsicht modifiziert: Zum einen sind gemäß §§ 650 S. 2 n.F. (= § 651 a.F.), 442 Abs. 1 S. 1 Mängelansprüche des Bestellers ausgeschlossen, wenn der Mangel des Werks auf den vom Besteller gelieferten Stoff zurückzuführen ist[6]. Zum anderen finden, wenn es sich um unvertretbare Sachen handelt (z.B. Herstellung eines Maßanzugs), die werkvertraglichen Vorschriften der §§ 642, 643, 645, 648 n.F. (= § 649 a.F.), 649 n.F. (= § 650 a.F.) in modifizierter Form Anwendung (§ 650 S. 3 n.F. [= § 651 a.F.]). Insgesamt betrachtet lässt sich als Faustregel festhalten, dass für die Anwendung des Werkvertragsrechts des BGB im Wesentlichen folgende Fälle verbleiben: die Herstellung von Bauwerken (für die jetzt in §§ 650a ff n.F. Sonderregeln existieren, die das allgemeine Werkvertragsrecht modifizieren)[7], die reinen Reparatur-, Installations- oder Handwerksarbeiten[8] an Sachen des Bestellers und die Herstellung nicht körperlicher Werke (z.B. Gutachten, Planungsarbeiten). Außerhalb des Anwendungsbereichs des § 650 n.F. (= § 651 a.F.) kommt es bei typengemischten Verträgen (z.B. „Verkäufer" schuldet Lieferung und Montage) für die Abgrenzung zwischen Kauf- und Werkvertrag, darauf an, wo der Schwerpunkt der Leistung liegt[9].

---

4 Vgl. BGH, 10.6.1999, VII ZR 215/98, NJW 1999, 3118.
5 Vgl. hierzu BGH, 23.7.2009, VII ZR 151/08, NJW 2009, 2877.
6 Dies gilt nach dem Wortlaut des Gesetzes unabhängig davon, ob der Unternehmer den Mangel hätte bemerken müssen. Teilweise wird jedoch gefordert, bei Kennenmüssen des Unternehmers die Vorschriften des §§ 650 S. 2 n.F. (= § 651 a.F.), 441 Abs. 1 S. 1 im Wege einer teleologischen Korrektur nicht anzuwenden, um Wertungswidersprüche mit der ähnlichen werkvertraglichen Regelung des § 645, die das Vertretenmüssen des Unternehmers berücksichtigt, zu vermeiden (str.), vgl. BeckOK/*Voit* § 651 Rdnr. 16.
7 Vgl. zur Einordnung eines Bauträgervertrages als Werkvertrag (nach bisherigem Recht) BGH, 12.5.2016, VII ZR 171/15, NJW 2016, 2878, Rdnr. 20 ff;BGH, 25.2.2016, VII ZR 156/13, Rdnr. 25. Zu Bauträgerverträgen nach der Reform vgl. aber §§ 650u f n.F.
8 Vgl. etwa BGH 2.6.2016, VII ZR 348/13, NJW 2016, 2876, Rdnr. 11 (Herstellung einer funktionstauglichen Photovoltaikanlage auf dem Dach einer Tennishalle unter Beachtung ihrer Tragfähigkeit: „Die Verpflichtungen zur Durchführung aufwändiger handwerklicher Installations- und Anpassungsarbeiten an der Tennishalle geben dem Vertrag die maßgebliche Prägung").
9 BeckOK/*Faust* § 434 Rdnr. 90; BGH, 16.4.2013, VIII ZR 375/11, BeckRS 2013, 15325.

II. Pflichten des Bestellers

Den Besteller treffen nach Werkvertragsrecht zwei Hauptleistungspflichten: die Vergütungspflicht (§ 631 Abs. 1) und die Abnahmepflicht (§ 640). **486**

1. Abnahmepflicht des Bestellers

Die Abnahme umfasst nach h.M. die Entgegennahme des Werkes und die Erklärung des Bestellers, dass er das Werk als in der Hauptsache vertragsgemäß anerkenne[10]. Sie enthält also auch ein gewisses **Billigungselement**. Die Billigung ist nach h.M. als geschäftsähnliche Handlung zu qualifizieren[11]. Die Abnahme darf nur bei nicht unwesentlichen Mängeln verweigert werden, wie sich aus § 640 Abs. 1 S. 2 ergibt. Ist eine Abnahme nach der Beschaffenheit des Werkes ausgeschlossen, wie z.B. meist bei immateriellen Werken, tritt an die Stelle der Abnahme die Vollendung des Werkes (vgl. §§ 640 Abs. 1 S. 1 Hs. 2, 646). **487**

Die Abnahme zeitigt in mehrerlei Hinsicht **Rechtsfolgen**: Sie ist Voraussetzung für die Fälligkeit der Vergütung (§ 641 Abs. 1, zur Teilvergütung vgl. S. 2). Sie ist der für den Gefahrübergang (§§ 644 f) und den Verjährungsbeginn bei bestimmten Mängeln (§ 634a Abs. 2) maßgebliche Zeitpunkt. Die vorbehaltlose Abnahme führt darüber hinaus gemäß § 640 Abs. 3 n.F. (= Abs. 2 a.F.) zu einem Ausschluss der Ansprüche wegen solcher Werkmängel, die der Besteller bei der Abnahme kannte. Schließlich ist die Abnahme grundsätzlich derjenige Zeitpunkt, ab dem die besonderen Mängelgewährleistungsvorschriften der §§ 633 ff gelten (vgl. Rdnr. 506 ff). **488**

Verletzt der Besteller seine Abnahmepflicht, so verletzt er eine **Hauptleistungspflicht** aus dem Werkvertrag. Er gerät also nicht etwa nur in Annahmeverzug bzgl. der Werkleistung, sondern ggf. auch in Schuldnerverzug. Über die allg. Rechtsbehelfe hinaus kann der Unternehmer die Wirkungen der Abnahme gemäß § 640 Abs. 2 n.F. über eine Fristsetzung herbeiführen. **489**

2. Vergütung

Neben der Pflicht zur Abnahme trifft den Besteller gemäß § 631 Abs. 1 die Hauptleistungspflicht, die vereinbarte Vergütung zu entrichten. Anders als im Kaufrecht, wo die Vereinbarung eines bestimmten Kaufpreises zu den essentialia negotii gehört, muss für den Mindestinhalt eines Werkvertrags keine Vergütung speziell vereinbart werden, wie sich aus § 632 ergibt[12]. **490**

Der häufig bestehenden Unsicherheit, dass die **Höhe** der Vergütung bis zur Vollendung des Werkes nicht feststeht, kann man durch einen Kostenvoranschlag (§ 649 n.F. [= § 650 a.F.]) begegnen. Ist dieser dem Vertrag zu Grunde gelegt worden, so hat **491**

---
10 *Looschelders* BT Rdnr. 648.
11 MünchKomm/*Busche* § 640 Rdnr. 4.
12 Vgl. *Looschelders* BT Rdnr. 639.

dies zunächst zur Folge, dass der Unternehmer dem Besteller Anzeige zu machen hat, wenn eine Überschreitung des Anschlags zu erwarten ist. Der Besteller kann im Falle wesentlicher Überschreitung den Vertrag kündigen – der Unternehmer erhält dann nur den in § 645 normierten Teilvergütungsanspruch.

492   Die Vergütung wird gemäß § 641 Abs. 1 mit Abnahme des Werks **fällig**. Ist eine Abnahme nach der Beschaffenheit des Werkes ausgeschlossen, so ist der Zeitpunkt der Vollendung maßgeblich (§ 646). Bereits vor Fertigstellung des Werkes kann der Unternehmer ggf. gemäß § 632a Abschlagszahlungen verlangen.

493   Diese Abhängigkeit der Fälligkeit der Vergütung bewirkt, dass grundsätzlich der Unternehmer vorleistungspflichtig ist. Es besteht insofern ein Bedürfnis danach, seinen Anspruch auf den Werklohn zu sichern. Diesem Bedürfnis trägt § 647 Rechnung. Nach § 647 wird dem Unternehmer hierfür ein gesetzliches Pfandrecht (sog. **Werkunternehmerpfandrecht**) an den von ihm hergestellten oder ausgebesserten Sachen des Bestellers eingeräumt, die in seinen Besitz gelangt sind, vgl. *Habersack*, Examens-Rep Sachenrecht Rdnr. 189 ff.

3.   Gefahrtragung bezüglich der Vergütung

494   Der Übergang der Gegenleistungsgefahr ist im Werkvertragsrecht in den §§ 644 f besonders geregelt. Diese Regeln stellen **Sondervorschriften** dar, die sich im Konfliktfall gegenüber der in § 326 Abs. 1 enthaltenen allg. Gefahrtragungsregel durchsetzen. Zu beachten ist, dass die §§ 644 f nur dann zur Anwendung kommen, wenn die Störung von keiner Seite zu vertreten ist. Dies wird zwar im Wortlaut der Vorschriften in dieser Form nicht gesagt, ergibt sich aber daraus, dass es sich um Gefahrtragungsvorschriften handelt[13].

a)   Grundregeln (§ 644)

495   Gemäß **§ 644 Abs. 1 S. 1** trägt der Unternehmer bis zur Abnahme des Werkes die Gegenleistungsgefahr. Diese Regelung wird sich in aller Regel mit den Ergebnissen des § 326 Abs. 1 S. 1 decken, weil die Abnahme meist mit dem Zeitpunkt der Erfüllung zusammenfällt, ab dem § 326 nicht mehr greift. Sowohl nach § 326 Abs. 1 S. 1 als auch nach § 644 Abs. 1 S. 1 entfällt also bei Untergang bis zu diesem Zeitpunkt der Vergütungsanspruch des Unternehmers, während er bei Untergang nach diesem Zeitpunkt weiter besteht.

496   Gemäß **§ 644 Abs. 1 S. 2** geht die Gefahr auch dann auf den Besteller über, wenn er in Annahmeverzug gerät. Dies entspricht im Ergebnis der Regel des § 326 Abs. 2 S. 1 Alt. 2: Bei Untergang des Werks nach Eintritt des Annahmeverzugs besteht die Vergütungspflicht des Bestellers in beiden Fällen weiter.

497   **§ 644 Abs. 2** verweist für den Versendungskauf auf § 447, enthält also eine gegenüber dem in §§ 326 Abs. 1 S. 1, 644 Abs. 1 S. 1 verankerten Grundsatz abweichende Rege-

---

13   Vgl. NomosKomm/*Raab* § 644 Rdnr. 1 m.w.N.

lung: Die Gegenleistungsgefahr geht nicht erst mit Abnahme bzw. Erfüllung über, sondern bereits mit der Übergabe an die Transportperson.

b) Sonderregeln für den Fall der Verantwortlichkeit des Bestellers (§ 645)

§ 645 gibt abweichend von der Grundregel des § 326 dem Unternehmer bei Untergang des Werks unter bestimmten Umständen einen Anspruch auf partielle Vergütung. **Voraussetzung** hierfür ist, dass das Werk vor Abnahme untergegangen oder unausführbar geworden ist[14], und zwar infolge eines Mangels des vom Besteller gelieferten Stoffes oder infolge einer vom Besteller für die Ausführung erteilten Anweisung. Schließlich setzt § 645 als Gefahrtragungsregel voraus, dass die Störung weder vom Unternehmer noch vom Besteller zu vertreten ist; dies wird zwar nur für den Unternehmer ausdrücklich gesagt, ergibt sich aber auch für den Besteller aus dem Charakter der Vorschrift als Gefahrtragungsregel (vgl. Rdnr. 494) und mittelbar aus einem Rückschluss aus der Vorschrift des § 645 Abs. 2, die klarstellt, dass bei Verschulden des Bestellers eine weitergehende Haftung unberührt bleibt.

498

Rechtsfolge des § 645 ist ein Anspruch auf **Teilvergütung**, der sich nach der bereits geleisteten Arbeit bemisst. § 645 ist also eine Sonderregelung zu der Vorschrift des § 326 Abs. 1 S. 1, die dem Unternehmer in diesen Fällen an sich den gesamten Vergütungsanspruch nehmen würde.

499

> Im **Fallaufbau** ist es m.E. sinnvoll, zunächst § 326 Abs. 1 zu prüfen und anschließend zu prüfen, ob sich aus § 645 eine abweichende Sonderregelung ergibt.

500

Im Zusammenhang mit der Vorschrift des § 645 sind insbesondere diejenigen Fälle problematisch (und examensrelevant), in denen das vom Besteller zu stellende Objekt, an dem die Werkleistung erbracht werden soll, vor der Abnahme durch Zufall oder höhere Gewalt untergeht (sog. Wegfall des Leistungssubstrats).

501

> **Fall 13:** B ist Eigentümer eines etwas heruntergekommenen Fachwerkhauses. Er erteilt dem Bauunternehmer U den Auftrag, es für 100 000 € zu renovieren. Als U etwa 20% der nötigen Arbeiten erledigt hat, brennt das Haus (trotz angemessener Sicherheitsvorkehrungen) infolge eines Blitzschlags bis auf einen Haufen Schutt ab. Hat U gegen B einen (ggf. anteiligen) Vergütungsanspruch?

502

Der Anspruch auf Vergütung aus § 631 Abs. 1 ist wirksam entstanden. Fraglich ist jedoch, ob er vorliegend erloschen ist:

(1) Der Vergütungsanspruch könnte nach § 326 Abs. 1 S. 1 erloschen sein.

(a) Dies setzt zunächst voraus, dass ein Fall des § 275 vorliegt. Dies ist hier gegeben. Die Erbringung der geschuldeten Werkleistung (Renovierung) ist unmöglich i.S.d. § 275 Abs. 1, weil das Renovierungsobjekt nicht mehr existiert.

---

14 Der Wortlaut erfasst darüber hinaus auch die Verschlechterung des Werkes, doch ist dies insofern einzuschränken, als für die Fälle, in denen ein Werkmangel vorliegt, die §§ 633 ff als vorrangige Sondervorschriften anzusehen sind. Die Fallgruppe der Verschlechterung wird also praktisch kaum zum Tragen kommen. Vgl. MünchKomm/*Busche* § 645 Rdnr. 4.

§ 16 Werkvertrag

(b) Es dürfte kein Ausschlussgrund gemäß § 326 Abs. 2 vorliegen. Insbesondere dürfte B die Unmöglichkeit nicht (allein oder weit überwiegend) zu vertreten haben. Was der Gläubiger (hier B) zu vertreten hat, ist im Gesetz nicht geregelt; § 276 gilt unmittelbar nur für den Schuldner. In Rechtsprechung und Lehre haben sich Fallgruppen herausgebildet, in denen ein Vertretenmüssen des Gläubigers i.S.d. § 326 Abs. 2 angenommen wird, nämlich die schuldhafte Verletzung vertraglicher Verhaltenspflichten und die schuldhafte Verletzung von Obliegenheiten[15]. Bei der Bestimmung der „Schuldhaftigkeit" kann auf die §§ 276, 278 analog als Haftungsmaßstab zurückgegriffen werden.

Grundsätzlich denkbar wäre auch eine vertragliche Risikoübernahme durch den Gläubiger, die die Anwendung des § 326 Abs. 2 zur Folge hätte, ohne dass es auf ein „schuldhaftes" Handeln des Gläubigers i.S.d. §§ 276, 278 (analog) ankäme. Eine solche vertragliche Risikoübernahme kann man aber nur bei Vorliegen besonderer und eindeutiger Anhaltspunkte für einen entsprechenden Parteiwillen annehmen, die hier nicht gegeben sind. Nach keiner dieser Fallgruppen liegt im vorliegenden Fall des zufälligen Untergangs ein Vertretenmüssen des Bestellers B vor.

Vereinzelt wird die Ansicht vertreten, der Gläubiger habe i.S.d. § 326 Abs. 2 auch ohne vertragliche Risikoübernahme alle Störungen zu vertreten, die aus seiner Sphäre stammen[16]. Dies ist jedoch abzulehnen, weil in § 326 Abs. 2 ausdrücklich von Vertretenmüssen die Rede ist und nicht etwa von Gefahrtragung. Das BGB unterscheidet nämlich bei der Verteilung von Lasten und Risiken deutlich zwischen der Aufteilung nach dem (i.d.R. primär einschlägigen) Kriterium des Vertretenmüssens und der Aufteilung nach Risikosphären (die unter dem Stichwort der Gefahrtragung grundsätzlich nur dann zum Tragen kommt, wenn gerade kein Vertretenmüssen vorliegt). Im Übrigen wäre es überaus zweifelhaft, ob eine Sphärenhaftung auch die höhere Gewalt erfassen würde.

Der Vergütungsanspruch ist also grundsätzlich nach § 326 Abs. 1 S. 1 erloschen, wenn nicht eine Sonderregelung eingreift.

(2) Die Sonderregelung des § 326 Abs. 1 S. 1 Hs. 2 (nur anteilige Herabsetzung des Werklohnanspruchs) greift vorliegend nicht ein, weil es sich nicht nur um einen Fall der Teilunmöglichkeit handelt, sondern um einen Fall der vollumfänglichen Unmöglichkeit. Denn wegen der vollständigen Zerstörung des Hauses vor Abnahme der Werkleistung ist nicht einmal ein anteiliger Leistungserfolg eingetreten.

(3) Eine Sonderregelung zu § 326 Abs. 1 S. 1 könnte sich aus **§ 645 Abs. 1** ergeben. Das Werk ist vor Abnahme unausführbar geworden. Dies geschah jedoch weder aufgrund einer Anweisung des B noch aufgrund eines Mangels des von B gelieferten Stoffes[17].

---

15 Eine solche Obliegenheitsverletzung könnte man eventuell annehmen, wenn der Besteller das Haus fahrlässig nicht ausreichend gegen Blitzschlag abgesichert hätte, was vorliegend nicht der Fall ist.
16 Vgl. *Beuthien* Zweckerreichung und Zweckstörung im Schuldverhältnis, 1969, S. 78 ff.
17 Zwar wäre es denkbar, das von B gestellte Haus als „Stoff" in diesem Sinne zu verstehen, doch scheitert die (unmittelbare) Anwendung des § 645 dann daran, dass dessen Untergang nicht auf einen Mangel zurückgeht, sondern auf höhere Gewalt. Anders wäre es hingegen, wenn tragende Teile des Hauses instabil wären und den Einsturz verursacht hätten.

(4) Fraglich ist, ob § 645 analog angewendet werden kann.

(a) Voraussetzung für eine Analogie ist zunächst, dass eine Regelungslücke im Gesetz besteht. Diese liegt darin, dass § 645 die Fälle des Untergangs des Leistungssubstrats nicht erfasst, obwohl sie mit denen der Unmöglichkeit der Herstellung des Werkes infolge eines Mangels des vom Besteller gelieferten Materials in ihrer Wirkung vergleichbar sind[18].

(b) Weitere Voraussetzung für eine analoge Anwendung des § 645 ist, dass der vorliegende Fall und die in dieser Vorschrift geregelte Situation wertungsmäßig vergleichbar sind. Der in § 645 enthaltene verallgemeinerungsfähige Rechtsgedanke ist, dass der Werkunternehmer das Risiko des Unmöglichwerdens des von ihm herzustellenden Werkes nicht im vollen Maße zu tragen braucht, wenn es auf Umständen beruht, die im Einflussbereich oder im persönlichen Lebensbereich des Bestellers liegen[19].

Die Rechtsprechung hat § 645 jedenfalls dann für analog anwendbar erklärt, wenn die Leistung des Unternehmers aus Umständen untergeht oder unmöglich wird, die in der Person des Bestellers liegen[20] oder auf Handlungen des Bestellers zurückgehen[21], auch wenn es insoweit an einem Verschulden des Bestellers fehlt[22]. Den vorliegend gegebenen Fall der höheren Gewalt bzw. des zufälligen Untergangs kann man mit dieser genannten Formel allerdings nicht erfassen.

Fraglich ist, ob man die analoge Anwendung des § 645 Abs. 1 i.v.F. mit der **Sphärentheorie** begründen darf, die dem Besteller alle Leistungshindernisse aus seinem Gefahrenbereich zur Last fallen lässt. In der **Literatur** wird dies weitgehend abgelehnt[23]. Hierfür lässt sich anführen, dass sich die Sphärentheorie zu weit von der grundsätzlichen Risikoverteilung beim Werkvertrag entfernt, welche die Preisgefahr eben prinzipiell dem Unternehmer zuweist.

---

18 Man kann also nicht etwa argumentieren, es gebe die Vorschrift des § 326 Abs. 1 S. 1, so dass keine Regelungslücke vorhanden sei. Denn eine Regelungslücke kann auch dann vorliegen, wenn die an sich einschlägige gesetzliche Regelung gemessen an den sonstigen Wertungen des Gesetzes für die betreffenden Fälle zu unangemessenen Ergebnissen führt. So liegt es angesichts der Wertung des § 645 im vorliegenden Fall.
19 Vgl. *Larenz* Schuldrecht I, S. 314.
20 BGH, 30.11.1972, VII ZR 239/71, NJW 1973, 318, 319 *(Impfungs-Fall)*: Reisevertrag, der damals mangels besonderer gesetzlicher Vorschriften nach Werkvertragsrecht behandelt wurde. Nach der Buchung, aber vor dem Abflug erließ die Regierung des Ziellandes eine Anordnung, dass nur solche Personen einreisen dürfen, die gegen eine bestimmte Krankheit geimpft sind. Der Reisende konnte diese Impfung aus gesundheitlichen Gründen nicht durchführen und deshalb die Reise nicht antreten. Der BGH sprach dem Reiseveranstalter einen Anspruch auf Teilvergütung aus § 645 Abs. 1 zu.
21 BGH, 11.7.1963, VII ZR 43/62, NJW 1963, 1824, 1825 *(Scheunen-Fall)*: Der Unternehmer sollte für den Besteller eine Scheune errichten. Bevor sie ganz fertig gestellt war, lagerte der Besteller bereits Heu darin ein. Das Heu entzündete sich, die Scheune brannte ab. Hier gewährte der BGH dem Unternehmer einen Anspruch aus § 645 Abs. 1 analog, weil die Unmöglichkeit auf Handlungen des Bestellers zurückzuführen war. S. andererseits BGH, 6.11.1980, VII ZR 47/80, NJW 1981, 391: keine analoge Anwendung von § 645, wenn der teilweise fertig gestellte Bau durch Auslösung eines Brandes durch andere dort beschäftigte Handwerker untergeht.
22 Vgl. BGH, 11.3.1982, VII ZR 357/80, NJW 1982, 1458, 1459 m.w.N.
23 Vgl. BeckOK/*Voit* § 645 Rdnr. 17; Staudinger/*Peters/Jacoby* § 645 Rdnr. 2; Oetker/Maultzsch § 8 Rdnr. 217 f; *Oechsler* VS Rdnr. 1165.

Andererseits gibt es auch Argumente für die Anwendung der Sphärentheorie im Rahmen einer analogen Anwendung des § 645. So kann sich der Besteller gegen das Risiko höherer Gewalt wesentlich einfacher und effizienter absichern (z.B. durch besondere Schutzmaßnahmen oder eine Versicherung) als der Unternehmer. Auch sind die Folgen i.R.d. § 645 nicht so gravierend wie bei § 326 Abs. 2, weil es nicht um das Schicksal der gesamten Vergütungspflicht geht, sondern nur um eine anteilige Aufteilung. Möglicherweise findet die Sphärentheorie neuerdings auch eine Stütze in der Rechtsprechung. Der BGH hat in der Entscheidung zum Schürmann-Bau einen Teilvergütungsanspruch analog § 645 Abs. 1 mit der Begründung gewährt, die Bestellerin stehe der betreffenden Gefahr – es ging um unzureichenden Hochwasserschutz für eine Baustelle – näher als die Unternehmerin, weil sie auf die Ausgestaltung des Hochwasserschutzes Einfluss hätte nehmen können, die Unternehmerin hingegen nicht[24]. Die Entscheidung kann zwar aufgrund einiger Besonderheiten des Falles nicht als eindeutige Entscheidung zu Gunsten der Sphärentheorie gewertet werden. Die genannte Begründung („näher dran") könnte jedoch eine Trendwende in diese Richtung andeuten[25].

Folgt man i.R.d. analogen Anwendung des § 645 Abs. 1 der Sphärentheorie, ergibt sich i.v.F. ein Teilvergütungsanspruch i.H.v. 20 000 €. Lehnt man die Sphärentheorie ab, so bleibt es bei der Regelung des § 326 Abs. 1 S. 1 Hs. 1, so dass der Vergütungsanspruch in vollem Umfang entfallen ist.

III. Pflichten des Unternehmers – insbesondere: Gewährleistungsrecht

1. Überblick

503 Gemäß § 633 Abs. 1 ist der Unternehmer zur Herstellung des Werkes verpflichtet. Besondere Examensrelevanz hat die Regelung des werkvertraglichen Gewährleistungsrechts, die sich in den §§ 633 bis 639 findet. § 633 Abs. 1 begründet die Verpflichtung des Werkunternehmers, dem Besteller das Werk frei von Sach- und Rechtsmängeln zu verschaffen. In § 633 Abs. 2 und 3 wird der werkvertragliche Mangelbegriff definiert, auch hier in Anlehnung an die kaufrechtlichen Formulierungen der §§ 434 f. § 634 nennt katalogartig die Rechte des Bestellers bei mangelhafter Leistung durch den Unternehmer und verweist auf die entsprechenden Vorschriften. Ergänzend hierzu sehen die §§ 635–638 besondere Vorschriften für einzelne dieser Rechte vor; im Übrigen gelten die Regeln des allg. Leistungsstörungsrechts. § 634a regelt die Verjährung, § 639 den Haftungsausschluss.

---

24 BGH, 16.10.1997, VII ZR 64/96, NJW 1998, 456.
25 Vgl. *Kohler* JZ 1998, 413, 414.

2. Mangelbegriff

Die Definition des **Sachmangels** in § 633 Abs. 2 entspricht inhaltlich weitgehend der kaufrechtlichen Definition des § 434[26]. Maßgeblich ist gemäß Satz 1 der Vorschrift in erster Linie die vereinbarte Beschaffenheit des Werkes. Soweit die Beschaffenheit nicht vereinbart ist, kommt es auf die nach dem Vertrag vorausgesetzte Verwendung an (S. 2 Nr. 1). Wenn nach dem Vertrag keine bestimmte Verwendung vorausgesetzt war, ist darauf abzustellen, ob sich das Werk für die gewöhnliche Verwendung eignet und eine Beschaffenheit aufweist, die bei Werken der gleichen Art üblich ist und die der Besteller nach der Art des Werks erwarten kann (S. 2 Nr. 2). § 633 Abs. 2 S. 3 stellt – wie § 434 Abs. 3 für das Kaufrecht – das Aliud und die Leistung in zu geringer Menge dem Sachmangel gleich. Die im Kaufrecht vorgesehene Haftung für Werbeaussagen hingegen wurde nicht in das Werkvertragsrecht übernommen. Maßgeblicher Zeitpunkt für das Vorliegen der Mangelfreiheit ist nach h.M. derjenige des Gefahrübergangs, d.h. i.d.R. der Zeitpunkt der Abnahme (vgl. § 644)[27].

504

Der Begriff des **Rechtsmangels** wird in § 633 Abs. 3 definiert: Das Werk ist frei von Rechtsmängeln, wenn Dritte in Bezug auf das Werk keine oder nur die im Vertrag übernommenen Rechte gegen den Besteller geltend machen können. Die Rechtsfolgen eines Rechtsmangels richten sich nach den gleichen Vorschriften wie die eines Sachmangels. Ein Rechtsmangel liegt etwa vor, wenn der Besteller des Werks sich berechtigten Unterlassungsansprüchen aus gewerblichen Schutzrechten Dritter ausgesetzt sieht[28].

505

3. Rechte des Bestellers bei Mangelhaftigkeit des Werks

a) Überblick

§ 634 fungiert wie § 437 im Kaufrecht als „**Drehscheibe**" für das System der Rechtsfolgen: Die Vorschrift listet katalogartig die Rechte auf, die der Besteller bei Mangelhaftigkeit des Werkes geltend machen kann, und verweist zugleich auf die für die einzelnen Rechte einschlägigen Normen. Der Wortlaut des § 634 stellt eindeutig klar, dass es sich dabei um Rechtsgrundverweisungen handelt; die Voraussetzungen der berufenen Vorschriften müssen also vorliegen. § 634 selbst hat in diesem Zusammenhang die Funktion, die maßgebliche Pflichtverletzung zu definieren, nämlich die Erstellung eines mangelhaften Werks, und für diese Fälle die Geltung der besonderen Vorschriften der §§ 634a ff zu ermöglichen. Die Mängelrechte aus § 634 kann der Besteller nach h.M. grundsätzlich erst nach Abnahme des Werks geltend machen; vor diesem Zeitpunkt stehen dem Besteller hingegen der allgemeine Herstellungsanspruch aus § 631 und die Rechte des allgemeinen Leistungsstörungsrechts zu[29]. Ausnahmsweise kann der Besteller nach Ansicht des BGH aber auch vor Abnahme Män-

506

---
26 Vgl. *Looschelders* BT Rdnr. 666.
27 Vgl. BGH, 25.2.2016, VII ZR 2010/13, NJW 2016, 2183; NomosKomm/*Raab* § 633 Rdnr. 7; *Looschelders* BT Rdnr. 672.
28 Vgl. Palandt/*Sprau* § 633 Rdnr. 9; *Looschelders* BT Rdnr. 671.
29 BGH, 19.1.2017, VII ZR 301/13, NJW 2017, 1604, Rdnr. 27 ff, insbes. 31–42.

gelrechte nach § 634 Nr. 2–4 geltend machen, wenn er nicht mehr die Erfüllung des Vertrags verlangen kann und das Vertragsverhältnis in ein Abrechnungsverhältnis übergegangen ist (etwa weil der Besteller schon Schadensersatz statt der Leistung verlangt oder die Annahme der Leistung endgültig verweigert hat)[30], vgl. auch Rdnr. 546 f.

507 Im Einzelnen eröffnet § 634 dem Besteller folgende **Rechte**: Nacherfüllung nach § 635 (Nr. 1); Selbstvornahme der Mangelbeseitigung – verbunden mit einem Aufwendungsersatzanspruch – nach § 637 (Nr. 2); Rücktritt nach den §§ 638, 323, 326 Abs. 5 oder Minderung nach § 638 (Nr. 3); Schadensersatz nach den §§ 636, 280, 281, 283, 311a bzw. Ersatz vergeblicher Aufwendungen nach § 284 (Nr. 4).

508 Das **Rechtsbehelfssystem** des werkvertraglichen Gewährleistungsrechts weist damit eine ähnliche Struktur auf wie dasjenige des Kaufrechts: Einerseits werden die Rechte des Bestellers in das allg. Leistungsstörungsrecht mit seinen Rücktritts- und Schadensersatzrechten eingebettet, die nur in einzelnen Punkten den Besonderheiten des Gewährleistungsrechts angepasst werden. Andererseits werden auch typisch gewährleistungsrechtliche Rechte vorgesehen, nämlich die Minderung, die Nacherfüllung und – insoweit abweichend vom Kaufrecht – das Recht zur Selbstvornahme.

509 Das werkvertragliche Gewährleistungsrecht gibt – ähnlich wie das Kaufrecht – der (Nach-) Erfüllung grundsätzlich den Vorrang vor den (meisten) anderen Rechtsbehelfen des Bestellers. Dies wird dadurch gewährleistet, dass Selbstvornahme, Rücktritt, Minderung und Schadensersatz statt der Leistung grundsätzlich eine erfolglose Nachfristsetzung voraussetzen, also gewissermaßen erst auf einer zweiten Stufe verlangt werden können. Anders formuliert: Der Unternehmer soll zunächst eine **zweite Chance** erhalten, bevor der Besteller den Vertrag aufheben oder sein positives Interesse geltend machen kann.

b) Nacherfüllung

510 § 634 Nr. 1 gibt dem Besteller bei Mangelhaftigkeit des Werkes das Recht, „nach § 635 Nacherfüllung zu verlangen". Der Anspruch auf Nacherfüllung **setzt voraus**, dass das Werk mangelhaft ist, dass die Nacherfüllung nicht unmöglich (§ 275 Abs. 1) ist und dass der Unternehmer sie nicht zu Recht (d.h. nach § 275 Abs. 2, 3 bzw. nach § 635 Abs. 3) verweigert. Ein Vertretenmüssen des Unternehmers ist nicht erforderlich. Zu beachten sind allerdings die allg. Ausschlussgründe (insbesondere § 640 Abs. 3 n.F. [= Abs. 2 a.F.]) und die Verjährung (§ 634a). Dogmatisch handelt es sich bei dem Nacherfüllungsanspruch m.E. – ähnlich wie im Kaufrecht – um eine modifizierte Form des ursprünglichen Erfüllungsanspruchs.

511 Den **Inhalt** des Nacherfüllungsanspruchs bestimmt § 635 Abs. 1. Die Nacherfüllung kann sich auf Mangelbeseitigung oder Herstellung eines neuen Werkes richten. Anders als im Kaufrecht steht die Wahl der Nacherfüllungsvariante jedoch dem Schuldner, also dem Unternehmer, zu. Dieser kann wählen, ob er die vom Besteller verlangte

---

30 BGH, 19.1.2017, VII ZR 301/13, NJW 2017, 1604, Rdnr. 44 ff; BGH, 19.1.2017, VII ZR 235/15, NJW 2017, 1607, Rdnr. 44 ff (auch die Minderung nennend).

Nacherfüllung im Wege der Mängelbeseitigung oder durch Neuherstellung des Werkes erbringt. Das Wahlrecht des Unternehmers wird nur durch den Grundsatz von Treu und Glauben (§ 242) beschränkt: Wenn die vom Unternehmer gewählte Art der Nacherfüllung für den Besteller unzumutbar ist, kann dieser sie ablehnen[31]. Wenn nur eine Art der Nacherfüllung möglich ist bzw. Erfolg verspricht, richtet sich der Anspruch des Bestellers grundsätzlich auf diese; der Unternehmer wird dann ggf. durch die Verweigerungsrechte der §§ 275 Abs. 2, 3, 635 Abs. 3 geschützt[32].

§ 635 Abs. 2 erlegt dem Unternehmer die zum Zwecke der Nacherfüllung erforderlichen **Aufwendungen**, insbesondere Transport-, Wege-, Arbeits- und Materialkosten, auf. Die Regelung entspricht der kaufrechtlichen Regelung in § 439 Abs. 2. **512**

Wenn der Unternehmer die Nacherfüllung erbringt, indem er ein neues Werk herstellt, räumt ihm § 635 Abs. 4 einen Anspruch auf **Rückgewähr** des mangelhaften Werks nach den Vorschriften des Rücktrittsrechts (§§ 346 ff) ein. Häufig wird der Besteller aufgrund der Natur der Sache das ursprünglich erstellte (mangelhafte) Werk nicht zurückgeben können (Bsp.: Der zunächst mangelhafte Anstrich des Hauses wird im Wege der Neuherstellung erneut vorgenommen.). Inwieweit er dann nach § 346 Abs. 2 Nr. 1 Wertersatz schuldet, richtet sich im Ergebnis meist nach § 346 Abs. 3. Hier wird häufig der Ausschlussgrund des § 346 Abs. 3 Nr. 2 greifen, weil der Unternehmer die durch die Neuherstellung bewirkte Unmöglichkeit der Herausgabe des ursprünglichen Werkes i.d.R. zu vertreten hat. Eine bereicherungsrechtliche Herausgabepflicht bezüglich der verbleibenden Bereicherung bleibt jedoch auch in diesem Fall bestehen (§ 346 Abs. 3 S. 2 i.V.m. §§ 812 ff). **513**

c) *Selbstvornahme und Aufwendungsersatz*

aa) *Aufwendungsersatzanspruch bei Selbstvornahme (§ 637 Abs. 1, 2)*

Gemäß §§ 634 Nr. 2, 637 Abs. 1 kann der Besteller wegen eines Mangels des Werkes nach erfolglosem Ablauf einer von ihm zur Nacherfüllung bestimmten angemessenen Frist den Mangel selbst beseitigen und Ersatz der erforderlichen Aufwendungen verlangen, wenn nicht der Unternehmer die Nacherfüllung zu Recht verweigert. Der Besteller kann also unter bestimmten Voraussetzungen den Unternehmer aus dem Prozess der Mängelbeseitigung ausschließen, sich selbst um die Mängelbeseitigung kümmern und die Kosten dafür vom Unternehmer verlangen. Von praktischer Bedeutung ist in erster Linie der Aufwendungsersatzanspruch. Denn die Frage, ob der Besteller zur Selbstvornahme berechtigt war oder nicht, wird sich in aller Regel nur stellen, wenn er dafür Aufwendungsersatz verlangt. **514**

Selbstvornahmerecht und Aufwendungsersatzanspruch setzen zunächst voraus, dass das vom Unternehmer hergestellte Werk **mangelhaft** ist. **515**

Zweite Voraussetzung ist, dass der Besteller dem Unternehmer eine angemessene **Frist** zur Nacherfüllung bestimmt hat und dass diese erfolglos abgelaufen ist. Dieses Erfordernis ist Ausdruck der Grundwertung, dass der Unternehmer zunächst eine

---
31 BeckOK/*Voit* § 635 Rdnr. 7.
32 BeckOK/*Voit* § 635 Rdnr. 7; zu den Kriterien bei § 635 Abs. 3 *Oetker/Maultzsch* § 8 Rdnr. 94 ff.

„zweite Chance" bekommen soll. Die Fristsetzung kann entbehrlich sein. § 637 Abs. 2 verweist einerseits in Satz 1 auf die Vorschrift des § 323 Abs. 2 und begründet darüber hinaus in Satz 2 weitere Fälle der Entbehrlichkeit der Nachfrist, nämlich dann, wenn die Nacherfüllung fehlgeschlagen oder dem Besteller unzumutbar ist. Unzumutbarkeit im Sinne des § 637 Abs. 2 S. 2 wird nur selten vorliegen. Die Nacherfüllung als solche wird man in aller Regel nicht als unzumutbar einordnen können, weil der Besteller den durch die Nacherfüllung angestrebten Erfolg, nämlich die Beseitigung des Mangels, ja gerade erreichen will, nur eben im Wege der Selbstvornahme. Für die Unzumutbarkeit werden also meist nur solche Gründe bleiben, die sich auf die Person des Unternehmers beziehen (Bsp.: der Unternehmer hat sich bei der bisherigen Durchführung als chronisch unzuverlässig erwiesen).

516 Der Begriff des Fehlschlagens der Nacherfüllung wirft insofern Probleme auf, als geklärt werden muss, ob er sich auf beide Varianten der Nacherfüllung i.S.d. § 635 bezieht oder nur auf die vom Unternehmer gewählte Variante. Konkret: Ist die Nacherfüllung bereits dann fehlgeschlagen, wenn die vom Unternehmer gewählte Variante der Neuherstellung fehlgeschlagen ist, oder muss sich der Besteller in diesem Fall auf einen erneuten Versuch des Unternehmers, diesmal im Wege der Mängelbeseitigung, einlassen? Hier sprechen m.E. gute Gründe dafür, die Fristsetzung bereits dann entbehrlich sein zu lassen, wenn die vom Unternehmer gewählte Art der Nacherfüllung fehlgeschlagen ist. Dieses Risiko muss der Unternehmer als Ausgleich dafür tragen, dass § 635 Abs. 1 ihm die Wahl zwischen den beiden Varianten der Nacherfüllung überlässt. Auf die Frage, wie viele Versuche der Unternehmer zur Verfügung hat, bevor von einem Fehlschlagen auszugehen ist, ist die kaufrechtliche Vorschrift des § 440 S. 2 zwar nicht anwendbar. Der dort gesetzte Maßstab (Fehlschlagen nach dem zweiten erfolglosen Versuch) kann aber als grober Anhaltspunkt auch für das Werkvertragsrecht genommen werden[33].

517 Dritte Voraussetzung für Selbstvornahmerecht und Aufwendungsersatzanspruch ist, dass der Unternehmer die Nacherfüllung nicht zu Recht **verweigert** (§ 637 Abs. 1 Hs. 1). „Zu Recht" verweigert der Unternehmer die Nacherfüllung dann, wenn er sich auf ein Verweigerungsrecht nach § 275 Abs. 2, 3 oder nach § 635 Abs. 3 stützen kann.

518 Zu beachten sind schließlich die allg. **Ausschlussgründe** (insbesondere § 640 Abs. 3 n.F. [= Abs. 2 a.F.]) und die Regelung über die Verjährung (§ 634a). Ein Vertretenmüssen des Unternehmers ist jedoch nicht erforderlich; das Recht auf Selbstvornahme ist verschuldensunabhängig.

bb) Vorschuss (§ 637 Abs. 3)

519 Gemäß § 637 Abs. 3 kann der Besteller für die zur Beseitigung des Mangels erforderlichen Aufwendungen Vorschuss verlangen. Voraussetzung hierfür ist, dass die oben genannten Voraussetzungen für das Selbstvornahmerecht vorliegen und der Besteller tatsächlich eine Selbstvornahme beabsichtigt[34].

---

33 MünchKomm/*Busche* § 636 Rdnr. 21; *Oetker/Maultzsch* § 8 Rdnr. 118 f; *Looschelders* BT Rdnr. 681.
34 Palandt/*Sprau* § 637 Rdnr. 8.

d) Rücktritt

§ 634 Nr. 3 Alt. 1 gibt dem Besteller bei mangelhafter Werkleistung das Recht, nach den §§ 636, 323, 326 Abs. 5 zurückzutreten. Es handelt sich dabei um das Rücktrittsrecht **des allg. Leistungsstörungsrechts** (§§ 323, 326 Abs. 5), das durch § 636 geringfügig modifiziert wird. 520

Der Rücktritt muss erklärt werden (§ 349). Er setzt zunächst voraus, dass die Werkleistung des Unternehmers **fällig**[35] **war und dieser das Werk mangelhaft** i.S.d. §§ 634, 633 (= „nicht vertragsgemäß" i.S.d. § 323) erstellt hat. 521

Voraussetzung ist weiter, dass eine vom Besteller gesetzte angemessene **Frist** zur Nacherfüllung erfolglos abgelaufen ist. Dies ergibt sich aus § 323 Abs. 1. Die Fristsetzung kann aus verschiedenen Gründen entbehrlich sein. Zunächst gilt auch hier die – bereits mehrfach erwähnte – Vorschrift des § 323 Abs. 2. Darüber hinaus ist die Fristsetzung nach § 636 auch dann entbehrlich, wenn der Unternehmer die Nacherfüllung gemäß § 635 Abs. 3 (wegen Unverhältnismäßigkeit) verweigert, wenn die Nacherfüllung fehlgeschlagen oder dem Besteller unzumutbar ist. In Bezug auf das „Fehlschlagen" gelten die gleichen Erwägungen wie bei der Ersatzvornahme (vgl. Rdnr. 516). In Bezug auf die Unzumutbarkeit ist hier m.E. jedoch ein weiteres Verständnis angebracht als dort. Die Unzumutbarkeit muss sich bei § 636 auch aus der bloßen Tatsache, dass überhaupt nacherfüllt werden soll, ergeben können. Schlussendlich kann die Fristsetzung auch nach § 326 Abs. 5 entbehrlich sein, wenn ein Fall des § 275 vorliegt, d.h. wenn die Nacherfüllung unmöglich ist (§ 275 Abs. 1) oder vom Unternehmer nach § 275 Abs. 2, 3 verweigert wird. 522

Es dürfen keine **Ausschlussgründe** vorliegen. Solche ergeben sich insbesondere aus § 323 Abs. 5 S. 2 und Abs. 6. Demnach ist der Rücktritt zum einen ausgeschlossen, wenn die Pflichtverletzung unerheblich ist (§ 323 Abs. 5 S. 2). Zum anderen ist der Rücktritt nach § 323 Abs. 6 ausgeschlossen, wenn der Besteller für den Umstand, der zur Mangelhaftigkeit geführt hat, allein oder überwiegend verantwortlich ist, oder wenn dieser Umstand zu einer Zeit eintritt, zu welcher der Besteller im Annahmeverzug ist. Über die rücktrittsrechtlichen Regelungen des § 323 hinaus greifen selbstverständlich auch die allg. Ausschlussgründe, insbesondere § 640 Abs. 3 n.F. (= Abs. 2 a.F.), und die verjährungsähnliche Regel der §§ 634a Abs. 4, 218. 523

Die **Rechtsfolgen** des Rücktritts ergeben sich aus §§ 346 ff. Aus diesen Vorschriften lässt sich auch (die Selbstverständlichkeit) entnehmen, dass der Besteller nach einem wirksamen Rücktritt von seiner Vergütungspflicht frei wird. Hier ist zu beachten, dass sich dies auch in den Fällen des § 275 aufgrund der Ausnahmeregelung des § 326 Abs. 1 S. 2 nicht etwa schon aus § 326 Abs. 1 ergibt. Der Rückgriff auf das Rücktrittsrecht ist also auch in den Fällen des § 275 erforderlich. 524

---

35 In den Ausnahmefällen des § 323 Abs. 4 ist der Rücktritt auch vor Fälligkeit möglich.

§ 16 Werkvertrag

e) Minderung

525 Der Besteller kann bei Mangelhaftigkeit des Werkes auch die Vergütung mindern. Dies ergibt sich aus § 634 Nr. 3 Hs. 2 i.V.m. § 638. § 638 koppelt die **Voraussetzungen** der Minderung grundsätzlich an diejenigen des Rücktritts („statt zurückzutreten"). Allerdings findet der in § 323 Abs. 5 S. 2 für den Rücktritt vorgesehene Ausschlussgrund auf die Minderung keine Anwendung (§ 638 Abs. 1 S. 2). Auch bei einer unerheblichen Pflichtverletzung, d.h. insbesondere wenn der Mangel den Wert oder die Tauglichkeit des Werks nur unerheblich herabsetzt, kann der Besteller also mindern. Die Minderung ist ein Gestaltungsrecht[36]. Sie muss also erklärt werden. Für die zeitlichen Grenzen des Minderungsrechts gilt über die Verweisung in § 634a Abs. 5 die Regelung des § 218 (vgl. unten).

526 Wenn der Besteller die Minderung zu Recht erklärt hat, wird die vereinbarte **Vergütung** in dem Verhältnis **herabgesetzt**, in welchem zur Zeit des Vertragsschlusses der Wert des Werks in mangelfreiem Zustand zu dem wirklichen Wert gestanden hätte (§ 638 Abs. 3 S. 1). Hat der Besteller bereits mehr als die geminderte Vergütung bezahlt, gibt ihm § 638 Abs. 4 einen Rückerstattungsanspruch, auf den die Rücktrittsvorschriften der §§ 346 Abs. 1 und 347 Abs. 1 entsprechende Anwendung finden.

f) Schadensersatz

aa) Überblick

527 Die Schadensersatzansprüche des Bestellers richten sich nach § 634 Nr. 4 und den dort in Bezug genommenen Vorschriften. Auch hier gilt das aus dem Kaufrecht bekannte Muster, dass im Grundsatz die Vorschriften des allg. Leistungsstörungsrechts gelten, die in Einzelpunkten durch eine besondere Vorschrift (§ 636) für das Werkvertragsrecht modifiziert werden. Die **Einbettung in das allg. Leistungsstörungsrecht** bedeutet, dass als Anspruchsgrundlagen für den Schadensersatz nur zwei Vorschriften in Betracht kommen: § 280 Abs. 1 und § 311a Abs. 2 (als Sondervorschrift für den Fall des anfänglichen Ausschlusses der Leistungspflicht; vgl. zu dessen Reichweite Rdnr. 292 ff).

528 Innerhalb des Anwendungsbereichs des § 280 Abs. 1 sind auch im Werkvertragsrecht die Sonderregeln des § 280 Abs. 2 und 3 zu beachten. Das bedeutet: Schadensersatz statt der Leistung kann der Besteller nur unter den zusätzlichen Voraussetzungen der § 281 (Fristsetzung!) bzw. § 283 verlangen, Schadensersatz wegen Verzögerung der Leistung nur unter den zusätzlichen Voraussetzungen des § 286 (Verzug).

529 Weil die Regelung der Schadensersatzansprüche in ihren Grundstrukturen bereits aus dem allg. Schuldrecht und dem Kapitel über das Kaufrecht bekannt sind, sollen im Folgenden nur einige besonders klausurrelevante Fragen bzw. Besonderheiten des Werkvertragsrechts behandelt werden.

---

36 Deshalb ist nach erklärter Minderung ein Rücktritt wegen des gleichen Mangels ausgeschlossen. Zulässig bleibt allerdings nach Ansicht des BGH die Geltendmachung des kleinen Schadensersatzes statt der Leistung, weil dieser nicht zur Rückabwicklung des Vertrages führt, vgl. BGH, 19.1.2017, VII ZR 235/15, NJW 2017, 1607, Rdnr. 48 ff.

bb) Abgrenzung zwischen den Schadensarten

Wenn kein Fall des § 311a Abs. 2 (zu dessen Reichweite Rdnr. ■ ff) vorliegt, greifen die §§ 280 ff. Soweit der Besteller dabei Schadensersatz statt der Leistung verlangt, unterliegt sein Anspruch wegen § 280 Abs. 3 den besonderen Voraussetzungen der §§ 281, 283. Für die Abgrenzung zwischen Schadensersatz statt der Leistung (§ 280 Abs. 3) und einfachem Schadensersatz (§ 280 Abs. 1) lassen sich **ähnliche Ansichten** vertreten **wie im Kaufrecht**[37] (vgl. Rdnr. 273 ff): **530**

Zum einen kann man auf die Unterscheidung zwischen Äquivalenzinteresse und Integritätsinteresse (bzw. zwischen Mangelschaden und Mangelfolgeschaden) abstellen. Beeinträchtigungen des Äquivalenzinteresses (Mangelschäden) führen demnach zum Schadensersatz statt der Leistung (§§ 280 Abs. 1, 3, 281, 283), Beeinträchtigungen des Integritätsinteresses hingegen zum sonstigen Schadensersatz nach § 280 Abs. 1. Probleme kann hier die Einordnung der einzelnen Schadensposten als Mangel- oder Mangelfolgeschaden bereiten. Eine denkbare Lösung ist, sich insoweit an die zum Kaufrecht vertretenen (dort freilich auch umstrittenen) Lösungen anzulehnen. **531**

Zum anderen lässt sich auch hier die teleologisch ausgerichtete Ansicht vertreten, die darauf abstellt, ob die Nachfristsetzung im betreffenden Fall Sinn ergibt oder nicht. Die entscheidende Frage lautet danach, ob der Schaden durch eine gelungene Nacherfüllung beseitigt worden wäre (dann Schadensersatz statt der Leistung) oder nicht (dann einfacher Schadensersatz)[38]. **532**

Klausurhinweis: In der Klausur kann es hier nur darauf ankommen, die in Betracht kommenden Alternativen verständlich darzustellen und sich konsequent für eine Ansicht zu entscheiden. Im Großen und Ganzen wird man sich dabei – als Faustregel – an die zum Kaufrecht entwickelten Abgrenzungskriterien halten können. Dies gilt in gleicher Weise für die Abgrenzung des Verzögerungsschadens zu den anderen Schadensarten. **533**

Um Ungenauigkeiten zu vermeiden, empfiehlt es sich auch hier, bei der Prüfung nach den einzelnen Schadensposten zu trennen, also etwa Ansprüche wegen des mangelbedingten Minderwerts des Werks getrennt von Ansprüchen wegen Schäden an anderen Rechtsgütern des Bestellers zu prüfen.

cc) Insbesondere: Schadensersatz statt der Leistung

Wenn der Besteller Schadensersatz statt der Leistung verlangt (und nicht schon ein Fall des § 311a Abs. 2 vorliegt), müssen zusätzlich zu den Voraussetzungen des § 280 Abs. 1 über § 280 Abs. 3 auch die Voraussetzungen des § 281 bzw. des § 283 vorliegen. Die Abgrenzung zwischen diesen beiden Normen erfolgt wiederum danach, ob die Pflicht zur Herstellung eines mangelfreien Werkes nach § 275 Abs. 1–3 ausgeschlossen ist oder nicht: wenn ja, greift § 283, wenn nein, gilt § 281. **534**

---

37 Vgl. z.B. MünchKomm/*Busche* § 634 Rdnr. 36 ff einerseits und Palandt/*Sprau* § 634 Rdnr. 6 ff andererseits.
38 So etwa Palandt/*Sprau* § 634 Rdnr. 6 ff.

535 § 281 setzt grundsätzlich den erfolglosen Ablauf einer angemessenen **Frist** voraus. Für die Entbehrlichkeit der Fristsetzung gelten die Ausführungen zum Rücktrittsrecht entsprechend (vgl. Rdnr. 522). Liegt ein Fall des (nachträglichen[39]) Ausschlusses der Leistungspflicht vor, so gilt nicht § 281, sondern § 283: Schadensersatz statt der Leistung kann demnach bereits bei Vorliegen der Voraussetzungen des § 280 Abs. 1 verlangt werden.

536 In beiden Fällen gelten besondere Voraussetzungen für den Fall, dass der Besteller Schadensersatz **statt der ganzen Leistung** verlangt, also den Mangel zum Anlass nimmt, die gesamte Werkleistung (einschließlich der mangelfreien Teile) zurückzuweisen, und vom Unternehmer vollen Geldersatz verlangt: Dies setzt voraus, dass der Mangel nicht unerheblich ist (§ 281 Abs. 1 S. 3, ggf. i.V.m. § 283 S. 2).

537 Die Vorschrift des § 634 Nr. 4 verweist auch auf § 284. Der Besteller kann also anstelle des Schadensersatzes statt der Leistung **Ersatz** derjenigen **Aufwendungen** verlangen, die er im Vertrauen auf den Erhalt der mangelfreien Leistung gemacht hat und billigerweise machen durfte. Dies gilt nicht, wenn der Zweck der Aufwendungen auch ohne die Pflichtverletzung des Unternehmers nicht erreicht worden wäre.

g) Ausschlussgründe und zeitliche Grenzen

aa) Ausschluss nach § 640 Abs. 3 n.F. (= Abs. 2 a.F.)

538 Die in § 634 Nr. 1 bis 3 vorgesehenen Rechtsbehelfe sind gemäß § 640 Abs. 3 n.F. (= Abs. 2 a.F.) ausgeschlossen, wenn der Besteller das Werk in Kenntnis des Mangels gemäß § 640 Abs. 1 S. 1 abnimmt, ohne sich seine Rechte wegen des Mangels vorzubehalten. Zu beachten ist, dass nur die tatsächliche Abnahme nach § 640 Abs. 1 S. 1 die Ausschlusswirkung hervorruft, nicht hingegen die Abnahmefiktion des § 640 Abs. 2, wie sich aus dem Wortlaut des § 640 Abs. 3 n.F. (= Abs. 2 a.F.) ergibt. Nicht erfasst werden von der Ausschlusswirkung die Schadensersatzansprüche, weil § 634 Nr. 4 in § 640 Abs. 3 n.F. (= Abs. 2 a.F.) nicht genannt wird.

bb) Verjährung und zeitliche Grenzen

539 Für die Verjährung bzw. die zeitlichen Grenzen der werkvertraglichen Gewährleistungsrechte des Bestellers – d.h. derjenigen Rechte, die sich aus bzw. über § 634 ergeben und die auf einem Mangel i.S.d. § 633 beruhen – trifft § 634a eine besondere Regelung: Die Absätze 1–3 regeln die Verjährung derjenigen Gewährleistungsrechte des Bestellers, die als Ansprüche ausgestaltet sind, also Nacherfüllung (§ 634 Nr. 1), Selbstvornahme mit Aufwendungsersatz (§ 634 Nr. 2) und Schadensersatz (§ 634 Nr. 3). Die Absätze 4 und 5 regeln die zeitlichen Grenzen für diejenigen Gewährleistungsrechte, die Gestaltungsrechte sind (Rücktritt, Minderung) und deshalb nicht unmittelbar den Verjährungsregeln unterliegen können, die ja nur für Ansprüche gelten (vgl. § 194 „Anspruch").

---

[39] Liegt bereits bei Vertragsschluss ein Fall des § 275 vor, so greifen nicht die §§ 280 ff, sondern § 311a Abs. 2.

540 Grundregel für die **Verjährung** der als Ansprüche ausgestalteten Verjährungsrechte des Bestellers ist § 634a. Abs. 1 Nr. 1 dieser Vorschrift sieht eine Verjährungsfrist von zwei Jahren bei einem Werk vor, dessen Erfolg in der Herstellung, Wartung oder Veränderung einer Sache oder in der Erbringung von Planungs- oder Überwachungsleistungen hierfür besteht; ausdrücklich vorbehalten bleibt allerdings die in Nr. 2 vorgesehene Sonderregel für Bauwerke[40]. § 634a Abs. 1 Nr. 2 bestimmt, dass die Verjährungsfrist fünf Jahre beträgt, wenn es um ein Bauwerk oder um ein Werk geht, dessen Erfolg in der Erbringung von Planungs- oder Überwachungsleistungen für ein Bauwerk besteht. Nr. 3 dient als Auffangregelung für die nicht von Nr. 1 oder Nr. 2 erfassten Ansprüche: Für diese gilt die regelmäßige Verjährungsfrist (§ 195: drei Jahre).

541 Der **Beginn der Verjährung** unterliegt einer differenzierten Regelung. Für die in § 634a Abs. 1 Nr. 1 und Nr. 2 genannten Fälle gilt – von § 200 bewusst abweichend – die besondere Vorschrift des § 634a Abs. 2: Die Verjährung beginnt mit der Abnahme des Werks i.S.d. § 640. Es handelt sich also um eine objektive Regelung des Fristbeginns, die nicht darauf Rücksicht nimmt, ob der Besteller die Mangelhaftigkeit in diesem Zeitraum überhaupt erkannt hat oder erkennen konnte.

Für diejenigen Ansprüche, die unter § 634a Abs. 1 Nr. 3 fallen und deshalb der regelmäßigen Verjährungsfrist unterliegen, trifft Abs. 2 keine besondere Regelung. Für diese gelten also die allg. Regeln über den Beginn der regelmäßigen Verjährung (§ 199).

542 § 634a Abs. 3 trifft eine von Abs. 1 Nr. 1, 2 und Abs. 2 abweichende, den Besteller begünstigende Regelung für diejenigen Fälle, in denen der Unternehmer den Mangel **arglistig** verschwiegen hat und deshalb nicht schutzwürdig ist. Es gilt hier die regelmäßige Verjährungsfrist. Im Vergleich zu Abs. 1 Nr. 1 hat dies für den Besteller zunächst den Vorteil, dass die Frist nicht zwei, sondern drei Jahre beträgt. Außerdem profitiert er von dem subjektiv bestimmten Fristbeginn. Andererseits ist die regelmäßige Verjährungsfrist des § 195 (drei Jahre) kürzer als die in § 634a Abs. 1 Nr. 2 bestimmte Frist (fünf Jahre). Deshalb bestünde an sich die Gefahr, dass die in Abs. 3 angeordnete regelmäßige Verjährung trotz des subjektiven Fristbeginns eher abläuft als die in Abs. 1 Nr. 2 vorgesehene. Auf diese Weise würde sich der mit Abs. 3 bezweckte Schutz des Bestellers im Ergebnis gegen diesen richten. Um dieses sinnwidrige Ergebnis zu vermeiden, sieht § 634a Abs. 3 S. 2 vor, dass in den Fällen, die an sich unter Abs. 2 Nr. 2 fallen würden, die regelmäßige Verjährung nicht vor Ablauf der dort bestimmten Frist eintritt. Es ergibt sich hier also folgendes Ergebnis: Der Besteller hat mindestens die Frist von fünf Jahren ab Abnahme (Abs. 1 Nr. 2, Abs. 2, Abs. 3 S. 2). Er kann aber auch auf die dreijährige Verjährungsfrist mit dem subjektiven Fristbeginn (und den großzügiger bemessenen objektiven Höchstgrenzen) zurückgreifen, wenn dies für ihn günstiger ist (Abs. 3 S. 1 i.V.m. §§ 195, 199).

543 Die **zeitlichen Grenzen** für **Rücktritt und Minderung** werden von § 634a Abs. 4 und Abs. 5 im Wesentlichen durch die Verweisung auf die Vorschrift des § 218 geregelt;

---

40 Vgl. etwa BGH 2.6.2016, VII ZR 348/13, NJW 2016, 2876, Rdnr. 19 ff (Herstellung einer funktionstauglichen Photovoltaikanlage auf dem Dach einer Tennishalle unter Beachtung ihrer Tragfähigkeit: im konkreten Fall § 634a Abs. 1 Nr. 2 (Bauwerk) angewendet).

§ 16 *Werkvertrag*

dies entspricht der aus dem Kaufrecht (§ 438 Abs. 4, Abs. 5) bekannten Regelungstechnik. Demnach ist der Rücktritt wegen der mangelhaften Werkleistung („nicht vertragsgemäß" i.S.d. § 218 Abs. 1 S. 1) unwirksam, wenn der Anspruch auf die Leistung oder der Nacherfüllungsanspruch verjährt ist und der Schuldner sich darauf beruft. Die zeitlichen Grenzen für das Rücktrittsrecht werden also an die Verjährungsregel für den Nacherfüllungsanspruch gekoppelt, die sich wiederum aus § 634a ergibt. Mit § 218 S. 2 wird diese Regelung ausdrücklich auch auf diejenigen Fälle erstreckt, in denen der Unternehmer nach §§ 275 Abs. 1 bis 3, 635 Abs. 3 nicht zu leisten braucht.

544 § 634a Abs. 4 S. 2 erhält dem Besteller die Einrede gegen den Vergütungsanspruch auch über den in §§ 634a Abs. 1 S. 1, 218 bestimmten Zeitpunkt hinaus. Der Mechanismus entspricht demjenigen des § 438 Abs. 4 im Kaufrecht. Entsprechend der dortigen Regelung erhält der Unternehmer in Satz 3 für den Fall, dass der Besteller diese Einrede geltend macht, ein Rücktrittsrecht.

545 Die zeitlichen Grenzen für die Minderung ergeben sich über die Verweisung in § 634a Abs. 5 aus § 218 und § 634a Abs. 4 S. 2. Das Rücktrittsrecht des § 634a Abs. 4 S. 3 wird nicht in Bezug genommen. Auch dies entspricht der kaufrechtlichen Regelung des § 438 Abs. 5.

h) Zeitpunkt des Eingreifens der Gewährleistungsrechte

546 Eine ausdrückliche Regelung der Frage, ab welchem Zeitpunkt die Gewährleistungsrechte des § 634 eingreifen, enthält das Gesetz nicht. Es ist jedoch h.M., dass es insoweit grundsätzlich auf den Zeitpunkt der **Abnahme** (§ 640 bzw. § 646) ankommt[41]. Bis zu diesem Zeitpunkt hat der Besteller also etwa den ursprünglichen Erfüllungsanspruch (§ 633 Abs. 1), der sich auch auf die Mangelfreiheit bezieht (§ 633 Abs. 3) und der allg. Verjährungsfrist der §§ 195, 199 unterliegt. Dieser Anspruch verwandelt sich mit der Abnahme in den gewährleistungsrechtlichen Nacherfüllungsanspruch aus §§ 634 Nr. 1, 635, welcher der besonderen Verjährungsfrist des § 634a unterliegt.

547 Umstritten ist, ob bzw. inwieweit der Grundsatz, nach dem der Zeitpunkt der Abnahme maßgeblich ist, durchbrochen werden sollte[42]. Teilweise wird die Ansicht vertreten, auf den ursprünglichen Erfüllungsanspruch aus § 633 Abs. 1 sei das Verweigerungsrecht aus § 635 Abs. 3 analog anzuwenden, weil der Nacherfüllungsanspruch nichts anderes sei als eine modifizierte (aber identitätswahrende) Fortführung des ursprünglichen Erfüllungsanspruchs[43]. Auch wird eine „vorwirkende" Anwendung der §§ 634 ff vertreten, wenn der Unternehmer das aus seiner Sicht fertig gestellte (aber eben in Wirklichkeit mangelhafte) Werk abliefert und der Besteller die Abnahme verweigert. Konkret geht es darum, dem Besteller schon jetzt die Fristsetzung zu ermöglichen, nach deren Ablauf er dann z.B. zur Selbstvornahme schreiten könnte[44]. Vgl. auch Rdnr. 506.

---

41 Vgl. BeckOK/*Voit* § 634 Rdnr. 22 ff; Palandt/*Sprau* Vorb v § 633 Rdnr. 6 ff; *Oechsler* VS Rdnr. 1138.
42 Vgl. dazu Palandt/*Sprau* Vorb v § 633 Rdnr. 6 f; BeckOK/*Voit* § 634 Rdnr. 22 ff.
43 Vgl. Palandt/*Sprau* Vorb v § 633 Rdnr. 7.
44 Vgl. BeckOK/*Voit* § 634 Rdnr. 23.

i) Konkurrenzfragen

Die Konkurrenzfragen werden im Großen und Ganzen ähnlich zu behandeln sein wie im Kaufrecht (vgl. o. Rdnr. 348 ff). Dies gilt insbesondere für die Frage der Schadensersatzansprüche wegen Verletzung von Nebenpflichten (z.B. Aufklärungspflichten), vgl. Rdnr. 362 ff. Nach der hier vertretenen Ansicht kommt es also in erster Linie darauf an, worin genau die Pflichtverletzung liegt: Handelt es sich um eine nicht mangelbezogene Nebenpflichtverletzung, so richtet sich die Haftung unmittelbar nach den §§ 280 ff. Es gilt also grundsätzlich die regelmäßige Verjährung nach §§ 195, 199. Ist hingegen die Nebenpflicht eine mangelbezogene, stellt sich die Frage, ob die besonderen gewährleistungsrechtlichen Beschränkungen der §§ 634 ff (insbesondere die Verjährungsvorschrift des § 634a) im Wege der Einwirkung auf diesen Schadensersatzanspruch zu erstrecken sind. Dies ist nach der hier vertretenen Ansicht zu bejahen. Dabei ist zu beachten, dass die verjährungsrechtlichen Unterschiede geringer sind als im Kaufrecht, weil § 634a Abs. 1 Nr. 3 für einige Werkleistungen ohnehin auf die regelmäßige Verjährung verweist.

4. Abschließender Fall zum Gewährleistungsrecht

Abschließend sollen einige Probleme aus dem Werkvertragsrecht an folgendem Fall verdeutlicht werden:

Fall 14: Der Lebensmittelhersteller B schließt mit dem Reinigungsunternehmen U einen Vertrag, nach dem es die auf die Reinigung von Produktionsmaschinen spezialisierte U gegen Zahlung von 15 000 € übernimmt, die Produktionsstraße der B zu reinigen. Da zur Reinigung die Produktion stillstehen muss, einigen sich B und U darauf, dass die Produktion am 25.9. für einen Tag angehalten wird und U innerhalb dieses Tages die vorgesehenen Arbeiten durchführt. U schickt am 25.9. ein Reinigungsteam zu B. Aufgrund fehlerhafter Personal- und Arbeitsmittelplanung gelingt es jedoch nicht, die Reinigungsarbeiten am 25.9. zu beenden. Im Ergebnis dauern die Arbeiten drei Tage und die Produktion muss auch für diese drei Tage ruhen. Durch die ruhende Produktion entsteht B ein Schaden von 2000 € pro Tag. Nach Abnahme der Reinigungsarbeiten durch B am Abend des 27.9. läuft die Produktion am 28.9. wieder normal an. Im Rahmen der Endkontrolle wird jedoch festgestellt, dass das abschließende Spülen der Anlage durch U unzureichend gewesen sein muss: Die Lebensmittel weisen Rückstände des verwendeten Reinigungsmittels auf. Dass noch Rückstände des Reinigungsmittels vorhanden sind, war für B bei der Abnahme nicht erkennbar. Es stellt sich heraus, dass M – ein ansonsten äußerst zuverlässiger Mitarbeiter der U – aufgrund einer Unachtsamkeit die abschließende Spülung nur mit der Hälfte der vorgeschriebenen Wassermenge durchgeführt hat. Dies hat zur Folge, dass B ein Schaden i.H.v. 3500 € entsteht (neben der fehlenden Absatzmöglichkeit der Produkte hat B auch die eingebrachten Rohmaterialien im Wert von 1500 € unwiederbringlich verloren). Da B keine weitere Zeit verlieren will, entschließt er sich, die Spülung am folgenden Tag durch eine andere Reinigungsfirma für 3000 € ausführen zu lassen. Dazu muss die Produktion jedoch am 29.9. nochmals einen Tag ruhen.

B verlangt von U Ersatz des Produktionsausfallschadens, der erstens durch den längeren Stillstand während der „Erstreinigung" (26.9./27.9.), zweitens durch den zusätzlichen Tag Stillstand für die Zweitreinigung am 29.9 und drittens durch die verlorene Tagesproduktion am 28.9. entstanden ist. Außerdem möchte B von U die Kosten für die zweite Reinigung durch die andere Reinigungsfirma ersetzt haben. Zu Recht?

§ 16 *Werkvertrag*

(1) §§ 280 Abs. 1, Abs. 2, 286 i.H.v. 4000 € wegen des Produktionsausfalls vom 26./27.9. („Erstreinigung")

Die §§ 280 Abs. 1, 2, 286 sind anwendbar. Sie sind nicht etwa durch die besonderen Vorschriften der §§ 634 ff verdrängt; denn diese greifen grundsätzlich erst ab der Abnahme ein, die vorliegend bis 27.9. nicht erfolgt war. Der Werkvertrag ist das Schuldverhältnis i.S.d. § 280 Abs. 1. Die Pflichtverletzung besteht in der nicht rechtzeitigen Herstellung des versprochenen Werkes. U hat dies zu vertreten (fehlerhafte Personal- und Arbeitsmittelplanung). Es handelt sich um einen Verzögerungsschaden i.S.d. § 280 Abs. 2, so dass die besonderen Voraussetzungen des § 286 vorliegen müssen: U hat eine fällige und noch mögliche Leistung nicht erbracht. Die an sich erforderliche Mahnung ist vorliegend wegen der festen Terminbestimmung (25.9.) gemäß § 286 Abs. 2 Nr. 1 entbehrlich. U hat die Verzögerung zu vertreten, § 286 Abs. 4 (s.o.). Somit hat B gegen U einen Anspruch auf 4000 € (zwei Tage Verspätung zu je 2000 €) aus §§ 280 Abs. 1, 2, 286.

(2) §§ 634 Nr. 4, 280 Abs. 1 i.H.v. 2000 € für den Produktionsausfall am 29.9. („zweite Spülung")

Der Anwendungsbereich der §§ 633 ff ist eröffnet, weil der betreffende Schaden nach der Abnahme (27.9. abends) entstanden ist. Der Werkvertrag bildet das Schuldverhältnis i.S.d. § 280 Abs. 1. Es müsste zum Zeitpunkt des Gefahrübergangs, d.h. hier bei der Abnahme (§ 641) am 27.9. abends, ein Mangel i.S.d. § 633 vorliegen. Hier kommt wegen der Reinigungsmittelrückstände ein Sachmangel i.S.d. § 633 Abs. 2 in Betracht. Eine explizite Vereinbarung der Reinigungsmittelfreiheit iSd § 633 Abs. 2 S. 1 kann dem Sachverhalt nicht entnommen werden. Da es hier jedoch um die Reinigung einer Produktionsanlage für Lebensmittel geht, ist die rückstandsfreie Reinigung „nach dem Vertrag" wohl vorauszusetzen, so dass ein Sachmangel nach § 634 Abs. 1 S. 2 Nr. 1 vorliegt. U hat den Mangel zu vertreten, weil er für das Verschulden des M nach § 278 einzustehen hat.

Es ist allerdings umstritten, welcher Schadensart ein sog. „mangelbedingter Betriebsausfallschaden" zuzuordnen ist (vgl. dazu bereits die Ausführungen im Kaufrecht Rdnr. 284 ff). Nach einer Ansicht ist der mangelbedingte Betriebsausfallschaden direkt über § 280 Abs. 1 (hier: §§ 634 Nr. 4, 280 Abs. 1) ersatzfähig, während die Gegenansicht einen Verzögerungsschaden gemäß §§ 634 Nr. 4, 280 Abs. 1, 2, 286 annimmt. Den Ausführungen im Kaufrecht folgend (s. dort) ist erstgenannter Ansicht zu folgen und der mangelbedingte Betriebsausfallschaden direkt über § 280 Abs. 1 zu ersetzen. Es ergeben sich also aus § 280 Abs. 2 keine zusätzlichen Voraussetzungen.

Der Anspruch ist auch nicht nach § 640 Abs. 3 n.F. (= Abs. 2 a.F.) ausgeschlossen. Zwar hat B das Werk abgenommen, doch war der Mangel dabei nicht erkennbar. Damit stehen B gemäß §§ 634 Nr. 4, 280 Abs. 1 nochmals 2000 € für den Stillstand am 29.7. zu.

(3) §§ 634 Nr. 4, 280 Abs. 1 i.H.v. 3500 € wegen der fehlerhaften Tagesproduktion vom 28.9.

Schuldverhältnis, Mangel und Vertretenmüssen liegen vor (s.o.). Weiter ist zwischen den Schadensposten (Verlust der Rohmaterialien im Wert von 1500 € und entgangener Gewinn in Höhe von 2000 €) zu differenzieren.

Fraglich ist zunächst, ob es sich in Bezug auf die 1500 € für die Rohmaterialien um Schadensersatz statt der Leistung i.S.d. § 280 Abs. 3 oder um einfachen Schadensersatz handelt: Nach einer Ansicht ist zwischen Mangelschaden und Mangelfolgeschaden zu unterscheiden, während nach anderer Ansicht der Zweck der Nacherfüllung maßgebliches Abgrenzungskriterium sein soll. Hier führen beide Ansätze zu einer Einordnung als einfacher Schaden, der sich nur nach § 280 Abs. 1 richtet und nicht nach §§ 280 Abs. 3, 281 ff.

Dagegen handelt es sich bei dem entgangenen Gewinn in Höhe von 2000 € um einen mangelbedingten Betriebsausfallschaden. Es kann keinen Unterschied machen, ob dem Besteller Gewinn entgeht, weil sein Betrieb wegen der mangelhaften Werkleistung vollständig lahmgelegt ist oder weil er zwar versucht zu produzieren, aber wegen des Mangels der Werkleistung Produkte herstellt, die er nicht verkaufen kann. Nach der hier vertretenen Auffassung (s.o. unter (2)) ist der mangelbedingte Betriebsausfallschaden aber direkt über § 280 Abs. 1 (ohne § 286) zu ersetzen, sodass auch für diesen Schadensposten keine weiteren Voraussetzungen vorliegen müssen.

Der Anspruch ist ebenfalls nicht nach § 640 Abs. 3 n.F. (= Abs. 2 a.F.) ausgeschlossen. Der Schaden beläuft sich insgesamt auf 3500 €.

(4) Ansprüche i.H.v. 3000 € für die Aufwendungen der Selbstvornahme („zweite Spülung")

(a) §§ 634 Nr. 2, 637

Ein mangelhaftes Werk ist gegeben (s.o.). § 637 setzt weiterhin voraus, dass eine vom Besteller gesetzte, angemessene Nachfrist erfolglos abgelaufen ist. Vorliegend hat B keine Nachfrist gesetzt. Die Nachfristsetzung könnte jedoch nach § 636 wegen Unzumutbarkeit entbehrlich gewesen sein. Es ist vorliegend durchaus vertretbar, Unzumutbarkeit anzunehmen, weil sich U in zweifacher Hinsicht als unzuverlässig erwiesen hat und weil sich aus den Vertragsumständen ableiten lässt, dass angesichts des reinigungsbedingten Betriebsausfalls eine pünktliche und mangelfreie Leistung für B von großer Bedeutung war. U hat vorliegend auch kein Verweigerungsrecht i.S.d. § 635 Abs. 3 (vgl. § 637 Abs. 1, 1. Hs.). B hat einen Anspruch auf Ersatz der Selbstvornahmekosten i.H.v. 3000 €.

(b) §§ 634 Nr. 4, 280 Abs. 1, 3, 281

Der Anspruch auf Ersatz der Selbstvornahmekosten lässt sich m.E. alternativ auch auf die §§ 634 Nr. 4, 280 Abs. 1, 3, 281 stützen. Die Pflichtverletzung liegt in der mangelhaften Leistung, U hat diese auch zu vertreten (s.o.). Es handelt sich nach beiden Abgrenzungstheorien um Schadensersatz statt der Leistung (§ 280 Abs. 3). Einschlägig ist vorliegend § 281. Die demnach grundsätzlich erforderliche Nachfristsetzung ist wiederum gemäß § 636 entbehrlich.

IV. Vorzeitige Beendigung des Werkvertrags

551 Das Werkvertragsrecht sieht sowohl für den Besteller als auch für den Unternehmer Möglichkeiten vor, den Werkvertrag vorzeitig, d.h. vor Vollendung des Werkes, zu kündigen.

552 Dem **Besteller** gewährt § 648 n.F. (= § 649 a.F.) ein vorzeitiges Kündigungsrecht, das jederzeit und ohne Vorliegen eines besonderen Grundes ausgeübt werden kann. Die Kündigung führt zur Aufhebung des Vertrags für die Zukunft (ex nunc). Die Interessen des Unternehmers werden dadurch gewahrt, dass er die vereinbarte Vergütung verlangen kann, allerdings unter Anrechnung dessen, was er durch die Kündigung erspart (§ 648 S. 2, 3 n.F. [= § 649 a.F.]). Kündigt der Besteller gemäß § 649 n.F. (= § 650 a.F.), d.h. bei einer wesentlichen Überschreitung des Kostenvoranschlags, so steht dem Unternehmer jedoch nur der Teilvergütungsanspruch nach § 645 zu.

553 Ist zur Herstellung des Werks eine Mitwirkung des Bestellers erforderlich und gerät der Besteller durch Unterlassen dieser Handlung in Annahmeverzug (§ 642), so hat der **Unternehmer** ein Kündigungsrecht nach Maßgabe des § 643 – allerdings erst, nachdem er dem Besteller eine angemessene Frist zur Nachholung seiner Handlung, verbunden mit einer Kündigungsandrohung, gesetzt hat. Im Fall einer wirksamen Kündigung hat der Unternehmer einen Teilvergütungsanspruch gemäß § 645 Abs. 1 S. 2[45].

554 § 648a n.F. führt für **beide Seiten** ein allgemeines **Kündigungsrecht aus wichtigem Grund** ein, das sich stark an das allgemeine Kündigungsrecht des § 314 anlehnt.[46] § 648a Abs. 1 S. 1 n.F. bestimmt, dass beide Parteien den Vertrag aus wichtigem Grund ohne Einhaltung einer Kündigungsfrist kündigen können. Ein wichtiger Grund liegt nach S. 2 vor, wenn dem kündigenden Teil unter Berücksichtigung aller Umstände des Einzelfalls und unter Abwägung der beiderseitigen Interessen die Fortsetzung des Vertragsverhältnisses bis zur Fertigstellung des Werks nicht zugemutet werden kann. Die Parallelen zum allgemeinen Kündigungsrecht des § 314 sind offensichtlich und vom Gesetzgeber gewollt[47] Hauptanwendungsfall werden Werkverträge sein, die auf eine längerfristige Zusammenarbeit angelegt sind, wie etwa Verträge über die Planung oder Einrichtung größerer EDV-Anlagen oder die Erstellung von größeren Softwarewerken nach Angaben des Bestellers; ausdrücklich vorausgesetzt wird die längere Dauer von der Vorschrift aber nicht. In den Worten des Gesetzgebers: „Von einer Beschränkung des Kündigungsrechts auf Werkverträge, die auf eine längere Dauer der Zusammenarbeit angelegt sind, wurde abgesehen, um die Begründetheit der Kündigung nicht von einem weiteren unbestimmten Rechtsbegriff abhängig zu machen. Es ist jedoch davon auszugehen, dass bei „kleineren", schneller abzuwickelnden Werk-

---

[45] Auch nach Kündigung wird die Werklohnforderung grundsätzlich erst mit der Abnahme der bis dahin erbrachten Werkleistungen fällig, BGH, 11.5.2006, VII ZR, NJW 2006, 2475, 2476 (Änderung der Rechtsprechung, vgl. BGH, 9.10.1986, VII ZR 249/85, NJW 1987, 382).
[46] Nach bisherigem Recht war hier vieles umstritten, vgl. etwa für die (analoge) Anwendung des § 314 auf den Werkvertrag MünchKomm/*Busche* § 649 Rdnr. 31; dagegen *Boldt* NZBau 2002, 655, 656; einschränkend für Werkvertrag mit einem dem Dauerschuldverhältnis ähnlichen Charakter Palandt/*Sprau* § 649 Rdnr. 13.
[47] Vgl. BT-Drucks. 18/8486, S. 51.

verträgen häufig die Unzumutbarkeit der Fortsetzung des Vertrags bis zur Fertigstellung des Werks nicht gegeben sein wird und diese schon deshalb nicht in den Anwendungsbereich des Kündigungsrechts aus wichtigem Grund fallen"[48]. § 648a Abs. 2 n.F. ermöglicht eine Teilkündigung des Werkvertrags. § 648a Abs. 3 n.F. verweist auf zwei Regeln aus § 314, die ein Fristsetzungserfordernis für bestimmte Fälle und eine Kündigungsfrist vorsehen. § 648a Abs. 4 n.F. verpflichtet grds. nach der Kündigung beide Parteien zur Mitwirkung an der gemeinsamen Feststellung des Leistungsstandes. Dies soll späteren Streit über den damaligen Stand der Leistungen verhinden. Die Nichtmitwirkung wird mit einer Beweislastumkehr sanktioniert. § 648a Abs. 5 n.F. regelt die Folgen der Kündigung: Der Unternehmer darf eine Vergütung nur für den bis zur Kündigung erbrachten Teil der Leistung verlangen; für die Zeit danach entfällt der Kündigungsanspruch. Gemäß § 648a Abs. 6 n.F. werden Schadensersatzansprüche durch die Kündigung nicht ausgeschlossen.

V. Neuregelung des Bauvertrags

1. Struktur

Eines der Kernstücke der **Reform von 2017**[49] ist die Einführung eines neuen Kapitels zum Bauvertrag und zu verwandten Verträgen (§§ 650a–650v n.F.). Die neue Struktur sieht so aus: Das bisherige allgemeine Werkvertragsrecht findet sich nun – inhaltlich nur punktuell verändert – in „Kapitel 1: Allgemeine Vorschriften" (§§ 631–650 n.F.). Es folgen Kapitel 2 über den Bauvertrag (§§ 650a–650h n.F.), Kapitel 3 und 4 über den Verbraucherbauvertrag (§§ 650i–650o n.F.), ein neuer Untertitel 2 über den Architekten- und den Ingenieurvertrag (§§ 650p–650t n.F.) und ein Untertitel 3 über den Bauträgervertrag (§§ 650u–650v n.F.). Das **Grundprinzip** der Neuregelung ist, dass die Vorschriften in den Sonderabschnitten für die dort geregelten Verträge grds. ergänzend bzw. vorrangig zum allgemeinen Werkvertragsrecht gelten (vgl. etwa § 650a Abs. 1 S. 2 n.F. für den Bauvertrag, § 650i Abs. 3 n.F. für den Verbraucherbauvertrag, § 650q Abs. 1 n.F. für den Architekten- bzw. Ingenieurvertrag, § 650u Abs. 1 n.F. für den Bauträgervertrag). Anders formuliert, fungiert das allgemeine Werkvertragsrecht der §§ 631 ff als Allgemeiner Teil für den Besonderen Teil der §§ 650a–650v n.F., der Spezialregelungen für das Baurecht enthält.

555

> **Vertiefungshinweis:** In der Praxis wird bei Bauverträgen oft Teil B der Vergabe- und Vertragsordnung für Bauleistungen (VOB/B) relevant. Es handelt sich dabei rechtstechnisch um AGB, sodass grds. die §§ 305 ff gelten. Die VOB/B-Klauseln gelten also nur, wenn sie von den Parteien wirksam in den Vertrag einbezogen wurden. Grds. unterliegen sie auch der AGB-rechtlichen Inhaltskontrolle (bei Verwendung gegenüber Unternehmern [etc.] aber gemäß § 310 Abs. 1 S. 3 nur in beschränkter Weise).

---

48 BT-Drucks. 18/8486, S. 51.
49 Gesetz zur Reform des Bauvertragsrechts, zur Änderung der kaufrechtlichen Mängelhaftung (…) vom 28. April 2017, BGBl I S. 969.

2. Bauvertrag

556 Das neue Kapitel 2 zum Bauvertrag (§§ 650a–650h n.F.) fasst einige im früheren Recht im allgemeinen Werkvertragsrecht verstreute Vorschriften zusammen und ergänzt sie um weitere baurechtliche Sondervorschriften. § 650a Abs. 1 S. 1 n.F. definiert den Bauvertrag als einen Vertrag über die Herstellung, die Wiederherstellung, die Beseitigung oder zum Umbau eines Bauwerks, einer Außenanlage oder eines Teils davon. Abs. 2 regelt, wann Instandhaltungsverträge als Bauverträge zu behandeln sind. In Bezug auf den Begriff des Bauwerks verweist der Gesetzgeber auf die zum bisherigen Recht (§ 634a Abs. 1 Nr. 2, § 638) ergangene Rechtsprechung[50].

557 Aus dem bisherigen allgemeinen Werkvertragsrecht in den neuen Abschnitt verlegt wurden, inhaltlich weitgehend unverändert, die Vorschriften der §§ 650e, 650f n.F. (= § 648 Abs. 1, 648a a.F.) über die Sicherung des Bauunternehmers. Neu sind etwa Regelungen zur Änderung des Vertrages und zum Anordnungsrecht des Bestellers (§ 650b n.F.), Vorgaben für die Preisberechnung bei Mehr- oder Minderleistungen (§ 650c n.F.), eine Erleichterung für einstweilige Verfügungen (§ 650d n.F.), Regelungen über die Zustandsfeststellung in dem Fall, dass die Abnahme verweigert wird, über die Schlussrechnung und die Fälligkeit der Vergütung (§ 650g n.F.) sowie die Einführung eines generellen Schriftformerfordernisses für die Kündigung von Bauverträgen (§ 650h n.F.).

3. Verbraucherbauvertrag

558 Zum Schutz des Verbrauchers enthalten die Kapitel 3 und 4 (§§ 650i–650o n.F.) einige Schutzvorschriften. Verbraucherbauverträge sind Verträge zwischen einem Unternehmer und einem Verbraucher, durch die der Unternehmer zum Bau eines neuen Gebäudes oder zu erheblichen Umbaumaßnahmen an einem bestehenden Gebäude verpflichtet wird (§ 650i Abs. 1 n.F.). Für diese Verträge gelten ergänzend die Regeln der §§ 650i–650n n.F. (§ 650i Abs. 3 n.F.) sowie § 650o n.F.

559 Der Verbraucherbauvertrag bedarf der Textform (§ 126b). Inhaltlich verpflichtet § 650j n.F. den Unternehmer dazu, den Verbraucher grds. über die in Art. 249 EGBGB n.F. vorgesehenen Einzelheiten zu unterrichten. Art. 249 EGBGB n.F. verlangt insbesondere eine detaillierte Baubeschreibung in Textform (§ 126b). Zum Schutz des Verbrauchers bestimmt § 650k n.F. unter anderem, dass die Angaben der vorvertraglich zur Verfügung gestellten Baubeschreibung in Bezug auf die Bauausführung Inhalt des Vertrags werden, wenn die Parteien nicht ausdrücklich etwas anderes vereinbart haben (Abs. 1). § 650l gibt dem Verbraucher grds. ein Widerrufsrecht (über das der Unternehmer ihn nach Art. 249 § 3 n.F. EGBGB in Textform zu belehren hat), es sei denn, der Vertrag wurde notariell geschlossen. § 650m n.F. enthält Sonderregeln über Abschlagszahlungen i.S.d. § 632a n.F. und über die Absicherung des Vergütungsanspruchs. § 650n n.F. entscheidet eine bisher umstrittene Frage dahingehend, dass der Unternehmer dem Verbraucher bestimmte Planungsunterlagen herausgeben muss.

---

[50] BT-Drucks. 18/8486, S. 53. Vgl. etwa Palandt/*Sprau* § 634a Rdnr. 10: Bauwerk ist eine unbewegliche, durch Verwendung von Arbeit und Material i.V.m. dem Erdboden hergestellte Sache, ohne dass es auf die sachenrechtliche Zuordnung ankommt.

§ 650o n.F. bestimmt, dass die meisten der Vorschriften über den Verbraucherbauvertrag sowie § 640 Abs. 2 S. 2 n.F. (Abnahmeverweigerung) insofern zwingend sind, als von ihnen nicht zu Lasten des Verbrauchers abgewichen werden darf.

560

4. Architekten- und Ingenieurvertrag

Architekten- und Ingenieurverträge sind aufgrund ihrer Vielgestaltigkeit nicht immer einfach in die Systematik des BGB einzuordnen. In Einklang mit der bisher h.M. hat sich der Gesetzgeber entschieden, sie als **Werkverträge** einzuordnen und einige Besonderheiten durch **Spezialvorschriften** zu regeln, die im neuen Untertitel 2 (§§ 650p–650t n.F.) enthalten sind.

561

§ 650p n.F. definiert den Architekten- bzw. Ingenieurvertrag. § 650q n.F. bestimmt, dass hierfür grds. die Regeln des allgemeinen Werkvertragsrechts sowie bestimmte Regeln des allgemeinen Bauvertragsrechts gelten, soweit sich aus dem vorliegenden Untertitel nichts anderes ergibt. § 650r n.F. sieht für bestimmte Fälle Sonderkündigungsrechte der Parteien vor. § 650s sieht unter bestimmten Voraussetzungen einen Anspruch des Unternehmers auf Teilabnahme vor.

562

§ 650t n.F. modifiziert die Folgen der grds. zwischen Architekt bzw. Ingenieur und Bauunternehmer bestehenden gesamtschuldnerischen Haftung gegenüber dem Besteller bzw. Bauherrn. Die Vorschrift führt gewissermaßen einen „Vorrang der Nacherfüllung" im Verhältnis zwischen Architekt bzw. Ingenieur, ausführendem Bauunternehmer und Besteller ein. Dem vom Besteller auf Schadensersatz nach den §§ 634 Nr. 4, 280 ff in Anspruch genommenen Architekten bzw. Ingenieur steht ein Leistungsverweigerungsrecht zu, wenn nicht der Besteller dem bauausführenden Unternehmer bereits erfolglos eine angemessene Frist zur Nacherfüllung nach § 634 Nr. 1 bestimmt hat[51]. Der Gesetzgeber will damit die Architekten bzw. Ingenieure vor einer überproportionalen Belastung schützen. In der Praxis verklagten die Besteller nämlich vorrangig die Architekten bzw. Ingenieure, weil diese zum Abschluss einer Haftpflichtversicherung verpflichtet sind. Eine vorschnelle Inanspruchnahme des Architekten bzw. Ingenieurs soll das in § 650t n.F. enthaltene Leistungsverweigerungsrecht verhindern[52].

563

5. Bauträgervertrag

§ 650u Abs. 1 n.F. definiert den Bauträgervertrag als einen Vertrag, der die Errichtung oder den Umbau eines Hauses oder eines vergleichbaren Bauwerks zum Gegenstand hat und der zugleich die Verpflichtung des Unternehmers enthält, dem Besteller das Eigentum an dem Grundstück zu übertragen oder ein Erbbaurecht zu bestellen oder zu übertragen[53]. Die Vorschrift bestimmt ferner, dass hinsichtlich der Errichtung oder des Umbaus grds. die Vorschriften des allgemeinen Werkvertragsrechts bzw. des Bau-

564

---
51 BT-Drucks. 18/8486, S. 71.
52 BT-Drucks. 18/8486, S. 71 f.
53 Diese Definition entspricht derjenigen, die bisher in § 632a Abs. 2 a.F. enthalten war, vgl. BT-Drucks. 18/ 8486, S. 72.

vertragsrechts Anwendung finden und dass hinsichtlich des Anspruchs auf Eigentumsübertragung oder auf Bestellung oder Übertragung des Erbbaurechts die kaufvertraglichen Vorschriften anzuwenden sind. § 650u Abs. 2 n.F. bestimmt, welche Vorschriften aus dem Werk- und Bauvertragsrecht nicht auf den Bauträgervertrag angewendet werden sollen. § 650v n.F. enthält eine Sonderregel über Abschlagszahlungen.

§ 17 Reisevertrag

I. Vorbemerkung

565 Der Reisevertrag ist ein typengemischter Vertrag. Analysiert man die einzelnen Pflichten des Reiseveranstalters, lassen sich regelmäßig Elemente von Werk-, Dienst-, Geschäftsbesorgungs-, Beherbergungs- und/oder Mietvertrag isolieren. Seinem Gesamterscheinungsbild nach ist der Reisevertrag **mit dem Werkvertrag verwandt**: Geschuldet wird die Reise, und damit ein „Erfolg". Hiervon hat sich der Gesetzgeber nicht nur bei der systematischen Platzierung der Reisevertragsregelung in Titel 9 („Werkvertrag und ähnliche Verträge") leiten lassen, sondern auch – und insbesondere – bei der inhaltlichen Ausgestaltung des Reisevertragsrechts: Das Rechtsbehelfssystem korrespondiert weitgehend mit dem der §§ 634 ff. Bei Gesetzeslücken kann daher grundsätzlich auf die Regelungen des Werkvertragsrechts zurückgegriffen werden[1] – und auch für die Klausur gilt, dass sich im Zweifelsfall die Kenntnisse zum Werkvertragsrecht für das häufig eher unbekannte Reisevertragsrecht nutzbar machen lassen. Allerdings gilt diesbezüglich eine wichtige Ausnahme: Die §§ 651a ff dienen der Umsetzung der europäischen Pauschalreise-Richtlinie – und müssen dementsprechend **richtlinienkonform ausgelegt** werden[2].

566 Das Reisevertragsrecht befindet sich derzeit in einem **gewaltigen Umbruch**: Die alte Pauschalreiserichtlinie[3] wurde durch eine neue[4] abgelöst. Damit geht eine ganz wesentliche strukturelle Änderung einher: Während die alte Richtlinie dem Prinzip der Mindestharmonisierung folgte, so dass die Mitgliedstaaten zwar nicht hinter dem Schutzniveau der Richtlinie zurückbleiben, wohl aber darüber hinaus gehen durften, hat die neue Richtlinie vollharmonisierenden Charakter: Von ihren Vorgaben darf der deutsche Gesetzgeber (und Rechtsanwender) also weder in die eine noch in die andere Richtung abweichen. In Umsetzung der neuen Richtlinie hat der Bundestag am

---

1 BGH, 12.3.1987, VII ZR 37/86, NJW 1987, 1931, 1933; Palandt/*Sprau* Einf. v. § 651a Rdnr. 2; *Looschelders* BT Rdnr. 716.
2 Zur Methode der richtlinienkonformen Auslegung s. Gebauer/Wiedmann/*Gebauer*, Zivilrecht unter europäischem Einfluss, Kap 4; *Canaris*, FS Bydlinski, S. 47 ff.
3 Richtlinie des Rates vom 13. Juni 1990 über Pauschalreisen (90/314/EWG), ABl. EG L 158/59.
4 Richtlinie (EU) 2015/2302 des Europäischen Parlaments und des Rates vom 25. November 2015 über Pauschalreisen und verbundene Reiseleistungen, zur Änderung der Verordnung (EG) Nr. 2006/2004 und der Richtlinie 2011/83/EU des Europäischen Parlaments und des Rates sowie zur Aufhebung der Richtlinie 90/314/EWG des Rates, ABl. EU 2015, L 326/1.

17.7.2017 das „Dritte Gesetz zur Änderung reiserechtlicher Vorschriften" beschlossen[5]. Es tritt zum **1.7.2018** in Kraft und enthält etliche ganz wesentliche Neuerungen. Insbesondere wurde das Mängelgewährleistungsrecht an dasjenige des (Kauf- und) Werkvertragsrechts angeglichen, nachdem dies im Zuge der Schuldrechtsreform noch versäumt worden war.

Aus didaktischen Gründen wird im Folgenden stets zunächst ausführlich die bislang geltende Rechtslage dargestellt und anschließend zu jedem Aspekt – jeweils in einem grau hinterlegten Kasten – aufgezeigt, inwiefern das neue Recht (examensrelevante) Änderungen mit sich bringt. 567

Fall 15 (basiert auf **BGH NJW 2010, 2950**): M möchte seine Ehefrau F zum Hochzeitstag am 16. März mit einer Donaukreuzfahrt überraschen. Er besorgt sich daher ein Reiseprospekt der Fa. Danubia-Vacations GmbH (V), die sich auf Donau-Kreuzfahrten spezialisiert hat. Schon kurz darauf bucht M im Reisebüro B in eigenem Namen und ohne vorherige Absprache mit F eine zehntägige Kreuzfahrt für sich und F. Kostenpunkt: 3000 € pro Person. An- und Abreise sind ebenso wenig inbegriffen wie Ausflüge an Land. 568
Wenige Tage später erhält er von V eine Reisebestätigung.
Am 2. März wendet sich V an M und teilt ihm mit, dass sie die Kreuzfahrt absage, weil sich nicht genügend Passagiere angemeldet hätten. V bietet dem M an, ihn auf eine ähnliche Reise im August umzubuchen. M lehnt dieses Angebot noch am selben Tag ab. Stattdessen verlangt er zum einen Rückzahlung des Reisepreises und zum anderen für sich und F Entschädigung für entgangene Urlaubsfreuden in Höhe des halben Reisepreises. V rührt sich zunächst nicht. Am 2. Juni überweist V schließlich 4500 € an M: den Reisepreis und eine 50%ige Entschädigung für jeweils eine Person, nämlich für M. Eine entsprechende Zahlung für F lehnt V ausdrücklich ab. Kann F von V Zahlung von 4500 € verlangen?

II. Vertragsgegenstand

Der Begriff der Reise ist in § 651a Abs. 1 S. 1 legaldefiniert, und zwar als **„Gesamtheit von Reiseleistungen"**. Ein Reisevertrag liegt also nur dann vor, wenn der Reiseveranstalter mindestens zwei erhebliche Reiseleistungen erbringen muss (z.B. Beförderung und Unterbringung, Unterbringung und Ausflüge, etc.). Beinhaltet der Vertrag demgegenüber nur die Pflicht zu einer einzelnen Reiseleistung, sind die §§ 651a ff grundsätzlich unanwendbar, so dass die betreffende Reiseleistung einem anderen Vertragstyp zugeordnet werden muss (z.B. Flug und Bustransfer als Werkvertrag, Ferienwohnung als Mietvertrag, Hotel als Beherbergungsvertrag). 569

Allerdings will die h.M. die §§ 651a ff bei „vergleichbarer Interessenlage" **analog auch auf Einzelleistungen anwenden**. Eine solche vergleichbare Interessenlage sei dann anzunehmen, wenn der Veranstalter mit der Einzelleistung „eine bestimmte Gestaltung der Reise" verspreche und damit „die Haftung für den Erfolg des Urlaubs" übernehme[6]. Die Subsumtion unter diese Regel ist freilich nicht einfach – und auch die Recht- 570

---
5 BGBl. 2017 I-2394.
6 Grundlegend BGH, 17.1.1985, VII ZR 163/84, NJW 1985, 906, 907; BGH, 29.6.1995, VII ZR 201/94, NJW 1995, 2629, 2630.

sprechung ist nicht wirklich stringent. Schulbeispiel für eine analoge Anwendung des Reisevertragsrechts ist die Vermietung eines Ferienhauses oder eines Hotelzimmers durch ein gewerbliches Reiseunternehmen. Mit der Ferienwohnung stehen „der Aufenthaltsort, die Umgebung und mit ihr zugleich die wichtigsten Urlaubsbedingungen" fest[7]. Demgegenüber soll eine Analogie ausscheiden, wenn der Vertrag über die Nutzung der Ferienunterkunft direkt mit dem (privaten) Eigentümer abgeschlossen wird: Der Reiseunternehmer verspreche bereits mit der Herausstellung seines Namens einen gewissen Urlaubsgenuss, der private Vermieter dagegen nicht[8]. Uneinheitlich ist die Rechtsprechung bei mobilen Ferienunterkünften: Der BGH hat eine Analogie für eine Boots-Charter verneint (weil das Ferienziel wegen der Mobilität der Yacht nicht feststehe)[9], das OLG Düsseldorf hat sie für ein Wohnmobil bejaht (weil der Urlaubszweck im Vordergrund stehe)[10]. Entscheiden Sie im Einzelfall am besten nach klausurtaktischen Gesichtspunkten.

571 In **Fall 15** wird man von einem Reisevertrag auszugehen haben. Zwar umfasst der Vertrag nur die Kreuzfahrt selbst (laut Sachverhalt sind weder An- und Abreise noch Ausflüge an Land vom Reisepreis umfasst). Allerdings qualifiziert der EuGH eine solche Kreuzfahrt per se als Reisevertrag: Sie beinhalte sowohl eine Beförderungs- als auch eine Unterbringungsleistung – und damit zumindest zwei verschiedene Reiseleistungen[11]. Selbst wenn man dem nicht folgen wollte, müsste man das Reisevertragsrecht zumindest analog anwenden: Die Kreuzfahrt prägt die Reise maßgeblich; Aufenthaltsort, Umgebung und die wichtigsten Urlaubsbedingungen sind festgelegt; kurz: der Anbieter übernimmt die Haftung für den Erfolg des Urlaubs.

572 **Hinweis zur Rechtslage ab Juli 2018:** Die Definition des Pauschalreisebegriffs rutscht in § 651a Abs. 2 und wird ausführlicher. Inhaltlich ändert sich zunächst einmal wenig. Bemerkenswert ist allerdings, dass nach § 651a Abs. 2 S. 2 solche Reiseleistungen, die wesentlicher Bestandteil einer anderen Reiseleistung sind, nicht mehr als (eigenständige) Reiseleistung gelten. Bei strenger Auslegung dieser Regelung wird man wohl künftig in Fall 15 nur noch von *einer* Reiseleistung ausgehen können: Die Beförderung ist der Unterbringung auf einem Kreuzfahrtschiff immanent.

Die gravierendste Änderung ergibt sich nicht aus dem Gesetzestext selbst, sondern aus einer Lücke darin: Die oben in Rdnr. 570 dargestellte Rechtsprechung, wonach die §§ 651a ff unter Umständen auf Reiseeinzelleistungen analog angewendet werden können, wurde bewusst[12] nicht in Gesetz gegossen. Damit dürfte eine Analogie künftig nicht mehr in Betracht kommen: Die bestehende Gesetzeslücke ist nicht planwidrig.

---

7 BGH, 29.6.1995, VII ZR 201/94, NJW 1995, 2629; ferner BGH, 23.10.2012, X ZR 157/11, NJW 2013, 308, 310 f, Rdnr. 25.
8 AG Trier, 24.3.2000, 32 C 48/00, NJW-RR 2001, 48; MünchKomm/*Tonner* § 651a Rdnr. 28 f.
9 BGH, 29.6.1995, VII ZR 201/94, NJW 1995, 2629.
10 OLG Düsseldorf, 24.4.1997, 18 U 136/96, NJW-RR 1998, 50.
11 **EuGH, 7. 12. 2010, Verb Rs. C-585/08 und C-144/09 (Peter Pammer/Reederei Karl Schlüter GmbH & Co. KG und Hotel Alpenhof GesmbH/Oliver Heller), NJW 2011, 505 Rdnr. 45**; ihm folgend **BGH, 18.12.2012, X ZR 2/12, NJW 2013, 1674 Rdnr. 15 f.**
12 Vgl. Gesetzentwurf der Bundesregierung, BT-Drucks. 18/10822, S. 75 f: Die Rechtsprechung des Bundesgerichtshofs zur analogen Anwendbarkeit des Reiserechts auf veranstaltermäßig vertriebene Einzelleistungen (vgl. BGH, NJW 1985, 906; NJW 1992, 3158) wird nicht in das Gesetz überführt."

III. Vertragsparteien

1. Reiseveranstalter

Reiseveranstalter ist, wer die Reiseleistungen in eigener Verantwortung anbietet. Aus § 651k Abs. 6 Nr. 1 ergibt sich, dass Reiseveranstalter auch sein kann, wer Reisen nur gelegentlich und außerhalb seiner gewerblichen Tätigkeit veranstaltet. Abzugrenzen ist der Reiseveranstalter einerseits vom Reisevermittler und andererseits vom Leistungsträger.

573

Der **Reisevermittler** übt mehr oder weniger eine Maklertätigkeit aus: Er vermittelt dem Reisenden eine oder mehrere Reiseleistungen eines Dritten (nämlich des Reiseveranstalters). Der Reisevermittler steht regelmäßig sowohl zum Reiseveranstalter (Handelsvertretervertrag, § 84 HGB) als auch zum Reisenden (Geschäftsbesorgungsvertrag, § 675 Abs. 1) in einer vertraglichen Beziehung. Die Pflichten aus dem Geschäftsbesorgungsvertrag mit dem Reisenden erschöpfen sich allerdings im Wesentlichen darin, den Reisenden bei der Auswahl des Reiseveranstalters zu beraten und den Vertragsschluss mit dem ausgewählten Veranstalter herbeizuführen. Nach diesem Zeitpunkt tritt der Reisevermittler gegenüber dem Reisenden – wenn überhaupt – nur noch als Erfüllungsgehilfe des Reiseveranstalters auf. Eigene vertragliche Pflichten (wie bspw. Informationspflichten) bestehen nicht mehr; eine Haftung gegenüber dem Reisenden ist folglich ausgeschlossen[13].

574

Der **Leistungsträger** ist in § 651a Abs. 2 als diejenige Person legaldefiniert, die eine oder mehrere Reiseleistungen ausführt (also bspw. die Fluggesellschaft, das für den Hoteltransfer engagierte Busunternehmen oder das Hotel).

575

Die Abgrenzung bereitet selten Probleme, wenn alle drei Personen beteiligt sind: ein Vermittler, ein Veranstalter und ein Leistungsträger. Tauchen dagegen nur zwei Personen auf, kann es mitunter schwierig sein, zu ermitteln, ob die eine von ihnen Vermittler und die andere Veranstalter oder ob die eine Veranstalter und die andere Leistungsträger ist. Grundsätzlich gilt: Entscheidend für die Abgrenzung von Reiseveranstalter und -vermittler sind die Umstände des Einzelfalls, und zwar so, wie sie sich für den Reisenden darstellen. Entsteht für ihn der Anschein, sein Gegenüber biete die vorgesehenen Reiseleistungen in eigener Verantwortung an, muss dieser sich als Reiseveranstalter behandeln lassen. So ist beispielsweise ein Reisebüro dann als Reiseveranstalter zu qualifizieren, wenn es „diverse Einzelleistungen im Voraus bündelt, die Leistungserbringer nicht benennt und insbesondere dem Kunden nur einen Gesamtpreis nennt"[14]. Die bloße Erklärung, nur als Vermittler auftreten zu wollen (sog. Vermittlerklausel), ist dann unbeachtlich (§ 651a Abs. 2). Anders als in der Praxis dürften im Klausursachverhalt regelmäßig eindeutige Hinweise vorhanden sein (z.B. Formulierung der Vereinbarung, Text eines Prospekts, Briefkopf der Reisebestätigung etc.).

576

---

13 BGH, 25.4.2006, X ZR 198/04, NJW 2006, 2321.
14 BGH, 30.9.2010, Xa ZR 130/08, NJW 2011, 599, 599 f.

§ 17 *Reisevertrag*

577 **Hinweis:** Der BGH neigt dazu, immer einen Reiseveranstalter zu finden. Wo die analoge Anwendung des Gesamtleistungsbegriffs auf Einzelleistungen (s. Rdnr. 570) nicht zum Ziel führt, wird eben das Merkmal des „Anbietens in eigener Verantwortung" großzügig ausgelegt. So hat der BGH den Veranstalter einer Flugpauschalreise auch als Veranstalter des Bahntransfers zum Flughafen eingestuft, weil der Bahntransfer im Prospekt beworben und im Gesamtreisepreis enthalten war[15]. In einer weiteren Entscheidung hat der BGH einen Reiseveranstalter, der dem Reisenden am Urlaubsort Zusatzleistungen anbot, auch für diese Zusatzleistungen als Reiseveranstalter eingestuft (und nicht bloß als Vermittler von Drittleistungen)[16].

578 Während der Reisevermittler eigener Vertragspartner des Reisenden ist (Geschäftsbesorgungsvertrag, s. Rdnr. 984 ff), stehen die **Leistungsträger** grundsätzlich nur mit dem Reiseveranstalter in vertraglichen Beziehungen. Allerdings qualifiziert die **h.M.** die zwischen dem Reiseveranstalter und den einzelnen Leistungsträgern abgeschlossenen Verträge als Verträge zugunsten Dritter (in concreto: zugunsten des Reisenden)[17]. Der Reisende kann daher gemäß § 328 selbst Erfüllung vom Leistungsträger verlangen[18]. Dabei gewährt der BGH dem Reisenden einen besonderen Schutz: Eigentlich sieht § 334 nämlich vor, dass der Versprechende (hier also der Leistungsträger) diejenigen Einwendungen, die ihm gegen den Versprechensempfänger (Reiseveranstalter) zustehen, auch gegen den Dritten (Reisender) geltend machen kann. Hat der Reiseveranstalter den Leistungsträger beispielsweise noch nicht bezahlt, kann dieser sein Zurückbehaltungsrecht (§ 320) gegenüber dem Reisenden geltend machen – und die betreffende Leistung verweigern. Der BGH nimmt nun an, dass die Regelung des § 334 im Vertrag zwischen Reiseveranstalter und Leistungsträger „konkludent abbedungen" sein kann. Argument: Der Reisende habe den Reisepreis an den Reiseveranstalter gezahlt und erwarte daher – als juristischer Laie –, dass er die Reiseleistung verlangen könne. Dies sei auch dem Leistungsträger bewusst[19].

579 Im Verhältnis des Reisenden zum Reiseveranstalter sind die Leistungsträger Erfüllungsgehilfen des Veranstalters (§ 278) – aber mangels Weisungsgebundenheit regelmäßig keine Verrichtungsgehilfen (§ 831)[20].

580 In **Fall 15** hat M die Reise zwar im Reisebüro B gebucht. B ist indes als bloßer Reisevermittler aufgetreten, Reiseveranstalter ist zweifellos V. Zum einen hat M die Reise aus einem Prospekt der V ausgesucht, zum anderen stammt auch die Reisebestätigung von V. Für M war also klar erkennbar, dass V und nicht B die Reise in eigener Verantwortung erbringen wollte.

---

15 **BGH, 28.10.2010, Xa ZR 46/10, NJW 2011, 371**; zu den Voraussetzungen für eine Analogie s. Rdnr. 390; sie liegen beim bloßen Bahntransfer nicht vor.
16 BGH, 12.1.2016, X ZR 4/15, NJW-RR 2016, 948.
17 BGH, 17.1.1985, VII ZR 63/84, NJW 1985, 1457, 1457 f; MünchKomm/*Tonner* § 651a Rdnr. 39 ff; a.A. unter Verweis auf die wegen § 651k entfallene Schutzbedürftigkeit des Reisenden *Looschelders* BT Rdnr. 725.
18 **BGH, 17.1.1985, VII ZR 63/84, NJW 1985, 1457.**
19 **BGH, 17.1.1985, VII ZR 63/84, NJW 1985, 1457, 1458.**
20 BGH, 25.2.1988, VII ZR 348/86, NJW 1988, 1380, 1381.

Hinweis zur Rechtslage ab Juli 2018: Reiseveranstalter kann künftig nur ein Unternehmer i.S.d. § 14 sein. Zwar ließe sich die Verwendung des Begriffs „Unternehmer" in § 651a Abs. 1 n.F. auch mit einer Anlehnung an die Begrifflichkeiten des Werkvertragsrechts erklären. Dass der Unternehmer i.S.d. § 14 gemeint ist, ergibt sich jedoch eindeutig aus der Gesetzesbegründung[21] sowie aus den Vorgaben der Pauschalreiserichtlinie[22]. 581

Legaldefiniert und mit einem eigenen Pflichtenprogramm ausgestattet wird nun auch der **Vermittler**. Dabei wird man künftig drei Vermittlertypen unterscheiden müssen:

- *Reisevermittler* ist nur noch derjenige, der eine Pauschalreise vermittelt (§ 651v). Für die Abgrenzung dieses (echten) Reisevermittlers vom Reiseveranstalter enthalten die §§ 651b und 651c n.F. künftig eine abschließende Regelung. Das wenig präzise Abgrenzungskriterium der „eigenen Verantwortung" wurde abgelöst durch objektivere, aber äußerst formalistische Kriterien.
- Daneben gibt es künftig den neu eingeführten *Vermittler verbundener Reiseleistungen* (§ 651w). Hier geht es – grob skizziert – um solche Fälle, in denen der Reisende in einem Reisebüro oder bei einem entsprechenden Online-Angebot einzelne Reiseleistungen von verschiedenen Anbietern auswählt. Sofern dies nicht schon dazu führt, dass der Vermittler gem. § 651b als Reiseveranstalter anzusehen ist, wird er zumindest als Vermittler verbundener Reiseleistungen qualifiziert und letztlich ähnlich einem Reiseveranstalter behandelt[23]. Insbesondere findet ihm gegenüber das gesamte Mängelgewährleistungsrecht Anwendung.
- Gesetzlich nicht mit einer Regelung bedacht ist schließlich derjenige, der eine einzelne Reiseleistung (genauer: weder eine Pauschalreise noch verbundene Reiseleistungen) vermittelt, also gewissermaßen der *einfache Vermittler*.

2. Reisender

Reisender i.S.d. § 651a Abs. 1 ist der Vertragspartner des Reiseveranstalters, der im eigenen Namen für sich und/oder andere Reiseteilnehmer eine Reise bucht[24]. Weder muss es sich bei dem Reisenden um einen Verbraucher i.S.d. § 13 handeln, noch muss er die Reise selbst antreten wollen[25]. 582

Bucht jemand eine Reise (auch) für andere, so ist allerdings genau zu prüfen, ob er wirklich (nur) in eigenem Namen handelt. Je nach den Umständen des Einzelfalls ist denkbar, dass der Buchende (auch) als **Vertreter der übrigen Reiseteilnehmer** auftritt, Letztere also auch Vertragsparteien werden. Als Faustregel gilt: Wer Gruppenreisen bucht, tritt als Stellvertreter auf, wer für die eigene Familie bucht, handelt nur in eigenem Namen. In den Worten des BGH: „[W]er es übernommen hat, andere, mit denen er nicht verwandt ist oder sonst in engen Beziehungen steht, für eine Reise anzumelden, hat in der Regel nicht den Willen, dies im eigenen Namen zu tun und damit erhebliche Ansprüche des Reiseveranstalters gegen sich zu begründen"[26]. Bei einer Familie 583

---

21 Gesetzentwurf der Bundesregierung, BT-Drucks. 18/10822, S. 65.
22 Vgl. Art. 3 Nr. 7 und 8 der Richtlinie.
23 Vgl. den Verweis in § 651w Abs. 4 auf die §§ 651e und 651h bis 651q.
24 BGH, 16.4.2002, X ZR 17/01, NJW 2002, 2238, 2239.
25 BGH, 16.4.2002, X ZR 17/01, NJW 2002, 2238, 2239.
26 BGH, 6.4.1987, VII ZR 104/76, MDR 1978, 1016.

besteht demgegenüber ohnehin eine Wirtschaftsgemeinschaft, so dass der Buchende – mutmaßlich – kein Interesse daran hat, in fremdem Namen zu handeln[27].

584 Für Familienmitglieder, die nach diesen Grundsätzen mangels Vertretung nicht selbst Reisende i.S.d. § 651a Abs. 1, sondern lediglich Reiseteilnehmer sind, nimmt die **h.M.** einen **Vertrag zugunsten Dritter** an[28]. Dies hat zur Folge, dass die Familienmitglieder durch den Reisevertrag nicht verpflichtet, wohl aber berechtigt werden.

585 In **Fall 15** hatte F die Reise nicht selbst gebucht. F könnte indes gemäß § 1357 Abs. 1 in die Rechte und Pflichten aus dem Reisevertrag mit einbezogen worden sein[29]. Dies setzt voraus, dass der Reisevertrag ein Geschäft zur angemessenen Deckung des Lebensbedarfs darstellt. Ob Pauschalreisen der angemessenen Deckung des Lebensbedarfs dienen, ist umstritten; entscheidend dürften letztlich die Umstände des Einzelfalls sein. Jedenfalls dann, wenn es sich bei der Reise – wie hier – um eine Luxusreise handelt, die sich die Ehegatten nur aufgrund eines speziellen Anlasses (Hochzeitstag) leisten, scheidet eine Subsumtion unter § 1357 aus[30].

586 Eine rechtsgeschäftliche Stellvertretung nach §§ 164 ff ist ebenfalls zu verneinen: M ist nicht explizit im Namen der F aufgetreten. Mangels Interesses des M daran, dass F statt seiner verpflichtet wird, kann auch nicht davon ausgegangen werden, M habe konkludent für F gehandelt. Allerdings führt eine (ergänzende) Vertragsauslegung dazu, dass der Reisevertrag als Vertrag zugunsten Dritter nach § 328 Abs. 1 einzustufen ist: Der Vertragszweck (vgl. § 328 Abs. 2) spricht bei Reisen regelmäßig dafür, mitreisenden Familienangehörigen eigenständige Rechte aus dem Reisevertrag zu geben[31].

IV. Zustandekommen des Reisevertrags

587 Der Vertragsschluss richtet sich – wie üblich – nach den §§ 145 ff. Folgende Punkte sollten in der Klausur angesprochen werden:

588 Das Reiseprospekt stellt eine bloße **invitatio ad offerendum** dar. Allerdings sind die im Prospekt enthaltenen Angaben für den Reiseveranstalter gem. § 4 Abs. 1 S. 2 BGB-InfoV[32] bindend. Selbst vor Vertragsschluss kann er davon nur abweichen, wenn er sich dies im Prospekt vorbehalten hat. Ist also im Prospekt vorbehaltlos „Vollpension" angegeben, so hat der Reisende einen Anspruch auf Vollpension, selbst wenn der später geschlossene Vertrag nur Halbpension umfasst.

589 Das **Angebot** liegt in der Buchung des Reisenden. Bucht der Reisende in einem Reisebüro, so ist Letzteres – je nachdem ob eine Abschlussvollmacht vorliegt oder nicht – entweder Handelsvertreter des Reiseveranstalters (§§ 84 ff HGB) oder zumindest

---

27 BGH, 6.4.1987, VII ZR 104/76, MDR 1978, 1016; BGH, 26.5.2010, Xa ZR 124/09, NJW 2010, 2950, 2951 m. Anm. *Tonner*.
28 BGH, 26.5.2010, Xa ZR 124/09, NJW 2010, 2950, 2951 m. Anm. *Tonner*.
29 Vgl. allgemein zu § 1357 *M. Lipp* Examens-Rep Familienrecht, Rdnr. 156 ff.
30 *M. Lipp* Examens-Rep Familienrecht, Rdnr. 167; Palandt/*Brudermüller* § 1357 Rdnr. 13.
31 MünchKomm/*Tonner* § 651a Rdnr. 85; BeckOK/*Geib* § 651a Rdnr. 16.
32 Die Ermächtigungsgrundlage zum Erlass der §§ 4 ff BGB-InfoV findet sich in Art. 238 EGBGB.

dessen Empfangsbote – also jedenfalls mehr als ein bloßer Erklärungsbote des Reisenden[33].

Auch bei der **Annahme** ist nach der Rolle des Reisebüros zu differenzieren: Ist das Reisebüro Handelsvertreter des Reiseveranstalters, kann es das Angebot des Buchenden stellvertretend für den Veranstalter annehmen. Ist das Reisebüro bloßer Empfangsbote, besteht die Annahme regelmäßig in der Übersendung der Reisebestätigung durch den Reiseveranstalter. 590

Oftmals „bucht" der Reisende seine Reise online unmittelbar beim Reiseveranstalter. Das Angebot gibt er dann durch Eingabe der Daten in eine Eingabemaske und Klicken des „Buchen"-Buttons ab. Angenommen wird das Angebot dann durch die Reisebestätigung (nicht bereits durch die „Buchungsbestätigung"). Einen interessanten Fall in diesem Zusammenhang hatte kürzlich der BGH[34] zu entscheiden: Der Kläger hatte Flüge für zwei Personen gebucht, ohne bis dato entschieden zu haben, wer ihn denn begleiten sollte. Aus diesem Grund hatte er in die Eingabemaske für den Namen des zweiten Reisenden „noch unbekannt" eingegeben. Kurz darauf bekam er eine Buchungsbestätigung für sich und „Mr. noch unbekannt". Als er dem Reiseveranstalter einige Zeit später den Namen der zweiten Person mitteilen wollte, stellte sich der Reiseveranstalter auf den Standpunkt, dies stelle eine nachträglich nicht mehr mögliche Änderung der Reiseteilnehmer dar; allenfalls könne die Reise storniert und für die zweite Person (vermutlich zu einem inzwischen höheren Preis) neu gebucht werden. Der BGH gab dem Reiseveranstalter Recht. Der Kläger habe nicht davon ausgehen können, dass ihm durch die offensichtlich automatisierte Reaktion des Buchungssystems die Möglichkeit zu einer nachträglichen Bestimmung des Mitreisenden eingeräumt werden sollte – zumal in der Buchungsmaske ausdrücklich darauf hingewiesen wurde, dass eine „Namensänderung nach erfolgter Buchung nicht mehr möglich [sei]". 591

Der Vertragsschluss ist **formfrei** möglich. Die diversen Informations- und Nachweispflichten (dazu Rdnr. 610) stellen keine Wirksamkeitsvoraussetzungen für den Reisevertrag dar[35]. Allerdings unterliegt der Vertrag (auch der individuell ausgehandelte) **inhaltlichen Grenzen**: Gemäß § 651m S. 1 sind Vereinbarungen, die von den §§ 651a ff zum Nachteil des Reisenden abweichen, grundsätzlich unzulässig; eine Ausnahme normiert S. 2 einzig für die Verkürzung der Verjährungsfrist. 592

In **Fall 15** hat M gegenüber B ein den Angaben aus dem Reiseprospekt (diese sind als bloße invitatio ad offerendum seitens der V zu qualifizieren) entsprechendes Angebot abgegeben. Mangels entsprechender Angaben im Sachverhalt ist davon auszugehen, dass B keine Abschlussvollmacht für V besaß und folglich nicht als deren Handelsvertreter i.S.d. §§ 84 ff HGB, sondern lediglich als deren Empfangsbote fungierte. Das Angebot wurde folglich in dem Zeitpunkt wirksam, in dem unter normalen Umständen mit einer Kenntnisnahme durch V zu rechnen war – also in dem Zeitpunkt, in dem B das Angebot der V übermittelte bzw. unter normalen Umständen übermittelt hätte. 593

---

33 BGH, 19.11.1981, VII ZR 238/80, NJW 1982, 377, 377; MünchKomm/*Tonner* § 651a Rdnr. 56; BeckOK/*Geib* § 651a Rdnr. 25.
34 BGH, 16.10.2012, X ZR 37/12, NJW 2013, 598.
35 BeckOK/*Geib* § 651a Rdnr. 26.

Durch die Übersendung der Reisebestätigung hat V das Angebot des M angenommen. F hat demnach grundsätzlich einen Anspruch gegen V auf Durchführung der gebuchten Reise, § 651a Abs. 1 S. 1 i.V.m. § 328 Abs. 1.

594 **Hinweis zur Rechtslage ab Juli 2018:** Die Regelung des § 4 Abs. 1 S. 2 BGB-InfoV wird in § 651d Abs. 3 überführt und wesentlich entschärft: Die im Rahmen der Informationspflichten gemachten Angaben werden auch künftig Bestandteil des Vertrags, aber nur dann, wenn die Parteien nicht ausdrücklich etwas anderes vereinbart haben. Die Angabe „Vollpension" im Prospekt entfaltet also dann keine Bindungswirkung, wenn im Vertrag ausdrücklich „Halbpension" vereinbart ist.

Auch künftig darf nicht zum Nachteil des Reisenden von den gesetzlichen Regelungen abgewichen werden (§ 651y n.F.); das gilt – anders als bisher – auch für die Verjährungsfrist.

V. Änderung und vorzeitige Auflösung des Reisevertrags

1. Vertraglich vorbehaltenes Änderungsrecht

595 Da Urlaubsreisen oftmals einige Zeit im Voraus gebucht werden, kann sowohl auf Seiten des Reiseveranstalters als auch auf Seiten des Reisenden Bedarf bestehen, den Reisevertrag zu ändern oder gar aufzuheben. Der Reiseveranstalter behält sich daher regelmäßig im Vertrag vor, bestimmte Vertragsinhalte einseitig zu ändern, insbesondere den Reisepreis zu erhöhen oder einzelne Reiseleistungen auszutauschen oder abzusagen. § 651a Abs. 4 und 5 enthalten diesbezüglich Einschränkungen zum Schutz des Reisenden. Insbesondere darf eine Erhöhung nur für den Anstieg bestimmter Kosten vorgesehen werden (z.B. Flughafengebühren, Wechselkurse etc.).

596 **Achtung:** Die Vorschriften enthalten keine *Ermächtigungsgrundlage* für den Reiseveranstalter, sondern eine *Beschränkung*: Ohne vertraglichen Vorbehalt darf der Reiseveranstalter den Vertrag nicht ändern. Da ein entsprechender Vorbehalt regelmäßig nicht individuell vereinbart, sondern in den Allgemeinen Reisebedingungen (ARB) enthalten ist, findet zudem eine Inhaltskontrolle nach § 308 Nr. 3 und Nr. 4 statt.

597 Macht der Reiseveranstalter von einem vertraglich vorbehaltenen Recht zur Preiserhöhung Gebrauch, gewährt Art. 651a Abs. 5 dem Reisenden unter bestimmten Voraussetzungen (Erhöhung des Preises um mehr als 5 % oder erhebliche Änderung einer wesentlichen Reiseleistung) das Recht, bei einer Preiserhöhung vom Reisevertrag zurückzutreten (Satz 2 i.V.m. §§ 346 ff) oder Teilnahme an einer gleichwertigen Reise zu verlangen (Satz 3).

598 In **Fall 15** hatte V mangels Vereinbarung eines entsprechenden Vorbehalts kein Recht auf Beendigung des Vertrags. Eine Klausel, nach der sich der Reiseveranstalter den Rücktritt für den Fall vorbehält, dass eine bestimmte Mindestteilnehmerzahl nicht erreicht wird, hätte übrigens einer Inhaltskontrolle nach § 308 Nr. 3 ohne Weiteres standgehalten (vgl. auch § 4 Abs. 6 Pauschalreiserichtlinie[36]).

---

36 Zur Kritik an der deutschen Umsetzung MünchKomm/*Tonner* § 651a Rdnr. 127 ff.

Hinweis zur Rechtslage ab Juli 2018: Die Regelungen zum Änderungsvorbehalt ist künftig **599** in den § 651f und 651g n.F. verortet und inhaltlich etwas anders ausgestaltet als bisher. Vier wesentliche Neuerungen sind hervorzuheben.

1. Ist im Reisevertrag tatsächlich ein Änderungsvorbehalt zugunsten des Reiseveranstalters vorgesehen, so hat dies künftig de facto zur Folge, dass derselbe Vorbehalt auch zugunsten des Reisenden besteht. Nach § 651f Abs. 4 n.F. kann der Reisende eine Senkung des Reisepreises verlangen, wenn die o.g. Kosten sich nicht erhöht haben, sondern gesunken sind.

2. Hinsichtlich anderer Vertragsbedingungen darf sich der Reiseveranstalter nur „unerhebliche Änderungen" vorbehalten (§ 651 Abs. 2 n.F.). Andere Änderungen sind allerdings – auch ohne Vorbehalt – dann möglich, wenn der Reiseveranstalter die Reise wegen eines nach Vertragsschluss eingetretenen Umstands nicht mehr in der ursprünglich vereinbarten Form verschaffen kann (§ 651g Abs. 1 S. 3 n.F.).

3. Übersteigt die Preiserhöhung 8% kann der Reiseveranstalter sie nicht einseitig vornehmen, sondern muss dem Reisenden die Wahl zwischen der Erhöhung und einen Rücktritt vom Vertrag geben. Zusätzlich kann er auch eine Ersatzreise anbieten (Achtung: Anders als früher kann der Reisende künftig keine Ersatzreise mehr verlangen). Dasselbe gilt bei erheblichen Änderungen anderer Vertragsbestandteile. Macht der Reisende von der Wahlmöglichkeit innerhalb einer vom Veranstalter gesetzten (angemessenen) Frist keinen Gebrauch, wird eine Wahl der Preiserhöhung (bzw. der Änderung sonstiger Vertragsbestanteile) fingiert (§ 651g Abs. 1 n.F.).

4. Nach § 651h Abs. 4 Nr. 1 ist der Reiseveranstalter unter Umständen berechtigt, wegen zu niedriger Teilnehmerzahlen vom Vertrag zurückzutreten.

2. Vertragsübernahme

Dem Änderungsbedarf seitens des Reisenden trägt § 651b Abs. 1 S. 1 Rechnung. Da- **600** nach kann der Reisende grundsätzlich (enge Ausnahme: S. 2) verlangen, „dass statt seiner ein Dritter in die Rechte und Pflichten aus dem Reisevertrag eintritt". Der Angabe eines Verhinderungsgrunds bedarf es nicht[37]. Dogmatisch betrachtet normiert § 651b ein Gestaltungsrecht, das die Vertragsübernahme durch einen Dritten zur Folge hat[38]. Da der Dritte auch in die Vertrags*pflichten* eintritt, bedarf es selbstverständlich seiner Zustimmung – anderenfalls läge ein unzulässiger Vertrag zulasten Dritter vor[39]. Fehlt eine Zustimmung des Dritten, geht das Gestaltungsrecht des Reisenden ins Leere.

Trotz der Vertragsübernahme durch den Dritten haftet der Reisende nach Abs. 2 wei- **601** ter neben dem Dritten für den Reisepreis. Die Formulierung in Abs. 1 S. 1 ist also streng genommen ungenau: *„Statt"* des Reisenden tritt der Dritte nur in die Rechte des Reisevertrags ein; hinsichtlich der Pflichten (jedenfalls hinsichtlich der Pflicht zur Zahlung des Reisepreises) tritt der Dritte *neben* den Reisenden.

---

37 Palandt/*Sprau* § 651b Rdnr. 1.
38 So zur jetzigen Fassung der Vorschrift die ganz h.M., vgl. BeckOK/*Geib* § 651b Rdnr. 8; a.A. aber noch MünchKomm/*Tonner* § 651b Rdnr. 5 f (Vertrag zugunsten Dritter).
39 BeckOK/*Geib* § 651b Rdnr. 3; noch weitergehend Palandt/*Sprau* § 651b Rdnr. 1, dem zufolge zunächst eine rechtsgeschäftliche Übertragung sämtlicher Rechte und Pflichten des Reisenden auf den Dritten gemäß § 398 erforderlich ist.

> **Hinweis zur Rechtslage ab Juli 2018:** Die Regelung zur Vertragsübernahme findet sich – inhaltlich weitgehend unverändert – künftig in § 651e n.F.

3. Rücktritt des Reisenden vor Reisebeginn

603 Vor Reisebeginn[40] kann der Reisende gemäß § 651i Abs. 1 **jederzeit ohne Angabe von Gründen vom Reisevertrag zurücktreten**[41]. Für den Reisebeginn ist auf den tatsächlichen Antritt der Reise abzustellen, d.h. auf eine – auch nur anteilige – Inanspruchnahme einer Reise(haupt)leistung[42]. Nach Abs. 2 S. 1 hat der Rücktritt zur Folge, dass der Reiseveranstalter seinen Anspruch auf den vereinbarten Reisepreis verliert. Bereits geleistete Zahlungen kann der Reisende analog § 346 Abs. 1 zurückverlangen. Allerdings hat der Reiseveranstalter nach Abs. 2 S. 2 und 3 einen Anspruch auf eine angemessene Entschädigung. Gemäß Abs. 3 ist eine pauschalisierte Entschädigungsberechnung zulässig („Stornopauschale"); sie unterliegt jedoch ggfs. den Einschränkungen der §§ 309 Nr. 5, 308 Nr. 7[43].

604 Selbstverständlich bedarf auch der Rücktritt nach § 651i einer **Rücktrittserklärung**. Umstritten ist, ob in dem schlichten Nichtantritt der Reise („no-show") eine konkludente Rücktrittserklärung zu sehen ist. Die wohl **h.M.**[44] bejaht dies mit dem Argument, der Rücktritt sei für den Reisenden regelmäßig die günstigste Alternative, weil er dann nicht mehr den Reisepreis, sondern nur noch eine Entschädigung schulde. Dies sei auch dem Reiseveranstalter klar, auf dessen (objektivierten) Horizont es nach §§ 133, 157 wie üblich ankommt. Die **Gegenansicht**[45] kritisiert, dass es sich hierbei um eine bloße Fiktion handele. In der Tat dürfte es Ihnen schwerfallen, in der Klausur sauber das Vorliegen einer Willenserklärung zu begründen. Das Institut des „konkludenten Handelns" hilft allenfalls über den objektiven Rechtsbindungswillen hinweg. Auf subjektiver Seite fehlt einem Reisenden, der wegen Verspätung der Bahn seinen Flug verpasst, jedoch regelmäßig bereits das Handlungs- und das Erklärungsbewusstsein[46]. Das OLG Frankfurt[47] nennt einen weiteren Aspekt, den Sie berücksichtigen sollten: Eine Reise setzt sich grundsätzlich[48] aus mehreren Reiseleistungen zusammen, z.B. Flug und Hotel. Wollte man dem Reisenden, der seinen Flug verpasst, eine Rücktrittserklärung „in den Mund legen", so zwänge man ihn quasi dazu, auch auf den

---

40 Ein Rücktritt vom Reisevertrag analog § 651i Abs. 1 nach Reisebeginn ist mit der **h.M.** abzulehnen: LG Frankfurt, 13.1.1986, 2–24 S 137/85, NJW-RR 1986, 214, 215; MünchKomm/*Tonner* § 651i Rdnr. 6; Erman/*Schmid* § 651i Rdnr. 5; BeckOK/*Geib* § 651i Rdnr. 2; Palandt/*Sprau* § 651i Rdnr. 1; **a.A.** Jauernig/*Teichmann* § 651i Rdnr. 1; *Claussen* NJW 1991, 2813, 2814.
41 BeckOK/*Geib* § 651i Rdnr. 5.
42 Übergabe von Reiseunterlagen genügt als Vorleistung nicht, vgl. Palandt/*Sprau* § 651i Rdnr. 1.
43 Vgl. dazu instruktiv BGH, 3.11.2015, X ZR 122/13, NJW 2016, 1508; BeckOK/*Geib* § 651i Rdnr. 12; MünchKomm/*Tonner* § 651i Rdnr. 20.
44 MünchKomm/*Tonner* § 651i Rdnr. 9; BeckOK/*Geib* § 651i Rdnr. 5; Staudinger/*Staudinger* § 651i Rdnr. 15.
45 LG Frankfurt, 30.8.2007, 2–24 S 39/07, NJW-RR 2008, 363, 364; *Seyderhelm*, Reiserecht, § 651i Rdnr. 17.
46 Siehe hierzu *Gottwald/Würdinger*, Examens-Rep BGB AT Rdnr. 34 ff.
47 LG Frankfurt, 30.8.2007, 2–24 S 39/07, NJW-RR 2008, 363, 364.
48 S. Rdnr. 569 ff.

Hotelaufenthalt zu verzichten. Gerade bei längeren Reisen kann der Reisende aber durchaus weiter Interesse an dem Hotelaufenthalt haben – und einfach einen Ersatzflug buchen wollen[49].

> **Hinweis zur Rechtslage ab Juli 2018:** Die Regelung zum Rücktritt des Reisenden vor Reisebeginn findet sich – inhaltlich weitgehend unverändert – künftig in § 651h Abs. 1 bis 4 n.F. Bemerkenswert ist, dass künftig das – bislang gesondert normierte – Recht zur Kündigung wegen höherer Gewalt (unten Rdnr. 606 ff) in der Regelung zum Rücktritt vor Reisebeginn aufgeht, und zwar als bloße Rücktrittsfolgenregelung: Es entfällt schlicht die Entschädigungspflicht des Reisenden. Terminologisch ist künftig nicht mehr von höherer Gewalt die Rede, sondern von unvermeidbaren, außergewöhnlichen Umständen. Inhaltliche Änderungen gehen damit wohl nicht einher[50].
>
> Anders als früher gesteht das Gesetz (§ 651h Abs. 5 n.F.) künftig nicht nur dem Reisenden, sondern auch dem Reiseveranstalter ein Kündigungsrecht zu – dies allerdings nur unter engen Voraussetzungen (zum einen wegen Unterschreitung der Mindestteilnehmerzahl, zum anderen bei Leistungshindernissen, die auf unvermeidbaren, außergewöhnlichen Umständen beruhen).

605

4. Kündigung durch eine Partei wegen höherer Gewalt

Nach § 651j Abs. 1 haben beide Parteien das Recht, den Reisevertrag zu kündigen, wenn die Reise „infolge bei Vertragsschluss nicht voraussehbarer höherer Gewalt erheblich erschwert, gefährdet oder beeinträchtigt [wird]". Unter den Begriff der höheren Gewalt fallen insbesondere Kriegsereignisse, innere Unruhen, Epidemien und Naturkatastrophen. Keinen Fall höherer Gewalt stellen hingegen von einer Partei verschuldete oder aus ihrer Risikosphäre stammende Beeinträchtigungen der Reise dar[51].

606

Bei der Vorschrift handelt es sich um einen Spezialfall der Störung der Geschäftsgrundlage[52]. Hieraus folgert der BGH, dass sie auch dann Anwendung finden müsse, wenn die höhere Gewalt nicht die vertraglich geschuldete Reise selbst beeinträchtige, sondern dem Reisenden die (eigenverantwortliche) Anreise unmöglich mache[53].

607

Die Wirkungen der Kündigung sind in Abs. 2 geregelt. § 651j erklärt sich gegenüber §§ 313, 314 ausdrücklich zur lex specialis („allein nach Maßgabe dieser Vorschrift")[54].

608

> **Hinweis zur Rechtslage ab Juli 2018:** Die Regelungen zur Kündigung wegen höherer Gewalt ist in der Regelung zur Kündigung vor Reisebeginn aufgegangen (s.o. Rdnr. 605). Dies hat wohl zur Folge, dass das Recht zur Kündigung wegen höherer Gewalt (bzw. künftig: wegen unvermeidbarer, außergewöhnlicher Umstände) mit Reisebeginn endet. Dem Reisenden steht danach freilich regelmäßig ein Kündigungsrecht aus Mängelgewährleistung zur Verfügung; dem Reiseveranstalter hingegen nicht.

609

---

49 Für ein schönes Beispiel s. etwa BGH, 29.4.2010, Xa ZR 5/09, NJW 2010, 1958.
50 Vgl. Gesetzentwurf der Bundesregierung, BT-Drucks. 18/10822, S. 76.
51 BeckOK/*Geib* § 651j Rdnr. 2, 5. Eine Legaldefinition enthält Art. 4 Abs. 6 der Pauschalreise-RL.
52 BGH, 18.12.2012, X ZR 2/12, NJW 2013, 1674 Rdnr. 18; Palandt/*Sprau* § 651j Rdnr. 1.
53 **BGH, 18.12.2012, X ZR 2/12, NJW 2013, 1674 Rdnr. 18 f** m. krit. Anm. *Tonner*.
54 Vgl. Palandt/*Sprau* § 651j Rdnr. 1.

VI. Vertragspflichten

610 § 651a legt das Pflichtenprogramm des Reisevertrags fest: Der Reiseveranstalter muss die Reiseleistungen erbringen, der Reisende muss zahlen. Darüber hinaus treffen den Veranstalter diverse Informationspflichten, die im Wesentlichen in den §§ 4 ff BGB-InfoV konkretisiert und als Hauptleistungspflichten qualifiziert werden[55].

611 Grundsätzlich ist der Reiseveranstalter vorleistungspflichtig; mangels spezieller Regelungen wird diesbezüglich auf die §§ 646, 641 Abs. 1 zurückgegriffen[56]. In der Praxis wird der Reiseveranstalter in seinen Allgemeinen Reisebedingungen (ARB) jedoch regelmäßig eine Vorleistungspflicht des Reisenden normieren. Hierbei ist zweierlei zu beachten. Erstens darf Reiseveranstalter eine Vorauszahlung nach § 651k IV nur fordern oder annehmen, wenn er dem Reisenden einen Sicherungsschein übergeben hat, durch den das Risiko der Zahlungsunfähigkeit oder der Eröffnung eines Insolvenzverfahrens abgedeckt wird. Zweitens bestehen AGB-rechtliche Grenzen: Die Vereinbarung einer Vorleistungspflicht des Reisenden bedeutet de facto einen nach § 309 Nr. 2a grundsätzlich unwirksamen Ausschluss von dessen Zurückbehaltungsrecht aus § 320. Nach ganz h.M. ist eine entsprechende Klausel allerdings wegen der hohen Investitionskosten des Reiseveranstalters (jedenfalls in gewissem Umfang) sachlich begründet und deshalb zulässig[57]. Um dieses Ergebnis erreichen zu können bedarf es freilich eines Tricks – § 309 räumt den Gerichten nämlich gerade keine Wertungsmöglichkeit ein. Der Trick besteht darin, den mit der Vereinbarung einer Vorleistungspflicht des Reisenden einhergehenden Ausschluss des § 320 lediglich als Nebenfolge anzusehen; primär ziele der Reiseveranstalter mit der Klausel nicht auf das Zurückbehaltungsrecht des Reisenden, sondern darauf, seine eigene finanzielle Leistungsfähigkeit zu sichern: Der Reiseveranstalter will nicht in Vorleistung treten müssen. Dieses Ziel sei jedoch – bei der gebotenen restriktiven Auslegung – nicht von § 309 Nr. 2 erfasst, so dass die Klausel ausschließlich an der Generalvorschrift des § 307 zu messen ist – und die räumt den Gerichten eine Wertungsmöglichkeit ein[58].

612 Konkret gilt: Die Zahlung des *vollen* Reisepreises darf allenfalls kurze Zeit vor Reiseantritt verlangt werden (Faustregel: ein Monat)[59]. Vorher darf – jedenfalls grundsätzlich – lediglich eine geringe Anzahlung verlangt werden (**BGH:** 20% des Reisepreises[60]; **h.Lit.:** 10% des Reisepreises[61]). Gänzlich ausgeschlossen ist eine Anzahlungspflicht „mit Buchung", also bevor der Reiseveranstalter seinerseits vertraglich gebunden ist[62].

---

55 BGH, 17.1.1985, VII ZR 385/83, NJW 1985, 1165, 1165; MünchKomm/*Tonner* § 651a Rdnr. 74; BeckOK/*Geib* § 651a Rdnr. 32.
56 BGH, 12.3.1987, VII ZR 37/86, NJW 1987, 1931, 1933; MünchKomm/*Tonner* § 651a Rdnr. 79; Palandt/*Sprau* § 651a Rdnr. 6.
57 BGH, 20.6.2006, X ZR 59/05, NJW 2006, 3134, 3136; BGH, 9.12.2014, X ZR 85/12, NJW 2015, 1444; BGH, 12.3.1987, VII ZR 37/86, NJW 1987, 1931, 1932; MünchKomm/*Tonner* § 651a Rdnr. 81 f.
58 Vgl. hierzu BGH, 12.3.1987, VII ZR 37/86, NJW 1987, 1931, 1932; sowie ausführlich BeckOK/*Hau/Poseck*, § 309 Nr. 2, Rdnr. 7 ff.
59 Staudinger/*Staudinger* § 651a Rdnr. 144 mwN.
60 BGH, 20.6.2006, X ZR 59/05, NJW 2006, 3134, 3136; BGH, 9.12.2014, X ZR 85/12, NJW 2015, 1444.
61 Staudinger NJW 2006, 3136; *Führich* Reiserecht, § 5 Rdnr. 140.
62 OLG Hamburg, 3.4.1985, 5 U 134/84, NJW 1985, 3030; Staudinger/*Staudinger* § 651a Rdnr. 146.

Hinweis zur Rechtslage ab Juli 2018: Die Informationspflichten sind künftig in 651d n.F. normiert und in Art. 250 EGBGB näher ausgestaltet. Die Koppelung der Vorauszahlung an eine Insolvenzabsicherung (künftig: an einen „Kundengeldabsicherungsvertrag") findet sich – mit geringfügigen inhaltlichen Änderungen – in § 651t n.F.

613

VII. Gewährleistung bei Reisemängeln

1. Reisemangel (§ 651c Abs. 1)

Zentraler Anknüpfungspunkt für das reisevertragliche Gewährleistungsrecht ist der Begriff des Reisemangels. Ein Reisemangel liegt gemäß § 651c Abs. 1 vor, wenn die Reise nicht die zugesicherten Eigenschaften hat oder mit Fehlern behaftet ist, die den Wert oder die Tauglichkeit zu dem gewöhnlichen oder nach dem Vertrag vorausgesetzten Nutzen aufheben oder mindern. Anders als das Werkvertrags- und das Kaufrecht hält das Reisevertragsrecht damit an den Begrifflichkeiten des alten Schuldrechts fest.

614

Ein **Fehler** liegt vor, wenn die Ist-Beschaffenheit der Reise zum Nachteil des Reisenden von ihrer Soll-Beschaffenheit abweicht[63]. Haben die Parteien keine speziellen Vereinbarungen hinsichtlich der Soll-Beschaffenheit getroffen, so ist auf die Erwartungen eines Durchschnittsreisenden abzustellen, wobei stets die Rahmenbedingungen der Reise Berücksichtigung finden müssen[64]: Bei einer Trekkingtour in Nepal sind geringere Erwartungen an die Unterkunft zu stellen als bei einer Luxusreise in die USA. Es gilt ein weiterer Fehlerbegriff, der alle Umstände erfasst, die nicht allein in der Person des Reisenden liegen und die die Reise oder einzelne Reiseleistungen stören. Dabei spielt es keine Rolle, worauf die Störungen zurückzuführen sind: Auch die Folgen höherer Gewalt können einen Reisemangel darstellen[65]. Gemäß § 651c Abs. 1 muss der Fehler dazu führen, dass der Wert oder die Tauglichkeit der Reise aufgehoben oder gemindert wird. Geringfügige Fehler, die für den Reisenden **bloße Unannehmlichkeiten** hervorrufen, berechtigen daher nicht zur Geltendmachung von Gewährleistungsrechten. In der Praxis bereitet die Abgrenzung zwischen bloßer Unannehmlichkeit und echtem Fehler naturgemäß Schwierigkeiten[66]. Symptomatisch ist die Uneinigkeit der Untergerichte darüber, wie die Pflicht zum Tragen eines Armbändchens bei einer All-Inclusive-Reise einzuordnen ist[67]. Lesenswert – weil amüsant – sind in diesem Zusammenhang zwei Entscheidungen: zum einen die „berühmte" Entscheidung des AG Mönchengladbach zum „unharmonischen Intimverkehr als

615

---

63 Trotz der abweichenden Terminologie kann für den Begriff des **Fehlers** im Wesentlichen auf die aus dem Werkvertragsrecht bekannten Sachmangelkriterien (§ 633 Abs. 2) zurückgegriffen werden; MünchKomm/*Tonner* § 651c Rdnr. 6; Jauernig/*Teichmann* § 651c Rdnr. 1.
64 Palandt/*Sprau* § 651c Rdnr. 2.
65 Palandt/*Sprau* § 651c Rdnr. 2. Allerdings steht dem Reiseveranstalter dann nach § 651j ein Kündigungsrecht offen (s. Rdnr. 411).
66 Vgl. zur Abgrenzung ausführlich *Rodegra* MDR 2012, 681.
67 Vgl. die Nachweise bei Staudinger/*Staudinger* § 651c Rdnr 34.

Reisemangel"[68], zum anderen eine Entscheidung des AG Offenbach aus dem Jahr 2009: Das Gericht entschied unter anderem, dass es bei einer Kreuzfahrt als bloße Unannehmlichkeit einzustufen sei, wenn der vom Künstler eines Showprogramms mitgeführte Hund „zweimal täglich auf den Passagierdecks sein Geschäft verrichtet' [und der Künstler] die Spuren der Verunreinigung lediglich immer nur mit einer Wasserflasche kurz nachbehandelt, niemals aber vollständig beseitigt"[69].

616 Nach allgemeiner Ansicht umfasst der Fehlerbegriff anders als der Begriff des Sach- oder Werkmangels auch die **(vorübergehende oder dauerhafte) Nichtleistung**[70]. Die Rechtsbehelfe des Reisenden wegen einer Verzögerung und sogar wegen eines vollständigen Ausfalls der Reise richten sich also nach den §§ 651c ff – und nicht nach den allgemeinen Vorschriften. Ist beispielsweise das gebuchte Hotel vor Vertragsschluss bei einem Feuer vollständig zerstört worden, darf nicht auf die §§ 311a, 326 zurückgegriffen werden.

617 Als Fehler ist es auch zu werten, wenn der Reiseveranstalter seine Informationspflichten verletzt und der Reisende dadurch einen Nachteil im Rahmen seiner Reise erleidet (Beispiel: Der Reiseveranstalter verletzt seine Pflicht aus § 4 Abs. 1 Nr. 6 BGB-InfoV zum Hinweis auf die Visumsbestimmungen des Einreiselandes, und dem Reisenden wird mangels Visums die Einreise verweigert). Daneben ist für eine Anwendung der Regelungen des Allgemeinen Schuldrechts (insb. Schadensersatz nach §§ 280 ff wegen Verletzung (vor-)vertraglicher Informationspflichten) kein Raum mehr[71].

618 Einen Reisemangel stellt ferner das **Fehlen einer zugesicherten Eigenschaft** dar. Eigenschaften einer Reise sind alle Umstände, die sich nach der Verkehrsanschauung wegen ihrer Art und Dauer auf den Wert und die Tauglichkeit der Reise auswirken. Zusicherung der Eigenschaft ist jede ausdrückliche oder konkludente Vereinbarung über das Vorliegen einer konkreten Eigenschaft. Gemeinhin wird der Zusicherungsbegriff recht großzügig ausgelegt. So sollen beispielsweise auch allgemeine Angaben in einem Reiseprospekt als Zusicherung auszulegen sein[72].

619 Zugesicherte Eigenschaften unterscheiden sich – zumindest vom theoretischen Ansatz her – dadurch von Fehlern, dass ein Fehlen zugesicherter Eigenschaften auch dann anzunehmen ist, wenn sich dies *nicht* auf den Wert oder die Tauglichkeit der Reise auswirkt; auf eine Erheblichkeitsschwelle wie beim Fehler kommt es also nicht an[73]. Bei den zugesicherten Eigenschaften handelt es sich regelmäßig um Sonderwünsche des Reisenden.

620 In **Fall 15** hat V die Kreuzfahrt abgesagt, die von ihm geschuldete Leistung also nicht erbracht. Da der Fehlerbegriff des § 651c Abs. 1 auch die Nichtleistung umfasst, liegt in der Absage der Reise ein Reisemangel.

---

68 AG Mönchengladbach, 25.4.1991, 5a C 106/91, NJW 1995, 884.
69 AG Offenbach, 6.2.2009, 340 C 29/08, RRa 2010, 137.
70 BGH, 20.3.1986, VII ZR 187/85, NJW 1986, 1748, 1749; BGH, 12.3.1987, VII ZR 37/86, NJW 1987, 1931, 1936; MünchKomm/*Tonner* § 651c Rdnr. 133.
71 MünchKomm/*Tonner* § 651c Rdnr. 130.
72 MünchKomm/*Tonner* § 651c Rdnr. 9; Palandt/*Sprau* § 651c Rdnr. 2a, b; BeckOK/*Geib* § 651c Rdnr. 7.
73 Palandt/*Sprau* § 651c Rdnr. 2b.

Hinweis zur Rechtslage ab Juli 2018: Der Mangelbegriff (§ 651i Abs. 2 n.F.) wird modernisiert und weitgehend an denjenigen des Kauf- und Werkvertragsrechts angepasst (dazu ausführlich oben Rdnr. 614). Zwei Besonderheiten sind jedoch nach wie vor zu verzeichnen. Erstens gilt die (vorübergehende oder dauerhafte) Nichtleistung weiterhin als Reisemangel (jetzt in § 651i Abs. 2 S. 3 ausdrücklich angeordnet)[74]. Zweitens sollen wohl auch künftig bloße Unannehmlichkeiten nicht als Mangel einzustufen sein, so jedenfalls die klare Einschätzung in der Gesetzesbegründung[75]. Dogmatisch verorten ließe sich diese Erheblichkeitsschwelle ohne Weiteres in § 651i Abs. 2 S. 2 Nr. 2, wonach die Reise diejenige Beschaffenheit aufweisen muss, die bei Pauschalreisen der gleichen Art üblich ist und die der Reisende nach der Art der Pauschalreise erwarten kann". Bloße Unannehmlichkeiten, so ließe sich argumentieren, sind üblich und müssen vom Reisenden erwartet werden. Allerdings erscheint zweifelhaft, ob eine solche Erheblichkeitsschwelle mit den Vorgaben der Pauschalreiserichtlinie vereinbar ist. Die dort verwendete Definition des Begriffs der Vertragswidrigkeit[76] enthält keinen Ansatzpunkt für eine Erheblichkeitsschwelle.

621

2. Abhilfe (§ 651c Abs. 2)

Gemäß § 651c Abs. 2 S. 1 hat der Reisende im Falle eines Mangels gegen den Reiseveranstalter einen Anspruch auf Abhilfe. Es handelt sich um einen modifizierten Erfüllungsanspruch, der systematisch dem werkvertragsrechtlichen Nacherfüllungsanspruch des Bestellers aus § 635 entspricht.

622

Adressat des Abhilfeverlangens ist der Reiseveranstalter selbst bzw. seine örtliche Vertretung. Besteht eine solche nicht, ist sie nicht in zumutbarer Weise erreichbar oder hat der Veranstalter die Kontaktdaten dem Reisenden nicht mitgeteilt, darf der Reisende das Abhilfeverlangen nach umstrittener, aber wohl herrschender Meinung unter Umständen auch gegenüber dem betreffenden Leistungsträger erklären[77].

623

Der Anspruch auf Abhilfe verpflichtet den Reiseveranstalter grundsätzlich zur Beseitigung des Reisemangels. In Anlehnung an das in § 635 Abs. 1 enthaltene Wahlrecht des Unternehmers ist der Reiseveranstalter jedoch berechtigt, anstelle der Mangelbeseitigung eine gleichwertige Ersatzleistung anzubieten. Voraussetzung ist allerdings, dass dem Reisenden der Wechsel zumutbar ist[78]. Für die Frage, ob die Ersatzleistung als gleichwertig einzustufen ist, ist eine Gesamtbetrachtung aus der Sicht eines Durchschnittsreisenden vorzunehmen[79]. Als gleichwertig kann etwa ein anderes Hotel angesehen werden, das der gleichen Hotelkategorie angehört und im gleichen Ort liegt.

624

---

74 Vgl. auch Art. 3 Nr. 13 der Pauschalreiserichtlinie.
75 Gesetzentwurf der Bundesregierung, BT-Drucks. 18/10822, S. 79: „Satz 3 stellt insoweit durch das Kriterium der Unangemessenheit in Zusammenhang mit verspäteten Leistungen für den Rechtsanwender klar, dass – wie im Übrigen auch – eine Einstandspflicht des Reiseveranstalters bei Vorliegen einer bloßen Unannehmlichkeit nicht besteht, da es schlicht an einem Reisemangel fehlt […]."
76 Art. 3 Nr. 13: „Für die Zwecke dieser Richtlinie bezeichnet der Ausdruck „Vertragswidrigkeit" die Nichterbringung oder mangelhafte Erbringung der in einer Pauschalreise zusammengefassten Reiseleistungen".
77 Palandt/*Sprau* § 651c Rdnr. 4; Jauernig/*Teichmann* § 651c Rdnr. 7; BeckOK/*Geib* § 651c Rdnr. 43; **a.A.** MünchKomm/*Tonner* § 651c Rdnr. 136; Erman/*Schmid* § 651c Rdnr. 35.
78 BeckOK/*Geib* § 651c Rdnr. 44.
79 MünchKomm/*Tonner* § 651c Rdnr. 142.

§ 17 *Reisevertrag*

Die mit der Abhilfe verbundenen Kosten hat entsprechend § 635 Abs. 2 der Reiseveranstalter zu tragen[80].

625 Gemäß § 651c Abs. 2 S. 2 kann der Reiseveranstalter die Abhilfe verweigern, wenn sie mit unverhältnismäßigen Kosten verbunden ist (Parallelvorschrift zu § 635 Abs. 3).

626 **Hinweis zur Rechtslage ab Juli 2018:** Das künftig in § 651k verortete Abhilferecht hat nur eine wesentliche inhaltliche Änderung erfahren: Der Reiseveranstalter hat kein Wahlrecht zwischen Mängelbeseitigung und Ersatzleistung mehr. Vorrang hat die Mängelbeseitigung. Nur wenn eine solche unmöglich oder unverhältnismäßig ist, darf (und muss!) der Reiseveranstalter eine „angemessene Ersatzleistung" anbieten (§ 651k Abs. 3 n.F.).

3. Selbsthilfe und Ersatz der erforderlichen Aufwendungen (§ 651c Abs. 3)

627 Nach § 651c Abs. 3 (Parallelvorschrift zu § 637 Abs. 1) kann der Reisende den Ersatz solcher Aufwendungen verlangen, die zur Abhilfe des Reisemangels erforderlich waren. Diese Vorschrift betrifft die Fälle, in denen der Reisende selbst die Abhilfe vorgenommen hat. Vorbehaltlich des Abs. 3 S. 2 ist hierfür Voraussetzung, dass eine vom Reisenden gesetzte angemessene Frist zur Abhilfe erfolglos verstrichen ist. Auf ein Verschulden des Reiseveranstalters kommt es hingegen nicht an. Aus dem Gesetzeswortlaut geht nicht hervor, dass das Selbsthilferecht auf Fälle begrenzt ist, in denen die Abhilfe keinen unverhältnismäßigen Aufwand erfordert. Es wäre aber grotesk, sollte der Reiseveranstalter zwar einerseits berechtigt sein, die Abhilfe bei unverhältnismäßigen Kosten zu verweigern, andererseits aber verpflichtet sein, dem Reisenden jene unverhältnismäßigen Kosten zu ersetzen. Man wird in § 651c Abs. 3 S. 1 daher hineinlesen müssen, dass das Selbsthilferecht nur dann besteht, wenn der Reiseveranstalter keine Abhilfe leistet, *obwohl er dazu verpflichtet war*. Zu demselben Ergebnis gelangt man, wenn man unverhältnismäßige Kosten als nicht erforderlich i.S.d. § 651c Abs. 1 S. 1 Hs. 2 einstuft.

628 **Hinweis zur Rechtslage ab Juli 2018:** Die Regelungen zur Selbsthilfe finden sich – inhaltlich weitgehend unverändert – künftig in § 651k Abs. 2. Dass das Selbsthilferecht dann nicht besteht, wenn die Abhilfe mit unverhältnismäßigen Kosten verbunden ist, wird nun ausdrücklich klargestellt.

4. Minderung (§ 651d)

629 Gemäß § 651d führt der Reisemangel dazu, dass sich der Reisepreis für die Dauer des Mangels mindert. Die Beschränkung „für die Dauer des Mangels" steht nach Ansicht des BGH einer „Rückwirkung des Mangels" nicht entgegen: Macht ein Beinaheabsturz auf dem Rückflug den Erholungswert der gesamten Reise zunichte, so kann dies zu einer Minderung des Preises der gesamten Reise auf Null führen[81].

---

80 Palandt/*Sprau* § 651c Rdnr. 4.
81 BGH, 15.7.2008, X ZR 93/07, NJW 2008, 2775, 2776; vgl. ferner BGH, 6.12.2016, X ZR 118/15, JuS 2017, 552.

Anders als ihr Pendant im Werkvertragsrecht (§ 638) ist die reisevertragsrechtliche **630**
Minderung nicht als Gestaltungsrecht ausgestaltet. Die Minderung tritt vielmehr kraft
Gesetzes (ipso iure) ein[82], wie dies auch im Mietrecht (§ 536 Abs. 1) der Fall ist. Eine
evtl. erforderliche Rückforderung richtet sich nach § 651d Abs. 1 S. 2 i.V.m. § 638
Abs. 4.

Gemäß § 651d Abs. 2 tritt die Minderung nicht ein, wenn der Reisende es schuldhaft **631**
unterlassen hat, den Mangel anzuzeigen[83]. Bemerkenswert ist in diesem Zusammenhang, dass der BGH eine Obliegenheit des Reiseveranstalters konstruiert, den Reisenden auf dessen Anzeigepflicht hinzuweisen. Verletzt der Reiseveranstalter diese Hinweisobliegenheit, so „wird vermutet, dass der Reisende die Mangelanzeige nicht
schuldhaft versäumt hat"[84]. Vollständig entbehrlich ist die Mängelanzeige dann, wenn
der Reiseveranstalter den Mangel kennt[85], wenn er ihm ohnehin nicht abhelfen kann
und wenn er eine Abhilfe ernsthaft und endgültig verweigert[86].

> **Hinweis zur Rechtslage ab Juli 2018:** Die Regelungen zur Minderung finden sich – inhaltlich **632**
> unverändert – künftig in § 651k Abs. 2. Die Konsequenzen einer unterlassenen Mängelanzeige sind nun in § 651o Abs. 2 für Minderung und Schadensersatz gemeinsam geregelt.
>
> Will der BGH seine Rechtsprechung zur Rückwirkung des Mangels aufrechterhalten, so wird
> er dies dem EuGH zur Vorabentscheidung vorlegen müssen, da die Mitgliedstaaten künftig
> auch nicht zugunsten des Reisenden von den Richtlinienvorgaben abweichen dürfen. In Art.
> 14 Abs. 1 Richtlinie heißt es zur Minderung ausdrücklich, dass sie „für jeden Zeitraum [vorzusehen ist], in dem eine Vertragswidrigkeit vorlag".

5. Kündigung (§ 651e)

a) Voraussetzungen

Neben den besonderen Möglichkeiten zur Beendigung des Reisevertrags (s. Rdnr. 600, **633**
603, 606) enthält § 651e die „übliche" Beendigungsmöglichkeit des Gewährleistungsrechts: Mangel + fruchtlose Fristsetzung = Rücktritts-/Kündigungsrecht. Wie ihr werkvertragsrechtliches Pendant (§ 634 Nr. 3 i.V.m § 323) erklärt auch die reisevertragsrechtliche Regelung die Fristsetzung in bestimmten Fällen für entbehrlich (§ 651e
Abs. 2 S. 2). Ein wesentlicher Unterschied zu § 323 liegt in der von § 651e Abs. 1 gezogenen **Erheblichkeitsschwelle**: Voraussetzung für die Kündigung des Reisevertrags
ist, dass die Reise durch einen Reisemangel *erheblich beeinträchtigt* wurde (§ 651e
Abs. 1 S. 1) oder dem Reisenden die Reise infolge des Mangels aus einem wichtigen,
für den Reiseveranstalter erkennbaren Grund *nicht zuzumuten* ist (S. 2). Ob eine erhebliche Beeinträchtigung der Reise vorliegt, ist oftmals schwer abzuschätzen. Auch
die häufig anzutreffende Formel, die Erheblichkeit des Mangels sei „auf Grund einer

---

82 Palandt/*Sprau* § 651d Rdnr. 5/6; Jauernig/*Teichmann* § 651d Rdnr. 1.
83 Vgl. für das Mietrecht § 536c Abs. 2 S. 2 Nr. 1.
84 BGH, 21.2.2017, X ZR 49/16, NJW-RR 2017, 756; ebenso bereits für die Ausschlussfrist des § 651g
  BGH, 12.6.2007, X ZR 87/06, NJW 2007, 2549.
85 BGH, 19.7.2016, X ZR 123/15, NJW 2016, 3304.
86 MünchKomm/*Tonner* § 651d Rdnr. 12.

an Zweck und konkreter Ausgestaltung der Reise sowie Art und Dauer der Beeinträchtigung orientierten Gesamtwürdigung zu beurteilen"[87], hilft nicht wirklich weiter. Die Rechtsprechung behilft sich daher mit einer Quantifizierung: Eine erhebliche Beeinträchtigung liegt regelmäßig dann vor, wenn der Mangel den Reisenden zu einer Minderung um 50% (nach anderer Ansicht: 35%[88]) berechtigen würde[89]. Die Erheblichkeitsschwelle des § 651e Abs. 1 liegt demnach erheblich höher als diejenige des § 323 Abs. 5 S. 2 („nicht unerheblich")[90]. Allerdings hat der BGH kürzlich entschieden, dass eine hohe Minderungsquote „nur ein Indiz für die Ermittlung einer erheblichen Beeinträchtigung [sein kann], nicht aber deren alleinige Grundlage"[91].

634 Das Kündigungsrecht kann **bereits vor Reisebeginn** bestehen und ausgeübt werden, nämlich dann, wenn bereits feststeht, dass die Reise mangelhaft sein wird (antizipierter Reisemangel). Schulbeispiel hierfür ist die Großbaustelle neben dem Hotel.

635 In **Fall 15** steht der F aufgrund des Reisemangels ein Kündigungsrecht zu. Einer Fristsetzung bedarf es gem. § 651e Abs. 2 S. 2 nicht: In der Absage der Reise durch V lag eine ernsthafte und endgültige Erfüllungsverweigerung. Von dem Kündigungsrecht hat M zwar zumindest konkludent Gebrauch gemacht, indem er den Reisepreis zurückverlangte. Allerdings ist fraglich, ob diese Kündigung auch für die Reise der F Wirkung entfalten konnte. M hat nicht im Namen der F gehandelt. Da M aber selbst Vertragspartner der V ist (s. oben Rdnr. 584 ff), F hingegen nur Drittbegünstigte, kann M grundsätzlich selbst die Rechtsbehelfe des Mängelgewährleistungsrechts ausüben. Das ergibt sich aus § 335, der nach allgemeiner Ansicht nicht nur die Primär-, sondern auch die Sekundäransprüche und Gestaltungsrechte erfasst[92]. Der Rücktritt war mithin wirksam.

b) *Rechtsfolgen*

636 Mit wirksamer Kündigung verliert der Reiseveranstalter seinen Anspruch auf den Reisepreis, § 651e Abs. 3 S. 1. Der Reisevertrag wandelt sich analog § 346 Abs. 1 in ein Rückabwicklungsverhältnis um, so dass der Reisende bereits geleistete Zahlungen herausverlangen kann.

637 Der Reiseveranstalter kann jedoch für bereits erbrachte Leistungen eine nach § 638 Abs. 3 zu bemessende Entschädigung verlangen – allerdings nur, wenn diese Leistungen für den Reisenden trotz der Kündigung noch von Interesse sind, § 651e Abs. 3 S. 2 und 3. Kündigt der Reisende beispielsweise deshalb, weil das Hotel erhebliche Mängel aufweist, kann der Reiseveranstalter für die erbrachte Transportleistung zum Hotel keine Entschädigung verlangen. Der Entschädigungsanspruch greift also regelmäßig nur dann, wenn der Reisende bereits einige Zeit einen „mangelfreien Urlaub" verbracht hat.

---

87 BGH, 7.10.2008, X ZR 37/08, NJW 2009 287, 288, Rdnr. 15; ähnlich Palandt/*Sprau* § 651e Rdnr. 2.
88 LG Frankfurt RRa 2010, 27.
89 LG Hannover NJW-RR 1992, 50; OLG Frankfurt RRa 1994, 48; OLG Nürnberg RRa 2000, 91.
90 Zu § 323 Abs. 5 S. 2 s. Rdnr. 57.
91 BGH, 14.5.2013, X ZR 15/11, NJW 2013, 3170.
92 Vgl. BGH, 26.5.2010, Xa ZR 124/09, NJW 2010, 2950, 2951; Jauernig/*Stadler* § 328 Rdnr. 17.

Nach § 651e Abs. 4 trifft den Reiseveranstalter im Falle der Kündigung die Pflicht, auf **638**
seine Kosten (S. 2) diejenigen Maßnahmen zu treffen, die infolge der Vertragsaufhebung erforderlich werden. Diese **nachwirkende Verpflichtung** umfasst insbesondere den Rücktransport des Reisenden, sofern ein Rücktransport auch nach dem Vertrag geschuldet gewesen war (S. 1). Weiter fallen hierunter etwa die Duldung des Hotelaufenthalts oder Organisation einer Ersatzunterkunft bis zur Abreise oder die Besorgung eines Einzelvisums, sollte der Reisende nur ein Sammelvisum gehabt haben[93].

> **Hinweis zur Rechtslage ab Juli 2018:** Die Regelungen zu Kündigung sind künftig in § 651l **639**
> n.F. verortet und weisen nur hinsichtlich der Rechtsfolgen ein (bis zwei) wesentliche Neuerungen auf. Anders als bisher verliert der Reiseveranstalter seinen Anspruch auf den Reisepreis nicht vollständig; vielmehr behält er ihn anteilig hinsichtlich derjenigen Leistungen, die er bereits erbracht hat oder (wie etwa den Rücktransport) noch erbringen muss. Sollte die Rückbeförderung mit Mehrkosten verbunden sein, sind diese vom Reiseveranstalter zu tragen; anders als bisher gilt gleiches aber nicht mehr für andere Mehrkosten (§ 651l Abs. 3 n.F.).

6. Schadensersatz (§ 651f)

a) Allgemeiner Schadensersatz (Abs. 1)

Der Reisende kann im Falle eines Reisemangels ferner Schadensersatz wegen Nichterfüllung nach § 651f Abs. 1 verlangen. Die Geltendmachung von Schadensersatz ist sowohl im Falle der Kündigung als auch im Falle des Fortbestands des Reisevertrags möglich. In letzterem Fall tritt der Schadensersatzanspruch neben die – ipso iure eintretende – Minderung, erfasst aber nur noch solche Vermögensverluste des Reisenden, die noch nicht mit der Minderung abgegolten sind[94]. **640**

Auch im Reisevertragsrecht wird Schadensersatz nur gewährt, wenn den Schuldner, **641**
hier also den Reiseveranstalter, ein Verschulden an dem Mangel trifft. Der Verschuldensmaßstab richtet sich wie üblich nach § 276. Ein Verschulden der einzelnen Leistungsträger muss sich der Reiseveranstalter nach § 278 zurechnen lassen. In diesem Zusammenhang ist allerdings § 651h Abs. 1 Nr. 2 zu beachten: Der Reiseveranstalter darf – und wird in aller Regel – seine Haftung auf den dreifachen Reisepreis beschränken, wenn er nur aufgrund zugerechneten Verschuldens haftet (s. Rdnr. 647 ff).

Obwohl nicht in § 651f niedergelegt, muss der Reisende dem Reiseveranstalter die **642**
Möglichkeit geben, den Mangel zu beseitigen: „Mängel, die zu beheben sind, stillschweigend in Kauf zu nehmen, um nach Rückkehr daraus Regressansprüche herleiten zu können, entspricht nicht redlicher Vertragsabwicklung"[95]. Einigkeit besteht daher darüber, *dass* der Reisende Schadensersatz nach § 651f nur dann verlangen kann, wenn er den betreffenden Mangel dem Reiseveranstalter angezeigt hat bzw. genauer: wenn er die Anzeige nicht schuldhaft versäumt hat (bzgl. Verschulden und Entbehrlichkeit gilt das in Rdnr. 629 ff zur Minderung Gesagte entsprechend). Umstritten ist

---
93 MünchKomm/*Tonner* § 651e Rdnr. 22; BeckOK/*Geib* § 651e Rdnr. 11.
94 BGH, 20.9.1984, VII ZR 325/83, NJW 1985, 132, 133.
95 BGH, 20.9.1984, VII ZR 325/83, NJW 1985, 132, 133.

demgegenüber die dogmatische Konstruktion: Der BGH – und ihm folgend die wohl h.M. in der Literatur – liest das Erfordernis einer Mängelanzeige als ungeschriebene Tatbestandsvoraussetzung in § 651f Abs. 1 hinein[96]. Die Gegenauffassung sieht die Schadensminderungspflicht nach § 254 als richtigen Anknüpfungspunkt[97]. Auf das Ergebnis dürfte der Streit um die dogmatische Einordnung regelmäßig keine Auswirkung haben.

643 Gemäß § 651f Abs. 1 kann der Reisende den Ersatz des Erfüllungsinteresses verlangen. Nach allg. Meinung fallen hierunter neben den Mangel- auch alle Mangelfolge- sowie Begleitschäden[98]. Neben den materiellen Schäden kann der Reisende auch bestimmte immaterielle Schäden aus § 651f ersetzt verlangen: So kann der Reisende zum einen unter den Voraussetzungen der §§ 651f Abs. 1, 253 Abs. 2 eine billige Entschädigung in Geld beanspruchen, wenn er durch einen Reisemangel eine Verletzung der in § 253 Abs. 2 genannten Rechtsgüter erlitten hat („Schmerzensgeld"). Diesbezüglich gelten die allgemeinen Grundsätze, vgl. allg. *Petersen* Rdnr. 821 ff.

b) Schadensersatz wegen nutzlos aufgewendeter Urlaubszeit (Abs. 2)

644 Über den allgemeinen Schadensersatzanspruch hinaus gewährt § 651f Abs. 2 dem Reisenden einen Anspruch auf eine angemessene Entschädigung für **nutzlos aufgewendete Urlaubszeit**, wenn die Reise vereitelt oder erheblich beeinträchtigt wurde. Für den Begriff der erheblichen Beeinträchtigung gilt grundsätzlich das oben im Rahmen der Kündigung (§ 651e) Gesagte: Auch hier sollte eine Quantifizierung vorgenommen und dann von einer erheblichen Beeinträchtigung ausgegangen werden, wenn der Reisende zu einer Minderung von 50% berechtigt ist[99]. Da es sich beim Schadensersatz – anders als bei der Kündigung – indes um einen teilbaren Rechtsbehelf handelt, erscheint es zulässig, die 50%-Formel nicht stets auf die gesamte Reise, sondern unter Umständen auf einzelne Tage zu beziehen. Beispiel: An drei Tagen der insgesamt zweiwöchigen Sibirienreise fällt die Heizung des Hotels aus, was den Wert der Reise für diese Tage um jeweils 50% mindert. Auf die gesamte Reise hochgerechnet liegt der Minderungswert dann nur noch bei etwa 10%. Eine Kündigung ist daher ausgeschlossen, ein Schadensersatz für die nutzlos aufgewendeten drei Urlaubstage hingegen nicht.

645 Umstritten ist, welche Bedeutung dem in § 651f Abs. 2 verwendeten Merkmal „nutzlos aufgewendeter Urlaubszeit" zukommt, wenn der Reisende die gebuchte Reise wegen des Reisemangels nicht antritt bzw. abbricht und eine andere Reise bucht oder einen „Balkonurlaub" macht. Seine Rechtsprechung, wonach solche Umstände ggf. anspruchsmindernd zu berücksichtigen seien, hat der BGH aufgegeben – und zwar mit folgender Argumentation: „Der Erholungswert eines häuslichen Urlaubs beruht auf der zu Hause genossenen Freizeit. Freizeitwert hat ein Urlaub aber mit oder ohne

---

[96] BGH, 20.9.1984, VII ZR 325/83, NJW 1985, 132, 132 f; *Brox/Walker* BT § 28 Rdnr. 22; BeckOK/*Geib* § 651f Rdnr. 8; *Oechsler* VS Rdnr. 1221.
[97] MünchKomm/*Tonner* § 651f Rdnr. 13; Staudinger/*Staudinger* § 651f Rdnr. 13.
[98] BGH, 12.3.1987, VII ZR 37/86, NJW 1987, 1931, 1936; OLG Düsseldorf, 15.5.1997, 18 U 142/96, NJW-RR 1998, 53, 53; MünchKomm/*Tonner* § 651f Rdnr. 6; BeckOK/*Geib* § 651f Rdnr. 10; *Looschelders* BT Rdnr. 752.
[99] OLG Düsseldorf, 28.5.2002, 20 U 30/02, NJW-RR 2003, 59, 62; OLG Frankfurt, 24.4.2003, 16 U 164/00, NJW-RR 2003, 1139, 1140.

Reise. Er ist mithin nicht Gegenstand der vom Reiseveranstalter geschuldeten Leistung. Ihn will der Kunde nicht mit dem Reisepreis erkaufen; er hat nichts mit dem Gewinn zu tun, den der Kunde sich gerade von der Reise, das heißt von dem Ortswechsel, verspricht. Deshalb ist der reine Freizeitwert des vereitelten Urlaubs vom Reiseveranstalter nicht zu entschädigen. Dann darf aber auch kein Abzug von der Entschädigung erfolgen, wenn dieser Freizeitwert dem Kunden erhalten bleibt, wie es bei einem zu Hause verbrachten Urlaub der Fall ist"[100].

In **Fall 15** steht F neben der Kündigung auch ein Anspruch auf Schadensersatz wegen entgangener Urlaubsfreuden zu. Bei vollständigem Ausfall einer Reise gewährt die Rechtsprechung regelmäßig einen Schadensersatz i.H.v. 50% des Reisepreises[101]. **646**

c) *Haftungsprivilegierung nach § 651h*

Gemäß § 651h darf der Reiseveranstalter seine Haftung für Schäden (außer für Körperschäden) in zwei Konstellationen auf das Dreifache des Reisepreises beschränken: erstens dann, wenn der Schaden „nur" durch einfache Fahrlässigkeit verursacht worden ist, und zweitens dann, wenn der Reiseveranstalter nur aufgrund zugerechneten Verschuldens haftet. **647**

Achtung: § 651h enthält nicht selbst ein Haftungsprivileg, sondern gestattet dem Reiseveranstalter lediglich ein solches vertraglich zu vereinbaren. Macht der Reiseveranstalter von dieser Möglichkeit Gebrauch – und dies wird er in aller Regel natürlich tun – so haftet er nur dann unbeschränkt, wenn ihm selbst Vorsatz und grobe Fahrlässigkeit zum Vorwurf zu machen ist. Jede über § 651h hinausgehende Vereinbarung einer Haftungsbeschränkung ist gem. § 651m unwirksam. **648**

Die Haftungsbeschränkung wird der Reiseveranstalter in aller Regel nicht individuell mit dem Reisenden vereinbaren, sondern als Klausel in seinen ARB normieren. In diesem Fall stellt sich die Frage, ob neben § 651h eine Inhaltskontrolle nach AGB-Recht stattfinden darf oder gar muss. Während § 651h Abs. 1 Nr. 1 mit den Wertungen des § 309 Nr. 7b ohnehin übereinstimmt, steht § 651h Abs. 1 Nr. 2 in offenem Widerspruch zu jenem Klauselverbot. Nach der Rechtsprechung bleibt angesichts der vom Gesetzgeber bewusst gewollten Privilegierung des Reiseveranstalters jedoch kein Raum für die Anwendung des § 309 Nr. 7b – anderenfalls liefe § 651h in der Praxis weitgehend leer[102]. **649**

Das Haftungsprivileg des § 651h gilt nur für die vertragliche Haftung. Haftungsbeschränkungen, die die außervertragliche Haftung betreffen, unterfallen daher dem Regime des § 309 Nr. 7b[103]. Beachten Sie: Unterscheidet die betreffende Klausel nicht zwischen vertraglicher und außervertraglicher Haftung und verstößt das Haftungsprivileg betreffend die außervertragliche Haftung gegen § 309 Nr. 7b, ist die Haftungs- **650**

---

100 BGH, 11.1.2005, X ZR 118/03, NJW 2005, 1047, 1049.
101 BGH, 11.1.2005, X ZR 118/03, NJW 2005, 1047, 1050; LG Frankfurt, 29.10.2009, 2-24 S 47/09, RRa 2010, 79.
102 Vgl. BGH, 12.3.1987, VII ZR 37/86, NJW 1987, 1931; MünchKomm/*Tonner* § 651h Rdnr. 11 ff m.w.N. auch zur Gegenansicht.
103 BGH, 12.3.1987, VII ZR 37/86, NJW 1987, 1931 (Ls 3); MünchKomm/*Tonner* § 651h Rdnr. 4.

§ 17 *Reisevertrag*

beschränkung insgesamt – also auch bzgl. der vertraglichen Haftung – unwirksam. Es gilt das Verbot der geltungserhaltenden Reduktion[104].

651 **Hinweis zur Rechtslage ab Juli 2018:** Hinsichtlich des Schadensersatzanspruchs, der künftig in § 651n geregelt sein wird, sind drei wesentliche Neuerungen zu verzeichnen.

1. Die bisherige (klassisch-deutsche) Regelung, wonach die Schadensersatzhaftung an ein Vertretenmüssen des Reiseveranstalters geknüpft ist, wird künftig durch einen (europäisch-komplizierten) Mechanismus abgelöst. Danach ist die Haftung in drei Fallgestaltungen ausgeschlossen: i) wenn der Reisende den Mangel verschuldet hat, ii) wenn ein Dritter (kein Erfüllungsgehilfe!) den Mangel verschuldet hat und iii) wenn der Mangel durch unvermeidbare, außergewöhnliche Umstände verursacht wurde. Im Ergebnis dürften sich diese Änderungen freilich kaum jemals auswirken.

2. Das Erfordernis einer Mängelanzeige ist künftig in § 651o Abs. 2 Nr. 2 n.F. ausdrücklich normiert.

3. Eine vertragliche Haftungsbeschränkung ist künftig nur noch für solche (Nicht-Körper-) Schäden zulässig, die „nicht schuldhaft herbeigeführt werden" (§ 651p Abs. 1 Nr. 2). Die Passivformulierung impliziert dabei, dass damit nicht nur ein Verschulden des Reiseveranstalters selbst, sondern auch dasjenige eines Leistungserbringers gemeint ist. Die oben dargestellte AGB-rechtliche Problematik ist damit obsolet.

7. Ausschlussfrist und Verjährung

652 § 651g Abs. 1 S. 1 statuiert für alle Gewährleistungsrechte eine **Ausschlussfrist**, nach der Ansprüche aus den §§ 651c-651f beim Reiseveranstalter spätestens innerhalb eines Monats nach dem vertraglich vorgesehenen Reiseende anzumelden sind. Nach Ablauf dieses Monats kann der Reisende seine Ansprüche gem. S. 3 nur noch geltend machen, wenn er die Frist schuldlos versäumt hat. Gem. § 6 Abs. 2 Nr. 8 BGB-InfoV muss der Reiseveranstalter den Reisenden in der Reisebestätigung von der Ausschlussfrist des § 651g in Kenntnis setzen. Kommt er dieser Informationspflicht nicht nach, hat das zur Konsequenz, dass die Fristversäumnis des Reisenden regelmäßig als unverschuldet anzusehen ist (widerlegliche Vermutung)[105].

653 Unabhängig von der Ausschlussfrist **verjähren** die Ansprüche aus Mängelgewährleistung gemäß § 651g Abs. 2 innerhalb von zwei Jahren, gerechnet ab dem Tag des vertraglich festgelegten Reiseendes.

654 In **Fall 15** hat nur M die Ansprüche innerhalb der Ausschlussfrist geltend gemacht, nicht aber F selbst. Wie oben (Rdnr. 635) bereits dargelegt, ist M aber nach § 335 auch in Bezug auf Sekundäransprüche berechtigt, Leistung an F zu verlangen. Die Ausschlussfrist ist demnach eingehalten.

655 Würde man vorliegend keinen Vertrag zugunsten Dritter annehmen, sondern F als eigene Vertragspartei ansehen (wie dies mangels familiärer Beziehung zwischen M

---

104 BGH, 12.3.1987, VII ZR 37/86, NJW 1987, 1931, 1938.
105 BGH, 12.6.2007, X ZR 87/06, NJW 2007, 2549, 2552.

und F der Fall wäre; Rdnr. 585 f), müsste zu folgender Lösung gegriffen werden[106]: M hätte das Recht der F zunächst als Vertreter ohne Vertretungsmacht geltend gemacht. Indem F später selbst Rückzahlung des Reisepreises und Schadensersatz verlangte, hat sie die Erklärung des M konkludent genehmigt, und zwar mit Wirkung ex tunc. Diese Konstruktion verletzt den Reiseveranstalter nicht unbillig in seinen Interessen: Erstens wird er mit der Erklärung des M von den gegen ihn erhobenen Ansprüchen in ausreichender Weise unterrichtet; zweitens ermöglicht ihm § 177 Abs. 2 S. 2, eine rasche Klärung herbeizuführen.

Hinweis zur Rechtslage ab Juli 2018: Die einmonatige Ausschlussfrist wurde ersatzlos (!) gestrichen. Die Verjährung ist künftig – inhaltlich unverändert – in § 651j n.F. geregelt. 656

8. Konkurrenzen

Die Regelungen des Allgemeinen Schuldrechts werden von den reisevertraglichen Gewährleistungsregeln weitgehend verdrängt. Grund hierfür ist zum einen, dass das Reisegewährleistungsrecht bereits ab Vertragsschluss Anwendung findet, und zum anderen, dass der reiserechtliche Mangelbegriff neben der Schlechtleistung auch die Nichtleistung und – jedenfalls mittelbar – die Informationspflichtverletzung umfasst (s. Rdnr. 617). Für Schadensersatzansprüche nach § 651f kommt hinzu, dass nicht nur Mangel-, sondern auch Mangelfolge- und Begleitschäden des Reisenden umfasst sind. Von § 651f Abs. 1 unberührt bleiben Ansprüche aus Delikt (§§ 823 ff). 657

VIII. Rechtsbehelfe des Reiseveranstalters

Verletzt der Reisende eine ihm obliegende Vertragspflicht, insbesondere seine Pflicht zur Zahlung des Reisepreises aus § 651a Abs. 1 S. 2, so kann der Reiseveranstalter die sich aus dem allg. Leistungsstörungsrecht ergebenden Rechte geltend machen. Zu denken ist insbesondere an einen Schadensersatzanspruch des Veranstalters aus §§ 280 ff, an ein Rücktrittsrecht aus §§ 323 ff sowie an ein Leistungsverweigerungsrecht aus § 320[107]. Daneben hat der Reiseveranstalter das Recht zur außerordentlichen Kündigung nach § 314, soweit die Kündigung nicht wegen höherer Gewalt erfolgt – hierfür enthält § 651j eine lex specialis. 658

Hinweis zur Rechtslage ab Juli 2018: Die einzig nennenswerte Neuerung in Bezug auf die Rechtsbehelfe des Reiseveranstalters liegt in der bereits oben erwähnten Möglichkeit zur Kündigung vor Reisebeginn wegen zu geringer Teilnehmerzahlen (siehe Rdnr. 599). 659

---

106 BGH, 26.5.2010, Xa ZR 124/09, NJW 2010, 2950, 2951.
107 Palandt/*Sprau* § 651a Rdnr. 7.

IX. Praktische Hinweise

660 Für das Examen dürfte es in aller Regel genügen, einen ordentlichen Überblick über die Regelungen zu haben. Wichtiger als die Kenntnis von Streitständen ist es, die Vorschriften alle einmal gelesen und verstanden (!) zu haben. Detailwissen dürfte regelmäßig ohnehin nicht erwartet werden. Zudem sollten Sie sich folgendes Schema einprägen:

Abhilfe	Minderung	Selbsthilfe	Kündigung	Schadensersatz
Vertrag	Vertrag	Vertrag	Vertrag	Vertrag
Mangel	Mangel	Mangel	Mangel	Mangel
	Anzeige	Fristsetzung	Fristsetzung	Anzeige
			Erheblichkeit	Vertretenmüssen
				Schaden
	Ausschlussfrist	Ausschlussfrist	Ausschlussfrist	Ausschlussfrist
	Verjährung	Verjährung	Verjährung	Verjährung

661 **Hinweis zur Rechtslage ab Juli 2018:** Die vorletzte Zeile der Tabelle entfällt künftig vollständig (siehe oben Rdnr. 656). In der letzten Spalte ist das Erfordernis des Vertretenmüssens durch den neuen Mechanismus des § 651n Abs. 1 n.F. zu ersetzen (siehe oben Rdnr. 651).

§ 18 Schenkung

I. Vertragsgegenstand

1. Überblick

662 Die Schenkung ist ein Rechtsgeschäft, bei dem sich die Parteien über eine dauerhafte unentgeltliche Zuwendung aus dem Vermögen des Schenkers einigen. Gemeinhin wird zwischen der sog. Handschenkung und dem Schenkungsversprechen differenziert. Unterscheidungsmerkmal ist das zeitliche Verhältnis von Einigung über die Zuwendung und ihrem dinglichen Vollzug: Bei der Handschenkung folgt die Einigung dem Vollzug bzw. fallen beide Vorgänge regelmäßig zusammen; beim Schenkungsversprechen folgt der Vollzug der Einigung (der Schuldner verpflichtet sich also zu einer zukünftigen unentgeltlichen Zuwendung)[1]. Konsequenzen hat die Unterscheidung im Wesentlichen für die erforderliche Form (dazu Rdnr. 675 f)[2].

---

[1] Zu den Varianten einer Schenkung nach dem Tode des Schenkers (ggf. unter Einschaltung eines Boten oder Bevollmächtigten) vgl. *Leipold* Erbrecht, Rdnr. 567 ff.

[2] Darüber hinaus besteht ein akademischer Streit über die rechtliche Natur der Einigung bei der Handschenkung (Verpflichtungsgeschäft oder bloßer Rechtsgrund zum Behaltendürfen). Dieser Streit ist aber für die Praxis bedeutungslos – und sollte es erst recht für ihre Examensvorbereitung sein.

2. Zuwendung

Der Begriff der Zuwendung setzt voraus, dass das Vermögen des Schenkers verringert und dasjenige des Beschenkten vermehrt wird. Die Vermögensmehrung auf Seiten des Beschenkten kann neben der Zuwendung neuen Vermögens auch in der Verminderung bestehender Passiva liegen. Gegenstand einer Zuwendung können Vermögensvorteile jeder Art sein. Die Übereignung von beweglichen (§§ 929 ff) oder unbeweglichen (§§ 873, 925) Sachen kann demnach genauso den Inhalt einer Schenkung bilden, wie die Abtretung von Forderungen oder Rechten (§§ 398, 413), die Übertragung von Gesellschaftsanteilen, der Erlass von Forderungen (§ 397) oder ein Schuldversprechen bzw. -anerkenntnis (§§ 780 ff)[3]. Zulässig ist ferner die Übertragung des (gesamten) gegenwärtigen (§ 311b Abs. 3), nicht aber des zukünftigen (§ 311b Abs. 2) Vermögens. Das bloße Unterlassen eines Vermögenserwerbs stellt ausweislich des § 517 keine Schenkung dar. Als Beispiele werden die Nichtannahme eines Angebots oder das Unterlassen einer Anfechtung genannt.[4] Demgegenüber soll kein Fall des § 517 (und soll dementsprechend eine Schenkung) vorliegen, wenn der Anspruchsberechtigte wissentlich die Durchsetzung seines Anspruchs unterlässt und der Anspruch daraufhin verjährt. Argument: In diesem Fall liege kein Unterlassen eines Vermögenserwerbs vor, sondern vielmehr die Aufgabe einer bestehenden Vermögensposition – nämlich des betreffenden Anspruchs[5].

663

Regelfall, aber keineswegs zwingend erforderlich, ist, dass das Vermögen unmittelbar vom Schenker zum Beschenkten fließt, der Ent- und der Bereicherungsgegenstand also identisch sind (sog. unmittelbare Schenkung). Eine Zuwendung ist aber auch dann zu bejahen, wenn der Schenker mit seinen Mitteln einen Dritten dazu veranlasst, dem Beschenkten einen Gegenstand zuzuwenden – dies geschieht regelmäßig in Form eines Vertrages zugunsten Dritter gem. §§ 328 ff (Beispiel aus dem vorigen Kapitel: M bucht bei V eine Reise für F).

664

3. Unentgeltlichkeit

Unentgeltlich bedeutet nicht kostenlos: Vom Beschenkten zu tragende Beurkundungskosten stehen der Annahme einer Schenkung beispielsweise nicht entgegen. Unentgeltlich ist eine Zuwendung vielmehr dann, wenn sie **weder der Tilgung einer Verbindlichkeit dient noch mit einer Gegenleistung verknüpft** ist[6]. Maßgeblich für die Frage, wozu eine Zuwendung dient, ist nicht die objektive Sachlage, sondern der übereinstimmende Parteiwille: Soll eine Zuwendung nach dem Parteiwillen beispielsweise der Tilgung einer Verbindlichkeit dienen, so darf sie auch dann nicht als unentgeltlich qualifiziert werden, wenn die zu tilgende Forderung objektiv nicht besteht[7].

665

---

3 Palandt/*Weidenkaff* § 516 Rdnr. 5; Jauernig/*Mansel* § 516 Rdnr. 5.
4 Siehe nur Palandt/*Weidenkaff* § 517 Rdnr. 2.
5 MünchKomm/*Koch* § 516 Rdnr. 5.
6 Selbstverständlich stellt auch die Leistung des Beschenkten an einen Dritten eine Gegenleistung dar; Jauernig/*Mansel* § 516 Rdnr. 8.
7 OLG Hamm, 11.12.1992, 29 U214/91, NJW-RR 1993, 1412; MünchKomm/*Koch* § 516 Rdnr. 24.

§ 18 *Schenkung*

666 **Achtung:** Die Gegenleistung muss nicht geldwerter oder vermögensrechtlicher Art sein; sie kann auch immateriellen Charakter haben[8]. Das wird insb. bei der Abgrenzung der Schenkung von einer unbenannten Zuwendung relevant (dazu Rdnr. 672).

667 Die üblichste Form der „Verknüpfung" einer Zuwendung mit einer Gegenleistung besteht im Synallagma: Die Leistung wird um der Gegenleistung Willen erbracht, und der Leistende hat einen Anspruch auf die Gegenleistung. Aber auch andere – weniger übliche – Verknüpfungsformen stehen der Annahme einer Unentgeltlichkeit entgegen, nämlich die konditionale und die kausale Verknüpfung. Während die Gegenleistung bei der konditionalen Verknüpfung als Bedingung für die Zuwendung ausgestaltet ist (wie etwa bei der Auslobung, § 657), stellt sie bei der kausalen Verknüpfung „nur" die Geschäftsgrundlage für die Zuwendung dar.

668 Schwierigkeiten bereitet die Abgrenzung einer kausalen Verknüpfung von zwei Formen einer unentgeltlichen Zuwendung: der Zweckschenkung und der Schenkung unter Auflagen.

669 Auch bei der **Zweckschenkung** verfolgt der Schenkende mit der Schenkung das Ziel, den Beschenkten zu einer Handlung – zumindest zu einer bestimmten Verwendung des Geschenks – zu bewegen. Die Abgrenzung zwischen kausaler Verknüpfung und Zweckschenkung erfolgt nach h.M. anhand des Interesses des Zuwendenden an der „Gegenleistung". Besteht starkes Interesse, soll von einer kausalen Verknüpfung auszugehen sein, bei geringem Interesse von einer Zweckschenkung[9].

670 **Achtung:** Auch bei einer Zweckschenkung soll die Verfehlung des Zwecks zu einer Rückforderung der Schenkung aus der § 812 Abs. 1 S. 2 Fall 2 (condictio ob rem) oder aus § 313 Abs. 3 i.V.m. § 346 (Wegfall der Geschäftsgrundlage) berechtigen[10]. Der Unterschied zur Fallgestaltung einer kausalen Verknüpfung liegt daher einzig darin, dass Zweckschenkungsversprechen dem Formerfordernis des § 518 unterliegen (dazu Rdnr. 675). Dies spricht eher dafür, kausale Verknüpfungen nur äußerst restriktiv anzunehmen, um dem Schenker den Schutz der Formvorschrift nicht zu entziehen.

671 Die Abgrenzung der kausalen Verknüpfung von der **Auflagenschenkung** (s. hierzu ausführlich Rdnr. 695 ff) ergibt sich daraus, dass die als Auflage vereinbarte „Gegenleistung" aus dem Geschenk selbst zu erbringen ist – dass es sich also nur um eine Minderung der Schenkung handelt.

672 Probleme bereitet das Merkmal der Unentgeltlichkeit vor allem in zwei Konstellationen:

(1) Wird zwar eine Gegenleistung erbracht, bleibt ihr Wert aber unterhalb des Werts der Zuwendung, liegt – je nach Grund für die Wertdifferenz – entweder gar keine Schenkung oder eine sog. **gemischte Schenkung** vor (s. hierzu ausführlich Rdnr. 699 ff).

---

8 BGH, 17.1.1990, NJW-RR 1990, 386.
9 MünchKomm/*Koch* § 516 Rdnr. 29.
10 Vgl MünchKomm/Koch § 525 Rdnr. 8.

(2) Findet die Zuwendung unter Ehegatten statt, kann (!) eine Unentgeltlichkeit deswegen zu verneinen sein, weil die Zuwendung nicht mit dem Willen erfolgt, den Leistungsempfänger einseitig zu begünstigen, sondern ihren Zweck darin hat, die eheliche Lebensgemeinschaft zu verwirklichen und wirtschaftlich zu stärken[11]. Dann handelt es sich nicht um eine Schenkung i.S.d. §§ 516 ff, sondern um eine sog. **unbenannte Zuwendung**[12], die als familienrechtlicher Vertrag sui generis qualifiziert wird (s. hierzu ausführlich *M. Lipp*, Examens-Rep Familienrecht Rdnr. 213 ff).

4. Dauerhaftigkeit

Das Merkmal der Dauerhaftigkeit dient der Abgrenzung von zeitlich befristeten unentgeltlichen Gebrauchsüberlassungen, wie etwa der Leihe oder dem zinslosen Geld- oder Sachdarlehen. 673

II. Zustandekommen

Bei der Schenkung handelt es sich – wie eingangs angedeutet – um einen **Vertrag**, also ein *zweiseitig begründetes* Rechtsgeschäft[13]. Mit anderen Worten: Die Schenkung bedarf der Zustimmung des Beschenkten – manche Dinge möchte man eben nicht einmal geschenkt haben! Allerdings kann nach § 516 Abs. 2 Schweigen des Beschenkten als Annahme gelten, nämlich dann, wenn die Schenkung erstens bereits vollzogen ist und der Schenker dem Beschenkten zweitens eine Frist zur Annahmeerklärung gesetzt hat. 674

Hinsichtlich der **notwendigen Form** kommt die eingangs dargestellte Unterscheidung zwischen Handschenkung und Schenkungsversprechen zum Tragen: Das Schenkungsversprechen bedarf gem. § 518 Abs. 1 einer notariellen Beurkundung, die Handschenkung nicht. 675

Achtung: Auch beim Schenkungsversprechen gilt das Formerfordernis nur für das Versprechen selbst, also für die Willenserklärung des Schenkenden, nicht aber auch für die des Beschenkten. Das Formerfordernis soll den Schenker vor übereilten und unüberlegten Versprechen bewahren, nicht aber den Beschenkten davor, einen Gegenstand als Geschenk anzunehmen, den er gar nicht haben will[14]. Ein Formmangel führt – wie üblich – gem. § 125 zur Nichtigkeit des Schenkungsvertrags. 676

---

11 BGH, 26.11.1981, IX ZR 91/80, NJW 1982, 1093; BGH, 8.7.1982, IX ZR 99/80, NJW 1982, 2236, 2237; BGH, 12.4.1995, XII ZR 58/94, NJW 1995, 1889, 1890; **aber:** BGH, 27.6.2012, XII ZR 47/09, NJW 2012, 2728: Schenkung dann zu bejahen, wenn die eheliche Lebensgemeinschaft zum Zeitpunkt der Zuwendung bereits gescheitert war.
12 Gebräuchlich sind auch die Begriffe ehebedingte Zuwendung und ehebezogene Zuwendung.
13 Man unterscheidet einerseits ein- und zweiseitig *begründete* Rechtsgeschäfte und andererseits ein- und zweiseitig *verpflichtende* Rechtsgeschäfte; s. hierzu ausführlich Staudinger-Eckpfeiler/*Huber* Kapitel D., Rdnr. 13 ff.
14 Zudem soll das Formerfordernis verhindern, dass die Formvorschriften für Verfügungen von Todes wegen umgangen werden, Palandt/*Weidenkaff* § 518 Rdnr. 1a.

677 Gem. § 518 Abs. 2 wird ein Formmangel dadurch geheilt, dass die versprochene Leistung bewirkt wird[15]. Ein solches „Bewirken" ist nach ganz h.M. bereits dann anzunehmen, wenn der Schenker alles seinerseits Erforderliche für den Erwerb des Schenkungsgegenstandes durch den Beschenkten getan hat.[16] Dementsprechend genügt auch eine bedingte oder befristete Vermögensübertragung (§§ 158, 163), sofern der Schenker den Bedingungseintritt und damit die Vermögensübertragung nicht mehr einseitig verhindern kann[17].

III. Besondere „Beendigungsgründe"

1. Überblick

678 Vor dem Hintergrund der Unentgeltlichkeit der Schenkung gesteht das Gesetz dem Schenker in zwei Konstellationen zu, ein Schenkungsversprechen nicht erfüllen zu müssen (§ 519) bzw. eine bereits vollzogene Schenkung rückgängig zu machen (§§ 528 ff): erstens wenn er selbst verarmt ist und zweitens wenn sich der Beschenkte groben Undanks schuldig macht.

2. Einrede des Notbedarfs und Rückforderung wegen Verarmung

679 Der Schenker soll nicht wegen seiner Freigebigkeit darben müssen[18]. Für den Fall, dass ein Schenkungsversprechen noch nicht vollzogen ist, gewährt § 519 dem Schenker die **Einrede des Notbedarfs:** Er darf die Vollziehung der Schenkung verweigern, wenn und soweit er hierdurch – unter Berücksichtigung seiner sonstigen Verpflichtungen – in Gefahr geriete, seinen eigenen angemessenen Unterhalt und die ihm kraft Gesetzes obliegenden Unterhaltspflichten (§§ 1360 ff, 1569 ff, 1601 ff) nicht mehr bestreiten zu können.

680 Wurde die Schenkung bereits vollzogen, gewährt § 528 Abs. 1 dem Schenker unter ähnlichen Voraussetzungen das Recht, sein Geschenk **zurückzufordern**[19]. Da der Beschenkte mit dem Schenkungsvollzug aber ein größeres Schutzbedürfnis genießt, sind die Voraussetzungen hier enger: Erstens ist bei der Ermittlung der Bedürftigkeit des Schenkers der Kreis der zu berücksichtigenden Unterhaltsberechtigten i.R.d. § 528 Abs. 1 S. 1 auf die dort genannten Personen beschränkt. Zweitens bleiben bei der Fest-

---

15 Vor dem Hintergrund dieser Heilungsmöglichkeit relativiert sich die Differenzierung zwischen Handschenkung und Schenkungsversprechen: Wendete man das Formerfordernis auf Handschenkungen an, wären sie stets formwirksam, weil ein potentieller Mangel gleichsam ex tunc geheilt wäre – das heilende Bewirken der Leistung erfolgt ja per definitionem vor oder spätestens mit dem Vertragsschluss.
16 BGH, 6.3.1970, V ZR 57/67, NJW 1970, 941, 942; Jauernig/*Mansel* § 518 Rdnr. 6; *Stürner* Jura 2017, 921; a.A MünchKomm/*Koch* § 518 Rdnr. 11.
17 BGH, 6.3.1970, V ZR 57/67, NJW 1970, 941, 942; Palandt/*Weidenkaff* § 518 Rdnr. 9; Jauernig/*Mansel* § 518 Rdnr. 6.
18 NomosKomm/*Dendorfer* § 528 Rdnr. 1.
19 Der Rückforderungsanspruch hat in der Praxis große Bedeutung: Ist der Schenker aufgrund seiner Verarmung auf Sozialhilfe angewiesen (i.d.R. als Hilfe zum Lebensunterhalt, § 27 SGB XII), kann der Träger der Sozialhilfe gem. § 93 Abs. 1 S. 1 SGB XII den Rückforderungsanspruch durch schriftliche Anzeige auf sich übergehen lassen, vgl. BGH, 22.4.2010, Xa ZR 73/07, NJW 2011, 218.

stellung des Notbedarfs die nach § 519 berücksichtigungsfähigen sonstigen Zahlungspflichten des Schenkers i.R.d. § 528 außer Betracht[20]. Drittens muss der Notbedarf des Schenkers bereits eingetreten sein; die bloße *Gefahr* einer Bedürftigkeit des Schenkers (die für § 519 ausreicht) genügt also i.R.d. § 528 nicht[21]. Viertens ist die Rückforderung nach § 529 ausgeschlossen, wenn der Schenker seine Bedürftigkeit vorsätzlich oder grob fahrlässig herbeigeführt hat (Abs. 1) oder wenn der Beschenkte durch die Rückgabe des zugewendeten Gegenstands selbst bedürftig würde (Abs. 2). Fünftens unterliegt der Rückforderungsanspruch der Einwendung aus § 534. Sechstens verfristet er zehn Jahre nach Vollzug der Schenkung (§ 529 Abs. 1 Fall 2).

3. Widerruf wegen groben Undanks

Nach § 530 Abs. 1 hat der Schenker ein Recht zum Widerruf der Schenkung für den Fall, dass sich der Beschenkte durch eine schwere Verfehlung gegen den Schenker oder einen seiner Angehörigen des groben Undanks schuldig gemacht hat. Ob ein Verhalten des Beschenkten eine schwere Verfehlung darstellt, ist unter Gesamtwürdigung aller Umstände zu ermitteln; hierin sind sowohl Motiv, Art und Umfang der Schenkung als auch Art und Anlass der Verfehlung einzubeziehen. Erforderlich sind ein objektives und ein subjektives Merkmal: Das Verhalten des Beschenkten muss objektiv eine gewisse Schwere besitzen und subjektiv eine tadelnswerte Gesinnung zeigen[22].

681

Die §§ 532 bis 534 normieren Gründe, die einer Geltendmachung des Widerrufsrechts entgegenstehen[23].

682

Als **Folge des Widerrufs** erlischt das Schenkungsversprechen. Nach Vollzug der Schenkung kann der Schenker gemäß § 531 Abs. 2 die Herausgabe des Geschenks nach den Vorschriften einer ungerechtfertigten Bereicherung verlangen. Nach **zutreffender h.M.** handelt es sich hierbei um eine Rechtsgrundverweisung auf das Bereicherungsrecht[24]. Richtige Anspruchsgrundlage ist § 812 Abs. 1 S. 2 Fall 1, da der Widerruf den Rechtsgrund für die Schenkung nachträglich entfallen lässt[25]. Der Herausgabeanspruch ist gemäß § 817 S. 2 ausgeschlossen, sofern der Schenker mit der Zuwendung einen sittenwidrigen Zweck verfolgt[26].

683

---

20 BeckOK/*Gehrlein* § 528 Rdnr. 2; Palandt/*Weidenkaff* § 528 Rdnr. 5.
21 BeckOK/*Gehrlein* § 528 Rdnr. 2; Palandt/*Weidenkaff* § 528 Rdnr. 5.
22 BGH, 25.3.2014, X ZR 94/12, NJW 2014, 3021 (Abschiebung der betagten Schenkerin in ein Seniorenheim durch den beschenkten – und mit General- und Betreuungsvollmacht ausgestatteten – Sohn); MünchKomm/*Koch* § 530 Rdnr. 2; BeckOK/*Gehrlein* § 530 Rdnr. 3; *Looschelders* BT Rdnr. 326.
23 Dabei stellt nach **h.M.** nur § 532 S. 1 Fall 1 eine Einrede dar; die übrigen Vorschriften begründen Einwendungen: BeckOK/*Gehrlein* § 532 Rdnr. 1; Erman/*Herrmann* § 532 Rdnr. 1; Palandt/*Weidenkaff* § 532 Rdnr. 1.
24 BGH, 19.4.1961, IV ZR 217/60, NJW 1961, 1458, 1459; MünchKomm/*Koch* § 531 Rdnr. 4; BeckOK/*Gehrlein* § 531 Rdnr. 2; Palandt/*Weidenkaff* § 531 Rdnr. 1; **a.A.** Jauernig/*Mansel* § 530–533 Rdnr. 8.
25 MünchKomm/*Koch* § 531 Rdnr. 4. Ist die Herausgabe des Geschenks ausgeschlossen, haftet der Beschenkte unter den Voraussetzungen der §§ 818 ff auf Wertersatz.
26 BGH, 19.4.1961, IV ZR 217/60, NJW 1961, 1458, 1459. Hinweis: Der BGH verwendet in dem Urteil eine Formel, wonach "auch der Beschenkte dieses erkannt und das Geschenk mit Rücksicht auf diese Zwecke angenommen [haben muss]". Inzwischen vertritt der BGH jedoch in st. Rspr., dass § 817 S. 2 auch bei einem einseitigen Sittenverstoß des Leistenden zur Anwendung kommen muss; BGH, 29.4.1968, VII ZR 9/66, NJW 1968, 1329; BGH 14.7.1993, XII ZR 262/91, NJW 1993, 1457, 1458; vgl. BeckOK/*Wendehorst* § 817 Rdnr. 11 und 15.

IV. Haftung des Schenkers

1. Überblick

684 Der Schenker bekommt für seine Zuwendung keine Gegenleistung. Es wäre daher unbillig, ihn nach den allgemeinen Grundsätzen haften zu lassen. Aus diesem Grund enthalten die §§ 521 bis 524 diverse Haftungsprivilegien. Nach § 521 hat der Schenker nur Vorsatz und Fahrlässigkeit zu vertreten, nach § 522 schuldet er bei Verzug keine Verzugszinsen, nach §§ 523 und 524 haftet der Schenker grundsätzlich nur dann auf Schadensersatz wegen Sach- oder Rechtsmängeln, wenn er den Mangel bei Vertragsschluss arglistig (also: vorsätzlich) verschwiegen hat. Die Spezialregelung der §§ 523 und 524 (Beschränkung auf Vorsatz) geht der Generalregelung des § 521 (Vorsatz und grobe Fahrlässigkeit) vor. Folgende Einzelheiten erscheinen klausurrelevant.

2. Allgemeines Haftungsprivileg, § 521

685 Bezüglich der Haftungsprivilegierung des § 521 ist umstritten, ob sie nur bei der Verletzung von Leistungspflichten oder auch bei der Verletzung allgemeiner Schutzpflichten greift. Es gibt die üblichen **drei Ansichten**: die restriktive[27], die großzügige[28] und die vermittelnde[29]. Die restriktive Ansicht nimmt vornehmlich den Beschenkten in den Blick, dessen Integritätsinteressen trotz der unentgeltlichen Zuwendung geschützt werden müssten. Die großzügige Ansicht argumentiert demgegenüber aus dem Blickwinkel des Schenkers: Es sei unbillig, jemanden, der altruistisch zu Gunsten eines anderen handele, bereits haftbar zu machen, wenn er leicht fahrlässig Schäden bei dem Begünstigten verursache. Da beide Blickwinkel berechtigt eingenommen werden können, spricht einiges für eine vermittelnde Lösung, die wohl auch herrschend ist. Sie differenziert danach, ob die Schutzpflichtverletzung in engem Zusammenhang mit dem Leistungsgenstand steht (dann Privilegierung) oder nicht (dann keine Privilegierung). Als Beispiel für einen engen Zusammenhang wird der Fall genannt, dass die verschenkte Sache ein Gefahrenpotential birgt, über das der Schenker den Beschenkten nicht aufgeklärt hat[30]. Kein enger Zusammenhang soll demgegenüber bestehen, wenn der Schenker bei der Anlieferung der Sache Gegenstände des Beschenkten beschädigt. Auch diese Differenzierung ist aber wohl nicht der Weisheit letzter Schluss: Ist es wirklich gerecht, wenn der Schenker, der bei der Anlieferung seines teuren Geschenks einen marginalen Schaden verursacht, diesen soll ersetzen müssen? M.E. sollte der Schenker von vornherein nur haften müssen, wenn und soweit der Wert des Schadens den des Geschenks übersteigt. In der Klausur ist mit entsprechender Begründung alles vertretbar.

---

27 Jauernig/*Mansel* § 521 Rdnr. 1; *Schlechtriem* BB 1985, 1356.
28 Staudinger/*Chiusi* § 521 Rdnr. 10.
29 BGH, 20.11.1984, IVa ZR 104/83, NJW 1985, 794, 795; MünchKomm/*Koch* § 521 Rdnr. 5; BeckOK/ *Gehrlein* § 521 Rdnr. 3; Palandt/*Weidenkaff* § 521 Rdnr. 4.
30 BGH, 20.11.1984, IVa ZR 104/83, NJW 1985, 794, 795: Gefahren von Kartoffelpülpe für die Rindermast.

Weitgehend unumstritten sind folgende Aspekte der Reichweite von § 521: **686**

(1) Ist der Schenker mit der Leistung in Verzug geraten, verdrängt die Haftungsverschärfung des § 287 die Privilegierung des § 521. Allerdings setzt der Eintritt des Verzugs gem. § 286 Abs. 4 natürlich seinerseits Vertretenmüssen voraus – hierfür gilt § 521 selbstverständlich.

(2) Die Haftungsprivilegierung greift nach **ganz h.M.** auch für die konkurrierenden Ansprüche aus unerlaubter Handlung. Diesbezüglich kommt dem Streit um die Schutzpflichten mittelbare Bedeutung zu: Die Erstreckung der Haftungsprivilegierung auf das Deliktsrecht kommt natürlich nur insoweit in Betracht, wie sie auch im Vertragsrecht greift.

3. Sondervorschriften zur Mängelhaftung, §§ 523, 524

Die Mängelgewährleistung richtet sich ausschließlich nach den § 523 (für Rechtsmängel) und § 524 (für Sachmängel). Dies bedeutet zunächst einmal, dass dem Beschenkten bei einem Mangel nur der Rechtsbehelf des Schadensersatzes offensteht (Minderung und Rücktritt wären – mangels Gegenleistung – ohnehin unsinnig; ein Nacherfüllungsanspruch wäre wegen der Unentgeltlichkeit der Leistung unbillig). Die allgemeine Regel findet sich jeweils in Abs. 1, eine Ausnahme für Fälle, in denen der Schenker die verschenkte Sache erst nach Vertragsschluss erworben hat, jeweils in Abs. 2. **687**

Sowohl § 523 Abs. 1 als auch § 524 Abs. 1 beschränken einen Schadensersatzanspruch auf Fälle, in denen der Schenker den Mangel arglistig verschwiegen hat. Hinzu kommt, dass sich der ersatzfähige Schaden auf das negative Interesse beschränkt; der Beschenkte ist also so zu stellen, wie er ohne die Schenkung stünde[31]. Diese Beschränkung ergibt sich zwar weder aus dem Wortlaut der Vorschriften, noch beruht sie auf den oben genannten Gerechtigkeitserwägungen; sie ist vielmehr das Ergebnis einer schlichten Kausalitätsprüfung: Hätte der Schenker den Mangel nicht (arglistig) verschwiegen, hätte dies selbstverständlich nicht zur Folge gehabt, dass der Beschenkte eine mangelfreie Sache erhalten hätte. Er hätte schlicht gar nichts bekommen. **688**

Der jeweilige Abs. 2 der §§ 523 und 524 enthält eine gewisse Aufweichung der Privilegierung für den Fall, dass der Schenker sich zur Leistung eines erst noch zu erwerbenden Schenkungsgegenstands verpflichtet hat, er den verschenkten Gegenstand also erst nach Vertragsschluss erworben hat. Für Sachmängel greift diese Aufweichung nur dann, wenn sich der Schenkungsvertrag auf eine Gattungssache bezieht. **689**

Inhaltlich treffen die beiden Vorschriften – geringfügig – unterschiedliche Anordnungen: § 523 Abs. 2 erweitert die Schadensersatzhaftung für Rechtsmängel zum einen auf das positive Interesse („Schadensersatz wegen Nichterfüllung") und andererseits auf Fälle, in denen der Schenker den Mangel bei Erwerb kannte oder nur infolge grober Fahrlässigkeit nicht kannte. § 524 Abs. 2 dehnt den Schadensersatzanspruch bei Sachmängeln zwar auch auf das positive Interesse aus, verlangt aber weiterhin arglistiges **690**

---

31 Vgl. Palandt/*Weidenkaff* § 524 Rdnr. 6.

Verschweigen des Mangels (S. 2) – was bei noch zu erwerbenden, nur der Gattung nach bestimmten Sachen kaum jemals der Fall sein dürfte. Hat der Schenker zwar nicht arglistig gehandelt, wohl aber bei Erwerb der Sache Kenntnis bzw. grob fahrlässige Unkenntnis des Mangels, wird das positive Interesse des Beschenkten allerdings auf andere Weise als durch einen Schadensersatzanspruch gewährleistet, nämlich durch einen Ersatzlieferungsanspruch gegen den Schenker (S. 1).

691 Hintergrund für die Ausnahmen des Abs. 2 ist der Gedanke, dass ein Schenker, der sich bereits wirksam verpflichtet habe, im Interesse des Beschenkten handeln müsse und „nicht ganz sorglos zu Werke gehen" dürfe[32]. Vor dem Hintergrund dieses Gesetzeszwecks bedarf jedenfalls die Haftung nach § 523 Abs. 2 (also bei Rechtsmängeln) nach nahezu einhelliger Auffassung einer Einschränkung: Danach soll der Schenker erst dann zur Nacherfüllung verpflichtet sein, wenn der (bekannte bzw. grob fahrlässig unbekannte) Mangel für den Schenker auch vermeidbar gewesen wäre[33]. Wo ein Mangel unvermeidbar ist, hilft auch sorgfältiges Vorgehen des Schenkers nicht weiter. Bei § 524 Abs. 2 bedarf es keiner entsprechenden Einschränkung: Die dortige Ausnahmeregelung ist auf Gattungssachen beschränkt; hier ist Vermeidbarkeit gleichsam per definitionem zu bejahen.

692 Umstritten ist, ob die §§ 523, 524 (abschließend) auch **Mangelfolgeschäden** erfassen oder ob diesbezüglich auf die Vorschriften des allgemeinen Leistungsstörungsrechts zurückgegriffen werden darf – und falls Letzteres: ob die Privilegierung des § 521 Anwendung findet[34]. Im Ergebnis geht es also darum, ob der Schenker für Mangelfolgeschäden nur bei Vorsatz (§§ 523, 524), bei Vorsatz und grober Fahrlässigkeit (allg. Regelungen plus § 521) oder auch wegen leichter Fahrlässigkeit (allg. Regelungen ohne § 521) soll haften müssen. Ersteres ist **h.M.**[35]: Dem Wortlaut der §§ 523, 524 lasse sich keine Einschränkung dahingehend entnehmen, dass nur Mangel-, nicht aber auch Mangelfolgeschäden erfasst sein sollen. Die Gegenansicht bemängelt einen Wertungswiderspruch: Verschweigt der Schenker einen Mangel, hafte er nach der **h.M.** nur, wenn er dies arglistig tue; verschweigt er Gefahren, die von dem geschenkten Gegenstand ausgehen, hafte er auch für grob fahrlässiges Verschweigen. Der Schenker stehe nach der h.M. also besser, wenn die Gefährlichkeit einen Mangel darstelle[36].

693 **Hinweis:** Wer der Mindermeinung folgt, muss sich mit der Folgefrage nach einer Anwendbarkeit des § 521 befassen – also den in Rdnr. 685 dargestellten Streitstand darstellen und entscheiden. Das von der vermittelnden Ansicht aufgestellte Kriterium des „engen Zusammenhangs" dürfte dabei regelmäßig erfüllt sein: die Schäden beruhen ja gerade auf der Mangelhaftigkeit der Leistung selbst[37].

---

32 So die Gesetzesbegründung, Protokolle der Kommission für die zweite Lesung des Entwurfs des Bürgerlichen Gesetzbuchs, Band II, S. 27 f.
33 MünchKomm/*Koch* § 523 Rdnr. 4; BeckOK/*Gehrlein* § 524 Rdnr. 3.
34 S. zum Streitstand MünchKomm/*Koch* § 521 Rdnr. 7.
35 BGH, 20.11.1984, IVa ZR 104/83, NJW 1985, 794, 796; BeckOK/*Gehrlein* § 521 Rdnr. 5; Palandt/*Weidenkaff* § 524 Rdnr. 6.
36 *Looschelders* BT Rdnr. 320; Staudinger/*Chiusi* § 521 Rdnr. 11; i.E. ebenso, aber mit anderer Begründung *Stürner*, Jura 2017, 921, 925 (restriktive Auslegung der §§ 523, 524 weil sie seit der Schuldrechtsreform einen Anachronismus begründen).
37 MünchKomm/*Koch* § 521 Rdnr. 7; *Looschelders* BT Rdnr. 320.

Die Frage nach einer Übertragbarkeit der Privilegierungen auf die konkurrierenden Ansprüche aus **unerlaubter Handlung** stellt sich wohl nur dann, wenn man auch Mangelfolgeschäden für erfasst hält. Anderenfalls sind die von §§ 823 ff geschützten Integritätsinteressen ja gerade nicht von der Privilegierung erfasst. Geht man mit der **h.M.** von einer Anwendbarkeit auf Mangelfolgeschäden aus, so sind keine Gründe ersichtlich, die gegen eine Übertragung auf das Deliktsrecht sprechen. Im Gegenteil: Wer A sagt, muss auch B sagen. Die vertragsrechtliche Ausweitung der Privilegierung auf Mangelfolgeschäden wäre ausgehöhlt, ließe man den Schenker nach Deliktsrecht haften. Dennoch lehnen erstaunlicherweise etliche Vertreter der h.M. eine Übertragung ab[38].

694

V. Sonderformen der Schenkung

1. Schenkung unter Auflage

Eine Schenkung kann unter der Auflage gemacht werden, dass der Beschenkte nach der Vornahme der Schenkung zu einer Handlung, Duldung oder Unterlassung materieller oder immaterieller Art verpflichtet sein soll, §§ 525-527. Die Auflage kann im Interesse des Schenkers, des Beschenkten, eines Dritten oder im öffentlichen Interesse liegen. Ihre Vollziehung ist quasi „doppelt gesichert": Erstens ist die als Auflage vereinbarte Leistung einklagbar[39]; zweitens kann der Schenker bei Nichtvollziehung der Auflage gem. § 527 Abs. 1 Rückgabe des Geschenks verlangen[40]. Dabei gelten die *Voraussetzungen* des Rücktrittsrechts (also insbesondere § 323), aber die *Rechtsfolgen* der ungerechtfertigten Bereicherung (§ 818).

695

> **Achtung:** Das Rückforderungsrecht bezieht sich nur auf den Teil des Geschenks, der zur Vollziehung der Auflage hätte verwendet werden sollen.

Der Unterschied zwischen einer solchen Schenkung unter Auflage und einer entgeltlichen Zuwendung liegt – grob gesagt – darin, dass die Leistung des Beschenkten nicht *für* die Zuwendung, sondern *aus ihr* erfolgen soll[41]. Die Auflagenleistung mindert also nur den Wert des Geschenks, nicht aber das übrige Vermögen des Beschenkten. Typisches Beispiel ist die Schenkung eines Hausgrundstücks mit der Auflage, dem Schenker ein lebenslanges Wohnrecht einzuräumen[42].

696

> **Vertiefender Hinweis:** In der Praxis verschwimmen die Grenzen, weil der **BGH** und – ihm folgend – die **h.M. in der Literatur** es nicht für erforderlich halten, dass die in der Auflage vereinbarte Leistung *aus dem Geschenk selbst* bestritten werden muss; es genügt, wenn die be-

697

---

38 S. etwa BeckOK/*Gehrlein* § 524 Rdnr. 2; Jauernig/*Mansel* § 524 Rdnr. 2.
39 Palandt/*Weidenkaff* § 525 Rdnr. 13 f. – Für Auflagen, die dem öffentlichen Interesse dienen, s. aber § 525 Abs. 2.
40 Erforderlich wird dieses Rückforderungsrecht deswegen, weil Schenkung und Auflagenvollziehung nicht im Gegenseitigkeitsverhältnis stehen, so dass die §§ 323 ff nicht anwendbar sind.
41 BGH, 2.10.1981, V ZR 134/80, NJW 1982, 818, 819.
42 Vgl. bspw. BGH, 7.4.1989, VII ZR 252/87, NJW 1989, 2122; BGH, 2.10.1981, V ZR 134/80, NJW 1982, 818.

treffende Leistung „auf der Grundlage und aus dem Wert der Zuwendung" möglich ist[43]. In dem grundlegenden BGH-Fall[44] hatte der Beschenkte ein u.a. mit einer Gastwirtschaft bebautes Grundstück erhalten – unter der Auflage dem Schenker ein lebenslängliches Altenteil einzuräumen, das neben dem Wohnrecht auch aus Verpflegung und einer monatlichen Rente bestehen sollte. Auch hierin sah der BGH eine Auflage – allerdings vor dem Hintergrund des konkreten Falls: Mit der Übernahme der Gastwirtschaft war der Beschenkte „in die Existenzgrundlage" des Schenkers eingerückt. Sieht man diese Existenzgrundlage als Geschenk an, so sind Verpflegung und Leibrente tatsächlich Teil des Geschenks. In einem späteren Fall hat der BGH eine Verpflichtung des (vermeintlich) Beschenkten, den Schenker zu pflegen (oder einen Dritten mit der Pflege zu beauftragen) ohne weiteres als Gegenleistung – und dementsprechend nicht als Auflage – eingestuft.[45]

698 Aus der Natur der Auflage als „Wertminderung des Geschenks" folgt, dass der Wert der Auflage denjenigen des Geschenks nicht übersteigen darf. Der Beschenkte darf durch die Auflage nicht ärmer werden, als er ohne das Geschenk wäre. Ist die als „Auflage" vereinbarte Leistung mehr wert als das Geschenk, so muss sie als Gegenleistung behandelt werden (**Beispiel:** Geschenk eines Grundstücks im Wert von 50 000 € unter der Auflage dort ein Haus im Wert von 200 000 € zu bauen und dem 30-jährigen Schenker dort ein lebenslanges Wohnrecht einzuräumen). Ist die Auflagenleistung nur deswegen mehr wert, weil das tatsächlich zugewendete Geschenk mangelhaft ist, so hat dies zwar keine Auswirkungen auf den Charakter als „Auflage"; jedoch räumt § 526 S. 1 dem Beschenkten das Recht ein, die in der Auflage vereinbarte Leistung zu verweigern (Einrede). Vollzieht der Beschenkte die Auflage ohne Kenntnis des Mangels, so kann er gemäß § 526 S. 2 Ersatz der ihm hierdurch entstandenen Aufwendungen verlangen.

2. Gemischte Schenkung

699 Erfolgt eine Zuwendung teils entgeltlich, teils unentgeltlich, etwa weil eine Gegenleistung zwar erbracht wird, ihr Wert aber unterhalb des Werts der Zuwendung liegt, spricht man von einer **gemischten Schenkung**. Achtung: Für die Annahme einer gemischten Schenkung ist es nicht (!) erforderlich, dass der unentgeltliche Teil überwiegt, die Leistung also mehr als doppelt so wertvoll ist wie die Gegenleistung[46]. Voraussetzung ist allerdings, dass diese Wertdifferenz nicht nur objektiv besteht, sondern auch dem subjektiven Empfinden der Parteien entspricht, dass die Parteien mit anderen Worten eine unentgeltliche Zuwendung des Überschusses positiv wollen: Tauscht Philatelist P seine wertvolle, aber doppelt vorhandene Briefmarke gegen eine andere Briefmarke, die zwar objektiv weniger wert ist, die er aber noch nicht besitzt, so liegt hierin ein rein entgeltliches Geschäft und keine gemischte Schenkung. Nur wenn er den Tausch deswegen eingeht, weil er dem Tauschpartner etwas Gutes tun will, liegt eine gemischte Schenkung vor.

---

43 BGH, 7.4.1989, VII ZR 252/87, NJW 1989, 2122, 2123; MünchKomm/*Koch* § 525 Rdnr. 2; BeckOK/*Gehrlein* § 525 Rdnr. 3.
44 BGH, 7.4.1989, VII ZR 252/87, NJW 1989, 2122.
45 BGH, 28.9.2016, IV ZR 513/15, NJW 2017, 329 (m. Anm. *Keim*).
46 BGH, 18.10.2011, X ZR 45/10, NJW 2012, 605 (anders noch die Vorinstanz).

700 Nicht von einer gemischten Schenkung, sondern von verschiedenen Verträgen ist ferner dann auszugehen, wenn die Zuwendung teilbar ist und die Gegenleistung einem der Teile zugeordnet werden kann[47]. Stets teilbar sind Geldzuwendungen: Zahlt jemand bewusst einen zu hohen Kaufpreis, so liegt hierin ein Kauf zum objektiv angemessenen Preis plus eine Schenkung des Überschusses. Bei Sachleistungen bestehen demgegenüber selbst bei physischer Teilbarkeit Probleme bei der Zuordnung: Werden drei Bücher, die jeweils 10 € wert sind, für insgesamt 20 € verkauft, so bedeutet dies jedenfalls nicht zwingend, dass zwei Bücher zu je 10 € verkauft werden und eines als Geschenk dazugegeben wird. Es ist eine Auslegung der Umstände des Einzelfalls erforderlich.

701 Zur Behandlung der gemischten Schenkung werden **vier Theorien** vertreten: Die Einheitstheorie (alle Vorschriften zu den miteinander verschmolzenen Vertragstypen gelten kumulativ), die Trennungstheorie (Aufteilung des Geschäfts in einen entgeltlichen und einen unentgeltlichen Teil), die Zweckwürdigungstheorie (Anwendung derjenigen Normen, die dem Vertragszweck am besten gerecht werden; Feststellung, ob der Schwerpunkt auf einer entgeltlichen oder unentgeltlichen Zuwendung liegt) und die Theorie der Abschlussschenkung (Objekt der Schenkung ist der Abschluss eines günstigen Kaufvertrags). Die **Zweckwürdigungstheorie** ist heute klar **herrschend**[48]. Ob Sie die anderen Theorien in der Klausur überhaupt nennen müssen, ist zum einen Geschmacksfrage und hängt zum anderen davon ab, ob die Klausur andere, wichtigere Schwerpunkte setzt. Die folgenden Erläuterungen beschränken sich jedenfalls auf die Zweckwürdigungstheorie.

702 Hinsichtlich der **Form eines Schenkungsversprechens** besteht insoweit Einigkeit, dass § 518 grundsätzlich Anwendung finden soll, gleichgültig ob der entgeltliche oder der unentgeltliche Teil überwiegt[49]. Umstritten ist lediglich, ob dann eine Ausnahme zu machen ist, wenn der Schwerpunkt *ganz eindeutig* auf der entgeltlichen Zuwendung liegt, die unentgeltliche Zuwendung also nur eine untergeordnete Rolle spielt. Allerdings ist ein solcher Fall kaum vorstellbar – regelmäßig dürfte dann bereits die Auslegung dazu führen, dass ein rein entgeltlicher Vertrag vorliegt.

703 Verlangt der Schenker, **die Schenkung rückgängig zu machen**, so muss dies für den unentgeltlichen Teil selbstverständlich stets möglich sein, selbst wenn der Schwerpunkt auf dem entgeltlichen Teil liegt. Wo der Schwerpunkt liegt, wird nach ganz **h.M.** aber für die weiteren rechtlichen Konsequenzen relevant: Liegt er auf der unentgeltlichen Zuwendung, müsse der Beschenkte den Gegenstand zurückgeben und erhalte dafür seine Gegenleistung zurück; liegt der Schwerpunkt auf der entgeltlichen Leistung, sei der Beschenkte lediglich zum Ersatz des Wertes verpflichtet, den der „Schenkungsteil" ausmacht[50]. Diese Differenzierung überzeugt indes allenfalls für die Rückforde-

---

47 BeckOK/*Gehrlein* § 516 Rdnr. 12; MünchKomm/*Koch* § 516 Rdnr. 34.
48 BGH, 11.7.2000, X ZR 78/98, NJW-RR 2001, 6, 7; BeckOK/*Gehrlein* § 516 Rdnr. 13; Palandt/*Weidenkaff* § 516 Rdnr. 14. Die Einheitstheorie wird – soweit ersichtlich – überhaupt nicht mehr vertreten.
49 **Achtung:** Wenn vereinzelt vertreten wird, § 518 finde nur auf den unentgeltlichen Teil Anwendung, wird verkannt, dass dies Teilbarkeit voraussetzt, was wiederum die Annahme einer gemischten Schenkung ausschließt (s. Rdnr. 483).
50 BGH, 27.11.1952, IV ZR 146/52, NJW 1953, 501; vgl. jüngst BGH, 18.10.2011, X ZR 45/10, NJW 2012, 605.

§ 18 *Schenkung*

rung wegen groben Undanks, nicht aber für diejenige wegen Verarmung oder Nichtvollziehung einer Auflage. Bei der Verarmung erfordern Sinn und Zweck des Rückforderungsrechts nur eine finanzielle Besserstellung des Schenkers – der Geldwert, nicht aber der Gegenstand selbst ist für ihn entscheidend. Daher muss dem Beschenkten nach – überzeugender – Mindermeinung ein Wahlrecht zwischen Rückabwicklung und Wertersatz eingeräumt werden. Beruht der Anspruch auf der Nichtvollziehung einer Auflage, ergibt sich dieses Ergebnis bereits aus § 527 i.V.m. § 818 Abs. 2: Nach § 527 besteht der Anspruch nur „insoweit als das Geschenk zur Vollziehung der Auflage hätte verwendet werden müssen". Der Anspruch bezieht sich also nur auf den geschenkten Teil. Bei Unteilbarkeit des zugewendeten Gegenstands (s. Rdnr. 700), bedeutet dies, dass die Herausgabe der Sache nach unmöglich ist und daher gem. § 818 Abs. 2 nur Wertersatz geschuldet wird. Allerdings kann sich in Einzelfällen aus Treu und Glauben etwas anderes ergeben.

704 Für die **Mangelgewährleistung** gilt zunächst der allgemeine Grundsatz der Zweckwürdigungstheorie: Bei unentgeltlichem Schwerpunkt gelten die schenkungsrechtlichen Vorschriften (also §§ 523 und 524), bei entgeltlichem Schwerpunkt die des betreffenden entgeltlichen Vertrags – also meistens diejenigen des Kaufrechts. Die Nachteile dieser Entweder-Oder-Lösung werden dadurch abgefedert, dass man gewisse Anpassungen vornimmt[51]. So soll ein Nacherfüllungsanspruch auf Fälle beschränkt sein, in denen der mangelbedingte Minderwert den Schenkungswert übersteigt. Bei einer Minderung ergibt sich eine gewisse Berücksichtigung der partiellen Schenkung schon daraus, dass sich der Kaufpreis anteilig mindert. Dennoch erscheint es auch bei der Minderung angemessen, zunächst den Schenkungswert aufzuzehren und erst dann mit der Minderung des Kaufpreises zu beginnen (also eine Minderung nur dann zuzulassen, wenn der Wert der Sachen unter den Wert der Gegenleistung gesunken ist). Für einen Schadensersatzanspruch kommen zwei Möglichkeiten in Betracht. Zum einen ließe sich schlicht quoteln: Macht der unentgeltliche Teil 30% der Zuwendung aus, so bekommt der Beschenkte nur 70% seines Schadens ersetzt (es sei denn, es liegen auch die schenkungsrechtlichen Voraussetzungen für einen Schadensersatz vor). Zum anderen könnte man die oben angesprochene (Rdnr. 687 ff) „Aufzehrungslösung" verfolgen und von dem Schaden den Wert der Schenkung abziehen. Musste der „Beschenkte" für einen Gegenstand im Wert von 1000 € nur 700 € bezahlen (liegt also in Höhe von 300 € ein Geschenk vor), so sind ihm nur Schäden oberhalb von 300 € zu ersetzen (bei einem Schaden von 400 € wäre der Ersatzanspruch des Beschenkten also auf 100 € beschränkt, bei einem Schaden von 4000 € auf 3700 €).

3. Schenkungsversprechen von Todes wegen

705 Von einem Schenkungsversprechen von Todes wegen spricht man, wenn das Versprechen erstens auf den Tod des Schenkers aufschiebend befristet und zweitens unter der Bedingung erteilt wird, dass der Beschenkte den Schenker überlebt. Dann – und nur dann – finden gem. § 2301 Abs. 1 S. 1 die Vorschriften über Verfügungen von Todes

---

51 Vgl. ausführlich MünchKomm/*Koch* § 516 Rdnr. 44 ff.

wegen Anwendung⁵². Ist nur eine Befristung oder eine auf den Tod des Schenkers lautende Fälligkeitsabrede (sog. betagte Schenkung) vereinbart, greift § 2301 demgegenüber nicht⁵³. S. zum Themenkomplex des Schenkungsversprechens von Todes wegen ausführlich *M. Lipp*, Examens-Rep Erbrecht Rdnr. 166 ff.

§ 19 Miete

I. Systematik der Regelungen

Das Mietrecht wurde zwar nahezu zeitgleich mit dem übrigen Schuldrecht reformiert[1] – allerdings ohne es an die neuen Strukturen und Begrifflichkeiten anzupassen. Wie im Reisevertragsrecht finden sich daher auch im Mietrecht Relikte des alten Schuldrechts. Der systematische Aufbau des Mietrechts orientiert sich an der praktischen Relevanz: Nach den allgemeinen Vorschriften (§§ 535–548) folgt ein Komplex mit Regelungen zur Wohnraummiete, der den Kern des Mietrechts ausmacht (§§ 549–577a). Vorschriften zu allen übrigen Mietverhältnissen finden sich in einem einzigen weiteren Komplex (§§ 578–580a), dessen Regelungsgehalt sich weitgehend in Verweisen auf einzelne Vorschriften zur Wohnraummiete erschöpft.

706

II. Vertragsgegenstand

Unter einem Mietvertrag i.S.d. §§ 535 ff versteht man ein Rechtsgeschäft über die zeitlich befristete, entgeltliche Überlassung einer körperlichen Sache zu deren Gebrauch. Unerheblich ist, ob es sich dabei um eine bewegliche oder unbewegliche Sache handelt; sogar ein Teil einer Sache kann Gegenstand eines Mietvertrags sein (z.B. Hauswand zu Reklamezwecken)[2]. Anders als etwa beim Kaufvertrag kommt es nicht zu einem einmaligen, sondern zu einem fortdauernden Leistungsaustausch. Beim Mietvertrag handelt es sich folglich um ein Dauerschuldverhältnis.

707

Eng verwandt mit der Miete sind die **Pacht** (§§ 581-584b) und die **Landpacht** (§§ 585–597). Im Gegensatz zur Miete können bei der Pacht nicht nur körperliche (bewegliche Sachen, Grundstücke[3]), sondern auch unkörperliche Gegenstände (Rechte, Unternehmen bzw. Betriebe) zum Vertragsinhalt gemacht werden. Außerdem steht nicht der Gebrauch des Pachtgegenstandes im Vordergrund der Vertragsbeziehungen, sondern

708

---

52 Vollzieht der Schenker das Geschenk noch zu Lebzeiten, so finden gem. § 2301 Abs. 2 die Vorschriften über Schenkungen unter Lebenden Anwendung – mit anderen Worten: Es tritt Heilung ein
53 MünchKomm/*Koch* § 516 Rdnr. 86.

1 Gesetz zur Neugliederung, Vereinfachung und Reform des Mietrechts vom 19.6.2001 (in Kraft getreten am 1.9.2001) BGBl. 2001 I 1149.
2 *Brox/Walker* BT § 10 Rdnr. 3.
3 Die Verpachtung von Grundstücken kann nach den allg. Vorschriften zur Pacht (§ 581 ff) oder nach den Vorschriften zur Landpacht (§§ 585 ff) erfolgen.

die Fruchtziehung (vgl. § 99) daraus. Im Wesentlichen gelten – qua Verweisung[4] – dieselben Regeln wie im Mietrecht.

709 Abzugrenzen ist der Mietvertrag ferner von der **Leihe** (unentgeltlich), dem **Sachdarlehen** (Rückgabe nicht der überlassenen Sache selbst, sondern einer anderen Sache gleicher Art und Güte) und der **Verwahrung** (Überlassung nicht zum Gebrauch, sondern zur Aufbewahrung, d.h. im Interesse des Eigentümers).

III. Zustandekommen und Wirksamkeit

710 Zustandekommen und Wirksamkeit des Mietvertrags richten sich nach den allgemeinen Vorschriften. Eine herausragende Rolle spielt dabei das **AGB-Recht**: Mietverträge basieren fast immer auf Standard-Formularen und sind daher regelmäßig als AGB zu qualifizieren – und zwar selbst dann, wenn der betreffende Vermieter das Formular nur ein einziges Mal verwendet. Voraussetzung ist lediglich, dass der Vermieter die Benutzung des Formulars vom Mieter verlangt hat – oder wie der BGH formuliert: dass der Vermieter „den Formularvertrag unter Inanspruchnahme einseitiger Gestaltungsmacht zur Vertragsgrundlage erhoben und ihn damit i.S. von § 305 I 1 gestellt hat"[5]. In diesem Fall muss sich der Vermieter zurechnen lassen, dass ein Dritter das Vertragsformular für eine Vielzahl von Verwendungen erstellt hat.

711 Die **Anfechtung** eines Mietvertrags führt nach **ganz h.M.** auch im Mietrecht zu einer Nichtigkeit ex tunc[6]. Einer Ausnahme, wie sie für das Arbeits- und das Gesellschaftsrecht angenommen wird (Wirkung ex nunc), bedarf es für das Mietrecht nicht. Die §§ 985 ff und 812 ff ermöglichen durch die jeweiligen Regelungen zum Nutzungsersatz in aller Regel einen angemessenen Ausgleich.

712 Der Mietvertrag kann **grundsätzlich formfrei** abgeschlossen werden. Eine besondere Formvorschrift enthält aber § 550 S. 1[7]: Danach bedarf ein Vertrag, der ein Mietverhältnis von mehr als einem Jahr begründen soll, der Schriftform[8]. Konsequenz eines Formmangels ist aber nicht etwa die Unwirksamkeit des Vertrags; vielmehr gilt der Vertrag lediglich als „für unbestimmte Zeit geschlossen", so dass die allgemeinen Kündigungsfristen gelten. § 550 ist lex specialis zu § 125[9].

713 **Achtung:** Mangelnde Schriftform kann nach **ganz h.M.** mit Wirkung ex tunc nachgeholt werden[10].

---

4 Für die Pacht: § 581 Abs. 2; für die Landpacht: §§ 586 Abs. 2, 587 Abs. 2 S. 2, 592 S. 4, 593b und 594e Abs. 1.
5 BGH, 17.2.2010, VIII ZR 67/09, NJW 2010, 1131.
6 KG, 4.10.2001, 8 U 1086/00, NJW-RR 2002, 155, (für den Bereich der Gewerberaummiete); MünchKomm/*Häublein* § 535 Rdnr. 37; Erman/*Lützenkirchen* Vor § 536 Rdnr. 21; BeckOK/*Ehlert* § 536 Rdnr. 21.
7 **Achtung:** § 550 S. 1 gilt unmittelbar nur für Wohnraummietverträge, wird aber in § 578 Abs. 1 und 2 auch für sonstige Räume und Grundstücke für anwendbar erklärt.
8 Dies ist auch dann anzunehmen, wenn eine Kündigungsfrist von mehr als einem Jahr vereinbart wird, BGH NJW-RR 2008, 1329.
9 Palandt/*Weidenkaff* § 550 Rdnr. 13.
10 MünchKomm/*Bieber* § 550 Rdnr. 13; BeckOK/*Herrmann* § 550 Rdnr. 17.

IV. Rechte des Mieters

1. Primäranspruch auf Gewährung des Mietgebrauchs

a) Überblick

Der Primäranspruch des Mieters richtet sich auf die Gewährung des Mietgebrauchs (§ 535 Abs. 1 S. 1). Dieser Anspruch besteht – wie S. 2 deutlich macht – aus zwei Komponenten: der Überlassung der Mietsache und ihrer Erhaltung durch den Vermieter. **714**

Die erste Komponente verpflichtet den Vermieter, dem Mieter die Sache in einem zum vertragsgemäßen Gebrauch geeigneten Zustand **zu überlassen**. Dies setzt primär das aktive Verschaffen des Mietgebrauchs voraus, wozu regelmäßig der (unmittelbare) Besitz i.S.d. §§ 854 ff einzuräumen ist. Zur Überlassung gehört aber auch das *Belassen*: Der Vermieter darf dem Mieter den Gebrauch an der Mietsache nicht wieder entziehen oder sonst stören. Er muss sogar Störungen Dritter abwehren[11]. Ferner hat er alle Maßnahmen des Mieters zu dulden, die sich im Rahmen des vertraglich vorgesehenen Gebrauchs halten[12]. **715**

Die zweite Komponente verpflichtet den Vermieter, die Mietsache während der gesamten Mietzeit in einem vertragsgemäßen Zustand **zu erhalten**. Hierunter versteht man neben der Instand*haltung* der Mietsache auch deren Wiederinstand*setzung*[13]. Die Instandsetzungspflicht umfasst dabei grundsätzlich alle an der vermieteten Sache erforderlichen Reparaturarbeiten, also auch die vom Mieter verursachten Veränderungen oder Verschlechterungen. Zwar schuldet der Mieter für jede von ihm zu vertretende Verschlechterung der Mietsache nach § 280 Abs. 1 Schadensersatz[14] – und damit nach § 249 Abs. 1 Reparatur der Mietsache. § 538 stellt jedoch klar, dass der Mieter solche „Veränderungen oder Verschlechterungen der Mietsache, die durch den vertragsgemäßen Gebrauch herbeigeführt werden", nicht zu vertreten hat – insofern scheidet ein Schadensersatz also aus[15]. Kurz: Bohrlöcher muss der *Vermieter* verspachteln, wenn sie daher rühren, dass der Mieter dort Bilder, Lampen oder Regale aufgehängt hatte. Sind die Löcher hingegen Folgen einer exzessiven Party, obliegt dem *Mieter* die Reparatur. **716**

b) Schönheits- und Bagatellreparaturen

Dass man dennoch regelmäßig nicht den Vermieter, sondern den Mieter beim Verspachteln von Bohrlöchern antrifft, liegt daran, dass es – gerade bei der Vermietung von Wohnraum – verbreitete Praxis ist, die Erhaltungspflicht teilweise auf den Mieter zu übertragen (und § 538 abzubedingen[16]). Dies betrifft insbesondere Schönheits- und Bagatellreparaturen. **Schönheitsreparaturen** sind Arbeiten *innerhalb* der Miträume, **717**

---

11 BeckOK/*Ehlert* § 535 Rdnr. 183 f.; Jauernig/*Teichmann* § 535 Rdnr. 13; *Looschelders* BT Rdnr. 403.
12 Jauernig/*Teichmann* § 535 Rdnr. 15; *Looschelders* BT Rdnr. 402.
13 MünchKomm/*Häublein* § 535 Rdnr. 101; BeckOK/*Ehlert* § 535 Rdnr. 186.
14 S. Rdnr. 544.
15 BeckOK/*Ehlert* § 538 Rdnr. 9. Durch den Gebrauch bedingte Abnutzungen sind mit der Miete abgegolten, MünchKomm/*Bieber* § 538 Rdnr. 1; Palandt/*Weidenkaff* § 538 Rdnr. 1.
16 Zur Abdingbarkeit des § 538 s. Palandt/*Weidenkaff* § 538 Rdnr. 2.

die durch die vertragsgemäße Abnutzung der Mietsache erforderlich werden und die dazu dienen, das äußere Erscheinungsbild der Innenräume ansprechend zu erhalten[17]. Schulbeispiel ist das Anstreichen von Wänden und Decken. Unter **Bagatellreparaturen** versteht man Instandsetzungen, die keine hohen Kosten verursachen[18] und solche Teile der Mietsache betreffen, die dem häufigen Zugriff des Mieters ausgesetzt sind – beispielsweise Lichtschalter, Türklinken, Wasserhähne etc.

718 Rechtliche Grenzen der Übertragung bilden dabei zum einen § 536 Abs. 4 und zum anderen die §§ 307 ff. Nach § 536 Abs. 4 darf eine Miet*minderung* nicht vertraglich ausgeschlossen werden. Dies wäre aber jedenfalls mittelbar der Fall, wenn der Vermieter die Erhaltung der Mietsache nicht mehr schuldete und eine Beschädigung deswegen keinen Mangel mehr darstellte. Daher ist nur die Reparatur solcher Schäden übertragbar, die keine Mietminderung auslösen würden[19]. Schönheitsreparaturen geraten mit dieser Grenze regelmäßig nicht in Konflikt[20], Kleinreparaturen unter Umständen sehr wohl: So ist von einer Kleinreparaturklausel regelmäßig auch die Reparatur eines defekten Wasserhahns oder einer defekten Toilettenspülung umfasst – deren mangelnde Funktionsfähigkeit kann aber sehr wohl eine Minderung begründen. Daher ist die Abwälzung derartiger Kleinreparaturen auf den Mieter bei der Wohnraummiete nur in Form einer Kosten-, nicht aber als Vornahmeklausel wirksam. Der Mieter muss also weder selbst Hand anlegen, noch einen Handwerker mit der Reparatur beauftragen – er muss einzig die Rechnung des vom Vermieter beauftragten Handwerkers begleichen[21]. Kein Verstoß gegen § 536 Abs. 4 droht indes dann, wenn die Reparatur einen Defekt betrifft, der unterhalb der Erheblichkeitsschwelle des § 536 Abs. 1 liegt (siehe dazu Rdnr. 728).

719 Nach § 307 Abs. 1 S. 1 darf eine AGB – und um eine solche handelt es sich bei einem Mietvertrag in der Praxis fast immer[22] – den Vertragspartner des Verwenders nicht unangemessen benachteiligen. Dies ist nach **ganz h.M.** bei Schönheits- und Kleinreparaturklauseln aber nicht der Fall[23]. Argument: Die Übertragung solcher Arbeiten finde bei der Mietkalkulation Berücksichtigung[24] und der Mieter habe es in der Hand, Verschleiß- und Alterserscheinungen der Mietsache durch einen schonenden Umgang zu vermindern[25]. Gleichwohl ist eine Vertragsklausel im jeweiligen Einzelfall auf ihre Vereinbarkeit mit den wesentlichen Grundgedanken des Mietrechts hin zu überprüfen. So hat der BGH wiederholt auf das Verbot starrer, d.h. bedarfsunabhängiger

---

17 BeckOK/*Ehlert* § 535 Rdnr. 191.
18 BGH, 7.6.1989, VIII ZR 91/88, NJW 1989, 2247, 2248; BGH 1991, 1750; BGH, 6.5.1992, VIII ZR 129/91, NJW 1992, 1759. Uneinigkeit besteht über die Höhe der Kosten, die Kleinreparaturen auslösen dürfen: grob dürfte von ca. 50–100 € pro Reparatur und nicht mehr als 6–8% der Nettojahreskaltmiete pro Jahr auszugehen sein; vgl. Staudinger Eckpfeiler/*Emmerich* Kap. O., Rdnr. 53.
19 BeckOK/*Ehlert* § 535 Rdnr. 186d.
20 BGH, 6.5.1992, VIII ZR 129/91, NJW 1992, 1759, 1760 f.
21 BGH, 6.5.1992, VIII ZR 129/91, NJW 1992, 1759, 1760; BeckOK/*Ehlert* § 538 Rdnr. 14.
22 S. Rdnr. 493.
23 Zur Zulässigkeit der Übertragung von Schönheitsreparaturen: BT-Drucks. 14/4553, S. 40; BGH, 3.6.1998, VIII ZR 317/97, NJW 1998, 3114, 3115; BeckOK/*Ehlert* § 535 Rdnr. 192 f; Palandt/*Weidenkaff* § 535 Rdnr. 43; zur Zulässigkeit der Übertragung von Kleinreparaturen: BGH, 7.6.1989, VIII ZR 91/88, NJW 1989, 2247, 2249; BeckOK/*Ehlert* § 538 Rdnr. 14; Palandt/*Weidenkaff* § 535 Rdnr. 37.
24 BGH, 3.6.1998, VIII ZR 317/97, NJW 1998, 3114, 3115.
25 BGH, 7.6.1989, VIII ZR 91/88, NJW 1989, 2247, 2249; BeckOK/*Ehlert* § 538 Rdnr. 14.

Fristenregelungen für Schönheitsreparaturen hingewiesen[26]. Auch hält der BGH Schönheitsreparaturklauseln neuerdings dann für unwirksam, wenn der Mieter die Wohnung in einem unrenovierten Zustand übernommen hat und er keinen angemessenen (!) Ausgleich für die Erstrenovierung vom Vermieter bekommt[27].

Ebenfalls unwirksam ist eine Klausel, die dem Mieter für sämtliche Schönheitsreparaturen eine Farbe vorgibt. Eine solche Farbwahlklausel ist nur dann zulässig, wenn sie – erstens – „ausschließlich für den Zeitpunkt der Rückgabe Geltung beansprucht" und dem Mieter – zweitens „einen gewissen Spielraum lässt". Eine Einengung auf die Farbe „weiß" ist dementsprechend auch für die Auszugsrenovierung unzulässig[28]. Diese Differenzierung beruht auf einer Abwägung der gegenläufigen Interessen von Vermieter und Mieter. Grundsätzlich sei das Interesse des Mieters schützenswert, die Mietsache während der Mietzeit nach seinen Vorstellungen farblich zu gestalten. Demgegenüber habe der Vermieter ein schützenswertes Interesse daran, „die Wohnung in einem Dekorationszustand zurückzuerhalten, der dem Geschmack eines größeren Interessentenkreises entspricht und eine rasche Weitervermietung ermöglicht."

720

Bemerkenswert ist in diesem Zusammenhang, dass der BGH den Mieter auch ohne eine vertragliche Farbwahlklausel für verpflichtet hält, die Wohnung in „neutraler Dekoration" zurückzugeben: Gebe der Mieter die Wohnung „in einem ausgefallenen farblichen Zustand" zurück, stelle dies einen Verstoß gegen die allgemeine Rücksichtnahmepflicht aus § 241 Abs. 2 dar[29]. Eine Farbwahlklausel ist daher in dem Umfang, in dem sie zulässig ist, letztlich überflüssig.

721

Achtung: Der BGH wendet seine Rechtsprechung zu Schönheitsreparaturen auch auf Mietverträge über Gewerberäume an[30].

722

Ohne weiteres zulässig ist es, wenn der Mietvertrag neben der Grundmiete einen eigenständigen Posten „Zuschlag Schönheitsreparaturen" enthält.[31] Hierbei handelt es sich letztlich nur um eine transparente Berechnung der Gesamtmiete.

723

c) *Gebrauchsüberlassung an Dritte*

Gemäß § 540 Abs. 1 ist der Mieter ohne die Erlaubnis des Vermieters **nicht berechtigt**, den Gebrauch der Mietsache einem Dritten entgeltlich (Untermiete) oder unentgeltlich zu überlassen. Bei Mietverhältnissen über Wohnraum ist der Vermieter allerdings

724

---

26 Vgl. etwa BGH, 5.4.2006, VIII ZR 178/05, NJW 2006, 1728, 1728 f; BGH, 5.4.2006, VIII ZR 106/05, NJW 2006, 2113, 2114 („übliche Fristen"); BGH, 5.4.2006, VIII ZR 152/05, NJW 2006, 2115, 2115 („übliche Fristen"); BeckOK/*Ehlert* § 535 Rdnr. 196. Ähnliches gilt auch bei starren Abgeltungsquoten bei Mietzeitende (BGH, 18.10.2006, VIII ZR 52/06, NJW 2006, 3778, 3780) und bei gewerblichen Mietverträgen (OLG Düsseldorf, 4.5.2006, 10 U 174/05, NJW 2006, 2047, 2047 f).
27 BGH, 18.3.2015, VIII ZR 185/14, NJW 2015, 1594 (unter Verneinung einer Angemessenheit des Ausgleichs im konkreten Fall: Erlass einer halben Monatsmiete für das Streichen von 3 Zimmern).
28 BGH, 14.12.2010, VIII ZR 198/10, NJW 2011, 514; BGH 22.2.2012, VIII ZR 205/11, NJW 2012, 1280.
29 BGH, 6.11.2013, VIII ZR 416/12, NJW 2014, 143.
30 BGH, 8.10.2008, XII ZR 84/06, NJW 2008, 3772; i.E. zust. *Emmerich*, NZM 2009, 16; krit. *Bieber*, NJW 2008, 3774.
31 BGH, 30.5.2017, VIII ZR 31/17, NZM 2017, 594.

unter Umständen nach § 553 Abs. 1 verpflichtet, eine solche Erlaubnis zu erteilen. Voraussetzung ist, dass der Mieter – erstens – ein berechtigtes Interesse an der Untervermietung hat und – zweitens – den Gewahrsam an zumindest einem Raum der Wohnung behält (die Erlaubnispflicht des § 553 Abs. 1 bezieht sich ausdrücklich nur auf „einen Teil des Wohnraums")[32]. Drittens dürfen der Untervermietung keine berechtigten Gründe seitens des Vermieters entgegenstehen.

725 Unterlässt der Vermieter es, die Erlaubnis zu erteilen, und überlässt der Mieter einem Dritten den Gebrauch, steht einer auf diese Gebrauchsüberlassung gestützten Kündigung seitens des Vermieters der Einwand des Rechtsmissbrauchs (§ 242) entgegen[33].

726 Im Übrigen ist der Mieter selbstverständlich berechtigt, Dritten im Rahmen des allgemeinen Mietgebrauchs eine Mitbenutzung einzuräumen (bei der Wohnraummiete bspw.: Freunde zu empfangen). Die Grenzziehung zwischen einem solch vertragsgemäßen (Eigen-)Gebrauch und einer unzulässigen Gebrauchsüberlassung ist schwierig. Kriterien sind insbesondere die Länge des Aufenthalts[34] und der Grad des Mitgebrauchs (selbstständiger oder unselbstständiger Mitgebrauch)[35]. Eine Sonderstellung nehmen Familienangehörige ein: Ehe- oder Lebenspartner sind ebenso wenig als Dritte i.S.d. § 540 anzusehen wie die Kinder des Mieters[36].

2. Mängelgewährleistung

a) Überblick

727 Die Regelungen zur Mängelgewährleistung finden sich in den §§ 536-536d. Auffällig ist, dass dort lediglich drei Rechtsbehelfe des Mieters vorgesehen sind: Minderung, Schadensersatz und Ersatz von Aufwendungen für eine Selbstvornahme. Ein Mängelbeseitigungsanspruch fehlt ebenso wie ein Kündigungsrecht. Dies beruht darauf, dass beide Rechtsbehelfe an anderer Stelle geregelt sind: Ein Mängelbeseitigungsanspruch ergibt sich bereits aus der Erhaltungspflicht des Vermieters (s. Rdnr. 716)[37]. Die Kündigungsmöglichkeiten sind allgemein – also nicht auf Mängel beschränkt – insb. in § 543 geregelt (s. dazu Rdnr. 753 ff und 775 ff).

---

32 Vgl. BGH, 11.6.2014, VIII ZR 349/13, NJW 2014, 2717, Leitsatz 2.
33 BGH, 2.2.2011, VIII ZR 74/10, NJW 2011, 1065.
34 BGH, 19.6.2001, VIII ZR 371/02, NJW 2004, 56.
35 Jauernig/*Teichmann* § 540 Rdnr. 2 f.
36 BGH, 19.6.2001, VIII ZR 371/02, NJW 2004, 56; BGH, 15.5.1991, VIII ZR 38/90, NJW 1991, 1750, 1751.
37 Im Gegensatz zum kaufrechtlichen Anspruch aus § 439 ist der mietrechtliche Anspruch daher grundsätzlich nicht auf „Nachlieferung", d.h. auf das Zur-Verfügung-Stellen einer neuen Mietsache gerichtet, sondern allein auf die Mangelbeseitigung durch Instandsetzung. Allerdings kann der Vermieter nach Treu und Glauben *berechtigt* sein, statt der Mängelbeseitigung eine Ersatzsache zur Verfügung zu stellen, wenn der Mieter hierdurch keinen Nachteil erleidet (z.B. bei der Kraftfahrzeugmiete); vgl. *Oechsler* VS Rdnr. 861.

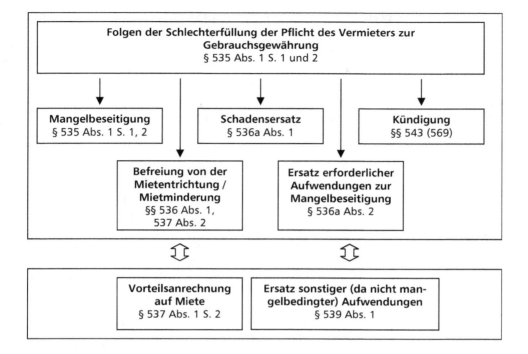

b) Mietmangel, Fehlen einer zugesicherten Eigenschaft

Zentraler Anknüpfungspunkt des mietrechtlichen Gewährleistungsrechts ist das Vorliegen eines Sach- oder Rechtsmangels (§ 536 Abs. 1, 3) bzw. das Fehlen einer zugesicherten Eigenschaft (§ 536 Abs. 2). Dabei gilt für Sach- und Rechtsmängel eine Erheblichkeitsschwelle: Die Tauglichkeit der Mietsache zum vertragsgemäßen Gebrauch muss gem. § 536 Abs. 1 S. 3 *erheblich* gemindert sein. Ein Mangel, der leicht erkennbar ist *und* schnell und kostengünstig behoben werden kann, ist regelmäßig nicht erheblich[38]. Für das Fehlen einer zugesicherten Eigenschaft gilt die Erheblichkeitsschwelle – wie bereits im Reisevertragsrecht[39] – nicht: § 536 Abs. 2 verweist nicht auf Abs. 1 S. 3[40].

728

Unter einem **Sachmangel** i.S.v. § 536 Abs. 1 ist jede für den Mieter nachteilige Abweichung des tatsächlichen (Ist-)Zustands vom vertraglich vereinbarten (Soll-)Zustand zu verstehen[41]. Dabei muss die Ursache für den Mangel nicht in der Mietsache selbst angelegt sein. Sachmängel bilden daher sowohl Fehler in der Substanz, Ausstattung oder Handhabbarkeit der Mietsache als auch sog. Umweltfehler, d.h. äußere Einwir-

729

---

38 BGH, 30.6.2004, XII ZR 251/02, NJW-RR 2004, 1450, 1451; MünchKomm/*Häublein* § 536 Rdnr. 21; Palandt/*Weidenkaff* § 536 Rdnr. 17.
39 S. Rdnr. 419.
40 MünchKomm/*Häublein* § 536 Rdnr. 22.
41 BGH, 16.2.2000, XII ZR 279/97, NJW 2000, 1714, 1715; BeckOK/*Ehlert* § 536 Rdnr. 23.

kungen auf die Mietsache wie beispielsweise Lärmimmissionen oder Elektrosmog[42]. Auch äußere Einwirkungen stellen jedoch erst dann einen Mangel dar, wenn sie erheblich sind. Das ist regelmäßig dann nicht der Fall, wenn dem Vermieter gem. § 906 kein Abwehranspruch gegen den Verursacher zusteht[43].

730 Auch die Beziehung der Mietsache zu einer Gefahrenquelle – wie beispielsweise die Lage des Grundstücks in einem Hochwassergebiet – kann einen Umweltfehler begründen[44]. Der Mangel resultiert hier daraus, dass der Mieter die Mietsache nur in der Befürchtung der Gefahrverwirklichung nutzen kann. Dabei muss der Eintritt der Gefahr, wenn auch nicht akut, so doch zumindest ernsthaft zu erwarten sein und sich unmittelbar auf die Gebrauchsmöglichkeit der Mietsache auswirken[45].

731 Ein **Rechtsmangel** liegt nach dem Wortlaut des § 536 Abs. 3 vor, wenn dem Mieter der vertragsgemäße Gebrauch der Mietsache durch das Recht eines Dritten ganz oder teilweise entzogen wird. Zu den Rechten i.S.d. Vorschrift zählen grundsätzlich nur private Rechte Dritter[46] und zwar schuldrechtliche wie dingliche[47]. Das bloße *Bestehen* des Rechts eines Dritten an der Mietsache ist indes unbeachtlich: So braucht der Vermieter nicht einmal der Eigentümer der Mietsache zu sein. Ein Rechtsmangel entsteht vielmehr erst dann, wenn der Dritte sein Recht ausübt und dem Mieter den Mietgebrauch entzieht[48].

732 **Vertiefender Hinweis:** Öffentlich-rechtliche Gebrauchshindernisse und Gebrauchsbeschränkungen begründen keinen Rechts-, sondern einen Sachmangel – auch dies allerdings nur dann, „wenn sie auf der konkreten Beschaffenheit der [Miet]sache beruhen und nicht in persönlichen oder betrieblichen Umständen des [Mieters] ihre Ursache haben"[49]. Oftmals wird nicht leicht zu entscheiden sein, ob die Gebrauchsbeschränkung aus Beschaffenheit der Mietsache oder betrieblichen Umständen beruht. Beispiel: Das rheinland-pfälzische Nichtrauchergesetz verbietet das Rauchen in Gaststätten; erlaubt ist das Rauchen allerdings weiterhin in abgetrennten Raucherräumen. Führt das Rauchverbot für eine Kneipe mit zwei nicht voneinander abgetrennten Räumen nun zu einem Sachmangel? Der BGH verneinte die Frage mit dem Argument, das Rauchverbot beziehe sich „auf die Art und Weise der Betriebsführung des Mieters" – es greife, weil der Mieter in den Räumen eine Kneipe betreibe[50]. Das kann man freilich auch anders sehen. Das Rauchverbot greift deshalb, weil die beiden Räume

---

42 BGH, 16.2.2000, XII ZR 279/97, NJW 2000, 1714, 1715; BeckOK/*Ehlert* § 536 Rdnr. 32; *Oechsler* VS Rdnr. 850. Elektrosmog allerdings nur dann, wenn die Grenzwerte der 26. BImschV überschritten sind; BGH, 13.2.1004, V ZR 217/03, NJW 2004, 1317.
43 **BGH, 29.4.2015, VIII ZR 197/14, NJW 2015, 2177, Leitsatz 4** (Kinderlärm); vgl. auch BGH, 19.12.2012, VIII ZR 152/12, NJW 2013, 680 (üblicher Straßenlärm im Innenstadtbereich kein Mietmangel).
44 BGH, 9.12.1970, VIII ZR 149/69, NJW 1971, 424; wohl auch: „Einbruchsgeeignetheit", vgl. BGH, 7.6.2006, XII ZR 34/04, NJW-RR 2006, 1157, 1157 f.
45 BGH, 16.2.2000, XII ZR 279/97, NJW 2000, 1714, 1715; BeckOK/*Ehlert* § 536 Rdnr. 32; Erman/*Lützenkirchen* § 536 Rdnr. 8.
46 Nicht unter Abs. 3 fallen öffentliche Gebrauchsbeschränkungen, die – sofern sie nicht in der Person des Mieters begründet sind – als Sachmangel zu qualifizieren sind; BGH, 23.9.1992, XII ZR 44/91, NJW 1992, 3226, 3227; MünchKomm/*Häublein* § 536 Rdnr. 25; Erman/*Lützenkirchen* § 536 Rdnr. 50.
47 BGH, 2.11.1988, VIII ZR 7/88, ZMR 1989, 59, 60 (beschränkt persönliche Dienstbarkeit); BeckOK/*Ehlert* § 536 Rdnr. 72 f; *Looschelders* BT Rdnr. 413 f.
48 BGH, 4.10.1995, XII ZR 215/94, NJW 1996, 46; Palandt/*Weidenkaff* § 536 Rdnr. 27.
49 BGH, 13.7.2011, XII ZR 189/09, NJW 2011, 3151 Rdnr. 8 (zu einem Pachtvertrag).
50 BGH, 13.7.2011, XII ZR 189/09, NJW 2011, 3151 Rdnr. 12 ff.

nicht – beispielsweise durch eine Tür – voneinander abgetrennt sind – und folglich aufgrund der baulichen Beschaffenheit der Mietsache.

Wie das Reisevertragsrecht benutzt auch das Mietrecht neben dem Mangelbegriff weiter den Begriff der **zugesicherten Eigenschaften**, § 536 Abs. 2: Eigenschaften sind alle wertbildenden Faktoren einer Sache, die ihr auf Dauer anhaften, d.h. in ihr begründet sind[51]. Zusicherung ist eine rechtlich bindende Erklärung, die über die bloße Angabe des Verwendungszwecks und die Beschreibung der Mietsache hinausgeht[52]. 733

c) *Kein Ausschluss des Gewährleistungsrechts*

§§ 536b und c normieren Gründe, die dem Mieter seine Mängelgewährleistungsrechte abschneiden. 734

– Kenntnis des Mangels bei Vertragsschluss, § 536b S. 1.
– Grob fahrlässige Unkenntnis des Mangels bei Vertragsschluss – es sei denn, der Vermieter hat den Mangel arglistig verschwiegen, § 536b S. 2
– Kenntnis des Mangels bei (vorbehaltloser!) Annahme der Mietsache, § 536b S. 3.

Achtung: § 536b ist nach **neuer Rechtsprechung des BGH**[53] nicht auf die Vertragsverlängerung durch Ausübung eines Optionsrechts anwendbar, nicht einmal analog. Zum einen fehle es seit der Mietrechtsreform von 2001 an einer planwidrigen Regelungslücke; die Folgen eines während des Mietverhältnisses zu Tage tretenden Mangels seien in § 536c abschließend geregelt. Zum anderen sei die Interessenlage bei Ausübung eines Optionsrechts eine andere als beim ursprünglichen Vertragsschluss: „Die Grundentscheidung für das Mietverhältnis und den konkreten Zustand der Mietsache als vertragsgemäß ist gefallen, die mietvertraglichen Rechte und Pflichten sind festgelegt und das Dauerschuldverhältnis von Mieter und Vermieter besteht (oft seit längerer Zeit). Der Mieter setzt sich daher nicht dem Vorwurf des widersprüchlichen Verhaltens aus dergestalt, dass er eine mangelhafte Sache von vornherein als vertragsgerecht akzeptiert, hiervon abweichend aber zu einem späteren Zeitpunkt die Rechte aus § 536a BGB geltend machen will." 735

– Unterlassen einer Mängelanzeige, wenn sich der Mangel erst im Laufe der Mietzeit zeigt und der Vermieter den Mangel infolge der fehlenden Mängelanzeige nicht beseitigen konnte, § 536c Abs. 2 S. 2 Nr. 1 und 2. 736

Achtung: § 536c gilt nicht nur für nachträgliche, sondern auch für anfängliche Mängel: Es kommt nicht darauf an, wann der Mangel entsteht, sondern darauf, wann er sich „zeigt". 737

Vertiefender Hinweis: Die unterlassene Mängelanzeige hat neben dem Ausschluss der Mängelgewährleistungsrechte des Mieters noch eine weitere Konsequenz: Entstehen dem Vermieter Schäden, weil er von einem Mangel keine Kenntnis hat, so kann er sie vom Mieter nach § 536c Abs. 2 ersetzt verlangen (s. Rdnr. 785).

---
51 BeckOK/*Ehlert* § 536 Rdnr. 71; Palandt/*Weidenkaff* § 536 Rdnr. 26.
52 BeckOK/*Ehlert* § 536 Rdnr. 70.
53 **BGH, 5.11.2014, XII ZR 15/12, NJW 2015, 402** (mit Hinweisen gegensätzlichen h.M. in der Literatur); BGH, 14.10.2015, XII ZR 84/14, NZM 2015, 861.

738 Hinzu kommen drei weitere Gründe, die einer Mängelgewährleistung entgegenstehen können:

- **Vertraglicher Haftungsausschluss**; aber Achtung: Zum einen darf bei Wohnraummietverhältnissen die Minderung nicht vertraglich ausgeschlossen werden (§ 536 Abs. 4), zum anderen greift ein vertraglicher Haftungsausschluss dann nicht, wenn der Vermieter den Mangel arglistig verschwiegen hat (§ 536d),
- **Vertretenmüssen** des Mieters, weil dann der Mieter dem Vermieter schadensersatzpflichtig ist (zum Vertretenmüssen beachte aber § 538)[54],
- **Verwirkung** nach § 242, die allerdings an strenge Voraussetzungen geknüpft ist[55].

d) Minderung (§ 536)

739 Liegt nach diesen Grundsätzen ein Mietmangel vor oder fehlt eine zugesicherte Eigenschaft, so mindert[56] sich der Mietzins ipso iure. Die Minderung ist also – anders als beim Kauf (§ 441) – kein Gestaltungsrecht, das eine Geltendmachung durch den Berechtigten (Mieter) erfordern würde, sondern eine rechtsvernichtende Einwendung: Der Mieter ist in Höhe des Minderungsbetrags von der Entrichtung der Miete befreit. Dies schließt zugleich aus, dass der Mieter mit der ausstehenden Miete in Verzug gerät[57].

740 Hat der Mieter schon geleistet – was vor allem bei Wohnraummietverträgen wegen § 556b Abs. 1 die Regel sein dürfte –, so steht ihm ein Rückzahlungsanspruch aus condictio indebiti (§ 812 Abs. 1 S. 1 Fall 1) zu[58].

741 **Vorsicht:** War dem Mieter der Mangel zum Zeitpunkt der Mietzahlung bereits bekannt, kann der Rückforderungsanspruch gem. § 814 ausgeschlossen sein[59].

742 In der Praxis wird der Mieter schlicht für den *nächsten* Monat eine geminderte Mietzahlung entrichten[60]. Hierin liegt eine Aufrechnung des Rückforderungsanspruchs gegen den Mietzinsanspruch des Vermieters aus dem Folgemonat (§§ 387 ff).

e) Schadensersatz (§ 536a)

743 Hinsichtlich des Anspruchs des Mieters gegen den Vermieter auf Schadensersatz sind drei Fälle zu unterscheiden: die Haftung für anfängliche Mängel (§ 536a Abs. 1 Fall 1); die Haftung für nachträgliche Mängel (§ 536a Abs. 1 Fall 2) und die Haftung für einen Verzug bei der Mängelbeseitigung (§ 536a Abs. 1 Fall 3).

---

54 MünchKomm/*Häublein* § 536 Rdnr. 32.
55 BGH, 16.7.2003, VIII ZR 274/02, NJW 2003, 2601, 2602; BT-Drucks. 14/4553, S. 41; *Kandelhard* NZM 2005, 43, 44 f.
56 Die vom Gesetz vorgenommene Unterscheidung zwischen der vollständigen Befreiung von der Entrichtung der Miete (Abs. 1 S. 1) und der Entrichtung einer angemessen herabgesetzten Miete (Abs. 1 S. 2) hat allenfalls klarstellende Bedeutung.
57 BGH, 29.10.1986, VIII ZR 144/85, NJW 1987, 432, 432.
58 MünchKomm/*Häublein* § 536 Rdnr. 28; Palandt/*Weidenkaff* § 536 Rdnr. 36; *Looschelders* BT Rdnr. 420; *Oechsler* VS Rdnr. 836; **a.A.** (§§ 441 Abs. 4, 638 Abs. 4 analog i.V.m. §§ 346 ff mit dem Vorteil, dass die Entreicherungseinrede nach § 818 Abs. 3 ausgeschlossen ist): Jauernig/*Teichmann* § 536 Rdnr. 10.
59 BeckOK/*Ehlert* § 536 Rdnr. 83; *Oechsler* VS Rdnr. 836.
60 BeckOK/*Ehlert* § 536 Rdnr. 83.

Davon, welcher dieser drei Fälle gegeben ist, hängt ab, ob neben einem „Mangel im Sinne des § 536" (also einem Sachmangel, einem Rechtsmangel oder dem Fehlen einer zugesicherten Eigenschaft) noch ein weiteres Tatbestandsmerkmal erforderlich ist: **744**

- Bei anfänglichen Mängeln haftet der Vermieter nach § 536a Abs. 1 Fall 1 verschuldensunabhängig (Garantiehaftung). Es ist insoweit weder erforderlich, dass der Vermieter den Mangel bei Vertragsabschluss kannte, noch dass er ihn hätte beseitigen können[61].
- Bei nachträglichen Mängeln ist der Vermieter nach § 536a Abs. 1 Fall 2 nur dann zum Schadensersatz verpflichtet, wenn er den Mangel zu vertreten hat; der Verschuldensmaßstab bemisst sich nach den allgemeinen Reglungen der §§ 276, 278[62].
- Darüber hinaus haftet der Vermieter nach § 536a Abs. 1 Fall 3 auch dann auf Schadensersatz, wenn er sich mit der Mangelbeseitigung in Verzug befindet. Der Eintritt des Verzugs richtet sich nach § 286. Dabei ist zu beachten, dass die bloße Mängelanzeige durch den Mieter (vgl. etwa § 536c Abs. 1 S. 1) grundsätzlich noch keinen Verzug begründet; allerdings kann mit der Mängelanzeige unter Umständen eine Mahnung verbunden sein, was im Einzelfall durch Auslegung zu ermitteln ist[63].

Die Rechtsfolge des § 536a Abs. 1 ist auf den Ersatz grundsätzlich aller Mangel- und Mangelfolgeschäden gerichtet[64]. In Bezug auf einen entgangenen Gewinn ist die Schadensersatzpflicht des Vermieters jedoch **zeitlich begrenzt**: Jedenfalls dann, wenn der Mieter wegen des Mangels fristlos kündigt, besteht die Schadensersatzpflicht nur für den Zeitraum, in dem der Vermieter ohne diese fristlose Kündigung gegen seinen Willen am Vertrag hätte festgehalten werden können, bei befristeten Mietverträgen also bis zum Vertragsende, bei unbefristeten Verträgen bis zur nächsten Kündigungsmöglichkeit[65]. **745**

f) Selbstvornahme der Mangelbeseitigung durch Mieter und Ersatz der Aufwendungen (§ 536a Abs. 2)

Beseitigt der Mieter einen Mangel an der Mietsache selbst, so kann er die hierfür erforderlichen Aufwendungen nach § 536a Abs. 2 ersetzt verlangen[66]. Voraussetzung ist, dass entweder der Vermieter mit der Beseitigung des Mietmangels in Verzug ist (§§ 536a Abs. 2 Nr. 1, 286) *oder* dass die umgehende Mangelbeseitigung zur Erhaltung oder Wiederherstellung des Bestands der Mietsache notwendig ist (§ 536a Abs. 2 **746**

---

61 Palandt/*Weidenkaff* § 536a Rdnr. 9.
62 Palandt/*Weidenkaff* § 536a Rdnr. 11.
63 BeckOK/*Ehlert* § 536a Rdnr. 13; Palandt/*Weidenkaff* § 536a Rdnr. 12.
64 MünchKomm/*Häublein* § 536a Rdnr. 12; Palandt/*Weidenkaff* § 536a Rdnr. 14; *Schlechtriem* BT Rdnr. 257.
65 BGH, 12.1.1972, VIII ZR 26/71, WM 1972, 335; Palandt/*Weidenkaff* § 536a Rdnr. 14; MünchKomm/ *Häublein* § 536a Rdnr. 18.
66 Nach **ganz h.M.** enthält § 536a auch einen Anspruch auf einen Vorschuss i.H.d. zur Mangelbeseitigung voraussichtlich erforderlichen Kosten, wobei dies entweder mit einer analogen Anwendung des § 637 Abs. 3 oder mit Treu und Glauben (§ 242) begründet wird; BGH, 21.4.2010, VIII ZR 131/09, NJW 2010, 2050; BeckOK/*Ehlert* § 536a Rdnr. 34; MünchKomm/*Häublein* § 536a Rdnr. 24; Palandt/ *Weidenkaff* § 536a Rdnr. 18; *Oechsler* VS Rdnr. 880.

§ 19 *Miete*

Nr. 2). Liegt keine dieser beiden Voraussetzungen vor, darf auch nicht subsidiär auf § 539 Abs. 1 zurückgegriffen werden; § 536a Abs. 2 ist abschließend[67].

g)   Konkurrenzen

747 Nach Überlassung der Mietsache verdrängen die §§ 536 ff das allgemeine Leistungsstörungsrecht. Begehrt der Mieter ab diesem Zeitpunkt den Ausgleich mangelbedingter Schäden, richtet sich der Anspruch auf Schadensersatz stets nach § 536a, unabhängig davon, zu welcher Zeit der Mangel entstanden ist: Nach dem Wortlaut des § 536a Abs. 1 sind selbst solche Schäden nach dem besonderen mietrechtlichen Gewährleistungsrecht zu ersetzen, die bereits bei Vertragsschluss vorhanden waren oder in der Zeit zwischen Vertragsschluss und Überlassung der Mietsache entstanden sind.

748 Umstritten ist das Verhältnis zwischen § 536a und den §§ 280 ff, 311a Abs. 2 demgegenüber in dem Fall, dass der Mieter zwar nach Abschluss des Mietvertrags aber vor der Überlassung der Mietsache den Ersatz mangelbedingter Schäden begehrt[68]. Die praktische Bedeutung dieser Frage ergibt sich daraus, dass der Vermieter nach § 536a Abs. 1 Fall 1 verschuldensunabhängig haftet, wohingegen die §§ 280 ff, 311a Abs. 2 ein Vertretenmüssen voraussetzen.

749 Dazu **Fall 16:**   Ein Autohändler mietet Gewerberäume, die er über zwei Stockwerke als Autosalon nutzen möchte. Dies wird im Mietvertrag als entsprechender Nutzungszweck festgehalten. Im Zeitraum zwischen Vertragsschluss und Überlassung der Gewerberäume stellt sich jedoch bei Umbaumaßnahmen heraus, dass das obere Stockwerk wegen einer zu geringen Tragfähigkeit des Bodens nicht zur Ausstellung von PKW genutzt werden kann – ein bei Vertragsschluss nicht erkennbarer anfänglicher Sachmangel. Daraufhin mietet der Mieter andere Räumlichkeiten, die er jedoch erst einen Monat nach dem ursprünglich geplanten Überlassungstermin beziehen kann. Deshalb verlangt er Ersatz des entgangenen Gewinns, den er in dieser Zeit aus der Nutzung der mangelhaften Gewerberäume nachweislich hätte ziehen können.

750 Hier ist fraglich, ob die Anspruchsgrundlage nach § 536a auch schon vor der Überlassung der Mietsache greift und gegenüber einem Schadensersatzanspruch aus §§ 280 ff bzw. § 311a Sperrwirkung entfaltet. Ansatzpunkt für den diesbezüglichen Meinungsstreit ist die in § 536a angeordnete Verweisung auf den „Mangel im Sinne des § 536". Dem Wortlaut lässt sich nämlich nicht entnehmen, ob diese Verweisung sich auch auf das in § 536 enthaltene Zeitmoment („zur Zeit der Überlassung") bezieht oder nicht. Einzig ein grammatikalisches Argument ließe sich konstruieren: Gliedsatz und Hauptsatz des § 536a sind gleichzeitig, woraus sich schließen lässt, dass der anfänglich vorliegende Mangel auch zu diesem Zeitpunkt schon geltend gemacht werden kann. Anderenfalls müsste der Gliedsatz in der Vergangenheitsform stehen („War ein Mangel … bei Vertragsschluss vorhanden").

---

67 BGH NJW 2008, 1216; Palandt/*Weidenkaff* § 539 Rdnr. 2.
68 **Für** eine Geltung des § 536a: MünchKomm/*Häublein* Vor § 536 Rdnr. 10 f; Jauernig/*Teichmann* § 536 Rdnr. 2; *Timme* NZM 2003, 703, 704; *Joussen* ZMR 2004, 553, 555; *Looschelders* BT Rdnr. 437; **gegen** eine Geltung des § 536a: BGH, 18.6.1997, XII ZR 192/95, NJW 1997, 2813; BGH, 25.11.1998, XII ZR 12/97, NJW 1999, 635; BeckOK/*Ehlert* § 536a Rdnr. 7; Palandt/*Weidenkaff* § 536a Rdnr. 3; *Oetker/Maultzsch* § 5 Rdnr. 56.

Für die Anwendung des § 536a bereits ab Vertragsschluss spricht ferner, dass eine Anwendung erst ab Überlassung zu Wertungswidersprüchen führen würde. Denn würde der Mieter den Anspruch auf Ersatz seiner anfänglichen mangelbedingten Schäden vor der Überlassung der Mietsache geltend machen, hätte der Vermieter für diese Schäden gemäß §§ 280 ff, 311a Abs. 2 nur bei Verschulden einzustehen. Demgegenüber würde der Vermieter für dieselben Schäden gemäß § 536a Abs. 1 Fall 1 verschuldensunabhängig haften, sollte der Mieter deren Ersatz erst nach der Überlassung der Mietsache beanspruchen. Im Extremfall könnte dies dazu führen, dass der Vermieter den eigenen Haftungsmaßstab davon abhängig machen kann, ob er dem Mieter die Mietsache überlässt oder nicht – bzw. andersherum: dass der Mieter eine Übergabe herbeiführen müsste, um Schadensersatz verlangen zu können[69]. **751**

Für eine Begrenzung des Anwendungsbereichs des § 536a Abs. 1 Fall 1 auf den Zeitraum nach Überlassung der Mietsache spricht hingegen, dass hierdurch das Verschuldensprinzip – ganz der Tendenz des SMG entsprechend – verstärkt zur Geltung gebracht wird[70]. Beide Ansichten sind in der Klausur gut vertretbar; wichtig ist wie immer, dass Sie Argumente vortragen. **752**

3. Außerordentliche fristlose Kündigung aus wichtigem Grund

a) Kündigungsgrund

Aus § 543 Abs. 1 S. 1 – für die Wohnraummiete ergänzt durch § 569 – kann dem Mieter das Recht zur außerordentlichen fristlosen Kündigung des Mietvertrags aus wichtigem Grund zustehen (zu den übrigen Kündigungsmöglichkeiten s. Rdnr. 803 ff). Ein wichtiger Grund liegt nach der Legaldefinition in § 543 Abs. 1 S. 2 dann vor, wenn dem Kündigenden, hier also dem Mieter, unter Berücksichtigung aller Umstände des Einzelfalls und unter Abwägung der beiderseitigen Interessen eine auch nur vorübergehende Fortsetzung des Mietverhältnisses nicht zugemutet werden kann. **753**

§ 543 Abs. 2 S. 1 nennt nicht abschließend („insbesondere") gesetzlich definierte Fälle eines wichtigen Grunds, bei deren Vorliegen nicht mehr auf die Unzumutbarkeit der Vertragsfortsetzung nach Abs. 1 eingegangen werden muss. Für den Mieter greift dabei nur Nr. 1: Ein wichtiger Grund liegt danach vor, wenn ihm „der vertragsgemäße Gebrauch der Mietsache ganz oder zum Teil nicht rechtzeitig gewährt oder wieder entzogen wird". Dabei kann Ursache für die Nichtgewährung oder die Entziehung des Mietgebrauchs auch ein Mietmangel sein[71]. **754**

Achtung: Aus dem Umstand, dass auch die Nichtgewährung des Gebrauchs einen Kündigungsgrund darstellt, ergibt sich eindeutig, dass § 543 auch vor Überlassung der Mietsache greift[72]. **755**

---

69 *Timme* NZM 2003, 703, 704; *Joussen* ZMR 2004, 553, 555; *Gruber* WuM 2002, 252, 254; *Oechsler* VS Rdnr. 874.
70 Vgl. BT-Drucks. 14/6040, S. 165; *Timme* NZM 2003, 703, 704; *Joussen* ZMR 2004, 553, 557; *Canaris* JZ 2001, 499, 506.
71 Vgl. etwa BGH, 22.10.1975, VIII ZR 160/74, NJW 1976, 796, 796 f.
72 Vgl. etwa BGH, 21.3.2007, XII ZR 255/04, NJW-RR 2007, 884.

§ 19 *Miete*

756 Bei der Miete von Wohnraum (und anderen für den Aufenthalt von Menschen bestimmten Räumen, § 578 Abs. 2 S. 2) ist ein wichtiger Grund ferner dann anzunehmen, wenn die Raumnutzung mit einer erheblichen Gefährdung der Gesundheit verbunden ist (§ 569 Abs. 1) oder die andere Vertragspartei (hier also der Vermieter) den Hausfrieden so nachhaltig stört, dass die Fortsetzung des Mietverhältnisses unzumutbar ist (§ 569 Abs. 2).

b) Weitere Kündigungsvoraussetzungen

757 Der Mieter muss dem Vermieter nach § 543 Abs. 3 zunächst erfolglos eine angemessene Frist zur Abhilfe gesetzt bzw. eine Abmahnung erklärt haben. Abhilfefrist und Abmahnung sind entbehrlich, wenn einer der in § 543 Abs. 3 S. 2 genannten Gründe vorliegt, wenn also die Fristsetzung/Abmahnung entweder keinen Erfolg verspricht (Nr. 1) oder besondere Gründe vorliegen, die eine sofortige Kündigung angemessen erscheinen lassen (Nr. 2)[73].

758 **Achtung:** Hat der Mieter dem Vermieter den Mangel nicht gemäß § 536c Abs. 1 angezeigt, ist eine Fristsetzung oder Abmahnung stets erforderlich, selbst dann, wenn einer der Entbehrlichkeitsgründe des § 543 Abs. 3 S. 2 vorliegt (§ 536 Abs. 2 Nr. 3).

759 Die Kündigungserklärung bedarf grundsätzlich keiner Form[74]. Ausnahme: Bei der Wohnraummiete ist die Kündigung gemäß § 568 Abs. 1 (und zwar auch eine solche i.S.d. § 543) schriftlich zu erklären **und** nach § 569 Abs. 4 zu begründen; ohne Begründung ist die Kündigung unwirksam[75].

760 **Achtung:** Die Erklärung einer außerordentlichen fristlosen Kündigung kann, wenn die Voraussetzungen des § 543 nicht vorliegen sollten, unter Umständen in eine ordentliche Kündigung umgedeutet werden – nämlich dann, „wenn es ersichtlich der Wille des Kündigenden war, sich – wann auch immer – vom Vertrag zu lösen"[76]. Denken Sie in der Klausur also immer daran, auch die übrigen Beendigungsgründe anzuprüfen, falls § 543 fehlschlägt.

761 Schließlich darf kein Ausschlussgrund vorliegen. Für die Kündigung nach § 543 Abs. 2 S. 1 Nr. 1 erklärt § 543 Abs. 4 den Ausschlussgrund des § 536b für entsprechend anwendbar (s. dazu Rdnr. 734). Ferner kann ein Ausschlussgrund vertraglich vereinbart worden sein; allerdings greift diesbezüglich (wiederum aufgrund eines Verweises in § 543 Abs. 4) die Beschränkung des § 536d: Bei arglistiger Täuschung kann sich der Vermieter nicht auf den vereinbarten Ausschluss berufen. Für eine Kündigung nach § 569 Abs. 1 ist ein vereinbarter Ausschluss nach § 569 Abs. 1 S. 2 Fall 2 generell unbeachtlich (Gesundheitsschutz geht vor!).

---

73 Nr. 3 greift nur für eine Kündigung durch den Vermieter.
74 Jauernig/*Teichmann* § 543 Rdnr. 8.
75 MünchKomm/*Häublein* § 569 Rdnr. 46; BeckOK/*Wöstmann* § 569 Rdnr. 21.
76 BGH, 12.1.1981, VIII ZR 332/79, NJW 1981, 976, 977; BGH, 2.3.2004, XI ZR 288/02, NJW-RR 2004, 873, 874; BeckOK/*Ehlert* § 543 Rdnr. 53.

Umstritten ist, ob die Frist des § 314 Abs. 3 analoge Anwendung finden soll[77]. Wie stets, wenn sich eine besondere Voraussetzung an einer Stelle findet, an anderer aber nicht, lässt sich eine entsprechende Anwendung entweder per Umkehrschluss verneinen oder mit dem Argument bejahen, es handle sich bei der expliziten Normierung lediglich um den Ausdruck eines allgemeinen Prinzips, das stets Anwendung finden müsse.

762

c) *Verhältnis des § 543 zum allgemeinen Leistungsstörungsrecht*

Das Recht zur außerordentlichen fristlosen Kündigung geht den entsprechenden Rechtsbehelfen des allgemeinen Schuldrechts als lex specialis vor: § 323 und § 314 finden daher keine Anwendung[78].

763

4. Zurückbehaltungsrecht

Wegen eines Mangels an der Mietsache oder des Fehlens einer zugesicherten Eigenschaft kann der Mieter die Einrede des nichterfüllten Vertrags nach § 320 erheben. Dies kann für den Mieter insofern von Vorteil sein, als das Zurückbehaltungsrecht des § 320 anders als die Mietminderung grundsätzlich nicht den Ausschlussgründen der §§ 536b und 536c Abs. 2 S. 2 unterliegt. Der **BGH**[79] macht hiervon allerdings eine wesentliche Ausnahme, indem er auch für das Zurückbehaltungsrecht das Erfordernis einer Mängelanzeige postuliert: Das Zurückbehaltungsrecht diene dazu, Druck auf den Vermieter auszuüben. Dieser Zweck laufe leer, wenn der Vermieter keine Kenntnis von dem Mangel habe. Außerdem hat das Zurückbehaltungsrecht gegenüber der Minderung natürlich einen entscheidenden Nachteil: Sobald der Vermieter den Mangel behoben hat, muss der Mieter die zurückbehaltene Miete – wenn auch unverzinst – nachträglich entrichten[80].

764

Gemäß § 320 Abs. 1 S. 1 ist Voraussetzung, dass der Mieter nicht vorleistungspflichtig ist. Davon ist jedenfalls i.R.d. § 579 Abs. 1 auszugehen – aber selbst § 556b Abs. 1, wonach der Mieter die Miete bis spätestens zum dritten Werktag eines Zeitabschnitts zu entrichten hat, statuiert nach zutreffender **h.M.** keine Vorleistungspflicht; vielmehr handelt es sich lediglich um eine Regelung zur Fälligkeit[81]. Dass es sich nicht um eine Vorleistungspflicht handeln kann, ergibt sich schon daraus, dass der Vermieter schon ab dem ersten Tag eines Zeitabschnitts leisten muss).

765

5. Aufwendungsersatz und Wegnahmerecht

Gemäß § 539 Abs. 1 hat der Vermieter dem Mieter seine (sonstigen) Aufwendungen auf die Mietsache zu ersetzen.

766

---

77 **Dafür:** BGH, 21.3.2007, XII ZR 36/05, NJW-RR 2007, 886; MünchKomm/*Häublein* Vor § 536 Rdnr. 7; *Emmerich* NZM 2002, 362, 366; **dagegen:** Palandt/*Grüneberg* § 314 Rdnr. 4; *Unberath* ZMR 2004, 309, 313.
78 MünchKomm/*Häublein* Vor § 536 Rdnr. 7.
79 BGH, 3.11.2010, VIII ZR 330/09, NJW-RR 2011, 447.
80 BGH, 25.1.1982, VIII ZR 310/80, NJW 1982, 874, 875.
81 Erman/*Lützenkirchen* Vor 536 Rdnr. 4; siehe auch Rdnr. 534.

767 **Achtung:** Hier geht es nur um solche Aufwendungen, die der Mieter unabhängig vom Vorliegen eines Mietmangels tätigt – für Aufwendungen, die der Mieter zur Beseitigung eines Mangels an der Mietsache tätigt, gilt ausschließlich § 536a Abs. 2[82]. Der Verweis in § 539 Abs. 1 ist als vollständige Rechtsgrundverweisung auf die §§ 677, 683 S. 1, 670 zu verstehen[83]. Danach muss der Mieter bei der Vornahme der Verwendungen insbesondere mit Fremdgeschäftsführungswillen gehandelt haben. Er hat also keinen Anspruch auf Verwendungsersatz, wenn er die Mietsache nach eigenen Vorstellungen umgestaltet hat.

768 Nach § 539 Abs. 2 hat der Mieter ferner einen Anspruch auf Wegnahme solcher Einrichtungen, mit denen er die Mietsache versehen hat. Dies gilt selbst dann, wenn die Einrichtungen durch Verbindung mit der Mietsache in das Eigentum des Vermieters übergegangen sind (§§ 946 ff, 93, 94)[84].

769 **Achtung:** Das Wegnahmerecht kann aber durch ein Vermieterpfandrecht gem. §§ 562 ff ausgeschlossen sein.

6. Schema

770

Minderung	Schadensersatz				Selbstvornahme	Kündigung
	Anfänglicher Mangel	Nachträglicher Mangel	Verzug mit der Mängelbeseitigung			
Vertrag	Vertrag	Vertrag	Vertrag		Vertrag	Vertrag
Mangel	Mangel	Mangel	Mangel		Mangel	Kündigungsgrund
Keine Kenntnis	Keine Kenntnis	Keine Kenntnis	Keine Kenntnis		Keine Kenntnis	Keine Kenntnis
Mängelanzeige	Mängelanzeige	Mängelanzeige	Mängelanzeige		Mängelanzeige	Fristsetzung
		Verschulden	Verzug		Verzug oder Notwendigkeit	Keine Verfristung (§ 314 III analog, str.)
						Erklärung

---

82 BGH, 16.1.2008, VIII ZR 226/06, NJW 2008, 1216; Palandt/*Weidenkaff* § 539 Rdnr. 2.
83 MünchKomm/*Bieber* § 539 Rdnr. 8; BeckOK/*Ehlert* § 539 Rdnr. 8; *Oechsler* VS Rdnr. 881.
84 Palandt/*Weidenkaff* § 539 Rdnr. 10.

V. Rechte des Vermieters

1. Primäranspruch auf Mietzahlung

Der Primäranspruch des Vermieters ist in erster Linie auf die Zahlung des vereinbarten Mietzinses gerichtet. Der Mietzins besteht regelmäßig, aber nicht zwangsläufig in Geld[85]. Er ist entweder in wiederkehrenden Zeitabständen, so i.d.R. bei langen Mietzeiten (bspw. Wohnraummiete), oder einmalig zu leisten – Letzteres regelmäßig bei kurzen Mietzeiten (wie etwa bei der Miete von DVDs, Mietwagen). Das Mietrecht regelt die **Fälligkeit** des Mietzinses abweichend von § 271 wie folgt: Bei Mietverträgen über Wohnraum (§ 556b Abs. 1) und anderen Räumlichkeiten (§§ 579 Abs. 2, 556b Abs. 1) ist der Mietzins zu Beginn und zwar spätestens bis zum dritten Werktag des jeweiligen Zeitabschnitts zu entrichten, bei der Miete von Grundstücken und beweglichen Sachen dagegen gemäß § 579 Abs. 1 S. 1 am Ende der Mietzeit.

771

Wie § 537 Abs. 1 S. 1 (klarstellend) zu entnehmen ist, entfällt die Verpflichtung zur Zahlung des Mietzinses nicht dadurch, dass der Mieter aus persönlichen Gründen an der Ausübung des Mietgebrauchs gehindert ist, gleichgültig ob freiwillig (Urlaub) oder unfreiwillig (Krankheit)[86]. Der Mieter trägt also das Verwendungsrisiko. Nach § 537 Abs. 1 S. 2 muss sich der Vermieter allerdings ersparte Aufwendungen und anderweitig erzielte Gebrauchsvorteile anrechnen lassen (Achtung: Der Vermieter ist nicht verpflichtet, aktiv zu werden, um Gebrauchsvorteile zu generieren; anzurechnen sind allenfalls solche Gebrauchsvorteile, die der Vermieter „arglistig" zu erzielen unterlässt[87]).

772

Dagegen bestimmt § 537 Abs. 2, dass der Mieter solange nicht zur Entrichtung der Miete verpflichtet ist, wie der Vermieter den Mieter am Gebrauch hindert, sei es, weil er die Mietsache einem Dritten überlassen hat, sei es, weil er sie selbst nutzt[88]. Nach inzwischen wohl allg. Auffassung kann es dem Mieter jedoch unter Umständen nach Treu und Glauben verwehrt sein, sich auf § 537 Abs. 2 zu berufen, etwa dann, wenn er sich grundlos weigert, die Mieträume bei Mietbeginn zu übernehmen oder endgültig ausgezogen ist und keine Miete mehr zahlt[89]. Überlässt der Vermieter in solch einem Fall die Mietsache einem Dritten, kann er weiterhin vom ursprünglichen Mieter Zahlung des Mietzinses verlangen – allerdings nur, wenn er bei der Ersatzvermietung einen geringeren Mietzins erzielt, und nur beschränkt auf die Differenz zwischen höherer alter und geringerer neuer Miete[90].

773

---

85 Denkbar ist bspw. auch eine Dienstleistung des Mieters (etwa Hausmeistertätigkeit); *Looschelders* BT Rdnr. 443.
86 MünchKomm/*Bieber* § 537 Rdnr. 4.
87 BGH, 24.9.1980, VIII ZR 299/79, NJW 1981, 43, 45; BGH, 18.4.2007, VIII ZR 182/06, NJW 2007, 2177 Rdnr. 27.
88 Die ganz **h.M.** geht insofern über den Wortlaut des § 537 Abs. 2 hinaus; vgl. etwa Palandt/*Weidenkaff* § 537 Rdnr. 4; Jauernig/*Teichmann* § 537 Rdnr. 4.
89 BGH, 31.3.1993, XII ZR 198/91, NJW 1993, 1645, 1646 f; BGH, 22.12.1999, XII ZR 339/97, NJW 2000, 1105; MünchKomm/*Bieber* § 537 Rdnr. 10; BeckOK/*Ehlert* § 537 Rdnr. 16; **a.A.** früher einige Instanzgerichte: OLG München, 15.11.1991, 21 U 3090/91, NJW-RR 1992, 204; OLG Düsseldorf, 16.1.1986, 10 U 162/85, NJW-RR 1986, 507.
90 BGH, 31.3.1993, XII ZR 198/91, NJW 1993, 1645, 1646 f; OLG Düsseldorf, 23.10.1997, 10 U 39/97, OLG Report 1998, 46, 47; Erman/*Lützenkirchen* § 537 Rdnr. 14f.

2. Anspruch auf Unterlassung des vertragswidrigen Gebrauchs

774 Überschreitet der Mieter die Grenzen des vertragsgemäßen Gebrauchs, kann der Vermieter nach § 541 auf **Unterlassung des vertragswidrigen Gebrauchs** klagen[91]. Voraussetzung ist, dass der Mieter den vertragswidrigen Gebrauch trotz einer Abmahnung des Vermieters fortsetzt. Die Abmahnung, die keine Fristsetzung enthalten muss, kann auf der Grundlage der in § 286 Abs. 2 Nr. 3 und 4 enthaltenen Rechtsgedanken ausnahmsweise entbehrlich sein[92]. Unerheblich ist, ob der Mieter den vertragswidrigen Gebrauch verschuldet hat oder ob hinsichtlich des beanstandeten Verhaltens Wiederholungsgefahr besteht[93].

3. Außerordentliche fristlose Kündigung aus wichtigem Grund

775 Das wirksamste Mittel, sich gegen Pflichtverletzungen des Mieters zu wehren, gibt das Gesetz dem Vermieter mit dem Recht zur außerordentlichen fristlosen Kündigung (§ 543) an die Hand.

776 Voraussetzung ist gem. § 543 Abs. 1 zunächst das Vorliegen eines **wichtigen Grundes zur Kündigung** (s. dazu bereits Rdnr. 753). Wichtige Gründe für den Vermieter sind in § 543 Abs. 2 S. 1 Nr. 2 und 3 (für die Wohnraummiete ergänzt durch § 569) aufgelistet: Nach Nr. 2 liegt ein wichtiger Grund in der erheblichen Gefährdung der Vermieterrechte durch Vernachlässigung der dem Mieter obliegenden Sorgfalt (Fall 1) oder durch Überlassung des Mietgebrauchs an einen Dritten (Fall 2). Nach Nr. 3 (ggf. ergänzt durch § 569 Abs. 3) bildet auch der Verzug des Mieters mit seiner Mietzahlung einen wichtigen Grund – allerdings nur unter den in der Vorschrift abschließend geregelten Voraussetzungen. Im Rahmen eines Wohnraummietverhältnisses kann der Vermieter schließlich geltend machen, dass der Mieter den Hausfrieden so nachhaltig stört, dass die Fortsetzung des Mietverhältnisses unzumutbar wird (§ 569 Abs. 2).

777 **Achtung:** Die in Abs. 2 aufgezählten Gründe sind nicht abschließend („insbesondere"). Auch dann, wenn die einzelnen Mietrückstände nicht den in der Nr. 3 genannten Umfang erreichen, kann also im Einzelfall ein wichtiger Grund anzunehmen sein.[94] Auch wiederholte und/oder ungewöhnlich grobe Beleidigungen können einen wichtigen Grund darstellen.[95] Erforderlich ist stets eine Gesamtabwägung aller Umstände des Einzelfalls. Hierbei ist etwa auf Seiten des Vermieters zu berücksichtigen, ob er auf pünktliche Zahlung angewiesen ist, etwa weil er selbst Kredite bedienen muss.[96] Auf Seiten des Mieters kann bspw. eine besondere Schutzbedürftigkeit oder gar eine drohende Gesundheitsgefährdung beachtlich sein.[97]

---

91 § 541 verdrängt § 1004 (Mieterschutz durch Abmahnungserfordernis), vgl. BGH, 14.4.2007, VIII ZB 93/06, NJW 2007, 2180, 2180.
92 Palandt/*Weidenkaff* § 541 Rdnr. 8; Jauernig/*Teichmann* § 541 Rdnr. 2.
93 Palandt/*Weidenkaff* § 541 Rdnr. 6; MünchKomm/*Bieber* § 541 Rdnr. 5.
94 BGH, 29.6.2016, VIII ZR 173/15, NJW 2016, 2805.
95 BGH, 9.11.2016, VIII ZR 73/16, NJW-RR 2017, 134.
96 BGH, 29.6.2016, VIII ZR 173/15, NJW 2016, 2805.
97 BGH, 9.11.2016, VIII ZR 73/16, NJW-RR 2017, 134 (97-jährige bettlägerige Mieterin).

Nach § 543 Abs. 3 S. 1 muss der Vermieter dem Mieter grundsätzlich (Ausnahmen in S. 2) erfolglos eine **angemessene Frist zur Abhilfe** gesetzt bzw. eine Abmahnung ausgesprochen haben[98]. Schließlich darf eine auf § 543 Abs. 2 S. 1 Nr. 3 gestützte Kündigung nicht nach § 543 Abs. 2 S. 2 und 3 ausgeschlossen oder unwirksam sein.

778

Die Kündigungserklärung ist **grundsätzlich formlos** zulässig. Bei Wohnraummietverhältnissen hat der Vermieter die Kündigung allerdings schriftlich zu erklären (§ 568 Abs. 1) und zu begründen (§ 569 Abs. 4).

779

Prüfungsaufbau für Kündigung aus wichtigem Grund
(1) Vertrag
(2) Kündigungsgrund
(3) Fristsetzung oder Abmahnung
(4) Kein Ausschlussgrund nach § 543 Abs. 2 S. 2, 3
(5) Erklärung

4. Kein Anspruch auf Vorteilsherausgabe bei unberechtigter Untervermietung

Im Falle der unberechtigten entgeltlichen Überlassung der Mietsache an den Dritten (§ 540 Abs. 1), insbesondere also bei einer unberechtigten Untervermietung, kann der Vermieter neben der Kündigung nach § 543 Abs. 2 S. 1 Nr. 2 ein Interesse an der „Abschöpfung des Untermietzinses" haben. Da das Mietrecht hierfür selbst keine Anspruchsgrundlage enthält, kommen nur Ansprüche aus Bereicherungsrecht, GoA oder dem EBV in Betracht. Nach ganz überwiegender Meinung ist ein Anspruch auf „Abschöpfung" der erzielten Vorteile jedoch grundsätzlich zu verneinen, wie auch der **BGH** in einer Entscheidung aus dem Jahre 1996 anschaulich dargelegt hat[99]:

780

„Eine unmittelbare Anwendung des **§ 816 Abs. 1 S. 1** scheitert bereits daran, dass die Untervermietung einer Sache keine Verfügung (im Sinne einer Übertragung, Belastung, Änderung oder Aufhebung) über das Eigentum des Vermieters darstellt. [...] Auch eine entsprechende Anwendung des § 816 Abs. 1 S. 1 scheidet aus, weil der Untermietzins keinen Gegenwert darstellt, den der Mieter anstelle des Eigentümers erzielt. Dieser hätte die bereits an den Mieter vermietete Sache nicht mehr selbst an einen Dritten untervermieten können [...]. Hinzu kommt, dass der Untermieter dem Vermieter gegenüber kein Recht zum Besitz erlangt, die Untervermietung also nicht wirksam in dessen Rechtsposition eingreift [...]. Aus dem Gesichtspunkt der Eingriffskondiktion, **§ 812 Abs. 1 S. 1 [Fall 2]**, lässt sich ein Anspruch des Eigentümers auf Herausgabe des Untermietzinses ebenfalls nicht herleiten, weil der Mieter den Untermietzins nicht auf Kosten des Vermieters erlangt [...]. Die Untervermietung ist auch dann, wenn sie unberechtigt erfolgt, ein dem Mieter zugewiesenes Geschäft. Dem Vermieter entgehen dadurch keine Verwertungs- oder Gebrauchsmöglichkeiten, deren er sich nicht schon durch den Abschluss des Hauptmietvertrages entäußert hätte; er selbst könnte die Mietsache einem Dritten gar nicht mehr überlassen. Ein Anspruch aus angemaßter Geschäftsführung, **§§ 687 Abs. 2 S. 1, 681 Abs. 2,**

---

[98] Eine Abmahnung kann dazu führen, dass eine einmalige, weitere Verletzung des angemahnten Verhaltens zur Kündigung berechtigt, BGH, 11.1.2006, VIII ZR 364/04, NJW 2006, 1585, 1586.
[99] BGH, 13.12.1995, XII ZR 194/93, NJW 1996, 838.

667, scheitert daran, dass der Mieter mit der Untervermietung kein objektiv fremdes Geschäft vornimmt [...]. Der Mieter, der vertragswidrig untervermietet, übt nur den ihm überlassenen Gebrauch in einer ihm nicht zustehenden Weise aus [...]. Da ein Anspruch aus § 687 Abs. 2 S. 1 somit schon dem Grunde nach ausscheidet, ist auch die Auffassung abzulehnen, zumindest der durch die Untervermietung erlangte Mehrerlös sei herauszugeben [...]. Schließlich kann der Vermieter vom Mieter auch nicht nach **§§ 987, 990, 99 Abs. 3** die von diesem durch Untervermietung gezogenen Nutzungen verlangen, weil es bereits an der für §§ 987 ff erforderlichen Vindikationslage zwischen Vermieter und Mieter fehlt [...].

Der Senat sieht auch sonst keinen Anlass, von der bisherigen Rechtsprechung [...] abzuweichen, zumal sie den **Vermieter nicht unbillig benachteiligt.** Gegen den unbefugten Gebrauch der Mietsache durch einen Dritten kann der Vermieter sich – wie dargelegt – durch fristlose Kündigung oder Unterlassungsklage wehren, §§ [541, 553]. Soweit ihm aus der unbefugten Untervermietung ein Schaden – bspw. durch erhöhte Abnutzung – entstehen sollte, ist ihm der Mieter ohnehin ersatzpflichtig. Durch die Untervermietung als solche entsteht dem Vermieter jedoch kein Schaden, so dass auch Ansprüche aus positiver Vertragsverletzung [§ 280 Abs. 1] ausscheiden."

5. Schadensersatzansprüche

a) Wegen vertragswidrigen Gebrauchs der Mietsache

781 Überschreitet der Mieter die Grenzen des vertragsgemäßen Gebrauchs,[100] so haftet er für den hieraus entstehenden Schaden nach den allg. Vorschriften, insbesondere aus § 280 Abs. 1 i.V.m. § 241 Abs. 2 und § 823[101].

782 Ein besonderes Augenmerk ist auf die **Verschuldenszurechnung** zu legen, wenn der Mieter die Mietsache einem Dritten überlässt und dieser Schäden verursacht. Nach § 540 Abs. 2 muss sich der Mieter das Verschulden des Dritten selbst dann zurechnen lassen, wenn der Vermieter der Gebrauchsüberlassung an den Dritten zugestimmt hat. Hatte der Mieter den Mietgebrauch dem Dritten hingegen ohne Zustimmung des Vermieters eingeräumt und war der Vermieter auch weder aus dem Vertrag noch aus § 553 Abs. 1 zur Zustimmung verpflichtet, so haftet der Mieter nach **ganz h.M.** auch für solche Schäden, die der Dritte unverschuldet verursacht hat[102]. Die unerlaubte Überlassung der Mietsache begründet dann ein eigenes Verschulden des Mieters[103].

783 Fraglich ist, ob der Vermieter Schadensersatz aus § 823 Abs. 1 verlangen kann, wenn der Mietvertrag unerkannt unwirksam ist und der vermeintliche (d.h. redliche, aber unberechtigte) Mieter die Mietsache dadurch beschädigt, dass er fahrlässig die nach dem Vertrag vorausgesetzten Grenzen des Mietgebrauchs überschreitet **(Exzess des redlichen unberechtigten Fremdbesitzers)**. Vertragliche Ansprüche auf Schadensersatz scheitern in dieser Situation an der Unwirksamkeit des Mietvertrags. Die in §§ 989 f genannten Schadensersatzansprüche scheitern trotz des Bestehens einer Vin-

---

100 Vgl. hierzu lesenswert BGH, 14.12.2016, VIII ZR 49/16, NJW-RR 2017, 329 (Aufbewahrung von 26,32g Marihuana als Überschreitung des vertragsgemäßen Gebrauchs; Kausalzusammenhang bei Beschädigung der Mietsache im Zuge einer polizeilichen Durchsuchung).
101 *Schlechtriem* BT Rdnr. 267.
102 BeckOK/*Ehlert* § 540 Rdnr. 20; MünchKomm/*Bieber* § 540 Rdnr. 24; Palandt/*Weidenkaff* § 540 Rdnr. 15.
103 MünchKomm/*Bieber* § 540 Rdnr. 25.

dikationslage zwischen vermeintlichem Vermieter (Eigentümer) und Mieter (Besitzer) an der Redlichkeit des Mieters/Besitzers. Umstritten ist, ob § 823 Abs. 1 in dieser Situation anwendbar ist. Dem steht zwar grundsätzlich § 993 Abs. 1 Hs. 2 entgegen. Gleichwohl soll der Vermieter nach überwiegender Meinung einen Anspruch aus Delikt geltend machen können, da der redliche Fremdbesitzer nicht besser gestellt werden darf, als er bei Bestehen des von ihm selbst angenommenen Vertrags stünde (vgl. dazu auch *Habersack*, Examens-Rep Sachenrecht Rdnr. 117 f).

Zur Frage der Anwendbarkeit der §§ 987 ff im Falle der Überschreitung eines nach dem Mietvertrag tatsächlich bestehenden Besitzrechts des Mieters, sog. **Exzess des berechtigten Fremdbesitzers (Nicht so berechtigter Besitzer)**, vgl. *Habersack*, Examens-Rep Sachenrecht Rdnr. 106. **784**

b) Wegen unterlassener Mängelanzeige

Den Mieter trifft nach § 536c Abs. 1 die Pflicht, dem Vermieter während der Mietzeit sichtbar werdende **Mängel an der Mietsache anzuzeigen**. Diese Pflicht ist als eine Reaktion darauf zu verstehen, dass der Vermieter zwar einerseits gemäß § 535 Abs. 1 S. 2 zur Erhaltung des vertragsgemäßen Gebrauchs verpflichtet ist, er andererseits aber ein nur eingeschränktes Besichtigungsrecht hat. Unterlässt oder verzögert der Mieter eine solche Anzeige schuldhaft, so hat er dem Vermieter den daraus entstehenden Schaden zu ersetzen, § 536c Abs. 2[104]. Beispiel: Unterlässt es der Mieter, einen Wasserrohrbruch anzuzeigen, so hat er dem Vermieter diejenigen Wasserschäden zu ersetzen, die bei einer rechtzeitigen Anzeige (und dementsprechend: rechtzeitiger Reparatur) vermieden worden wären. Nach allg. Ansicht setzt der Schadensersatzanspruch jedoch – entgegen dem Wortlaut der Vorschrift – voraus, dass der Mieter die unterlassene Mängelanzeige zu vertreten hat (§§ 276, 278)[105]. **785**

VI. Vermieterpfandrecht

1. Überblick

Das Vermieterpfandrecht ist in den §§ 562–562d geregelt; die Vorschriften gelten bei Wohnraummietverhältnissen (§ 549 Abs. 1) unmittelbar und kraft der Verweisung des § 578 bei der Miete anderer Räume (Abs. 2) und von Grundstücken (Abs. 1) entsprechend. Das Vermieterpfandrecht ist ein besitzloses gesetzliches Pfandrecht; gemäß § 1257 finden auf ein kraft Gesetzes *entstandenes* (Vermieter-)Pfandrecht die Vorschriften der §§ 1204 ff über das Vertragspfandrecht entsprechende Anwendung, vgl. zum Vermieterpfandrecht auch *Habersack*, Rdnr. 217 f und 262. **786**

---

[104] Zur Erinnerung: Die unterlassene Mängelanzeige führt ferner zu einem Ausschluss der Mängelgewährleistungsansprüche und des Rechts auf außerordentliche fristlose Kündigung des Mieters (s. Rdnr. 509 und 527).
[105] BeckOK/*Ehlert* § 536c Rdnr. 12; Palandt/*Weidenkaff* § 536c Rdnr. 10.

Prüfungsaufbau für Entstehung eines Vermieterpfandrechts
(1) Wirksamer Mietvertrag
(2) Forderung aus dem Mietverhältnis
(3) Eingebrachte, pfändbare Sachen des Mieters
(4) Kein Erlöschen des Vermieterpfandrechts

2. Forderung aus dem Mietverhältnis

787 Voraussetzung für das Entstehen eines Vermieterpfandrechts ist zunächst einmal, dass der Vermieter gegen den Mieter eine Forderung aus dem Mietverhältnis besitzt. Hierzu zählen grundsätzlich alle Ansprüche, die im Zusammenhang mit der entgeltlichen Gebrauchsüberlassung stehen, wie Ansprüche auf Mietzahlung, Nutzungsentschädigung und Schadensersatz. Die Forderung muss bereits entstanden sein, braucht aber noch nicht fällig zu sein[106].

3. Eingebrachte pfändbare Sache des Mieters

788 Das Vermieterpfandrecht entsteht nur an eingebrachten pfändbaren Sachen (also nicht: an Rechten), die im Eigentum des Mieters stehen. Eingebracht ist eine Sache des Mieters dann, wenn der Mieter sie während der Dauer des Mietverhältnisses im Rahmen des Mietgebrauchs willentlich und nicht lediglich vorübergehend in die Mieträume geschafft oder vom Vormieter übernommen hat[107]. Das Einbringen ist ein rein tatsächliches, kein rechtsgeschäftliches Verhalten, so dass es nicht auf die Geschäftsfähigkeit des Mieters ankommt[108]. Das Erfordernis der Pfändbarkeit nimmt Bezug auf die in §§ 811 Abs. 1, 811c Abs. 1, 812 (str.) ZPO enthaltenen Regelungen[109].

789 Problematisch ist in Klausuren regelmäßig das Eigentumserfordernis. Vier Aspekte erscheinen examensrelevant: Erstens genügt Miteigentum des Mieters; das Pfandrecht entsteht dann schlicht am Miteigentumsanteil[110]. Zweitens erfassen die §§ 562 ff als wesensgleiches Minus zum Eigentum auch ein Anwartschaftsrecht des Mieters an den (etwa unter Eigentumsvorbehalt erworbenen) eingebrachten Sachen. Das Pfandrecht am Anwartschaftsrecht erstarkt mit Bedingungseintritt zum Pfandrecht an der Sache als solcher[111]. Zu den hieraus erwachsenden Fragestellungen vgl. *Habersack*, Rdnr. 217 f.

790 Drittens wirkt sich ein nachträglicher Eigentumsverlust des Mieters an den eingebrachten Sachen (etwa durch Sicherungsübereignung) grundsätzlich nicht auf den Be-

---
106 BeckOK/*Ehlert* § 562 Rdnr. 19; MünchKomm/*Artz* § 562 Rdnr. 8.
107 Palandt/*Weidenkaff* § 562 Rdnr. 6; BeckOK/*Ehlert* § 562 Rdnr. 12.
108 Palandt/*Weidenkaff* § 562 Rdnr. 6.
109 Palandt/*Weidenkaff* § 562 Rdnr. 17.
110 MünchKomm/*Artz* § 562 Rdnr. 15; Jauernig/*Teichmann* § 562 Rdnr. 3.
111 BeckOK/*Ehlert* § 562 Rdnr. 16; Palandt/*Weidenkaff* § 562 Rdnr. 9; *Looschelders* BT Rdnr. 473.

stand des Vermieterpfandrechts aus. Der Erwerber (etwa der Sicherungsnehmer) erlangt dann nur das mit dem Vermieterpfandrecht belastete Eigentum[112]. Allerdings ist selbstverständlich nach § 936 Abs. 1 ein gutgläubiger lastenfreier Erwerb möglich.

Viertens ist bei fehlendem Eigentum des Mieters ein gutgläubiger Erwerb (§§ 1257, 1207) des Vermieterpfandrechts aus zwei Gründen **nicht** möglich: Zum einen ist ein gutgläubiger Erwerb gesetzlicher Pfandrechte nach **ganz h.M.** generell nicht möglich, weil § 1257 nur für bereits *entstandene* Pfandrechte auf die §§ 1204 ff verweist[113]. Zum anderen wäre es für einen gutgläubigen Erwerb nach §§ 1207, 932, 934 erforderlich, dass der Erwerber unmittelbaren Besitz an der Sache erwirbt oder sich bereits im mittelbaren Besitz derselben befindet. Der Vermieter erlangt aber keinen Besitz an den eingebrachten Sachen, insbesondere mittelt ihm der Mieter keinen Besitz[114].

791

4. Kein Erlöschen des Vermieterpfandrechts

Das Mietrecht sieht in §§ 562a und 562b Abs. 2 S. 2 **besondere Erlöschenstatbestände** vor: So erlischt das Pfandrecht gemäß § 562a, grundsätzlich mit Entfernung der Sache[115]. Ausnahme: Die Entfernung erfolgt ohne Wissen bzw. unter Widerspruch des Vermieters, § 562a S. 1. Rückausnahme: Bei einer Entfernung ohne Wissen oder unter Widerspruch des Vermieters erlischt das Pfandrecht dann, wenn ein Widerspruch unbeachtlich wäre, weil die Entfernung den gewöhnlichen Lebensverhältnissen entspricht (Reinigung, Reparatur etc.) oder die verbleibenden Sachen zur Sicherung des Vermieters offenbar ausreichen, § 562a S. 2.

792

Umstritten ist, ob das Pfandrecht auch dann erlischt, wenn die eingebrachte Sache nur **vorübergehend** entfernt wird[116]. Der Streit hat Auswirkungen auf den Rang des Vermieterpfandrechts gegenüber anderen Sicherungsrechten (vgl. u.a. § 1209). Die besseren Argumente sprechen für ein Erlöschen des Vermieterpfandrechts unabhängig von der Dauer des Entfernens. Zum einen würden ohne Erlöschen des Vermieterpfandrechts andere Sicherungsrechte, wie etwa das Werkunternehmerpfandrecht nach § 647 erheblich entwertet. Zum anderen kommt es nach dem Wortlaut des § 562a auf die (ohnehin nur schwer beweisbaren) Vorstellungen des Mieters bei der Entfernung der Sache nicht an, so dass es unerheblich ist, ob der Mieter die Absicht hatte, den Gegenstand alsbald nach der Entfernung wieder in die Mietsache einzubringen.

793

---

112 BeckOK/*Ehlert* § 562 Rdnr. 17.
113 BGH, 21.12.1960, VIII ZR 146/59, NJW 1961, 502, 503 (zur vergleichbaren Situation beim Werkunternehmerpfandrecht); ausführlich *Habersack* Examens-Rep Sachenrecht Rdnr. 194.
114 Vgl. *Habersack* Examens-Rep Sachenrecht Rdnr. 194.
115 **Vertiefungshinweis:** § 562a erfordert eindeutig eine Entfernung „vom Grundstück". Selbst bei der Miete einer Wohnung genügt es daher nach **h.M.** nicht, dass die Mietsache aus der Wohnung entfernt und in eine andere Wohnung auf demselben Grundstück verbracht wird – sofern diese Wohnung auch dem Vermieter gehört. Argument: Die Sache verbleibt dann im „Machtbereich des Vermieters"; Erman/*Lützenkirchen* § 562a Rdnr. 3; Palandt/*Weidenkaff* § 562a Rdnr. 4; **a.A.** Blank/Börstinghaus/ *Blank* § 562a Rdnr. 3.
116 **Dafür:** OLG Hamm, 11.12.1980, 4 U 131/80, MDR 1981, 407; MünchKomm/*Artz* § 562a Rdnr. 5; BeckOK/*Ehlert* § 562a Rdnr. 4a; Palandt/*Weidenkaff* § 562a Rdnr. 4; **dagegen:** LG Neuruppin, 9.6.2000, 4 S 272/99, NZM 2000, 962; Schmidt-Futterer/*Lammel* § 562a Rdnr. 8; Jauernig/*Teichmann* § 562a Rdnr. 3.

794 Darüber hinaus ist an folgende – qua Verweis in § 1257 anwendbare – **allg. Erlöschensgründe** zu denken: § 1242 Abs. 2 S. 1 (Erlöschen durch rechtmäßige Veräußerung der Pfandsache), § 1252 (Erlöschen der gesicherten Forderung aus dem Mietverhältnis nach dem Grundsatz der Akzessorietät), § 1255 (Erlöschen durch Aufhebung des Pfandrechts), § 1256 (Erlöschen durch Konsolidation von Eigentum und Pfandrecht). Schließlich geht das Pfandrecht infolge gutgläubigen lastenfreien Erwerbs der Sache durch einen Dritten unter, § 936 Abs. 1, 2.

5. Folgen des Vermieterpfandrechts

795 Ein bestehendes Vermieterpfandrecht vermittelt dem Vermieter folgende Rechtspositionen:
- § 562b Abs. 1 (neben § 229): Selbsthilferecht, wonach der Vermieter die Entfernung der Pfandsachen verhindern darf,
- § 562b Abs. 2 (neben §§ 1257, 1227, 985): Herausgabeanspruch, wenn Pfandsache entfernt wurde,
- §§ 1257, 1228 ff: Recht zur Verwertung der Pfandsachen bei Pfandreife (inkl. Herausgabeanspruch nach § 1231),
- § 823 Abs. 1, § 823 Abs. 2 i.V.m. § 289 StGB: Anspruch auf Schadensersatz,
- § 805 ZPO, § 562d BGB: Recht auf vorzugsweise Befriedigung in dem durch § 562d bestimmten Umfang, sofern die dem Pfandrecht unterliegende Sache durch den Gerichtsvollzieher gepfändet wurde,
- § 50 InsO: Absonderungsrecht im Falle der Insolvenz des Mieters.

VII. Veräußerung der vermieteten Mietsache

796 Veräußert der Eigentümer eine vermietete Sache, so ist für die Konsequenzen der Veräußerung danach zu unterscheiden, ob es sich um eine bewegliche oder unbewegliche Mietsache handelt. Für die Veräußerung vermieteter **Immobilien** (und nur für diese!) gilt der Grundsatz „Kauf bricht nicht Miete" aus §§ 566, 578: Mit dem Eigentumsübergang tritt der Erwerber kraft Gesetzes als neuer Vermieter in die Rechte und Pflichten des Mietverhältnisses ein[117]. Gleichzeitig scheidet der Veräußerer aus dem bestehenden Mietverhältnis aus, so dass der Mieter keine Erfüllung von ihm mehr verlangen kann. Für Ansprüche, die vor dem Eigentumsübergang entstanden sind, haftet der Veräußerer jedoch weiterhin als Vermieter[118]. Darüber hinaus bürgt (!) der Veräußerer gemäß § 566 Abs. 2 nach der Beendigung des Mietverhältnisses für Schäden, die aus der Verletzung der Vertragspflichten durch den Erwerber entstehen[119].

---

117 **Hinweis:** Dogmatisch betrachtet handelt es sich nach **h.M.** indes nicht um eine (gesetzlich angeordnete) Vertragsübernahme, sondern um die Begründung eines neuen Mietverhältnisses, das sich mit dem alten inhaltlich deckt (BGH, 30.5.1962, VIII ZR 173/61, NJW 1962, 1388, 1390; Palandt/*Weidenkaff* § 566 Rdnr. 15; BeckOK/*Herrmann* § 566 Rdnr. 16). Lassen Sie sich hiervon aber nicht verwirren: die § 404 ff finden dennoch Anwendung (vgl. etwa BGH, 28.11.2001, XII ZR 197/99, NJW-RR 2002, 730; MünchKomm/*Häublein* §566 Rdnr. 23).
118 BGH, 3.12.2003, VIII ZR 168/03, NJW 2004, 851.
119 Die Haftung des Veräußerers entspricht der eines selbstschuldnerischen Bürgen, vgl. dazu §§ 773 Abs. 1 Nr. 1, § 771 S. 1.

Achtung: Anders als der Wortlaut („Kauf bricht nicht Miete") vermuten lässt, kommt es auf den dinglichen Eigentumsübergang und nicht auf das schuldrechtliche Kausalgeschäft an. Es ist also unerheblich, ob sich der Rechtsgrund für das Veräußerungsgeschäft aus Kauf oder aber aus einem anderen Schuldverhältnis (bspw. Schenkung, Vermächtnis) ergibt[120]. Es ist nicht einmal notwendig, dass der Eigentumsübergang im Wege eines Rechtsgeschäfts erfolgt: Auf Eigentumsübergänge im Wege der Zwangsvollstreckung findet § 566 ebenfalls – zumindest analog – Anwendung[121].

797

Erforderlich ist stets, dass der Veräußerer auch Vermieter der Immobilie ist. Handelt es sich bei dem Vermieter um einen Dritten, kommt aber unter Umständen eine konkludente Vertragsübernahme in Betracht – etwa dann, wenn der Erwerber einer Immobilie „nach Anzeige des Zwangsversteigerungserwerbs an den Mieter auf Mängelanzeige hin Abhilfemaßnahmen einleitet und der bisherige Vermieter nach der Zwangsversteigerung nicht weiter in Erscheinung tritt, insbesondere keine Mietzahlung mehr an sich verlangt"[122].

798

Erforderlich ist nach dem klaren Wortlaut des Gesetzes ferner, dass es bereits zur Überlassung der Mietsache gekommen ist; § 566 greift also nicht, wenn der Veräußerer zwar bereits einen Mietvertrag mit „seinem" Mieter abgeschlossen hatte, er den Besitz an der Wohnung aber noch nicht auf diesen übertragen hatte. Der BGH lehnt eine Anwendung des § 566 darüber hinaus auch dann ab, wenn der Mieter den Besitz wieder verloren hat, wobei es gleichgültig sei, wer den Besitz statt seiner erlangt hat (alter Vermieter, Erwerber, Dritter).[123]

799

In der Klausur dürfte § 566 insbesondere im Kontext eines Herausgabeanspruchs des neuen Eigentümers gegen den (alten) Mieter aus § 985 relevant werden. Diesem Herausgabeverlangen kann der Mieter einer Immobilie wegen § 566 sein Recht zum Besitz aus dem Mietvertrag entgegenhalten.

800

Für den Mieter einer **beweglichen Sache** besteht diese Möglichkeit nicht. Für ihn sieht das Gesetz aber eine andere Verteidigungslinie vor, die wiederum dem Immobilienmieter nicht offensteht[124]: Der Eigentümer, der eine vermietete bewegliche Sache veräußert, wird dies regelmäßig nach §§ 929 S. 1, 931 tun, indem er dem Erwerber den gegen den Mieter bestehenden Anspruch aus § 546 auf Herausgabe der Mietsache abtritt. Für diesen Fall ordnet § 986 Abs. 2 an, dass der Mieter dem Herausgabeanspruch des neuen Eigentümers diejenigen Einwendungen entgegen setzen kann, die ihm gegen den abgetretenen Herausgabeanspruch (also denjenigen aus § 546) zustehen. Auf diesem Weg kann der Mieter regelmäßig einwenden, dass er nach § 535 Abs. 1 einen Anspruch auf Überlassung des Mietgebrauchs hat.

801

Achtung: Die Formulierung „gegen den *abgetretenen* Anspruch" verdeutlicht, dass es eigentlich nicht auf die Einwendungen gegenüber dem (alten) Vermieter, sondern auf diejeni-

802

---

120 Palandt/*Weidenkaff* § 566 Rdnr. 8; BeckOK/*Herrmann* § 566 Rdnr. 6; *Looschelders* BT Rdnr. 490.
121 BGH, 20.1.2010, VIII ZR 84/09, NJW-RR 2010, 1095.
122 BGH, 20.1.2010, VIII ZR 84/09, NJW-RR 2010, 1095.
123 BGH, 5.4.2016, VIII ZR 31/15, NZM 2016, 675 (Hinweisbeschluss).
124 Die Veräußerung einer vermieteten **unbeweglichen Sache** erfolgt nach §§ 873, 925 und nicht nach § 931. Es gibt also keinen abgetretenen Anspruch.

gen gegenüber dem Erwerber ankommt. Für Einwendungen aus dem Mietvertrag bedarf es also des Vehikels des § 404.

VIII. Beendigung des Mietverhältnisses

1. Überblick

803 § 542 enthält die wichtigsten Arten der Beendigung eines Mietverhältnisses, namentlich für

- **befristete Mietverträge** den Zeitablauf (Abs. 2) und die außerordentliche Kündigung (Abs. 2 Nr. 1); ausgeschlossen ist demnach eine ordentliche Kündigung befristeter Mietverträge;
- **unbefristete Mietverträge** die Kündigung nach den gesetzlichen Vorschriften (Abs. 1), d.h. die ordentliche und die außerordentliche Kündigung.

804 Daneben treten noch die Vertragsbeendigung durch Aufhebungsvertrag (§§ 311, 241) und die Kündigung wegen Störung der Geschäftsgrundlage (§ 313), die – im Gegensatz zu § 314 – nicht durch das Recht zur außerordentlichen Kündigung verdrängt wird[125].

2. Beendigung durch Fristablauf

805 Ein befristetes Mietverhältnis endet gemäß § 542 Abs. 2 grundsätzlich mit dem Ablauf der Zeit, für die es eingegangen ist. Zu beachten ist, dass ein Mietverhältnis über Wohnraum nur dann befristet werden kann, wenn der Vermieter dem Mieter bei Abschluss des Mietvertrags einen der in § 575 Abs. 1 S. 1 Nr. 1 bis 3 abschließend[126] genannten Befristungsgründe schriftlich mitteilt. Anderenfalls gilt das Mietverhältnis gemäß § 575 Abs. 1 S. 2 als auf unbestimmte Zeit geschlossen. Nach § 542 Abs. 2 Nr. 2 endet ein befristetes Mietverhältnis nicht, wenn es verlängert wurde. Gemäß § 545 S. 1 verlängert sich ein abgelaufenes befristetes Mietverhältnis dann auf unbestimmte Zeit, wenn der Mieter den Gebrauch der Mietsache fortsetzt und keine der Vertragsparteien innerhalb einer Frist von zwei Wochen ihren entgegenstehenden Willen erklärt.

3. Beendigung durch ordentliche Kündigung

a) Kündigung durch den Vermieter

806 Nach der gesetzlichen Grundkonzeption benötigt der Vermieter für die Beendigung eines Mietverhältnisses keinen besonderen **Kündigungsgrund**. Etwas anderes gilt in-

---

125 BT-Drucks. 14/6040, S. 177; Jauernig/*Stadler* § 314 Rdnr. 2.
126 Palandt/*Weidenkaff* § 575 Rdnr. 5; MünchKomm/*Häublein* § 575 Rdnr. 15.

des für die Wohnraummiete, bei der der Vermieter nach § 573 Abs. 1 grundsätzlich[127] nur dann kündigen kann, wenn er hieran ein „berechtigtes Interesse" hat[128]. Die in § 573 Abs. 2 Nr. 1 bis 3 genannten Fälle eines berechtigten Interesses des Vermieters sind nicht abschließend („insbesondere").

Die ordentliche Kündigung ist nur unter Einhaltung bestimmter **Kündigungsfristen** zulässig, §§ 580a, 573c und 576 (je nach Vertragsgegenstand). Für die Wohnraummiete etwa beträgt die Frist gemäß § 573c Abs. 1 grundsätzlich drei Monate und ist bis zum 3. Werktag zu erklären; sie verlängert sich für den Vermieter nach fünf und acht Jahren Mietzeit um jeweils weitere drei Monate. **807**

Schließlich darf der Kündigung eines Wohnraummietverhältnisses gem. § 574 Abs. 1 S. 1 **kein berechtigter Widerspruch des Mieters** entgegenstehen (sog. Sozialklausel). Dabei ist der Widerspruch dann berechtigt, wenn die Kündigung eine Härte bedeuten würde, die unter Abwägung mit den Interessen des Vermieters nicht zu rechtfertigen wäre. **808**

Die Kündigungserklärung, die auch konkludent erfolgen kann[129], bedarf grundsätzlich keiner besonderen **Form**. Etwas anderes gilt wiederum bei Wohnraummietverhältnissen: Hier muss die Kündigung schriftlich erfolgen (§ 568 Abs. 1). Bei Mietverhältnissen auf unbestimmte Zeit muss der Vermieter ferner die Gründe für sein „berechtigtes Interesse" an der Kündigung angeben (§ 573 Abs. 3). Anderenfalls ist die Kündigung unwirksam[130]. Darüber hinaus *soll* der Vermieter im Kündigungsschreiben auf die Möglichkeit eines Widerspruchs hinweisen (§ 568 Abs. 2). Ein fehlender Hinweis führt allerdings nicht zur Unwirksamkeit der Kündigung, sondern lediglich dazu, dass der Mieter nicht an die Widerspruchsfrist des § 574b Abs. 2 S. 1 gebunden ist. **809**

b) Kündigung durch den Mieter

Der Mieter benötigt keinen Kündigungsgrund, um sich vom Mietvertrag zu lösen. Die Kündigungserklärung bedarf nur i.R.v. Wohnraummietverhältnissen der Schriftform, § 568 Abs. 1. Allein die Einhaltung einer entsprechenden Kündigungsfrist muss der Mieter stets beachten, §§ 573c, 580a. Im Unterschied zur Situation beim Vermieter beträgt die Frist zur Kündigung eines Wohnraummietverhältnisses gemäß § 573c Abs. 1 stets (nur) drei Monate, verlängert sich also im Laufe des Mietverhältnisses nicht. **810**

---

127 Zu den Ausnahmen vgl. § 549 Abs. 2, 3.
128 Eine ohne berechtigtes Interesse des Vermieters ausgesprochene Kündigung ist gemäß § 134 unwirksam, MünchKomm/*Häublein* § 573 Rdnr. 32.
129 BGH, 10.10.2001, XII ZR 93/99, NJW-RR 2002, 8; Palandt/*Weidenkaff* § 542 Rdnr. 12.
130 BGH, 27.6.2007, VIII ZR 271/06, NJW 2007, 2845, 2846 f., Rdnr. 23; BGH, 17.3.2010, VIII ZR 70/09, NZM 2010, 400, Rdnr. 10; MünchKomm/*Häublein* § 573 Rdnr. 94. **Achtung:** Vor der Mietrechtsreform war die Angabe der Gründe lediglich als „Soll"-Vorschrift ausgestaltet (§ 556a I 3 a.F.). Ein Fehlen der Gründe führte also nicht zur Unwirksamkeit, sondern nur dazu, dass die betreffenden Gründe im Fall eines Widerspruchs seitens des Mieters bei der Interessenabwägung unberücksichtigt blieben (§ 564a I 2 a.F.). Letztere Vorschrift ist erhalten geblieben und findet sich nun in § 574 Abs. 3 n.F.; sie geht wegen der formellen Unwirksamkeit der unbegründeten Kündigung regelmäßig ins Leere. Bedeutung kommt ihr allenfalls in dem – eher theoretischen – Fall zu, dass der Vermieter mehrere berechtigte Interessen hat, aber nur eines angibt.

c) *Schema*

811 | **Prüfungsaufbau für ordentliche Kündigung**
(1) Wirksamer Mietvertrag
(2) Kündigungsfrist
(3) Kündigungserklärung (bei der Wohnraummiete: schriftlich)
Zusätzliche Voraussetzungen bei der Wohnraummiete und Kündigung durch den Vermieter
(4) Kündigungsgrund
(5) Kein berechtigter Widerspruch

4. Beendigung durch außerordentliche Kündigung

812 Sowohl bei befristeten als auch bei unbefristeten Mietverhältnissen steht den Parteien in besonderen Fällen ein Recht zur außerordentlichen Kündigung zu. Es ist zwischen zwei Formen der außerordentlichen Kündigung zu unterscheiden: der fristgebundenen und der fristlosen außerordentlichen Kündigung. Zur außerordentlichen **fristlosen Kündigung** durch den Mieter oder Vermieter nach §§ 543, 569 s. bereits Rdnr. 753 ff bzw. 775 ff.

813 Ein Recht zur außerordentlichen **fristgebundenen Kündigung** findet sich stets versteckt in Vorschriften, die eigentlich einen anderen Regelungsgegenstand haben: So regelt etwa § 540 Abs. 1 primär die Frage, ob und unter welchen Umständen eine Gebrauchsüberlassung an Dritte zulässig ist. S. 2 der Vorschrift normiert indes ein Recht zur außerordentlichen fristgebundenen Kündigung für den Fall, dass der Vermieter die Erlaubnis zur Gebrauchsüberlassung ohne wichtigen Grund verweigert. Weitere Kündigungsmöglichkeiten eröffnen § 544 (bei Verträgen über mehr als 30 Jahre), § 561 (bei Mieterhöhung), und §§ 563 Abs. 4, 563a Abs. 2, 564 S. 2, 580 (jeweils bei Tod des Mieters). Alle diese Vorschriften verweisen auf die „gesetzliche Frist". Diese findet sich für unbefristete Mietverträge über Wohnraum in § 573d, für befristete Mietverhältnisse über Wohnraum in § 575a und für Mietverhältnisse über sonstige Sachen in § 580a Abs. 4.

814 **Achtung:** Sowohl § 573d als auch § 575a erklären die §§ 573 f für anwendbar. Dies bedeutet, dass der Vermieter auch für eine außerordentliche fristgebundene Kündigung ein berechtigtes Interesse vorweisen muss; der Umstand, der das außerordentliche Kündigungsrecht auslöst, genügt als solcher grundsätzlich nicht.

5. Rechtsfolgen der Beendigung eines Mietverhältnisses

a) *Rückgabe der Mietsache*

815 Wichtigste Folge der Vertragsbeendigung ist der nicht im Synallagma stehende Anspruch des Vermieters zur Rückgabe der Mietsache, § 546 Abs. 1. Der Anspruch besteht neben dem Anspruch aus § 985 und erlangt v.a. dann eigenständige Bedeutung, wenn der Vermieter nicht auch zugleich Eigentümer der Mietsache ist. In zeitlicher Hinsicht besteht die Rückgabepflicht gemäß § 546 Abs. 1 (erst) „nach Beendigung des Mietverhältnisses". Nach **wohl h.M.** muss der Mieter die Mietsache jedoch bereits am letzten Tag der vertraglichen Mietzeit an den Vermieter herausgeben[131]. Dies wird damit begründet, dass es dem Vermieter möglich sein müsse, die Sache unmittelbar im Anschluss weiter zu vermieten.

Hat der Mieter die Mietsache einem Dritten überlassen (§ 540), kann der Vermieter sie gemäß § 546 Abs. 2 auch von diesem zurückfordern, und zwar unabhängig davon, ob der Mieter den Mietgebrauch an den Dritten mit oder ohne Einverständnis des Vermieters überlassen hatte[132]. **816**

b) Entschädigung und Schadensersatz bei verspäteter Rückgabe

Gibt der Mieter die Mietsache nach Beendigung des Mietverhältnisses nicht zurück, kann der Vermieter nach § 546a Abs. 1 einen Anspruch auf **Entschädigung** wegen verspäteter Rückgabe geltend machen. Auf ein Verschulden des Mieters kommt es nicht an[133]. Die Höhe der Entschädigung richtet sich nach der vereinbarten, ggf. sogar nach der höheren ortsüblichen[134] Miete; ein konkreter Schaden muss nicht bewiesen werden[135]. Ein Mangel der Mietsache führt nicht zu einer Minderung der Entschädigung: Nach der Kündigung ist der Vermieter nicht mehr verpflichtet, die Mietsache in mangelfreiem Zustand zu halten[136]. **817**

Gemäß § 546a Abs. 2 (für den Bereich der Wohnraummiete eingeschränkt durch § 571 Abs. 1) ist die Geltendmachung eines weiteren Schadens nicht ausgeschlossen. In Betracht kommt insbesondere ein – verschuldensabhängiger – Schadensersatzanspruch aus §§ 280 Abs. 1, 2, 286 wegen verspäteter Rückgabe der Mietsache; aber auch Nutzungsersatzansprüche aus Bereicherungsrecht und EBV sind neben § 546 Abs. 1 möglich[137]. **818**

c) Schadensersatz in weiteren Fällen

Gibt der Mieter die Sache beschädigt zurück (womit nicht die üblichen Gebrauchsspuren gemeint sind, vgl. § 538), kann der Vermieter Schadensersatz nach Maßgabe der §§ 280 Abs. 1 und 823 geltend machen. Aber **Achtung**: Tritt die Beschädigung erst nach Ablauf der Mietzeit auf, wird § 823 durch das EBV verdrängt – außervertragliche Schadensersatzansprüche richten sich dann ausschließlich nach §§ 989 f. **819**

---

131 BGH, 19.10.1988, VII 22/88 NJW 1989, 451, 452; BeckOK/*Ehlert* § 546 Rdnr. 19; Erman/*Lützenkirchen* § 546 Rdnr. 14; Jauernig/*Teichmann* § 546 Rdnr. 2. Nach der **Gegenansicht** ist die Mietsache am (ersten) Tag nach der Beendigung des Mietverhältnisses zurückzugeben, vgl. MünchKomm/*Bieber* § 546 Rdnr. 15; *Pütz* WuM 2002, 414, 414; AG Köln, 8.3.1985, 218 C 285/84, WuM 1985, 265.
132 BeckOK/*Ehlert* § 546 Rdnr. 6; Palandt/*Weidenkaff* § 546 Rdnr. 20.
133 Palandt/*Weidenkaff* § 546a Rdnr. 9; Jauernig/*Teichmann* § 546a Rdnr. 2.
134 BGH, 14.7.1999, XII ZR 215/97, NJW 1999, 2808; MünchKomm/*Bieber* § 546a Rdnr. 12; *Looschelders* BT Rdnr. 455.
135 Jauernig/*Teichmann* § 546a Rdnr. 1.
136 BGH, 27.5.2015, XII ZR 66/13, NJW 2015, 2795.
137 BGH, 15.12.1991, XII ZR 154/97, NJW-RR 2000, 382, 383; BeckOK/*Ehlert* § 546a Rdnr. 26.

820 Ein Schadensersatzanspruch des Vermieters gegen den Mieter entsteht auch dann, wenn der Mieter (schuldhaft) einer vertraglich vereinbarten Pflicht nicht nachkommt, wie beispielsweise der Pflicht, Schönheitsreparaturen durchzuführen (zur Wirksamkeit solcher Vertragsklauseln siehe o. Rdnr. 719 ff). Bemerkenswert ist in diesem Zusammenhang, dass der Vermieter dann, wenn er die Mieträume nach dem Auszug des Mieters umbauen will, auf die Schönheitsreparatur verzichten und stattdessen eine entsprechende Geldzahlung vom Mieter verlangen kann. Grundlage für einen solchen Anspruch auf Geldersatz ist eine ergänzende Vertragsauslegung: Hätten die Parteien bei Vertragsschluss diese Situation bedacht, hätten sie eine entsprechende Regelung in ihren Vertrag aufgenommen, so die Mutmaßung des BGH[138]. Allerdings setzt ein solcher Anspruch voraus, dass der Vermieter die Mieträume tatsächlich umbaut; die bloße Absicht, dies zu tun, genügt nicht[139].

d) Verjährung

821 Nach Beendigung des Mietverhältnisses haben beide Parteien ein Interesse daran, dass im Hinblick auf etwaige gegeneinander bestehende Ansprüche rasch Klarheit herrscht. Aus diesem Grund ordnet § 548 eine äußerst kurze Verjährungsfrist von nur sechs Monaten an. Für Ansprüche des Mieters beginnt sie mit Beendigung des Mietverhältnisses, für Ansprüche des Vermieters mit der tatsächlichen Rückgabe der Mietsache zu laufen (wobei gleichgültig ist, ob die Rückgabe vor oder nach Beendigung des Mietverhältnisses erfolgt[140]). Hintergrund dieser auf die tatsächliche Rückgabe abstellenden Regelung ist die Überlegung, dass der Vermieter erst (bzw. bereits) zu diesem Zeitpunkt feststellen kann, inwieweit ihm Ansprüche gegen den Mieter wegen Schäden an der Mietsache zustehen. Gibt der Mieter die Mietsache an einen Besitzdiener des Vermieters zurück (z.B. an den Hauswart), so beginnt die Verjährung erst zu laufen, wenn der Vermieter davon Kenntnis erlangt[141]. Der Besitzdiener ist regelmäßig nicht als Wissensvertreter des Vermieters einzustufen, so dass eine Wissenszurechnung nach § 166 analog ausscheidet[142].

822 Zwar ist § 548 nicht auf alle, sondern nur auf die abschließend aufgelisteten Ansprüche des Vermieters gegen den Mieter (Abs. 1) und des Mieters gegen den Vermieter (Abs. 2) anwendbar. Diese Auflistung wird jedoch großzügig ausgelegt. So hat der BGH beispielsweise jüngst entschieden, „Ersatzansprüche des Mieters wegen Schönheitsreparaturen, die er während des Mietverhältnisses in der irrigen Annahme einer entsprechenden Verpflichtung ausgeführt hat", unterfielen der sechsmonatigen Verjährungsfrist: Bei den Schönheitsreparaturen handele es sich um Aufwendungen i.S.d. § 548 Abs. 2[143].

---

138 St. Rspr.: vgl. nur BGH, 12.2.2014, XII ZR 76/13, NJW 2014, 1521.
139 BGH aaO.
140 BGH, 14.5.1986, VIII ZR 99/85, NJW 1986, 2103; BGH, 12.10.2011, VIII ZR 8/11, NJW 2012, 144.
141 BGH, 23.10.2013, VIII ZR 402/12, NJW 2014, 684.
142 BGH aaO.
143 BGH, 4.5.2011, VIII ZR 195/10, NJW 2011, 1866.

§ 20 Finanzierungsleasing

I. Konstruktion und Rechtsnatur des Finanzierungsleasings

Der Begriff des Finanzierungsleasings beschreibt zunächst einmal ein recht einfaches rechtliches Konstrukt: Der Leasingnehmer erwirbt einen Gegenstand, den er benötigt nicht selbst zu Eigentum, sondern bedient sich eines Dritten – des Leasinggebers. Letzterer erwirbt den vom Leasingnehmer ausgesuchten Gegenstand in eigenem Namen und zu eigenem Eigentum und überlässt ihn dem Leasingnehmer – entgeltlich – zum Gebrauch. Dabei sollen die Leasingraten – evtl. verbunden mit einer zusätzlichen Ausgleichsmaßnahme des Leasinggebers am Ende der Vertragslaufzeit[1] – die Kosten des Leasinggebers insgesamt in vollem Umfang ausgleichen (sog. Vollamortisationsprinzip).

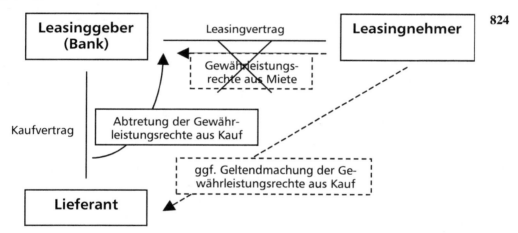

Die Rechtsnatur des Leasingvertrags ist umstritten. Die **Rechtsprechung**[2] und die (wohl) **h.M. in der Literatur**[3] qualifizieren den Leasingvertrag als einen atypischen Mietvertrag – atypisch deswegen, weil die vertraglichen Vereinbarungen regelmäßig wesentliche Unterschiede zu den Regelungen der §§ 535 ff enthalten. Erstens ist der Vermieter beim Leasingvertrag nur zur Gebrauchsüberlassung, nicht aber auch zur Instandhaltung des Leasingguts verpflichtet; wird das Leasinggut nach der Überlassung beschädigt oder zerstört, muss der Leasingnehmer also weiterzahlen. Sowohl Sach- als auch Preisgefahr liegen demnach anders als im Mietrecht beim Leasingnehmer. Zweitens übernimmt der Vermieter nicht einmal die Haftung für solche Mängel, die bereits bei Übergabe des Leasingguts vorliegen. Stattdessen tritt er dem Leasing-

---

1 S. zu den verschiedenen Möglichkeiten für eine solche Ausgleichsleistung MünchKomm/*Koch* Leasing Rdnr. 20 ff.
2 BGH, 8.10.1975, VIII ZR 81/74, NJW 1977, 195, 196, seitdem in st. Rspr.
3 *Flume* DB 1972, 1, 2; *J. Hager* AcP 190 (1990) 324, 335 ff; *Sonnenberger* NJW 1983, 2217, 2218; Soergel/*Kummer* Vor § 535 Rdnr. 41 ff.

§ 20 *Finanzierungsleasing*

nehmer seine Gewährleistungsansprüche gegen den Lieferanten ab (sog. Drittverweisungsklausel)[4]. Mitunter wird eine solche Drittverweisungsklausel sogar für den Überlassungsanspruch selbst vereinbart: Der Leasinggeber haftet also nicht einmal dann, wenn er dem Leasingnehmer das Leasinggut überhaupt nicht zur Verfügung stellt.

826 Eine auf *Canaris*[5] zurückgehende **Mindermeinung** sieht das Finanzierungsleasing als eine Kombination aus Geschäftsbesorgungs- und Darlehensvertrag: Der Erwerb des Leasinggutes durch den Leasinggeber stelle eine Geschäftsbesorgung für den Leasingnehmer dar, die einen Anspruch des Leasinggebers auf Ersatz der hierfür getätigten Aufwendungen aus §§ 675, 670 begründe. Dieser Anspruch werde dem Leasinggeber „kreditiert", worin das darlehensvertragliche Element des Vertrags zu sehen sei. Eine dritte Ansicht stuft das Finanzierungsleasing als Vertrag sui generis ein[6]. Die meisten Vertreter dieser Ansicht ziehen allerdings bei Lücken im Vertrag die mietrechtlichen Regelungen analog heran.

827 Keiner dieser Ansätze kann völlig überzeugen. Gegen die Einordnung als atypischer Mietvertrag spricht, dass die Atypik derart ausgeprägt ist, dass von den Wesensmerkmalen eines Mietvertrags außer der entgeltlichen Gebrauchsüberlassung als solcher nicht mehr viel übrig bleibt. Gegen die Einordnung als Typengemisch aus Geschäftsbesorgung und Darlehen spricht, dass der Leasinggeber ein eigenes Geschäft ausführt: Er wird selbst Eigentümer des erworbenen Leasingguts und gibt dieses Eigentum nicht – wie es ein Auftragnehmer nach §§ 675, 667 eigentlich müsste – an den Leasingnehmer weiter. Gegen die Annahme eines Vertrages sui generis spricht, dass zur Füllung von Lücken im Vertrag auf gesetzliche Regelungen zurückgegriffen werden muss – namentlich auf die des Mietrechts.

828 Selbstverständlich ist in der Klausur jede dieser drei Ansichten vertretbar. Klausurtaktisch ist es aber ratsam, sich der **h.M.** anzuschließen. Die rechtliche Einordnung ist eine Weichenstellung ganz am Anfang der Prüfung; sie zeitigt für alle Folgefragen Auswirkungen. Erschwerend kommt hinzu, dass auch innerhalb der anderen Ansichten die meisten Folgefragen wiederum umstritten sind. Die möglichen Lösungen der Klausur gleichen also einem weitverzweigten Flussdelta. Dieses Delta wird keine Lösungsskizze nachvollziehen. Sie schneiden sich also möglicherweise etliche Probleme ab, die in der Lösungsskizze vorgesehen sind, und schaffen dafür neue, die die Lösungsskizze nicht kennt. Selbstverständlich *sollte* das keine Auswirkungen auf die Note haben. Die Praxis sieht aber häufig anders aus. Auch die folgende Darstellung richtet sich daher nach der h.M.

---

[4] Der Wirksamkeit der Abtretung der kaufrechtlichen Gewährleistungsbestimmungen steht nicht entgegen, dass es sich bei Rücktritt und Minderung um Gestaltungsrechte handelt: Gemäß § 413 finden die Vorschriften der §§ 398 ff auf die Abtretung anderer Rechte entsprechende Anwendung; Palandt/*Weidenkaff* Einf v § 535 Rdnr. 56.

[5] *Canaris* Bankvertragsrecht, 2. Aufl. (1981), Rdnr. 1719 ff.

[6] *Lieb* DB 1988, 946; MünchKomm/*Koch* Leasing Rdnr. 29 ff (32); *Oechsler* VS Rdnr. 717.

II. AGB-rechtliche Zulässigkeit

1. Abwälzung der Sach- und Preisgefahr

Finanzierungsleasingverträge sind regelmäßig nicht individuell ausgehandelt, sondern vorformuliert. Es stellt sich also die Frage, ob die einzelnen Vereinbarungen einer Inhaltskontrolle nach §§ 307 ff standhalten. Dies wird für die Verlagerung der Sach- und Preisgefahr auf den Leasingnehmer einhellig bejaht.

829

Allerdings zeitigt hier der Streit um die Rechtsnatur des Leasingvertrags erste Auswirkungen: Die **h.M.** kommt in Konflikt mit § 307 Abs. 2 Nr. 1. Danach liegt eine unangemessene Benachteiligung vor – und ist die betreffende Klausel deshalb unwirksam –, wenn sie mit dem Grundgedanken der gesetzlichen Regelung, von der abgewichen wird, nicht zu vereinbaren ist. Nun weicht die Verlagerung der Sach- und Preisgefahr zweifellos in eklatanter Weise von dem Leitbild des Mietrechts ab: Letzteres weist die Pflicht zur Instandhaltung der Mietsache dem Vermieter zu[7]. Der **BGH**[8] weicht diesem Konflikt mit folgender Formulierung aus: „Auch wenn auf Finanzierungsleasingverträge in erster Linie Mietrecht anzuwenden ist […], muß bei einer Inhaltskontrolle jeweils das Eigengepräge des Leasingvertrags unter sachgerechter Bewertung der von den Parteien typischerweise verfolgten Interessen berücksichtigt werden […]. Soll eine Leasingvertragsklausel daraufhin geprüft werden, ob sie mit wesentlichen Grundgedanken des Gesetzes unvereinbar ist […], so ist zunächst festzustellen, ob der typische Gehalt des Leasingvertrages in der betreffenden Frage mit demjenigen eines normalen Mietvertrages übereinstimmt. Ist das nicht der Fall, so kommt eine Abweichung von einem wesentlichen Grundgedanken des Mietrechts nicht in Betracht." Mit anderen Worten: Insoweit wie der Leasingvertrag gegenüber dem Mietvertrag „atypisch" ist, stellt er keinen Mietvertrag dar, von dem abgewichen werden könnte.

830

Es bleibt dann aber eine Prüfung nach § 307 Abs. 2 Nr. 2 (wie sie die Ansicht, die einen Vertrag sui generis annimmt, von vornherein vornehmen muss). Diesbezüglich gilt Folgendes: Das Leasing ersetzt einen finanzierten Kauf. Es entspricht demnach gerade der Natur des Vertrags, dass dem Leasinggeber ausschließlich die Finanzierungsfunktion zukommt. Das Risiko einer Abnutzung oder Beschädigung des Leasingguts soll er demgegenüber nicht tragen.

831

Allerdings schränken sowohl die Rechtsprechung als auch weite Teile der Literatur die grundsätzliche Zulässigkeit einer Abwälzung der Sach- und Preisgefahr dahingehend ein, dass dem Leasingnehmer „für den Fall des völligen Verlusts oder einer nicht unerheblichen Beschädigung des Leasingfahrzeugs ein kurzfristiges Kündigungs- oder gleichwertiges Lösungsrecht [eingeräumt werden muss]"[9]. Rechtsfolge einer Kündigung ist, dass der Leasingnehmer von der weiteren Zahlung der Leasingraten befreit ist, dem Leasinggeber jedoch dessen „zum Kündigungszeitpunkt noch

832

---

[7] S. Rdnr. 498.
[8] BGH, 4.7.1990, VIII ZR 288/89, NJW 1990, 3016.
[9] BGH, 15.10.1986, VIII ZR 319/85, NJW 1987, 377; BGH, 8.10.2003, VIII ZR 55/03, NJW 2004, 1041, 1042.

nicht amortisierten Gesamtaufwand" ausgleichen muss[10]. Der Leasinggeber hat mit anderen Worten einen Anspruch auf den abgezinsten und um den Gewinnanteil geschmälerten Teil der Restamortisation[11].

2. Drittverweisungsklausel

833 Auch die Drittverweisungsklausel hält einer Inhaltskontrolle grundsätzlich stand:
- Das Klauselverbot aus § 309 Nr. 8 b) aa) (Ausschluss und Verweisung auf Dritte) greift nicht, weil es ausweislich seines eindeutigen Wortlauts nur auf Kauf- und Werkverträge Anwendung findet[12].
- Wegen § 309 Nr. 7 darf der Leasinggeber jedoch weder eine Haftung für Verletzungen von Leben, Körper und Gesundheit noch eine Haftung für Schäden, die auf einem groben Verschulden beruhen, ausschließen[13]. Die Drittverweisungsklausel muss diese Ansprüche also eigentlich explizit ausnehmen – ansonsten droht wegen des Grundsatzes der geltungserhaltenden Reduktion eine Unwirksamkeit der gesamten Klausel[14]. Aber Vorsicht: Die Unwirksamkeit der Drittverweisungsklausel sollten Sie in einer Klausur nur dann annehmen, wenn der Sachverhalt darauf angelegt ist. Wie immer gilt es, klausurtaktisch vorzugehen: Überprüfen Sie zunächst, ob Sie sich andere im Sachverhalt angelegte Probleme abschneiden würden, wenn Sie die Klausel für unwirksam erklärten!
- Im Übrigen greift die Generalklausel des § 307 Abs. 2 Nr. 1 bzw. Nr. 2. Diesbezüglich gilt das oben Gesagte entsprechend: Wiederum ist zu berücksichtigen, dass dem Leasinggeber nur eine Finanzierungsfunktion zukommt und der Leasingnehmer das Mängelrisiko auch dann zu tragen hätte, wenn er den Gegenstand selbst beim Lieferanten erworben hätte. Der Leasingnehmer ist dadurch ausreichend gesichert, dass der Leasinggeber ihm seine Ansprüche gegen den Lieferanten abtritt.
- Die Drittverweisungsklausel ist allerdings dann unwirksam, wenn der Leasinggeber die kaufvertraglichen Ansprüche „entwertet" – etwa indem er im Verhältnis zum Lieferanten einen Haftungsausschluss vereinbart[15]. Demgegenüber führt eine *gesetzliche* Haftungsbeschränkung im kaufvertraglichen Verhältnis (etwa weil dort die Rügeobliegenheit des § 377 HGB gilt) nicht zu einer Unwirksamkeit der Drittverweisungsklausel. Vielmehr wird davon ausgegangen, die Klausel enthalte implizit die Vereinbarung einer „subsidiären Eigenhaftung des Leasinggebers" (s. hierzu eingehend Rdnr. 847). Allerdings wird mitunter vertreten, dass ein Verstoß gegen das Transparenzgebot des § 307 Abs. 1 S. 2 vorliege, wenn der Leasingnehmer nicht explizit auf diesen Umstand hingewiesen wird[16].

---

10 BGH, 8.10.2003, VIII ZR 55/03, NJW 2004, 1041, 1042.
11 BeckOK/*Möller* (2. Aufl.) § 500 Rdnr. 26.
12 Palandt/*Grüneberg* § 309 Rdnr. 60; vgl. auch BGH, 24.4.1985, VIII ZR 65/84, NJW 1985, 1547, 1549 (zur weiter gefassten Vorgängernorm in § 10 Nr. 11 AGB-G); MünchKomm/*Wurmnest* § 309 Nr. 8 Rdnr. 5 f.
13 MünchKomm/*Koch* Leasing Rdnr. 104; Palandt/*Weidenkaff* Einf v § 535 Rdnr. 55.
14 *Löbbe* BB 2003, Beilage 6, 7, 8.
15 BGH, 21.12.2005, VIII ZR 85/05, NJW 2006, 1066, 1067 f.
16 Handbuch des Leasingrechts/*Beckmann* § 27 Rdnr. 10.

– Umstritten ist, ob eine Drittverweisungsklausel nur für die Mängelgewährleistung zulässig ist, oder ob sie auch die Haftung für Nichtlieferung und Verzug einschließen darf[17]. Richtigerweise wird man die Zulässigkeit zu bejahen haben: Es ist nicht zu rechtfertigen, eine Nichtlieferung anders zu behandeln als die Lieferung eines völlig defekten Leasingguts.

III. Mängelgewährleistung

1. Einführung

Ist die Leasingsache mangelhaft, würde dies an sich zur Haftung des Leasinggebers nach Mietrecht führen[18]. Allerdings ist die Haftung des Leasinggebers durch die Drittverweisungsklausel ausgeschlossen. Der Leasingnehmer ist also darauf verwiesen, die abgetretenen kaufrechtlichen Ansprüche gegen den Lieferanten geltend zu machen.

834

2. Nacherfüllung

Weitgehend unproblematisch ist der Anspruch des Leasingnehmers auf Nacherfüllung. Diesbezüglich ist nur zu beachten, dass der Ersatzlieferungsanspruch (§ 439 Abs. 1 Fall 2) auf Übereignung der Ersatzsache an den Leasing*geber* gerichtet ist. Der Nacherfüllungsanspruch wird also im Leasingvertrag nur partiell abgetreten[19]. Ob der Leasingnehmer zumindest *Übergabe* an sich selbst verlangen kann oder ob er den „Umweg" über den Leasinggeber einschlagen muss, beurteilt sich nach der im konkreten Leasingvertrag getroffenen Vereinbarung.

835

3. Rücktritt

Unter den Voraussetzungen der §§ 437 Nr. 2, 440, 323 ff kann der Leasingnehmer den Rücktritt von dem zwischen Leasinggeber und Lieferant geschlossenen Kaufvertrag erklären. Kraft der Drittverweisungsklausel ist der Leasingnehmer i.d.R. dazu berechtigt und verpflichtet, den Rücktritt im eigenen Namen, aber auf Rechnung des Leasinggebers geltend zu machen: Der Anspruch auf Rückgewähr des Kaufpreises steht nach **h.M.** dem Leasinggeber zu[20]. Weigert sich der Lieferant, dem Leasinggeber den Kaufpreis zu erstatten, ist der Leasingnehmer kraft (konkludenter) Ermächtigung dazu berechtigt und verpflichtet, den Kaufpreis für den Leasinggeber (gerichtlich)

836

---

17 **Für eine Zulässigkeit:** MünchKomm/*Koch* Leasing Rdnr. 87; Staudinger/*Stoffels* Leasing Rdnr. 197; Erman/*Dickersbach* Anh § 535 Rdnr. 40 f; *v. Westphalen* ZIP 1985, 1439; **dagegen:** BeckOK/*Möller* (2. Aufl.) § 500 Rdnr. 28; *Martinek* Moderne Vertragstypen I, § 6 III, S. 137 f.
18 Vgl. etwa BGH, 17.12.1986, VIII ZR 279/89, NJW 1987, 1072, 1073 (Minderung); BGH, 15.10.1986, VIII ZR 319/85 NJW 1987, 377, 378 (Kündigung nach § 543).
19 MünchKomm/*Koch* Leasing Rdnr. 106; *Oechsler* VS Rdnr. 725.
20 MünchKomm/*Koch* Leasing Rdnr. 108.

§ 20 Finanzierungsleasing

durchzusetzen, ohne dass sich hierdurch etwas an der „Rückabwicklung über's Dreieck" ändert[21].

837 Für die Frage, wie der Rücktritt vom Kaufvertrag auf den Leasingvertrags durchschlägt, gilt selbstverständlich zunächst einmal das, was die Parteien im Leasingvertrag vereinbart haben – unter Umständen unter Rückgriff auf die Methode der ergänzenden Vertragsauslegung[22]. Was gelten soll, wenn dies nicht zum Erfolg führt, ist umstritten. Drei Ansichten sollten Sie kennen:

838 Die **Rechtsprechung** und die wohl **h.M. in der Literatur** sieht die Rückabwicklung des Kaufvertrags als Störung der Geschäftsgrundlage des Leasingvertrags an. Der Leasingnehmer könne daher gemäß § 313 Abs. 3 S. 1 mit Wirkung ex tunc zurücktreten[23] und die von ihm gezahlten Leasingraten nach § 346 Abs. 1 zurückverlangen (Zug um Zug gegen Zahlung eines Nutzungsersatzes nach § 346 Abs. 1, 2)[24]. Problematisch an diesem Lösungsweg ist jedoch, dass § 313 Abs. 3 S. 2 für Dauerschuldverhältnisse eigentlich nur eine Kündigung (mit Wirkung ex nunc) vorsieht. Angesichts der engen wirtschaftlichen Verknüpfung von Kauf- und Leasingvertrag müsse die Vorschrift des § 313 Abs. 3 S. 2 jedoch teleologisch reduziert und ein Rücktritt mit ex-tunc-Wirkung zugelassen werden.

839 Eine **starke Ansicht in der Literatur** sieht in der Lösung der h.M. einen Verstoß gegen die Risikoverteilung im Finanzierungsleasing. Weil Rücktrittsrecht und Rückzahlungsanspruch des Leasingnehmers unabhängig davon entstünden, ob der Leasinggeber seinerseits den Kaufpreis vom Lieferanten zurückerstattet bekomme, trage der Leasinggeber letztlich das Insolvenzrisiko des Lieferanten. Dies sei in Bezug auf die Anschaffung des Leasingguts hinzunehmen, nicht aber in Bezug auf Mängelgewährleistungsrechte – diese lägen in der Risikosphäre des Leasingnehmers. Statt eines ex tunc wirksamen Rücktritts nach § 313 Abs. 1 solle dem Leasingnehmer daher nur ein außerordentliches fristloses Kündigungsrecht nach § 543 Abs. 2 Nr. 1 zustehen. Rechtsfolge wäre dann, dass der Leasingnehmer alle künftigen Leasingraten sowie gegebenenfalls eine vereinbarte Abschlusszahlung sofort (freilich abgezinst) leisten müsste. Von diesem Betrag wäre dann das in Abzug zu bringen, was der Leasinggeber (tatsächlich) vom Lieferanten zurückerstattet erhält. Das Risiko, dass der Lieferant nicht zahlt, trägt nach dieser Ansicht also der Leasingnehmer.

840 Eine **dritte** – allerdings nur vereinzelt vertretene – **Ansicht** will das Problem über § 326 lösen: Infolge des Rücktritts vom Kaufvertrag sei es dem Leasinggeber unmöglich, dem Leasingnehmer das Leasinggut zu überlassen. Dies habe zur Folge, dass der Leasingnehmer erstens nach § 326 Abs. 1 S. 1 mit Wirkung ex nunc von seiner Pflicht zur Zahlung der Leasingraten befreit werde und zweitens bereits gezahlte Raten ana-

---

21 BGH, 16.9.1981, VIII ZR 265/80, NJW 1982, 105, 106, BeckOK/*Ehlert* § 535 Rdnr. 71; Palandt/*Weidenkaff* Einf v § 535 Rdnr. 58.
22 BeckOK/*Möller* (2. Aufl.)§ 500 Rdnr. 41.
23 St. Rspr. BGH, 25.10.1989, VIII ZR 105/88, NJW 1990, 314, 315 (bei Wandelung); BeckOK/*Ehlert* § 535 Rdnr. 71; Erman/*Dickersbach* Anh § 535 Rdnr. 49.
24 BeckOK/*Möller* (2. Aufl.) § 500 Rdnr. 40; Palandt/*Weidenkaff* Einf v § 535 Rdnr. 58; **a.A.** (Ausgleich nach Bereicherungsrecht): BeckOK/*Ehlert* § 535 Rdnr. 72; Erman/*Jendrek* Anh § 535 Rdnr. 49.

log §§ 326 Abs. 4, 346 Abs. 1 zurückfordern könne[25]. Dass der Leasingnehmer die Unmöglichkeit durch seine Rücktrittserklärung gegenüber dem Lieferanten selbst herbeigeführt habe, führe nicht zu einem Ausschluss der Zahlungsbefreiung nach § 326 Abs. 2 S. 1. Der Leasingnehmer habe die Unmöglichkeit deshalb nicht zu verantworten, weil er schlicht in Ausübung der ihm überlassenen Mängelrechte handle[26]. Nach dieser Auffassung liegt das Risiko einer Kaufpreisrückerstattung – wie nach der h.M. – beim Leasinggeber.

In der Klausur ist jede dieser Ansichten selbstverständlich ohne Weiteres vertretbar – wie immer kommt es auf die saubere Darstellung des Streitstands und darauf an, dass Sie Ihre Entscheidung argumentativ untermauern. Gegen die letztgenannte Ansicht können Sie bspw. einwenden, dass die Überlassung des Leasingguts vor dem Rücktritt nicht unmöglich war, so dass eine Anwendung des § 326 auf die bereits gezahlten Leasingraten ausscheidet[27]. Auch die Behandlung der § 326 Abs. 2-Problematik überzeugt nicht völlig. Ein argumentativer Streitentscheid zwischen der h.M. und der Lösung über § 543 ist demgegenüber schwierig, weil es letztlich primär auf die Beantwortung einer Wertungsfrage ankommt: Wer soll das Risiko einer Insolvenz des Lieferanten tragen? **841**

4. Minderung

Der Leasingnehmer kann den Kaufpreis gemäß §§ 437 Nr. 2, 441 im eigenen Namen, aber für Rechnung des Leasinggebers mindern. Die Leasingraten sind dann entsprechend zu kürzen. Rechtlicher Anknüpfungspunkt ist – selbstverständlich wiederum subsidiär zu einer (ergänzenden) Vertragsauslegung – nach **ganz h.M.** § 313 Abs. 1[28]. Lediglich die Verfechter der o.g. Unmöglichkeitslösung wählen auch im Fall der Minderung den Weg über § 326[29]. **842**

5. Schadensersatz

Unter den Voraussetzungen der §§ 437 Nr. 3, 280 ff kann der Leasingnehmer vom Lieferanten Ersatz der infolge der Mangelhaftigkeit der Leasingsache entstandenen Schäden verlangen. Hinsichtlich des Schadensumfangs ist auf die Person des Leasingnehmers abzustellen: Die Abtretung der Gewährleistungsrechte bewirkt nach § 398 S. 2 einen Wechsel in der Rechtszuständigkeit[30]. Insbesondere Mangelfolgeschäden an den Rechtsgütern des Leasingnehmers sind also ohne Weiteres ersatzfähig. Das Gleiche gilt für einen beim Leasingnehmer eintretenden Nutzungsausfall. Schwierigkeiten **843**

---

25 MünchKomm/*Habersack* (4. Aufl.) Leasing Rdnr. 99 f.
26 MünchKomm/*Habersack* (4. Aufl.) Leasing Rdnr. 99 (Fn. 356).
27 MünchKomm/*Koch* Leasing Rdnr. 111.
28 BeckOK/*Möller* (2. Aufl.) § 500 Rdnr. 43.
29 MünchKomm/*Habersack* (4. Aufl.) Leasing Rdnr. 103.
30 BGH, 25.9.1991, VIII ZR 264/90, NJW-RR 1992, 219; BGH, 9.2.1995, III ZR 174/93 NJW 1995, 1282, 1283; BGH, 9.2.2006, I ZR 70/03, NJW 2006, 1662, Rdnr. 9; v. Westphalen/*v. Westphalen* Der Leasingvertrag, Kap. H Rdnr. 53.

ergeben sich indes in Bezug auf den Ersatz von reinen Mangelschäden (bspw. Reparaturkosten). Hierbei handelt es sich auf den ersten Blick um Schäden (am Eigentum) des Leasinggebers. Bei näherer Betrachtung relativiert sich diese Einschätzung jedoch: Wie eingangs (Rdnr. 825) dargestellt, trifft die Instandhaltungspflicht den Leasingnehmer – ihm, und nicht dem Leasinggeber, entsteht also ein Schaden.

844 **Vertiefender Hinweis:** Die Rechtsprechung zum Wechsel in der Rechtszuständigkeit bezieht sich an sich nur auf Fälle, in denen der Primäranspruch vor Entstehung eines Schadens abgetreten wird. Sie lässt sich aber wohl auf Fallgestaltungen wie die des Leasingvertrags übertragen lassen, in denen es zu einer isolierten Abtretung der Gewährleistungsrechte kommt. Dies entspricht den Interessen von Leasinggeber und -nehmer, ohne den Lieferanten unbillig zu benachteiligen: Für ihn ist es gleichgültig, ob der Leasinggeber nur die Sekundäransprüche oder auch den Primäranspruch an den Leasingnehmer abtritt.

845 Sollte tatsächlich einmal die Ersatzfähigkeit solcher Schäden in Frage stehen, die beim Leasinggeber eingetreten sind, so ist fraglich, ob diese Schäden nach den Grundsätzen der Drittschadensliquidation zum Anspruch des Leasingnehmers gezogen werden können. Man wird diese Frage zu verneinen haben: Es handelt sich nicht um Fälle der zufälligen Gefahrverlagerung – die Schäden bei Leasinggeber und Leasingnehmer treten nicht notwendig alternativ, sondern unter Umständen kumulativ auf.

6. Störungen der Dreieckshaftung

846 Zu Schwierigkeiten im System kommt es immer dann, wenn dem abgetretenen Anspruch gegen den Lieferanten eine Einrede oder ein sonstiges Hindernis entgegensteht, das im Verhältnis des Leasingnehmers zum Leasinggeber nicht besteht und das bei einem direkten Verhältnis des Leasingnehmers zum Lieferanten ebenfalls nicht bestehen würde.

847 Beispiele soll folgender **Fall 17** liefern: LN möchte zu privaten Zwecken einen Pkw anschaffen. Bei Händler H sucht LN einen Golf-Jahreswagen aus. Weil er den Kaufpreis nicht selbst stemmen kann, wendet er sich daraufhin an LG, der den Wagen bei H erwirbt und an LN verleast. Drei Monate nach der Übergabe (es ist Winter geworden) stellt sich heraus, dass die Heizung nicht ordnungsgemäß funktioniert.

Variante 1: Ob dieser Mangel schon bei Übergabe vorgelegen hatte, lässt sich nicht mehr feststellen. H verweigert daher die verlangte Mängelbeseitigung.

Variante 2: LN kann nachweisen, dass der Mangel bereits bei Gefahrübergang vorgelegen hatte. Dennoch verweigert H eine Reparatur: Er verweist darauf, dass er mit LG (individualvertraglich) einen vollständigen Haftungsausschluss vereinbart habe.

Variante 3: H und LG haben keinen Haftungsausschluss vereinbart und LN bemerkt den Heizungsdefekt zufällig schon unmittelbar nach der Übergabe. Weil er aber beruflich im Stress ist und das Thermometer ohnehin noch sommerliche 25 Grad zeigt, unternimmt er zunächst nichts. Erst drei Monate später wendet er sich mit der Bitte um Reparatur an H. Der lehnt unter Hinweis darauf ab, dass LN es versäumt habe, den Mangel rechtzeitig zu rügen.

Welche Ansprüche hat LN jeweils gegen H bzw. LG?

Variante 1:

(1) Ansprüche des LN gegen H: Aufgrund der im Leasingvertrag enthaltenen Abtretung (Drittverweisungsklausel) stehen LN die kaufrechtlichen Gewährleistungsansprüche des LG gegen H zu. War der Wagen also bei Gefahrübergang mangelhaft, kann LN nach § 439 Abs. 1 Nacherfüllung (hier in Form der Mängelbeseitigung) von H verlangen. In Variante 1 kann LN jedoch nicht nachweisen, dass der Heizungsdefekt bereits bei Gefahrübergang vorhanden war. Fraglich ist, ob er sich auf die Beweislastumkehr des § 477 berufen darf. Hätte er den Wagen selbst bei H gekauft, hätte ein Verbrauchsgüterkauf i.S.d. § 474 Abs. 1 vorgelegen, und § 477 wäre anwendbar gewesen. Jedoch ist nicht LN, sondern LG Vertragspartei des Kaufvertrags mit H, so dass die § 474 ff keine Anwendung finden. Fraglich ist allerdings, ob der Abschluss des Leasingvertrags unter Vereinbarung der typischen Abtretungskonstruktion (Drittverweisungsklausel) eine unzulässige Umgehung der Vorschriften zum Verbrauchsgüterkauf darstellt. Dies hat der BGH – mit Recht – unter Verweis auf die Grundsätze zum Agenturgeschäft (vgl. Rdnr. 387 f) verneint: Der Abschluss des Leasingvertrages beruhe darauf, dass der Käufer (hier: Verbraucher) aus wirtschaftlichen Gründen keinen Kaufvertrag mit der Lieferantin schließen könne oder wolle. Er diene hingegen nicht dem Zweck, etwaige Nachteile, die das Verbrauchsgüterkaufrecht für den Verkäufer mit sich bringt, zu umgehen[31]. Im Ergebnis bleibt es also dabei, dass sich LN nicht auf die Beweislastumkehr des § 477 berufen kann. LN hat folglich keine kaufrechtlichen Gewährleistungsansprüche gegen G.

> **Hinweis:** Eine Mindermeinung sieht in dem Kaufvertrag zwischen LG und H einen Vertrag zugunsten Dritter (nämlich zugunsten des LN) i.S.d. § 328[32]. Danach stünden dem LG nicht nur abgetretene, sondern eigene Ansprüche gegen H zu. Auf diese Ansprüche seien die §§ 474 ff anwendbar. Dies ist m.E. zweifelhaft. Zwar sprechen durchaus gute Argumente für die Annahme eines Vertrags zugunsten Dritter. Allerdings dürfte dies nicht zur Qualifikation dieses Vertrags als Verbrauchsgüterkauf führen. Käufer ist und bleibt mit LG ein Unternehmer.

(2) Ansprüche des LN gegen LG: Die Mängelhaftung eines Leasinggebers richtet sich grundsätzlich nach den mietrechtlichem Vorschriften der §§ 536 ff. Allerdings enthält der Leasingvertrag hier die leasingtypische Drittverweisungsklausel, wonach mietrechtliche Gewährleistungsansprüche des LN gegen LG ausgeschlossen sind und LN zum Ausgleich die kaufrechtlichen Gewährleistungsansprüche des LG gegen den H erhält. Diese Vereinbarung ist grundsätzlich wirksam und auch in AGB zulässig (s. Rdnr. 833).

Allerdings enthält jede leasingrechtliche Drittverweisungsklausel nach **h.M.** die implizite Einschränkung, dass die Haftung des LG dann wieder auflebt, wenn die abgetretenen Rechte hinter denjenigen zurückbleiben, die der LN hätte, wenn er selbst einen Vertrag mit dem H geschlossen hätte (sog. subsidiäre Eigenhaftung des Leasingnehmers). Hätte LN den Wagen selbst bei H gekauft, könnte er diesen wegen § 477 auf

---

31 BGH, 21.12.2005, VIII ZR 85/05, NJW 2006, 1066, 1067.
32 *Oechsler* VS Rdnr. 727.

§ 20 *Finanzierungsleasing*

Mängelbeseitigung in Anspruch nehmen. Nur die Dreieckskonstruktion des Finanzierungsleasings verhindert einen solchen Anspruch. Aus diesem Grund muss LG trotz der Drittverweisungsklausel selbst für den Mangel einstehen.

Variante 2:

(1) Ansprüche des LN gegen H: Hinsichtlich möglicher kaufrechtlicher Ansprüche des LN gegen den H gilt das zu Variante 1 Gesagte entsprechend: Ein Haftungsausschluss nach § 444 wäre zwar in einem Kaufvertrag H-LN an § 475 Abs. 1 S. 1 gescheitert. Da der Kaufvertrag aber zwischen H und LG zustande gekommen ist, findet § 475 keine Anwendung und der Haftungsausschluss bleibt wirksam. Wegen § 404 kann sich H auch gegenüber LN auf diesen Haftungsausschluss berufen.

(2) Ansprüche des LN gegen LG: Auch die Frage nach den Gewährleistungsrechten des LN gegen den LG könnte man eigentlich wiederum mit dem Grundsatz der subsidiären Eigenhaftung lösen. In der Klausur wäre dies sicher vertretbar. Der BGH geht jedoch einen anderen – schärferen Weg: Er sieht die Drittverweisungsklausel von vornherein als unwirksam an. Sie verstoße gegen § 307 Abs. 2 Nr. 1. Die ersatzweise abgetretenen kaufrechtlichen Gewährleistungsansprüche des LG gegen den H seien aufgrund des im Kaufvertrag enthaltenen Gewährleistungsausschlusses für LN wertlos, und die Abtretung deshalb nicht „endgültig, vorbehaltlos und unbedingt"[33]. Als Folge der Unwirksamkeit dieser Klausel bleibt es gemäß § 306 Abs. 2 bei der Geltung der gesetzlichen Vorschriften – also der mietvertraglichen Gewährleistungshaftung.

Variante 3:

(1) Ansprüche des LN gegen H: In dieser Variante ist fraglich, ob ein Anspruch des LG gegen H auf Mängelbeseitigung aufgrund eines Rügeversäumnisses nach § 377 Abs. 2 HGB ausscheidet, was H dem LN nach § 404 entgegenhalten könnte. Bei dem Kaufvertrag zwischen H und LG handelt es sich um ein Handelsgeschäft i.S.d. § 343 HGB, so dass § 377 HGB grundsätzlich Anwendung findet. Selbst wenn man davon ausgeht, dass der Mangel versteckt war, der LG also nicht unmittelbar nach Lieferung (Abs. 1) hätte rügen müssen, so entsteht die Rügepflicht (bzw. genauer: -obliegenheit) jedenfalls zum Zeitpunkt der Entdeckung des Mangels durch LN (Abs. 3). Eine Mindermeinung in der Literatur will die Vorschrift des § 377 HGB jedoch unangewendet lassen, wenn der Leasingnehmer selbst kein Kaufmann ist. Dogmatisch bedient man sich hierfür der Methode einer teleologischen Reduktion. Hiergegen spricht indes, dass sich die Pflichten und Obliegenheiten des Leasinggebers aus dem Kaufvertrag nach seiner Person bestimmen müssen – und nicht nach der des Leasingnehmers, der im Verhältnis zu H lediglich als Erfüllungsgehilfe für die Abnahme und die Rügepflicht einzustufen ist. Dem LG dürfen keine Vorteile daraus erwachsen, dass er bei der Abnahme der Kaufsache mit dem Leasingnehmer einen Nichtkaufmann als Erfüllungsgehilfen zu Hilfe zieht[34]. Die **h.M.** will daher genauso verfahren wie in Variante 1,

---

33 BGH, 21.12.2005, VIII ZR 85/05, NJW 2006, 1066, 1067 f.
34 BGH, 24.1.1990, VIII ZR 22/89, NJW 1990, 1290, 1293.

nämlich über die subsidiäre Eigenhaftung des LG gegenüber LN: Im Verhältnis LN-H bleibt es demnach bei dem Verlust der Mängelgewährleistungsrechte wegen Rügeversäumnisses nach § 377 Abs. 2 HGB.

(2) Ansprüche des LN gegen LG: LN muss sich also an LG wenden, dessen Mängelgewährleistungsrechte trotz der Drittverweisungsklausel wiederaufleben[35]. Dieser Weg ist allerdings nicht die einzige vorgeschlagene Lösung: Teilweise wird dem Leasingnehmer gegen den Leasinggeber, statt die mietrechtliche Gewährleistungshaftung wieder aufleben zu lassen, auch ein Schadensersatzanspruch aus §§ 280 Abs. 1, 241 Abs. 2 zugesprochen, wobei die Pflichtverletzung des Leasinggebers im Unterlassen der Rüge nach § 377 HGB besteht[36]. Hier dürfte es jedoch häufig an einem Verschulden des LG mangeln: Zwar könnte man den LG für verpflichtet halten, das Leasinggut vor Weitergabe an den LN zu untersuchen. Dies hilft jedoch dann nicht, wenn das Leasinggut – wie dies regelmäßig der Fall ist – direkt von H an LN ausgeliefert wird. Auch scheidet ein Verschulden bei versteckten Mängeln aus, die der LG bei einer Untersuchung nicht hätte entdecken können bzw. müssen.

IV. Nichtlieferung und Verzug

Ob und inwieweit der Leasinggeber dem Leasingnehmer dafür haftet, dass er ihm den Gebrauch an dem Leasinggut nicht (oder nicht rechtzeitig) einräumt (oder später wieder entzieht), hängt zunächst einmal davon ab, ob sich die Drittverweisungsklausel auf Mängelgewährleistungsansprüche beschränkt oder auch die Nichtlieferung umfasst. Sind Nichtlieferung und Verzug umfasst, so gilt grundsätzlich das oben zur Mängelgewährleistung Gesagte entsprechend. Zwar ist umstritten, ob eine Drittverweisungsklausel in Bezug auf Nichtlieferung und Verzug überhaupt wirksam ist; die **h.M.** bejaht dies jedoch zutreffenderweise[37]. 848

Umfasst die Drittverweisungsklausel Nichtlieferung und Verzug dagegen nicht, steht dem Leasingnehmer zum einen ein Recht zur außerordentlichen fristlosen Kündigung aus wichtigem Grund nach § 543 Abs. 1, 2 S. 1 Nr. 1 zu[38]. Zum anderen kann er nach den allgemeinen Regeln der §§ 280 ff Schadensersatz verlangen (zur Erinnerung: § 536a greift zwar nach zutreffender Ansicht bereits vor Übergabe, jedoch nur für mangelbedingte Schadensersatzansprüche). Hinsichtlich des Verschuldenserfordernisses ist der Lieferant grundsätzlich als Erfüllungsgehilfe (§ 278) des Leasinggebers anzusehen[39]. Ist die Überlassung des Leasinggebrauchs unmöglich, entfällt der Zahlungsanspruch des Leasinggebers grundsätzlich nach § 326 Abs. 1. Im Übrigen kann 849

---

35 Noch offen gelassen in: BGH, 24.1.1990, VIII ZR 22/89, NJW 1990, 1290, 1293.
36 Vgl. BGH, 24.1.1990, VIII ZR 22/89, NJW 1990, 1290, 1293.
37 S. Rdnr. 585.
38 BGH, 30.7.1997, VIII ZR 157/96, NJW-RR 1998, 123, 125; BGH, 1.7.1987, VIII ZR 117/86, NJW 1988, 204, 205; Palandt/*Weidenkaff* Einf v § 535 Rdnr. 55; Erman/*Dickersbach* Anh § 535 Rdnr. 41; *Brox/Walker* BT § 15 Rdnr. 11.
39 BGH, 30.9.1987, VIII ZR 226/86, NJW 1988, 198, 199; BGH, 24.1.1990, VIII ZR 22/89, NJW 1990, 1290, 1292; BeckOK/*Ehlert* § 535 Rdnr. 67.

V. Unmittelbare vertragliche Ansprüche des Leasingnehmers gegen den Lieferanten

850 Da zwischen dem Lieferanten und dem Leasingnehmer in aller Regel[41] kein Vertragsverhältnis besteht (es sei denn man folgt der Theorie vom Vertrag zugunsten Dritter, Rdnr. 847), ist eine unmittelbare vertragliche Haftung des Lieferanten gegenüber dem Leasingnehmer grundsätzlich ausgeschlossen. In besonders gelagerten Fällen kann indes eine Haftung des Lieferanten nach § 280 Abs. 1 infolge der Verletzung von Pflichten aus einem selbstständigen Beratervertrag oder aus §§ 280 Abs. 1, 241 Abs. 2, 311 Abs. 3 in Betracht kommen, sollte der Lieferant in besonderem Maße Vertrauen für sich in Anspruch genommen und dadurch den zwischen Leasingnehmer und Leasinggeber geschlossenen Vertrag erheblich beeinflusst haben[42].

VI. Haftung des Leasingnehmers

851 Die Folgen einer Pflichtverletzung des Leasingnehmers richten sich, soweit der Vertrag keine Regelungen enthält, nach den Vorschriften des Mietrechts oder des allg. Leistungsstörungsrechts. Danach ist der Leasinggeber insbesondere berechtigt, das Leasingverhältnis bei Nichtzahlung der Leasingraten unter den Voraussetzungen des §§ 543 Abs. 1, 2 S. 1 Nr. 3, 286 zu kündigen. Kündigt der Leasinggeber, kann er den Ersatz des durch die vorzeitige Vertragsbeendigung entstandenen Schadens verlangen, d.h. den entgangenen Gewinn abzüglich der durch den Kapitalrückfluss ersparten Aufwendungen[43]. Dabei handelt es sich um einen Anspruch auf Schadensersatz statt der Leistung[44], bei dem die (an sich nach § 281 Abs. 1 erforderliche) Fristsetzung gemäß § 543 Abs. 3 S. 2 Nr. 3 entbehrlich ist.

852 Zerstört oder beschädigt der Leasingnehmer die Leasingsache, so kann der Leasinggeber den Leasingvertrag gemäß § 543 Abs. 1, 2 S. 1 Nr. 2 außerordentlich fristlos kündigen und Ersatz der aus der Beschädigung oder Zerstörung seines Eigentums entstehenden Schäden verlangen, §§ 280 ff, 823 Abs. 1 (**Achtung:** Eine Halterhaftung des Leasingnehmers aus § 7 StVG scheitert daran, dass die zerstörte Sache keine andere ist als diejenige, von der die Betriebsgefahr ausgeht[45]). Weiter kann der Leasinggeber ggf. gemäß § 326 Abs. 2 die (abgezinste) Zahlung der Leasingraten und der Abschluss-

---

40 BGH, 30.7.1997, VIII ZR 157/96, NJW-RR 1998, 123, 124; BGH, 5.7.1989, VIII ZR 334/88, NJW 1989, 3222, 3223 f; Palandt/*Weidenkaff* Einf v § 535 Rdnr. 55.
41 Ausnahme: Eintrittsmodell, s. dazu MünchKomm/*Koch* Leasing Rdnr. 41.
42 *Brox/Walker* BT § 15 Rdnr. 24.
43 BGH, 14.7.2004, VIII ZR 367/03, NJW 2004, 2823; BGH, 10.10.1990, VIII ZR 296/89, NJW 1991, 221, 222.
44 Vgl. BGH, 12.6.1985, VIII ZR 148/84, NJW 1985, 2253, 2254 (zum Recht vor Inkrafttreten des SMG: Nichterfüllungsschaden); Palandt/*Weidenkaff* Einf v § 535 Rdnr. 69; **a.A.** (§ 280 Abs. 1) BeckOK/*Ehlert* § 535 Rdnr. 87.
45 BGH, 7.12.2010, VI ZR 288/09, NJW 2011, 996.

zahlung verlangen⁴⁶. Kündigt der Leasinggeber nicht, steht auch dem Leasingnehmer ein Kündigungsrecht zu (s. Rdnr. 836).

VII. Verbraucherkreditrechtliche Vorschriften

Finanzierungsleasingverträge zwischen einem Unternehmer (als Leasinggeber) und einem Verbraucher (als Leasingnehmer) gelten gemäß § 506 Abs. 2 (lesen!) als **entgeltliche Finanzierungshilfen**. Das hat zur Folge, dass gemäß § 506 Abs. 1 die Vorschriften über das Verbraucherdarlehen entsprechende Anwendung finden. Der Finanzierungsleasingvertrag unterliegt damit einem Schriftformerfordernis (§§ 492, 494), dem Leasingnehmer steht ein Widerrufsrecht nach §§ 355 ff zu (§ 495) und es gelten besondere Regelungen zur Kündigung (§§ 499 ff). S. zum Verbraucherdarlehensvertrag ausführlich *Schürnbrand*, Examens-Rep Verbraucherschutzrecht Rdnr. 130 ff. 853

Vertiefender Hinweis: Neben den speziellen verbraucherkreditrechtlichen Vorschriften greifen nach § 506 Abs. 1 auch die Vorschriften über verbundene Verträge (§§ 358 ff). Dieser Verweis ist deswegen merkwürdig, weil der Leasingnehmer im Regelfall nur einen einzigen Vertrag schließt, nämlich den Leasingvertrag mit dem Leasinggeber. Ein zweites Rechtsverhältnis, mit dem dieser Vertrag verbunden sein könnte, existiert eigentlich gar nicht. Mehr noch: Der BGH⁴⁷ lehnt eine Anwendung von § 358 sogar dann ab, wenn der Leasingnehmer ausnahmsweise doch einmal zwei Verträge geschlossen hat, nämlich beim sog. Eintrittsmodell (vgl. Rdnr. 850 Fn. 41): Auch in diesem Fall fehle es aus Sicht des Leasingnehmers an einer Mehrzahl von Vertragsverhältnissen. Vielmehr habe er stets nur einen Vertragspartner: zunächst den Verkäufer und anschließend den Leasingnehmer; Letzterer übernehme dann schließlich den Kaufvertrag. Dies ist zwar formal richtig, ändert aber nichts daran, dass der Leasingnehmer dann, wenn er den Leasingvertrag widerruft, ohne die Hilfe von § 358 wieder in den Kaufvertrag zurückfällt. Genau dieses Risiko will § 358 ihm nehmen⁴⁸. Der BGH verweist den Leasingnehmer/Käufer stattdessen auf die Rechtsinstitute der Bedingung (Kaufvertragsschluss unter der Bedingung eines wirksamen Leasingvertrags) und des Wegfalls der Geschäftsgrundlage (wirksamer Leasingvertrag als Geschäftsgrundlage für den Kaufvertrag). 854

VIII. Ausübung eines Andienungs- oder Optionsrechts

Häufig sehen Finanzierungsleasingverträge vor, dass nach Ablauf der Leasingzeit entweder dem Leasinggeber ein Andienungsrecht oder dem Leasingnehmer ein Optionsrecht zusteht⁴⁹. Die Ausübung des einen oder anderen Rechts begründet einen Kaufvertrag zwischen Leasinggeber und -nehmer. Handelt es sich beim Leasingnehmer um einen Verbraucher, finden auf diesen Kaufvertrag die Regelungen der §§ 474 ff Anwendung. Dasselbe gilt für eine Vereinbarung im Finanzierungsleasingvertrag, nach der der Leasingnehmer eine Abschlusszahlung zu leisten hat, um die Kosten des Leasinggebers zu amortisieren⁵⁰. 855

---

46 MünchKomm/*Koch* Leasing Rdnr. 96.
47 BGH, 22.1.2014, VIII ZR 178/13, NJW 2014, 1519.
48 Krit. deswegen etwa *Harriehausen* NJW 2015, 1521.
49 Vgl. hierzu im Einzelnen MünchKomm/*Koch* Leasing Rdnr. 20.
50 MünchKomm/*Koch* Leasing Rdnr. 71.

IX. Exkurs: Sonderformen des Leasings und verwandte Vertragstypen

1. Operatingleasing

856 Als Operatingleasing[51] wird ein Gebrauchsüberlassungsvertrag bezeichnet, der entweder von vornherein für nur kurze Zeit geschlossen wurde oder dessen Laufzeit zwar unbefristet ist, aber kurzfristig ordentlich gekündigt werden kann. Die Vertragsgestaltung ist v.a. für Leasingnehmer interessant, die ständig auf (technisch) neuestem Stand sein müssen. Der Leasinggeber, der das Überalterungs- und damit auch das Investitionsrisiko trägt, will die Vollamortisation dadurch erreichen, dass er die Leasingsache mehrfach verleast oder nach Leasingende selbstständig veräußert. Es kommt weder zu dem für das Finanzierungsleasing typischen Dreiecksverhältnis (Lieferant – Leasinggeber – Leasingnehmer) noch zur Übertragung der Erhaltungspflicht aus § 535 Abs. 1 S. 2. Kurz: Der Begriff des Operatingleasings ist im Prinzip nichts weiter als eine moderne Bezeichnung für den klassischen Mietvertrag. Die Abgrenzung von Finanzierungs- und Operatingleasing richtet sich im Wesentlichen nach dem Amortisationsmechanismuns: Erreicht der Leasinggeber eine Amortisation bereits durch einmalige Überlassung, dann Finanzierungsleasing; ist eine mehrfache Überlassung notwendig, dann Operatingleasing.

2. Herstellerleasing

857 Als (direktes) Herstellerleasing[52] bezeichnet man einen Gebrauchsüberlassungsvertrag, bei dem der Hersteller selbst als Leasinggeber auftritt. Im Unterschied zum klassischen Finanzierungsleasing sind beim Herstellerleasing also nur zwei Personen (Hersteller und Leasingnehmer) beteiligt, so dass eine Drittverweisungsklausel unsinnig wäre. Außerdem erfolgt das Leasing hier nicht allein im (Finanzierungs-)Interesse des Leasingnehmers, sondern dient auch dem Interesse des Herstellers an der Absatzförderung.

858 Dennoch zählt das Herstellerleasing nach **h.M.** zu den Finanzierungsleasingverträgen, mit der Folge, dass eine Abwälzung der Sach- und Preisgefahr auf den Leasingnehmer AGB-rechtlich zulässig ist[53]. Diese Einstufung rechtfertigt sich mit Blick auf das sog. indirekte Herstellerleasing. Hier tritt nicht der Hersteller selbst als Leasinggeber auf, sondern eine mit ihm wirtschaftlich eng verflochtene Leasinggesellschaft (z.B. beim Leasing eines Mercedes die Mercedes-Bank), so dass – jedenfalls formal – die leasingtypische Dreiecksbeziehung besteht. Es wäre allerdings unbillig die Fälle des indirekten Herstellerleasings als Finanzierungsleasing zu werten, diejenigen des direkten Herstellerleasings aber nicht.

---

51 Vgl. dazu allgemein BGH, 11.3.1998, VIII ZR 205/97, NJW 1998, 1637, 1639; MünchKomm/*Koch* Leasing Rdnr. 4; BeckOK/*Ehlert* § 535 Rdnr. 50; Staudinger/*Stoffels* Leasing (2014) Rdnr. 16; Erman/*Dickersbach* Anh § 535 Rdnr. 9.
52 Vgl. hierzu allgemein BGH, 11.3.1998, VIII ZR 205/97, NJW 1998, 1637, 1638 f. MünchKomm/*Koch* Leasing Rdnr. 7; *Looschelders* BT Rdnr. 512; BeckOK/*Ehlert* § 535 Rdnr. 52.
53 BGH, 11.3.1998, VIII ZR 205/97, NJW 1998, 1637, 1639; BGH, 30.10.2002, VIII ZR 119/02, NJW 2003, 505, 507; Staudinger/*Stoffels* Leasing Rdnr. 27; Erman/*Dickersbach* Anh § 535 Rdnr. 5; **a.A.** *Emmerich* JuS 1990, 3.

3. Sale-and-lease-back

Hinter dem Begriff „sale-and-lease-back"[54] verbirgt sich ein Gebrauchsüberlassungsvertrag, bei dem der Leasinggeber das Leasinggut zunächst vom Leasingnehmer erwirbt, um es dann (aus steuerlichen oder sonstigen finanziellen Gründen) an diesen zu verleasen. Das Leasingverhältnis, bei dem der Leasingnehmer in einer doppelten Funktion auftritt (nämlich als Lieferant und als Leasingnehmer)[55], kann ganz unterschiedlich ausgestaltet werden – auch als Finanzierungsleasing[56]. **859**

4. Teilzahlungskauf

Geht es dem Leasingnehmer nur um die Finanzierung seiner Anschaffung – und nicht zusätzlich um steuer- und bilanzrechtliche Gesichtspunkte[57] –, so kommt statt des Finanzierungsleasings auch ein Teilzahlungskauf in Betracht. Die Abgrenzung ist auf den ersten Blick recht simpel: Beim Teilzahlungskauf fehlt das finanzierungsleasingtypische Dreiecksverhältnis: Es gibt nur eine rechtliche Beziehung, nämlich die zwischen Verkäufer und Käufer. Allerdings fehlt dieses Dreiecksverhältnis auch beim Herstellerleasing (s. Rdnr. 858). Das wesentliche Abgrenzungskriterium zum Teilzahlungskauf besteht daher darin, dass beim Finanzierungsleasing die Gebrauchsüberlassung im Vordergrund der Vertragsbeziehung steht, beim Teilzahlungskauf dagegen der Eigentumserwerb[58]. Es gilt daher folgende Faustregel: Sieht der Vertrag vor, dass es mit Zahlung der letzten Rate zu einem Eigentumsübergang kommen soll, liegt ein Teilzahlungskaufvertrag vor; besteht nur ein Optionsrecht einer Partei auf Eigentumsübergang gegen Zahlung einer Abschlussrate oder ist die Frage des Eigentumsübergangs gänzlich neuen Verhandlungen überlassen, liegt ein Leasingvertrag vor. **860**

5. Mietkauf

Entsprechendes gilt für die Abgrenzung des Finanzierungsleasings zum – in der Praxis äußerst seltenen – Mietkauf, bei dem der Mietkäufer den avisierten Gegenstand zunächst mangels finanzieller Mittel mietet, aber sich im Vertrag die Option eines Kaufs sichert. Für die Zeit der Miete – also solange bis der Mietkäufer seine Option zieht – trifft den Vermieter die Instandhaltungspflicht[59]. Übt der Mietkäufer sein Optionsrecht aus, werden die bereits geleisteten Mietzinszahlungen vom Kaufpreis in Abzug gebracht[60]. **861**

---

54 Vgl. hierzu allgemein BGH, 29.11.1989, VIII ZR 323/88, NJW 1990, 829, 831; BeckOK/*Ehlert* § 535 Rdnr. 54; *Oechsler* VS Rdnr. 753.
55 Erman/*Dickersbach* Anh § 535 Rdnr. 8. Wurde der Gegenstand zur Sicherheit an einen Dritten übereignet, tritt dieser als Veräußerer auf, vgl. MünchKomm/*Koch* Leasing Rdnr. 13.
56 MünchKomm/*Koch* Leasing Rdnr. 13; BeckOK/*Ehlert* § 535 Rdnr. 54.
57 Zu den bilanz- und steuerrechtlichen Aspekten des Leasings s. MünchKomm/*Koch* Leasing Rdnr. 16 ff.
58 *Brox/Walker* BT § 15 Rdnr. 5.
59 BeckOK/*Ehlert* § 535 Rdnr. 57.
60 Vgl. BGH, 12.9.2001, VIII ZR 109/00, NJW 2002, 133, 134.

§ 21 Leihe

I. Vertragsgegenstand

862 Als Leihvertrag bezeichnet man ein Rechtsgeschäft, durch das der Verleiher verpflichtet wird, dem Entleiher eine (bewegliche oder unbewegliche) Sache[1] unentgeltlich zum Gebrauch auf Zeit zu überlassen (§ 598). Anders als bei der Miete steht der Gebrauchsüberlassungspflicht des Verleihers also keine synallagmatische Hauptleistungspflicht des Entleihers gegenüber. Dennoch handelt es sich nicht um einen einseitig, sondern um einen sog. unvollkommen zweiseitig verpflichtenden Vertrag – und zwar deshalb, weil den Entleiher nach Ablauf der Leihfrist die Pflicht zur Rückgabe der Leihsache trifft (§ 604)[2].

863 Die Leihe ist von der bloßen Gebrauchsgestattung aus Gefälligkeit abzugrenzen, bei der dem Sachgeber ein Rechtsbindungswille fehlt. Für die Abgrenzung sind die allgemeinen Kriterien heranzuziehen, die in Bezug auf das Vorliegen des Rechtsbindungswillens entwickelt wurden (z.B. Wert der Sache, Risikoverteilung bei Überlassung, Interesse am Bestand der Nutzungsmöglichkeit[3]), vgl. hierzu *Gottwald/Würdinger* Rdnr. 31. Von einer bloßen Gebrauchsüberlassung aus Gefälligkeit und nicht von einer Leihe wird man regelmäßig ausgehen können, wenn die Hingabe des Gegenstandes zu kurzem, jederzeit widerruflichem Gebrauch (also ohne die Beschränkungen der §§ 604, 605) vor den Augen oder in der Nähe des Überlassenden erfolgt[4].

864 In Abgrenzung zum Sachdarlehensvertrag (§§ 607 ff, vgl. dazu Rdnr. 876 ff) ist bei der Leihe nach Vertragsende stets die verliehene Sache selbst zurückzugeben – und nicht lediglich eine Sache gleicher Art und Güte. Die Leihe ist ferner vom Verwahrungsvertrag (§§ 688 ff, vgl. dazu Rdnr. 1063 ff) abzugrenzen. Maßgeblich sind die beteiligten Interessen: Während die Gebrauchsüberlassung i.R.d. Leihe im Interesse des Entleihers liegt, dient die Hinterlegung der zu verwahrenden Sache den Interessen des Hinterlegers[5]; der Verwahrer hat daher grundsätzlich auch kein Gebrauchsrecht an der hinterlegten Sache[6]. Schließlich kann auch eine Abgrenzung zur Schenkung (§§ 516 ff, vgl. dazu Rdnr. 673) problematisch sein, nämlich dann, wenn ein Gegenstand für sehr lange Zeit verliehen wird. Der BGH geht jedoch auch in solchen Fällen zu Recht nicht von einer Schenkung (und damit insb. nicht von einer Formbedürftigkeit des Vertrags) aus, selbst dann nicht, wenn das Recht des Verleihers zur Eigenbedarfskündigung ausgeschlossen ist.[7]

---

1 Nach **h.M.** finden die Vorschriften der §§ 598 ff auf die unentgeltliche Überlassung von unkörperlichen Gegenständen (Rechten) analoge Anwendung: MünchKomm/*Häublein* § 598 Rdnr. 4; BeckOK/*Wagner* § 598 Rdnr. 16; **a.A.** Palandt/*Weidenkaff* § 598 Rdnr. 3 (§§ 581 ff analog).
2 S. Staudinger Eckpfeiler/*Huber* Kap. D. Rdnr. 19.
3 BGH, 14.11.1991, III ZR 4/91, NJW 1992, 498, 498 f.
4 MünchKomm/*Häublein* § 598 Rdnr. 6.
5 BeckOK/*Wagner* § 598 Rdnr. 8; MünchKomm/*Häublein* § 598 Rdnr. 10.
6 Palandt/*Sprau* § 688 Rdnr. 2.
7 BGH, 27.1.2016, XII ZR 33/15, NJW 2016, 2652 (unentgeltliche Gebrauchsüberlassung von Wohn- und Geschäftsräumen).

II. Ansprüche des Entleihers

Der **Primäranspruch** des Entleihers richtet sich auf Gestattung des Gebrauchs. Anders als ein Mieter hat ein Entleiher jedoch keinen Anspruch darauf, dass ihm der Verleiher die Sache in einen gebrauchsfähigen Zustand versetzt oder sie während der Mietzeit in einem solchen erhält: Vor dem Hintergrund der Unentgeltlichkeit der Leihe enthält § 598 keine dem § 535 Abs. 1 S. 2 entsprechende Regelung. Gemäß § 603 darf der Entleiher von der Leihsache nur den vertraglich vorgesehenen Gebrauch machen (S. 1) und ist ohne Erlaubnis des Verleihers nicht berechtigt, die Sache einem Dritten zu überlassen (S. 2, vgl. für das Mietrecht die Regelung in § 540 Abs. 1 S. 1).

865

Für die **Sekundäransprüche** enthalten die §§ 599, 600 Haftungsprivilegierungen zugunsten des Verleihers. Nach § 599 hat der Verleiher abweichend von § 276 Abs. 1 S. 1 nur Vorsatz und grobe Fahrlässigkeit zu vertreten. § 600 beschränkt die Mängelgewährleistung sogar auf Fälle des arglistigen Verschweigens. Diese Privilegierungen entsprechen weitgehend denjenigen des Schenkungsrechts (§§ 521, 524 Abs. 1 und 523 Abs. 1). Dementsprechend stellen sich auch bei der Leihe die zur Schenkung diskutierten Streitfragen: Sind Schutzpflichtverletzungen vom Anwendungsbereich des § 599 erfasst? Ist § 600 auf Mangelfolgeschäden anwendbar? Sind die in den §§ 599, 600 enthaltenen Haftungsprivilegierungen auf deliktische Ansprüche auszuweiten? Die Beantwortung dieser Fragen sollte m.E. parallel zu den im Schenkungsrecht entwickelten Lösungen erfolgen[8], vgl. dazu Rdnr. 684 ff. Allerdings ist darauf hinzuweisen, dass die **h.M.** die zweite Frage (Anwendbarkeit auf Mangelfolgeschäden) bei § 600 ohne Begründung anders – nämlich mit „Nein" – beantwortet, als sie dies bei § 524 tut[9].

866

Macht der Entleiher Verwendungen auf die Leihsache, so kann er hierfür Ersatz nach den Vorschriften der GoA verlangen (§ 601 Abs. 2; Rechtsgrundverweisung[10]). Dies gilt allerdings nicht für die „gewöhnlichen Kosten der Erhaltung der geliehenen Sache". Sie hat der Entleiher selbst zu tragen (§ 601 Abs. 1), Der Begriff der „gewöhnlichen Kosten" entspricht demjenigen der notwendigen Verwendungen des § 994 Abs. 1 S. 2[11]. Gemeint sind diejenigen Aufwendungen, die dem Erhalt bzw. Unterhalt der Sache *während der Leihzeit* dienen. Das Gesetz nennt als Beispiel die Fütterungskosten bei der Leihe eines Tieres.

867

III. Ansprüche des Verleihers

Gemäß § 598 ist der Entleiher aus dem Leihvertrag zum Gebrauch der Leihsache berechtigt. Ein Anspruch des Verleihers darauf, dass der Entleiher die Leihsache auch tatsächlich gebraucht, lässt sich daraus nicht ableiten. Hat also auch der Verleiher ein

868

---

8 So auch *Oetker/Maultzsch* § 6 Rdnr. 18.
9 S. MünchKomm/*Häublein* § 599 Rdnr. 5.
10 **H.M.:** BGH, 10.10.1984, VIII ZR 152/83, NJW 1985, 313; MünchKomm/*Häublein* § 601 Rdnr. 6; *Medicus* BT Rdnr. 561.
11 BeckOK/*Wagner* § 601 Rdnr. 2; Palandt/*Weidenkaff* § 601 Rdnr. 1.

Interesse am Gebrauch der Leihsache, weil er sie etwa zu Reklamezwecken nutzen will, so müssen sich die Parteien (zumindest stillschweigend) über die Gebrauchspflicht einigen[12]. Etwas anderes muss allerdings dann gelten, wenn der Leihgebrauch zur Erhaltung der Leihsache erforderlich ist: Ein entliehenes Reitpferd wird der Entleiher auch ohne Vereinbarung zu reiten haben[13]. Nach § 601 Abs. 1 hat der Entleiher die gewöhnlichen Erhaltungskosten zu tragen (s. hierzu bereits Rdnr. 867).

869 Für Schäden an der Leihsache haftet der Entleiher nach den allgemeinen Regelungen. Allerdings enthält § 602 eine dem § 538 entsprechende Sonderregelung zum Verschuldensmaßstab: Danach hat der Entleiher solche Veränderungen oder Verschlechterungen der Leihsache nicht zu vertreten, die durch den vertragsgemäßen Gebrauch (§ 603 S. 1) entstanden sind. Dies schließt nicht nur einen vertraglichen, sondern auch einen deliktischen Schadensersatzanspruch des Verleihers aus.

IV. Beendigung des Leihverhältnisses, Rückgabe der Leihsache

870 Für die Frage, wann das Leihverhältnis endet und der Entleiher dementsprechend die verliehene Sache zurückfordern kann, muss differenziert werden: Wurde eine Leihzeit vereinbart, endet das Leihverhältnis grundsätzlich mit deren Ablauf (§ 604 Abs. 1); wurde stattdessen ein Leihzweck vereinbart, endet das Leihverhältnis dann, wenn dieser Zweck erreicht ist (§ 604 Abs. 2 S. 1) oder hätte erreicht werden können (§ 604 Abs. 2 S. 2). Sowohl in Fällen der vereinbarten Leihzeit als auch in Fällen des vereinbarten Leihzwecks kann der Verleiher unter den in § 605 genannten Voraussetzungen vorzeitig kündigen (§ 314 bleibt daneben anwendbar[14]). Ist weder eine Leihzeit noch ein Leihzweck vereinbart, kann der Verleiher die Leihsache jederzeit zurückfordern (§ 604 Abs. 3)[15].

871 Ist das Leihverhältnis beendet, hat der Entleiher die Leihsache zurückzugeben, § 604 Abs. 1 bis 3. Diese Rückgabepflicht ist – wegen des unentgeltlichen Charakters der Leihe – nach allg. Ansicht grundsätzlich eine Bringschuld. Etwas anderes soll nur dann gelten, „wenn die Gebrauchsüberlassung – etwa im Zuge von Vertragsanbahnungen – überwiegend im wirtschaftlichen Interesse des Verleihers erfolgt"[16].

872 Zur Rückgabe *berechtigt* ist der Entleiher grundsätzlich auch schon vor Vertragsbeendigung[17], weshalb es der Regelung eines speziellen Kündigungsrechts des Entleihers nicht bedurfte[18]. In den Fällen, in denen die Leihe (auch) im Interesse des Verleihers

---

12 BeckOK/*Wagner* § 598 Rdnr. 20; Jauernig/*Mansel* § 598 Rdnr. 1.
13 Palandt/*Weidenkaff* § 598 Rdnr. 5; Erman/*v. Westphalen* § 598 Rdnr. 4.
14 BGH, 11.12.1981, V ZR 247/80 NJW 1982, 820, 821; Palandt/*Weidenkaff* § 605 Rdnr. 1.
15 I.R.d. § 604 Abs. 2, 3 braucht die Kündigung jedoch nicht gesondert ausgesprochen zu werden, MünchKomm/*Häublein* § 604 Rdnr. 2; **a.A.** (Rückforderung nach § 604 Abs. 2 S. 2, Abs. 3 keine Kündigung); Palandt/*Weidenkaff* § 605 Rdnr. 2.
16 BGH, 19.9.2001, I ZR 343/98, NJW-RR 2002, 1027.
17 BeckOK/*Wagner* § 604 Rdnr. 3; Palandt/*Weidenkaff* § 604 Rdnr. 4.
18 BeckOK/*Wagner* § 604 Rdnr. 3; In den Fällen, in denen die Leihe (auch) im Interesse des Verleihers steht, so dass eine vorzeitige Rückgabe ausgeschlossen ist, steht dem Entleiher nach den allg. Grds. ein Kündigungsrecht aus § 314 zu, MünchKomm/*Häublein* § 605 Rdnr. 1.

steht, so dass eine vorzeitige Rückgabe ausgeschlossen ist, beurteilt sich das Kündigungsrecht des Entleihers nach § 314.

V. Verjährung

Der **Anspruch des Verleihers** auf Rückgabe der Leihsache verjährt nach drei Jahren (§ 195). Die Verjährungsfrist beginnt gemäß § 604 Abs. 5 mit Beendigung der Leihe. Ersatzansprüche des Verleihers wegen Veränderung oder Verschlechterung der verliehenen Sache unterliegen demgegenüber einer kurzen Verjährung von nur 6 Monaten (§ 606 S. 1 Hs. 1). Diese Frist beginnt gemäß § 606 S. 2 i.V.m. § 548 Abs. 1 S. 2 mit Rückgabe der Leihsache. Wird die Leihsache nicht innerhalb der dafür geltenden Verjährungsfrist (also 3 Jahre ab Beendigung der Leihe) zurückgegeben, verjähren die Ersatzansprüche trotz unterbliebener Rückgabe nach § 606 S. 2 i.V.m. § 548 Abs. 1 S. 3. 873

Die kurze Verjährungsfrist für Ersatzansprüche ist auf deliktsrechtliche Ansprüche übertragbar[19]. Da Beschädigungen der Leihsache regelmäßig auch Ansprüche aus § 823 Abs. 1 auslösen, würde der Zweck des § 606 umgangen, beließe man es für diese Ansprüche bei der allgemeinen dreijährigen Verjährungsfrist. 874

Ansprüche des Entleihers auf Verwendungsersatz bzw. auf Gestattung der Wegnahme einer Einrichtung verjähren ebenfalls in 6 Monaten (§ 606 S. 1 Hs. 2). Fristbeginn ist hier gemäß § 606 S. 2 i.V.m. § 548 Abs. 2 mit Beendigung des Leihverhältnisses. 875

§ 22 Geld- und Sachdarlehen

I. Vertragsgegenstand

Charakteristikum des Darlehensvertrags ist die Verpflichtung des Darlehensgebers zur Überlassung einer bestimmten Darlehensvaluta, wobei der Gesetzgeber zwischen Gelddarlehen (§§ 488 ff) und Sachdarlehen (§§ 607 ff) differenziert. Sowohl das Geld- als auch das Sachdarlehen können als entgeltlicher, aber auch als unentgeltlicher Vertrag ausgestaltet sein. Die Entrichtung eines Entgelts ist also nicht – wie etwa bei Miete oder Kauf – konstitutiv. Das Gesetz sieht den entgeltlichen Vertrag jedoch jeweils als Regelfall an (§ 488 Abs. 1 S. 2 und § 607 Abs. 1 S. 2) – was eine praktisch bedeutsame Konsequenz nach sich zieht: Der Darlehensnehmer, der eine Unentgeltlichkeit behauptet, muss dies beweisen. Der bloße Umstand, dass die Parteien kein konkretes Entgelt vereinbart haben, genügt hierfür nicht; vielmehr ist im Zweifel den- 876

---

19 **Allg. Ansicht:** BGH, 14.7.1970, VIII ZR 1/69, NJW 1970, 1736, 1737; Palandt/*Weidenkaff* § 606 Rdnr. 3; BeckOK/*Wagner* § 606 Rdnr. 4.

§ 22 Geld- und Sachdarlehen

noch von einer Entgeltlichkeit auszugehen. Beim Gelddarlehen bestimmt sich die Höhe des Entgelts dann nach § 246 (4%) bzw. bei Handelsgeschäften nach § 352 HGB (5%)[1]. Beim Sachdarlehen kann der Darlehensgeber die Höhe des Entgelts gemäß §§ 316, 315 bestimmen[2].

877 Beide Darlehenstypen folgen im Wesentlichen denselben Grundsätzen. Unterschiede ergeben sich im Wesentlichen hinsichtlich der Voraussetzungen an eine Vertragsbeendigung. Ferner kann es nur beim Sachdarlehen zu einer mangelhaften Leistung kommen, so dass es nur dort der Normierung eines Mängelgewährleistungsrechts bedarf. Die folgende Darstellung orientiert sich – weil praktisch und prüfungstechnisch wesentlich bedeutsamer – zunächst am Gelddarlehen. Die Besonderheiten des Sachdarlehens werden am Schluss en bloc dargestellt (Rdnr. 901 ff).

878 Die allgemeinen Regelungen zum Gelddarlehensvertrag beschränken sich auf gerade einmal drei Vorschriften: die §§ 488–490. Die §§ 491–505 regeln Besonderheiten zum Verbraucherdarlehen – insbesondere spezielle Informationspflichten (§§ 491a, 493), Formvorschriften (§§ 492, 494) und Kündigungsvoraussetzungen (§§ 498 ff), sowie die Begründung eines Widerrufsrechts (§ 495). Besonders hingewiesen sei auf § 496 Abs. 1: Danach ist ein Verzicht des Darlehensnehmers auf seine Einwendungen aus §§ 404, 406 und – über den Wortlaut der Reglung hinaus – aus § 407[3] unwirksam. Auf das Verbraucherdarlehen wird im Folgenden nur am Rande eingegangen (ausführliche Erläuterungen finden sich bei *Schürnbrand*, Examens-Rep Verbraucherschutzrecht Rdnr. 130 ff). Dasselbe gilt für die in den §§ 506 ff geregelten Finanzierungshilfen sowie den in § 510 normierten Ratenlieferungsvertrag.

II. Zustandekommen und Wirksamkeit

1. Formelle Wirksamkeit

879 Der Vertragsschluss ist formfrei möglich. Etwas anderes gilt nur für das **Verbraucherdarlehen**. Hier normiert § 492 Abs. 1 ein Schriftformerfordernis. Zudem muss der Verbraucherdarlehensvertrag bestimmte Angaben enthalten, die in Art. 247 §§ 6–13 EGBGB aufgelistet sind (§ 492 Abs. 2). Ein Verstoß gegen diese Schriftform oder ein Fehlen der Angaben führt gemäß § 494 Abs. 1 grundsätzlich zur Unwirksamkeit des Vertrags. (Achtung: Dies gilt nicht für das Fehlen einer Angabe nach Art. 247 §§ 7 und 8 EGBGB). Allerdings tritt durch Empfang oder Inanspruchnahme des Darlehens Heilung ein (§ 494 Abs. 2), wobei sich das Fehlen bestimmter Angaben insofern zu Lasten des Darlehensgebers auswirkt, als er sich auf den von der betreffenden Angabe umfassten Umstand nicht berufen kann. Der Vertrag wird „fehlerkongruent" zu Lasten des Darlehensgebers modifiziert[4]: Fehlen etwa Angaben zum Zinssatz, gilt der gesetzliche Zinssatz (§ 494 Abs. 2 S. 2); fehlen Angaben zu den Kündigungsmöglich-

---

1 Jauernig/*Chr. Berger* § 488 Rdnr. 20; MünchKomm/*Berger* § 488 Rdnr. 161.
2 MünchKomm/*Berger* § 607 Rdnr. 32; Palandt/*Weidenkaff* § 607 Rdnr. 8.
3 MünchKomm/*Schürnbrand* § 496 Rdnr. 8.
4 BGH, 6.12.2005, XI ZR 139/05, NJW 2006, 681, 683.

keiten des Darlehensnehmers, so ist dieser jederzeit zur Kündigung berechtigt (§ 494 Abs. 6).

In Abweichung von dem Grundsatz des § 167 Abs. 2 gelten die o.g. Formvorschriften auch für eine „Vollmacht, die ein Darlehensnehmer zum Abschluss eines Verbraucherdarlehensvertrags erteilt" (§ 492 Abs. 4). Die Heilung einer formnichtigen **Vollmacht** ist dagegen nach dem Wortlaut des § 494 Abs. 2 nicht möglich. Allerdings kann der ohne wirksame Vollmacht geschlossene Darlehensvertrag nach **h.M.** selbst gemäß § 494 Abs. 2 geheilt werden: Aus dem Verweis des § 492 Abs. 4 S. 1 auf § 492 Abs. 1 und 2 wird geschlossen, dass § 494 Abs. 2 auch die Fälle der infolge Vollmachtmangels (schwebend) unwirksamen Darlehensverträge erfasst[5]. Selbstverständlich muss der Darlehensnehmer das Darlehen selbst empfangen oder in Anspruch nehmen; der Empfang bzw. die Inanspruchnahme der Darlehenssumme durch den Vertreter genügt also nicht[6]. 880

2. Materielle Wirksamkeit

Das Zustandekommen des Darlehensvertrags richtet sich nach den §§ 145 ff[7]. Allerdings ist der Darlehensvertrag stärker als andere Verträge der Frage ausgesetzt, inwieweit seiner Wirksamkeit rechtshindernde Einwendungen entgegenstehen. Zu denken ist dabei insbesondere an die Nichtigkeit des Rechtsgeschäfts infolge von **Sittenwidrigkeit oder Wucher** (§ 138, vgl. hierzu allgemein *Gottwald/Würdinger* Rdnr. 130 ff). 881

Von **Wucher** i.S.d. § 138 Abs. 2 spricht man, wenn **(a)** objektiv: Leistung und Gegenleistung zueinander in einem auffälligen Missverhältnis stehen (Überschreitung des marktüblichen Zinssatzes um – relativ – 100% oder um – absolut – 12 Prozentpunkte) **und (b)** subjektiv: einer der in der Vorschrift abschließend aufgezählten Ausbeutungstatbestände erfüllt ist (Ausbeutung einer Zwangslage, der Unerfahrenheit, des Mangels an Urteilsvermögen oder der erheblichen Willensschwäche der anderen Partei). Regelmäßig wird es an jenem subjektiven Element fehlen – allenfalls die Zwangslage dürfte häufig in Betracht kommen – der Begriff wird indes restriktiv ausgelegt: Notwendig ist eine nicht anders abwendbare Gefahr für ein bestehendes Rechtsgut; die bloße Bedrohung von Zukunftsplänen genügt demgegenüber nicht[8]. Hintergrund für diese restriktive Auslegung ist, dass Wucher gemäß § 291 StGB strafbar ist, wobei der Wortlaut von § 291 StGB demjenigen des § 138 Abs. 2 entspricht. 882

Wird die für § 138 Abs. 2 maßgebliche Grenze nicht erreicht, kann das Darlehen gleichwohl als sog. „wucherähnliches Rechtsgeschäft" nach § 138 Abs. 1 **sittenwidrig** sein (vgl. Abs. 2: „insbesondere")[9]. Voraussetzung ist zwar auch hier, dass zu dem groben Missverhältnis ein subjektives Element hinzutritt. Allerdings genügt hier jedes 883

---

5 Vgl. MünchKomm/*Schürnbrand* § 492 Rdnr. 51.
6 MünchKomm/*Schürnbrand* § 494 Rdnr. 17; BeckOK/*Möller* § 494 Rdnr. 24.
7 Der frühere Streit über die Einordnung des Darlehens als Konsensual- oder Realvertrag ist obsolet; der Gesetzgeber hat ihn in ersterem Sinne entschieden.
8 BGH, 21.5.1957, VIII ZR 226/56, NJW 1957, 1274; MünchKomm/*Armbrüster* § 138 Rdnr. 149.
9 BGH, 5.3.1951, IV ZR 197/50, NJW 1951, 397; MünchKomm/*Armbrüster* § 138 Rdnr. 142.

subjektive Element, wie bspw. eine verwerfliche Gesinnung oder der Verstoß gegen eine Standespflicht[10].

884 Unmittelbare Rechtsfolge einer Sittenwidrigkeit ist die vollständige Unwirksamkeit des Darlehensvertrags; wegen des Verbots der geltungserhaltenden Reduktion darf nicht einfach nur der Zinssatz auf ein erträgliches Maß zurechtgestutzt werden[11].

885 Mittelbare Rechtsfolge ist nach **ganz h.M.**, dass der Darlehensgeber nach § 812 Abs. 1 S. 1 Fall 1 Rückzahlung der Darlehensvaluta verlangen kann. § 817 S. 2 bewirkt keine vollständige Sperre dieses Anspruchs; vielmehr schließt die Vorschrift nur aus, dass der Darlehensgeber die Valuta *sofort* zurückfordern kann: Das Darlehen ist von vornherein nur auf Zeit gewährt worden. Erlangt i.S.d. §§ 812 ff hat der Darlehensnehmer also gleichsam eine Stundung der Rückzahlungspflicht – nur hierauf bezieht sich die Kondiktionssperre des § 817 S. 2. Im Ergebnis erfolgt die Rückzahlung also genau so wie vertraglich vorgesehen.

886 Weil der Darlehensnehmer die Valuta folglich über einen gewissen Zeitraum behalten darf, schuldet er nach **h.L.** gemäß § 818 Abs. 2 Nutzungsersatz für diesen Zeitraum – und zwar bemessen nach den marktüblichen Zinsen[12]. Die **Rechtsprechung** lehnt dies – m.E. zu Recht – ab. Erstens steht § 817 S. 2 entgegen: Die Überlassung „auf Zeit" kann ja gerade nicht zurückgefordert werden. Dann kann es hierfür aber auch keinen Nutzungsersatz geben. Zweitens würde ein Nutzungsersatzanspruch das Verbot der geltungserhaltenden Reduktion konterkarieren[13].

III. Pflichtenprogramm der Parteien

887 Aus dem Darlehensvertrag wird der **Darlehensgeber** verpflichtet, dem Darlehensnehmer einen Geldbetrag in der vereinbarten Höhe zur Verfügung zu stellen, § 488 Abs. 1 S. 1. Diese Pflicht darf der Darlehensgeber nicht durch Aufrechnung mit einer ihm gegen den Darlehensnehmer zustehenden Forderung zum Erlöschen bringen. Eine solche „Aufrechnungsvalutierung" verstößt regelmäßig gegen den Darlehenszweck und ist daher in aller Regel als konkludent ausgeschlossen anzusehen (vertragliches Aufrechnungsverbot)[14].

888 Der Verpflichtung des Darlehensgebers steht zunächst die synallagmatische Hauptleistungspflicht des **Darlehensnehmers** gegenüber, „einen geschuldeten Zins zu zahlen", § 488 Abs. 1 S. 2 Hs. 1. Wie eingangs dargelegt, ist auch bei mangelnder Vereinbarung eines konkreten Zinssatzes von einer generellen Zinszahlungspflicht

---

10 BGH, 19.1.2001, V ZR 437/99, NJW 2001, 1127, 1127. Bei bestimmten Vertragstypen, insbesondere den Teilzahlungs- oder Ratenkreditverträgen begründet ein krasses Missverhältnis zwischen Leistung und Gegenleistung nach der Rechtsprechung des BGH die widerlegliche Vermutung für eine verwerfliche Gesinnung des Begünstigten, vgl. BGH, 13.6.2001, XII ZR 49/99, NJW 2002, 55, 57; BGH, 12.3.1981, III ZR 92/97, NJW 1981, 1206, 1207.
11 BGH, 21.3.1977, II ZR 96/75, NJW 1977, 1233, 1234; *Looschelders* BT Rdnr. 349.
12 *Looschelders* BT Rdnr. 351 m.w.N.
13 BGH, 2.12.1982, III ZR 90/81, NJW 1983, 1420, 1422 f.
14 MünchKomm/*Berger* § 488 Rdnr. 37; BeckOK/*Rohe* § 488 Rdnr. 22.

auszugehen, wobei sich der Zinssatz nach § 246 (4%) oder § 352 HGB (5%) richtet[15].
§ 488 Abs. 2 enthält eine von § 271 abweichende, abdingbare Bestimmung zur Fälligkeit der vereinbarten Zinszahlungspflicht: Fälligkeit tritt grundsätzlich nach Ablauf je eines Jahres ein.

Beim entgeltlichen Darlehen ist der Darlehensnehmer ferner zur **Abnahme** der Darlehensvaluta verpflichtet[16]. 889

Nach Beendigung des Darlehensverhältnisses trifft den Darlehensnehmer die (nicht-synallagmatische) Pflicht zur **Rückerstattung** des überlassenen Geldbetrags (§ 488 Abs. 1 S. 2 Hs. 2) – selbstverständlich nur dann, wenn ihm das Geld tatsächlich überlassen wurde. Achtung: Nicht nur die Pflicht, sondern auch das Recht des Darlehensnehmers zur Rückerstattung hängt grundsätzlich von der Beendigung des Darlehensverhältnisses ab. Der Darlehensnehmer soll nicht die Möglichkeit haben, den Darlehensgeber durch eine vorzeitige Rückzahlung um seinen Zinsanspruch zu bringen. Eine – vor dem Hintergrund dieses Zwecks selbstverständliche – Ausnahme gilt nach § 488 Abs. 3 S. 3 für ein unentgeltliches Darlehen. 890

IV. Ende des Darlehensverhältnisses

Das Darlehensverhältnis endet entweder mit dem Ablauf der Zeit, für die es eingegangen ist, oder durch Kündigung. Folgende **Kündigungsmöglichkeiten** sind vorgesehen: 891

(1) § 488 Abs. 3 S. 1 und 2: Für den Fall, dass keine Vertragslaufzeit vereinbart ist, können **beide Parteien** jederzeit mit einer Frist von drei Monaten kündigen. 892

(2) § 489 Abs. 1: Auch wenn eine Laufzeit vereinbart ist, kann **der Darlehensnehmer** ein Darlehen mit einer Festzinsabrede – grob skizziert – ordentlich kündigen, wenn 893

– Nr. 1: die Zinsbindung während der Laufzeit endet (Frist: 1 Monat, frühestens zum Zeitpunkt, in dem die Zinsbindung endet)
– Nr. 2: seit Empfang der Valuta 10 Jahre vergangen sind (Frist: 6 Monate).

(3) § 489 Abs. 2: Ein Darlehen mit fester Laufzeit und variablem Zinssatz kann **der Darlehensnehmer** auch ohne Vorliegen weiterer Voraussetzungen jederzeit mit einer Frist von 3 Monaten ordentlich kündigen. 894

Zweck der (ordentlichen) Kündigungsmöglichkeiten nach § 489 Abs. 1 und 2 ist es, dem Darlehensnehmer ein gewisses Druckmittel für Verhandlungen über eine Umschuldung bzw. über die Anpassung der getroffenen Zinsvereinbarungen an den aktuellen Marktzins an die Hand zu geben[17]. Aus diesem Grund kann das Kündigungsrecht auch nicht vertraglich abbedungen werden (§ 489 Abs. 4). Achtung: Die Kündigung wird

---
15 Jauernig/*Chr. Berger* § 488 Rdnr. 20; MünchKomm/*Berger* § 488 Rdnr. 55.
16 BGH, 12.3.1991, XI ZR 190/90, NJW 1991, 1817, 1818 (zu § 607 BGB a.F.); BeckOK/*Rohe* § 488 Rdnr. 24, 90; Erman/*Saenger* § 488 Rdnr. 10; *Looschelders* BT Rdnr. 353; **a.A.** MünchKomm/*Berger* § 488 Rdnr. 67.
17 Jauernig/*Chr. Berger* § 489 Rdnr. 1; BeckOK/*Rohe* § 489 Rdnr. 1.

§ 22 *Geld- und Sachdarlehen*

gemäß § 489 Abs. 3 wirkungslos, wenn der Darlehensnehmer die Valuta nicht binnen zweier Wochen zurückzahlt.

895 **(4) § 490 Abs. 1: Der Darlehensgeber** kann außerordentlich (in der Regel sogar fristlos) kündigen, wenn *nach*[18] Abschluss des Kreditvertrags (aber nicht notwendig nach der Valutierung des Darlehens, vgl. § 490 Abs. 1 a.E) in den Vermögensverhältnissen des Darlehensnehmers **und**[19] in der Werthaltigkeit der gestellten Sicherheiten eine so wesentliche Verschlechterung eintritt oder einzutreten droht, dass die Rückerstattung des Darlehens (auch unter Berücksichtigung der Sicherheiten) als gefährdet erscheint. Indizien für eine Vermögensverschlechterung sind insbesondere die Begründung zusätzlicher Verbindlichkeiten durch den Darlehensnehmer, die Rücknahme anderer Kreditzusagen, der Ausfall von Gewinnchancen, die Zwangsvollstreckung in das Vermögen des Darlehensnehmers durch andere Gläubiger oder die Zahlungsunfähigkeit der Schuldner des Darlehensnehmers[20].

896 **(5) § 490 Abs. 2: Der Darlehensnehmer** kann außerordentlich (mit einer Frist von 3 Monaten) kündigen, wenn **(a)** zumindest für einen bestimmten Zeitraum ein fester Zinssatz vereinbart ist, **(b)** das Darlehen durch ein Grundpfandrecht gesichert ist **und (c)** der Darlehensnehmer ein berechtigtes Interesse an der Kündigung hat. Letzteres ist nach S. 2 insbesondere dann anzunehmen, wenn er ein Bedürfnis nach einer anderweitigen Verwertung der zur Sicherung des Darlehens beliehenen Sache hat – etwa wegen Ehescheidung, Krankheit oder Arbeitslosigkeit[21].

897 **Achtung:** Nach S. 3 hat der Darlehensnehmer dem Darlehensgeber den durch die vorzeitige Beendigung des Darlehens entstehenden Schaden zu ersetzen (sog. Vorfälligkeitsentschädigung). Im Ergebnis steht der Darlehensnehmer also genauso da, wie wenn er die Darlehensvaluta unberechtigt zurückgegeben hätte.

898 Darüber hinaus können gemäß § 490 Abs. 3 **sowohl der Darlehensgeber als auch der Darlehensnehmer** auf die §§ 313, 314 zurückgreifen, so dass sie sich ggf. auf einen Wegfall der Geschäftsgrundlage berufen oder aus wichtigem Grund kündigen können. Für den Darlehensgeber bedeutet dies vor allem, dass er den Darlehensvertrag gemäß § 314 kündigen kann, wenn sich der Darlehensnehmer mit der Rückzahlung der Darlehensraten (§ 286) in Verzug befindet[22].

899 Für das Verbraucherdarlehen enthalten die §§ 498 ff besondere Regelungen. § 498 schränkt das Kündigungsrecht des Darlehensgebers bei Verzug des Darlehensnehmers ein. § 499 erklärt vertraglich zugunsten des Darlehensgebers vereinbarte Kündi-

---

[18] Waren die Vermögensverhältnisse bereits bei Vertragsschluss objektiv viel schlechter, als der Darlehensgeber annehmen durfte, können ihm ggf. die Rechte aus § 119 Abs. 2 und § 321 zur Verfügung stehen: MünchKomm/*Berger* § 490 Rdnr. 2.
[19] Der Wortlaut des § 490 Abs. 1, der die Vermögensverhältnisse und die Werthaltigkeit der gestellten Sicherheiten alternativ („oder") und nicht kumulativ („und") verknüpft, ist ungenau vgl. BT-Drucks. 14/ 6857, S. 32; ferner MünchKomm/*Berger* § 490 Rdnr. 11.
[20] MünchKomm/*Berger* § 490 Rdnr. 5; Jauernig/Chr. *Berger* § 490 Rdnr. 4; BeckOK/*Rohe* § 490 Rdnr. 8.
[21] *Brox/Walker* BT § 17 Rdnr. 32; BeckOK/*Rohe* § 490 Rdnr. 22.
[22] Palandt/*Weidenkaff* § 490 Rdnr. 11; MünchKomm/*Berger* § 490 Rdnr. 49 (der einschränkend fordert, dass sich der Darlehensnehmer mit mind. zwei Raten in Verzug befinden muss).

gungsrechte weitgehend für unwirksam (bei fester Vertragslaufzeit stets, bei variabler Vertragslaufzeit dann, wenn die Kündigungsfrist zwei Monate unterschreitet). Demgegenüber enthält § 500 Abs. 1 Erleichterungen für den Darlehensnehmer: Abs. 1 entbindet ihn bei Verträgen ohne feste Laufzeit von der dreimonatigen Frist des § 488 Abs. 3 S. 2. Abs. 2 gestattet ihm, seine Verbindlichkeiten ganz oder teilweise vorzeitig zu erfüllen. Zwar sieht § 502 für diesen Fall eine Vorfälligkeitsentschädigung zugunsten des Darlehensnehmers vor; diese ist jedoch u.a. auf 1% des zurückgezahlten Betrages begrenzt.

> Zur Veranschaulichung der Kündigungssituation folgender **Fall 18**: M betreibt seit Kurzem einen Handel mit Modelleisenbahnen. Die Geschäfte laufen anfangs gut, doch schon bald muss M feststellen, dass er sich nur dann dauerhaft auf dem Markt behaupten kann, wenn er sein Warenangebot ausweitet. Weil ihm hierzu die finanziellen Mittel fehlen, wendet sich M mit der Bitte um einen Kredit i.H.v. 20 000 € an G. G überweist die Summe am 1. Januar 2010. Man vereinbart, dass M den Betrag nebst 4% p.a. Zinsen in monatlichen Raten von 400 € (jeweils zum 1. eines Monats) zurückzahlen soll – wobei die erste Rate erst ein Jahr nach Auszahlung der Darlehenssumme, also am 1. Januar 2011, fällig sein soll. Ende 2010 erfährt G, dass es die Sparkasse S, bei der M sein Geschäftskonto führt, ein halbes Jahr vor der Vereinbarung des Darlehens mit G abgelehnt hatte, M einen Kredit für sein Geschäft zu gewähren. Als bis zum 15. Februar 2011 noch keine Zahlung bei G eingegangen war, bekommt er Angst um sein Geld. Er möchte sofort die gesamte Summe zurückerstattet bekommen. Was kann er tun?

900

Zwei Möglichkeiten kommen in Betracht: Zum einen könnte G den Darlehensvertrag kündigen und Rückzahlung der Valuta nach § 488 Abs. 1 S. 2 Hs. 2 verlangen. Zum anderen könnte er anfechten und seinen Rückzahlungsanspruch auf § 812 Abs. 1 S. 1 Fall 1 stützen. Fraglich ist also, ob G zur Kündigung oder Anfechtung berechtigt ist.

Zur Kündigung: § 488 Abs. 3 S. 1 scheidet als Kündigungsgrund aus, weil die Parteien eine feste Vertragslaufzeit vereinbart haben: Der Vertrag soll solange laufen, bis die gesamte Summe im Wege der festgelegten Tilgungsmodalitäten zurückgezahlt ist.

In Betracht kommt jedoch ein Recht zur außerordentlichen Kündigung nach § 490 Abs. 1. Dies setzt voraus, dass in den Vermögensverhältnissen des M eine wesentliche Verschlechterung eingetreten ist oder einzutreten droht und dass hierdurch die Rückerstattung des Kredits gefährdet wird. Zur Beurteilung der finanziellen Situation des Darlehensnehmers ist eine Gesamtschau aller nach Vertragsschluss eingetretenen wirtschaftlichen Veränderungen vorzunehmen. Da hinsichtlich des Merkmals der Verschlechterung der Vermögensverhältnisse i.S.v. § 490 Abs. 1 nur solche Umstände Berücksichtigung finden können, die nach Vertragsschluss entstanden sind, kann G die Kündigung nicht auf die Ablehnung des Kreditersuchens des M durch die Sparkasse S stützen. Sofern aus diesem Umstand überhaupt auf eine schlechte Vermögenslage geschlossen werden kann (schließlich liegt der Vorgang zwanzig Monate zurück), bestand sie bereits bei Abschluss des Kreditvertrags. Eine Verschlechterung der Vermögenslage könnte jedoch darin gesehen werden, dass M die Rückzahlung der Darlehensraten unterließ. Allerdings kann G weder einen Grund für das Ausbleiben der Zahlungen nennen (wie etwa finanzielle Schwierigkeiten des M) noch Anhaltspunkte anführen, aus deren Gesamtschau auf den Eintritt oder die Gefahr einer wesentlichen

Verschlechterung der Vermögensverhältnisse des M geschlossen werden kann. Allein die Nichtzahlung der Darlehensraten kann nicht als eine wesentliche Verschlechterung der Vermögenslage angesehen werden[23]. Folglich kann G den zwischen ihm und M geschlossenen Kreditvertrag nicht nach § 490 Abs. 1 kündigen.

Allerdings könnte G ein Recht zur außerordentlichen Kündigung aus wichtigem Grund nach § 314 zustehen. Ein wichtiger Grund liegt gemäß § 314 Abs. 1 S. 2 dann vor, wenn dem Kündigenden unter Berücksichtigung aller Umstände des Einzelfalls sowie unter Abwägung der beiderseitigen Interessen die Fortsetzung des Vertragsverhältnisses nicht zugemutet werden kann. Nach allg. Meinung kann hierunter grundsätzlich auch der Verzug des Darlehensnehmers mit der Rückzahlung der Darlehensraten fallen[24]. Schwierigkeiten kann im Einzelfall die Bestimmung der Grenze bereiten, ab der ein wichtiger Grund vorliegt, d.h. ab der es wegen des Ausbleibens der vereinbarten Kreditrückzahlung für den Darlehensgeber unzumutbar wird, am Darlehensvertrag festzuhalten. Nach der Rechtsprechung des BGH soll ein wichtiger Grund i.S.d. § 314 – in Anlehnung an die in §§ 543 Abs. 2 S. 1 Nr. 3 a), 498 Abs. 1 S. 1 Nr. 1 enthaltene Wertung – regelmäßig jedenfalls dann vorliegen, wenn der Darlehensnehmer mit der Zahlung zweier (aufeinander folgender) Raten in Verzug geraten ist[25]. Vorliegend hat M sowohl die am 1. Januar fällige als auch die am 1. Februar fällige Rate nicht erbracht, so dass er genau mit den erforderlichen zwei Raten in Verzug ist. Allerdings steht einer Kündigung § 314 Abs. 2 entgegen. Danach bedarf es dann, wenn der wichtige Grund – wie hier – in der Verletzung einer Vertragspflicht besteht, einer Nachfristsetzung. Eine solche zu setzen, hat G versäumt. § 323 Abs. 2 Nr. 2 – auf den § 314 Abs. 2 S. 2 verweist – hilft darüber nicht hinweg: Zwar haben die Parteien einen Termin für die Rückzahlung vereinbart; G hat sein Interesse am Fortbestand des Vertrages aber nicht an die Rechtzeitigkeit der Leistung gebunden. Auf § 314 kann G seine Kündigung folglich ebenfalls nicht stützen.

Weitere Kündigungsgründe kommen nicht in Betracht.

Zur Anfechtung: Als Anfechtungsgrund ist zunächst an § 119 Abs. 2 (Irrtum über verkehrswesentliche Eigenschaften) zu denken. Zwar stellt die Kreditwürdigkeit einer Person – jedenfalls im Kontext eines Darlehensvertrages – eine verkehrswesentliche Eigenschaft dar[26]. Eine Anfechtung würde jedoch an der Frist des § 121 Abs. 1 scheitern: G hat bereits Ende 2010 von der Kreditablehnung durch die S erfahren. Eine Anfechtung im Februar 2011 wäre daher nicht mehr „unverzüglich".

Eine Anfechtung wegen arglistiger Täuschung nach § 123 Abs. 1 scheidet ebenfalls aus. M hat jedenfalls nicht aktiv getäuscht. Allenfalls hat er die Kreditablehnung durch die S verschwiegen. Hierin läge indes nur dann eine Täuschung, wenn M eine diesbezüg-

---

23 Jauernig/*Chr. Berger* § 490 Rdnr. 4.
24 BGH, 2.3.1999, XI ZR 81/98, NJW-RR 1999, 842; MünchKomm/*Berger* § 490 Rdnr. 49; Palandt/*Weidenkaff* § 490 Rdnr. 11.
25 BGH, 1.10.1987, III ZR 175/86, NJW-RR 1988, 763, 765; BGH, 19.9.1985, III ZR 213/83, NJW 1986, 46, 48; MünchKomm/*Berger* § 490 Rdnr. 49. Eine Ausnahme von der Berücksichtigung der in §§ 543 Abs. 2 S. 1 Nr. 3a), 498 Abs. 1 S. 1 Nr. 1 enthaltenen Wertung machte der BGH hingegen im Falle eines „gewerblichen Millionenkredits", vgl. BGH, 2.3.1999, XI ZR 81/98, NJW-RR 1999, 842.
26 Palandt/*Ellenberger* § 119 Rdnr. 26.

liche Informationspflicht träfe. Dies wird man indes nicht unterstellen können. Zwar resultiert unter Umständen aus Treu und Glauben eine Pflicht der Vertragsparteien, der anderen Partei „Mitteilung von Tatsachen zu machen, die für [deren] Entschluß [...] offensichtlich von Bedeutung sind"[27]. Hierzu zählt aber wohl nur eine tatsächlich und akut drohende Zahlungsunfähigkeit – nicht aber die Ablehnung einer Kreditanfrage durch ein anderes Kreditinstitut. Dass die Zahlungsunfähigkeit selbst nicht akut gedroht haben kann, indiziert der Umstand, dass der Vertragsschluss mittlerweile über ein Jahr zurückliegt und M noch nicht in Insolvenz gefallen ist.

V. Sachdarlehen

1. Überblick

Im Vergleich zum Gelddarlehen weist das Sachdarlehen zwei nennenswerte Unterschiede auf: Erstens können sowohl die überlassene als auch die zurückgegebene Sache – anders als überlassenes Geld – Mängel aufweisen; zweitens normiert § 608 eine von den §§ 488 ff abweichende Regelung zur Kündigung. 901

Abzugrenzen ist das Sachdarlehen zum einen von Miete und Leihe, zum anderen von der Verwahrung. Im Unterschied zu Miete und Leihe, bei denen der Mieter bzw. Entleiher nach Vertragsende genau diejenige Sache zurückgeben muss, die er anfangs erhalten hatte, richtet sich die Rückgabepflicht beim Darlehen auf eine Sache gleicher Art und Güte. Dies führt zu folgenden Konsequenzen: Erstens kann ein Darlehen denknotwendig nur über vertretbare Sachen geschlossen werden. Zweitens richtet sich die Überlassungspflicht des Darlehensgebers nicht nur auf bloße Besitzverschaffung, sondern grundsätzlich auch auf Übereignung der betreffenden Sache[28]. Maßgeblich für die Abgrenzung zur (unregelmäßigen) Verwahrung nach § 700[29] ist, ob das Interesse an der Überlassung in erster Linie beim Empfänger (dann Darlehen) oder beim Geber (dann Verwahrung) liegt[30]. 902

2. Mängelgewährleistung

Auf Mängel der überlassenen Sache sind die kaufrechtlichen Gewährleistungsregeln der §§ 434 ff entsprechend anzuwenden. Die Analogie gerade zum Kaufrecht rechtfertigt sich damit, dass die darlehensrechtliche Leistungsabwicklung (Übereignung!) eher derjenigen beim Kauf, als derjenigen bei der Miete ähnelt[31]. Allerdings wird bei bereits in Vollzug gesetzten Sachdarlehensverträgen (also dann, wenn der Darlehensgeber die Sache dem Darlehensnehmer bereits überlassen hat) das Rücktrittsrecht (§§ 437 Nr. 2, 323) nach **h.M.** grundsätzlich durch das Recht zur außerordentlichen 903

---
27 BGH, 28.4.1971, VIII ZR 258/69, NJW 1971, 1795, 1799.
28 Vgl. BGH, 16.3.2009, II ZR 302/06, NJW-RR 2009, 828, 829.
29 S. hierzu Rdnr. 744.
30 *Oetker/Maultzsch* § 12 Rdnr. 50.
31 MünchKomm/*Berger* § 607 Rdnr. 34.

Kündigung (§ 314) verdrängt[32]. Bei einem unentgeltlichen Sachdarlehen spricht vieles dafür, die Haftungserleichterungen der §§ 599, 600 bzw. 521, 523 f entsprechend anzuwenden.

904 Ebenso wie den Darlehensgeber trifft auch den Darlehensnehmer die Pflicht zur Übergabe und Übereignung einer mangelfreien Sache – nämlich im Zuge seiner Rückgewährpflicht (selbstverständlich nur dann, wenn er selbst eine mangelfreie Sache erhalten hat: Er ist gemäß § 607 Abs. 1 S. 2 Fall 2 nur zur Rückerstattung von Sachen gleicher Art, Güte und Menge verpflichtet[33]). Was gilt, wenn der Darlehensnehmer mangelhaft leistet, ist umstritten. Die wohl **h.M.** wendet auch hier die kaufrechtlichen Regelungen analog an[34]. Demgegenüber will eine **Mindermeinung** unmittelbar auf das allgemeine Leistungsstörungsrecht – sprich auf die §§ 280 ff[35] – abstellen[36]. Im Ergebnis dürften die beiden Ansichten kaum jemals zu Unterschieden führen. Theoretisch hat der Darlehensgeber zwar nur nach der h.M. einen verschuldensunabhängigen Anspruch auf Ersatzlieferung/Reparatur (nämlich aus § 439 Abs. 1 analog). Praktisch dürfte ein Verschulden jedoch in aller Regel zu bejahen sein: Die Rückgewährpflicht ist eine Gattungsschuld. Ist die zur Rückgabe avisierte Sache mangelhaft, kann und muss der Darlehensnehmer also stets eine andere Sache aus der Gattung besorgen. Tut er es nicht, hat er die Mangelhaftigkeit zu vertreten.

3. Vertragsbeendigung

905 Wie das Gelddarlehen endet auch das Sachdarlehen mit Ablauf der Zeit, für die es eingegangen ist, oder durch Kündigung (§ 608 Abs. 1). Allerdings sind die Regelungen zur Kündigung hier wesentlich übersichtlicher: Ist keine Laufzeit bestimmt, so ist gemäß § 608 Abs. 2 jede Partei jederzeit zur Kündigung berechtigt, ohne dass eine Kündigungsfrist eingehalten werden müsste. Bei Verträgen mit fester Laufzeit sieht § 608 Abs. 2 selbst keine Kündigungsmöglichkeit vor – es bleibt daher einzig die Möglichkeit einer Kündigung nach §§ 313 und 314.

---

32 MünchKomm/*Berger* § 607 Rdnr. 34.
33 BGH, 27.3.1985, VIII ZR 75/84, NJW 1985, 2417, 2418; MünchKomm/*Berger* § 607 Rdnr. 34.
34 MünchKomm/*Berger* § 607 Rdnr. 35; BeckOGK/*Lohsse*, § 607 Rdnr. 79; Soergel/*Eckert* § 607 Rdnr. 16.
35 Die §§ 323 ff finden keine Anwendung, da die Rückerstattungspflicht nicht im Synallagma steht. Auch wäre die Rechtsfolge „Rückabwicklung" weitgehend unsinnig: Die verletzte Rückerstattungspflicht aus § 607 Abs. 1 S. 1 Fall 2 würde schlicht durch eine weitgehend inhaltsgleiche Rückerstattungspflicht aus § 346 Abs. 1 ersetzt.
36 *Coester-Waltjen* Jura 2002, 675, 676; Staudinger/*Freitag* § 607 Rdnr. 45.

§ 23 Dienstvertrag

I. Vertragsgegenstand

§ 611 verpflichtet die eine Partei zur „Leistung der versprochenen Dienste", die andere Partei zur „Gewährung der vereinbarten Vergütung". In der Klausur sollte der Dienstvertrag stets einerseits vom Auftrag und andererseits vom Werkvertrag abgegrenzt werden. Während die **Abgrenzung vom Auftrag** recht einfach gelingt (Dienstvertrag: entgeltlich; Auftrag: unentgeltlich), bereitet die **Abgrenzung vom Werkvertrag** mitunter Schwierigkeiten. Wie oben (Rdnr. 484) bereits dargestellt, liegt das wesentliche Unterscheidungsmerkmal darin, dass der Werkunternehmer einen Erfolg schuldet, der Dienstverpflichtete hingegen nur ein Tätigwerden[1]. Genauer: Der Dienstverpflichtete bekommt seine Vergütung auch dann, wenn der Erfolg (ganz oder teilweise) ausbleibt, der Werkunternehmer nicht. Beim Werkvertrag trägt also der Unternehmer das Erfolgsrisiko, beim Dienstvertrag der Dienstberechtigte[2].

906

> **Vertiefender Hinweis:** In der Praxis verschwimmt diese Risikozuordnung oftmals. So ist es bei Werkverträgen durchaus üblich (und steht einer Einordnung als Werkvertrag nach ganz h.M. nicht entgegen), dass die Vergütung nicht als Festpreis, sondern in Abhängigkeit der geleisteten Arbeitszeit vereinbart wird. Hierdurch geht das Erfolgsrisiko in ganz erheblichem Umfang auf den Besteller über: Er trägt nun letztlich das Risiko, dass der Erfolg schwieriger zu erreichen ist als angenommen (also ein Mehr an Arbeit erfordert). Nur das Risiko, dass der Erfolg gar nicht erreicht werden kann (also letztlich das Unmöglichkeitsrisiko) trägt weiterhin der Unternehmer. Umgekehrt kann beim Dienstvertrag die Vergütung leistungsbezogen bzw. genauer: erfolgsbezogen ausgestaltet sein, etwa beim Akkordlohn[3].

907

Dass der Sachleistungsschuldner das Risiko des Erfolgseintritts übernehmen (also einen Werkvertrag schließen) will, kann grundsätzlich nur dann angenommen werden, wenn das Geschehen für ihn **voll beherrschbar** ist, es also (zumindest im Regelfall) nur an ihm liegt, ob der Erfolg eintritt oder nicht. Dementsprechend ordnet die ganz h.M.[4] beispielsweise ärztliche Behandlungsverträge als Dienstvertrag ein: Angesichts der komplexen und oft individuell unterschiedlichen körperlichen Vorgänge kann der Arzt den Heilungsprozess nicht voll beherrschen. Entsprechendes gilt für die Prozessführung durch den Rechtsanwalt (der Prozessausgang ist für den Anwalt nur bedingt beherrschbar)[5] und den Unterricht durch einen (Privat-) Lehrer oder Repetitor (der Repetitor schuldet Ihnen keinen Erfolg im Examen, sondern nur eine ordentliche

908

---

1 Motive II, S. 471.
2 Anschaulich BeckOGK/*Maties*, § 611 Rdnr. 12.
3 Siehe hierzu etwa Staudinger/*Richardi/Fischinger*, Vorbem zu §§ 611 ff. Rdnr. 41.
4 BGH, 9.12.1974, VII ZR 182/73, BGHZ 63, 306, 309; BGH, 3.2.1967, VI ZR 114/65, BGHZ 47, 75 ff.; BGH, 18.3.1980, VI ZR 105/78, BGHZ 76, 259, 261. Der Gesetzgeber hat diese Einordnung inzwischen durch die systematische Ansiedlung des Behandlungsvertrags im Titel 8 (Dienstvertrag und ähnliche Verträge) im Ergebnis bestätigt, vgl. hierzu auch BT-Drucks. 17/10488, S. 17.
5 Staudinger/*Richardi/Fischinger* § 611 Rdnr. 1897; BeckOGK/*Maties* § 611 Rdnr. 20; *Oetker/Maultzsch* § 7 Rdnr. 12

§ 23 *Dienstvertrag*

Lehrleistung)[6]. Demgegenüber ist nach ganz h.M. ein Werkvertrag anzunehmen, wenn sich der Anwalt nicht zur Prozessführung, sondern nur zur Erstellung eines Rechtsgutachtens verpflichtet[7]. Architektenverträge ordnet der BGH seit geraumer Zeit stets als Werkvertrag ein, auch dann, wenn neben der Bauplanung auch die Bauleitung und Bauaufsicht umfasst ist[8], ja sogar dann, wenn der Architekt isoliert nur die Bauleitung und -aufsicht übernimmt[9]. Allerdings ist der geschuldete Erfolg dabei nicht etwa das (mängelfreie) Bauwerk, sondern lediglich die (mängelfreie) Koordination der einzelnen Bauleistungen, die jeweils durch Dritte erbracht werden[10]. Diese Rechtsprechung hat der Gesetzgeber inzwischen dadurch bestätigt, dass er Regelungen zum Architektenvertrag in die §§ 650p ff aufgenommen hat.

909 **Vertiefender Hinweis:** Auch Festnetz- und Mobilfunkverträge sind als Dienstvertrag einzustufen[11]. Offengelassen hat der BGH bislang, ob auch Access-Provider-Verträge (also Verträge über die Verschaffung eines Zugangs zum Internet) als Dienst- oder als Werkvertrag einzustufen sind; allerdings „neigt" er zu einer Einstufung als Dienstvertrag[12].

910 Innerhalb des Dienstvertrags ist der (theoretische) Grundfall des freien Dienstvertrags von der Unterform des **Arbeitsvertrags** abzugrenzen. Entscheidendes Abgrenzungskriterium ist dabei die Selbständigkeit (dann freier Dienstvertrag) bzw. persönliche Abhängigkeit (dann Arbeitsvertrag) des Dienstverpflichteten. Mangels einschlägiger Definitionen im BGB wird regelmäßig auf § 84 Abs. 1 S. 2 HGB zurückgegriffen. Danach ist selbständig, „wer im wesentlichen frei seine Tätigkeit gestalten und seine Arbeitszeit bestimmen kann".

911 Für den Arbeitsvertrag sehen die §§ 611 ff einige Sonderregeln vor (z.B. §§ 612a, 613a, 615 S. 3, 619a, 622, 623); umgekehrt gelten andere Vorschriften gerade nicht (z.B. §§ 621, 627). Vor allem aber wird das Dienstvertragsrecht des BGB beim Arbeitsvertrag durch Spezialgesetze überlagert (z.B. das KSchG, das MiLoG, das EntGFG, das TzBfG). Diese arbeitsrechtlichen Besonderheiten bleiben im Folgenden weitgehend unberücksichtigt.

II. Zustandekommen und Wirksamkeit

912 Für das Zustandekommen des (freien) Dienstvertrags ergeben sich keine Besonderheiten; insbesondere ist der Vertragsschluss **formfrei** möglich. Dasselbe gilt grundsätzlich auch für den Arbeitsvertrag; allerdings gilt dort dann eine Ausnahme, wenn das Arbeitsverhältnis befristet oder unter eine auflösende Bedingung gestellt wird (§§ 14 Abs. 4, 21 TzBfG).

---

6 Vgl. OLG Frankfurt, 13.6.1991, 12 U 178/90, MDR 1992, 347 (obiter dictum).
7 BGH, 6.7.1971, VI ZR 94/69, BGHZ 56, 355, 364.
8 BGH, 26.11.1959, VII ZR 120/58, BGHZ 31, 224, 226.
9 BGH, 22.10.1981, VII ZR 310/79, BGHZ 82, 100, 105.
10 BGH, 26.11.1959, VII ZR 120/58, BGHZ 31, 224, 228.
11 BGH, 16.11.2006, III ZR 58/06, NJW 2007, 438.
12 BGH, 23.5.2005, III ZR 338/04, NJW 2005, 2076; BGH, 7.3.2013, III ZR 231/12, NJW 2013, 2021 Rdnr. 15.

Hinsichtlich des notwendigen Inhalts eines Dienstvertrags enthält § 612 eine Son- 913
dervorschrift, und zwar dieselbe wie § 632 für das Werkvertragsrecht (dazu oben
Rdnr. 490 f): Eine Vergütung gilt grundsätzlich als stillschweigend vereinbart und bemisst sich entweder nach einer Taxe (also einem staatlich festgesetzten Vergütungs-
satz, wie er sich etwa für Rechtsanwälte im RVG und für Ärzte in der GOÄ findet)
oder – mangels einer solchen Taxe – nach der **ortsüblichen Vergütung**. Ortsüblich ist
dabei das, was sich innerhalb einer mittleren Bandbreite bewegt[13]. In dogmatischer
Hinsicht bedeutet § 612 eine Ausnahme von dem Grundsatz, dass ein Vertrag nur
dann wirksam geschlossen werden kann, wenn sich die Parteien über alle essentialia
negotii einigen (was sich aber letztlich schon aus § 316 ergibt).

> **Vertiefender Hinweis:** Der BGH greift auch dann auf § 612 zurück, wenn die Parteien zwar 914
> bewusst eine unentgeltliche Leistung vereinbart haben, der Dienstverpflichtete aber davon
> ausging später in anderer Weise kompensiert zu werden (etwa in Form einer Erbschaft oder
> eines Vermächtnisses). In solchen Fällen einer fehlgeschlagenen Vergütungserwartung kom-
> me § 612 eine Auffangfunktion zu[14]. Die wohl h.L. lehnt eine Anwendung des § 612 in diesen
> Fällen ab; sie seien vielmehr über das Bereicherungsrecht (condictio ob rem, § 812 Abs. 1 S. 2
> Alt. 2) oder die Regeln zur Störung der Geschäftsgrundlage (§ 313) zu lösen[15].

Besondere Aufmerksamkeit erfordert beim Dienstvertrag die Frage, welche **Rechts-** 915
folge an eine Unwirksamkeit des Vertrags geknüpft ist, wenn dieser bereits in Vollzug
gesetzt wurde. Grundsätzlich gilt, dass eine derartige Unwirksamkeit ex tunc wirkt –
gleichgültig, ob mangels Geschäftsfähigkeit (§§ 105 ff), wegen Verstoßes gegen ein
Verbotsgesetz (§ 134), wegen Sittenwidrigkeit (§ 138) oder wegen Anfechtung (§ 142).
Für **Arbeitsverträge** ist indes weithin anerkannt, dass die Rechtsfolgen regelmäßig nur
ex nunc eintreten sollen (Stichwort: fehlerhaftes Arbeitsverhältnis)[16]. Begründet wird
dies zum einen damit, dass sich eine Rückabwicklung geleisteter Dienste schwierig
gestalte, zum anderen mit der Überlegung, dass die Eingliederung des Arbeitnehmers
in die Organisationsstruktur des Arbeitgebers ein erhöhtes soziales Schutzbedürfnis
(des Arbeitnehmers) zur Folge habe, dem eine Rückabwicklung nach den Grundsätzen des Bereicherungsrechts nicht gerecht werde.

Hinsichtlich der Frage, ob und inwieweit auch beim **(freien) Dienstvertrag** die Un- 916
wirksamkeitsfolgen lediglich ex nunc eintreten sollen, ist m.E. Zurückhaltung geboten. In dogmatischer Hinsicht handelt es sich bei der Annahme einer Ex-nunc-Wir-
kung nämlich um eine teleologische Reduktion der Rechtsfolgen der o.g. Vorschriften
(oder gar um eine Rechtsfortbildung contra legem). Eine solche ist nur als ultima ratio
zulässig. Bloße Schwierigkeiten bei der Rückabwicklung rechtfertigen sie jedenfalls

---

13 BGH, 4.4.2006, X ZR 122/05, NJW 2006, 2472.
14 BGH, 23.2.1965, VI ZR 281/63, NJW 1965, 1224, zuvor bereits BAG 24.9.1960, 5 AZR 3/60, AP BGB § 612 Nr. 15; zustimmend MünchKomm/*Müller-Glögge* § 612, Rdnr. 14.
15 *Fenn* FamRZ 1968, 291, 296 ff; Vgl. auch *Canaris* BB 1967, 165, der neben § 612 auch eine Anwen-
 dung des Bereicherungsrechts abgelehnt und ein „angemessener Lohnanspruch" aus dem faktischen
 Arbeitsverhältnis selbst annimmt; *Beuthien* RdA1969, 161, 165 f, der Bereicherungsrecht für anwendbar hält; siehe ferner BeckOGK/*Maties* § 612 Rdnr. 79; Staudinger/*Richardi/Fischinger* § 612 Rdnr. 18.
16 Grundlegend BAG, 15.11.1957, 1 AZR 189/57, NJW 1958, 397, 398; zur ganz h.L. siehe nur Münch-
 Komm/*Müller-Glögge* § 611 Rdnr. 639 m.w.N.; zur Parallelfrage im Gesellschaftsrecht siehe BGH,
 24.10.1951, II ZR 18/51, BGHZ 3, 285; BGH, 6.2.1958, II ZR 210/56, BGHZ 26, 330.

§ 23 *Dienstvertrag*

nicht. Der BGH hat bislang ausdrücklich offengelassen, ob die zum Arbeitsrecht entwickelten Grundsätze auf freie Dienstverhältnisse ausgedehnt werden können. Bejaht hat er eine Ausdehnung lediglich für solche Fallgestaltungen, in denen der Dienstverpflichteten in ähnlicher Weise wirtschaftlich und sozial vom Dienstberechtigten abhängig war wie bei einem Arbeitsverhältnis[17].

III. Rechte des Dienstberechtigten

1. Erfüllungsanspruch

917 Eine erste Besonderheit des Dienstvertrags liegt darin, dass der Dienstberechtigte zwar selbstverständlich theoretisch einen (einklagbaren) Anspruch auf **Naturalerfüllung** hat, der Dienstverpflichtete aber praktisch nicht zur Leistung des Dienstes gezwungen werden kann. Das Zwangsvollstreckungsrecht schützt hier den Dienstberechtigten. Stellt die vereinbarte Dienstleistung eine vertretbare Handlung dar, erfolgt die Vollstreckung dadurch, dass das Gericht den Dienstberechtigten ermächtigt, die Dienstleistung (auf Kosten des Dienstberechtigten) von einem Dritten durchführen zu lassen. Stellt die vereinbarte Dienstleistung hingegen eine unvertretbare Handlung dar, findet überhaupt keine Vollstreckung statt: Die in § 888 Abs. 1 S. 1 ZPO vorgesehenen Beugemittel des Zwangsgeldes und der Zwangshaft dürfen gem. § 888 Abs. 3 ZPO bei Dienstverträgen nicht angewendet werden.

918 Vor diesem Hintergrund erscheint die Regelung in § 613 S. 1, wonach der Dienstverpflichtete „die Dienste im Zweifel **in Person zu leisten** [hat]", auf den ersten Blick paradox. Allerdings hat die Vorschrift durchaus Konsequenzen: Vor allem muss der Dienstverpflichtete dann, wenn er selbst (unverschuldet) an der Diensterbringung gehindert ist, nicht einen Dritten als Ersatz einschalten, um einer Schadensersatzhaftung zu entgehen (wie es etwa beim Werkvertrag grundsätzlich der Fall ist). Geschützt werden auch die Erben des Dienstverpflichteten: Die Verpflichtung zur Diensterbringung geht nicht nach § 1967 auf sie über; mit dem Tod des Dienstverpflichteten endet also das Dienstverhältnis.

919 **Vertiefender Hinweis:** Uneinheitlich wird die Frage beurteilt, ob und inwieweit der Dienstverpflichtete Teile der Dienstleistung auf andere delegieren darf. Nach h.M.[18] ist eine Delegation regelmäßig unter zwei Voraussetzungen zulässig: i) die Hilfsperson verfügt über die nötige Sachkunde und ist dem Dienstverpflichteten weisungsgebunden; ii) der Dienstverpflichtete erbringt die wesentlichen Teile der Leistung selbst. Im Einzelfall wird freilich Vieles von der konkreten vertraglichen Vereinbarung, der Art des Dienstvertrags und dem Zweck der Leistung abhängen.

---

17 BGH, 6.4.1964, II ZR 75/62, BGHZ 41, 282; BGH 12.1.1970, VII ZR 48/68, BGHZ 53, 52; krit. gegenüber einer Übertragung BeckOGK/*Maties* § 611 Rdnr. 240; für eine Übertragung auf „vergleichbar gelagerte freie Dienstverträge" MünchKomm/*Müller-Glögge* § 611 Rdnr. 638; *Klühs/Habermehl* BB 2007, 2342.
18 MünchKomm/*Müller-Glögge* § 613 Rdnr. 3; Staudinger/*Richardi/Fischinger* § 613 Rdnr. 6 ff; BeckOGK/*Maties* § 613 Rdnr. 46 ff; BeckOK/*Fuchs* § 613 Rdnr. 3 ff.

Einen weiteren Schutzmechanismus zugunsten des Dienstverpflichteten enthält § 613 **920**
S. 2. Danach darf der Dienstberechtigte seinen Anspruch gegen den Dienstverpflichteten **nicht an Dritte abtreten**. Der Dienstverpflichtete soll keinen fremden Gläubiger aufgedrängt bekommen. Eine Arbeitnehmerüberlassung ist daher nur mit Zustimmung des Arbeitnehmers zulässig; in der Zustimmung liegt dann eine Abbedingung des § 613 S. 2[19]. Einer Vererbung des Anspruchs steht § 613 S. 2 nach ganz h.M. jedoch nicht entgegen.[20] Allerdings kann der Tod des Dienstverpflichteten unter Umständen zur Unmöglichkeit der Dienstleistung führen, nämlich dann, wenn der geschuldete Dienst auf die Person des Gläubigers bezogen war (z.B. ärztliche Behandlung, Pflegedienstleistung).

2. Rechtsbehelfe bei Nichtleistung

Erbringt der Dienstverpflichtete die geschuldete Leistung zum vereinbarten Zeit- **921**
punkt nicht, stehen dem Dienstberechtigten grundsätzlich alle im Allgemeinen Teil des Schuldrechts vorgesehenen Rechtsbehelfe zu. Er kann also insbesondere unter den Voraussetzungen des § 323 zurücktreten und unter den Voraussetzungen der §§ 280 ff Schadensersatz verlangen. Das gilt jedenfalls dann, wenn der Dienstverpflichtete von vornherein nicht mit der Erbringung der Dienstleistung beginnt.

Problematisch sind hingegen diejenigen Fälle, in denen der Vertrag bereits **in Vollzug** **922**
gesetzt ist, in denen der Dienstverpflichtete also bereits Dienste erbracht hat, sie ab einem bestimmten Zeitpunkt aber nicht fortsetzt. Beispiel: DV verpflichtet sich gegenüber DB, einmal pro Monat dessen Maschinen zu warten. Dies tut er zunächst mehrere Monate, bevor er irgendwann keine Wartungsleistungen mehr erbringt. Könnte DB in diesem Fall (nach fruchtlosem Ablauf einer Nachfrist) gem. § 323 zurücktreten, so hätte dies an sich gem. § 346 zur Folge, dass die bisher erbrachten Leistungen rückabgewickelt werden müssten. Das erscheint regelmäßig nicht interessengerecht; die passende Rechtsfolge liegt hier vielmehr in einer Beendigung des Dienstvertrags ex nunc.

Dieses Ergebnis lässt sich dadurch erreichen, dass man das (ex nunc wirkende) Recht **923**
zur Kündigung aus wichtigem Grund[21] als abschließende Sonderregelung einstuft, die bei in Vollzug gesetzten Dienstverträgen das Rücktrittsrecht verdrängt[22]. Diese Lösung hat jedoch einen Haken: Sie wird denjenigen Fällen nicht gerecht, in denen der Dienstberechtigte ausnahmsweise kein Interesse mehr an den bereits erbrachten Leistungen hat. Denn eine Möglichkeit zum „Kündigen des ganzen Vertrags", wie sie § 323 Abs. 5 S. 2 für den Rücktritt bei Nichterbringung einer Teilleistung vorsieht, sehen weder § 626 noch § 314 vor. Aus diesem Grund verfolgt die h.M. eine pragmatische – wenn auch dogmatisch kaum überzeugende – Linie: Grundsätzlich kommt nach Invollzugsetzung eines Dienstvertrags (oder allgemeiner: eines Dauerschuldverhältnis-

---

[19] BGH, 11.12.2003, IX ZR 2003, NJW-RR 2004, 696.
[20] MünchKomm/*Müller-Glögge* § 613 Rdnr. 3; Palandt/*Weidenkaff* § 613 Rdnr. 4.
[21] Für den Dienstvertrag § 626 (dazu u. Rdnr. 956); allgemein § 314.
[22] So wohl die Intention des Gesetzgebers; vgl. die Begründung des Entwurfs des Schuldrechtsmodernisierungsgesetzes, BT-Drucks. 14/6040, S. 177.

ses) nur eine Kündigung aus wichtigem Grund in Betracht; ein Rücktritt scheidet aus. Ausnahmsweise ist ein Rücktritt aber dann zulässig, wenn die Parteiinteressen dies erfordern[23].

924 Besondere Bedeutung kommt bei Dienstverträgen (wie generell bei Dauerschuldverhältnissen) dem Institut der **absoluten Fixschuld** zu. Immer dann, wenn eine Dienstleistung nur zu einer bestimmten Zeit erbracht werden kann, wird sie mit Verstreichen dieses Zeitraums unmöglich; der Anspruch des Dienstberechtigten erlischt nach § 275 Abs. 1, der Gegenleistungsanspruch des Dienstverpflichteten erlischt nach § 326 Abs. 1 S. 1.

925 **Vertiefender Hinweis:** Bei der Annahme einer absoluten Fixschuld ist m.E. Zurückhaltung geboten. Immer dann, wenn die Dienstleistung als solche nachholbar ist, liegt kein Fall der Unmöglichkeit vor. Dabei steht der Nachholbarkeit nicht entgegen, dass die Leistung für den Dienstverpflichteten nun nicht mehr von Interesse ist. In solch einem Fall liegt kein absolutes, sondern lediglich ein relatives Fixgeschäft vor, dass einen fristlosen Rücktritt bzw. eine fristlose Kündigung rechtfertigt, nicht aber ein automatisches Erlöschen von Leistungs- und Gegenleistungsanspruch[24].

3. Rechtsbehelfe bei Schlechtleistung

926 Die wichtigste Besonderheit des Dienstvertragsrechts liegt darin, dass dort keine speziellen Rechtsbehelfe für den Fall einer Schlechtleistung vorgesehen sind: Dem Dienstberechtigten steht also weder ein Anspruch auf Nacherfüllung zur Verfügung noch ein Recht zur Minderung. Dies ist die logische Konsequenz dessen, dass der Dienstverpflichtete nur ein Tätigwerden, aber keinen Erfolg schuldet.

927 **Vertiefender Hinweis:** Mitunter wird indes vertreten, eine mangelhafte Leistung dürfe nicht als Erfüllung eingestuft werden, so dass der Dienstberechtigte weiterhin Erfüllung verlangen kann (freilich nur dann, wenn der Vertrag kein absolutes Fixgeschäft begründet, dessen Erfüllung mit Zeitablauf unmöglich wird; vgl. o. Rdnr. 924 f)[25].

928 Für den Fall, dass der Dienstverpflichtete die ihm obliegende Leistung nicht unter Beachtung der im Verkehr erforderlichen Sorgfalt erbracht hat, steht dem Dienstberechtigten jedoch ein Anspruch auf Schadensersatz nach §§ 280 ff zu, in dessen Rahmen er so zu stellen ist, wie er stünde, wenn der Dienstverpflichtete ordentlich gearbeitet hätte. Letztlich dürfte auf diesem Weg in den allermeisten Fällen dasselbe Ergebnis erzielt werden wie mit einem gesondert geregelten Nacherfüllungsanspruch. Insbesondere stellt das Verschuldenserfordernis (genauer: das Erfordernis eines Vertretenmüssens) in aller Regel keine zusätzliche Hürde dar: Bereits die Pflichtverletzung

---

23 BGH, 19.2.2002, X ZR 166/99, NJW 2002, 1870 (zur Rechtslage vor der Schuldrechtsreform); OLG Frankfurt, 14.1.2009, 17 U 223/08, MDR 2009, 497; BeckOGK/*Martens* § 314 BGB Rdnr. 84.
24 Ausführlich zu dieser Problematik *Bach* Leistungshindernisse, S. 785 ff.
25 So etwa *Roth* VersR 1979, 494, 498 ff; tendenziell auch Erman/*Edenfeld* § 611 Rdnr. 408; kritisch *Medicus* JuS 1998, 289, 294; ablehnend auch OLG Köln, 24.11.1993, 27 U 44/93, MedR 1994, 198; OLG München, 12.6.1997, 1 U 1704/97, BeckRS 1997, 16066.

besteht in einem sorgfaltswidrigen Verhalten, d.h. immer dann, wenn eine Pflichtverletzung vorliegt, wird dem Dienstberechtigten grundsätzlich zumindest Fahrlässigkeit vorgeworfen werden können[26].

Inhalt des Schadensersatzanspruchs dürfte regelmäßig (neben dem Ersatz von Folgeschäden, wie etwa entgangenen Geschäften o.ä.) die ordnungsgemäße Erbringung der geschuldeten Leistung sein (Naturalrestitution, § 249 Abs. 1).[27] Dies ist allerdings insofern nicht ganz unproblematisch, als durch die Zuerkennung eines solchen Schadensersatzanspruchs letztlich die gesetzgeberische Entscheidung, im Dienstvertragsrecht keinen Nacherfüllungsanspruch vorzusehen, ausgehöhlt wird. Dieses Argument lässt sich freilich ohne Weiteres umdrehen: Gerade weil Pflichtverletzung und Vertretenmüssen regelmäßig parallel laufen und der Dienstverpflichtete dementsprechend bei jeder Schlechtleistung über einen Schadensersatzanspruch verfügt, war es entbehrlich, gesondert einen Nacherfüllungsanspruch zu normieren. Aus dem Fehlen des Nacherfüllungsanspruchs lässt sich also wohl nichts ableiten. Auch für den „Schadensersatzanspruch auf Nacherfüllung gilt freilich die o.g. vollstreckungsrechtliche Schranke des § 888 Abs. 3 ZPO (Rdnr. 917).

929

Vertiefender Hinweis: Bemerkenswert ist in diesem Zusammenhang, dass einige Oberlandesgerichte eine recht eigenwillige Bestimmung des ersatzfähigen Schadens vorgenommen haben: Der Schaden liege darin, dass der Dienstberechtigte die vereinbarte Vergütung bezahlt habe, ohne eine adäquate Dienstleistung zu erhalten. Dementsprechend sei der Schadensersatz auf (anteilige) Rückzahlung jener Vergütung gerichtet[28].

930

Allerdings stellt sich ganz grundsätzlich die Frage, wann eine Leistung als mangelhaft einzustufen ist. Anders formuliert: Gilt ein objektiver Maßstab? Schuldet der Dienstverpflichtete also Dienste „mittlerer Art und Güte"? Oder gilt ein subjektiver Maßstab, so dass der Dienstverpflichtete nicht mehr (aber natürlich auch nicht weniger) schuldet, als er zu leisten imstande ist? Letzteres ist jedenfalls für den Bereich des Arbeitsrechts weitgehend anerkannt[29]. Offen ist demgegenüber, inwieweit sich der arbeitsrechtliche Maßstab auf den freien Dienstvertrag übertragen lässt. Für eine Übertragung spricht der Umstand, dass die Pflicht zur Diensterbringung gem. § 613 S. 1 an die Person des Dienstverpflichteten geknüpft ist. Dagegen spricht jedoch entscheidend, dass sich der geschuldete Maßstab stets aus dem Vertrag – und damit aus den *übereinstimmenden* Parteierwartungen – ergeben muss. Auf unterdurchschnittliche Fähigkeiten des Dienstverpflichteten kann es also nur dann entscheidend ankommen, wenn der Dienstberechtigte bei Vertragsschluss um sie wusste[30].

931

---

26 *Medicus/Lorenz* Schuldrecht BT Rdnr. 632.
27 Staudinger Eckpfeiler/*Richardi* Kap. P Rdnr. 67; BeckOGK/*Maties* § 611 Rdnr. 328; Jauernig/*Mansel* § 611 Rdnr. 16.
28 OLG Köln, 26.5.1986, 7 U 77/84, BeckRS 1986, 31127424; 24.11.1993, 27 U 44/93, MedR 1994, 198; kritisch *Canaris* FS K. Schmidt, S. 181 ff.
29 BAG, 17.7.1970, 3 AZR 423/69, BAGE 22, 402, 406; MünchKomm/*Müller-Glögge* § 611 Rdnr. 19 m.w.N.
30 Vgl. BGH, 30.9.1993, IX ZR 211/92, NJW 1993, 3323, 3325 f (zur Anwaltshaftung).

§ 23 Dienstvertrag

932 **Vertiefender Hinweis:** Selbst dann, wenn man einen subjektiven Maßstab anlegt, wird man eine Pflichtverletzung (und ein Verschulden) unter Umständen deshalb bejahen müssen, weil der Dienstverpflichtete (fahrlässig) eine Dienstleistung versprochen bzw. erbracht hat, für die er nicht hinreichend qualifiziert war (Stichwort: Übernahmeverschulden)[31].

933 Eine weitere – auch und gerade für die Klausur wichtige – Besonderheit des Dienstvertragsrechts ergibt sich in denjenigen Fällen, in denen der Dienstverpflichtete ausnahmsweise (siehe oben Rn. 918 ff) nicht selbst handelt, sondern einen Erfüllungsgehilfen einschaltet. Anders als bei erfolgsbezogenen Pflichten, bei denen das Ausbleiben des Erfolgs (in Form der mangelfreien Leistung) als solches eine Pflichtverletzung darstellt, kann bei der reinen Handlungspflicht des Dienstvertrags nur jene Handlung Anknüpfungspunkt der Pflichtverletzung sein. Handelt nicht der Dienstverpflichtete selbst, sondern sein Erfüllungsgehilfe, muss dessen Handlung dem Dienstverpflichteten zugerechnet werden. § 278 (oder § 31) wird also schon im Prüfungspunkt „Pflichtverletzung" und nicht erst im Prüfungspunkt „Vertretenmüssen" relevant (dort dann freilich noch einmal).

IV. Rechte des Dienstverpflichteten

934 Auch der Anspruch des Dienstberechtigten auf Zahlung der (u.U. stillschweigend) vereinbarten Vergütung unterliegt gewissen Besonderheiten. Eine erste besteht darin, dass der Vergütungsanspruch gem. § 614 erst nach Leistung der Dienste fällig wird; der Dienstverpflichtete ist also **vorleistungspflichtig**.

935 Die weitaus bedeutsamere Besonderheit betrifft indes das Schicksal des Vergütungsanspruchs im Fall einer ausbleibenden Diensterbringung. Diesbezüglich enthalten §§ 615 und 616 spezielle Regelungen zum Schutz des Dienstverpflichteten: § 615 für den Fall, dass der Dienstberechtigte die Dienste nicht annehmen kann (oder seltener: will), und § 616 für den Fall, dass der Dienstverpflichtete sie nicht erbringen kann.

936 Gem. § 615 S. 1 kann der Dienstverpflichtete die vereinbarte Vergütung auch dann erlangen, wenn er sie wegen eines **Annahmeverzugs des Dienstberechtigten** nicht erbracht hat. Das ist für den Fall des absoluten Fixgeschäfts (also für den Fall, dass die Dienstleitung mit Zeitablauf unmöglich wird) freilich keine Besonderheit, sondern entspricht letztlich der allgemeinen Regelung in § 326 Abs. 2 S. 1 Alt. 2. Dasselbe gilt für die Einschränkung, wonach er sich dasjenige anrechnen lassen muss, was er durch die Nichterbringung der Leistung erspart (§ 615 S. 2 = § 326 Abs. 2 S. 2). Die wesentliche Besonderheit des § 615 S. 1 liegt in dessen letztem Halbsatz: Der Dienstverpflichtete muss nicht nachleisten. Er wird also durch den Annahmeverzug von seiner Leistungspflicht frei, und zwar auch dann, wenn er sie eigentlich ohne Weiteres nachholen könnte.

---

31 MünchKomm/*Müller-Glögge* § 611 Rdnr. 20; *Oetker/Maultsch*, Vertragliche Schuldverhältnisse, § 7 Rdnr. 47.

In der Fallprüfung erlangt § 615 also an zwei Stellen Bedeutung: erstens führt er – anstelle von § 275 – zum Erlöschen des Anspruchs des Dienstberechtigten gegen den -verpflichteten auf Erbringung der Dienstleistung; zweitens verhindert er – anstelle von § 326 Abs. 2 S. 1 Alt. 2 – ein Erlöschen des Anspruchs des Dienstverpflichteten gegen den -berechtigten auf Zahlung der vereinbarten Vergütung. Aber Vorsicht: Wenn die Sachleistungspflicht nicht nach § 275, sondern nach § 615 entfällt, kommt es von vornherein nicht nach § 326 Abs. 1 zu einem Erlöschen des Gegenleistungsanspruchs. 937

Vertiefender Hinweis: Für das Arbeitsrecht enthält § 615 S. 3 eine Ausweitung der Regelung in § 615 S. 1 und 2. Sie gilt auch für diejenigen Fälle, in denen der Arbeitgeber das Risiko des Arbeitsausfalls trägt (also z.B. dann, wenn die Arbeitsleistung wegen eines Fabrikbrands unmöglich ist). Hier liegt die Besonderheit nicht im letzten Halbsatz von § 615 S. 1 (die Arbeitsleistung ist ein absolutes Fixgeschäft und muss/kann ohnehin nicht nachgeholt werden), sondern im ersten Halbsatz der Vorschrift: Er weitet die in § 326 Abs. 2 S. 1 getroffene Regelung (Verantwortlichkeit des Gläubigers) auf Fälle aus, in denen der Arbeitgeber für die Unmöglichkeit zwar nicht verantwortlich ist, aber ihr Risiko zu tragen hat. 938

§ 616 enthält eine Ausnahme von § 326 Abs. 1 S. 1 (und damit eine Ergänzung zu § 326 Abs. 2 S. 1): Erbringt der Dienstverpflichtete für einen gewissen Zeitraum die geschuldeten Dienste nicht, so behält er unter drei Voraussetzungen dennoch seinen Vergütungsanspruch: Erstens darf der Zeitraum nicht erheblich sein; zweitens muss die vorübergehende Nichtleistung auf einem in seiner Person liegenden Grund beruhen; und drittens darf ihn kein Verschuldensvorwurf treffen. Ein in der Person des Schuldners liegender Grund ist nicht nur die eigene Krankheit, sondern unter Umständen auch die Krankheit der Kinder (nämlich dann, wenn der Dienstverpflichtete sie pflegen muss). Daneben gelten auch besondere familiäre Ereignisse als persönlicher Grund, also etwa die eigene Hochzeit, die Geburt eines Kindes oder der Tod eines nahen Angehörigen. 939

Vertiefender Hinweis: § 616 findet nach ganz h.M.[32] – mangels einer entsprechenden Einschränkung im Wortlaut – nicht nur auf Arbeitsverhältnisse, sondern auch auf freie Dienstverhältnisse Anwendung. Anders als in § 617 wird nicht einmal ein „dauerhaftes Dienstverhältnis" vorausgesetzt. Allerdings ist bei freien Dienstverhältnissen zum einen sehr genau zu prüfen, ob der Zeitraum, in dem der Dienstverpflichtete verhindert ist, im Vergleich zu der regelmäßig kurzen vereinbarten Gesamtdauer der Dienstleistung tatsächlich „nicht erheblich" ist.[33] Außerdem wird man § 616 m.E. ohnehin nur dann anwenden können, wenn die Dienstleistung nicht nachholbar ist, also im Fall eines absoluten Fixgeschäfts. Ein solches liegt aber bei freien Dienstverträgen oftmals gerade nicht vor (siehe oben Rdnr. 916). 940

---

32 MünchKomm/*Henssler* § 616 Rdnr. 11; Staudinger/*Oetker* § 616 Rdnr. 2; BeckOGK/*Bieder* § 616 Rdnr. 8; a.A. BeckOK/*Fuchs* § 616 Rdnr. 2.
33 Medicus/*Lorenz* SchuldR BT Rdnr. 644.

V. Beendigung des Dienstverhältnisses

1. Überblick

941 Wie bei anderen Dauerschuldverhältnissen auch, treten beim Dienstvertrag besondere Beendigungsgründe neben die allgemeinen. Sie sind in den §§ 620–627 geregelt. Zu differenzieren ist zwischen befristeten und unbefristeten Dienstverhältnissen.

942 **Befristete Dienstverhältnisse** enden
 – mit Zeitablauf, § 620 Abs. 1
 – durch außerordentliche, fristgebundene Kündigung des Dienstverpflichteten nach § 624
 – durch außerordentliche, fristlose Kündigung nach § 626 oder § 627

943 **Unbefristete Dienstverhältnisse** enden
 – durch ordentliche Kündigung nach § 621
 – durch außerordentliche, fristlose Kündigung nach § 626 oder § 627

944 Daneben stehen den Parteien die Vertragsbeendigung durch Aufhebungsvertrag (§§ 311, 241) und die Kündigung wegen Störung der Geschäftsgrundlage (§ 313) zur Verfügung; § 313 wird – im Gegensatz zu § 314 – nicht durch das Recht zur außerordentlichen, fristlosen Kündigung verdrängt.[34]

2. Zeitablauf bei befristeten Dienstverhältnissen

945 Gem. § 620 Abs. 1 endet ein befristetes Dienstverhältnis mit Ablauf der Zeit, für die es eingegangen ist. Diese gesetzliche Anordnung ist freilich rein deklaratorisch. Weitgehend, aber nicht vollständig deklaratorisch ist die Regelung in § 625: Arbeitet der Dienstverpflichtete nach Ablauf der Dienstzeit weiter und weiß der Dienstberechtigte davon, so wird hierdurch konkludent ein neues – diesmal unbefristetes – Dienstverhältnis begründet. Will der Dienstberechtigte dieser Rechtsfolge entgehen, muss er der Weiterarbeit widersprechen. § 625 begründet nach ganz h.M. eine Fiktion dahingehend, dass die Fortsetzung der Dienstleistung durch den Dienstverpflichteten stets ein Angebot auf Vertragsverlängerung darstellt und das Nichteinschreiten stets eine Annahme.[35] In aller Regel wird man diese Fiktion freilich nicht benötigen und mit den ganz normalen Methoden zur Auslegung des Parteiverhalten (§§ 133, 157) zum selben Ergebnis kommen.

946 **Vertiefender Hinweis:** Die Rechtsfolge des § 625 tritt nach ganz h.M. unabhängig davon ein, ob dem Dienstberechtigten bewusst war, dass das Dienstverhältnis an sich bereits beendet war[36]. Auch in diesem Fall kommt § 625 jedoch m.E. keine konstitutive Bedeutung zu, denn

---

34 BT-Drucks. 14/6040, S. 177; Jauernig/*Stadler* § 314 Rdnr. 2.
35 Vgl. BAG, 13.8.1987, 2 AZR 122/87, BeckRS 2009, 67375.
36 LAG Düsseldorf, 26.9.2002, 5 Sa 748/02, NZA-RR 2003, 175, 176; MünchKomm/*Henssler* § 625 Rdnr. 13; Staudinger/*Preis* § 625 Rdnr. 21; *Oetker/Maultzsch* Vertragliche Schuldverhältnisse, § 7 Rdnr. 104; *Kramer* NZA 1993, 1115, 1116; a.A. BeckOK/*Fuchs* § 625 Rdnr. 7; BeckOGK/*Klumpp* § 625 Rdnr. 21; ErfK/*Müller-Glöge* § 625 Rdnr. 5.

auch nach den allgemeinen Regeln ist seitens des Erklärenden kein subjektives Geschäftsbewusstsein erforderlich: Es genügt, wenn er fahrlässig nicht erkannt hat, mit seinem (Nicht-) Handeln etwas Rechtsgeschäftliches zu erklären (vgl. *Gottwald/Würdinger* Rdnr. 37). Bemerkenswert ist in diesem Zusammenhang allerdings, dass die h.M. keine Irrtumsanfechtung analog § 119 Abs. 1 zulässt[37]. Hierin liegt das konstitutive Element des § 625.

3. Fristgebundene Kündigung

Anders als beim Arbeitsvertrag – und auch anders als die Kündigung eines Wohnraummietvertrags durch den Vermieter (oben Rdnr. 806) – ist die ordentliche Kündigung des (freien) Dienstvertrags nicht vom Vorliegen eines Kündigungsgrundes abhängig. Auch bedarf die Kündigung keiner besonderen Form (Umkehrschluss aus § 623, der die Schriftform für die Kündigung von Arbeitsverhältnissen vorschreibt).

947

Bei **unbefristeten Dienstverträgen** kann dementsprechend jede Partei jederzeit unter Einhaltung der in § 621 vorgesehenen Kündigungsfrist kündigen. Dabei hängt sich die Kündigungsfrist – wie im Mietrecht auch – davon ab, nach welchen Zeitabschnitten sich die Vergütung bemisst. Bei einer nach Tagen bemessenen Vergütung ist eine Kündigung zum Ablauf des nächsten (also des auf die Kündigung folgenden) Tages zulässig (Nr. 1). Bei einer nach Wochen bemessenen Vergütung beendigt eine Kündigung, die am (oder vor dem) ersten Werktag einer Woche ausgesprochen wird, das Dienstverhältnis mit dem Ende der Woche (genauer: mit Ablauf des Samstags dieser Woche, Nr. 2). Bei einer nach Monaten bemessenen Vergütung beendigt eine Kündigung, die am (oder vor dem) 15. eines Monats ausgesprochen wurde, das Dienstverhältnis zum Ende dieses (Kalender-)Monats (Nr. 3). Bei einer Vergütung nach Quartalen oder noch längeren Zeitabschnitten kann jeweils zum Quartalsende gekündigt werden, wobei die Kündigung sechs Wochen vorher ausgesprochen werden muss (Nr. 4). Bei einer Vergütung, die nicht nach Zeitabschnitten bemessen ist, ist die Kündigung jederzeit mit sofortiger Wirkung zulässig (Nr. 5).

948

Achtung: Wenn oben (und unten) davon die Rede ist, dass eine Kündigung an oder vor einem bestimmten Stichtag ausgesprochen wird, dann ist dabei nicht etwa die Abgabe, sondern stets der Zugang der Kündigungserklärung entscheidend.

949

Befristete Dienstverhältnisse können zwar nicht ordentlich gekündigt werden. Wenn der Befristungszeitraum größer ist als fünf Jahre, kann der Dienstverpflichtete (und nur er!) jedoch gem. § 624 nach Ablauf von fünf Jahren außerordentlich kündigen (S. 1), wobei die Kündigungsfrist sechs Monate beträgt (S. 2). Zwei Aspekte, die sich nicht ganz eindeutig aus dem Gesetzeswortlaut ergeben, sollten Sie diesbezüglich kennen: Erstens beginnt der Fünfjahreszeitraum, nach dessen Ablauf eine Kündigung möglich wird, nicht bereits mit Vertragsschluss, sondern erst mit Invollzugsetzen des Dienst-

950

---

37 ArbG Passau, 27.7.1988, 1 Ca 384/88, ARST 1989, 1; Staudinger/*Preis* § 625 Rdnr. 13; MünchKomm/*Henssler* § 625 Rdnr. 12; Erman/*Belling* § 625 Rdnr. 3 ff; *Oetker/Maultzsch* Vertragliche Schuldverhältnisse, § 7 Rdnr. 104.

verhältnisses, also in dem Zeitpunkt, in dem der Dienstverpflichtete mit der Dienstleistung beginnt. Zweitens kann die Kündigung erst nach Ablauf des Fünfjahreszeitraums ausgesprochen werden; erst dann beginnt die Sechsmonatsfrist des S. 2 zu laufen. Das Dienstverhältnis endet also frühestens fünf Jahre und sechs Monate nach Dienstbeginn.

951 **Vertiefender Hinweis:** Eine vor Ablauf des Fünfjahreszeitraums ausgesprochene Kündigung ist nach h.M.[38] nicht nichtig, sondern schwebend unwirksam; sie wird dann grundsätzlich nach Ablauf des Fünfjahreszeitraums wirksam.

952 Für **Arbeitsverhältnisse** normiert § 622 gesonderte Kündigungsfristen; außerdem gelten hier auch für die ordentliche Kündigung besondere Voraussetzungen, die insb. im KSchG geregelt sind.

4. Fristlose Kündigung

a) Fristlose Kündigung aus wichtigem Grund

953 Gem. § 626 hat jede Partei das Recht, das Dienstverhältnis fristlos zu kündigen, wenn eine Fortsetzung für sie unzumutbar ist. Notwendig ist hier eine **Zukunftsprognose**, für die freilich das in der Vergangenheit liegende Verhalten des Kündigungsgegners die Grundlage bildet. **Abzuwägen** ist stets die Unzumutbarkeit für den Kündigenden gegen das Fortsetzungsinteresse der anderen Partei. Letzteres wiegt umso höher, je länger das Dienstverhältnis an sich noch laufen würde. Keine Voraussetzung für die Kündigung ist ein **schuldhaftes Verhalten** seitens des Kündigungsgegners; allerdings muss die Verschuldensfrage selbstverständlich in der Gesamtabwägung berücksichtigt werden.

954 Grundsätzlich setzt eine fristlose Kündigung aus wichtigem Grund voraus, dass der Kündigende den Kündigungsgegner **zuvor erfolglos abgemahnt** hat. Dieses Erfordernis lässt sich zwar dem Wortlaut des § 626 nicht entnehmen, wird aber entweder aus dem Verhältnismäßigkeitsgrundsatz oder aber – vorzugswürdig – aus § 314 Abs. 2 abgeleitet.

955 Die fristlose Kündigung ist – so paradox es klingt – nur innerhalb einer sehr knappen Frist zulässig: Nach § 626 Abs. 2 S. 1 und 2 muss die Kündigung **innerhalb von zwei Wochen** ab dem Zeitpunkt erklärt werden, in dem der Kündigende Kenntnis vom wichtigen Grund erlangt (genauer: von den für die Kündigung maßgebenden Tatsachen).

956 Die Kündigungserklärung ist **formfrei** und **ohne Begründung** möglich. Nach § 626 Abs. 2 S. 3 muss der Kündigende dem Kündigungsgegner zwar auf Verlangen den Kündigungsgrund schriftlich mitteilen. Eine Verletzung dieser Pflicht hat jedoch auf

---

[38] MünchKomm/*Henssler* § 624 Rdnr. 9; Staudinger/*Preis* § 624 Rdnr. 22; Erman/*Belling* § 624 Rdnr. 7; BeckOK/*Fuchs* § 624 Rdnr. 6; krit. BeckOGK/*Klumpp* § 624 Rdnr. 21.

die Wirksamkeit der Kündigung keine Auswirkung, sondern kann allenfalls eine Schadensersatzhaftung nach sich ziehen (z.B. auf Ersatz von Anwalts- oder gar Prozesskosten, die nicht angefallen wären, hätte der Kündigungsgegner von vornherein gewusst, warum ihm gekündigt wurde).

b) Fristlose Kündigung bei Vertrauensstellung

Gem. § 627 ist bei bestimmten Dienstverhältnissen eine fristlose Kündigung auch ohne wichtigen Grund möglich, nämlich bei Dienstverhältnissen höherer Art, die auf einem besonderen Vertrauensverhältnis zwischen den Parteien basieren. Schulbeispiel hierfür ist der ärztliche Behandlungsvertrag, aber auch Verträge mit Rechtsanwälten und Steuerberatern fallen in diese Kategorie. **957**

Eingeschränkt wird das jederzeitige, fristlose Kündigungsrecht nur für den Dienstverpflichteten (also regelmäßig den Arzt bzw. den Rechtsanwalt): Er darf nicht (bzw. genauer: nicht ohne wichtigen Grund) zur Unzeit kündigen, also seinen Patienten bzw. Mandanten nicht schutzlos sitzen lassen (§ 627 Abs. 2 S. 1). Tut er es dennoch, hat dies zwar keine Auswirkungen auf die Wirksamkeit der Kündigung, begründet aber eine Schadensersatzhaftung für den Fall, dass der Dienstberechtigte gerade wegen des Zeitpunkts der Kündigung einen Schaden erleidet (§ 627 Abs. 2 S. 2). **958**

c) Rechtsfolge einer fristlosen Kündigung

Gem. § 628 Abs. 1 wirkt die fristlose Kündigung ex nunc; der Dienstberechtigte muss den Dienstverpflichteten also grundsätzlich noch für die bereits geleisteten Dienste vergüten (S. 1). Hat der Dienstberechtigte an den bisher geleisteten Diensten wegen der Kündigung kein Interesse mehr, so entfällt in zwei Fallgestaltungen die Vergütungspflicht völlig: erstens dann, wenn der Dienstverpflichtete gekündigt hat, ohne hierzu durch den Dienstberechtigten veranlasst worden zu sein, und zweitens dann, wenn der Dienstberechtigte gekündigt hat, und hierzu durch ein (h.M.: schuldhaftes[39]) vertragswidriges Verhalten des Dienstverpflichteten veranlasst worden war. **959**

§ 628 Abs. 2 stellt klar, dass die Kündigung einem Schadensersatzverlangen nicht entgegensteht. **960**

> **Achtung:** Bei der Schadensberechnung ist jedoch zu beachten, dass der andere Teil das Dienstverhältnis ordentlich hätte kündigen können. Das Erfüllungsinteresse ist daher nur bis zu demjenigen Zeitpunkt ersatzfähig, zu dem eine solche ordentliche Kündigung erstmals möglich gewesen wäre. **961**

---

39 BGH, 30.3.1995, IX ZR 182/94, NJW 1995, 1954; Staudinger/*Preis* § 628 Rdnr. 25; *Oetker/Maultzsch* Vertragliche Schuldverhältnisse, § 7 Rdnr. 122.

§ 24 Auftrag und Geschäftsbesorgungsvertrag

I. Auftrag

1. Vertragsgegenstand

962 Der Auftrag ist ein Vertrag, durch den sich der Beauftragte verpflichtet, ein ihm vom Auftraggeber übertragenes Geschäft für diesen **unentgeltlich** zu besorgen (§ 662). Soll die Geschäftsbesorgung entgeltlich erfolgen, so handelt es sich – entgegen dem allgemeinen Sprachgebrauch – nicht um einen Auftrag, sondern um einen Dienst-, Werk- oder Geschäftsbesorgungsvertrag. **Achtung:** Eine Vergütung kann unter Umständen nach § 612 oder § 632 als stillschweigend vereinbart anzusehen sein.

963 Der Begriff der Geschäftsbesorgung wird bei § 662 sehr weit gezogen – weiter als bei § 675 (dazu Rdnr. 985). Er umfasst jede fremdnützige Tätigkeit, gleich welcher Art[1]. Darunter kann z.B. ein Botengang ebenso fallen wie etwa die Erteilung von Unterricht. Selbst Geschäfte, die im Eigeninteresse des Beauftragten liegen, können Gegenstand eines Auftrags sein – es genügt, wenn das konkrete Geschäft *auch* den Interessen des Auftraggebers dient[2].

964 In der Klausur muss der Auftrag vor allem von der bloßen Gefälligkeit abgegrenzt werden. Letztere ist dann anzunehmen, wenn die Parteien sich rechtlich nicht zu einer Leistung verpflichten, sondern mit ihrer Erklärung lediglich – unverbindlich – ankündigen wollen, freiwillig eine bestimmte Leistung zu erbringen. Es fehlt hier am Rechtsbindungswillen. Auf die derart versprochene Gefälligkeit besteht kein Anspruch der anderen Partei. Wer einen Freund zum Essen einlädt, begründet beispielsweise in der Regel lediglich ein Gefälligkeitsverhältnis: Die Einladung soll lediglich gesellschaftlich, nicht aber rechtlich bindend sein. Der Freund kann das Essen nicht einklagen.

965 Ob ein Rechtsbindungswille vorliegt oder nicht, kann im Einzelfall schwierig zu ermitteln sein. Primäres Entscheidungskriterium ist nach **h.M.** das Interesse des „Auftraggebers" an der Leistung. Ist die Leistung – für die andere Partei erkennbar – von einem solchen Interesse, dass sie einen Anspruch auf Einforderung der Leistung haben will, ist anzunehmen, dass beide Parteien mit Rechtsbindungswillen handeln[3]. Soll eine Person von einer anderen in deren Pkw mitgenommen werden, so wird ein echtes Schuldverhältnis etwa dann vorliegen, wenn der Mitgenommene – für den Mitnehmenden erkennbar – auf die Mitnahme angewiesen ist, weil er beispielsweise einen wichtigen Termin erreichen muss. In diesem Fall ist die Vereinbarung der Mitnahme als Auftrag zu qualifizieren. Achtung: Auch die Annahme eines Auftrags birgt für den Auftraggeber keine Gewähr dafür, dass der Auftrag auch ausgeführt wird: Nach § 671 Abs. 1 kann der Beauftragte grundsätzlich jederzeit kündigen (s. Rdnr. 987). Der wesentliche Unterschied liegt in dem auftragsrechtlichen Verbot der Kündigung zur Unzeit (§ 671 Abs. 2).

---

1 Palandt/*Sprau* § 662 Rdnr. 6 f.
2 BGH, 9.2.1955, VI ZR 286/53, NJW 1955, 785, 787.
3 BGH, 17.5.1971, VII ZR 146/69, NJW 1971, 1404.

Vertiefender Hinweis: Bei einem Gefälligkeitsverhältnis begründet eine Nicht- oder Schlechtleistung grundsätzlich keine Schadensersatzansprüche. Allerdings kann auch bei einer bloßen Verbindlichkeit im Einzelfall gewollt sein, dass jedenfalls Schutzpflichten bestehen, so dass sich diesbezüglich auch vertragliche Schadensersatzansprüche begründen lassen[4]. Bei einer solchen Konstellation spricht man von einem Gefälligkeitsverhältnis geschäftsähnlicher Art. In dem bekanntesten Beispiel aus der Rechtsprechung nahm der BGH an, dass ein Unternehmer der einem befreundeten Unternehmer einen LKW-Fahrer aus Gefälligkeit „leiht", zu sorgfältiger Auswahl des Fahrers verpflichtet ist – und dementsprechend Schadensersatz leisten muss, wenn ein schlecht ausgewählter LKW-Fahrer Rechtsgüter des „Entleihers" beschädigt[5]. Diese Haftung rechtfertigt sich mit der Überlegung, dass der primäre Grund für die Postulierung vertraglicher Schutzpflichten die erhöhte Einwirkungsmöglichkeit der Parteien auf die Rechtsgüter der jeweils anderen Partei ist. Hinsichtlich der Öffnung der eigenen Rechtsgütersphäre gegenüber der anderen Partei besteht jedoch zwischen Rechtsgeschäft und Gefälligkeit kein Unterschied.

966

2. Zustandekommen

Der Auftrag ist ein zwar nur einseitig verpflichtendes, aber zweiseitig begründetes Rechtsgeschäft[6]: Es bedarf also – wie üblich – zweier kongruierender Willenserklärungen. Eine Besonderheit enthält diesbezüglich § 663: Danach muss derjenige, der zur Besorgung gewisser Geschäfte öffentlich bestellt ist (S. 1 Fall 1) oder sich öffentlich (S. 1 Fall 2) oder gegenüber dem konkreten Auftraggeber (S. 2) zur Besorgung jener Geschäfte erboten hat, ein Angebot explizit ablehnen, wenn er es nicht annehmen will. Achtung: Diese Formulierung ist leicht misszuverstehen. Anders als § 362 HGB normiert § 663 keine „Annahme durch Schweigen", sondern lediglich eine vorvertragliche Verhaltenspflicht. Rechtsfolge einer unterlassenen Ablehnung ist demnach nicht, dass ein Vertrag zustande kommt, sondern lediglich, dass ein Anspruch des Auftraggebers aus c.i.c. auf Ersatz des Vertrauensschadens (negatives Interesse) entsteht[7].

967

3. Rechte des Auftraggebers

Der Primäranspruch des Auftraggebers ist auf Ausführung des übertragenen Geschäfts gerichtet. Dabei muss der Beauftragte den Auftrag „im Zweifel" selbst ausführen (§ 664 Abs. 1 S. 1). Dies bedeutet jedoch nicht, dass sich der Beauftragte keines Erfüllungsgehilfens bedienen dürfte (arg. ex § 664 Abs. 1 S. 2). Vielmehr ist es ihm lediglich nicht gestattet, einen Dritten dergestalt einzuschalten, dass jener Dritte den Auftrag *in eigener Verantwortung* ausführt (sog. Substitution).

968

---

4   Geschützt ist jedoch jeweils nur das Integritätsinteresse, nicht dagegen das Äquivalenzinteresse.
5   BGH, 22.6.1956, I ZR 198/54, BGHZ 21, 102, 107. Daneben kommen selbstverständlich außervertragliche Schadensersatzansprüche z.B. aus unerlaubter Handlung in Betracht.
6   Ein einseitig begründetes Rechtsgeschäft ist bspw. die Auslobung (§§ 657 ff).
7   BGH, 17.10.1983, II ZR 146/82, NJW 1984, 866; Palandt/*Sprau* § 663 Rdnr. 1.

969 § 667 normiert einen Anspruch des Auftraggebers auf Herausgabe einerseits dessen, was der Beauftragte zur Ausführung des Auftrags erhalten und andererseits dessen, was er aus der Geschäftsbesorgung erlangt hat. Gegenstand dieses Herausgabeanspruchs können sowohl (bewegliche und unbewegliche) Sachen als auch Rechte sein – bspw. Forderungen, die dem Beauftragten gegen Dritte zustehen (der Anspruch ist dann auf Abtretung der Forderung gerichtet). Für Zinsen, die der Beauftragte durch Anlegen des für die Auftragsdurchführung erhaltenen Geldes erlangt, enthält § 668 eine Spezialregelung. Die §§ 667 f sind bei bloßen Gefälligkeitsverhältnissen analog anwendbar[8].

970 **Achtung:** Prüfen Sie stets, ob der Beauftragte tatsächlich selbst Eigentümer einer Sache oder Inhaber einer Forderung geworden ist oder ob er als Stellvertreter des Auftraggebers aufgetreten ist und Letzterer daher selbst Eigentümer/Forderungsinhaber ist. Bei Sachen richtet sich der Anspruch dann lediglich auf Herausgabe des Besitzes; bei Forderungen entfällt der Herausgabeanspruch ganz.

971 Eine praktisch bedeutsame Regelung enthält § 666: Danach hat der Auftraggeber während der Auftragsdurchführung Anspruch auf Auskunft über den Stand der Dinge und – praktisch bedeutsamer – nach Auftragsdurchführung einen Anspruch auf Rechenschaft (beachte die Konkretisierung dieser Pflicht in § 259). Nur mittels der im Rahmen dieses Anspruchs erhaltenen Informationen wird er regelmäßig seinen Herausgabeanspruch nach § 667 beziffern und substantiieren können. Prozessual werden Rechenschafts- und Herausgabeanspruch daher zumeist im Wege der Stufenklage (§ 254 ZPO) geltend gemacht.

972 Für Schadensersatzansprüche des Auftraggebers gegen den Beauftragten finden sich im Auftragsrecht keine Sonderregelungen. Insbesondere ist keine Haftungsprivilegierung des Beauftragten vorgesehen – wie sie bei anderen unentgeltlichen Verträgen üblich ist (vgl. etwa §§ 521 ff, 599 f). Eine analoge Anwendung wird allgemein unter Hinweis auf die bewusste gesetzgeberische Entscheidung sowie auf die fehlende Vergleichbarkeit der Interessenlagen abgelehnt: Anders als bei Leihe und v.a. Schenkung wird bei einem Auftrag das Vermögen des Leistenden nicht gemindert[9]. Um unbillige Ergebnisse zu vermeiden, nimmt der **BGH** aber mitunter einen „stillschweigenden Haftungsverzicht" der geschädigten Partei an – und zwar regelmäßig dann, wenn der Schädiger nicht versichert ist[10]. Außerdem wendet die **h.M.** die Haftungserleichterung des § 680 analog an, wenn die Handlung, die zum Schaden führte, der Abwehr einer dringenden Gefahr diente[11]. Der beauftragte Helfer soll hier nicht schlechter stehen als derjenige, der ohne Auftrag eingreift.

---

8 MünchKomm/*Seiler* § 662 Rdnr. 65.
9 *Oetker/Maultzsch* § 11 Rdnr. 15; MünchKomm/*Seiler* § 662 Rdnr. 32; *Stürner* Jura 2017, 921, 927; – **a.A.** (also für eine analoge Anwendung der Regelungen zum Schenkungsrecht) *Medicus/Petersen* Bürgerliches Recht Rdnr. 369.
10 BGH, 14.11.1978, VI ZR 178/77, NJW 1979, 414; BGH, 18.12.1979, VI ZR 52/78, NJW 1980, 1681.
11 *Looschelders* BT Rdnr. 810.

Achtung: Ein Schadensersatzanspruch kann grundsätzlich nur auf Ersatz des negativen Interesses gerichtet sein. Ein Anspruch auf das positive Interesse besteht auf Primärebene nicht, weil der Beauftragte nach § 671 Abs. 1 berechtigt ist, den Auftrag jederzeit zu kündigen – auf Sekundärebene kann dann nichts anderes gelten. Das positive Interesse ist einzig bei einer Kündigung zur Unzeit zu ersetzen (s. Rdnr. 981).

973

4. Rechte des Beauftragten

Die wichtigste Anspruchsgrundlage für den Beauftragten ist § 670. Danach kann der Beauftragte alle Aufwendungen ersetzt verlangen, die er zum Zwecke der Ausführung des Auftrags getätigt hat – vorausgesetzt, er durfte sie den Umständen nach für erforderlich halten.

974

Die Frage der Erforderlichkeit ist objektiv ex ante zu beurteilen. Einerseits können also rein subjektive Vorstellungen des Beauftragten keine Erforderlichkeit begründen; andererseits steht es einer Erforderlichkeit nicht entgegen, wenn sich ex post herausstellt, dass die betreffende Aufwendung ihr Ziel nicht erreicht hat.

975

Unter dem Begriff der Aufwendungen sind *freiwillige* Vermögensopfer des Beauftragten zu verstehen. Lautete der Auftrag etwa, ein bestimmtes Bild zu kaufen, so ist der Kaufpreis, den der Beauftragte bezahlt hat, als Aufwendung nach § 670 zu ersetzen.

976

Nicht als Aufwendung zu qualifizieren ist demgegenüber die Arbeitsleistung des Beauftragten. Dies ergibt sich zwingend daraus, dass anderenfalls über den Aufwendungsersatz eine Entlohnung des Beauftragten erreicht würde – der Auftrag würde seinen Charakter als unentgeltliches Rechtsgeschäft verlieren. Achtung: Die Arbeitsleistung ist auch dann nicht ersatzfähig, wenn die betreffende Tätigkeit dem Beruf des Beauftragten zuzuordnen ist. Verwechseln Sie den Auftrag nicht mit der GoA, bei der die **h.M.** (gestützt auf § 1835 Abs. 3) eine solche Ausnahme zulässt[12]! Die betreffende Praxis im GoA-Recht hat allerdings zur Folge, dass die **h.M.** eine Ersatzfähigkeit auch im Auftragsrecht dann bejahen will, wenn die Erforderlichkeit einer Maßnahme bei Vertragsschluss unvorhersehbar war und sich erst im Laufe der Auftragsausführung zeigt. In diesem Fall, so die Argumentation, sei die betreffende Tätigkeit nicht von der Unentgeltlichkeitsabrede erfasst[13].

977

Weitgehende Einigkeit besteht darin, dass der Beauftragte in gewissem Umfang auch Schäden (also *unfreiwillige* Vermögensnachteile) soll ersetzt verlangen können. Dies wird zumeist mit folgender Überlegung begründet: Mit der Übernahme des Auftrags nehme der Beauftragte ein gewisses Schadensrisiko auf sich – und zwar freiwillig. In dieser Risikoübernahme liege die Aufwendung. Realisiere sich das Risiko, sei der entstehende Schaden daher von § 670 (direkt oder analog) gedeckt. Diese Begründung läuft freilich bei völlig unvorhersehbaren Schäden leer – solche Schäden sind daher nicht von § 670 gedeckt.

978

---

12 S. *Buck-Heeb* Rdnr. 62.
13 *Oetker/Maultzsch* § 11 Rdnr. 59; *Looschelders* BT Rdnr. 813.

§ 24 *Auftrag und Geschäftsbesorgungsvertrag*

979 **Hinweis:** Die Frage einer Ersatzfähigkeit von Schäden nach § 670 stellt sich dann nicht, wenn der Auftraggeber den betreffenden Schaden durch eine von ihm zu vertretende Schutzpflichtverletzung (§ 241 Abs. 2) verursacht hat. In diesem Fall haftet der Auftraggeber nach § 280 Abs. 1. Praktisch relevant ist hier insbesondere die Pflicht, den Beauftragten über alle mit dem Auftrag verbundenen Gefahren aufzuklären[14].

5. Vertragsbeendigung

980 Die Beendigung des Auftrags richtet sich nach den §§ 671 ff. Der Grundsatz lautet, dass jede Partei den Auftrag jederzeit beenden kann (§ 671 Abs. 1, wobei das Gesetz terminologisch unterscheidet: Der Auftraggeber widerruft, der Beauftragte kündigt). Allerdings erfährt dieser Grundsatz eine wichtige Einschränkung: Der Beauftragte darf nicht zur Unzeit kündigen bzw. genauer: er darf es nur dann, wenn hierfür ein wichtiger Grund vorliegt (§ 671 Abs. 2).

981 **Achtung:** Wie § 663 (s. Rdnr. 967) normiert auch § 671 Abs. 2 lediglich eine Handlungspflicht. Eine Kündigung zur Unzeit ist wirksam. Der Verstoß gegen die Handlungspflicht begründet aber einen Schadensersatzanspruch des Auftraggebers. Beispiel: A betreibt eine kleine Pension. Leider ist in seinem einzigen Fremdenzimmer das Türschloss defekt. Weil sich für Sonntag ein Gast angekündigt hat, beauftragt A am Mittwoch den B damit, das Schloss bis Sonntagvormittag zu reparieren. Samstagabend kündigt B. Muss A nun bei einem professionellen Schlosser einen Wochenendzuschlag zahlen, kann er diesen von B ersetzt verlangen (den „normalen" Werklohn des Schlossers kann er dagegen nicht ersetzt verlangen, weil er ihn auch bei rechtzeitiger Kündigung hätte zahlen müssen). Kann B keinen Schlosser mehr erreichen und reist der Gast wegen des defekten Schlosses unverrichteter Dinge wieder ab, richtet sich der Schadensersatzanspruch auf den entgangenen Gewinn.

982 Die §§ 672 und 673 regeln die Beendigung bzw. den Fortbestand des Auftragsverhältnisses für den Fall des Todes einer der Parteien. Danach bleibt das Auftragsverhältnis beim Tod des Auftraggebers „im Zweifel" aufrechterhalten (§ 672), beim Tod des Beauftragten erlischt es „im Zweifel" (§ 673). Insbesondere erstere Regelung kann – auf Umwegen – examensrelevant werden: Nach § 168 richtet sich der Bestand einer Vollmacht nach dem Bestand des zugrundeliegenden Rechtsverhältnisses – in der Regel ein Auftrag oder eine Geschäftsbesorgung. Als Konsequenz des § 672 kann demnach ein Vertrag noch nach dem Tod des Vertretenen zustande kommen (vgl. hierzu *Gottwald/Würdinger* Rdnr. 192 ff).

983 § 674 ordnet zum Schutz des Beauftragten an, dass ein erloschener Auftrag zu seinen Gunsten (!) solange als fortbestehend fingiert wird, bis er vom Erlöschen Kenntnis erlangt oder zumindest erlangen muss. Die Einschränkung, dass diese Fiktion dann nicht greifen soll, wenn das Erlöschen des Auftrags auf einem Widerruf beruht, läuft regelmäßig leer: Der Widerruf stellt eine empfangsbedürftige Willenserklärung dar; der Beauftragte hat also in aller Regel Kenntnis davon oder muss sie zumindest haben. Auch § 674 wird im Vertretungsrecht relevant: Die Fiktion bewirkt, dass der Beauf-

---

14 Vgl. Palandt/*Sprau* § 670 Rdnr. 9.

tragte trotz Erlöschen des Auftrags – und damit der Vollmacht – nicht als Vertreter ohne Vertretungsmacht nach § 179 haftet. Beachte aber auch § 169.

II. Geschäftsbesorgungsvertrag

1. Vertragsgegenstand

Regelungen über die *entgeltlichen* Geschäftsbesorgungsverträge finden sich in den §§ 675 ff. Streng genommen handelt es sich beim Geschäftsbesorgungsvertrag nicht um einen eigenständigen Vertragstyp, sondern um einen Dienst- oder Werkvertrag[15] besonderer Art – nämlich um einen solchen, der eine Geschäftsbesorgung zum Inhalt hat. So finden auf den Geschäftsbesorgungsvertrag denn auch nicht nur § 675 und die darin in Bezug genommenen Vorschriften des Auftragsrechts Anwendung, sondern daneben auch die Regelungen zu demjenigen Vertragstyp, dem die betreffende Geschäftsbesorgung zuzuordnen ist.

984

Die Natur des Geschäftsbesorgungsvertrags als „qualifizierter Dienst- oder Werkvertrag" hat zur Konsequenz, dass der Begriff der Geschäftsbesorgung enger auszulegen ist als im Auftragsrecht – anderenfalls würde *jeder* Dienst- und Werkvertrag eine Geschäftsbesorgung darstellen. Der Geschäftsbesorgungsbegriff des § 675 umfasst daher nach **ganz h.M.** nur „eine selbstständige Tätigkeit wirtschaftlicher Art zur Wahrnehmung fremder Vermögensinteressen"[16]. Geschäftsbesorgungsverträge finden sich häufig im Bereich der Vermögensverwaltung, der Bankgeschäfte oder auch der Prozessführung. Aber auch der Franchisevertrag ist eine Unterform des Geschäftsbesorgungsvertrags[17].

985

Für Verträge im Bankbereich enthalten die §§ 676 ff Sonderregelungen. § 676 regelt den Übertragungsvertrag (Weiterleitung von Wertpapieren), die §§ 676a–c regeln den Überweisungsvertrag (zwischen dem Überweisenden und dem überweisenden Kreditinstitut), die §§ 676d–e den Zahlungsvertrag (zwischen dem überweisenden Kreditinstitut und einem zwischengeschalteten Kreditinstitut) und die §§ 676f–h den Girovertrag (zwischen Bank und Kunde). Diese Vorschriften dienen im Wesentlichen der Umsetzung bankrechtlicher EG-Richtlinien und sollen hier nicht näher erläutert werden.

986

2. Verweis auf das Auftragsrecht

§ 675 verweist auf nahezu alle Vorschriften des Auftragsrechts. Ausgenommen sind lediglich die §§ 662, 664 und 671 Abs. 1. Auf den ersten Blick verständlich ist die Ausnahme für § 671 Abs. 1: Das jederzeitige Kündigungsrecht beruht im Wesentlichen auf

987

---

15 In Abweichung vom Wortlaut des § 675 können auch Tätigkeiten im Rahmen eines anderen Vertrags als Geschäftsbesorgung anzusehen sein; vgl. *Oetker/Maultzsch* § 11 Rdnr. 82.
16 BGH, 25.4.1966, VII ZR 120/65, NJW 1966, 1452; BGH, 29.4.2004, III ZR 279/03, NJW-RR 2004, 989; Palandt/*Sprau* § 675 Rdnr. 2 ff.
17 *Oechsler* VS Rdnr. 1280.

dem unentgeltlichen Charakter des Auftrags, lässt sich also nicht auf den Geschäftsbesorgungsvertrag übertragen. Demgegenüber leuchtet der Ausschluss des § 664 nicht ein: Warum sollte derjenige, der unentgeltlich tätig wird, persönlich leisten müssen, derjenige, der Geld dafür bekommt, die Aufgabe aber auf einen Dritten abwälzen können. Dennoch ist eine (analoge) Anwendung des § 664 auf den Geschäftsbesorgungsvertrag wegen des eindeutigen Willens des Gesetzgebers abzulehnen[18]. Für den Dienstvertrag ergibt sich das Übertragungsverbot ohnehin aus § 613; für den Werkvertrag kann es notfalls aus einer entsprechenden (ergänzenden) Vertragsauslegung hergeleitet werden.

988 Das umgekehrte Problem stellt sich beim Verweis auf § 670: Regelmäßig dürften alle Aufwendungen bereits mit dem vereinbarten Entgelt abgegolten sein. Für diesen Fall ist der Aufwendungsersatzanspruch des § 670 entweder als konkludent abbedungen oder als bereits erfüllt anzusehen.

III. Empfehlung, Rat

989 § 675 Abs. 2 stellt klar, dass ein „falscher Rat" als solcher keine Haftung auslöst. Schulbeispiel aus der Rechtsprechung: Wer im Straßenverkehr einem anderen Verkehrsteilnehmer durch Winkzeichen bedeutet, er könne in eine uneinsehbare Kreuzung einfahren, muss nicht haften, wenn die Kreuzung nicht frei ist und es deshalb zu einem Unfall kommt[19]. Allerdings schließt § 675 Abs. 2 ausdrücklich nicht aus, dass derjenige haftet, der mit dem falschen Rat eine vertragliche oder gesetzliche Pflicht verletzt. Wer – wie bspw. der Anwalt – vertraglich Beratung schuldet, muss selbstverständlich unter den Voraussetzungen der §§ 280 ff für den aus einem falschen Rat resultierenden Schaden aufkommen.

990 § 675 Abs. 2 begründet im Ergebnis mithin nichts anderes als eine (widerlegliche) Vermutung dahingehend, dass derjenige, der einem anderen einen Rat erteilt, keinen Rechtsbindungswillen besitzt[20]. Die Norm verhindert also den Versuch, ein Auftragsverhältnis zu konstruieren, das dem Rat zugrundeliegt und aus dem eine Haftung des Ratgebers resultieren würde. Im Beispielsfall kann man also nicht aus einem möglichen Blickwechsel der beteiligten Personen darauf schließen, dass der eine Verkehrsteilnehmer den anderen (im technischen Sinne) „beauftragt" hat, ihm einen Rat hinsichtlich der Einfahrmöglichkeit in die Kreuzung zu erteilen. Da man dieses Ergebnis wohl auch ohne § 675 Abs. 2 erzielen würde, wird die Norm heute weitgehend als deklaratorisch angesehen[21].

---

18 RG, 19.4.1940, III 127/39, RGZ 163, 377, 378; *Looschelders* BT Rdnr. 882; MünchKomm/*Seiler* § 664 Rdnr. 19; a.A. *Schlechtriem* BT Rdnr. 454; *Brox/Walker* BT § 29 Rdnr. 48.
19 OLG Frankfurt, 12.3.1969, 3 U 251/64, NJW 1965, 1334.
20 Staudinger/*Martinek* § 675 Rdnr. C8.
21 Staudinger/*Martinek* § 675 Rdnr. C2.

§ 25 Bürgschaft

I. Vertragsgegenstand

1. Überblick

Gemäß § 765 verpflichtet sich der Bürge gegenüber dem Gläubiger eines Dritten (des sog. Hauptschuldners), für die Erfüllung der Verbindlichkeit dieses Dritten einzustehen. Der Bürge übernimmt also die Haftung für eine bestehende fremde Schuld. Charakteristisch für die Bürgschaft – im Vergleich zu verwandten Rechtsfiguren – sind die Merkmale der **Akzessorietät** (die Bürgschaftsschuld ist von Bestehen und Durchsetzbarkeit der Hauptforderung abhängig; vgl. §§ 765, 767, 768, 770) und der **Subsidiarität** (der Gläubiger muss zunächst versuchen, sich beim Hauptschuldner zu befriedigen; vgl. § 771, der allerdings gemäß § 773 abdingbar ist). 991

Auf Grundlage dieser beiden Charakteristika sollte die Bürgschaft in der Klausur stets vom Schuldbeitritt und vom Garantievertrag abgegrenzt werden. 992

Beim – gesetzlich nicht geregelten, aber allgemein anerkannten – Schuldbeitritt[1] haftet der Sichernde nicht für eine fremde Schuld, sondern übernimmt die fremde Schuld als eigene. Der Schuldübernehmer wird neben dem Hauptschuldner gleichrangiger (Gesamtschuld!) Schuldner der gesicherten Forderung. Das Merkmal der Subsidiarität fehlt also. Auch in Bezug auf das Kriterium der Akzessorietät ergeben sich Unterschiede. Zwar geht die **h.M.** in entsprechender Anwendung des § 417 Abs. 1 davon aus, dass der Schuldbeitritt in seiner Entstehung von dem Bestand der zu sichernden Forderung abhängig ist. Ist der Schuldbeitritt aber einmal wirksam entstanden, ist er nicht mehr akzessorisch zum jeweiligen Bestand der „Hauptschuld"; vielmehr gelten nach **h.M.** die Regeln über die Gesamtschuld. 993

Der Garantievertrag[2] begründet eine Verpflichtung des Garanten, den Garantienehmer bei Ausbleiben des im Vertrag näher beschriebenen Erfolgs (z.B. bei Ausbleiben der Erfüllung der Verbindlichkeit eines Dritten) schadlos zu halten. Es handelt sich um eine eigenständige Verpflichtung des Garanten, die **nicht akzessorisch** ist. Entstehung, Fortbestand und Umfang der Garantieverpflichtung hängen also nicht unmittelbar vom Schicksal der gesicherten Forderung ab. Mit einem Garantievertrag kann also auch eine „unsichere" Hauptforderung abgesichert werden[3]. 994

Ob eine Garantie, ein Schuldbeitritt oder eine Bürgschaft vorliegt, ist eine Frage der Auslegung des Vertrags. Wie immer kommt der Bezeichnung des Vertrags durch die Parteien Indizwirkung zu – nicht mehr, aber auch nicht weniger. Eine Garantie wird regelmäßig nur dann anzunehmen sein, wenn sich *eindeutig* aus dem Vertragsinhalt ergibt, dass der Sichernde unabhängig von der gesicherten Verbindlichkeit für das 995

---

[1] S. allgemein zum Schuldbeitritt *Petersen* Rdnr. 420 ff; ausführlich zu den Unterschieden gegenüber der Bürgschaft MünchKomm/*Habersack* Vor § 765 Rdnr. 11 ff.
[2] Hierzu ausführlich MünchKomm/*Habersack* Vor § 765 Rdnr. 16 ff.
[3] *Looschelders* BT Rdnr. 941.

Ausbleiben der Leistung einstehen will. Im Zweifel ist dies nicht gewollt. Auch für die Abgrenzung zwischen Bürgschaft und Schuldbeitritt wird man im Zweifel davon ausgehen müssen, dass der Sichernde die für ihn „ungefährlichere" Variante wählen wollte, also i.d.R. die Bürgschaft[4]. Als Indiz für einen Schuldbeitritt oder gar einen Garantievertrag wird häufig ein starkes Eigeninteresse der betreffenden Partei an der Tilgung der Verbindlichkeit des Hauptschuldners genannt. Hier ist m.E. Vorsicht geboten: Entscheidend muss sein, dass dem Eigeninteresse nicht auch im Wege einer Bürgschaft genügt werden kann.

2. Sonderformen

996 In der Praxis finden sich häufig besondere Gestaltungen der Bürgschaft[5]. Sie lassen sich in zwei Fallgruppen kategorisieren:

997 Die **erste Fallgruppe** bilden Bürgschaften mit mehreren Bürgen. Gesetzlich (ansatzweise) geregelt ist die **Mitbürgschaft**, wonach mehrere Bürgen stets als Gesamtschuldner für den Bestand einer Hauptschuld haften – und zwar gemäß § 769 unabhängig davon, ob sie die Bürgschaften gemeinsam oder unabhängig voneinander eingegangen sind (s. hierzu Rdnr. 1043 ff). Demgegenüber dient die sog. **Nachbürgschaft** der Sicherung der Bürgschaft des (eigentlichen) Bürgen. Es besteht folglich ein Rangverhältnis, wonach der Gläubiger sich erst dann an den Nachbürgen halten kann, wenn der (eigentliche) Bürge seine Bürgschaftsverpflichtung, die der Absicherung der Hauptschuld dient, nicht erfüllt. Davon zu unterscheiden ist die **Rückbürgschaft**, die der Absicherung des in Anspruch genommenen Bürgen für den Fall dient, dass ein Regress gegen den Hauptschuldner nicht möglich ist.

998 Die **zweite Fallgruppe** bilden Bürgschaften, bei denen der Grad an Subsidiarität und/oder Akzessorietät vom gesetzlichen Regelfall abweicht. Bei der **selbstschuldnerischen Bürgschaft** verzichtet der Bürge nach § 773 Abs. 1 Nr. 1 auf die Einrede der Vorausklage – und damit auf die Subsidiarität der Bürgschaft. Bei der **Bürgschaft auf erstes Anfordern** verzichtet der Bürge zusätzlich darauf, eine Zahlung unter Berufung auf Einwendungen und Einreden zu verweigern, die der Hauptschuld entgegenstehen (§§ 768, 770). Auch die Einwendung der Aufgabe einer Sicherheit aus § 776 ist in aller Regel von dem Verzicht umfasst. Achtung: Dieser Verzicht ändert nichts daran, dass die Bürgschaft ein akzessorisches Sicherungsmittel bleibt. Der Bürge *zahlt* nur erst einmal trotz möglicherweise bestehender Einwendungen. Bestehen tatsächlich solche Einwendungen, kann der Bürge den geleisteten Betrag nach § 812 Abs. 1 S. 1 Fall 1 zurückverlangen. Zweck der Bürgschaft auf erstes Anfordern ist also, dass der Gläubiger nicht auf sein Geld warten muss, weil es zu einem Rechtsstreit kommt. Bei der **Ausfallbürgschaft** vereinbaren die Parteien demgegenüber gewissermaßen eine strengere Subsidiarität als gesetzlich vorgesehen: Die Vorausklage wird von einer Einrede in den Status einer echten Voraussetzung für die Inanspruchnahme des Bürgen erho-

---

[4] BGH, 19.9.1985, VII ZR 338/84, NJW 1986, 580.
[5] Ausführlich MünchKomm/*Habersack* § 765 Rdnr. 97 ff.

ben – was insbesondere zur Konsequenz hat, dass die diesbezügliche Beweislast nicht, wie sonst, beim Bürgen liegt, sondern beim Gläubiger. Oftmals werden Ausfallbürgschaften auch dergestalt vereinbart, dass der Gläubiger zunächst andere Sicherungsmittel ausschöpfen muss, der Ausfallbürge also nur nachrangig in Anspruch genommen werden darf (sog. beschränkte Ausfallbürgschaft)[6].

II. Wirksamkeit des Bürgschaftsvertrags

1. Formelle Wirksamkeit

Die Erteilung der Bürgschaftserklärung durch den Bürgen ist formbedürftig (Schriftform, §§ 766 S. 1, 126). Die elektronische Form (§ 126a) genügt gemäß § 766 S. 2 nicht. Nach § 766 S. 3 wird ein Formmangel geheilt, wenn der Bürge die Hauptverbindlichkeit erfüllt. Achtung: Das Schriftformerfordernis gilt nur für die Erklärung des Bürgen, nicht auch für die Erklärung des Gläubigers. Und: Das Formerfordernis gilt gemäß § 350 HGB nicht, wenn die Bürgschaft seitens des Bürgen ein Handelsgeschäft i.S.d. § 343 HGB darstellt (Markieren Sie sich die diesbezügliche Fußnote zu § 766 im Schönfelder!). **999**

Bevollmächtigt der Bürge den Hauptschuldner oder gar den Gläubiger (unter Abbedingung des § 181) mit dem Abschluss des Bürgschaftsvertrags, so bedarf auch diese Vollmacht nach **ganz h.M.** der Schriftform. Zwar gilt nach § 167 Abs. 2 grundsätzlich das Gegenteil. Von dieser Vorschrift wird aber dann eine Ausnahme (dogmatisch betrachtet handelt es sich wohl um eine teleologische Reduktion) gemacht, wenn die erteilte Vollmacht unwiderruflich ist[7]. Das Gleiche gilt, wenn die Vollmacht zwar de jure widerrufen werden kann, de facto aber eine gewisse Bindungswirkung eintritt, „weil das Rechtsgeschäft ausschließlich den Interessen des Bevollmächtigten dient und ihm die Möglichkeit eröffnet, unverzüglich die erteilte Vollmacht zu seinen Gunsten zu verwerten"[8]. Dogmatisch lässt sich dies wie folgt begründen: Der Regelung des § 167 Abs. 2 liegt die Prämisse zugrunde, dass der Vertreter als Repräsentant des Vertretenen in dessen Interesse handelt. Dieser sog. Repräsentationsgedanke läuft dann leer, wenn der Vertreter selbst ein Eigeninteresse an dem Zustandekommen des Vertrags hat. **1000**

Dasselbe gilt für die **Blankobürgschaft**, also für den Fall, dass der Bürge eine unvollständige Bürgschaftsurkunde unterschrieben und den Hauptschuldner oder den Gläubiger ermächtigt hat, die fehlenden Daten später einzutragen. Zwar braucht nach § 126 der Text nicht fertiggestellt sein, bevor die Unterschrift geleistet wird; vielmehr ist die Schriftform auch dann gewahrt, wenn die Blanko-Urkunde später vervollstän- **1001**

---

6 So etwa der Fall in BGH, 20.3.2012, XI ZR 234/11, NJW 2012, 1946 (vgl hierzu auch BVerfG, 28.4.2011, 1 BvR 3007/07, NJW 2011, 2276).
7 BGH, 11.7.1952, V ZR 80/52, NJW 1952, 1210, 1211; BGH, 29.2.1996, IX ZR 153/65, NJW 1996, 1467, 1468.
8 BGH, 23.2.1979, V ZR 171/77, NJW 1979, 2306, 2306 f; BGH, 29.2.1996, IX ZR 153/65, NJW 1996, 1467, 1468.

digt wird[9]. Aus den oben geschilderten Gründen und vor dem Hintergrund, dass das Schriftformerfordernis des § 766 dem Schutz des Bürgen vor Übereilung dient, muss jedoch auch von diesem Grundsatz eine Ausnahme gemacht werden. Danach ist eine Blankobürgschaft zwar grundsätzlich möglich: die Ermächtigung zur Vervollständigung bedarf jedoch der Schriftform[10].

1002 Schuldbeitritt und Garantievertrag unterliegen nach **h.M.** nicht dem Formerfordernis des § 766[11]. Allerdings bedarf der Schuldbeitritt eines Verbrauchers zu einem Kreditvertrag nach **h.M.** der Form des § 492, und zwar unabhängig davon, ob es sich bei dem Kreditvertrag um ein Verbraucherdarlehen handelt oder nicht[12].

2. Materielle Wirksamkeit

a) Bestimmbarkeit der Hauptforderung

1003 Der Bürgschaftsvertrag ist – wie alle anderen Verträge auch – grundsätzlich nur dann wirksam, wenn er alle essentialia negotii enthält. Hierzu gehört beim Bürgschaftsvertrag insbesondere die Person des Hauptschuldners und die konkret gesicherte Forderung. Bezieht sich der Bürgschaftsvertrag auf eine künftige Forderung (was nach § 765 Abs. 2 ohne Weiteres möglich ist), genügt es, wenn im Zeitpunkt des Entstehens der Forderung klar ist, dass sie vom Bürgschaftsvertrag umfasst ist[13]. Keine Probleme ergeben sich diesbezüglich bei sog. Globalbürgschaften, also bei solchen Bürgschaften, die *alle* künftigen Forderungen des Gläubigers gegen den Hauptschuldner erfassen.

1004 Allerdings sind solche Globalbürgschaften in AGB (also in formularmäßig verwendeten Bürgschaftsverträgen) regelmäßig unwirksam – und zwar gleich in dreifacher Hinsicht. **Erstens** scheitert häufig bereits eine Einbeziehung der Globalabrede am Verbot überraschender Klauseln (§ 305c)[14].

1005 **Achtung:** Dies gilt nicht für alle Globalbürgschaften, sondern nur für solche, bei denen ein sog. Anlasskredit besteht – bei denen also primär eine bestimmte Forderung gesichert werden soll und der Sicherungsgegenstand dann auf alle zukünftigen Forderungen erweitert wird. Das ist in der Praxis der absolute Regelfall. Gibt es ausnahmsweise keinen Anlasskredit, geht es also von vornherein ausschließlich um eine Bürgschaft für sämtliche Forderungen des Gläubigers gegen den Hauptschuldner, dann ist eine entsprechende Vereinbarung selbstverständlich nicht überraschend[15].

---

9 RG, 25.4.1906, V 447/05, RGZ 63, 230, 234; BGH, 31.10.1956, V ZR 177/55, NJW 1957, 137; BGH, 29.2.1996, IX ZR 153/65, NJW 1996, 1467, 1468.
10 BGH, 29.2.1996, IX ZR 153/65, NJW 1996, 1467, 1468.
11 **Zum Schuldbeitritt:** BGH, 8.12.1992, XI ZR 96/92, NJW 1993, 584; BGH, 21.4.1998, IX ZR 258/97, NJW 1998, 1939; Jauernig/*Stadler* Vor § 765 Rdnr. 18; Staudinger/*Horn* Vor § 765 Rdnr. 240, 399; **a.A.** MünchKomm/*Habersack* Vor § 765 Rdnr. 15. **Zum Garantievertrag:** BGH, 8.3.1967, VIII ZR 285/64, NJW 1967, 1020, 1021; MünchKomm/*Habersack* Vor § 765 Rdnr. 19.
12 BGH, 5.6.1996, VIII ZR 151/95, NJW 1996, 2156, 2157; BGH, 24.6.2003, XI ZR 100/02, NJW 2003, 2742, 2743; s. hierzu ausführlich *Schürnbrand* Examens-Rep Verbraucherschutzrecht Rdnr. 140 f.
13 MünchKomm/*Habersack* § 765 Rdnr. 70.
14 BGH, 18.5.1995, IX ZR 108/94, NJW 1995, 2553, 2554 ff.
15 MünchKomm/*Habersack* § 765 Rdnr. 74.

Zweitens stellen Globalbürgschaften in aller Regel eine unangemessene Benachteiligung i.S.d. § 307 Abs. 2 Nr. 1 dar: Sie sind mit dem in § 767 Abs. 1 S. 3 angelegten Verbot der Fremddisposition unvereinbar[16]. Drittens liegt zumeist ein Verstoß gegen das Transparenzgebot des § 307 Abs. 1 S. 2 vor, weil sich das Haftungsrisiko des Bürgen nicht von vornherein klar ergibt[17]. 1006

Ist die Globalabrede nicht einbezogen (§ 305c) oder unwirksam (§ 307 Abs. 1, 2), hat dies nach **h.M.** grundsätzlich nicht die Unwirksamkeit der *gesamten* Bürgschaft zur Folge. Vielmehr soll die Bürgschaft hinsichtlich des Anlasskredits – sofern es einen solchen gibt – fortbestehen[18]. Dies ist dann ohne Weiteres nachvollziehbar, wenn die Zweckerklärung teilbar ist, wenn der Vertragstext also zwischen Anlasskredit und darüber hinausgehender Globalabrede sprachlich differenziert. Paradefall: 1007

> *„§ 1: B verbürgt sich gegenüber G für die Darlehensschuld des H aus dem Darlehensvertrag vom 22.1.2011 (i.H.v. 100 000 € zzgl. 4% Zinsen p.a.).*
> *§ 2: Darüber hinaus verbürgt sich B für alle weiteren gegenwärtigen und zukünftigen Forderungen des G gegen den H."*

Ist die zweckerklärende Klausel hingegen nicht teilbar (etwa weil der Anlasskredit überhaupt nicht gesondert ausgewiesen wird), so ist sie insgesamt unwirksam (§ 306 Abs. 1). Eine geltungserhaltende Reduktion der Klausel (auf den Anlasskredit) ist nach **h.M.** nicht zulässig[19]. Gemäß § 306 Abs. 2 gilt an Stelle der Klausel das dispositive Gesetzesrecht. Das Bürgschaftsrecht der §§ 765 ff sieht aber keine Regel vor, *wie* die gesicherte Forderung zu bestimmen ist, wenn keine diesbezügliche vertragliche Vereinbarung vorliegt. Es sagt nur, *dass* es einer gesicherten Forderung bedarf. Die entstandene Lücke ist nach **h.M.** durch ergänzende Vertragsauslegung zu schließen: An die Stelle der Klausel tritt diejenige Regelung, welche die Parteien bei sachgerechter Abwägung der beiderseitigen Interessen gewählt hätten, wenn ihnen die Unwirksamkeit der Klausel bewusst gewesen wäre[20]. Dies führt in aller Regel zu dem Ergebnis, dass es mit den berechtigten Interessen der Parteien nicht vereinbar wäre, wenn der Bürge vollständig von seinen Verpflichtungen frei würde, und dass die Haftung des Bürgen deshalb nicht mehr, aber auch nicht weniger erfassen soll als das bei Vertragsschluss erkennbare Risiko – also den Anlasskredit[21]. 1008

b) Sittenwidrigkeit

Die Frage der Sittenwidrigkeit der Bürgschaft gemäß § 138 Abs. 1[22] wird in erster Linie bei Bürgschaften naher Angehöriger des Hauptschuldners diskutiert (z.B. Ehegat- 1009

---
16 BGH, 18.5.1995, IX ZR 108/94, NJW 1995, 2553, 2556.
17 BGH, 28.10.1999, IX ZR 364/97, NJW 2000, 658.
18 BGH, 18.5.1995, IX ZR 108/94, NJW 1995, 2553, 2557; MünchKomm/*Habersack* § 765 Rdnr. 76 m.w.N.
19 Vgl. allgemein zum Verbot der geltungserhaltenden Reduktion *Schürnbrand* Examens-Rep Verbraucherschutzrecht Rdnr. 76.
20 Auch hierzu allgemein *Schürnbrand* aaO Rdnr. 78.
21 BGH, 18.5.1995, IX ZR 108/94, NJW 1995, 2553, 2557.
22 Die Sittenwidrigkeit der Bürgschaft kann sich von vornherein nicht aus § 138 Abs. 2 ergeben, weil diese Vorschrift ein Austauschgeschäft voraussetzt, während die Bürgschaft ein einseitig verpflichtendes Rechtsgeschäft ist.

ten, Lebenspartner; auch Kinder, Eltern, sonstige Verwandte oder sogar Freunde, wenn ein enges Freundschaftsverhältnis besteht), die diese gegenüber einem gewerblichen Kreditgeber als Gläubiger abgeben. In diesen Fällen besteht nach **ständiger Rechtsprechung und h.M.** immer dann, wenn ein krasses Missverhältnis zwischen dem Verpflichtungsumfang und der Leistungsfähigkeit des Bürgen besteht (objektives Element), eine Vermutung dafür, dass der Gläubiger die emotionale Beziehung zwischen Hauptschuldner und Bürgen in sittlich anstößiger Weise ausgenutzt hat (subjektives Element)[23]. Ein krasses Missverhältnis ist hierbei dann anzunehmen, wenn davon auszugehen ist, dass der Bürge bei Eintritt des Sicherungsfalls voraussichtlich nicht einmal in der Lage sein wird, die laufenden Zinsen auf Dauer aufzubringen[24].

1010 Diese Vermutung des Ausnutzens ist widerleglich: Der Gläubiger kann zum einen nachweisen, dass er keine Kenntnis von der Überforderung des Bürgen hatte (wobei es für die Annahme eines Ausnutzens ausreicht, wenn der Gläubiger sich der mangelnden Leistungsfähigkeit des Bürgen bewusst verschlossen hat). Zum anderen kann der Gläubiger die Vermutung durch den Nachweis widerlegen, dass der Bürge ein eigenes Interesse an der durch die Bürgschaft gesicherten Kreditaufnahme des Hauptschuldners gehabt hat – etwa weil er über Aufnahme und Verwendung des Darlehens mitentscheiden darf oder weil das Darlehen auch der Deckung seines Lebensbedarfs dient.

1011 Umstritten ist, wie Fallgestaltungen zu behandeln sind, in denen die Angehörigenbürgschaft dazu dient, das Risiko einer Vermögensverschiebung vom Hauptschuldner zum Bürgen auszuschließen. Unstreitig ist, dass diesbezüglich ein legitimes Interesse des Gläubigers besteht. Streit herrscht (sogar zwischen den Senaten des BGH) darüber, ob in solch einem Fall der Bürgschaftsvertrag per se nicht sittenwidrig ist[25] oder ob dies nur dann der Fall ist, wenn der Zweck eindeutig im Bürgschaftsvertrag niedergelegt wird (etwa indem die Haftung des Bürgen auf dessen nachträglich vom Hauptschuldner erworbenes Vermögen begrenzt wird)[26]. Zumeist kommen beide Ansichten zu demselben Ergebnis: Auch die erstgenannte Ansicht verneint nämlich einen Anspruch des Gläubigers gegen den Bürgen, wenn tatsächlich noch keine Vermögensverschiebung stattgefunden hat. Sie stützt sich dabei sowohl auf ein stillschweigendes *„pactum de non petendo"* als auch darauf, dass eine Inanspruchnahme des Bürgen ohne Vermögensverschiebung treuwidrig sei[27]. Die besseren Gründe sprechen m.E. dennoch für die letztgenannte strengere Ansicht: Die erstgenannte Ansicht läuft auf eine geltungserhaltende Reduktion hinaus.

---

23 Vgl. von den zahlreichen Urteilen hierzu bspw. BGH, 25.1.2005, XI ZR 28/04, NJW 2005, 971, 972; BGH, 14.5.2002, XI ZR 50/01, NJW 2002, 2228, 2229.
24 Abzustellen ist dabei auf den pfändbaren Teil seines Vermögens (§§ 811 ff ZPO) und seines Einkommens (§§ 850 ff ZPO); vgl. BGH, 14.11.2000, XI ZR 248/99, NJW 2001, 815; MünchKomm/*Habersack* § 765 Rdnr. 24; BeckOK/*Rohe* § 765 Rdnr. 63.
25 BGH, 5.1.1995, IX ZR 85/94, NJW 1995, 592; BGH, 25.11.1999, IX ZR 40/98, NJW 2000, 362.
26 BGH, 14.5.2002, XI ZR 50/01, NJW 2002, 2228, 2229 f; näher dazu MünchKomm/*Habersack* § 765 Rdnr. 28.
27 BGH, 5.1.1995, IX ZR 85/94, NJW 1995, 592, 593.

c) *Verbraucherschutzvorschriften*

aa) *Haustür- und Fernabsatzgeschäfte*

Wenn ein Verbraucher die Bürgschaft gegenüber einem Unternehmer in einer „Haustürsituation" i.S.d. § 312 Abs. 1 S. 1 erklärt hat, stellt sich die Frage, ob die in § 312 vorgesehenen Schutzvorschriften (insbesondere das Widerrufsrecht) Anwendung finden. Auf den ersten Blick scheint diese Frage verneint werden zu müssen, weil der Bürgschaftsvertrag keine entgeltliche Leistung des Unternehmers zum Gegenstand hat. Den Unternehmer trifft beim Bürgschaftsvertrag überhaupt keine Leistungspflicht. Allerdings erscheint diese Beschränkung zweckwidrig: Warum der Verbraucher nicht von den §§ 312 ff geschützt werden soll, wenn er nur seinerseits zur Leistung verpflichtet ist, aber keine Gegenleistung vom Unternehmer erhält, erschließt sich nicht so recht. Vor allem aber stellt das Erfordernis einer entgeltlichen Leistung des Unternehmers einen Verstoß gegen die Verbraucherrechterichtlinie[28] dar, zu deren Umsetzung ins deutsche Recht die §§ 312 ff dienen. Die Richtlinie enthält nämlich keine entsprechende Einschränkung. Vielmehr gilt die Richtlinie nach dem klaren Wortlaut ihres Art. 3 Abs. 1 S. 1 „für jegliche Verträge, die zwischen einem Unternehmer und einem Verbraucher geschlossen werden".[29]

1012

Für den Rechtsanwender stellt sich daher die Frage, wie sich eine Richtlinienkonformität der deutschen Regelung methodisch sauber herstellen lässt. In Betracht kommt zunächst eine **richtlinienkonforme Auslegung** dergestalt, dass man die Gewährung des durch die Bürgschaft gesicherten Kredits an den Hauptschuldner als Leistung des Unternehmers einstuft.[30] Freilich ist diese Leistung nicht in dem Sinne Gegenstand des Bürgschaftsvertrags, dass die Leistungspflicht unmittelbar aus diesem entspringt. Wohl aber ist die Kreditgewährung das alleinige Ziel des Bürgschaftsvertrags und damit zumindest dessen Geschäftsgrundlage. Dies genügt m.E. als Ansatzpunkt für eine richtlinienkonforme (und eigentlich auch teleologische) Auslegung. Alternativ müsste zum Instrument der teleologischen Reduktion gegriffen werden, wobei sich die Planwidrigkeit des § 312 daraus ergibt, dass der Gesetzgeber davon ausging, die Vorgaben der Verbraucherrechterichtlinie ordnungsgemäß umgesetzt zu haben.

1013

Vertiefender Hinweis: Das Problem ist nicht neu, sondern stellte sich in ähnlicher Weise bereits unter der bis 2014 geltenden Regelung. Seinerzeit stellte § 312 BGB a.F das Erfordernis eines „entgeltlichen Vertrags" auf. Der **IX. Zivilsenat des BGH** verneinte damals die Entgeltlichkeit der Bürgschaft: Die Bürgschaft sei ein einseitig verpflichtender – und damit kein

1014

---

28 Richtlinie 2011/83/EU des Europäischen Parlaments und des Rates vom 25. Oktober 2011 über die Rechte der Verbraucher, ABl. 2011 L 304/64.
29 Vgl. ausführlich *Hilbig-Lugani* ZJS 2013, 441, 444; tendenziell auch MünchKomm/*Wendehorst* § 312 BGB Rdnr. 19. Die Bundesregierung stützte sich in ihrer Gesetzesbegründung zu § 312 BGB n.F. – kaum nachvollziehbar – auf die in Art. 2 Nr. 5 und 6 der Richtlinie enthaltene Definition der Begriffe „Kaufvertrag" und „Dienstleistungsvertrag", die beide – wenig verwunderlich – das Element der Entgeltlichkeit enthalten; vgl. BT-Drucks. 17/12637, S. 45.
30 So etwa *Hilbig-Lugani* ZJS 2013, 441, 444; BeckOGK/*Busch* § 312 BGB Rdnr. 18; MünchKomm/*Wendehorst* § 312 BGB Rdnr. 28.

entgeltlicher – Vertrag[31]. Dem widersprach der **XI. Zivilsenat**[32] – und ihm folgend die ganz **h.M. in der Literatur**[33]. Der Verbraucher, dem für seine Leistung kein Entgelt versprochen werde, sei nicht in geringerem, sondern sogar in stärkerem Maße schutzwürdig als derjenige Verbraucher, der „für seine Leistung irgendein – sei es auch noch so geringes – Entgelt" erhält. Bemerkenswerterweise war seinerzeit der Anwendungsbereich der Richtlinie (seinerzeit die Haustürgeschäfterichtlinie[34]) enger als heute. Nach ihrem Art. 1 waren solche Verträge umfasst, „*die zwischen einem Gewerbetreibenden, der Waren liefert oder Dienstleistungen erbringt, und einem Verbraucher geschlossen werden*". Hierunter konnte die Bürgschaft an sich nicht subsumiert werden. Der **EuGH**[35] hat jedoch im *Fall Ditzinger* entschieden, dass eine Bürgschaft dann (aber auch nur dann) umfasst sein soll, wenn die mit ihr abgesicherte Hauptschuld ein Haustürgeschäft darstellt. Grund hierfür sei der enge Zusammenhang zwischen jener Hauptschuld und der Bürgschaft. Letztlich ist es genau diese Argumentation, die heute für eine richtlinienkonforme Auslegung des § 312 BGB n.F. herangezogen wird.

bb) Verbraucherdarlehen

1015 Auf den ersten Blick weniger naheliegend ist eine Anwendbarkeit der Verbraucherdarlehensvorschriften auf die Bürgschaft. Anders als bei Haustür- und Fernabsatzverträgen kommt es hier entscheidend auf den Inhalt des Vertrags an, nicht auf die Umstände seines Zustandekommens. Die Bürgschaft selbst ist indes offensichtlich kein Darlehen. In der Tat lehnen sowohl der **BGH**[36] als auch die **h.M. in der Literatur**[37] eine Erstreckung der Vorschriften zum Verbraucherdarlehen auf die Bürgschaft ab. Das Hauptargument lautet, der Bürge sei durch die Vorschriften der §§ 765 ff hinreichend geschützt (Schriftform, Akzessorietät, Subsidiarität). Hierin liege der entscheidende Unterschied zum Schuldbeitritt, auf den die Verbraucherdarlehensvorschriften analog anzuwenden seien. Die Gegenansicht kritisiert, dass diese Unterscheidung zur Konsequenz habe, dass der Beitretende besser geschützt sei als der Bürge – obwohl er sich weitergehend verpflichtet[38]. Insbesondere stehe ihm anders als dem Bürgen ein Widerrufsrecht analog § 495 zu. Auch werde bei der Bürgschaft die Einrede der Vorausklage zumeist abbedungen, so dass von der theoretischen Subsidiarität in der Praxis nicht viel übrig bleibe.

1016 Wiederum ist auf den gemeinschaftsrechtlichen Hintergrund hinzuweisen – diesmal gestaltet sich die diesbezügliche Situation allerdings komplizierter als beim Haustür-

---

31 BGH, 24.1.1991, IX ZR 174/90, NJW 1991, 975, 976.
32 **BGH, 9.3.1993, XI ZR 179/92, NJW 1993, 1594, 1595** (allerdings nur in einem obiter dictum – weshalb es bislang keiner Entscheidung des Großen Senats bedurfte); BGH, 26.9.1995, XI ZR 199/94, NJW 1996, 55, 56 (für die Bestellung einer Grundschuld); BGH, 10.1.2006, XI ZR 169/05, NJW 2006, 845 Rdnr. 12 ff (für die Bestellung eines Pfandrechts).
33 S. etwa MünchKomm/*Habersack* Vor § 765 Rdnr. 9 f.
34 Richtlinie 85/577/EWG des Rates vom 20. Dezember 1985 betreffend den Verbraucherschutz im Falle von außerhalb von Geschäftsräumen geschlossenen Verträgen.
35 **EuGH, 17.3.1998, C-45/96** („*Ditzinger*"), **NJW 1998, 1295, 1296**.
36 BGH, 21.4.1998, IX ZR 258/97, NJW 1998, 1939, 1939, bestätigt in BGH, 28.10.1999, IX ZR 364/97, NJW 2000, 658, 661 – allerdings nur für den Fall, dass der abgesicherte Kredit kein Verbraucherdarlehen darstellt; ob die §§ 491 ff anwendbar sind, wenn die Bürgschaft ein Verbraucherdarlehen absichert, hat der BGH demgegenüber explizit offengelassen.
37 S. etwa MünchKomm/*Habersack* Vor § 765 Rdnr. 8
38 Vgl. *Schürnbrand* Examens-Rep Verbraucherschutzrecht Rdnr. 144, der deshalb statt der §§ 491 ff die §§ 765 ff analog auf den Schuldbeitritt anwenden will.

geschäft. Zunächst einmal stand nur die o.g. *Ditzinger-Entscheidung* des **EuGH** im Raum. Daraus hätte man folgern können, dass auch die Verbraucherdarlehensrichtlinie wegen des engen Zusammenhangs zur Hauptforderung auf die Bürgschaft Anwendung finden müsse, sofern es sich bei jener Hauptforderung um ein Verbraucherdarlehen handelte. Zwei Jahre nach *Ditzinger* entschied der **EuGH**[39] indes genau umgekehrt: Für eine akzessorische Anwendung der Richtlinie fehle es an einer Stütze in Wortlaut und Systematik der Richtlinie – und zwar aufgrund der o.g. Erwägung, dass es hier um den Inhalt, dort um die Umstände des Zustandekommens des Vertrags gehe. Ferner enthalte die Verbraucherkreditrichtlinie „kaum Bestimmungen [...], die den Bürgen sinnvoll schützen könnten – dieser will vor allem über die Zahlungsfähigkeit des Kreditnehmers informiert sein, um die Wahrscheinlichkeit seiner Inanspruchnahme beurteilen zu können". Diese Ausführungen sind vor dem Hintergrund erklärlich, dass die alte Richtlinie kein Widerrufsrecht des Darlehensnehmers vorsah, sondern nahezu ausschließlich Aufklärungspflichten statuierte (allerdings dürfte auch der Bürge ein Interesse am effektiven Zinssatz etc. haben!).

Schwierig zu beurteilen ist die Frage, welche Bedeutung die EuGH-Entscheidung für die Auslegung des deutschen Rechts hat. Die alte Richtlinie folgte dem Mindestharmonisierungsprinzip – so dass die Mitgliedstaaten zugunsten des Verbrauchers abweichen durften. Die neue Richtlinie folgt demgegenüber dem Prinzip der Vollharmonisierung – nicht einmal zugunsten des Verbrauchers darf nun also abgewichen werden. Allerdings fällt der Bürge aus dem Anwendungsbereich der Richtlinie heraus – und wo die Richtlinie nicht anwendbar ist, entfaltet sie auch keine Bindungswirkung. Zudem scheint fraglich, ob der EuGH seine Rechtsprechung auf die neue Richtlinie übertragen wird: Angesichts dessen, dass nun ein Widerrufsrecht für den Verbraucher normiert wird, ist jedenfalls das zweite Argument des EuGH überholt. **1017**

d) *Anfechtung und Wegfall der Geschäftsgrundlage*

Die Anfechtung des Bürgschaftsvertrags wegen eines Inhalts- oder Erklärungsirrtums nach § 119 Abs. 1 richtet sich nach den allgemeinen Regeln. Besonderheiten ergeben sich nicht. Anders ist es mit der Anfechtung wegen eines Eigenschaftsirrtums nach § 119 Abs. 2. Hier ist zu beachten, dass der Bürge seine Bürgschaftserklärung nach **ganz h.M.** nicht mit der Begründung anfechten kann, er habe sich über die Zahlungsfähigkeit oder die Vermögenslage des Hauptschuldners geirrt. Zwar liege in der Zahlungsfähigkeit grundsätzlich eine verkehrswesentliche Eigenschaft einer Person. Doch sei die Anfechtung einer Bürgschaft aus Risikoerwägungen heraus ausgeschlossen: Das Risiko einer schlechten Vermögenslage des Hauptschuldners solle der Bürge mit der Bürgschaft ja gerade übernehmen. Die Bürgschaft sei insoweit also ein Risikogeschäft. Eine Anfechtung, die sich darauf stützt, dass das übernommene Risiko sich nun tatsächlich verwirklicht habe, sei ausgeschlossen[40]. **M.E.** begegnet diese Ansicht gewissen Bedenken: Der Bürge übernimmt primär das Risiko, dass sich die finanzielle Lage des Hauptschuldners derart *verschlechtert*, dass er die Hauptforderung nicht **1018**

---

39 EuGH, 23.3.2000, C-208/98 („*Berliner Kindl*") NJW 2000, 1323, 1324 (Rdnr. 27).
40 Vgl. Palandt/*Sprau* § 765 Rdnr. 4; MünchKomm/*Habersack* § 765 Rdnr. 37 m.w.N.

mehr bedienen kann. Dass er darüber hinaus auch das Risiko der finanziellen Situation *bei Vertragsschluss* übernimmt, ist keineswegs zwingend.

1019 Die gleichen Erwägungen gelten in Bezug auf den Wegfall der Geschäftsgrundlage nach § 313: Nach **ganz h.M.** kann der Bürge nicht Vertragsanpassung verlangen oder gar zurücktreten, weil die finanzielle Situation des Hauptschuldners schlechter ist als bei Vertragsschluss angenommen[41]. Wiederum sollte dies m.E. lediglich für die Entwicklung der finanziellen Situation nach Abschluss des Bürgschaftsvertrags gelten, nicht aber zwingend für den status quo ante.

1020 Hinsichtlich einer Anfechtung wegen Täuschung ergeben sich keine Besonderheiten. Hinzuweisen ist einzig darauf, dass der Hauptschuldner regelmäßig als Dritter i.S.d. § 123 Abs. 2 anzusehen sein dürfte. Der Bürge kann den Bürgschaftsvertrag also nur dann wegen Täuschung durch den Hauptschuldner anfechten, wenn der Gläubiger die Täuschung kannte oder kennen musste[42].

1021 Scheitert eine Anfechtung nach § 123 – etwa mangels Arglist oder weil die Jahresfrist des § 124 Abs. 1 abgelaufen ist –, sollten Sie stets an einen Anspruch auf Vertragsaufhebung aus c.i.c. denken, weil die Täuschung in aller Regel gleichzeitig eine Aufklärungspflichtverletzung seitens des Gläubigers darstellt. Zwar ist der Gläubiger grundsätzlich nicht dazu verpflichtet, den Bürgen über die Haftungsrisiken aus der Bürgschaft oder die Vermögensverhältnisse des Schuldners aufzuklären. Hat der Gläubiger aber die offensichtliche Unerfahrenheit des Bürgen bewusst ausgenutzt, indem er das aus der Bürgschaft resultierende Haftungsrisiko bagatellisiert („Das ist eine reine Formalie, wir brauchen das für unsere Akten.") und den Bürgen so erst zur Abgabe der Bürgschaft bewegt, so kann darin eine Aufklärungspflichtverletzung liegen. Gleiches gilt selbstverständlich, wenn der Gläubiger auf eine Nachfrage des Bürgen zu den Haftungsrisiken falsche Angaben macht[43]. Der daraus ggfs. resultierende Schadensersatzanspruch aus §§ 280 Abs. 1, 241 Abs. 2, 311 Abs. 2 kann sich im Wege der Naturalrestitution (§ 249 Abs. 1) auf Aufhebung des Bürgschaftsvertrages richten, wenn der Bürge die Bürgschaft bei gehöriger Aufklärung nicht erklärt hätte[44].

III. Anspruch des Gläubigers gegen den Bürgen

1. Überblick über die Voraussetzungen

1022 Aus § 765 Abs. 1 ergibt sich grundsätzlich die Einstandspflicht des Bürgen, d.h. der Anspruch des Gläubigers gegen den Bürgen auf Erfüllung der Verbindlichkeit des Dritten. Dieser hat folgende Voraussetzungen:

---

41 Vgl. MünchKomm/*Habersack* § 765 Rdnr. 42 f m.w.N.
42 *Looschelders* BT Rdnr. 969.
43 BGH, 1.7.1999, IX ZR 161/98, NJW 1999, 2814; **BGH, 10.1.2006, IX ZR 169/06, NJW 2006, 845, 847**; BeckOK/*Rohe* § 765 Rdnr. 44; NomosKomm/*Beckmann* § 765 Rdnr. 65.
44 BeckOK/*Rohe* § 765 Rdnr. 44; Palandt/*Sprau* § 765 Rdnr. 33.

Prüfungsaufbau für Entstehung einer wirksamen Bürgschaftsschuld

(1) Anspruch entstanden
    (a) Wirksamer Bürgschaftvertrag (vgl. oben II.)
    (b) Fällige Hauptforderung (vgl. 2, Rdnr. 1023 ff)
(2) Anspruch nicht erloschen (vgl. 3, Rdnr. 1026 ff)
(3) Anspruch durchsetzbar
    (a) Keine Einreden gegen die Bürgschaft (vgl. 4.a), Rdnr. 1030 f)
    (b) Keine Einreden gegen die Hauptforderung (vgl. 4.b), Rdnr. 1033 ff)

2. Bestand der gesicherten Forderung (Akzessorietät)

Die Bürgschaft ist akzessorisch. Entstehung und Fortbestand der Bürgenschuld setzen also voraus, dass die in der Bürgschaft bezeichnete Verbindlichkeit besteht. Dies ergibt sich aus dem Wortlaut des § 765 Abs. 1 („der Verbindlichkeit") sowie aus dem Rechtsgedanken der Akzessorietätsvorschriften der §§ 767 ff – und steht nicht im Widerspruch zu der oben erläuterten Möglichkeit, Bürgschaftsverträge über künftige Forderungen zu schließen: In diesem Fall ist der Bürgschaftsvertrag zwar wirksam, es besteht aber zunächst keine Bürgschaftsverpflichtung. Sie entsteht erst mit Entstehen der gesicherten Forderung selbst. Auch die Fälligkeit der Bürgschaftsforderung richtet sich nach der (Fälligkeit der) Hauptforderung. Dies gilt selbst bei einer Bürgschaft auf erstes Anfordern[45]. Entsprechend erlischt (oder vermindert sich) die Bürgschaftsverpflichtung grundsätzlich, wenn die gesicherte Forderung später erlischt (oder sich vermindert)[46].

Bei einer nachträglichen Erweiterung der Hauptschuld ist wie folgt zu differenzieren: Beruht die Erweiterung auf einer gesetzlichen Anordnung (z.B. infolge Schuldnerverzugs, §§ 280 Abs. 1, 2, 286), führt sie grundsätzlich auch zu einer Erweiterung der Bürgschaftsschuld (§ 767 Abs. 1 S. 2)[47]. Erweitert sich die Hauptschuld aufgrund eines Rechtsgeschäfts des Hauptschuldners, bleibt dies grundsätzlich ohne Auswirkung auf die Bürgschaft (§ 767 Abs. 1 S. 3).

Folgendes Standardproblem (**Fall 19**) sollten Sie kennen: G und H schließen einen sittenwidrigen (weil zu hoch verzinsten) Darlehensvertrag. G zahlt dem H die Valuta aus, nachdem sich der Bruder B des H für deren Rückzahlung verbürgt hat. Weil H kurz darauf in Insolvenz fällt, verlangt G nun von B Rückzahlung der Valuta samt Zinsen. Zu Recht?

Voraussetzung für einen Anspruch des G gegen den B ist zunächst einmal ein wirksamer Bürgschaftsvertrag. Daran könnte man vorliegend deshalb zweifeln, weil der

---
45 BGH, 12.9.2002, IX ZR 497/00, NJW-RR 2003, 14.
46 Zu den Auswirkungen der Erweiterung der Hauptschuld auf die Bürgschaftsschuld vgl. § 767 Abs. 1 S. 2, 3.
47 Der Bürge kann sich gegen eine solche Erweiterung schützen, indem er eine sog. Höchstbetragsbürgschaft vereinbart, also eine Deckelung des Gesamtbetrags, bis zu dem der Bürge höchstens haftet.

mit der Bürgschaft zu sichernde Darlehensvertrag seinerseits wegen Sittenwidrigkeit nach § 138 materiell unwirksam ist. Allerdings schlägt diese Unwirksamkeit nicht unmittelbar auf den Bürgschaftsvertrag durch. Vielmehr ist die Auswirkung mittelbarer Natur: Wegen der Akzessorietät der Bürgschaft kann dort keine Bürgschaftsschuld entstehen, wo es an einer Hauptschuld fehlt.

Fraglich ist also, ob trotz der Unwirksamkeit des Darlehensvertrags ein Anspruch des G gegen den H besteht. Nach **ganz h.M.** kann der Darlehensgeber bei Unwirksamkeit des Darlehensvertrags nach § 812 Abs. 1 S. 1 Fall 1 Rückzahlung der Darlehensvaluta verlangen. Dem steht § 817 S. 2 deshalb nicht entgegen, weil der Darlehensnehmer die Valuta von vornherein nur zeitlich befristet erlangt hat – nur diese Befristung darf der Darlehensgeber mithin nicht „heraus verlangen". Es bleibt also im Ergebnis bei dem vertraglich festgelegten Rückzahlungsprozedere. Allerdings kann der Darlehensgeber für die Dauer des Verbleibs der Valuta beim Darlehensnehmer nach – insoweit überzeugender – ständiger Rechtsprechung keinen Nutzungsersatz verlangen: Erstens steht § 817 S. 2 entgegen und zweitens würde ein solcher Nutzungsersatzanspruch zu einer – verbotenen – geltungserhaltenden Reduktion der sittenwidrigen Zinsabrede führen (vgl. zum Ganzen Rdnr. 885 f).

Hinsichtlich der Zinsen besteht also mangels Hauptschuld kein Anspruch des G gegen den B aus der Bürgschaft. Hinsichtlich der Valuta selbst besteht zwar eine Hauptschuld – allerdings nicht exakt diejenige, für die sich B verbürgt hat. Verbürgt hat er sich nämlich unmittelbar nur für den „normalen" Rückzahlungsanspruch aus § 488 Abs. 1 S. 2 Fall 2, nicht aber für den Kondiktionsanspruch aus § 812 Abs. 1 S. 1 Fall 1. Nach **einer Ansicht in der Literatur** geht damit die Bürgschaft ins Leere: Die gesicherte Hauptschuld besteht nicht, die bestehende Hauptschuld ist nicht gesichert. Dies sei auch insofern gerechtfertigt, als sich der Gläubiger durch die sittenwidrige Zinsforderung selbst außerhalb der Rechtsordnung gestellt habe und folglich keinen Schutz verdiene[48]. Die **h.M.** verfolgt demgegenüber einen flexibleren Lösungsansatz: Ob der Kondiktionsanspruch von der Bürgschaft mit umfasst ist, müsse in jedem Einzelfall durch Auslegung des Bürgschaftsvertrags ermittelt werden[49]. Hauptkriterium der Auslegung ist der Zweck, den der Bürge mit der Bürgschaft verfolgt. Handelt der Bürge aus Gefälligkeit gegenüber dem Hauptschuldner, spricht dies gegen eine Einbeziehung möglicher Kondiktionsansprüche, handelt er aus eigenen (wirtschaftlichen) Interessen, spricht dies dafür. Bei lebensnaher Sachverhaltsauslegung kann vorliegend davon ausgegangen werden, dass sich der Bruder nicht aus egoistischen, sondern aus altruistischen Motiven als Bürge zur Verfügung gestellt hat. Der Bürgschaftsvertrag ist folglich eng auszulegen: Er umfasst den Kondiktionsanspruch nicht. Mangels bestehender Hauptschuld hat G daher keinen Anspruch gegen B.

---

48 *Lindacher* NJW 1985, 498, 499; *Reinicke/Tiedtke* Gesamtschuld und Schuldsicherung, S. 108 ff.
49 BGH, 12.2.1987, III ZR 178/85, NJW 1987, 2076, 2077 m.w.N.

3. Erlöschen

Wie oben angesprochen erlischt der Bürgschaftsanspruch aufgrund seiner Akzessorietät dann, wenn die Hauptforderung erlischt. Daneben kann der Bürgschaftsanspruch selbstverständlich auch aus autonomen Gründen erlöschen, etwa weil der Bürge den Anspruch erfüllt (§ 362) oder gegen ihn aufrechnet (§ 389).

1026

Eine Bürgschaft kann grundsätzlich nicht frei gekündigt werden. Sie ist kein Dauerschuldverhältnis. Etwas anderes gilt für Bürgschaften über künftige Forderungen. Sie können vor Entstehen der Forderung nach § 314 jederzeit fristlos aus wichtigem Grund gekündigt werden. Unbefristete Bürgschaften über künftige Forderungen können nach **h.M.** sogar analog § 488 Abs. 3 S. 2 jederzeit mit einer Frist von drei Monaten gekündigt werden[50].

1027

Zudem sollten Sie folgende bürgschaftsspezifische Erlöschensgründe kennen:

1028

– Aufgabe einer Sicherheit durch den Gläubiger (§ 776)[51]
– Zeitablauf bei einer Bürgschaft auf Zeit (§ 777)
– Befreiende Schuldübernahme (der Hauptforderung) (§ 418)

> **Achtung:** Bei einer Abtretung (oder Legalzession) der Hauptforderung geht die Bürgschaft als Nebenrecht gemäß § 401 auf den Zessionar über.

1029

4. Durchsetzbarkeit

a) Einreden gegen die Bürgschaft

Zunächst einmal stehen dem Bürgen – selbstverständlich – seine Einreden aus dem Bürgschaftsvertrag zu. Insbesondere kann der Bürge Verjährung des Bürgschaftsanspruchs geltend machen. Die Verjährung des Bürgschaftsanspruchs beginnt mit seiner Fälligkeit (= mit Fälligkeit der Hauptforderung; s. Rdnr. 1023)[52].

1030

> **Achtung:** Eine Hemmung der Verjährung der Hauptforderung schlägt nicht auf die Verjährungsfrist der Bürgschaftsforderung durch[53]. Ist der Gläubiger also nicht sicher, ob der Hauptschuldner, den er gerade verklagt, tatsächlich zahlen kann, sollte er sicherheitshalber den Bürgen parallel verklagen.

1031

Neben die allgemeinen Einreden tritt die bürgschaftsspezifische Einrede der Vorausklage nach § 771. Danach kann der Bürge die Befriedigung des Gläubigers verweigern, solange dieser nicht ohne Erfolg eine Zwangsvollstreckung gegen den Hauptschuldner versucht hat. Die Einrede der Vorausklage ist Kern des subsidiären

1032

---

50 BGH, 10.6.1985, III ZR 63/84, NJW 1986, 252, 253; BGH, 6.5.1993, IX ZR 73/92, NJW 1993, 1917, 1918; MünchKomm/*Habersack* § 765 Rdnr. 55.
51 Vgl. hierzu jüngst **BGH, 4.6.2013, XI ZR 505/11, NJW 2013, 2508** (kein Wiederaufleben der Bürgschaft durch Wiedererlangen der aufgegebenen Sicherheit).
52 Palandt/*Ellenberger* § 199 Rdnr. 3.
53 Palandt/*Ellenberger* § 204 Rdnr. 12.

Charakters einer Bürgschaft. Sie ist jedoch – wie oben angedeutet – gemäß 773 Abs. 1 Nr. 1 abdingbar. Regelmäßig wird die Abbedingung bzw. genauer: der Verzicht seitens des Bürgen durch die Formulierung „selbstschuldnerische Bürgschaft" ausgedrückt. Die Einrede der Vorausklage ist ferner nach § 773 Abs. 1 Nr. 2–4 ausgeschlossen, wenn eine Klage gegen den Hauptschuldner – grob gesagt – unzumutbar oder nicht erfolgversprechend ist. Stellt die Bürgschaft für den Bürgen ein Handelsgeschäft dar, steht dem Bürgen die Einrede der Vorausklage gemäß § 349 HGB von vornherein nicht zu. (Markieren Sie sich die diesbezügliche Fußnote zu § 771 S. 1 im Gesetzestext!)

b) Einreden gegen die Hauptforderung

1033 Ein*reden* des Bürgen gegen seine Einstandspflicht können sich gemäß §§ 768, 770 auch aus dem Verhältnis des Gläubigers zum Hauptschuldner ergeben (hier zeigt sich wieder der akzessorische Charakter der Bürgschaft). Ein*wendungen* werden hingegen nicht von § 768 erfasst. Dies ist auch nicht nötig, weil bei Einwendungen gegen die Wirksamkeit der Hauptschuld wegen des Akzessorietätsgrundsatzes ohnehin keine Bürgenschuld besteht[54].

1034 § 768 betrifft die „üblichen" Einreden wie etwa ein Zurückbehaltungsrecht (§§ 273, 320) oder die Verjährung der Hauptforderung (§ 214 Abs. 1). Achtung: Auch für die Hauptforderung läuft die Verjährungsfrist autonom. Eine Verjährungshemmung in Bezug auf die Bürgschaftsforderung schlägt also ebenso wenig auf die Verjährung der Hauptforderung durch, wie dies umgekehrt der Fall ist (s. Rdnr. 1031). Verklagt der Gläubiger also nur den Bürgen, etwa weil der Hauptschuldner zahlungsunfähig ist, so kann es passieren, dass während dieses Prozesses die Hauptforderung verjährt und der Bürgschaftsanspruch undurchsetzbar wird.

1035 **Hinweis:** Prozessual tritt in einem solchen Fall Erledigung ein.

Vertiefender Hinweis: Hat ein Gericht im Prozess des Darlehensgebers gegen den Hauptschuldner die Einrede der Verjährung zurückgewiesen und den Hauptschuldner dementsprechend zur Zahlung verurteilt, so wirkt sich dies auch auf einen späteren Prozess des Darlehensgebers gegen den Bürgen aus. Zwar erwächst das erste Urteil nur zwischen den beiden Parteien (Darlehensgeber und Hauptschuldner) in Rechtskraft, so dass das Gericht im Verfahren gegen den Bürgen durchaus zu einem anderen Ergebnis kommen und eine Verjährung bejahen könnte. Allerdings verlangt § 768, dass die Einrede dem Hauptschuldner (aktuell) zustehen muss. Sobald sie entfällt, kann sich auch der Bürge nicht mehr auf sie stützen. Und genau das ist nach einer Verurteilung der Fall; ab diesem Zeitpunkt beginnt stets eine neue (30-jährige) Verjährungsfrist zu laufen, § 197 Abs. 1 Nr. 3[55].

1036 § 770 gewährt dem Bürgen die Einreden der **Anfechtbarkeit** und der **Aufrechenbarkeit**: Der Bürge kann die Leistung solange verweigern, wie dem Hauptschuldner eine Anfechtung des Hauptvertrages oder eine Aufrechnung gegen die Hauptforderung möglich ist. Diese Regel soll den Bürgen während des Schwebezustands schützen, der

---

54 MünchKomm/*Habersack* § 768 Rdnr. 2.
55 BGH, 14.6.2016, XI ZR 242/15, NJW 2016, 3158 Rdnr. 18 ff; dazu lesenswert *Riehm* JuS 2017, 166; krit. *Mayer* JZ 2017, 317.

besteht, solange der Hauptschuldner diese Rechte noch nicht ausgeübt hat; ein Recht zur Ausübung des Anfechtungs- oder Aufrechnungsrechts gibt § 770 dem Bürgen jedoch nicht[56]. Nach **h.M.** kann der Bürge die sich aus § 770 Abs. 1 ergebende Einrede über den Wortlaut dieser Vorschrift hinaus auch im Zusammenhang mit anderen Gestaltungsrechten geltend machen. Danach kann der Bürge die Erfüllung seiner Bürgschaftsschuld ferner dann verweigern, wenn dem Hauptschuldner etwa ein Widerrufs- oder Rückgaberecht (§§ 355 f), ein Rücktrittsrecht (§§ 323 ff ggf. i.V.m. §§ 437 Nr. 2/634 Nr. 3) oder ein Minderungsrecht (§§ 441, 638) zusteht, er dieses aber noch nicht ausgeübt hat[57]. Erlischt das Anfechtungs-, Aufrechnungs- oder sonstige Gestaltungsrecht (bspw. wegen Verfristung oder weil der Hauptschuldner darauf verzichtet), so entfällt auch die diesbezügliche Einrede des Bürgen[58].

Analog zu dem **c.i.c.-Anspruch** auf Aufhebung des Bürgschaftsvertrags (s. Rdnr. 1021), kann auch dem Hauptschuldner ein solcher Anspruch bezüglich der Hauptforderung zustehen[59]. Auch einen solchen Anspruch kann der Bürge dem Bürgschaftsanspruch nach § 768 oder – m.E. dogmatisch sauberer – § 770 einredeweise entgegensetzen[60]. **1037**

IV. Regressmöglichkeit des Bürgen

1. Gegen den Hauptschuldner

Der in Anspruch genommene Bürge kann grundsätzlich selbstverständlich versuchen, sich beim Hauptschuldner schadlos zu halten. Ihm stehen hierfür zwei Ansprüche zur Verfügung: ein originärer aus dem Schuldverhältnis mit dem Hauptschuldner und ein derivativer aus dem Schuldverhältnis zwischen dem Gläubiger und dem Hauptschuldner. **1038**

Zum originären Anspruch: Das Rechtsverhältnis zwischen dem Bürgen und dem Hauptschuldner dürfte regelmäßig als Auftrag, Geschäftsbesorgung oder GoA zu qualifizieren sein. Bei allen drei Schuldverhältnissen kann der Beauftragte/Geschäftsführer seine Aufwendungen – und um nichts anderes handelt es sich bei der Begleichung der Bürgschaftsschuld – nach § 670 ersetzt verlangen. Ein originärer Regressanspruch besteht allerdings dann nicht, wenn die Übernahme der Bürgschaft schenkweise erfolgte. Aber Vorsicht: Regelmäßig wird sich das „Geschenk" nur darauf beziehen, die Bürgschaft zu übernehmen[61]; ein Verzicht auf den Regress dürfte nur in absoluten Ausnahmefällen einmal anzunehmen sein. **1039**

---

56 Sobald der Hauptschuldner von dem Gestaltungsrecht Gebrauch gemacht hat, bedarf der Bürge des Schutzes des § 770 nicht mehr. In diesem Fall besteht keine Hauptschuld mehr, so dass es bereits aufgrund des in § 767 zum Ausdruck kommenden Akzessorietätsgrundsatzes an einer Bürgenverpflichtung fehlt (s. Rdnr. 713).
57 MünchKomm/*Habersack* § 770 Rdnr. 6; Erman/*Herrmann* § 770 Rdnr. 4; BeckOK/*Rohe* § 770 Rdnr. 5; offen gelassen von OLG Frankfurt, 20.12.1994, 5 U 253/93, NJW-RR 1995, 1388, 1389.
58 Palandt/*Sprau* § 770 Rdnr. 1.
59 Aufklärungspflichten der Bank gegenüber dem Darlehensnehmer können – insbesondere im Privatkundengeschäft – bestehen, wenn die Bank einen Wissensvorsprung im Hinblick auf ein besonderes Risiko des mit dem Kredit zu finanzierenden Objekts hat.
60 Vgl. BGH, 11.2.1999, IX ZR 352/97, NJW 1999, 2032.
61 In diesem Fall liegt dogmatisch betrachtet kein Geschenk, sondern ein (unentgeltlicher) Auftrag vor.

1040 Zum derivativen Anspruch: Soweit der Bürge den Gläubiger befriedigt, geht dessen Forderung gegen den Hauptschuldner nach § 774 Abs. 1 im Wege einer Legalzession (cessio legis) auf ihn über. Hat die Bürgschaft beispielsweise ein Darlehen abgesichert, so steht dem Bürgen nach Befriedigung des Gläubigers ein Rückzahlungsanspruch gegen den Schuldner aus § 488 Abs. 1 S. 2 Fall 2 (i.V.m. § 774 Abs. 1) zu. Hat der Bürge die Bürgschaft schenkweise übernommen (vgl. aber Rdnr. 1039), so ist er auch mit seinem derivativen Anspruch gegen den Hauptschuldner ausgeschlossen: Nach § 774 Abs. 1 S. 3 bleiben Einwendungen des Hauptschuldners aus seinem Rechtsverhältnis zum Bürgen von der cessio legis unberührt.

1041 Auf die Legalzession nach § 774 Abs. 1 finden gemäß § 412 die dort genannten Abtretungsvorschriften entsprechende Anwendung. Dies bedeutet für den Bürgen einerseits einen Nachteil gegenüber dem originären Anspruch, andererseits aber auch einen Vorteil: Der Nachteil besteht darin, dass der Hauptschuldner dem Bürgen nach § 404 diejenigen Einwendungen (bzw. Einreden) entgegenhalten kann, die zur Zeit des Forderungsübergangs gegenüber dem Gläubiger begründet waren. Der Vorteil besteht darin, dass nach § 401 Abs. 1 die (akzessorischen) Nebenrechte, die für die gesicherte Hauptforderung bestehen, auf den Bürgen übergehen.

1042 **Achtung:** § 401 umfasst zwar über seinen Wortlaut hinaus auch Bürgschaften. Allerdings enthalten die §§ 769, 774 Abs. 2 für den Fall, dass eine Forderung mit mehreren Bürgschaften gesichert ist, eine vorrangige Sonderregelung.

2. Gegen einen Mitbürgen

1043 Damit wäre die Rechtsgrundlage für den Regress des Bürgen bei einem Mitbürgen bereits benannt. Inhalt dieser beiden Normen ist, dass der Bürge bei seinem Mitbürgen nur – dieses „nur" ist die wohl einzig eigene Regelung des § 774 Abs. 2 – nach § 426 haftet[62]. Auch diese Vorschrift normiert einen originären (Abs. 1) und einen derivativen (Abs. 2) Anspruch (vgl. hierzu ausführlich *Petersen*, Examens-Rep Allg. Schuldrecht Rdnr. 432 ff).

1044 **Achtung:** Der Anspruch, der nach § 426 Abs. 2 auf den Bürgen übergeht, ist derjenige des Gläubigers gegen den Mitbürgen. Die **§§-Kette** lautet also §§ 769, 774 Abs. 2, 426 Abs. 2, 765 Abs. 1.

1045 Sowohl nach § 426 Abs. 1 als auch nach Abs. 2 steht dem Bürgen jedoch nur ein anteilsmäßiger Regress zu; ausschlaggebend ist, in welchem Verhältnis die beiden Bürgen im Innenverhältnis zueinander haften. In Ermangelung einer besonderen Absprache ist von einer Haftung zu gleichen Teilen auszugehen, so dass der Bürge die Hälfte des an den Gläubiger geleisteten Betrags vom Mitbürgen ersetzt verlangen kann. Vo-

---

[62] Für den anschließenden Regress des Mitbürgen beim Hauptschuldner gelten die oben dargestellten Grundsätze (Rdnr. 726 ff).

raussetzung ist jedoch, dass beide Bürgen sich für die gesamte Hauptschuld verbürgt haben. Sind die Bürgschaften jeweils auf einen bestimmten Betrag beschränkt, richten sich die Anteile nach dem Verhältnis der Höchstbeträge zueinander[63]. Handelt es sich bei den Bürgen um Gesellschafter einer GmbH, die sich für eine Schuld ihrer Gesellschaft verbürgt haben, so bestimmt sich der Innenausgleich im Zweifel nach den Anteilen der Gesellschafter an der GmbH.[64]

> **Vertiefender Hinweis:** In einem Fall, in dem Gesellschafter einer GmbH Höchstbetragsbürgschaften übernommen hatten, stellte der BGH maßgeblich auf jene Höchstbeträge – und nicht auf die Gesellschaftsanteile – ab. Er begründet dies vor allem damit, dass die Übernahme der Bürgschaften zeitlich nach Abschluss des Gesellschaftsvertrags erfolgte, wodurch die Gesellschafter konkludent zu erkennen gegeben hätten, dass sie gerade nicht in Höhe ihrer Gesellschaftsanteile haften wollten.[65]

1046

Ein Sonderproblem stellt sich für den Fall, dass einer der beiden Bürgen (der sog. Ausfallbürge) nur nachrangig hinter dem anderen Bürgen (dem sog. Regelbürgen) haften soll. Wird nun der Ausfallbürge in Anspruch genommen, scheitert ein Regressanspruch aus § 426 an sich daran, dass die beiden Bürgen dem Gläubiger gegenüber nicht gleichrangig haften. Allerdings wäre es paradox, dem subsidiär haftenden Ausfallbürgen einen Regressanspruch gegen den Regelbürgen gerade deshalb zu versagen, weil seine Haftung subsidiärer Natur ist. Damit würde diese Subsidiarität letztlich in ihr Gegenteil verkehrt. Der BGH wendet § 426 daher in diesem Fall analog an[66].

1047

3. Gegen andere Sicherungsgeber

Schwieriger gestaltet sich der Fall, in dem die Hauptforderung nicht mit zwei Bürgschaften gesichert ist, sondern neben die Bürgschaft ein anderes Sicherungsrecht – z.B. ein Pfandrecht, eine Hypothek oder eine Grundschuld – tritt. Hier kann es zu dem berühmten „Wettlauf der Sicherungsgeber" kommen, der – wenn man nicht korrigierend eingreift – zu unangemessenen Ergebnissen führen kann.

1048

> Zur Verdeutlichung der Problematik folgender **Fall 20**: G hat S einen Kredit (§ 488) in Höhe von 120 000 € gewährt. Zur Sicherung der Rückzahlungs- und Zinsforderungen hat H dem G eine Hypothek an seinem Grundstück bestellt. Außerdem hat B gegenüber G eine selbstschuldnerische Bürgschaft übernommen. Nach mehrmaligem Zahlungsverzug des S kündigt G den Darlehensvertrag. Wegen seiner noch offenen Rückzahlungs- und Zinsansprüche i.H.v. insgesamt 100 000 € will er sich an H halten, weil ihm die Durchsetzung seiner Ansprüche gegenüber S zu unsicher erscheint. Wie ist die Rechtslage zwischen H und B, wenn H auf Aufforderung durch G die Schuld des S (100 000 €) begleicht?

1049

---

63 BGH, 11.12.1997, IX ZR 274/96, NJW 1998, 894, 896.
64 BGH, 19.12.1989, II ZR 101/88, NJW-RR 1989, 685.
65 BGH, 27.9.2016, XI ZR 81/15, NJW 2017, 557; dazu *Looschelders* LMK 2017, 384874.
66 BGH, 20.3.2012, XI ZR 234/11, NJW 2012, 1946 (vgl. hierzu auch BVerfG, 28.4.2011, 1 BvR 3007/07, NJW 2011, 2276).

§ 25 *Bürgschaft*

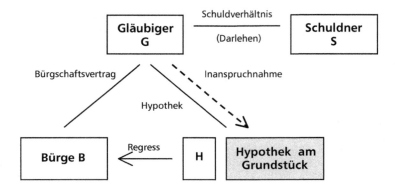

(1) H könnte gegen B ein Regressanspruch i.H.v. 100 000 € aus §§ 1143 Abs. 1 S. 1, 488 Abs. 1 S. 2, 412, 401 Abs. 1, 765 Abs. 1 zustehen.

H hat vorliegend die Schuld des S aus dem Darlehen beglichen, so dass gemäß § 1143 Abs. 1 S. 1 die Forderung des G gegen S aus § 488 Abs. 1 S. 2 auf ihn übergeht. Ihr folgt als akzessorisches Nebenrecht die von B für diese Forderung bestellte Bürgschaft nach (§§ 412, 401 Abs. 1), so dass H gegen B aus § 765 Abs. 1 vorgehen kann. Anders als im Rahmen des § 426 sieht das Gesetz keine anteilsmäßige Beschränkung dieses Rückgriffsanspruchs vor. H kann B also grundsätzlich auf die vollen 100 000 € in Regress nehmen.

(2) Fraglich ist allerdings, ob dieses Ergebnis korrigiert und der Rückgriffsanspruch des H gegen B auf die Hälfte des an G gezahlten Betrags (also auf 50 000 €) beschränkt werden muss. Für eine solche Korrektur spricht die Überlegung, dass die ungekürzte Anwendung der §§ 1143 Abs. 1 S. 1, 488 Abs. 1 S. 2, 412, 401 Abs. 1, 765 zu unangemessenen Ergebnissen führen würde. Dies zeigt ein Vergleich mit der Situation, in der der Bürge B den Gläubiger befriedigt und sich nun aus der Hypothek am Grundstück des Eigentümers H befriedigen will. Hier geht gemäß § 774 Abs. 1 die Forderung des G gegen S (§ 488 Abs. 1 S. 2) auf den B über – und zwar gemäß §§ 412, 401 Abs. 1 zusammen mit der von H bestellten Hypothek. B könnte folglich aus der Hypothek in vollem Umfang gegen H vorgehen, § 1147.

Im Ergebnis liefe die uneingeschränkte Anwendung der in § 1143 Abs. 1 bzw. § 774 Abs. 1 angeordneten Legalzessionen also darauf hinaus, dass derjenige Sicherungsgeber, der den Gläubiger als erster befriedigt, wegen §§ 412, 401 in vollem Umfang beim anderen Sicherungsgeber Rückgriff nehmen könnte. *Dass* dieses Ergebnis einer Korrektur bedarf, ist nahezu unstreitig. Streit herrscht indes über das „Wie" einer solchen Korrektur.

Teilweise wird die **Ansicht vertreten**, dem drohenden „Wettlauf der Sicherungsgeber" sei dadurch zu begegnen, dass man stets den Bürgen bevorzuge: Der Bürge solle nach Befriedigung des Gläubigers in vollem Umfang beim anderen Sicherungsgeber aus §§ 774 Abs. 1, 488 Abs. 1 S. 2, 412, 401 i.V.m. dem Anspruch aus dem betreffenden Sicherungsrecht (hier: Hypothek, § 1147) Regress nehmen können, während im umgekehrten Fall der Rückgriff des anderen Sicherungsgebers (hier: des H aus §§ 1143

Abs. 1 S. 1, 488 Abs. 1 S. 2, 412, 401 Abs. 1 i.V.m. 765 Abs. 1) ausgeschlossen werden müsse (wohl im Wege der teleologischen Reduktion). Zur Begründung für diesen Ausschluss wird angeführt, das Gesetz privilegiere den Bürgen gegenüber anderen Sicherungsgebern, was sich insbesondere aus § 776 ergebe[67]. Dies ist **m.E.** nicht überzeugend. § 776 betrifft nur das Verhältnis zwischen Gläubiger und Hauptschuldner. Auch sonst bestehen keine Gründe, den Bürgen gegenüber anderen Sicherungsgebern zu privilegieren.

Die **h.M.** befürwortet daher zu Recht einen Lösungsweg, der alle Sicherungsgeber gleich behandelt, den Wettlauf der Sicherungsgeber aber dennoch vereitelt: Sie wendet „den hinter § 426 Abs. 1 stehenden allgemeinen Rechtsgedanken einer anteiligen Haftung" an[68]: Danach ist, soweit zwischen den beiden Sicherungsgebern keine anderweitige Vereinbarung über die Verantwortlichkeit im Innenverhältnis getroffen wurde, davon auszugehen, dass beide zu gleichen Teilen verantwortlich sein sollen. Im vorliegenden Fall kann H gegen B aus §§ 1143 Abs. 1 S. 1, 488 Abs. 1 S. 2 i.V.m. 412, 401, 765 Abs. 1 aufgrund der Kürzung anhand des Rechtsgedanken des § 426 Abs. 1 im Ergebnis nur in Höhe von 50 000 € Rückgriff nehmen.

Die eben geschilderte Problematik stellt sich in ähnlicher Form, wenn die mit der Bürgschaft konkurrierende Sicherheit nicht akzessorisch ist, wie insbesondere die Grundschuld. Zwar scheint es hier auf den ersten Blick keine Rechtsgrundlage für einen Regress zu geben, weil einerseits § 1143 Abs. 1 S. 1 nicht auf Grundschulden anwendbar ist (vgl. § 1192 Abs. 1) und andererseits § 401 nur akzessorische Sicherungen mit übergehen lässt. Dieser Eindruck täuscht aber: Zahlt der mit der Grundschuld belastete Grundstückseigentümer, so steht ihm i.d.R. aus seiner Sicherungsabrede mit dem Gläubiger ein Anspruch auf Abtretung der gesicherten Forderung zu. Infolge der Abtretung geht gemäß §§ 398, 401 Abs. 1 mit der Forderung auch die Bürgschaft als akzessorisches Sicherungsrecht auf den Eigentümer über. Zahlt der Bürge, so erhält er über § 774 Abs. 1 die gesicherte Forderung. Außerdem wird dem Bürgschaftsvertrag regelmäßig die Verpflichtung des Gläubigers entnommen, dem Bürgen nach dessen Zahlung die Grundschuld abzutreten. Es besteht also auch bei der Konkurrenz von Bürgschaft und Grundschuld die Gefahr eines Wettlaufs der Sicherungsgeber, der wiederum über eine Anwendung des Rechtsgedankens des § 426 zu begegnen ist.

1050

Hier noch einmal die **Regress-§§-Ketten im Überblick** – jeweils unter der Prämisse, dass es sich bei der gesicherten Hauptforderung um einen Rückforderungsanspruch aus Darlehen handelt und jeweils zu ergänzen um den Rechtsgedanken des § 426:

1051

---

67 Vgl. z.B. *Reinicke/Tiedtke* Bürgschaftsrecht, Rdnr. 626; *Larenz* Schuldrecht II (12. Aufl.), § 64 III (S. 481).
68 Vgl. z.B. BGH, 29.6.1989, IX ZR 175/88, NJW 1989, 2530, 2531; BGH, 24.9.1992, IX ZR 195/91, NJW 1992, 3228, 3229; MünchKomm/*Habersack* § 774 Rdnr. 30.

	Bürge gegen anderen Sicherungsgeber	Anderer Sicherungsgeber gegen Bürgen
Bürgschaft-Bürgschaft	§§ 769, 774 II, 426 I und II	§§ 769, 774 II, 426 I und II
Bürgschaft-Pfandrecht	§§ 774 I 1, 488 I 2, 412, 401 I, 1228 I	§§ 1225 S. 1, 488 I 2, 412, 401 I, 765 I
Bürgschaft-Hypothek	§§ 774 I 1, 488 I 2, 412, 401 I, 1147	§§ 1143 I 1, 488 I 2, 412, 401 I, 765 I
Bürgschaft-Grundschuld	§§ 398, 1192 I, 1147	§§ 398, 401 I, 765 I

§ 26 Sonstige Schuldverhältnisse im Überblick

I. Behandlungsvertrag

1052 Mit dem am 26.2.2013 in Kraft getretenen Patientenrechtegesetz hat der Gesetzgeber den neuen Vertragstyp des „Behandlungsvertrags" in das BGB eingeführt[1]. Die Regelungen finden sich in den §§ 630a ff. Bereits diese systematische Einordnung verdeutlicht, dass es sich letztlich um einen Sonderfall des Dienstvertrags handelt. So enthalten die §§ 630a ff auch kein vollständiges System aus Rechten und Pflichten, sondern normieren lediglich Ausnahmeregeln zum allgemeinen Dienstvertragsrecht (vgl. § 630b). Diese dogmatische Einordnung entspricht der bisherigen ganz herrschenden Auffassung.

1053 Dasselbe gilt im Großen und Ganzen für die übrigen Regelungen. Die gesetzliche Normierung dient denn auch im Wesentlichen dem Ziel größerer Rechtssicherheit und Rechtsklarheit.

1054 § 630a Abs. 2 legt fest, dass die Behandlung *lege artis*, also nach den „allgemein anerkannten fachlichen Standards" zu erfolgen hat. Eine nicht lege artis ausgeführte Behandlung stellt demzufolge eine Pflichtverletzung dar. Da es für den Patienten regelmäßig schwer zu beweisen ist, dass der Behandelnde nicht lege artis gehandelt hat, normiert § 630h Abs. 1 diesbezüglich eine Vermutung: Von einem Fehler des Behandelnden ist auszugehen, wenn sich ein voll beherrschbares allgemeines Behandlungsrisiko verwirklicht hat.

1055 Eine weitere – in gewisser Weise gerade entgegengesetzte – Vermutungsregelung enthält § 630h Abs. 5: Kann der Patient einen groben Behandlungsfehler des Behandelnden nachweisen, so wird vermutet, dass dieser Fehler für die eingetretene gesundheitliche Schädigung des Patienten ursächlich war.

---

1 Einführend *Katzenmeier* NJW 2013, 817.

II. Maklervertrag

Ein Maklervertrag liegt vor, wenn der Auftraggeber dem Makler für den Nachweis einer Gelegenheit zum Abschluss eines Vertrages oder für die Vermittlung eines Vertrags eine Vergütung verspricht (vgl. § 652). Kennzeichnend für den Maklervertrag ist, dass er – grundsätzlich – nur einseitig verpflichtend ist: Der Makler muss nicht tätig werden[2]. Hat er aber erfolgreich den Vertragsabschluss (Hauptvertrag) vermittelt bzw. nachgewiesen, so hat er den Anspruch auf Zahlung der vereinbarten Vergütung (Provision, vgl. hierzu näher §§ 653 bis 655).

1056

Der Hauptvertrag muss nach **ganz h.M.** mit einem Dritten zustande gekommen sein; es genügt also nicht, dass der Makler selbst den Hauptvertrag mit dem Auftraggeber schließt[3].

1057

Sonderregeln bestehen u.a. für den Darlehensvermittlungsvertrag (§ 655a), die Heiratsvermittlung (§ 656), den Handelsmakler (§§ 93 f HGB) und für die Wohnungsvermittlung (WoVermRG).

1058

> **Vertiefender Hinweis:** Maklerverträge kommen oft im Wege des Fernabsatzes oder zumindest außerhalb von Geschäftsräumen (nämlich anlässlich einer Wohnungsbesichtigung) zustande.[4] Dem Auftraggeber steht daher regelmäßig ein Widerrufsrecht nach § 312g zu. Folge eines Widerrufs ist gem. § 357 Abs. 8 grundsätzlich eine Wertersatzpflicht des Auftraggebers[5], allerdings nur unter den Voraussetzungen des § 357 Abs. 8: Zum einen muss der Auftraggeber ausdrücklich (!) verlangt haben, dass der Makler bereits vor Ablauf der Widerrufsfrist mit der Leistungserbringung beginnt, und zum anderen muss der Makler den Auftraggeber über das Widerrufsrecht und die aus einem Widerruf resultierende Wertersatzpflicht belehrt haben. Das dürfte in der Praxis oftmals nicht der Fall sein.

1059

III. Auslobung und Preisausschreiben

Die Auslobung ist das öffentlich bekannt gemachte Versprechen einer Belohnung für die Vornahme einer Handlung, insbesondere für die Herbeiführung eines Erfolgs (vgl. § 657). Der Anspruch desjenigen, der die betreffende Handlung vorgenommen bzw. den betreffenden Erfolg herbeigeführt hat, besteht unabhängig davon, ob er mit Rücksicht auf die Auslobung gehandelt hat. Beispiel: A hat – durch Aushang an einem Laternenmast – einen Betrag von 100 € für denjenigen ausgelobt, der seine entlaufene Katze findet und zurückbringt. B findet die Katze und bringt sie zurück – allerdings nur, weil er A kennt und sich wundert, warum die Katze nicht – wie üblich – zu Hause ist. Von der Belohnung weiß er nichts. Erst einige Tage später erfährt er zufällig von der Auslobung. Auch in diesem Fall hat B einen Anspruch auf Zahlung der 100 € aus

1060

---

2 Sollte der Makler zum Tätigwerden *verpflichtet* sein, sind (ergänzend) die §§ 611 ff heranzuziehen (sog. Maklerdienstvertrag), vgl. *Schlechtriem* BT Rdnr. 537.
3 Palandt/*Sprau* § 652 Rdnr. 29 ff.
4 Vgl. etwa BGH, 7.7.2016, I ZR 30/15, NJW 2017, 1024 (zur vor 2014 geltenden Rechtslage).
5 Vgl. BGH, 19.2.2012, III ZR 252/11, NJW 2012, 3428; BGH, 17.1.2003, III ZR 145/12, NJW-RR 2013, 885 (jeweils zur vor 2014 geltenden Rechtslage); a.A. BeckOGK/*Meier* § 652 Rdnr. 192.

§ 657. Rechtsdogmatisch ist die Auslobung daher als einseitig begründetes (und natürlich einseitig verpflichtendes) Rechtsgeschäft zu qualifizieren.

1061 Bis zur Vornahme der Handlung kann die Auslobung jederzeit widerrufen werden, § 658 Abs. 1 S. 1. Allerdings ist der Widerruf nur formell wirksam, wenn er in derselben Weise wie die Auslobung bekannt gemacht wird (oder wenn er durch besondere Mitteilung erfolgt), § 658 Abs. 1 S. 2.

1062 Zum Preisausschreiben vgl. § 661; zu Ansprüchen aus der Versendung einer sog. „Gewinnzusage" vgl. § 661a.

IV. Verwahrung

1063 Durch den Verwahrungsvertrag wird der Verwahrer verpflichtet, eine ihm vom Hinterleger übergebene bewegliche Sache für diesen aufzubewahren (§ 688)[6]. Die Verwahrung kann entgeltlich oder unentgeltlich sein (vgl. dazu § 689). Ist sie unentgeltlich, haftet der Verwahrer nur für die diligentia quam in suis (§§ 690, 277).

1064 Ein Sonderfall der Verwahrung ist die uneigentliche Verwahrung i.S.d. § 700, bei der das Eigentum auf den Verwahrer übergeht und dieser verpflichtet ist, Sachen von gleicher Art, Güte und Menge zurückzugeben. Zur sog. „Gastwirtshaftung" (besser: Beherbergungshaftung) vgl. die §§ 701 ff, die eine verschuldensunabhängige Gefährdungshaftung statuieren.

1065 Die entgeltliche Verwahrung ist stets von der Miete, die unentgeltliche Verwahrung von der Leihe und die uneigentliche Verwahrung vom (Sach-)Darlehen abzugrenzen. Diese Abgrenzung erfolgt in allen drei Fällen anhand des Interesses, das mit der Überlassung verfolgt wird. Während Miete, Leihe und Darlehen dem Interesse des Empfängers dienen, erfolgt die Verwahrung im Interesse des Hinterlegers.

V. Spiel und Wette

1066 Spiel und Wette sind im BGB als bloße Naturalobligation ausgestaltet: Die Spiel- oder Wettschuld kann also nicht eingeklagt werden (§ 762 Abs. 1 S. 1). Wurde die Spieloder Wettschuld jedoch bereits erfüllt, so führt allein die an sich fehlende Einklagbarkeit nicht dazu, dass das Geleistete zurückgefordert werden könnte (§ 762 Abs. 1 S. 2). Wer also eine Wette verloren und den Wetteinsatz bereits bezahlt hat, kann sich nicht auf den bloßen Wettcharakter berufen, um das Bezahlte zurückzufordern. Anders ist es selbstverständlich, wenn die Wette aus anderen Gründen unwirksam ist, z.B. wegen arglistiger Täuschung[7].

1067 Besonderheiten ergeben sich beim sog. Lotterie- bzw. Ausspielvertrag. Dieser Vertrag ist verbindlich, wenn die Lotterie bzw. die Ausspielung staatlich genehmigt ist (§ 763).

---

6 Sonderregeln enthalten u.a. die §§ 467 ff HGB (für das kaufmännische Lagergeschäft) und das DepotG (für die Verwahrung bestimmter Wertpapiere).
7 Vgl. Palandt/*Sprau* § 762 Rdnr. 6.

VI. Vergleich

Ein Vergleich ist ein Vertrag, durch den der Streit oder die Ungewissheit der Parteien über ein Rechtsverhältnis (also regelmäßig: das Bestehen eines Anspruchs) im Wege gegenseitigen Nachgebens beseitigt wird (§ 779 Abs. 1). Nach § 779 Abs. 2 kann ein Vergleich auch dann geschlossen werden, wenn nicht das Bestehen eines Anspruchs, sondern nur seine „Verwirklichung" unsicher ist – also etwa dann, wenn zu befürchten steht, dass über das Vermögen des Schuldners die Insolvenz eröffnet wird.

1068

In aller Regel führt der Vergleich dazu, dass ein bestehendes Schuldverhältnis abgeändert wird. Dies hat zur Folge, dass sich auch die Anspruchsgrundlagen nach dem ursprünglichen Schuldverhältnis richten (bspw. § 433, § 631 etc.); aus dem Vergleich selbst oder gar aus § 779 erwachsen dann keine Ansprüche[8].

1069

Der Vergleich ist grundsätzlich formlos wirksam. Allerdings kann aus dem Inhalt des Vergleichs ein Formerfordernis resultieren. Einigen sich die Parteien in einem Vergleich bspw. darauf, dass die eine Partei der anderen Partei ein Grundstück gegen Zahlung eines bestimmten Preises verkauft, so muss dieser Vergleich dem Schriftformerfordernis des § 311b genügen.

1070

§ 779 enthält eine eigene Irrtumsregel: Der Vergleich ist unwirksam, wenn sich beide (!) Parteien im Irrtum über diejenigen Umstände befinden, die Grundlage des Vergleichs geworden sind. Es handelt sich hierbei um eine Sonderregelung des Wegfalls der Geschäftsgrundlage. Ein mögliches Anfechtungsrecht einer Partei aufgrund eines einseitigen Irrtums wird von § 779 nicht ausgeschlossen[9].

1071

In der Praxis wird ein Vergleich häufig im Rahmen eines laufenden Zivilprozesses getroffen. Ein solcher Prozessvergleich[10] weist nach **ganz h.M.** eine sog. „Doppelnatur" auf: Er ist einerseits ein materiell-rechtlicher Vertrag, andererseits aber auch eine Prozesshandlung mit prozessbeendigender Wirkung. Kehrseite dieser Doppelnatur ist es, dass der Vergleich sowohl aus materiell-rechtlichen als auch aus prozessualen[11] Gründen unwirksam sein kann. Dies zieht die Frage nach sich, ob eine materiell-rechtliche Unwirksamkeit auf die Prozesshandlung durchschlägt bzw. ob sich umgekehrt eine prozessuale Unwirksamkeit auf den materiell-rechtlichen Vertrag auswirkt. Es gilt – grob skizziert – Folgendes: Weil die materiell-rechtliche Wirkung des Vergleichs die „Geschäftsgrundlage" für die Prozessbeendigung darstellt, schlägt eine (anfängliche) materiell-rechtliche Unwirksamkeit auf die Prozesshandlung durch. Der alte Prozess lebt wieder auf. Bei einem nachträglichen (ex nunc) Wegfall des Vergleichs ist streitig, ob der alte Prozess fortzusetzen ist[12] oder der Schuldner schlicht eine Vollstreckungsgegenklage erheben muss[13]. Eine prozessuale Unwirksamkeit schlägt demgegenüber regelmäßig (Auslegung im Einzelfall notwendig) nicht auf das materielle Recht durch.

1072

---

8 *Looschelders* BT Rdnr. 995 f.
9 Vgl. Palandt/*Sprau* § 779 Rdnr. 26 ff.
10 Vgl. hierzu ausführlich *Musielak* Grundkurs ZPO Rdnr. 520 f.
11 Bspw. wegen fehlender Protokollierung nach § 160 Abs. 3 Nr. 1, Abs. 5 ZPO.
12 BAG, 5.8.1982, 1 AZR 199/80, NJW 1983, 2212, 2213 f; Stein/Jonas/*Münzberg* § 794 Rdnr. 77 f.
13 BGH, 5.2.1986, VIII ZR 72/85, NJW 1986, 1348, 1349; Musielak/*Lackmann* § 794 Rdnr. 24.

Dies hat zur Folge, dass der alte Prozess zwar – mangels wirksamer Prozessbeendigung – wieder auflebt, das Gericht bei seiner Entscheidung aber an den materiell-rechtlichen Vergleich gebunden ist.

VII. Schuldversprechen und Schuldanerkenntnis

1073 Schuldversprechen und Schuldanerkenntnis (§§ 780 ff) sind selbstständig verpflichtende, d.h. abstrakte Schuldverträge. So definiert etwa § 780 S. 1 das Schuldversprechen als einen Vertrag, durch den eine Leistung in der Weise versprochen wird, dass das Versprechen die Verpflichtung selbstständig begründen soll. Entsprechendes gilt für das in § 781 geregelte konstitutive[14] Schuldanerkenntnis.

1074 Der abstrakte Charakter des Schuldversprechens bzw. des konstitutiven Schuldanerkenntnisses bewirkt, dass dieses allein die Leistungsverpflichtung begründet. Seine Wirksamkeit hängt also nicht von einem zwischen den Parteien bestehenden Grundverhältnis ab. Wird das Schuldversprechen also etwa zur Sicherung einer bestehenden Schuld erteilt, so kann der Schuldner des Schuldversprechens sich nicht unmittelbar auf die Unwirksamkeit der gesicherten Forderung berufen. Allerdings ist er in diesen Fällen dennoch nicht schutzlos. Denn die Eingehung des abstrakten Schuldversprechens gilt gemäß § 812 Abs. 2 als Leistung. Erfolgt diese ohne Rechtsgrund, so hat er gemäß § 812 Abs. 1 einen Anspruch auf Befreiung von der Verbindlichkeit aus dem Schuldversprechen. Diesen Anspruch kann er dem Anspruch des Gläubigers aus dem Schuldversprechen im Wege der Einrede der Bereicherung (vgl. § 821) entgegenhalten. Allerdings trägt der Schuldner hier die Beweislast für die Unwirksamkeit des Grundgeschäfts. Darin liegt der eigentliche Vorteil des abstrakten Schuldversprechens. Denn ohne dieses müsste der aus dem Grundgeschäft vorgehende Gläubiger grundsätzlich die Anspruchsvoraussetzungen (also auch die Wirksamkeit des Grundgeschäfts) darlegen bzw. beweisen.

1075 Aus Gründen der Rechtssicherheit verlangen die §§ 780, 781 grundsätzlich[15] Schriftform – allerdings nur für die Erklärung des Schuldners, nicht auch für diejenige des Gläubigers.

1076 Das deklaratorische Schuldanerkenntnis soll lediglich eine bereits bestehende Schuld bestätigen. Welche Wirkungen sich aus einem deklaratorischen Schuldanerkenntnis ergeben, ist eine Frage der Auslegung im Einzelfall. Häufig wird zumindest ein Ausschluss derjenigen Einwendungen gewollt sein, die der Schuldner zum Zeitpunkt der Abgabe des Anerkenntnisses kannte bzw. mit denen er rechnen musste. Das deklaratorische Schuldanerkenntnis bedarf nicht der Form des § 781.

---

14 Vgl. näher Palandt/*Sprau* § 781 Rdnr. 2.
15 Vgl. aber § 782.

Problemübersicht

Die Problemübersicht dient der Wiederholung der in diesem Buch angesprochenen wesentlichen Probleme und kann die Lektüre des Buches nicht ersetzen. Die Zahlen verweisen auf die Randnummern des Buches.

§§ 4–15 Kaufrecht

Nr.	Prüfungszusammenhang	Problembeschreibung	Rdnr.
K 1	Zeitlicher Anwendungsbereich der §§ 437 ff	Zeitpunkt, in dem sich (bei mangelhafter Ware) der Erfüllungs- in einen Nacherfüllungsanspruch verwandelt? e.A.: Zeitpunkt der Annahme der Ware als vertragsgemäße Erfüllung (Gedanke des § 363). a.A.: Zeitpunkt des Gefahrübergangs (bei hypothetisch mangelfreier Ware), da dieser Zeitpunkt in § 434 Abs. 1 für die Anwendbarkeit des Gewährleistungsrechts gewählt wurde.	88 ff
K 2	Vorliegen eines **Sachmangels**	Anwendung des Ausschlussgrunds in § 434 Abs. 2 S. 2 auf Bedienungs- und Gebrauchsanleitungen? e.A.: Ja. a.A.: Nein, Montageanleitung betr. nur Erstmontage, Bedienungsanleitung den fortwährenden Gebrauch.	72
K 3	Vorliegen eines **Rechtsmangels**	Fehlende Eigentumsübertragung als Rechtsmangel? e.A.: Ja, da vom Wortlaut des § 435 erfasst. h.M.: Nein, wie aus systematischem Vergleich des § 433 Abs. 1 S. 1 zu S. 2 folgt. Das Gesetz unterscheidet zwischen Eigentumsverschaffungspflicht und Pflicht zur Sach- und Rechtsmangelfreiheit.	81
K 4	§ 439 Abs. 2 als Anspruchsgrundlage	Ist § 439 Abs. 2 eine eigenständige Anspruchsgrundlage des Käufers für Nacherfüllungskosten? e.A.: Nein, weil Gefahr der Selbstvornahme droht. BGH: Ja. Hinweis: Schutz der zweiten Chance des Verkäufers ggf. dadurch möglich, dass Nachfristerfordernis in das Kriterium der ‚Erforderlichkeit' hineingelesen wird. Hinweis: Nach Ansicht des BGH kann der Anspruch des Käufers aus § 439 Abs. 2 auch Sachverständigenkosten für die Ermittlung des Mangels umfassen.	103 ff

Problemübersicht

Nr.	Prüfungszusammenhang	Problembeschreibung	Rdnr.
K 5	Nacherfüllung/ Erfüllungsort	**Ausgangspunkt: § 269** – Vertragliche Bestimmung? – (Ungeschreibene) gesetzliche Spezialregelung in § 439? (e.A.: Belegenheitsort. a.A.: Ursprünglicher Erfüllungsort.) BGH: Keine Spezialregelung. – Kriterien: Ortsgebundenheit, Gepflogenheiten, Verkehrsauffassung … – Im Zweifel: Holschuld (Auffangregel) Hinweis: Kosten für Transport kann Käufer grds. gem. § 439 Abs. 2 ersetzt verlangen.	108 ff
K 6	Nacherfüllung/Reichweite des Nachbesserungsanspruchs	**Wahlrecht des Käufers innerhalb des Anspruchs auf Nachbesserung, wenn sie auf verschiedene Varianten möglich ist?** e.A.: Ja, im Wege der Analogie zu § 439 Abs. 1, dann aber § 439 Abs. 4 n.F. beachten. a.A.: Nein, denn Verkäufer ist der sachnähere Vertragsteil.	201 ff
K 7	Nacherfüllung/ absolute Unverhältnismäßigkeit	EuGH: „Absolute" Unverhältnismäßigkeit verstößt gegen Verbrauchsgüterkaufrichtlinie. Umsetzung durch § 475 Abs. 4-6 (Reform 2017). Außerhalb des Verbrauchsgüterkaufs (d.h. bei § 439 abs. 4 n.F.) bleibt Berufung auf absolute Unverhältnismäßigkeit möglich.	126 ff, 164 ff
K 8	Nacherfüllung/Ausschluss bzw. Beschränkung	**Ausschluss bzw. Beschränkung des Anspruchs auf Nacherfüllung, wenn Käufer für Mangel verantwortlich?** <u>Ausschluss:</u> Ja, analog § 323 Abs. 6 bzw. § 326 Abs. 2. <u>Beschränkung:</u> Ja, analog § 254.	203 ff
K 9	Nacherfüllung/ Selbstvornahme durch Käufer	**Kann der Käufer die Kosten, die er zwecks Beseitigung eines Sachmangels aufgewendet hat, ersetzt verlangen, anstatt Nacherfüllung durch den Verkäufer zu fordern?** Folgende Ansprüche sind insbes. zu berücksichtigen: – § 439 Abs. 2 (analog). – §§ 437 Nr. 3, 280 Abs. 1, 3, 281. – §§ 326 Abs. 2 S. 2, Abs. 4, 346 (analog). – §§ 683, 677, 670 bzw. §§ 684 S. 1, 818.	450 ff

Problemübersicht

Nr.	Prüfungszusammenhang	Problembeschreibung	Rdnr.
K 10	Nacherfüllung/ Aus-/Einbaufälle	**Umfasst der Ersatzlieferungsanspruch eine Anlieferung beim Schuldner, den Ausbau der mangelhaften und den Einbau der neuen mangelfreien Sachen?** *Vor Reform 2017:* BGH: richtlinienkonforme Auslegung: beim Verbrauchsgüterkauf Anlieferung, Aus- und Einbau umfasst; außerhalb des Verbrauchsgüterkaufs nicht (gespaltene Auslegung). *Seit Reform 2017:* § 439 Abs. 3 n.F.: Verkäufer schuldet Ein-/Ausbau zwar nicht in natura, wohl aber Aufwendungsersatz; auch außerhalb des Verbrauchsgüterkaufs (überschießende Umsetzung). Grenzen insbesondere: § 439 Abs. 4 n.F.: Unverhältnismäßigkeit – Totalverweigerung. § 475 Abs. 4-6 n.F.: beim Verbrauchsgüterkauf keine Verweigerung wegen absoluter Unverhältnismäßigkeit, aber Beschränkung auf angemessenen Betrag möglich. Problem: Bestimmung des angemessenen Betrags – Verhältnis zur Bestimmung der absoluten Unverhältnismäßigkeit i.R.d. § 439 Abs. 4 n.F.	137 ff
K 11	Nacherfüllung/Ersatzlieferung beim Stückkauf	**Ist beim Stückkauf ein Anspruch auf Ersatzlieferung möglich oder unmöglich (§ 275)?** h.M: möglich, wenn Verkäufer gleichartige und vergleichbare Sache liefern kann.	192 ff
K 12	Nacherfüllung/Reichweite bei Weiterfresserschäden	**Sind Weiterfresserschäden i.R.d. Nacherfüllung zu beseitigen?** Arg. dagegen: das wäre Schadensersatz. Arg. dafür: sonst Entwertung des Nacherfüllungsanspruchs.	205 ff
K 13	Rücktritt i.R.d. Verbrauchsgüterkaufs	**Vereinbarkeit des generellen Fristsetzungserfordernisses mit Verbrauchsgüterkauf-RL?** e.A.: Ja, lediglich zulässige Konkretisierung der RL. ü.A.: Grundsätzlich nein, aber richtlinienkonforme Auslegung im Falle eines mangelbedingten Rücktritts beim Verbrauchsgüterkauf: Entweder teleologische Reduktion des § 323 Abs. 1 (Verzicht auf Fristsetzungserfordernis) oder Fristsetzung entbehrlich gemäß § 323 Abs. 2 Nr. 3 bzw. § 440 S. 1 in erweiterter Auslegung.	234 ff

Problemübersicht

Nr.	Prüfungszusammenhang	Problembeschreibung	Rdnr.
K 14	Rücktritt i.R. sonstiger Kaufverträge	Ausdehnung der zum Rücktritt i.R.d. Verbrauchsgüterkaufs vorgenommenen richtlinienkonformen Auslegung zur Entbehrlichkeit der Nachfristsetzung (s. K 13) auf Fristsetzung beim Rücktritt von sonstigen Kaufverträgen? Nein, anderenfalls würde Grundanliegen des **Schuldrechtsmodernisierungsgesetzes** unterlaufen, den Rücktritt zurückzudrängen.	239 ff
K 15	Rücktritt/ keine Unerheblichkeit der Pflichtverletzung/ Zuweniglieferung	Ist Gleichstellung von Schlecht- und Zuweniglieferung in § 434 Abs. 3 auf Rücktritt nach § 323 Abs. 5 zu übertragen, so dass nicht von einer Teillieferung i.S.d. § 323 Abs. 5 S. 1, sondern von einer nicht vertragsgemäßen Lieferung i.S.d. S. 2 auszugehen ist? e.A.: Nein. a.A.: Ja, da Wortlaut des § 434 Abs. 3 eine Beschränkung auf das besondere Leistungsstörungsrecht nicht erkennen lässt. Verbrauchsgüterkauf-RL sieht eine dem § 323 Abs. 5 S. 2 entsprechende Regelung vor.	243
K 16	Schadensersatz/Wahl der Anspruchsgrundlage (1)	Kriterien für die Abgrenzung der Schadensarten, d.h. für die Abgrenzung des Anspruchs auf Schadensersatz statt der Leistung (§§ 280, 281 ff) vom Anspruch auf einfachen Schadensersatz (§ 280 Abs. 1)? e.A.: Abgrenzung nach Zweck der §§ 280, 281, dem Verkäufer über Erfordernis der Nachfristsetzung eine zweite Chance zu geben. Als Schadensersatz statt der Leistung sind die Schäden geltend zu machen, die bei Leistung im spätmöglichsten Zeitpunkt vermieden worden wären. Schäden, die dadurch nicht vermieden worden wären, sind als einfacher Schadensersatz geltend zu machen. a.A.: Abgrenzung nach Begriffspaar: Mangelschaden (Äquivalenzinteresse) und Mangelfolgeschaden (Integritätsinteresse). Mangelschäden sind als Schadensersatz statt der Leistung, Mangelfolgeschäden als einfacher Schadensersatz zu ersetzen.	274 ff

Nr.	Prüfungszusammenhang	Problembeschreibung	Rdnr.
K 17	Schadensersatz/Wahl der Anspruchsgrundlage (2)	Sind Betriebs- bzw. Nutzungsausfallschäden nach § 280 Abs. 1 oder §§ 280 Abs. 1, 2, 286 zu ersetzen? e.A.: Ersatz nach §§ 280 Abs. 1, 2, 286. Anderenfalls würde der Verkäufer, der mangelhafte Sache liefert, gemäß § 280 Abs. 1 schärfer haften als Verkäufer, der überhaupt nicht liefert und deshalb nach §§ 280 Abs. 1, 2, 286 haftet. a.A. (RegBegr.): Ersatz grundsätzlich nach § 280 Abs. 1, ohne dass zusätzliche Voraussetzungen vorliegen müssen.	283 ff
K 18	Schadensersatz/Wahl der Anspruchsgrundlage (3)	Ist der entgangene Gewinn aus einem geplanten Weiterverkauf, der allein auf Grund der ursprünglichen Mangelhaftigkeit der Sache scheitert, nach § 280 Abs. 1 oder §§ 280 Abs. 1, 2, 286 zu ersetzen? e.A.: Ersatz nach §§ 280 Abs. 1, 2, 286. a.A.: Ersatz nach § 280 Abs. 1, da Schaden nicht darauf beruht, dass mangelfreie Leistung endgültig nicht erbracht wird. Schaden tritt zum Zeitpunkt ein, in dem noch nicht klar ist, ob mangelfreie Leistung noch erfolgt.	286
K 19	Schadensersatz/ Vertretenmüssen	Hat der Verkäufer einen Mangel zu vertreten, wenn er den Mangel kannte oder hätte kennen müssen, ohne dass er dessen Herbeiführung oder Nichtbeseitigung zu vertreten hat und ohne dass er den Mangel beseitigen kann? e.A.: Ja, bereits bei bloßer Kenntnis bzw. fahrlässiger Unkenntnis vom Mangel hat Verkäufer Mangel zu vertreten. Ansonsten Gefahr zufälliger Ergebnisse, je nachdem ob Mangel kurz vor (dann: § 311a Abs. 2 mit Kenntnis bzw. fahrlässiger Unkenntnis als Haftungsmaßstab) oder kurz nach (dann: §§ 280 ff mit Haftung allein für Herbeiführung bzw. Nichtbeseitigung des Mangels) Vertragsschluss eintritt. ü.A.: Nein, bei bloßer Kenntnis bzw. fahrlässiger Unkenntnis vom Mangel hat Verkäufer Mangel nicht zu vertreten. Gegenschluss zu § 311a Abs. 2, der für Sonderfall der anfänglichen Unmöglichkeit eigenen Haftungsmaßstab (Kenntnis bzw. fahrlässige Unkenntnis vom Leistungshindernis) aufstellt.	264 f

Problemübersicht

Nr.	Prüfungszusammenhang	Problembeschreibung	Rdnr.
K 20	**Schadensersatz** wegen anfänglicher Unmöglichkeit der Leistung/Rechtsfolge	**Ist die in den §§ 280 ff angelegte Differenzierung zwischen Mangel- und Mangelfolgeschäden (vgl. K 16) auf den Schadensersatzanspruch nach § 311a Abs. 2 zu übertragen?** h.M.: Nein, Mangel- und Mangelfolgeschäden sind einheitlich über § 311a Abs. 2 zu ersetzen mit der Folge, dass der Begriff „Schadensersatz statt der Leistung" in § 311a Abs. 2 S. 1 weiter auszulegen ist als in §§ 280 ff. a.A.: Ja, Ersatz von Mangelfolgeschäden über § 311a Abs. 2 nicht erforderlich. Ersatz von Mangelfolgeschäden nach § 280 Abs. 1 (Nebenpflichtverletzung) führt zu brauchbaren Ergebnissen.	292 f
K 21	**Schadensersatz** i.R.d. Verbrauchsgüterkaufs	**Ausdehnung der zum Rücktritt i.R.d. Verbrauchsgüterkaufs vorgenommenen richtlinienkonformen Auslegung zur Entbehrlichkeit der Nachfristsetzung (vgl. K 13, 14) auf Fristsetzung beim Schadensersatz i.R.v. Verbrauchsgüterkaufverträgen?** Ergebnis offen: Richtlinie verlangt diese Ausdehnung nicht. Parallele Ausgestaltung von Rücktritts- und Schadensersatzrecht könnte dafür sprechen.	240
K 22	**Konkurrenz** von allg. und besonderem Leistungsstörungsrecht bei Haftung für <u>vertragliche</u> Nebenpflichtverletzungen	**Anwendbarkeit der allg. Schadensersatzhaftung aus §§ 280 ff bei der Verletzung mangelbezogener Nebenpflichten (Aufklärung, Verpackung etc.)?** e.A.: Nein, die §§ 437 ff bilden abschließende Sonderregelung, so dass § 280 Abs. 1 nur über § 437 Nr. 3 zur Anwendung gelangt. Danach haftet der Verkäufer nur für Mangel an Kaufsache. Folge: Keine Haftung, wenn unbehebbarer Mangel vom Verkäufer nicht (schuldhaft) verursacht wurde und der Verkäufer auf diesen schuldhaft nicht hingewiesen hat. a.A.: Ja; danach haftet Verkäufer aus § 280 Abs. 1 und daneben aus §§ 437 Nr. 3, 280 Abs. 1. Folge: Haftung aus § 280 Abs. 1 unterliegt Regelverjährung nach §§ 195, 199. a.A.: Ja; allerdings ist § 280 Abs. 1 im Wege der „Einwirkung" den besonderen kaufrechtlichen Einschränkungen (insbesondere der Verjährung nach § 438) zu unterwerfen. Folge: Unbillige Ergebnisse von o. werden vermieden.	362 ff

Problemübersicht

Nr.	Prüfungszusammenhang	Problembeschreibung	Rdnr.
K 23	Konkurrenz von allg. und besonderem Leistungsstörungsrecht bei Haftung für vorvertragliche Aufklärungspflichtverletzung (1)	**Anwendbarkeit der Haftung aus c.i.c. (§§ 280 Abs. 1, 311 Abs. 2, 241 Abs. 2) bei der Verletzung vorvertraglicher Aufklärungspflichten (ggf. mit der Folge einer Vertragsaufhebung)?** ü.A.: Nein, die §§ 437 ff bilden abschließende Sonderregelung, die anderenfalls umgangen werden könnte. Auch das Instrument der „Einwirkung" (vgl. K 22) genügt nicht, da diese nicht die Vertragsaufhebung verhindern kann, ohne dass Verkäufer zuvor die Möglichkeit der Nacherfüllung hatte. a.A.: Grundsätzlich nein, aus o.g. Gründen. Anspruch aus c.i.c. aber zulässig, wenn sich Aufklärungspflichtverletzung nicht auf einen Mangel (§ 434 bzw. § 435) bezieht. a.A.: Ja, da zwischen Haftung aus c.i.c. und §§ 437 ff von der Zielsetzung her deutlicher Unterschied: Ausgleich für Informationsdefizit vs. Ausgleich für Mangel der Sache.	371 ff
K 24	Konkurrenz von allg. und besonderem Leistungsstörungsrecht bei Haftung für vorvertragliche Aufklärungspflichtverletzung (2)	**Ist von dem Ansatz der h.M., wonach eine Haftung aus c.i.c. ausgeschlossen ist (K 23), eine Ausnahme zu machen, wenn der Verkäufer die Aufklärungspflichtverletzung vorsätzlich begeht?** e.A.: Nein, da die Sonderregelung in §§ 437 ff die Haftung für Vorsatz mit umfasst, so dass sie abschließend ist. a.A.: Ja, da vorsätzlich handelnder Verkäufer nicht schutzwürdig ist, wie der Umstand zeigt, dass eine Anfechtung nach § 123 auch nicht durch die §§ 437 ff ausgeschlossen wird.	374
K 25	Haftung des Käufers für unberechtigt geltend gemachte Ansprüche	**Haftet der Käufer, der unberechtigt Gewährleistungsansprüche geltend macht, für die daraus entstandenen Kosten des Verkäufers?** BGH: Haftung des Käufers aus §§ 280 Abs. 1, 241 Abs. 2 grundsätzlich möglich; jedoch eingeschränkter Verschuldensmaßstab: Käufer hat nur eine Sorgfaltspflicht zur Plausibilitäts- bzw. Evidenzkontrolle daraufhin, ob Vertragsstörung auf eine Ursache zurückzuführen ist, die dem eigenen Verantwortungsbereich zuzuordnen ist, ob mithin der eigene Rechtsstandpunkt plausibel ist.	376 ff

Problemübersicht

Nr.	Prüfungszusammenhang	Problembeschreibung	Rdnr.
K 26	**Konkurrenz** von besonderem Leistungsstörungsrecht und Deliktsrecht (1)	**Einwirkung der gewährleistungsrechtlichen Sonderregeln (insbesondere der Verjährungsregel nach § 438) auf deliktsrechtliche Schadensersatzansprüche?** e.A.: Ja, schließlich habe sich Geschädigter auf vertragliche Sonderverbindung (den Kaufvertrag) mit dem Schädiger eingelassen. a.A.: Nein, da Ansprüche aus Deliktsrecht und vertraglichem Gewährleistungsrecht unterschiedlichen Haftungssystemen angehören. Anderer Ansatz käme auch nicht ohne Ausnahmen aus.	381
K 27	**Konkurrenz** von besonderem Leistungsstörungsrecht und Deliktsrecht (2)	**Ist Schadensersatzanspruch aus Delikt von Nachfristsetzung abhängig zu machen? (Problem besteht nicht, wenn Weiterfresserschaden als Mangelfolgeschaden eingeordnet wird.)** e.A.: Ja, da Anwendung des Deliktsrechts nicht dazu führen dürfe, dass der Verkäufer die Möglichkeit zur Nacherfüllung verliert. a.A.: Nein.	382
K 28	**Anfechtung** durch Käufer	**Berechtigt Sachmangel zur Anfechtung wegen Irrtums über eine verkehrswesentliche Eigenschaft nach § 119 Abs. 2?** h.M.: Nein, die §§ 437 ff bilden abschließende Sonderregelung, die anderenfalls umgangen werden könnte (z.B. § 438, § 442). Aus dem Erfordernis der Nachfristsetzung in §§ 323 Abs. 1, 281 Abs. 1 folgt, dass Nacherfüllung gegenüber Vertragsaufhebung vorrangig ist, damit Verkäufer Möglichkeit zur zweiten Andienung hat. a.A.: Ja, so dass Irrtumsanfechtung neben Mangelgewährleistung zulässig. Keine Umgehungsgefahr, da Käufer sich die Anfechtung durch andere Nachteile (u.a. § 121) erkaufe.	348 ff
K 29	**Anfechtung** durch Käufer	**Ab wann ist Anfechtung gemäß § 119 Abs. 2 nach dem Ansatz der h.M. (vgl. K 28) ausgeschlossen?** e.A.: Ab Gefahrübergang. a.A.: Auch schon vor Gefahrübergang, da Vorrang des Gewährleistungsrechts aus der abstrakten Wertung des Gesetzes folgt.	355
K 30	**Anfechtung** durch Verkäufer	**Berechtigt Sachmangel zur Anfechtung wegen Irrtums über eine verkehrswesentliche Eigenschaft nach § 119 Abs. 2?** ü.A.: Grundsätzlich nein, damit der Verkäufer dem Käufer nicht dessen Gewährleistungsrechte aus der Hand schlagen kann. Anfechtung aber zulässig, wenn Abweichung in Eigenschaften keinen Mangel darstellt.	357 f

Nr.	Prüfungszusammenhang	Problembeschreibung	Rdnr.
K 31	Verbrauchsgüterkauf/ Anwendungsbereich (1)	Liegt Verbrauchsgüterkauf vor, obwohl der private Käufer einen gewerblichen Verwendungszweck der Kaufsache vortäuscht? h.M.: Nein, da Verstoß gegen venire contra factum proprium (§ 242).	390 f
K 32	Verbrauchsgüterkauf/ Anwendungsbereich (2)	Liegt ein unzulässiges Umgehungsgeschäft i.S.d. § 475 Abs. 1 S. 2 vor mit der Folge, dass die §§ 474 ff anzuwenden sind, wenn Unternehmer beim Verkauf von Waren nur als „Vermittler" auftritt (Situation des Agenturvertrags)? ü.A.: Abhängig vom Einzelfall. Maßgeblich ist wirtschaftliche Betrachtungsweise. Danach stellt Agenturvertrag ein Umgehungsgeschäft dar, wenn „Vermittler" Chancen und Risiken des Verkaufs trägt.	387 ff
K 33	Verbrauchsgüterkauf/ Reichweite der Beweislastumkehr bzgl. Sachmangel	Wird gemäß § 477 auch das Vorliegen eines „Grundmangels" vermutet? EuGH: Ja. Der Käufer braucht also das Vorliegen eines Grundmangels nicht zu beweisen. Es genügt, wenn er beweist, dass innerhalb der Sechs-Monats-Frist Mangelerscheinungen aufgetreten sind.	401 ff
K 34	Verbrauchsgüterkauf/ Beweislastumkehr bzgl. Sachmangel und Annahmeverzug	Hat der Verkäufer, der i.R.d. Beweislastregel des § 477 für den Beginn der Sechs-Monats-Frist auf die Gleichstellung von Gefahrübergang und Annahmeverzug (§ 446 S. 3) abstellen möchte, zu beweisen, dass die Sache bei Andienung sachmangelfrei war? e.A.: Ja, nach dem Gesetz setzt der vom Schuldner (Verkäufer) zu beweisende Eintritt des Annahmeverzugs des Käufers voraus, dass die Kaufsache sachmangelfrei ist, § 297. a.A.: Nein, dies widerspräche dem Sinn der Beweislastumkehr.	413
K 35	Versendungskauf/ Auslieferung an Transportperson	Ist § 447 auch dann anwendbar, wenn der Transport der Kaufsache durch eigene Leute erfolgen soll? e.A.: Nein, denn Ware verlässt den Herrschaftsbereich des Verkäufers nicht. a.A.: Ja, denn Verkäufer kann sowohl eigenen Angestellten als auch selbstständiger Transportperson Weisungen erteilen.	460

Problemübersicht

Nr.	Prüfungszusammenhang	Problembeschreibung	Rdnr.
K 36	Versendungskauf/Zufall	Hat der Verkäufer beim Transport der Kaufsache durch eigene Leute i.R.d. § 447 (zur Zulässigkeit vgl. K 35) nach § 278 für fremdes Verschulden einzustehen? e.A.: Ja, Verkäufer hat dafür zu sorgen, dass seine Angestellten den Transport ordnungsgemäß ausführen. Deshalb ist es unerheblich, dass Verkäufer Transport bei Schickschuld nicht schuldet. a.A.: Nein, Bestimmungen der §§ 426 ff HGB sind analog anzuwenden, da die Situation dem in § 458 HGB beschriebenen Selbsteintrittsrecht gleiche.	464
K 37	Versendungskauf/ Drittschadensliquidation	Sind die Grundsätze der Drittschadensliquidation auch dann anzuwenden, wenn die Kaufsache aufgrund eines Frachtvertrags transportiert wird, so dass der Frachtführer dem Käufer gegenüber aus §§ 421 Abs. 1 S. 2, 425 HGB haftet? Voraussetzung: § 421 Abs. 1 S. 2 HGB stellt eigenständige Anspruchsgrundlage dar (str.) e.A.: Nein, da keine zufällige Schadensverlagerung mehr. a.A.: Ja, denn gemäß § 421 Abs. 1 S. 2 Hs. 2 HGB bleibt der Absender zur Geltendmachung der Ansprüche berechtigt. Diese Regelung ergibt nur dann Sinn, wenn der Verkäufer den Schaden des Käufers geltend machen kann.	470

§ 16 Werkvertragsrecht

Nr.	Prüfungszusammenhang	Problembeschreibung	Rdnr.
W 1	Vergütungsanspruch/ Wegfall	Lässt sich eine Analogie zu § 645 mit der Sphärentheorie begründen? ü.A.: Nein, da sich die Sphärentheorie zu weit von der Risikoverteilung des Werkvertragsrechts entfernt, wonach grundsätzlich der Unternehmer die Vergütungsgefahr trägt. a.A.: Ja. Vorteil der Sphärentheorie: Gefahr höherer Gewalt ist kalkulierbar und einfacher zu versichern. Auswirkungen nur bzgl. anteiliger Vergütung.	502

Nr.	Prüfungszusammenhang	Problembeschreibung	Rdnr.
W 2	Anwendbarkeit des Gewährleistungsrechts	Ist von dem Grundsatz, dass das werkvertragliche Gewährleistungsrecht der §§ 634 ff erst ab dem Zeitpunkt der Abnahme (§ 640 bzw. § 646) des Werks anzuwenden ist, ggf. eine Ausnahme zu machen? e.A.: Ja, und zwar ab Fertigstellung des gesamten Werkes: Vorwirkung soll Besteller Möglichkeit der Nachfristsetzung mit anschließender Selbstvornahme geben. a.A.: Nein, ggf. kann § 635 Abs. 3 analog auf ursprünglichen Erfüllungsanspruch aus § 633 Abs. 1 angewendet werden, da Nacherfüllungsanspruch modifizierter Erfüllungsanspruch.	546 f, 506
W 3	Selbstvornahme, Schadensersatz, Rücktritt/ Nachfristsetzung	Wann gilt die Nacherfüllung als fehlgeschlagen i.S.d. §§ 637 Abs. 2 S. 2, 636, so dass eine Nachfristsetzung entbehrlich ist? e.A.: Nacherfüllung (erst) fehlgeschlagen, wenn beide Varianten der Nacherfüllung (Mangelbeseitigung und Neuherstellung) ergebnislos. a.A.: Nacherfüllung fehlgeschlagen, wenn eine der gewählten Nacherfüllungsvarianten ergebnislos. Sachgerecht, da Unternehmer bzgl. der Art der Nacherfüllung das Wahlrecht hat, so dass er auch das Risiko des Fehlschlagens tragen muss.	516
W 4	Schadensersatz/Wahl der Anspruchsgrundlage	Kriterien für die Abgrenzung der Schadensarten, d.h. für die Abgrenzung des Anspruchs auf Schadensersatz statt der Leistung (§§ 280, 281 ff) vom Anspruch auf einfachen Schadensersatz (§ 280 Abs. 1)? Vgl. ähnliche Problematik im Kaufrecht.	530 ff

§ 17 Reisevertragsrecht

Nr.	Prüfungszusammenhang	Problembeschreibung	Rdnr.
R 1	Begriff des „Reisenden"	Ist ein Dritter, für den jemand eine Reise bucht, selbst als Reisender i.S.d. § 651a Abs. 1 S. 1 anzusehen? – Wenn der Dritte Familienangehöriger des Buchenden ist: Vertrag zugunsten Dritter; Dritter wird selbst kein Reisender. – Wenn der Dritte kein Familienangehöriger des Buchenden ist: Stellvertretung; Dritter wird selbst Reisender.	582 ff

Problemübersicht

Nr.	Prüfungszusammenhang	Problembeschreibung	Rdnr.
R 2	Rücktrittserklärung	Ist der bloße Nichtantritt einer Reise („no-show") als Rücktrittserklärung zu werten? h.M.: Ja, weil günstigste Alternative für den Reisenden. a.A.: Nein, weil erstens Handlungs- und Erklärungsbewusstsein fehlen und zweitens der Reisende unter Umständen noch ein Interesse an einzelnen Reiseleistungen haben kann.	604
R 3	Ausschlussfrist des § 651g	Kann ein Reisender für einen anderen Reiseteilnehmer fristwahrend Gewährleistungsrechte gegenüber dem Reiseveranstalter geltend machen? – Wenn der andere Reiseteilnehmer selbst kein Reisender ist (siehe R 1), dann Geltendmachung ohne Weiteres nach § 335 möglich. – Wenn der andere Reiseteilnehmer selbst Reisender ist (siehe R 1), dann Geltendmachung als Stellvertreter; vollmachtlose Stellvertretung wird durch Genehmigung ex tunc wirksam.	655

§ 18 Schenkung

Nr.	Prüfungszusammenhang	Problembeschreibung	Rdnr.
S 1	Haftungsprivileg nach § 521	Ist das Haftungsprivileg des § 521 auch auf Schutzpflichtverletzungen anwendbar? – e.A.: Ja, der altruistisch Handelnde soll nicht für leicht fahrlässiges Handeln haften müssen. – e.A.: Nein, das Integritätsinteresse des Beschenkten ist in vollem Umfang schutzwürdig und -bedürftig. – h.M.: Nur dann, wenn ein Zusammenhang mit dem Leistungsgegenstand besteht. – e.A.: Haftung nur für Schäden, die den Wert des Geschenks übersteigen.	685
S 2	Haftungsprivilegien nach §§ 523 f	Sind die Haftungsprivilegien der §§ 523 und 524 auf Mangelfolgeschäden anwendbar? – h.M.: Ja, der Wortlaut der Vorschriften enthält keine Einschränkung. – a.A.: Nein, weil sonst ein Wertungswiderspruch zu § 521 entsteht.	692

Problemübersicht

Nr.	Prüfungszusammenhang	Problembeschreibung	Rdnr.
S 3	Gemischte Schenkung	Wie ist eine gemischte Schenkung zu behandeln? – Einheitstheorie: alle Vorschriften zu den miteinander verschmolzenen Vertragstypen gelten kumulativ. – Trennungstheorie: Aufteilung des Geschäfts in einen entgeltlichen und einen unentgeltlichen Teil. – Zweckwürdigungstheorie (h.M.): Anwendung derjenigen Normen, die dem Vertragszweck am besten gerecht werden; Feststellung, ob der Schwerpunkt auf einer entgeltlichen oder unentgeltlichen Zuwendung liegt. – Theorie der Abschlussschenkung: Objekt der Schenkung ist der Abschluss eines günstigen Kaufvertrags.	701

§ 19 Miete

Nr.	Prüfungszusammenhang	Problembeschreibung	Rdnr.
M 1	Anfechtung	Führt eine Anfechtung nach Überlassung der Mietsache zu einer Nichtigkeit ex tunc oder ex nunc? e.A.: ex nunc, weil es sich beim Mietverhältnis um ein Dauerschuldverhältnis handelt. ganz h.M.: ex tunc, weil die §§ 985 ff, 812 ff einen angemessenen Ausgleich ermöglichen.	711
M 2	Schadensersatzanspruch des Mieters wegen Mietmangels	Kann der Mieter bereits vor Überlassung der Mietsache Schadensersatz nach § 536a Abs. 1 verlangen? Bedeutung: Nach § 536a Abs. 1 Fall 1 Garantiehaftung, wohingegen nach § 280 Abs. 1 Verschuldenshaftung. e.A.: Nein. § 536a Abs. 1 verweist auf § 536; Voraussetzung sei daher ein Fehler „zur Zeit der Überlassung". a.A.: Ja. Der Verweis bezieht sich ausschließlich auf die in § 536 beschriebenen Fehlerarten (und nicht auch auf das Zeitmoment). Außerdem drohen Wertungswidersprüche: Nach Ansicht 1 wäre Mieter darauf angewiesen, dass der Vermieter ihm die Mietsache übergibt.	750 ff

Problemübersicht

Nr.	Prüfungszusammenhang	Problembeschreibung	Rdnr.
M 3	Verpflichtung zur Mietzahlung	Ausnahme von der Befreiung des Mieters zur Mietzahlung nach § 537 Abs. 2, wenn Vermieter den Mietgebrauch einem Dritten überlassen hat, dies aber auf einer vorzeitigen Aufgabe des Mietgebrauchs beruht? e.A.: Nein. Wortlaut sieht keine Ausnahme vor, so dass § 537 Abs. 2 uneingeschränkt greift. h.M. (BGH): Ja, denn Berufung des Mieters auf § 537 Abs. 2 rechtsmissbräuchlich, wenn er Weitervermietung zurechenbar veranlasst hat. Weitervermietung dient beiderseitigem Interesse, da ehemaliger Mieter nur Differenz auszugleichen hat.	773
M 4	Mietgebrauch	Herausgabe erlangter Vorteile des Mieters bei unberechtigter Untervermietung der Mietsache? h.M. (vgl. BGH): Grundsätzlich nein.	780
M 5	Vermieterpfandrecht	Erlischt das Vermieterpfandrecht bei vorübergehender Entfernung der eingebrachten Sache vom Grundstück? e.A.: Nein, wenn der Mieter den Gegenstand zurückbringen will. a.A.: Ja, weil es gemäß § 562a nicht auf einen Rückführungswillen ankommt. Außerdem führt anderer Ansatz zur Entwertung anderer Sicherungsrechte, wie dem Werkunternehmerpfandrecht.	793

§ 20 Finanzierungsleasing

Nr.	Prüfungszusammenhang	Problembeschreibung	Rdnr.
FL 1	Rechtsnatur des Leasings	Unter welchen Vertragstyp ist der Leasingvertrag zu subsumieren? e.A.: Kombination aus Geschäftsbesorgungs- und Darlehensvertrag. a.A.: Vertrag sui generis. h.M.: Atypischer Mietvertrag.	825 ff

Nr.	Prüfungszusammenhang	Problembeschreibung	Rdnr.
FL 2	Drittverweisungsklausel/ Auswirkungen eines Rücktritts vom Kaufvertrag auf den Leasingvertrag	Wie wirkt sich der Rücktritt des Leasingnehmers vom Kaufvertrag auf den zwischen Leasinggeber und Leasingnehmer geschlossenen Leasingvertrag aus? h.M.: Rücktritt vom Leasingvertrag nach § 313 – mit Wirkung ex tunc. a.A.: Außerordentliches fristloses Kündigungsrecht nach § 543 Abs. 2 Nr. 1 mit Wirkung ex nunc. a.A.: Automatische (und rückwirkende) Befreiung nach § 326 Abs. 1 S. 1, weil dem Leasinggeber die Überlassung der Leasingsache unmöglich ist (Rückzahlung der bereits geleisteten Leasingraten nach § 324 Abs. 4).	837 ff
FL 3	Drittverweisungsklausel/ Folgen mangelnder Haftung des Lieferanten	Welche Ansprüche hat der Leasingnehmer, wenn Gewährleistungsansprüche zwischen Leasinggeber und Lieferanten ausgeschlossen sind? – wenn Ausschluss auf Handlung des LG beruht (z.B. Vereinbarung eines Haftungsausschlusses mit dem Lieferanten): Unwirksamkeit der Drittverweisungsklausel. – wenn Ausschluss auf gesetzlicher Regelung beruht (z.B. Rügeobliegenheit, keine Beweislastumkehr): subsidiäre Eigenhaftung des LG.	847

§ 21 Leihe

Nr.	Prüfungszusammenhang	Problembeschreibung	Rdnr.
L 1	Haftungsprivilegien nach §§ 599 f	Sind Schutzpflichtverletzungen vom Anwendungsbereich des § 599 erfasst? Ist § 600 auf Mangelfolgeschäden anwendbar? Siehe hierzu die Parallelprobleme im Schenkungsrecht (S1 und S2). Allerdings beantwortet die h.M. die zweite Frage (Anwendbarkeit auf Mangelfolgeschäden) bei § 600 ohne Begründung mit „Nein" – und damit anders als bei § 524.	866

Problemübersicht

§ 22 Darlehen

Nr.	Prüfungszusammenhang	Problembeschreibung	Rdnr.
D 1	Nichtigkeit/ Verzinsungspflicht	Hat der Darlehensgeber einen Anspruch auf Rückzahlung der Darlehensvaluta samt Zinsen, wenn der Darlehensvertrag wegen Sittenwidrigkeit ex tunc nichtig ist? Valuta: ganz h.M.: Ja, § 812 Abs. 1 S. 1 Fall 1. § 817 S. 2 sperrt nur Anspruch auf *sofortige* Rückzahlung. Zinsen: h.L.: Ja, Nutzungsersatz nach § 818 Abs. 2 (bemessen nach den marktüblichen Zinsen). BGH: Nein, § 817 S. 2 sperrt Anspruch auf Nutzungsersatz; außerdem verstößt ein Nutzungsersatzanspruch gegen das Verbot der geltungserhaltenden Reduktion.	884 ff
D 2	Sachdarlehen/Rückgabe mangelhafter Sachen	Was gilt, wenn der Darlehensnehmer mangelhaft leistet? h.M.: Analoge Anwendung der kaufrechtlichen Gewährleistungsregeln. a.A.: Anwendung des allgemeinen Leistungsstörungsrechts (also insb. §§ 280 ff).	904

§ 23 Dienstvertrag

Nr.	Prüfungszusammenhang	Problembeschreibung	Rdnr.
D 1	Rechtsbehelfe des Dienstberechtigten	Kann der Dienstberechtigte im Falle einer Schlechtleistung Nacherfüllung verlangen? e.A.: Der ursprüngliche Erfüllungsanspruch erlischt im Fall einer Schlechtleistung nicht gem. § 362 h.M.: Es besteht ein Schadensersatzanspruch auf – Unteransicht 1: Nachholung der ordnungsgemäßen Leistung – Unteransicht 2: Rückzahlung der Vergütung	926 ff
D 2	Rechtsbehelfe des Dienstberechtigten	Ist eine Schlechtleistung durch einen Erfüllungsgehilfen als Pflichtverletzung des Dienstverpflichteten einzustufen? Ja. Es bedarf jedoch einer Zurechnung nach § 278 (analog).	933

§ 24 Auftrag

Nr.	Prüfungszusammenhang	Problembeschreibung	Rdnr.
A 1	Schadensersatz	Kann der Beauftragte Schäden, die er bei Ausführung des Auftrags erleidet, als Aufwendungen nach § 670 ersetzt verlangen? h.M.: Ja, sofern sich in dem Schaden das typische Risiko der übernommenen Tätigkeit verwirklicht hat.	978
A 2	Haftungsprivilegien	Sind die Haftungsprivilegien anderer unentgeltlicher Verträge analog anwendbar? e.A.: Ja. Der altruistisch Handelnde soll nicht für leicht fahrlässiges Handeln haften müssen. h.M.: Nein. Verzicht auf Haftungsprivileg ist bewusste gesetzgeberische Entscheidung; außerdem: fehlende Vergleichbarkeit der Interessenlagen (anders als bei der Schenkung wird bei einem Auftrag das Vermögen des Leistenden nicht gemindert). Aber: Mitunter nimmt die h.M. einen „stillschweigenden Haftungsverzicht" der geschädigten Partei an – und zwar regelmäßig dann, wenn der Schädiger nicht versichert ist. Außerdem: Analoge Anwendung der Haftungserleichterung nach § 680, wenn die Handlung, die zum Schaden führte, der Abwehr einer dringenden Gefahr diente (der beauftragte Helfer soll hier nicht schlechter stehen als derjenige, der ohne Auftrag eingreift).	972

§ 25 Bürgschaft

Nr.	Prüfungszusammenhang	Problembeschreibung	Rdnr.
B 1	Materielle Wirksamkeit/ AGB-Kontrolle	An welchen AGB-Vorschriften kann eine Globalbürgschaftsklausel scheitern? – Verbot überraschender Klauseln, § 305c (nur für Bürgschaften mit Anlasskredit). – Inhaltskontrolle, § 307 Abs. 2 Nr. 1: Unangemessene Benachteiligung wegen Verstoßes gegen das in § 767 Abs. 1 S. 3 angelegte Verbot der Fremddisposition. – Transparenzgebot, § 307 Abs. 1 S. 2, weil sich das Haftungsrisiko des Bürgen nicht von vornherein klar ergibt.	1004 ff

Problemübersicht

Nr.	Prüfungszusammenhang	Problembeschreibung	Rdnr.
B 2	Materielle Wirksamkeit/ Sittenwidrigkeit	Unter welchen Voraussetzungen sind Bürgschaften nahe stehender Personen und Angehöriger infolge Sittenwidrigkeit § 138 Abs. 1 nichtig?	1009 ff
		Grundsatz: Widerlegliche (!) Vermutung für Ausnutzung einer emotionellen Beziehung zwischen Hauptschuldner und Bürgen, sofern ein krasses Missverhältnis zwischen Verpflichtungsumfang und Leistungsfähigkeit des Bürgen gegeben ist (d.h. wenn Bürge nicht einmal in der Lage ist, die laufenden Zinsen aufzubringen).	
		Ausnahme: Keine Sittenwidrigkeit, wenn Bürgschaft dem Schutz des Gläubigers vor einer Vermögensverschiebung dient und dieser Zweck eindeutig im Bürgschaftsvertrag niedergelegt ist.	
B 3	Bürgschaft und Verbraucherschutz	Ist § 312 auf die Bürgschaft anwendbar?	1012 ff
		e.A.: Nein, die Bürgschaft ist ein einseitig verpflichtender – und damit kein entgeltlicher – Vertrag.	
		h.M.: Ja, wenn Bürgschaft in einer Haustürsituation abgeschlossen wurde und der Bürge ein Verbraucher ist. Arg: Der Verbraucher, dem für seine Leistung kein Entgelt versprochen wird, ist nicht in geringerem, sondern in stärkerem Maße schutzwürdig, als der entgeltlich leistende Verbraucher.	
		Achtung: Haustürgeschäfterichtlinie beachten: Sie verlangt laut EuGH eine Anwendung des § 312, wenn die mit der Bürgschaft abgesicherte Hauptschuld ein Haustürgeschäft darstellt; eine weitergehende Anwendung verbietet sie nicht.	

Nr.	Prüfungszusammenhang	Problembeschreibung	Rdnr.
B 4	Bürgschaft und Verbraucherschutz	Sind die §§ 491 ff auf den Bürgschaftsvertrag anwendbar? h.M.: Nein. Die Bürgschaft ist kein Darlehensvertrag und der Bürge ist über die §§ 765 ff ausreichend abgesichert. a.A.: Ja. Anderenfalls entstehen Wertungswidersprüche zum Schuldbeitritt, auf den die §§ 491 ff nach h.M. Anwendung finden; der Beitretende wäre besser geschützt als der Bürge – obwohl er sich weitergehend verpflichtet. Achtung: Verbraucherkreditrichtlinie beachten. Nach einer Entscheidung des EuGH zur alten (!) Richtlinie allerdings keine Anwendbarkeit auf die Bürgschaft (weil erstens Bürgschaft kein Darlehen und zweitens Regelungen für den Bürgen uninteressant). Weitergehender Schutz nach nationalem Recht ist aber zulässig.	1015 ff
B 5	Umfang der Bürgschaft/ Unwirksamer Darlehensvertrag	Umfasst die zur Sicherung eines Darlehens geschlossene Bürgschaft bei Nichtigkeit des Darlehensvertrags auch den Kondiktionsanspruch auf Rückzahlung der Valuta (vgl D 1)? e.A.: Nein. Bürgschaft geht ins Leere, weil die gesicherte Hauptschuld nicht besteht, und die bestehende Hauptschuld nicht gesichert ist. h.M.: Ja, wenn Bürge auch im Eigeninteresse handelt; ansonsten nein.	1025
B 6	„Wettlauf der Sicherungsgeber"	In welcher Höhe ist ein Rückgriff des in Anspruch genommenen Sicherungsgebers gegenüber einem anderen Sicherungsgeber zulässig? Bei Mitbürgen: § 769. Bei Hypothek, Grundschuld etc.: e.A.: Volle Rückgriffsmöglichkeit des Bürgen, wenn er den Gläubiger befriedigt; keine Rückgriffsmöglichkeit des anderen Sicherungsgebers, wenn er den Gläubiger befriedigt. Arg.: Bürge ist ausweislich des § 776 stets zu bevorzugen. h.M.: Alle Sicherungsgeber sind gleich zu behandeln, und zwar entsprechend des in § 426 für die Gesamtschuld geltenden Maßstabs.	1048 f

Sachverzeichnis

Die Zahlen verweisen auf die Randnummern des Buches.

AGB-Kontrolle
- Bürgschaft 1004 ff
- Finanzierungsleasing 829 ff
- Miete 710, 719

Allg. Leistungsstörungsrecht 3 ff
- Abgrenzung der Schadensarten 21 ff
- Befreiung von der Gegenleistungspflicht 37 f, 40 ff, 326, 495 ff, 499 ff
- beim Kauf 45 ff, 83 ff
- „Erste Spur" 7, 11
- Rechtsbehelfe des Gläubigers 14 ff
- Regelungssystem 3 ff
- Rücktritt 37 ff
- Schadensersatz 18 ff
- Unmöglichkeit 9 f
- Verhältnis zu vertraglichen Schuldverhältnissen 14 ff
- Wegfall der Gegenleistungspflicht 40 ff
- „Zweite Spur" 8 ff

Arbeitsvertrag *(s.a. Dienstleistung)* 910 f, 912, 915 f, 931, 938 ff, 947, 952

Auftrag und Geschäftsbesorgungsvertrag 962 ff
- Aufwendungsersatz 977
- Beendigung 980 ff
- Empfehlung, Rat 989 f
- Gefälligkeit 964
- Gefälligkeitsverhältnis geschäftsähnlicher Art 966
- Geschäftsbesorgungsvertrag 984 ff
- Haftungsprivilegierung 972
- Herausgabeanspruch 969 ff
- Kündigung zur Unzeit 965, 973, 981
- Rechenschaftsanspruch 971
- Schadensersatz 972 f, 981
- Vollmacht 982 f

Auslobung 1060 ff.

Behandlungsvertrag 908, 920, 957, 1052 ff
„Berliner Kindl"-Entscheidung 1016
Beschaffungsrisiko *(s.a. Schadensersatz beim Kauf)* 197 ff, 268
Betriebsausfallschaden *(s.a. Kauf, Schadensersatz/Werkvertrag)* 283 ff, 550

Bürgschaft 991 ff
- AGB-Kontrolle 1004 ff
- Akzessorietät 991, 993
- Anfechtung 1018 ff
- Angehörigenbürgschaft 1011
- Ausfallbürgschaft 998
- „Berliner Kindl"-Entscheidung 1016
- Blankobürgschaft 1001
- Bürgschaft auf erstes Anfordern 998, 1023
- „Ditzinger"-Entscheidung 1014, 1016
- Einreden gegen die Bürgschaft 1030 ff
- Einreden gegen die Hauptforderung 1033
- Fernabsatzgeschäfte 1012 ff
- formelle Wirksamkeit 999 ff
- Garantievertrag 994 f, 1002
- Globalbürgschaften 1003 ff
- Haustürgeschäfte 1012 ff
- künftige Forderung 1003, 1023, 1027
- Mitbürgschaft 997
- Nachbürgschaft 997
- Regress gegen andere Sicherungsgeber 1048 ff
- Regress gegen den Hauptschuldner 1038 ff
- Regress gegen einen Mitbürger 1043 ff
- Rückbürgschaft 997
- Schuldbeitritt 993, 995, 1002, 1015
- selbstschuldnerische Bürgschaft 1032, 1049
- Sittenwidrigkeit 1009 ff
- Subsidiarität 991, 993, 998, 1015, 1047
- Unwirksamkeit des Darlehensvertrags 1025
- Verbraucherdarlehen 1015 ff
- Verbraucherschutzvorschriften 1012 ff
- Wegfall der Geschäftsgrundlage 1019 ff
- „Wettlauf der Sicherungsgeber" 1048 f

Darlehen 876 ff
- Aufrechnungsverbot 887
- formelle Wirksamkeit 879 f
- Kündigung 891 ff
- Sachdarlehen 901 ff

Sachverzeichnis

- Sittenwidrigkeit 881 ff
- Verbraucherschutz 878 ff, 899
- Vollmacht 880

Dienstvertrag 906 ff
- Abgrenzung zum Auftrag 906
- Abgrenzung zum Werkvertrag 906 ff
- Abgrenzung zwischen freiem Dienstvertrag und Arbeitsvertrag 910
- Absolute Fixschuld/Absolutes Fixgeschäft 924 f, 927, 936, 940
- Access-Provider-Verträge 909
- Akkordlohn 907
- Arbeitsrechtliche Sonderregelungen und -gesetze 911
- Ärztlicher Behandlungsvertrag 908, 920, 957, 1052 ff
- Annahmeverzug des Dienstberechtigten 936
- Anwaltsvertrag 908, 956 f
- Arbeitsvertrag 910 ff, 915 f, 931, 938 ff, 947, 952
- Architektenvertrag 908
- Beendigung des Dienstverhältnisses 941 ff
- Befristete Dienstverhältnisse 942
- Beherrschbarkeit des Erfolgs 908
- Erfolgsbezogenheit 906 ff
- Erfüllung, insb. persönliche 917 ff
- Erfüllungsgehilfe 933
- Delegation der Dienstleistung 919
- Festnetz- und Mobilfunkverträge 909
- Form von freiem Dienst- und Arbeitsvertrag 912
- Fristgebundene Kündigung 947 ff
- Fristlose Kündigung 953 ff
- Kündigung von Arbeitsverträgen 947, 952
- Lehrvertrag 908
- Naturalerfüllung 917
- Nichtleistung 921 ff
- Rücktritt 923 ff
- Schadensersatz 921, 928 f
- Schlechtleistung bei freiem Dienst- und Arbeitsvertrag 926 ff
- Selbständigkeit 910
- Übernahmeverschulden 932
- Unbefristete Dienstverhältnisse 943
- Unwirksamkeit des freien Dienst- und Arbeitsvertrags 915 f
- Vergütung 913 f
- Vergütungsanspruch bei Nichtleistung unter freien Dienst- und Arbeitsvertrag 936 ff

„Ditzinger"-Entscheidung 906 ff
Drittschadensliquidation *(s.a. Versendungskauf/Kauf, Schadensersatz)* 395, 466 ff
Drittverweisungsklausel *(s.a. Finanzierungsleasing)* 823 ff

Fernabsatzvertrag
- Anwendung i.R.d. Bürgschaft 1015

Finanzierungsleasing 823 ff
- AGB-Kontrolle 829 ff, 847, 858
- Ansprüche des Leasingnehmers gegen den Lieferanten 850
- Beendigung 836 ff, 849, 852
- Beweislastumkehr des § 477 847
- Drittverweisungsklausel 825, 833 ff
- Haftung des Leasingnehmers 852 ff
- Haftungsausschluss 833, 847
- Herstellerleasing 875 f
- Mietkauf 861
- Minderung 842
- Nacherfüllung 835, 847
- Nichtlieferung 848 f
- Operatingleasing 856
- Rechtsnatur 824 ff
- Rücktritt vom Kaufvertrag 837 ff
- Rügeobliegenheit 833
- Sale-and-lease-back 859
- Schadensersatz 843 ff, 847, 849, 851
- Störungen der Dreieckshaftung 846 f
- Teilzahlungskauf 860
- Verbraucherschutz 853 f
- verbundene Verträge 854
- Verzug 848 f

Garantie *(s.a. Kauf und Schadensersatz beim Kauf)* 267, 328 ff, 418
Garantievertrag 994
- Abgrenzung zur Bürgschaft 995
Gewinnzusage 1062
Grundschuld 1048
- Wettlauf der Sicherungsgeber 1048 f

Haustürgeschäft 1012
- Anwendung i.R.d. Bürgschaft 1014
Heiratsvermittlung *(s.a. Maklervertrag)*
Hypothek
- Wettlauf der Sicherer 1048

Identitäts-Aliud *(s.a. Nacherfüllung beim Kauf)* 194 f
„IKEA-Klausel" *(s.a. Kauf)* 68 ff
„Impfungs-Fall" *(BGH Entsch.)* 502

Sachverzeichnis

Kauf *(s.a. Kauf, …)* 43 ff
- Abgrenzung zum Werkvertrag 485
- Allgemeines Leitungsstörungsrecht 45 ff, 83 ff
- Anfechtung 348 ff
- Aufklärungspflichtverletzung 265, 293, 371 ff
- Aufwendungsersatz *(s.a. Kauf, Aufwendungsersatz)* 189, 316 ff
- Ausschluss der Gewährleistungshaftung 328 ff
- culpa in contrahendo (c.i.c.) 371 ff
- Deliktsrecht 379 ff
- Drittschadensliquidation *(s.a. Versendungskauf)* 395, 466 ff
- Einrede des nicht erfüllten Vertrags 325 ff, 346 f
- „Einwirkung" gewährleistungsrechtlicher Bestimmungen auf andere Rechtsbehelfe 366 f, 372, 381 f
- Garantie 267, 328 ff, 418
- Gefahrübergang 76 f, 82, 89, 102, 394 ff, 453 ff
- Haftung des Verkäufers 83 ff
- Konkurrenzen 348 ff, 548
- Mängeleinrede 325 ff, 346 f
- Minderung *(s.a. Kauf, Minderung)* 248 ff
- Nacherfüllung *(s.a. Kauf, Nacherfüllung)* 95 ff
- Nebenpflichtverletzung 265, 293, 362 ff
- Rechtsbehelfssystem 83 ff
- Rechtskauf *(s.a. dort)* 472 ff
- Rechtsmangel *(s.a. Kauf, Rechtsmangel)* 78 ff, 473
- Regelungssystem 43 ff
- Rückgriff des Verkäufers 420 ff
- Rücktritt *(s.a. Kauf, Rücktritt)* 208 ff
- Sachmangel *(s.a. Kauf, Sachmangel)* 48 ff
- Schadensersatz *(s.a. Kauf, Schadensersatz)* 252 ff
- Selbstvornahme der Nacherfüllung *(s.a. Kauf, Nacherfüllung)* 450 ff
- Stückkauf 192 ff
- Unberechtigte Geltendmachung von Ansprüchen 376 ff
- Unternehmenskauf *(s.a. dort)* 476 ff
- Verbrauchsgüterkauf *(s.a. dort)* 126 ff, 139 ff, 383 ff
- Verjährung von Gewährleistungsrechten 341 ff, 368 f, 373, 381, 402
- Versendungskauf *(s.a. Kauf, Versendungskauf)* 394 ff, 453 ff
- Wegfall der Geschäftsgrundlage 360 f

Kauf, Aufwendungsersatz 189, 316 ff, 429 ff
- Ausschluss 321 f
- Ersatz von Kosten für Sachnutzung 276
- Rechtsfolgen 323 f
- Rückgriff des Verkäufers 429 ff
- Voraussetzungen 318 ff

Kauf, Gattungsschuld
- Beschaffungsrisiko 197 ff, 268
- Konkretisierung 91 ff
- Schadensersatz wegen anfänglicher Unmöglichkeit der Leistung *(s.a. Schadensersatz beim Kauf)* 289 ff

Kauf, Minderung 248 ff
- Ausschluss 248, 328 ff
- Minderung im Falle der Herabsetzung des Kostenersatzes beim Verbrauchsgüterkauf 179
- Rechtsfolgen 250 f
- Voraussetzungen 248 f
- Zeitliche Grenzen (Verjährung) 345 ff

Kauf, Nacherfüllung 95 ff
- § 439 Abs. 2 als Anspruchsgrundlage? 103 ff, 191
- Abgrenzung zum Erfüllungsanspruch 100 ff
- Absolute Unverhältnismäßigkeit 126 ff, 129 ff
- Alles-oder-Nichts-Lösung 168
- Aus- und Wiedereinbau 137 ff
- Ausschluss 121 ff, 328 ff
- Einbaufälle 137 ff
- Ersatzlieferung 95, 191
- Ersatzlieferung bei Stückschuld 192 ff
- Ersteinbaukosten 189
- Identitäts-Aliud 194
- Kosten 103 ff, 156 ff, 191
- Kosten für Aus- und Wiedereinbau 137 ff, 156 ff
- Mängelhaftungsänderungsgesetz von 2017 (Ein- und Ausbau) 149 ff
- modifizierter Erfüllungsanspruch 100 ff
- Nachbesserung 95, 188, 201 ff
- Nachbesserung, wenn Verantwortlichkeit des Käufers für Mangel 203 ff
- Ort 108 ff, 191
- Putz/Weber-Entscheidung des EuGH 139 ff
- Relative Unverhältnismäßigkeit 125, 133 ff
- Rückabwicklung bei der Ersatzlieferung 136, 419
- Selbstvornahme 450 ff
- Unmöglichkeit 121

333

Sachverzeichnis

- Unverhältnismäßigkeit   122 ff, 164 ff
- Verantwortlichkeit des Käufers   203 ff
- Verweigerungsrecht des Verkäufers   122 ff, 164 ff
- Voraussetzungen   98 f
- Vorschussanspruch des Käufers   180, 191
- Wahlrecht i.R.d. Nacherfüllung   95
- Wahlrecht i.R.d. Nachbesserung   201 ff
- Weiterfresserschaden   205 ff

Kauf, Rechtsmangel   78 ff
- Abgrenzung zum Sachmangel   82
- Begriff   78
- Recht   80

Kauf, Rückgriff des Verkäufers   420 ff
- Allgemeine Rückgriffserleichterungen   424 ff
- Besonderheiten nach Verbrauchsgüterkauf   445 ff
- Aufwendungsersatzanspruch für Nacherfüllungskosten   429 ff
- Entbehrlichkeit der Fristsetzung   433 ff
- Handelsrechtliche Rüge- und Untersuchungsobliegenheit   438 f
- Zeitliche Grenzen (Verjährung, Ablaufhemmung)   440 ff

Kauf, Rücktritt   208 ff
- Ausschluss   244, 328 ff
- Entbehrlichkeit der Nachfristsetzung   220 ff
- Entbehrlichkeit der Nachfristsetzung beim Unternehmerrückgriff   233, 433 ff
- Erklärung   245
- Fälligkeit der Leistungspflicht   210
- Nachfristsetzung   216 ff
- Nebenpflichtverletzungen   212
- Recht zur zweiten Andienung   209
- Rechtsfolgen   246 ff
- Rücktritt und Lieferantenrückgriff   233
- Rücktritt im Falle der Herabsetzung des Kostenersatzes beim Verbrauchsgüterkauf   179
- Rücktritt und Unmöglichkeit oder Unverhältnismäßigkeit der Nacherfüllung   179, 123
- Unerheblichkeit der Pflichtverletzung   241 ff
- Vereinbarkeit des generellen Nachfristsetzungserfordernisses mit Verbrauchsgüterkauf-RL   234 ff
- Voraussetzungen   210 ff
- Zeitliche Grenzen (Verjährung)   345 ff

Kauf, Sachmangel   48 ff
- Abgrenzung zum Rechtsmangel   82

- Aliud-Lieferung   73 ff
- Bedienungsanleitung   72
- Eignung zur vertraglich vorausgesetzten Verwendung   58
- Eignung zur gewöhnlichen Verwendung   59 ff
- Gefahrübergang   76
- Identitäts-Aliud   194
- „IKEA-Klausel"   68
- Montage(anleitung)   65 ff
- Öffentliche Aussagen   61 ff
- Übliche Beschaffenheit   59 ff
- Unberechtigte Geltendmachung   376 ff
- Vereinbarte Beschaffenheit   55 ff
- Vermutung des Vorliegens bei Gefahrübergang   77, 403 ff
- Werbeaussagen   61 ff
- Zuwenig-Lieferung   73 ff

Kauf, Schadensersatz   252 ff
- Abgrenzung der Schadensarten   273 ff, 297 ff
- Abgrenzung zum allgemeinen Leistungsstörungsrecht   287 f
- Äquivalenzinteresse   278 f, 379
- Aufwendungsersatz *(s.a. Aufwendungsersatz beim Kauf)*   189, 316 ff
- Ausschluss   297, 328 ff
- Beschaffungsrisiko   197, 268
- Betriebsausfallschaden   283 ff
- c.i.c.   371 ff
- Deliktsrecht   379 ff
- Drittschadensliquidation   395, 466 ff
- Entbehrlichkeit der Nachfristsetzung beim Rückgriff des Verkäufers   433 ff
- Entgangener Gewinn   281 f, 283 ff
- Garantie   267, 418
- Großer und kleiner Schadensersatz   307 ff
- Haftungsmaßstäbe für Vertretenmüssen   266 ff
- Integritätsinteresse   279, 379
- Mangelfolgeschaden   276, 279, 286, 293, 297, 370
- Mangelschaden   278, 297
- Nachfristsetzung   306
- Nutzungsausfallschaden   283 ff
- Pflichtverletzung   257 ff
- Schadensarten   273 ff
- Schadensersatz statt und neben der Leistung   274 ff
- Schadensersatz statt und statt der ganzen Leistung   307 ff

Sachverzeichnis

- Schadensersatz wegen anfänglicher Unmöglichkeit der Leistung 289 ff
- Schadensersatz wegen Aufklärungspflichtverletzung 293, 371 ff
- Schadensersatz wegen ursprünglich mangelhafter Leistung 294 ff
- Schadensersatz wegen Verletzung der Nacherfüllungspflicht 311 ff
- „Stoffgleichheit" 205, 379
- Unerheblichkeit der Pflichtverletzung 310
- Untersuchungspflicht 271, 438 f
- Vereinbarkeit des generellen Nachfristsetzungserfordernisses mit Verbrauchsgüterkauf-RL 240
- Verschuldenshaftung 269 ff
- Vertretenmüssen (Bezugspunkt) 261 ff
- Verzögerungsschaden 281 f
- Weiterfresserschaden 279, 379

Kauf, Versendungskauf 394 ff, 453 ff
- Drittschadensliquidation 395, 466 ff
- „Erfüllungsort" 457
- Entstehung des Nacherfüllungsanspruchs 102
- Gefahrübergang 76, 394 ff
- Platzkauf 458
- Transport durch eigene Leute 460, 464
- Transportperson 459
- Verbrauchsgüterkauf 394 ff
- Voraussetzungen 456 ff

„Kauf bricht nicht Miete" (s.a. Miete) 796 ff
Konkretisierung beim Gattungskauf (s.a. Kauf) 91 ff
Kündigung
- Auftrag 980 ff
- Darlehen 891 ff
- Leihe 872 ff
- Miete 712, 725, 727, 745, 753 ff, 763, 770, 775 ff, 803 ff, 812 ff
- Reisevertrag 633 ff, 640, 644, 658, 660
- Werkvertrag 551 ff, 557, 562

Landpacht (s.a. Miete) 708
Leasing (s.a. Finanzierungsleasing) 823 ff
Leihe 862 ff
- Abgrenzung zum Sachdarlehen 864
- Abgrenzung zur Verwahrung 864
- Abgrenzung zur Gebrauchsüberlassung aus Gefälligkeit 863
- Aufwendungsersatz 876
- Beendigung 870 ff
- Gegenstand 862 ff
- Haftung des Entleihers 866

- Haftungsmaßstäbe für Vertretenmüssen 869
- Pflichten des Entleihers 862
- Schadensersatz 869
- Verjährung von Gewährleistungsrechten 873 ff

Lieferkette (s.a. Verbrauchsgüterkauf) 233, 420 ff, 424 ff

Maklervertrag 1056 ff
Miete 706 ff
- AGB-Kontrolle 710, 718 f
- Anfechtung 711
- Aufwendungsersatz 766 ff
- Ausschluss des Gewährleistungsrechts 734 ff
- außerordentliche fristgebundene Kündigung 814
- außerordentliche fristlose Kündigung 753 ff, 775
- Bagatellreparaturen 717
- Beendigung durch Fristablauf 805
- Exzess des berechtigten Fremdbesitzers 784
- Exzess des redlichen unberechtigten Fremdbesitzers 783
- Fälligkeit des Mietzinses 771
- Form 759, 779, 809, 812
- „Kauf bricht nicht die Miete" 796, 797
- Konkurrenzen 747 ff
- Kündigung 712, 725, 727, 745, 753 ff, 763, 770, 775 ff, 803 ff, 812 ff
- Landpacht 708
- Leihe 709
- Mängelanzeige 736 f, 744, 764, 770, 785, 798
- Minderung 718, 727, 738, 739, 764, 770, 817
- ordentliche Kündigung 760, 803, 806 ff
- Pacht 708
- Rechtsmangel 728, 731, 744
- Sachdarlehen 709
- Sachmangel 728 f, 732, 744, 749
- Schadensersatz 716, 727, 738, 743 ff, 770, 781 ff, 787, 795, 817 ff
- Schönheitsreparaturen 717 ff
- Selbstvornahme 727, 745, 770
- Untervermietung 724, 780
- Veräußerung der vermieteten Mietsache 791 ff
- Vermieterpfandrecht 769, 786 ff
- verspätete Rückgabe 817 f
- vertragswidriger Gebrauch 774, 781

335

Sachverzeichnis

- Verwahrung 709
- zugesicherte Eigenschaften 728, 733, 739, 744, 764

Nebenpflichten *(s.a. Kauf)* 265, 293, 362 ff

Pacht *(s.a. Miete)*
Preisausschreiben *(s.a. Auslobung)*

Rechtskauf *(s.a. Kauf)* 471 ff
- Bonität 475
- Mangel 473
- Verität 474

Reisevertrag 565 ff
- Abhilfe 622 ff, 660
- AGB-Kontrolle 596, 598, 611, 649,
- Änderung 591, 595 ff, 600
- Auflösung 595 ff
- Aufwendungsersatz 627
- Ausschlussfrist 652 ff, 660
- Fehlen einer zugesicherten Eigenschaft 618
- Fehler 614 ff
- Form 592
- Haftungsprivilegierung 647 ff
- Kündigung 606 ff, 633 ff, 640, 644, 658, 660
- Kündigung wegen höherer Gewalt 606 ff
- Leistungsträger 573, 575 ff, 623, 641
- Minderung 629 ff, 633, 640, 642, 644, 660
- „no-show" 604
- nutzlos aufgewendete Urlaubszeit 644 ff
- Pauschalreise-Richtlinie 565 f, 581, 598, 621
- Reise 565, 569 ff
- Reisemangel 614 ff, 622, 627, 629, 633 ff, 640 ff, 645
- Reisender 582 ff
- Reiseteilnehmer 583 f
- Reiseveranstalter 569, 573 ff
- Reisevermittler 573 f, 578, 581
- Rücktritt vor Reisebeginn 603 ff
- Schadensersatz 617, 632, 640 ff, 644 ff, 651, 657 f, 660
- Selbsthilfe 627 f, 660
- Verjährung 592, 594, 652 ff, 660
- Vermittlerklausel 576
- Vertrag zugunsten Dritter 584, 586, 655
- Vertragsübernahme 600 ff
Rügeobliegenheit
- beim Finanzierungsleasing 833
- beim Kauf 438 f

Schenkung 662 ff
- Auflage 668, 671 ff, 695 ff, 703
- Einrede des Notbedarfs 679 f
- Form 675 ff, 702
- Gemischte Schenkung 672, 699 ff
- Grober Undank 678, 681 ff
- Haftungsprivilegien 684 ff
- Handschenkung 662, 675
- Kausale Verknüpfung 667, 670
- Konditionale Verknüpfung 667
- Schenkungsversprechen 662, 670, 675 f, 678 f, 683, 702, 705
- Unbenannte Zuwendung 672
- Unentgeltlichkeit 665 ff
- Zuwendung 662 ff
- Zweckschenkung 669 f
„Scheunen-Fall" (BGH Entsch.) 502
Schuldanerkenntnis 1073 ff
Schuldbeitritt
- Abgrenzung zur Bürgschaft 993, 995, 1002, 1015
Schuldversprechen
(s.a. Schuldanerkenntnis)
„Schürmann-Bau" (BGH Entsch.) 502
Sittenwidrigkeit
- Bürgschaft 1009 ff
- Darlehen 881 f
Spiel/Wette 1066 f
„Stoffgleichheit" *(s.a. Schadensersatz beim Kauf)* 205, 379
Stückschuld *(s.a. Kauf)* 192 ff

Unbenannte Zuwendungen *(s.a. Schenkung)* 672
Unternehmenskauf *(s.a. Kauf)* 476 ff
- asset-deal 477
- Mangel 478
- share-deal 477
Untersuchungsobliegenheit beim Handelskauf
- Finanzierungsleasing/Kauf
- Kauf 438 f

Verbraucherdarlehen *(s.a. Darlehen)*
Verbrauchsgüterkauf *(s.a. Kauf)* 126 ff, 139 ff, 383 ff
- Absolute Unverhältnismäßigkeit 166, 191, 414
- Agenturvertrag 387 ff
- Angemessener Betrag der Nacherfüllungskosten 170 ff, 191
- Anwendungsbereich 385 ff

336

Sachverzeichnis

- Ausschluss von Nutzungsherausgabe und Wertersatz 419
- Beweislastumkehr bzgl. Sachmangel 107, 403 ff, 447
- Drittschadensliquidation 395
- Ein- und Ausbaufälle 137 ff
- Faber-Entscheidung des EuGH 407 f
- Fälligkeit 415
- Garantie 418
- Gefahrtragung 394 ff
- Herabsetzung der Nacherfüllungskosten 169 ff, 191
- Lieferkette 445 ff
- Mängelhaftungsänderungsgesetz von 2017 (Überblick) 149 ff
- Öffentliche Versteigerung 417
- Putz/Weber-Entscheidung des EuGH 139 ff
- Regelungssystem 383 f
- Rückgriff des Verkäufers 445 ff
- Schadensersatz 398
- Umgehungsgeschäfte 387 ff
- Vereinbarkeit des generellen Nachfristsetzungserfordernisses beim Rücktritt bzw. Schadensersatz mit Verbrauchsgüterkauf-RL 234 ff
- Verjährung von Gewährleistungsrechten 402
- Versendungskauf 394 ff, 456
- Versteigerung 417
- Vorschussanspruch des Käufers für Nacherfüllungskosten 180 ff, 191
- Vortäuschen eines gewerblichen Verwendungszwecks 390 f
- Zwingender Charakter 159, 397 ff, 445, 448 f

Verbundene Verträge
- Finanzierungsleasing 823 ff

Vergleich 1068 ff
Vermieterpfandrecht 786 ff
Versendungskauf *(s.a. Kauf, Versendungskauf)* 394 ff, 453 ff
Verwahrung

Weiterfresserschaden *(s.a. Schadensersatz beim Kauf)* 205 ff, 279, 379
Werklieferungsvertrag *(s.a. Werkvertrag)* 485
Werkunternehmerpfandrecht *(s.a. Werkvertrag)* 493
Werkvertrag 482 ff
- Abgrenzung zum Dienstvertrag 484

- Abgrenzung zum Kaufvertrag 485
- Abgrenzung zum Reisevertrag 565
- Abnahme 487 ff, 546 ff
- Architekten- und Ingenieurvertrag 561 ff
- Aufwendungsersatz bei Selbstvornahme 514 ff
- Ausschluss der Gewährleistungshaftung 538
- Bauträgervertrag 564
- Bauvertrag 555 ff
- Begriff 483
- Betriebsausfallschaden 550
- „Einwirkung" gewährleistungsrechtlicher Bestimmungen auf andere Rechtsbehelfe 548
- Gefahrtragung 494 ff
- Gewährleistungsrecht 506 ff, 549 f
- Haftung des Unternehmers 506 ff
- Konkurrenzen 548
- Kostenvoranschlag 491
- Kündigung 551 ff
- Mangel 504 f
- Maßgeblicher Zeitpunkt 546 ff
- Minderung 525 ff
- Modifizierter Erfüllungsanspruch 510
- Nacherfüllung 510 ff
- Nachfristsetzung 509, 515, 532, 550
- Pflichten des Bestellers 486 ff
- Pflichten des Unternehmers 503 ff
- Regelungssystem 482
- Rücktritt 520 f
- Schadensarten 530 ff
- Schadensersatz 527 ff
- Selbstvornahme 514 ff
- Sphärentheorie 502
- Verantwortlichkeit des Bestellers 498 ff
- Verbraucherbauvertrag 558 ff
- Vergütung 490 ff
- Verjährung von Gewährleistungsrechten 539 ff
- „Versendungskauf" 497
- Vorschuss für Aufwendungsersatz 519 ff
- Vorzeitige Beendigung des Vertrags 551 ff
- Wegfall des Leistungssubstrats 501 f
- Werklieferungsvertrag 485
- Werkunternehmerpfandrecht 493
- Zeitliche Grenzen (Verjährung) 539 ff
Wette *(s.a. Spiel)* 1066 f
Wettlauf der Sicherungsgeber *(s.a. Bürgschaft)* 1048 f

Ihre Prüfer sind unsere Autoren!

Die Reihe „Unirep Jura"

- von Prüfern geschrieben, die wissen, was drankommt
- Prüfungssicherheit durch Strukturverständnis und eigenständige Problemlösungsstrategien
- mit topaktuellen leading-cases der Obergerichte

Prof. Dr. Dr. h.c. Peter Gottwald/
Prof. Dr. Markus Würdinger
**Examens-Repetitorium
BGB-Allgemeiner Teil**
4. Auflage 2016. € 21,99

Prof. Dr. Jens Petersen
**Examens-Repetitorium
Allgemeines Schuldrecht**
8. Auflage 2017. € 21,99

Prof. Dr. Petra Buck-Heeb
**Examens-Repetitorium
Besonderes Schuldrecht 2**
Gesetzliche Schuldverhältnisse
6. Auflage 2017. € 21,99

Prof. Dr. Martin Lipp
Examens-Repetitorium Erbrecht
4. Auflage 2017. € 20,99

Prof. Dr. Mathias Habersack
**Examens-Repetitorium
Sachenrecht**
8. Auflage 2016. € 20,99

Prof. Dr. Walter Bayer/Prof. Dr. Jan Lieder
**Examens-Repetitorium
Handels- und Gesellschaftsrecht**
2015. € 20,99

Alle Bände aus der Reihe und weitere Infos unter: **www.cfmueller-campus.de/unirep**

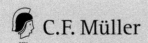

Fälle mustergültig lösen

Die Reihe „Schwerpunkte Klausurenkurs"

- Einführung in die Technik des Klausurenschreibens
- Musterklausuren exemplarisch gelöst
- realistische Prüfungsanforderungen als Maßstab

Prof. Dr. Dr. h.c. Wilfried Schlüter/
Dr. Holger Niehaus/
Dr. Ulrich Jan Schröder (Hrsg.)
Examensklausurenkurs im Zivil-, Straf- und Öffentlichen Recht
25 Klausurfälle mit Musterlösungen
2. Auflage 2015. € 25,99

Prof. Dr. Ulrich Falk/Dr. Birgit Schneider
Klausurenkurs im Bürgerlichen Recht II
Ein Fall- und Repetitionsbuch für Fortgeschrittene
2. Auflage 2016. € 23,99

Alle Bände aus der Reihe und weitere Infos unter: **www.cfmueller-campus.de/klausurenkurs**

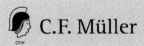

Jura auf den gebracht